ACCESO GRATIS a la Lectura en la Nube

Para visualizar el libro electrónico en la nube de lectura envíe junto a su nombre y apellidos una fotografía del código de barras situado en la contraportada del libro y otra del ticket de compra a la dirección:

ebooktirant@tirant.com

En un máximo de 72 horas laborales le enviaremos el código de acceso con sus instrucciones.

EL DERECHO PROCESAL CIVIL Y PENAL DESDE LA PERSPECTIVA DE LA UNIÓN EUROPEA: LA CONSOLIDACIÓN DEL ESPACIO DE LIBERTAD, SEGURIDAD Y JUSTICIA

EL DERECHO PROCESAL CIVIL Y PENAL DESDE LA PERSPECTIVA DE LA UNIÓN EUROPEA: LA CONSOLIDACIÓN DEL ESPACIO DE LIBERTAD, SEGURIDAD Y JUSTICIA

Mar Jimeno Bulnes
Ángel Tinoco Pastrana
Directores

tirant lo blanch
Valencia, 2024

En caso de erratas y actualizaciones, la Editorial Tirant lo Blanch publicará la pertinente corrección en la página web www.tirant.com.

Este libro es el resultado del proyecto de investigación "El Derecho Procesal Civil y Penal desde la perspectiva de la Unión Europea: la consolidación del Espacio de Libertad, Seguridad y Justicia (CAJI)" (Ref. PID2021-124027NB-I00)

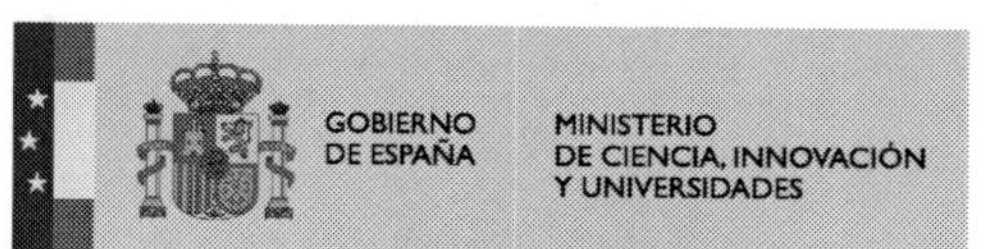

Colección Derecho Procesal de la Unión Europea

Directora:

MAR JIMENO BULNES

Catedrática de Derecho Procesal

EDITA: TIRANT LO BLANCH
C/ Artes Gráficas, 14 - 46010 - Valencia
TELFS.: 96/361 00 48 - 50
FAX: 96/369 41 51
Email: tlb@tirant.com
www.tirant.com
Librería virtual: www.tirant.es
DEPÓSITO LEGAL: V-2086-2024
ISBN: 978-84-1071-041-2
MAQUETA: Innovatext

Si tiene alguna queja o sugerencia, envíenos un mail a: *atencioncliente@tirant.com*. En caso de no ser atendida su sugerencia, por favor, lea en *www.tirant.net/index.php/empresa/politicas-de-empresa* nuestro procedimiento de quejas.

Responsabilidad Social Corporativa: http://www.tirant.net/Docs/RSCTirant.pdf

La justice et la justesse sont deux qualités qui dérivent de la même source
(Joseph Joubert, 1754-1824)

Mar Jimeno Bulnes
Ángel Tinoco Pastrana
Alejandro Hernández López
Begoña Vidal Fernández
Carmen Márquez Carrasco
Marina San Martín Calvo
Regina Garcimartín Montero
Mercedes Serrano Masip
Rodrigo Miguel Barrio
Íñigo Herrero Elejalde
Mª Belén Sánchez Domingo
Cristina Ruiz López
Annalisa Mangiaracina
María Ángeles Pérez Marín
Joanna Beata Banach-Gutiérrez
Serena Cacciatore
Costanza De Caro
Linda Pincelli
Susana Álvarez de Neyra Kappler
Francesco Sanvitale
Chloé Fauchon
Lorenzo Agostino
Ana María Vicario Pérez

Índice

Capítulo III

¿HACIA LA DIGITALIZACIÓN POR DEFECTO? LA PROPUESTA DE REGLAMENTO SOBRE LA DIGITALIZACIÓN DE LA COOPERACIÓN JUDICIAL Y DEL ACCESO A LA JUSTICIA EN LOS ASUNTOS TRANSFRONTERIZOS CIVILES, MERCANTILES Y PENALES 161
ALEJANDRO HERNÁNDEZ LÓPEZ

COOPERACIÓN JUDICIAL EN MATERIA CIVIL Y MERCANTIL

Capítulo IV

LA SUSTRACCIÓN PARENTAL TRANSFRONTERIZA EN EL NUEVO REGLAMENTO (UE) 2019/1111 *BRUSELAS II-TER*, DE 30 DE JUNIO 181
BEGOÑA VIDAL FERNÁNDEZ

Capítulo IX

Capítulo X

COOPERACIÓN JUDICIAL EN MATERIA PENAL

Capítulo XI

Capítulo XII

Capítulo XIII

Capítulo XIV

Capítulo XV

Capítulo XVI

Capítulo XVII

Capítulo XVIII

Capítulo XIX

Capítulo XX

Capítulo XXI

Presentación

Tenemos ambos directores el honor y la satisfacción de presentar esta obra colectiva en el marco del proyecto investigador del Plan Nacional "El Derecho Procesal Civil y Penal desde la perspectiva de la Unión Europea: la consolidación del Espacio de Libertad, Seguridad y Justicia (CAJI)" (Ref. PID2021-124027NB-I00), bajo la subvención en su día concedida por la Agencia Estatal de Investigación perteneciente al Ministerio de Ciencia e Innovación y dirección de la codirectora de la obra. Por ello el respeto del mismo título aquí y ahora dada su consideración, no en vano, como importante resultado del mismo, así como del grupo investigador reconocido por la Universidad de Burgos "La cooperación judicial civil y penal en el ámbito de la Unión Europea: instrumentos procesales" (acrónimo CAJI y ULR https://www.ubu.es/caji), rúbrica otorgada en honor del primer proyecto investigador del Plan Nacional en la materia.

De esta forma pertenecen al equipo del proyecto investigador aún en curso gran parte de los autores y autoras de la presente obra colectiva siendo tal proyecto sucesor de otros anteriores, todos ellos en materia de espacio judicial europeo, el primero de los cuales data ya del año 2003 bajo el título arriba indicado e igualmente la dirección de esta codirectora. Es por ello, consideramos que es así también momento de celebrar el vigésimo aniversario de una ya dilatada trayectoria investigadora bajo la modalidad escrita pero también oral, teniendo así lugar igualmente la "diseminación" de la investigación realizada por el grupo en congresos y seminarios en colaboración con otros investigadores e investigadoras procedentes de universidades españolas y extranjeras interesados/as en la misma temática.

En efecto, los días 9 y 10 de marzo de 2023, se celebró en la Facultad de Derecho de la Universidad de Sevilla el *Congreso Internacional "Retos de la Cooperación Judicial europea en materia civil y penal"*, organizado en el marco del referido Proyecto de Investigación y dirigido por el codirector de esta obra. El congreso en cuestión constituyó un gratificante e interesante foro de encuentro y debate sobre la materia destinado a egresados, académicos y profesionales jurídicos, siendo enriquecido con la participación de un importante número de congresistas de once nacionalidades diferentes. Entre ellos y a modo de ejemplo destacó un nutrido grupo de participantes italianos, procedentes del ámbito académico desde diversas universidades españolas, italianas y otras igualmente europeas, así como distintos operadores jurídicos desde la perspectiva práctica tales como Magistrados/as pertenecientes a la Red Judicial Española de Cooperación Judicial Internacional, Letrados/as de la Administración de Justicia y Abogados/as.

El congreso contó con el apoyo institucional de la Universidad de Sevilla, la Facultad de Derecho y el Centro de Documentación Europea celebrándose en su integridad en formato presencial y además con carácter gratuito. Ello en suma responde a las premisas de la "ciencia en abierto" de acuerdo con los objetivos establecidos en la Ley 14/2011, de 1 de junio, de la Ciencia, la Tecnología y la Innovación conforme la Ley 17/2022, de 5 de septiembre. A mayor abundamiento, se hace de esta forma realidad la propia transferencia de conocimientos y resultados desde la Universidad a la sociedad, con una perspectiva pluriestatal y multidisciplinar respondiendo así plenamente a la naturaleza internacional que califica al congreso; no en vano la participación de expertos de distinta procedencia territorial e idiomática en los distintos niveles (ponencias, comunicaciones y comité científico). La materia fue abordada en diecisiete ponencias junto a cuarenta y una comunicaciones seleccionadas del total, todas ellas defendidas oralmente en español, inglés e italiano. De este modo y en su conjunto fueron tratados aspectos de actualidad asimismo fundamentales, innovadores y controvertidos, en todo caso referentes al desarrollo del Espacio de Libertad, Seguridad y Justicia y a la cooperación judicial europea en las materias civil, mercantil y penal.

No obstante, aún el origen de la presente obra colectiva en dicho congreso, su planteamiento en absoluto responde al tradicional libro de actas de congreso sino que, por el contrario, se configura como una etapa posterior a raíz del debate suscitado al hilo de las intervenciones en las distintas sesiones del congreso en cuestión y el correspondiente intercambio de experiencias, conocimientos e ideas, siendo recibida la retroalimentación de un auditorio especializado; ello dio lugar al consiguiente estudio y revisión de ponencias y comunicaciones presentadas, las que ahora ven la luz en forma de capítulos de este libro. Así esta obra consta de veintitrés capítulos, fruto de las ponencias y de las comunicaciones seleccionadas tras su defensa pública, con redacción en idiomas español, italiano e inglés, lenguas de trabajo del congreso, presentando la siguiente estructura tripartita: 1) Espacio de Libertad, Seguridad y Justicia; 2) Cooperación judicial en materia civil y mercantil; 3) Cooperación judicial en materia penal.

Por lo que atañe a la primera parte, las contribuciones que se presentan versan sobre aspectos de gran actualidad y trascendencia para el desarrollo del Espacio Judicial Europeo, tales como el papel que ostenta el Tribunal de Justicia de la Unión Europea en su desarrollo, además de las innovaciones que conlleva la digitalización de la cooperación judicial y del acceso a la Justica en la Unión Europea conforme al reciente Reglamento (UE) 2023/2844, de 13 de diciembre de 2023. En la segunda parte es objeto de estudio la sustracción parental transfronteriza en el nuevo Reglamento Bruselas II-ter; los desarrollos regulatorios sobre la debida diligencia empresarial en materia de derechos humanos; los instrumentos preconcursales tras la transposición de la Directiva (UE) 2019/1023, de 20 de junio de 2019; la orden europea de retención de cuentas; la obtención transnacional de la prueba en materia civil y mercantil; la implementación de la mediación laboral en la Unión Europea abordada desde una perspectiva de *lege ferenda* y la evolución del concepto "materia contractual" conforme al Reglamento de Bruselas bis I.

La tercera parte, dedicada a la cooperación judicial en materia penal, posee, sin duda, un mayor número de aportaciones, lo cual refleja el gran interés que reviste en la actualidad esta materia; no en vano se encuentra de continuo en absoluta ebullición, si cabe más ahora, tanto en el seno de las instituciones europeas como en los propios Estados miembros; ello es en gran medida reflejo del propio predominio del dogma seguridad en el Espacio de Libertad, Seguridad y Justicia al igual que de la prioridad de la protección de los intereses financieros de la Unión, entre otros aspectos. De este modo se abordan cuestiones fundamentales tales como la protección penal de la esfera sexual de los menores; la virtualidad de la orden europea de protección en la era digital; la protección de los derechos fundamentales de los acusados; el reconocimiento mutuo de las resoluciones de embargo y decomiso conforme al Reglamento (UE) 2018/1085, de 14 de noviembre de 2018; las criptomonedas como instrumentos para el blanqueo y la financiación de la delincuencia; la lucha contra la corrupción y el crimen organizado; la idoneidad de la gravedad del delito como criterio para adoptar actos de investigación; la delincuencia transnacional de las personas jurídicas y medidas de investigación tecnológica tales como el seguimiento electrónico transfronterizo.

La riqueza y variedad de perspectivas que se ofrecen en las cuestiones abordadas en las distintas contribuciones, constituye también un claro reflejo de las diversas filiaciones académicas, tanto españolas como europeas, así como de la procedencia de sus autores y autoras, lo cual permite añadir la visión de Derecho comparado del mismo modo que la contribución de la perspectiva práctica a la luz de la participación de operadores jurídicos especializados en la materia. Igualmente hay que destacar que esta obra sigue una orientación multidisciplinar a partir de la contribución de juristas de diversas áreas de conocimiento pues, además del propio Derecho Procesal con carácter predominante, están representadas otras áreas afines tales como el Derecho Internacional Público, el Derecho Mercantil y el Derecho Penal.

Ello ofrece una perspectiva holística sobre el desarrollo del Espacio Judicial Europeo, la cooperación judicial transfronteriza y la propia construcción del Derecho procesal europeo. De cualquier forma, estamos ante estudios sobre materias que no se pueden estudiar de forma aislada, por cuanto se hallan intrínsecamente interconectadas y se encuentran además en permanente estado de evolución. No queremos afirmar con ello que se trate de cuestiones efímeras que puedan despertar el interés científico y práctico de forma puntual, sino que dichas materias son objeto de atención preferente y perdurable observando tratamiento diferente en el congreso del que traen origen conforme el *statu quo* a la fecha existente, observando su posterior evolución en la presente publicación. Se intenta con ello proceder a la difusión de nuevas perspectivas, especialmente en sectores que aún no han observado pleno desarrollo y atención. Por ello, creemos, el interés de la obra, no sólo para la academia sino también para los participantes de los distintos poderes legislativo, ejecutivo y judicial.

Finalmente, no queremos terminar esta presentación sin agradecer su trabajo a los autores y autoras de las contribuciones publicadas al igual que a quienes participaron en el congreso del que trae esta obra causa; del mismo modo nuestro agradecimiento también aquí al propio marco institucional que hizo posible tanto el congreso en su día como el libro que ahora se publica. Esperamos igualmente que esta obra colectiva pueda servir de base a aquellos estudiosos del espacio judicial europeo pues, si bien es cierto que existe ya una cuantiosa literatura en la materia que nos ocupa, no en vano es esta temática *mainstream* aún en la actualidad y creemos todavía por mucho tiempo. Por ello que esta obra colectiva se une a otras en la línea expresada por Joseph Joubert: *le grand inconvénient des livres nouveaux est de nous empêcher de lire les anciens.* Sin dejar de leer las anteriores ésta a buen seguro también merita una lectura.

ÁNGEL TINOCO PASTRANA
MAR JIMENO BULNES

En Sevilla y Burgos, marzo de 2024

Abreviaturas

A.	auto
AA.VV.	varios autores
ADR	*alternative dispute resolution*
AFS&J	*areas of freedom, security, and justice*
AN	Audiencia Nacional
AP	Audiencia Provincial
aptdo.	apartado
Art., arts.	Artículo, artículos
as.	asunto
ATC	Auto del Tribunal Constitucional
ATS	Auto del Tribunal Supremo
BOCG	Boletín Oficial de las Cortes Generales
BOE	Boletín Oficial del Estado
c.	contra
cap.	capítulo
CCBE	Consejo de la Abogacía Europea
CCP	*Italian Code of Criminal Procedure*
CDFUE	Carta de Derechos Fundamentales de la Unión Europea
CE	Constitución Española
CEDH	Convenio Europeo de Derechos Humanos
CEDU	*Corte europea dei diritti dell'uomo*
CEPEJ	Comisión Europea para la eficiencia de la Justicia
CESE	Comité Económico y Social Europeo
CFR	*Charter of Fundamental Rights of the European Union*
cfr.	confróntese
CGPJ	Consejo General del Poder Judicial
cit.	citado, citada
CJEU	*Court of Justice of the European Union*
CMS	Sistema digitalizado de gestión de casos de Eurojust
COE	Consejo de Europa
coord., coords.	coordinador, coordinadores

CP	Código Penal
CSDDD	Directiva sobre diligencia debida en materia de sostenibilidad empresarial
CSRD	Directiva (UE) 2022/2464, de 14 de diciembre de 2022, relativa a la presentación de información sobre sostenibilidad por parte de las empresas
CTR	Registro Judicial Antiterrorista europeo de Eurojust
DIDH	Derecho Internacional de los Derechos Humanos
DM	Decisión Marco
DOCE	Diario Oficial de la Comunidad Europea
DOUE	Diario Oficial de la Unión Europea
dr., dra., dres.	director/a, directores
DSA	*Digital Services Act*
EAW	*European Arrest Warrant*
EAW FD	*European Arrest Warrant Framework Decision*
ECHR	*European Court of Human Rights*
ECI	equipo conjunto de investigación
ed.	Edición, editor, editorial (según contexto)
E. de M.	Exposición de Motivos
EIO	*European Investigation Order*
ej.	ejemplo
ELSJ	Espacio de Libertad, Seguridad y Justicia
EMPACT	Plataforma Multidisciplinar Europea contra las Amenazas Criminales
EPPO	*European Public Prosecutor's Office*
esp./spec.	especialmente
et. al.	y otros
EU	*European Union*
FE	Fiscalía Europea
FGE	Fiscalía General del Estado
FJ, FF.JJ.	fundamento(s) jurídico(s)
I.A.	inteligencia artificial
ibidem	misma obra
L	Ley
LEC	Ley de Enjuiciamiento Civil
LECrim	Ley de Enjuiciamiento Criminal
LO	Ley Orgánica

loc. cit.	páginas citadas
LOPJ	Ley Orgánica del Poder Judicial
LRM	Ley de reconocimiento mutuo de resoluciones penales en la Unión Europea
MASC	métodos alternativos (o adecuados) de resolución de conflictos
MF	Ministerio Fiscal
n., nº, núm.	número
OCTA	*organised crime threat assesmet and the relates action plan*
ODE/OEDE	orden de detención europea/orden europea de detención y entrega
OEI	orden europea de investigación
OEP	orden europea de protección
OERC	orden europea de retención de cuentas
OLAF	Oficina Europea de Lucha contra el Fraude
op. cit.	opinión/obra citada
p., pp., pág.	página, páginas
par.	parágrafo
passim	por todas partes
PE	Parlamento Europeo
PESC	Política Exterior y de Seguridad Común
PIDCP	Pacto Internacional de Derechos Civiles y Políticos
PIF Directive	*Directive (EU) 2017/1371 of 5 July 2017 on the fight against fraud to the Union's financial interests*
PLEP	Proyecto de Ley de medidas de Eficiencia Procesal
PREGDIG	Propuesta de Reglamento sobre digitalización de la cooperación judicial y acceso a la justicia en asuntos transfronterizos civiles, mercantiles y penales
PSAD	Prestadores de servicios de alojamiento de datos
PSCII	Prestadores de servicios de comunicaciones interpersonales independientes
PSSI	Prestadores de servicios de la sociedad de la información
RD	Real Decreto
Rec.	Recopilación
Reglamento DIG	Reglamento (UE) 2023/2844, de 13 de diciembre de 2023, sobre la digitalización de la cooperación judicial y del acceso a la justicia en asuntos transfronterizos civiles, mercantiles y penales

Reglamento e-CODEX	Reglamento (UE) 2022/850, de 30 de mayo de 2022, relativo al sistema e-CODEX
Reglamento e-evidence	Reglamento (UE) 2023/1543, de 12 de julio de 2023, sobre las órdenes europeas de producción y las órdenes europeas de conservación
REJ civil/penal	Red Judicial Europea en materia civil/penal
ROJ	Repertorio de Jurisprudencia del CENDOJ
ROP 2001	Reglamento (CE) 1206/2001, de 28 de mayo de 2001, relativo a la obtención de pruebas en materia civil o mercantil
ROP 2020	Reglamento (UE) 2020/1738, de 16 de noviembre de 2020, relativo a la obtención de pruebas en material civil y mercantil
RPTJ	Reglamento de Procedimiento del Tribunal de Justicia
S.	sentencia
SAP, SSAP	Sentencia/s de la Audiencia Provincial
s.f.	sin fecha
SOCTA	*Serious and Organised Crime Threat Assessment*
ss.	siguientes
STC, SSTC	Sentencia/s del Tribunal Constitucional
STEDH, SSTEDH	Sentencia/s del Tribunal de Derechos Humanos
STJCE, SSTJCE	Sentencia/s del Tribunal de Justicia de las Comunidades Europeas
STJUE, SSTJUE	Sentencia/s del Tribunal de Justicia de la Unión Europea
STS, SSTS	Sentencia/s del Tribunal Supremo
t.	tomo
TC	Tribunal Constitucional
TEDH	Tribunal Europeo de Derechos Humanos
TFUE	Tratado de Funcionamiento de la Unión Europea
TJCE	Tribunal de Justicia de las Comunidades Europeas
TJUE	Tribunal de Justicia de la Unión Europea
TOL	Base de datos de Jurisprudencia Tirantonline
trad.	traducción, traductor
TRLC	Texto Refundido de la Ley Concursal
TS	Tribunal Supremo
TUE	Tratado de la Unión Europea
UE	Unión Europea
UIF	Unidades de Inteligencia Financiera
UMAC	Unidad de Mediación, Arbitraje y Conciliación

v.gr.	*verbi gratia*
vid.	véase
vol.	volumen

ESPACIO DE LIBERTAD, SEGURIDAD Y JUSTICIA

Capítulo I

El papel del Tribunal de Justicia de la Unión Europea en el marco del espacio judicial europeo[1]

The role of the court of justice of the European Union in the framework of the european judicial area

MAR JIMENO BULNES
Catedrática de Derecho Procesal
Universidad de Burgos
ORCID: 0000-0001-8213-3218

Un pueblo puede vivir con leyes injustas, pero es imposible que viva con tribunales que no administren bien y pronto la justicia
(Gumersindo de Azcárate)

RESUMEN: objeto de la presente contribución es el análisis del papel de un actor fundamental en el Espacio de Libertad, Seguridad y Justicia (ELSJ), cual es el Tribunal de Justicia en cuanto tribunal superior de la institución judicial europea o TJUE. Dicho papel ha sido prácticamente en su totalidad desarrollado a través de la cuestión prejudicial hoy contemplada en el artículo 267 TFUE al igual que en normati-

1 La presente contribución se enmarca dentro del proyecto investigador del Plan Nacional "El Derecho Procesal Civil y Penal desde la perspectiva de la Unión Europea: la consolidación del espacio de libertad, seguridad y justicia" (Ref. PID2021-124027NB-100) financiado por el Ministerio de Ciencia e Innovación del que la autora es investigadora principal así como del proyecto europeo "Mutual recognition 2.0: effective, coherent, integrative and proportionate application of judicial cooperation instruments in criminal matters (MR2.0)" (Ref. JUST-2022-JCOO-101089060) bajo subvención de la Comisión Europea en el marco del Programa Justicia; mayor información en página web del proyecto https://mutualrecognitionnextlevel.eu/. En relación con la autora y su investigación https://investigacion.ubu.es/investigadores/35275/detalle así como página del grupo CAJI https://www.ubu.es/la-cooperacion-judicial-civil-y-penal-en-el-ambito-de-la-union-europea-instrumentos-procesales-caji.

va nacional española; no obstante, en los últimos tiempos tiene entrada una vía ya contenciosa como es el proceso o "recurso" de incumplimiento especialmente en un ámbito concreto como es la protección del Estado de Derecho o *rule of law*. En todo caso, cierta jurisprudencia europea ha ejercido importante influencia en el seno de la cooperación judicial articulada en la Unión Europea en su doble vertiente procesal civil y procesal penal exponiéndose a continuación alguna casuística en aquellos campos más significativos a este respecto.

Palabras clave: espacio judicial europeo – Tribunal de Justicia – cuestión prejudicial – proceso de incumplimiento – cooperación judicial civil y penal

ABSTRACT: The purpose of this contribution is to analyse the role of a fundamental actor in the Area of Freedom, Security and Justice (AFSJ), which is the Court of Justice as the highest court of the European judicial institution or CJEU. This role has been developed primarily through the preliminary ruling proceeding now contemplated in Article 267 TFEU as well as in Spanish national legislation; however, in recent times, a contentious route has been introduced, such as the infringement procedure, especially in a specific area such as the protection of the rule of law. In fact, certain European jurisprudence has had an important influence on judicial cooperation within the European Union in both its civil and criminal procedural matters and some of the most significant cases in this respect are set out below.

Keywords: European judicial area – Court of Justice – preliminary ruling – infringement procedure – judicial cooperation in civil and criminal matters

I. INTRODUCCIÓN

A fecha de hoy y transcurridos ya 70 años desde su creación[2] no hay ningún atisbo de duda sobre el relevante papel que juega el Tribunal de Justicia de la Unión Europea (en adelante, TJUE) en el ámbito del Espacio de

---

2 A partir de la firma en París del *Tratado de la Comunidad Europea del Carbón y del Acero*, de fecha de 18 de abril de 1951, en vigor hasta el 23 de julio de 2002, https://data.europa.eu/eli/treaty/ceca/sign. Mayor información en páginas web oficiales https://www.europarl.europa.eu/about-parliament/es/in-the-past/the-parliament-and-the-treaties/treaty-of-paris y https://curia.europa.eu/jcms/jcms/Jo2_6999/es/ (fecha de última consulta: 22 de enero de 2024).

Libertad, Seguridad y Justicia (acrónimo, ELSJ) también conocido como "espacio judicial europeo", hoy contemplado en el Título V (arts. 67-89) de la Tercera Parte del Tratado de Funcionamiento de la Unión Europea (en adelante, TFUE)[3]. Por mi parte tampoco es la primera vez que me ocupo de esta materia y así labor desempeñada por la institución judicial europea, al hilo igualmente de esta "política" (*policy*)[4] junto a abundantes estudios que cada vez con mayor intensidad y frecuencia le dedican academia e instituciones; buena prueba de ello es la reciente celebración en nuestro país de la *I Cumbre del Derecho de la Unión Europea para profesionales del Derecho* organizada por el Ilustre Colegio de la Abogacía de Madrid (ICAM) en colaboración con el Servicio Jurídico de la Comisión Europea, la que también dedica una mesa o panel específico a nuestra institución[5].

Si bien de ordinario se realiza referencia en términos generales al TJUE en calidad de institución europea dentro de aquellas hoy enumeradas en el artículo 13.1 TFUE, ha de aclararse que es el Tribunal de Justicia, alto tribunal en el seno de la arquitectura judicial europea[6], el verdadero pro-

---

3 A la fecha, ARANGÜENA FANEGO, C. y FONSECA MORILLO, F. "Espacio de libertad, seguridad y justicia", en A. Calonge Velázquez y R. Martín de Laguardia (coords.), *Políticas comunitarias. Bases jurídicas,* Tirant lo Blanch, Valencia, 2013, pp. 143-213.

4 A modo de ejemplo y entre otros, JIMENO BULNES, M. "Perspectiva del espacio judicial europeo en materia civil y penal. Especial incidencia de la jurisprudencia del Tribunal de Justicia", en M. Jimeno Bulnes (coord.), *Nuevas aportaciones al espacio de libertad, seguridad y justicia,* Comares, Granada, 2014, pp. 1-45. No hay discusión sobre la aplicación de la rúbrica de "política" también para el ELSJ; así CALONGE VELÁZQUEZ, A. y MARTÍN DE LAGUARDIA, R. "Prólogo", *Políticas comunitarias…,* op. cit., p. 21.

5 En concreto, "El TJUE como garante de la construcción del proyecto europeo", *I Cumbre del Derecho de la UE para profesionales del Derecho,* ICAM, 16-17 de noviembre de 2023, ULR: https://cumbre-ue.icam.es/programa/ (fecha de última consulta: 22 de enero de 2024). Véase también la entrevista realizada a Teresa Mínguez, diputada de la Junta de Gobierno del ICA, responsable de Relaciones Internacionales y copresidenta de dicha cumbre publicada en *Diario La Ley* a fecha de 8 de noviembre de 2023, disponible en https://diariolaley.laleynext.es/.

6 Tal es el nombre que recibe desde la reforma jurisdiccional emprendida por el *Tratado de Niza por el que se modifican el Tratado de la Unión Europea, los Tratados Constitutivos de las Comunidades Europeas y determinados actos conexos,* firmado en esta ciudad el 26 de febrero de 2001, DOCE de 10 de marzo, nº C 80, pp. 1-87, ELI: https://data.europa.eu/eli/treaty/nice/sign. Con esta misma denominación BACIGALUPO SAGGESE, M. "Una nueva arquitectura judicial para la Unión Europea (la reforma del sistema jurisdiccional de la Unión Europea operada por el Tratado de Niza", *Revista de Estudios Políticos,* 2003, nº 119, pp. 119-163 así como

tagonista en dicho espacio judicial europeo y ciertamente institución originaria con esta misma nomenclatura ya desde entonces[7]. No en vano y así se le ha denominado, el Tribunal de Justicia constituye en términos generales el verdadero "motor de integración europea"[8] dando lugar al dictado de sentencias emblemáticas aún ausente a la fecha cualquier indicio relativo al ELSJ; así *Van Gend & Loos* (1973) instaurando el llamado efecto directo[9], *Costa c. ENEL* (1964) estableciendo la primacía del entonces Derecho Comunitario[10], *Stauder* (1969) y *Nold* (1974) reconociendo a los derechos

---

RUIZ-JARABO, D. "La reforma de la arquitectura judicial europea: un templo del Grial falto de inspiración", *Cuadernos de Derecho Público* 2001, nº 13, pp. 125-151; también nuestro "granito de arena" en JIMENO BULNES, M. "La reforma jurisdiccional del Tratado de Niza", *Boletín de Información del Ministerio de Justicia* 15 de mayo de 2002, nº 1917, pp. 1681-1700.

7 Junto con la Asamblea (hoy Parlamento), Consejo y Comisión conforme enumeración realizada por el antaño art. 4.1 *Tratado de la Comunidad Económica Europea* o TCEE firmado en Roma el 25 de marzo de 1957, en vigor desde el 1 de enero de 1958, ELI: https://data.europa.eu/eli/treaty/teec/sign.

8 Así HORSLEY, T. "Reflections on the role of the Court of Justice as the 'motor' of European integration: legal limits to judicial lawmaking", *Common Market Law Review* 2013, vol. 50, nº 4, 2013, pp. 931-964. Sobre el papel del procedimiento prejudicial en el fenómeno de la integración europea, con alusión a algunas de estas sentencias, SIGNES DE MESA, J.I. "Remisión prejudicial e integración europea", *El notario del siglo XXI*, 2017, nº 112, pp. 12-15.

9 Sentencia del Tribunal de Justicia de 5 de febrero de 1963, *NV Algemene Transport– en Expeditie Onderneming van Gend & Loos c. Administración fiscal holandesa,* as. 26/62, ECLI:EU:C:1963:1, TOL5.809.949, declarando el alto Tribunal que "el artículo 12 del Tratado constitutivo de la Comunidad Económica Europea produce efectos directos y genera en favor de los justiciables derechos individuales que los órganos jurisdiccionales nacionales deben proteger" (fallo 1). Al respecto, a la fecha, TIZZANO, A., KOKOTT, J. y PRECHAL, S. (eds.), *50th anniversary of the judgment in Van Gend en Loos 1963-2013: conference proceedings, Office des publications de l'Union européenne,* Luxembourg, 2013; también en recordatorio de la evolución de la doctrina del efecto directo en la jurisprudencia del TJUE desde entonces ROBIN-OLIVIER, S. "The evolution of direct effect in the EU: stocktaking, problems, projections", *International Journal of Constitutional Law,* 2014, vol. 12, nº 1, pp. 165-188.

10 Sentencia del Tribunal de Justicia de 15 de julio de 1964, *Flaminio Costa c. E.N.E.L.*, as. 6/64, ECLI:EU:C:1964:66, considerando el tribunal que "la primacía del Derecho comunitario está confirmada por el artículo 189, a cuyo tenor los Reglamentos tienen fuerza 'obligatoria' y son 'directamente aplicables en cada Estado miembro'" (FJ 17). Dicha primacía es posteriormente establecida en la *Declaración relativa a la primacía* anexa al Tratado de Lisboa, DOUE de 9 de mayo de 2008, nº C 115, ELI: http://data.europa.eu/eli/treaty/lis_2016/fna_1/dcl_17/oj, p. 344 en la que se recuerda que, "con arreglo a una jurisprudencia reiterada del Tribu-

fundamentales como principios generales del Derecho Comunitario dada su inexistente regulación en los tratados[11], *Les Verts* (1986) configurando a los tratados a modo de "Constitución europea"[12], largo etcétera dentro de

---

nal de Justicia de la Unión Europea, los Tratados y el Derecho adoptado por la Unión sobre la base de los mismos priman sobre el Derecho de los Estados miembros, en las condiciones establecidas por la citada jurisprudencia"; un recorrido de esta jurisprudencia se realiza en fecha aún reciente por el Auto del Tribunal de Justicia (Sala Sexta) de 7 de noviembre de 2022, *FX y otros*, C-859/19, C-926/19 y C-929/19, ECLI:EU:C:2022:878, TOL9.287.579, FF.JJ. 127-140. Dicha primacía no ha estado exenta de problemática y discusión antes como todavía ahora por parte de los tribunales constitucionales de algunos Estados miembros; al respecto, MÉNDEZ PINEDO, E. "La primacía absoluta o relativa del Derecho de la Unión Europea: recensión de doctrina académica sobre la jurisprudencia reciente de tribunales constitucionales", *Revista de Derecho Comunitario Europeo* 2023, vol. 27, nº 76, pp. 113-154 así como UGARTEMENDÍA ECEIZABARRENA, J.I. "Turbulencias sobre la primacía del Derecho de la UE: últimos desafíos, respuestas y aportaciones", *Revista Española de Derecho Europeo*, 2021, nº 78-79, pp. 13-52, entre otras aportaciones.

11 Sentencias del Tribunal de Justicia de 12 de noviembre de 1969, *Erich Stauder c. Stadt Ulm – Sozialamt*, as. 19/69, ECLI:EU:C:1969:52, TOL5.742.027, declarando el tribunal que, "interpretada de este modo, la disposición controvertida no ha revelado ningún elemento que permita cuestionar los derechos fundamentales de la persona subyacentes en los principios generales del Derecho comunitario, cuyo respeto garantiza el Tribunal de Justicia (FJ 7) y de 14 de mayo de 1974, *J. Nold, Kohlen– und Baustoffgroßhandlung c. Comisión de las Comunidades Europeas*, as. 4/73, ECLI:EU:C:1974:51, TOL4.619.999, "considerando que, como ha sostenido el Tribunal de Justicia, los derechos fundamentales forman parte integrante de los principios generales del Derecho, cuyo respeto asegura el propio Tribunal" (FJ 13); en esta última sentencia y fundamento jurídico se añade a mayor abundamiento que, "al garantizar la protección de estos derechos, el Tribunal de Justicia tiene que inspirarse en las tradiciones constitucionales comunes a los Estados miembros" y que "los Tratados internacionales para la Protección de los Derechos Humanos en los cuales han sido parte o a los cuales se han adherido los Estados miembros también pueden aportar indicaciones que conviene tener en cuenta en el marco del Derecho comunitario". Entre la bibliografía, a título general sobre el valor de tales principios generales en el seno de la Unión, AA.VV. *50e anniversaire. Colloque 10 septembre 2015. Les príncipes généraux du droit de l'Union européenne, Cahiers de Droit Européen*, 2016, vol. 52, nº 1; así también PETRIC, D. "Game of courts: a tale of principles and institutions", *European Law Journal*, 2019, vol. 25, nº 3, pp. 273-291, en exposición igualmente de ejemplos en este sentido.

12 Sentencia del Tribunal de Justicia de 23 de abril de 1986, *Parti écologiste "Les Verts" c. Parlamento Europeo*, as. 294/83, ECLI:EU:C:1986:166, TOL5.744.317, entendiendo el Tribunal que "la Comunidad Económica Europea es una comunidad de Derecho, en la medida en que ni sus Estados miembros ni sus instituciones pueden sustraerse al control de la conformidad de sus actos con la carta constitucional

la selección jurisprudencial que de ordinario tiene lugar en relación con dicho proceso de integración europea[13].

De este modo se pretende aquí y ahora el examen de la tarea desempeñada por el Tribunal de Justicia en el ámbito relativo al espacio judicial europeo en su doble vertiente procesal civil y procesal penal; así en el seno de la cooperación judicial emprendida entre las autoridades judiciales de los distintos Estados miembros en un deseo de "acortar el mundo" según se ha dicho[14], al hilo del creciente fenómeno de internacionalización y transnacionalización que sufre el actual siglo. Dentro de esta doble perspectiva conviene recordar que es la cooperación judicial en materia penal aquella que presenta, sin duda, mayor complejidad y en el que su construcción ha sido a todas luces más ardua que el desarrollo de la cooperación judicial en materia civil, más agradecida y amable pese a su parca regulación[15]. No exenta de dificultades esta última resulta, por ello, el papel del TJUE

---

fundamental que constituye el Tratado" (FJ 23). A modo de ejemplo, sobre este mismo carácter constitucional de los tratados y/o el llamado Derecho europeo primario VON BOGDANDY, A. "Los principios fundamentales de la Unión Europea. Aspectos teóricos y doctrinales", *Revista General de Derecho Europeo,* 2010, nº 22, https://www.iustel.com, pp. 6 y ss. Así también, sobre el creciente constitucionalismo europeo, RASMUSSEN, M. y SINDBJERG MARTINSEN, D. "EU constitutionalisation revisited: redressing a central assumption in European studies", *European Law Journal,* 2019, vol. 25, nº 3, pp. 251-272, defendiendo su construcción a partir de la década de los 80-90. Por último, en relación con la afirmación aquí realizada respecto de la consideración de la Comunidad Europea como comunidad de Derecho y su relación ya a la fecha con la existencia de vías de recurso efectivas en instancias judiciales europea y nacional LENAERTS, K. "The rule of law and the coherence of the judicial system of the European Union", *Common Market Law Review,* 2007, vol. 44, nº 6, pp. 1625-1659, esp. pp. 1635 y ss.

13 Al respecto y sobre el proceso de dicha selección jurisprudencial MICHL, F. "Zur selektiven Rezeption europäischer Rechtsprechung", *Europarecht,* 2018, vol. 53, nº 8, 2018, pp. 456-476.

14 Así CAEIRO, P. "Editorial do dossiê 'Cooperaçao judiciáiria internacional em materia penal' – Problemas actuáis em perspectiva global", *Revista Brasileira de Direito Processual Penal,* 2019, vol. 5, nº 2, pp. 553-563, esp. p. 555.

15 Única y exclusivamente art. 81 TFUE, por ello que me atrevo a denominar a dicha cooperación judicial en materia civil "la Cenicienta procesal" en el común del espacio judicial europeo recordando la máxima carneluttiana; a modo de ejemplo y recientemente, proporcionando también su tratamiento, JIMENO BULNES, M. "La armonización del Derecho Procesal civil en Europa", en J. Picó i Junoy (dr.), *Aspectos críticos del Derecho procesal. Diálogos hispano-italianos en homenaje al Profesor Ángelo Dondi,* Bosch editor, Barcelona, 2023, pp. 33-94, esp. p. 43. Sobre estas diferencias del ELSJ en sede civil y penal véase en concreto JAULT-SESEKE, F. y LELIEUR, J. "Les différences d'approche de l'espace judiciaire européen sur les

si cabe más fundamental y necesario, a fin de proporcionar el necesario equilibrio entre cooperación judicial articulada a través del principio de reconocimiento mutuo y protección de derechos fundamentales para la que ha sido necesaria la aproximación de legislaciones, principios ambos reconocidos textualmente en el artículo 82.1 TFUE[16]; equilibrio muchas veces inestable que pone a menudo de relieve las propias carencias y en su caso deficiencias del Derecho Penal (y Procesal Penal) europeo[17].

Precisamente el TJUE cumple su singular y trascendental labor a través de un mecanismo que se erige en procedimiento fundamental para ello, cual es la denominada cuestión prejudicial (europea y ya no comunitaria), contemplada en el artículo 267 TFUE y hoy día también en nuestro artículo 4 bis LOPJ con carácter general además de ulterior regulación sectorial a la que también se realizará oportuna referencia[18]. Mediante la misma se

---

plans civil et penal", en F. Jault-Seseke y J. Lelieur (eds.), *L'espace judiciaire européen civil et penal: regards croisés,* Dalloz, Paris, 2009, pp. 3-19.

16 Sobre la conjunción necesaria de ambos principios especialmente en sede penal JIMENO BULNES, M. *Un proceso europeo para el siglo XXI,* Civitas & Thomson Reuters, Cizur Menor (Navarra), 2011, p. 35.

17 Por todos a la fecha MANCANO, L. "The systemic and the particular in European Law – Judicial cooperation in criminal matters", *German Law Journal,* 2023, vol. 24, nº 6, pp. 962-981, con examen de estas dificultades al hilo de la aplicación de los instrumentos de reconocimiento mutuo en materia penal, en especial, orden de detención europea (en adelante ODE u OEDE).

18 Precisamente también a fecha en que se redactan estas líneas ha tenido lugar la previsión específica de la misma para el orden jurisdiccional civil con esta misma rúbrica de "cuestión prejudicial europea"; así la introducción del art. 43 bis LEC a partir del art. 103.8 *Real Decreto-ley 6/2023, de 19 de diciembre por el que se aprueban medidas urgentes para la ejecución del Plan de Recuperación, Transformación y Resiliencia en materia de servicio público de justicia, función pública, régimen local y mecenazgo* (BOE de 20 de diciembre de 2023, nº 303, pp. 167808-167994, ELI: https://www.boe.es/eli/es/rdl/2023/12/19/6/con). Incorporación, parece, no exenta de discusión a la fecha con motivo de la futura ley de amnistía hoy en tramitación; así IBAÑEZ GARCÍA, I. "El revuelo causado por la incorporación a la Ley de Enjuiciamiento Civil de un nuevo artículo 43 bis sobre la 'cuestión prejudicial europea'", *Diario La Ley,* 18 de enero de 2024, nº 10428, https://diariolaley.laleynext.es. Por otra parte, el mismo autor ya había procedido a la crítica la regulación interna de la cuestión prejudicial europea en nuestro país: IBAÑEZ GARCÍA, I. "La fragmentaria e insatisfactoria regulación, en España, de la cuestión prejudicial europea", *Revista Ceflegal,* 2018, nº 214, pp. 105-152, con exposición de la diferente normativa europea, española y otros instrumentos no legislativos. Claramente en contra en fecha aún reciente MARTÍN RODRIGUEZ, P. "El ruedo ibérico y la cuestión prejudicial. Sobre la futura derogación del recién estrenado artículo 43 bis de la Ley de enjuiciamiento Civil", *Diario La Ley,* 2 de febrero de 2024, nº 10438, https://

procura así la interpretación y apreciación de validez del Derecho de la Unión con la finalidad, en primera y última instancia, de dar lugar a una aplicación uniforme de la normativa europea a cargo de los órganos jurisdiccionales nacionales (*ius constitutionis*)[19]; por tanto también en el seno del espacio judicial europeo en materia civil y penal siendo a este respecto abundante la jurisprudencia y ejemplos como a continuación se expondrá. Sin embargo y en los últimos años se advierte el acompañamiento —siquiera de forma tímida— a este tradicional procedimiento no contencioso por parte del TJUE de algún otro mecanismo, esta vez procedimiento ya contencioso, además tan contundente como es el propio "recurso" o proceso de incumplimiento contemplado en los artículos 258-260 TFUE[20], la cuantía de cuyas sanciones financieras precisamente acaban de ser actualizadas a fecha en que se redactan estas líneas[21].

Por ello es propósito del presente trabajo analizar, en primer lugar, sendas vías procedimentales con exposición del relevante papel desempeñado por el TJUE o, en concreto, Tribunal de Justicia, en cuanto órgano jurisdiccional competente en ambos casos dentro de la arquitectura judicial europea, en el seno del ELSJ. Por otra parte y en segundo lugar, según ha sido anunciado, se expondrá como muestra de tal empleo de sendos procedimientos y, en especial, aún del primero, cierta jurisprudencia dictada por el Tribunal de Justicia de forma preferente a lo largo del último año en materia de cooperación judicial civil y penal relativa a algunas de los ámbitos u áreas donde pudiera resultar más significativa o en los que pudiera entenderse ha tenido lugar mayor aportación desde la instancia judicial

---

diariolaley.laleynext.es, concluyendo que en un estado de Derecho no ha lugar a" cercenar el poder judicial" (p. 9).

19 Por todos, aquí y ahora, JIMENO BULNES, M. "La cuestión prejudicial", en V. Pardo Iranzo (Dra.), *El sistema jurisdiccional de la Unión Europea*, Thomson Reuters & Aranzadi, Cizur Menor (Navarra), 2013, pp. 173-210, esp. 1ª pág. Más ampliamente, sobre esta finalidad y funciones de la cuestión prejudicial, JIMENO BULNES, M. *La cuestión prejudicial del artículo 177 TCE*, Bosch, Barcelona, 1996, pp. 355 y ss.

20 Véase, con carácter básico, PARDO IRANZO, V. "El recurso de incumplimiento", en Pardo Iranzo, *El sistema jurisdiccional de la Unión Europea*, op. cit., pp. 135-171. El entrecomillado al término "recurso" deriva de su improcedencia, siquiera en la versión española, derivado sin duda de un galicismo de la original versión francesa de los tratados en su día, por ello la preferencia por el término de proceso.

21 Así *Comunicación de la Comisión C/2024/1123 Actualización de los datos utilizados para calcular las sanciones financieras propuestas por la Comisión al Tribunal de Justicia de la Unión Europea en los procedimientos de infracción,* DOUE de 21 de enero de 2024, serie C, ELI: http://data.europa.eu/eli/C/2024/1123/oj.

europea. Finalmente se procederá a realizar una breve y sumaria reflexión final del estado de la cuestión a la fecha, siquiera a título indicativo.

II. EL TRIBUNAL DE JUSTICIA Y SUS MECANISMOS

Sin duda, la mayor parte de esta jurisprudencia europea ha sido vertida al hilo de las cuestiones prejudiciales planteadas por los órganos jurisdiccionales de los Estados miembros en virtud del artículo 267 TFEU en la línea arriba anticipada, en su papel de "jueces europeos"[22]. No obstante, a pesar de esta preponderancia, hay que decir que ya a la fecha algunas de estas sentencias fueron fruto de verdaderos procesos ya contenciosos y así, en concreto, para el caso de las citadas, del denominado "recurso" de anulación hoy día contemplado en los artículos 263 y 264 TFUE[23]. En los últimos años es otra también la vía contenciosa utilizada por parte del Tribunal de Justicia en particular e instituciones comunitarias en general para propugnar a la Unión Europea como "una unión de valores"[24] en la que el judicial desarrolla su máximo papel preservando dichos valores de la Unión; así, el también anunciado proceso de incumplimiento para preservar el estado de Derecho, cuya existencia o inexistencia produce también importante impacto en el seno de la cooperación judicial penal europea[25].

---

[22] Sobre dicho papel en particular VALLEY-PARMAT, J. "Focus sur l'office des juges au sein de la procédure préjudicielle à l'usage des processualistes", *Revues des Affaires Européennes,* 2017, nº 4, pp. 681-691. Así también, con referencia a ejemplos y estadísticas, PAVONE, T. y KELEMEN, D. "The evolving judicial politics of European integration: the European Court of Justice and national courts revisited", *European Law Journal,* 2019, vol. 25, nº 4, pp. 352-373, esp. pp. 358 y ss. También ahonda en esta calificación MAGALDI, N. "La construcción de un poder judicial europeo y las garantías de su independencia", *Revista Española de Derecho Constitucional,* 2022, vol. 42, nº 125, pp. 127-157, esp. pp. 135 y ss, además en relación a temática y jurisprudencia objeto de inmediato estudio relativa a la independencia judicial.

[23] Por todos, aquí y ahora, MARTÍN BRAÑAS, C. "El recurso de anulación", en Pardo Iranzo, *El sistema jurisdiccional de la Unión Europea,* op. cit., pp. 61-95. Sobre su errónea denominación como "recurso" ya a la fecha VIDAL FERNÁNDEZ, B. *El proceso de anulación comunitario. Control jurisdiccional de la legalidad de las actuaciones de las instituciones comunitarias,* Cedecs, Barcelona, 1999, pp. 205 y ss.

[24] Tomo la expresión de GUTIÉRREZ-FONS, J.A. "El Tribunal de Justicia y la Unión Europea como 'una unión de valores'", *Revista de Derecho Comunitario Europeo,* 2023, vol. 27, nº 76, pp. 11-28.

[25] Ejemplo de este impacto del que luego se dará cuenta es también analizado por RIVERA RODRÍGUEZ, P. "El Tribunal de Justicia ante una nueva crisis europea: el equilibrio entre los derechos fundamentales y la cooperación judicial en materia

A ambos mecanismos, cuestión prejudicial y proceso de incumplimiento se realiza inmediata referencia.

1. La cuestión prejudicial como verdadera protagonista

En efecto, es en la resolución de cuestiones prejudiciales dónde el TJUE y, por ende, Tribunal de Justicia se erige propiamente en "tribunal constitucional"[26] pues no en vano dicho procedimiento encuentra su paralelismo más cercano en la cuestión de inconstitucionalidad de varios Estados miembros, algunas de las cuales constituyeron a la postre su antecedente más remoto[27]; incluso hoy se encuentra presente el ánimo de emular esta labor con la emprendida por otros tribunales nacionales que participan de esta *judicial review* en los Estados federales siendo el ejemplo más gráfico a este respecto el Tribunal Supremo de Estados Unidos[28]. Siendo alabada por gran parte de la literatura la labor aquí desempeñada por el Tribunal de Justicia, por cuanto completa las lagunas del Derecho de la Unión haciendo así uso de su potestad normativa[29], no obstante, tampoco está la

---

penal", *Diario La Ley*, 7 de octubre de 2019, nº 9402, https://diariolaley.laleynext.es, al hilo de las órdenes de detención europea dictadas por Estados miembros en los que se cuestiona los principios y valores básicos de la Unión.

26 Dentro de la amplia bibliografía a modo de ejemplo y en particular STREINZ, R. "Die rolle des EuGH im Prozess der Europäischen Integration. Anmerkungen zu gegenläufigen Tendenzen in der neueren Rechtsprechung", *Archiv des öffentlichen Rechts*, 2010, vol. 135, nº 1, pp. 1-28, esp. p. 27, recordando de nuevo como el TJUE y, en suma, Tribunal de Justicia, se erige en "motor de integración" como ha sido ya arriba mencionado. Así también sobre el carácter constitucional del TJUE o tribunal de Justicia en particular MARTÍN Y PÉREZ DE NANCLARES, J. "El TJUE como actor de la constitucionalidad en el espacio jurídico europeo: la importancia del diálogo judicial leal con los tribunales constitucionales y con el TEDH", *Teoría y Realidad Constitucional*, 2017, nº 39, pp. 235-269, esp. p. 237 por lo que atañe a este calificativo.

27 Es el caso concreto de la cuestión de inconstitucionalidad alemana e italiana; al respecto, JIMENO BULNES, *La cuestión prejudicial del artículo 177 TCE*, op. cit., pp. 168 y ss.

28 Sobre esta comparación en particular STOBB, M. y SCALERA-ELLIOT, J. "Crafting the language of borders: the European Court of Justice's strategic opinion writing in rights cases", *Law & Policy*, 2023, vol. 46, nº 1, pp. 27-44.

29 En defensa de dicho papel y su posicionamiento preeminente en la arquitectura institucional europea FIDALGO GALLARDO, C. "El proceso de desplazamiento de la autoridad normativa en los ordenamientos europeos, desde los legislativos nacionales a las instituciones de la Unión Europea. El TJUE como estrella emergente en el firmamento de la Unión", *Revista General de Derecho Procesal*, 2016, nº

misma exenta de críticas; en concreto, desde aquel sector doctrinal que considera que el papel desplegado por el alto Tribunal excede a todas luces de las funciones del judicial *stricto sensu*[30].

En cualquier caso, es así a través del empleo del artículo 267 TFUE la vía que permite al Tribunal de Justicia desarrollar un mayor activismo judicial hasta el punto de haber sido bautizada de "camino real" en el seno de la academia[31]; no en vano el Tribunal de Justicia dentro del organigrama judicial posee única y exclusiva competencia hasta la fecha en esta materia a pesar de la redacción del artículo 256.3 TFUE en favor del Tribunal General[32]. Por su parte dicho artículo 267 TFUE es acompañado por otra

---

40, https://www.iustel.com, realizando comparación con el mismo activismo judicial sufrido a la fecha en Estados Unidos. Precisamente sobre esta potestad normativa del TJUE y su papel clave en el proceso de integración europea LÓPEZ DE LOS MOZOS DÍAZ-MADROÑERO, A., "La normativización de la jurisprudencia del Tribunal de Justicia de las Comunidades Europeas", *Revista General de Derecho Público Comparado,* 2008, , nº 3, https://www.iustel.com.

30 Así CAPPELLETTI, M., "Is the European Court of Justice 'running wild'?", *European Law Review,* 2015, nº 3, pp. 311-322; con mayores dudas HERLIN-KARNELL, E. "The European Court of Justice as a game-changer. Fiduciary obligations in the area of freedom, security and justice", en A. Ripoll Servent y F. Trauner (eds.), *The Routledge Handbook of Justice and Home Affairs Research,* Routledge, London, 2018, pp. 396-408.

31 Así VON DANWITZ, T. "Kooperation der Gerichtsbarkeiten in Europa", *Zeitschrift für Rechtspolitik,* 2010, nº 5, pp. 143-147, esp. p. 144. Similar metáfora en alusión a la entrada a las puertas del Palacio de Justicia en el Plateau de Kirchberg se realiza por WAHL, N. y PRETE, L. "The gatekeepers of Article 267 TFEU: on jurisdiction and admissibility of references for preliminary rulings", *Common Market Law Review,* 2018, vol. 55, nº 2, pp. 511-548, esp. p. 512.

32 Textualmente: "El Tribunal General será competente para conocer de las cuestiones prejudiciales, planteadas en virtud del artículo 267, en materias específicas determinadas por el Estatuto". Hoy día ninguna previsión existe a este respecto en dicha normativa a pesar de las propuestas existentes en este sentido; así *Informe presentado con arreglo al artículo 3, apartado 2, del Reglamento (UE, Euratom) 2015/2422 del Parlamento Europeo y del Consejo, de 16 de diciembre de 2015, por el que se modifica el Protocolo nº 3 sobre el Estatuto del Tribunal de Justicia de la Unión Europea* (DOUE 24 de diciembre de 2015, nº L 341, pp. 14-17), disponible en sitio internet oficial de la institución https://curia.europa.eu y, más recientemente, *Petición presentada por el Tribunal de Justicia, al amparo del artículo 281, párrafo segundo, del Tratado de Funcionamiento de la Unión Europea, en orden a la modificación del Protocolo nº 3 sobre el Estatuto del Tribunal de Justicia de la Unión Europea,* 30 de noviembre de 2022, ULR https://curia.europa.eu/jcms/upload/docs/application/pdf/2022-12/demande_transfert_ddp_tribunal_es.pdf (fecha de última consulta: 29 de enero de 2024). En comentario a dichas propuestas de atribución de competencia al Tribunal Gene-

normativa procesal en sede europea. Así los artículos 23 y 23 bis del Estatuto del Tribunal de Justicia[33] (en adelante Estatuto) en previsión además de ulteriores procedimientos prejudiciales acelerado y de urgencia como distintas "modalidades" de cuestión prejudicial[34]; precisamente el último de ellos es el comúnmente utilizado en materia de cooperación judicial penal y de ahí que buena parte de las cuestiones prejudiciales relativas a esta temática se identifiquen con las siglas PPU, aun cuando no constituya la regla general en este ámbito pese a la lectura equívoca del artículo 23 bis Estatuto[35]. Del mismo modo, habrá de tenerse en cuenta el *Título Tercero: De las cuestiones prejudiciales* (arts. 93-118) del Reglamento de Procedimiento del Tribunal de Justicia[36] o RPTJ, cuyo Capítulo Tercero (arts. 107-115) se ocupa precisamente de dicho procedimiento prejudicial de urgencia. A

---

ral en materia de cuestiones prejudiciales IGLESIAS SÁNCHEZ, S. "Preliminary rulings before the General Court crossing te last frontier of the reform of the EU judicial system?", *Revista General de Derecho Europeo,* 2023, nº 59, https://www.iustel.com y SARMIENTO, D. "On the road to a Constitutional Court of the European Union: the Court of Justice after the transfer of the preliminary reference jurisdiction to the General Court" , *Croatian Yearbook of European Law and Policy,* 2023, vol. 19, pp. VII-XVII.

33 *Protocolo (nº 3) sobre el Estatuto del Tribunal de Justicia de la Unión Europea, anexo al Tratado de Lisboa,* DOUE de 9 de mayo de 2008, nº C 115, pp. 206-209, también disponible en el sitio internet oficial de la institución y así ULR https://curia.europa.eu/jcms/jcms/Jo2_7031/es/.

34 Vid. JIMENO BULNES, Mar, "La nueva cuestión prejudicial en el espacio judicial europeo", *Revista General de Derecho Procesal,* 2008, nº 16, https://www.iustel.com, p. 10. Así también, en relación específica del procedimiento prejudicial en materia de cooperación judicial penal con amplia exposición jurisprudencial, LIAKOPOULOS, D. "Reference for a preliminary ruling on CJEU: thoughts and observations in criminal matters", *Revista General de Derecho Procesal,* 2020, nº 50, https://www.iustel.com.

35 Textualmente: "El reglamento de procedimiento podrá establecer un procedimiento acelerado y, para las remisiones prejudiciales relativas al espacio de libertad, seguridad y justicia, un procedimiento de urgencia". Dicho precepto no es original sino que fue introducido en virtud de la *Decisión 2008/79/CE del Consejo de 20 de diciembre de 2007, por la que se modifica el Protocolo del Estatuto del Tribunal de Justicia,* DOUE de 29 de mayo de 2008, nº L 24, pp. 42-43, ELI: http://data.europa.eu/eli/dec/2008/79(1)/oj. Sobre la necesidad de proceder a dicha justificación con primeros ejemplos jurisprudenciales al respecto KOUTRAKOS, P. "Speeding up the preliminary reference procedure – fast but not too fast", *European Law Review,* 2008, vol. 33, nº 5, pp. 617-618.

36 Versión consolidada disponible en anterior sitio internet oficial de la institución con ULR https://curia.europa.eu/jcms/jcms/Jo2_7031/es/.

esta normativa ha de añadirse las oportunas recomendaciones dictadas a este respecto por parte del TJUE[37] a modo de *soft law*.

En sede nacional española ha de recordarse también la regulación aún reciente a este respecto, así mediante artículo 4 bis LOPJ, introducido con carácter general para el conjunto de órdenes jurisdiccionales a partir de la reforma de dicha legislación procesal operada mediante Ley Orgánica 7/2015, de 21 de julio[38]. Hasta entonces era empleado por analogía con la cuestión de inconstitucionalidad el artículo 35 LOTC[39], cuya regulación en alguna medida "copia" el nuevo precepto; ello si bien la redacción de dicho artículo 4 bis LOPJ aún resulta bastante parca y, en suma, mejorable[40] pues sólo contempla el planteamiento de la cuestión prejudicial europea "mediante auto, previa audiencia de las partes" olvidando, en cambio, la previsión de aspectos fundamentales como es la inimpugnabilidad de la resolución de planteamiento así como la suspensión del proceso principal, ambos por el contrario contemplados en la norma constitucional[41]. En cambio, la

---

37 *Recomendaciones a los órganos jurisdiccionales nacionales relativas al planteamiento de cuestiones prejudiciales*, DOCE de 8 de noviembre de 2019, nº C 380, pp. 1-9, también disponibles en anterior sitio internet oficial de la institución y así ULR https://curia.europa.eu/jcms/jcms/Jo2_7031/es/.

38 *LO 7/2015, de 21 de julio, por la que se modifica la Ley Orgánica 6/1985, de 1 de julio, del Poder Judicial*, BOE de 22 de julio de 2015, nº 174, pp. 61593-61660, ELI: https://www.boe.es/eli/es/lo/2015/07/21/7.

39 Sobre la similitud y diferencia entre ambas cuestiones CRUZ VILLALÓN, P. y REQUEJO PAGÉS, J.L. "La relación entre la cuestión prejudicial y la cuestión de inconstitucionalidad", *Revista de Derecho Comunitario Europeo*, 2015, vol. 19, nº 50, pp. 173-194, calificando a ambos de procedimientos incidentales; a la fecha ESPIGARES JIMÉNEZ, V. "Cuestión prejudicial y cuestión de inconstitucionalidad. Por una discorde concordia", *Diario La Ley*, 9 de enero de 2024, nº 10421, https://diariolaley.laleynext.es/.

40 En esta línea SARMIENTO, D. y ARNALDO ORTS, E. "La cuestión prejudicial europea en la jurisdicción española ¿Un mito desmentido por las cifras?", *Revista de Derecho Comunitario Europeo*, 2023, vol. 27, nº 76, pp. 76-111, esp. pp. 84 y ss.

41 Especialmente a partir de la redacción otorgada por la *LO 6/2007, de 24 de mayo, por la que se modifica la Ley Orgánica 2/1979, del Tribunal Constitucional*, BOE de 25 de mayo de 2007, nº 125, pp. 22541-22547, ELI: https://www.boe.es/eli/es/lo/2007/05/24/6. Así el art. 35.2 LOTC indica textualmente que "el órgano judicial sólo podrá plantear la cuestión una vez concluso el procedimiento y dentro del plazo para dictar sentencia, o la resolución jurisdiccional que procediese, y deberá concretar la ley o norma con fuerza de ley cuya constitucionalidad se cuestiona, el precepto constitucional que se supone infringido y especificar o justificar en qué medida la decisión del proceso depende de la validez de la norma en cuestión. Antes de adoptar mediante auto su decisión definitiva, el órgano judicial

reciente regulación ofrecida con carácter especial en el artículo 43 bis LEC a partir de la reforma procesal realizada por el *Real Decreto-ley 6/2023, de 19 de diciembre por el que se aprueban medidas urgentes para la ejecución del Plan de Recuperación, Transformación y Resiliencia en materia de servicio público de justicia, función pública, régimen local y mecenazgo* antes citado ya contempla para el proceso civil sendos aspectos mediante una detallada regulación[42] acercándose

oirá a las partes y al Ministerio Fiscal para que en el plazo común e improrrogable de 10 días puedan alegar lo que deseen sobre la pertinencia de plantear la cuestión de inconstitucionalidad, o sobre el fondo de ésta; seguidamente y sin más trámite, el juez resolverá en el plazo de tres días. Dicho auto no será susceptible de recurso de ninguna clase. No obstante, la cuestión de inconstitucionalidad podrá ser intentada de nuevo en las sucesivas instancias o grados en tanto no se llegue a sentencia firme.". Por su parte el art. 35.3 LOTC introducido por anterior legislación señala que "el planteamiento de la cuestión de constitucionalidad originará la suspensión provisional de las actuaciones en el proceso judicial hasta que el Tribunal Constitucional se pronuncie sobre su admisión. Producida ésta el proceso judicial permanecerá suspendido hasta que el Tribunal Constitucional resuelva definitivamente sobre la cuestión".

42 Textualmente: "1. Cuando un tribunal estime que para poder emitir su fallo, en cualquier fase del procedimiento, resulta necesaria una decisión sobre la interpretación o la validez del Derecho de la Unión, en los términos del artículo 267 del Tratado de Funcionamiento de la Unión Europea, dictará providencia en la que, concretando suficientemente la duda interpretativa o de validez del Derecho de la Unión, dará audiencia por un plazo común de diez días a las partes y, en los casos en los que legalmente proceda, al Ministerio Fiscal. El auto de planteamiento de la cuestión prejudicial ante el Tribunal de Justicia de la Unión Europea acordará la suspensión de las actuaciones hasta que conste en autos la resolución del Tribunal de Justicia de la Unión Europea que decida la cuestión prejudicial o se acuerde la retirada de la cuestión prejudicial. Contra la providencia y el auto mencionados en este apartado no cabe recurso. 2. Cuando se encuentre pendiente ante el Tribunal de Justicia de la Unión Europea una cuestión prejudicial directamente vinculada con el objeto del litigio de que conoce un tribunal, ya planteada por otro órgano jurisdiccional de cualquier Estado miembro de la Unión Europea, si el tribunal estima necesaria la decisión del Tribunal de Justicia de la Unión Europea para resolver el litigio, podrá suspender motivadamente el procedimiento. La suspensión se acordará, mediante auto, previa audiencia por plazo común de diez días de las partes y, en los casos que legalmente proceda del Ministerio Fiscal. Contra el auto que deniegue la petición cabrá recurso de reposición, y contra el auto que acuerde la suspensión cabrá presentar recurso de apelación. La suspensión a la que se refiere este apartado se alzará por el letrado o letrada de la Administración de Justicia una vez acreditada la resolución del Tribunal de Justicia de la Unión Europea o, en otros supuestos, por auto del propio tribunal que acordó la suspensión". Ello si bien dicha suspensión ya obraba en la práctica con anterioridad a esta legislación; así FIDALGO GALLARDO, C. "La prejudicialidad

su redacción en mayor medida a la ofrecida por el precepto constitucional como ya tuvo lugar en el pasado[43].

Las últimas estadísticas judiciales del Tribunal de Justicia a la fecha disponibles[44] continúan mostrando aún el predominio de la cuestión prejudicial sobre cualesquiera otros procesos europeos al igual que la posición dominante del ELSJ en lo que se refiere a las materias objeto de actividad judicial. De este modo se señalan 806 asuntos iniciados en 2022, cifra ligeramente inferior a la de años anteriores[45], de los cuales 546 son cuestiones prejudiciales que representan un 67,74% del volumen de asuntos, si bien su número es también sensiblemente menor con relación a otras anualidades[46]; entre las materias, 95 cuestiones prejudiciales en 2022 son relativas al ELSJ[47], ciertamente la cifra más elevada en comparación con restantes temáticas dentro de la clasificación realizada. Por cierto que nuestro país alcanza un honroso tercer puesto con 237 cuestiones prejudiciales planteadas en 2022[48], por detrás de Alemania (536) e Italia (291); esta prolificidad, sin duda, demuestra que los órganos jurisdiccionales españoles se han

---

europea: cuestiones prejudiciales y suspensión de procesos civiles", *Revista General de Derecho Procesal*, 2022, nº 56, https://www.iustel.com; en cambio, de opinión contraria, SOLDEVILA FRAGOSO, S. "Paralización del procedimiento ante cuestiones prejudiciales europeas: ni contigo ni sin ti", *Actualidad Administrativa*, 2023, nº 7, https://web.laley.es/revistas-laley/actualidad-administrativa/, entendiendo que tiene lugar una "paralización legalmente injustificada" (p. 2).

43 De modo concreto y en su día el art. 38 Anteproyecto de Ley de Enjuiciamiento Civil bajo la rúbrica *Cuestiones prejudiciales ante los Tribunales de la Comunidad Europea*, suprimida posteriormente; así Proyecto de Ley 121/000147 Enjuiciamiento Civil, BOCG de 13 de noviembre de 1998, nº 147-1, serie A: Proyectos de Ley. Al respecto, JIMENO BULNES, M. "La supresión de la cuestión prejudicial comunitaria en el Anteproyecto de L.E.C.", en J. Picó i Junoy (dr.), *Presente y futuro del proceso civil*, J.M. Bosch Editor, Barcelona, 1998, pp. 121-133.

44 *Informe Anual 2022: Estadísticas judiciales del Tribunal de Justicia* disponibles en página oficial de la institución con ULR https://curia.europa.eu/jcms/jcms/Jo2_7032/es/ (fecha de última consulta: 28 de enero de 2024).

45 849 en 2018, 966 en 2019 y 838 en 2021; por el contrario 737 en 2020, seguramente por causa de la pandemia del COVID-19. *Vid. Informe Anual 2022: Estadísticas judiciales del tribunal de Justicia*, cit., p. 1.

46 568 en 2018, 641 en 2019, 557 en 2020 y 567 en 2021. *Vid. Informe Anual 2022: Estadísticas judiciales del tribunal de Justicia*, cit., p. 2.

47 82 en 2018, 107 en 2019, 96 en 2020 y 106 en 2021. *Vid. Informe Anual 2022: Estadísticas judiciales del tribunal de Justicia*, cit., p. 3.

48 67 en 2018, 64 en 2019, 30 en 2020 y 35 en 2021. *Vid. Informe Anual 2022: Estadísticas judiciales del tribunal de Justicia*, cit., p. 5.

tomado en serio su papel de "jueces europeos"[49] desde aquel primer planteamiento de cuestión prejudicial por el entonces Tribunal Central del Trabajo[50] hasta llegar hoy a la cifra de un total de 697 cuestiones prejudiciales promovidas desde entonces[51], algunas de ellas de especial relevancia, con mayor o menores críticas[52].

Sin embargo, las mismas estadísticas muestran otra realidad y así el incremento también a lo largo de estos años del número de procesos por incumplimiento interpuestos por la Comisión Europea en virtud de los artículos 258-260 TFUE. En efecto, se indica la cifra de 35 "recursos" de incumplimiento iniciados en 2022 contra distintos Estados miembros (2 contra España), cifra sensiblemente superior a la de años inmediatamente anteriores[53]. La cuestión no es baladí por la influencia que su estimación o desestimación en su caso puede producir en el desarrollo de la cooperación judicial, en especial la penal y así, en concreto, en relación con la aplicación de los instrumentos de reconocimiento mutuo siendo a este respecto el ejemplo más significativo la orden de detención europea u ODE / OEDE. Pudiera así ser este una suerte de "aviso para navegantes", el cual

---

49 Así SARMIENTO y ARNALDO ORTS, "La cuestión prejudicial europea en la jurisdicción española...", op. cit., p. 77. Con referencia también a las cifras obrantes para 2023 por parte de los órganos jurisdiccionales españoles DE BLAS JAVALOYAS, J.R. "La redacción de la cuestión prejudicial y la inadmisibilidad manifiesta", *Práctica de Tribunales,* 2023, nº 164, https://revistas.laley.es/Content/Inicio.aspx. Con ejemplos de jurisprudencia española hasta la fecha IGLESIAS SÁNCHEZ, S. "L'usage du renvoi préjudiciel par les juges espagnols", *Revue des Affaires Européennes,* 2016, nº 1, pp. 47-57; así también ORDOÑEZ SOLÍS, D. "Los jueces españoles y la aplicación del Derecho de la Unión Europea (o de cómo ha aumentado el poder de los jueces y de cómo se ha transformado el procedimiento judicial español)", *Noticias de la Unión Europea,* 2011, nº 315, pp. 3-16.

50 Sentencia del Tribunal de Justicia (Sala Sexta) de 29 de septiembre de 1987, *Fernando Roberto Giménez Zaera c. Instituto Nacional de la Seguridad Social y Tesorería General de la Seguridad Social,* as. 126/86, ECLI:EU:C:1987:395, TOL4.621.174. Por todos a la fecha JIMENO BULNES, M.M. "Primera cuestión prejudicial planteada por una jurisdicción española: S. Giménez Zaera", *Revista Universitaria de Derecho Procesal,* 1989, nº 3, pp. 151-177.

51 *Vid. Informe Anual 2022: Estadísticas judiciales del tribunal de Justicia,* cit., p. 24.

52 Véase su cita ejemplificativa en SARMIENTO, y ARNALDO ORTS, "La cuestión prejudicial europea en la jurisdicción española...", op. cit., p. 77. En cambio, un comentario crítico a varias de ellas le dedica JIMENA QUESADA, L. "La cuestión prejudicial europea ante planteamientos más que dudosos", *Teoría y realidad constitucional,* nº 37, 2017, pp. 271-306, esp. pp. 276 y ss.

53 18 en 2020 y 22 en 2021. *Vid. Informe Anual 2022: Estadísticas judiciales del tribunal de Justicia,* cit., p. 6.

da a entender que ya la cuestión prejudicial no es la única protagonista en sede judicial europea a la hora de configurar el ELSJ.

2. *El Estado de Derecho o rule of law y el proceso de incumplimiento*

En la línea anticipada se advierte el creciente interés de las instituciones europeas en hacer uso de este proceso a la hora de dirigir y supervisar el buen comportamiento de los Estados miembros a fin de procurar su concordancia con los *standards* de la Unión Europea. De este modo y por lo que concierne a la predicada influencia del resultado de tales procesos en el desarrollo especialmente de la cooperación judicial en materia penal dentro de la Unión, el ejemplo más significativo a este respecto lo constituye la casuística relativa a la independencia judicial en cumplimiento del Estado de Derecho o *rule of law*, cuya medición se realiza anualmente por parte de la Comisión Europea[54]. No en vano esta es materia de fundamen-

[54] El último informe deriva de la *Comunicación de la Comisión al Parlamento Europeo, al Consejo, al Comité Económico y Social Europeo y al Comité de las Regiones: Informe sobre el Estado de Derecho en 2023,* Bruselas, 5 de julio de 2023, COM(2023) 800 final; véase en particular información sobre esta materia en enlace oficial https://commission.europa.eu/strategy-and-policy/policies/justice-and-fundamental-rights/upholding-rule-law/rule-law_es (fecha de última consulta: 29 de enero de 2024). Precisamente a fecha en que se redactan estas líneas ha tenido lugar la convocatoria anual para elaborar el cuadro de indicadores de la justicia en la UE relativo al año 2024 disponible en ULR https://ec.europa.eu/info/law/better-regulation/have-your-say/initiatives/14032-Cuadro-de-indicadores-de-la-justicia-en-la-UE-de-2024_es (fecha de última consulta: 3 de febrero de 2024). En la bibliografía, sobre el contexto de la independencia judicial dentro del Estado de Derecho en particular GARCÍA-SAYÁN, D. "Authoritarianism, judicial independence and democratic transition", en M. Bobek, A. Bodnar, A. von Bogdandy y P. Sonnevend (eds.), *Transition 2.0. Re-establishing constitutional democracy in EU Member States*, Nomos, Baden-Baden, 2023, pp. 91-111, con ejemplos concretos en el ámbito de Latino-América. En cambio, sobre la evolución y el concepto del Estado de Derecho en el ámbito concreto de la Unión respectivamente SUNNQVIST, M. "'EU's legal history in the making'. Substantive rule of law in the deep culture of European Law", *Giornale di Storia Costituzionale*, 2023, vol. 45, nº 1, pp. 11-35, en alusión a su procedencia desde el antiguo *Rechtsstaat* alemán y RAITIO, J. "The concept of the rule of law – Just a political ideal, or a binding principle?", *Giornale di Storia Costituzionale*, 2023, vol. 45, nº 1, pp. 37-46, defendiendo el carácter cultural y no solo legal de dicho concepto; para otros, en cambio, el origen de este concepto tiene lugar en el imperio británico a partir de su exportación al imperio en el siglo XVIII según refiere BURSET, C.R. "Redefining the rule of law: an eighteenth-century case study", *American Journal of Comparative Law*, 2022, vol. 70, nº 4, pp. 657-694. Con carácter general CAUNES, K. (ed.), *Special issue: between*

tal importancia para el conjunto de las instituciones europeas y en especial la Comisión por suponer un termómetro que, de forma gráfica, mide la "temperatura" de los Estados miembros y su conformidad con los denominados "valores fundacionales de la Unión", tales como la democracia y los derechos fundamentales[55]. Ha de recordarse que hoy dichos valores —también el del Estado de Derecho— encuentran mención expresa en la enumeración expresa realizada por el artículo 2 TFUE[56].

Por su parte el Tribunal de Justicia ha dictado ciertamente amplia jurisprudencia en favor del reconocimiento de dicha independencia judicial en el seno de los Estados miembros como contenido fundamental del Es-

---

ought and is: European integration through the rule of law, European Law Journal, 2021 vol. 27, nº 1-3, así como HARBATH, S. y SPIELMANN, C. "EU review of judicial independence in the member states: foundations and limits", *European Law Review,* 2023, nº 48, pp. 681-695. En nuestro país destaca la obra colectiva coordinada por BERZOSA LÓPEZ, D. *La protección de la independencia judicial en la Unión Europea,* Grupo PPE en el Parlamento Europeo, Unión Europea, 2023.

55 Así *Comunicación de la Comisión al Parlamento Europeo, al Consejo, al Comité Económico y Social Europeo y al Comité de las Regiones: Informe sobre el Estado de Derecho en 2023,* cit., p. 1; véase en particular información sobre esta materia en enlace oficial https://commission.europa.eu/strategy-and-policy/policies/justice-and-fundamental-rights/upholding-rule-law/rule-law_es (fecha de última consulta: 3 de febrero de 2024). Sobre la independencia judicial desde la perspectiva europea y procesal PARDO IRANZO, V. "Constitución europea y derechos procesales: notas sobre el juez independiente e imparcial", *Revista jurídica de la Comunidad Valenciana,* 2006, nº 19, pp. 5-21.

56 Textualmente: "La Unión se fundamenta en los valores de respeto de la dignidad humana, libertad, democracia, igualdad, Estado de Derecho y respeto de los derechos humanos, incluidos los derechos de las personas pertenecientes a minorías. Estos valores son comunes a los Estados miembros en una sociedad caracterizada por el pluralismo, la no discriminación, la tolerancia, la justicia, la solidaridad y la igualdad entre mujeres y hombres". Sobre dicho conjunto de valores y su regulación particular en el art. 2 TFEU véase VON BOGDANDY, A. y SPIEKER, L.D. "EU values as constraints and facilitators in democratic transitions", en Bobek, Bodnar, von Bogdandy y Sonnevend, *Transition 2.0...,* op. cit., pp. 113-142, esp. pp. 122 y ss, en relación con la situación actual y concreta en países como Polonia y Hungría en el ámbito geográfico de la Unión; en particular referencia al Estado de Derecho en el mismo volumen SCHROEDER, W. "Transition 2.0 and rule of law – Mainstreaming in the European Union", pp. 535-562, esp. pp. 543 y ss. Sobre la independencia judicial como valor contenido en el art. 2 TFEU y su relación con el Derecho Penal europeo MANCANO, L. "A theory of justice? Securing the normative foundations of EU criminal law through an integrated approach to independence", *European Law Journal,* 2022, vol. 27, nº 4-6, pp. 477-501, esp. pp. 484 y ss.

tado de Derecho al hilo de cuestiones prejudiciales varias[57]; entre ellas y más allá del papel jugado por alguna jurisprudencia europea anterior, cuya influencia pudiera haber tenido aquí lugar[58], sin duda constituye un hito o *landmark case* la Sentencia del Tribunal de Justicia (Gran Sala) dictada a fecha de 27 de febrero de 2018 en el caso *Associaçao Sindical dos Juízes Portugueses*[59], también conocido con el acrónimo ASJP y la que erige el derecho a la tutela judicial efectiva en contenido básico del Estado de Derecho[60]. En

---

57 Vid. BACHMAIER WINTER, L. "Judicial independence in the Member States of the Council of Europe and the EU: evaluation and action", *ERA Forum,* 2019, nº 20, pp. 113-120, esp. pp. 123 y ss así como IGLESIAS SÁNCHEZ, S. "The role of the Court of Justice of the EU in transition 2.0", en Bobek, Bodnar, von Bogdandy y Sonnevend, *Transition 2.0...*, op. cit., pp. 471-494, esp. pp. 482 y ss; así también, en términos generales, GARCÍA-VALDECASAS DORREGO, M.J. "Estado de derecho e independencia judicial en la jurisprudencia del Tribunal de Justicia de la UE: la consagración de la identidad constitucional europea", *Revista Española de Derecho Europeo,* 2022, nº 82, pp. 19-76 y PEREGO, A. "La jurisprudence de la Cour de justice sur l'indépendance judiciaire", *Revue du Droit de l'Union Européenne,* 2019, nº 4, pp. 129-142. Así también CAMPOS SÁNCHEZ-BORDONA, M. "Editorial: la protección de la independencia judicial en el Derecho de la Unión Europea", *Revista de Derecho Comunitario Europeo,* 2020, vol. 24, nº 65, pp. 11-31, esp. p. 26, en alusión a la "proliferación" de cuestiones prejudiciales.

58 Es el caso de la anterior sentencia *Les Verts* de 23 de abril de 1986 a juicio de LENAERTS, K. "On checks and balances: the rule of law within the EU", *Columbia Journal of European Law,* 2023, vol. 29, nº 2, pp. 25-63, esp. 27, entendiendo que dicha sentencia fue "crucial" para "capturar la esencia de la rule of law " (traducción personal).

59 C-64/16, ECLI:EU:C:2018:117, TOL6.520.017. En particular, comentarios de GARCÍA-VALDECASAS DORREGO, M.J. "El Tribunal de Justicia, centinela de la independencia judicial desde la sentencia *Associação Sindical dos Juízes Portugueses (ASJP)", Revista Española de Derecho Europeo,* 2019, nº 72, pp. 75-95 e IGLESIAS SÁNCHEZ, S. "La independencia judicial como principio constitucional en la UE: los límites del control por el Tribunal de Justicia de la UE", *Teoría y realidad constitucional,* 2022, nº 50, pp. 487-516, esp. p. 493 en calificación de dicha sentencia como *landmark case*; así también PLEITE GUADAMILLAS, F. "Hacia una justicia europea", *Diario La Ley,* 3 de julio de 2019, nº 9462, https://diariolaley.laleynext.es/, esp. pp. 4 y ss y PEREIRA DE SOUSA, I. "O acordação *Associação Sindical dos Juízes Portugueses* como antecâmara para a intervenção do TJUE na crise do Estado de Direito na União Europeia", *Revista Ibérica do Direito,* 2020, vol. 1, nº 1, pp. 100-112, esp. pp. 104 y ss. Por último, PECH, L. y PLATON, S. "Judicial Independence under threat: the court of Justice to the rescue in the ASJP case", *Common Market Law Review,* 2018, vol. 55, nº 6, pp. 1827-1854, en comentario de hechos, opinión del Abogado General y fundamentación de la sentencia.

60 En esta línea ZINOSO, P. "Revisiting the EU legal system: substantive & procedural loyalty for the judicial enforcement of the rule of law", *European Public Law,* 2021, vol. 27, nº 2, pp. 383-402, esp. p. 385. Asimismo, sobre el papel esencial

la misma, planteada cuestión prejudicial por el Supremo Tribunal Administrativo de Portugal al amparo del litigio entablado entre esta asociación y el Tribunal de Cuentas del país vecino en relación con la reducción temporal de las retribuciones judiciales por causa de la política presupuestaria portuguesa entonces aplicable, entiende el Tribunal de Justicia que dicha disminución salarial, en cuanto temporal y a la fecha del pronunciamiento judicial desde Luxemburgo ya suprimida, no lesiona el principio de independencia judicial establecido en el artículo 19.1.II TUE[61].

Si bien se sucede alguna jurisprudencia ulterior sobre esta misma temática fruto del planteamiento de cuestiones prejudiciales como es la dictada en caso *Miasto Lowicz*[62], sin duda ha sido mayor la procedente de procesos contenciosos. Es el caso concreto del "recurso" o proceso de incumplimiento, instrumento que se ha erigido en aquél más idóneo para

---

jugado por esta sentencia con influencia en posterior jurisprudencia europea LENAERTS, "On checks and balances: the rule of law within the EU", op. cit., esp. pp. 32 y ss.

61 En suma, "los Estados miembros establecerán las vías de recurso necesarias para garantizar la tutela judicial efectiva en los ámbitos cubiertos por el Derecho de la Unión". Sobre la extensión de este precepto relativo a la existencia de vías de recurso efectivas para preservar la independencia judicial LENAERTS, K. "El Tribunal de Justicia de la Unión Europea y la independencia judicial", *Revista de Derecho Comunitario Europeo,* 2022, vol. 26, nº 72, pp. 351-368, esp. pp. 354 y ss. En la misma línea y la consideración de este precedente como iniciador de una "saga", CAMPOS SÁNCHEZ-BORDONA, "Editorial: la protección de la independencia judicial en el Derecho de la Unión Europea", op. cit., esp. p. 11; de modo general sobre esta temática en perspectiva europea NIEVA FENOLL, J. "Requisitos mínimos europeos para la independencia personal", *Revista Vasca de Derecho Procesal y Arbitraje,* 2024, vol. 36, nº 1, pp. 123-134, *passim.*

62 Sentencia del Tribunal de Justicia (Gran Sala) de 26 de marzo de 2020, C-558/18 y C-563/18, ECLI:EU:C:2020:234, TOL7.832.503 en la que, siendo de nuevo solicitada interpretación del art. 191.II TFUE, esta vez en relación con la posible vulneración de la independencia judicial de los jueces polacos, el Tribunal de Justicia inadmitió sendas cuestiones prejudiciales planteadas por los órganos jurisdiccionales de este país entendiendo que "dichas cuestiones prejudiciales no versan sobre una interpretación del Derecho de la Unión que responda a una necesidad objetiva para la resolución de dichos litigios, sino que tienen carácter general" (FJ 53). Al respecto MAGALDI, N. "Una nueva advertencia a Polonia sobre la (in)dependencia de su poder judicial. A propósito de la sentencia del TJUE de 26 de marzo de 2020, Miasto Lowicz y otros", *Revista General de Derecho Europeo,*2020, nº 52, https://www.iustel.com, esp. pp. 20 y ss, en defensa de un "poder judicial europeo… del que predicar (también) la garantía de independencia" (p. 23). Sobre esta y otra jurisprudencia del TJUE también en particular IGLESIAS SÁNCHEZ, "The role of the Court of Justice of the EU in transition 2.0", op. cit., pp. 489 y ss.

procurar la defensa de la independencia judicial en el seno de la Unión[63]; es aquí donde la Unión ha mostrado mayor contundencia desplegando la Comisión su papel en calidad de "guardiana de los Tratados" en virtud del artículo 17.1 TFUE[64] en grado máximo. En este caso el Estado miembro destinatario ha sido especialmente Polonia dentro de aquel conjunto de países "donde el proceso de regresión constitucional ha estado en marcha durante la última década"[65]; dicho país también ha dado lugar a cuestiones prejudiciales por el mismo motivo como la inmediatamente citada *Miasto Lowicz* en la que parece doble "advertencia a Polonia en relación con la (in)dependencia de su poder judicial"[66]. No en vano la Comisión es la

---

63 Al respecto RODRIGUEZ ARRIBAS, R. "El recurso de incumplimiento como instrumento de defensa de la independencia judicial", en Berzosa López, *La protección de la independencia judicial en la Unión Europea*, op. cit., pp. 353-395, *passim*.

64 Textualmente: "La Comisión promoverá el interés general de la Unión y tomará las iniciativas adecuadas para este fin. Velará por que se apliquen los Tratados y las medidas adoptadas por las instituciones en virtud de éstos. Supervisará la aplicación del Derecho de la Unión bajo el control del Tribunal de Justicia de la Unión Europea...". Sobre el papel de la UE en general y Comisión en particular a la hora de preservar la independencia judicial KRZYWON, A. "La defensa y el desarrollo del principio de independencia judicial en la Unión Europea", *Revista Española de Derecho Constitucional*, 2020, vol. 40 nº 119, pp. 85-117, esp. pp. 99 y ss, en relación con los procesos de incumplimiento como instrumento de defensa de la independencia judicial junto a las cuestiones prejudiciales y procedimiento del art. 7 TFUE analizados con anterioridad; así también, sobre dicho papel de *gatekeeper* o más aún, *gatekeepers' keeper* para la UE en general LENAERTS, K. "New horizons for the rule of law within the EU", *German Law Journal*, 2020, nº 21, pp. 29-34, esp. pp. 31 y ss.

65 Afirmación realizada por AVBELJ, M. "Approaching Transition 2.0 in a realist, structural, principled and inclusive constitutional matter", en Bobek, Bodnar, von Bogdandy y Sonnevend, *Transition 2.0...*, op. cit., pp. 13-32, esp. 1ª pág. en explicación del proyecto europeo que da resultado al volumen continuador del anterior *Transition 1.0*. También de interés en el mismo volumen sobre el declive democrático en países como Hungría y Polonia dentro del ámbito geográfico de la Unión JIMÉNEZ, M. y CASTIGLIONE, D. "Reversing authoritarianism in the EU: transformative politics and the role of opposition", pp. 59-89, esp. pp. 83 y ss. Desde una perspectiva política sobre la situación polaca MARQUES, F. "Rule of law, national judges and the Court of Justice of the European Union: let's keep it juridical", *European Law Journal*, 2021, vol. 27, nº 1-3, pp. 228-239, esp. pp. 231 y ss, en relación con la judicatura; así también, relativa a los cambios en esta última para este país, ZYGMUNT, C. "The rule of law in Poland – crisis or a new reality", *Academia Letters*, 2021, https://doi.org/10.20935/AL2624.

66 Tomo aquí la expresión de MAGALDI, N. "Una nueva advertencia a Polonia sobre la (in)dependencia de su poder judicial...", op. cit.., precisamente en comentario de la última sentencia citada; así también, en relación con la situación

demandante privilegiada para interponer demanda en incumplimiento a tenor de la redacción proporcionada por el artículo 258 TFUE[67].

Destacan así varias demandas de incumplimiento contra este país, asuntos todos ellos *Comisión c. Polonia,* con sentencias del Tribunal de Justicia (Gran Sala) de fechas de 24 de junio y 5 de noviembre de 2019[68] así como

---

en este país y comentario a la misma sentencia CAMACHO, M.V. "El derecho a un tribunal establecido por ley y el procedimiento de nombramiento judicial: nuevos desarrollos a través de la jurisprudencia del TEDH y del TJUE. Su aplicación al caso de Polonia", *Cuadernos Europeos de Deusto,* 2023, nº 68, pp. 116-150, esp. pp. 130 y ss, al igual que GONZÁLEZ VEGA, I. "Estado de Derecho en la Unión Europea: crisis de la independencia judicial en Polonia", *Jueces para la democracia,* 2023, nº 107, pp. 81-92, esp. pp. 89 y ss, en relación con la jurisprudencia del TJUE aquí objeto de cita. Sobre la situación presente y futura en este país y Hungría, a modo de ejemplo, JAKAB, A. "How to return from a hybrid regime into a constitutional democracy? Hypothetical constitutional scenarios for Hungary and a few potential lessons for Poland", en Bobek, Bodnar, von Bogdandy y Sonnevend, *Transition 2.0....,* op. cit., pp. 145-225, con preguntas y respuestas concretas al respecto.

67 Así, en sumà, "si la Comisión estimare que un Estado miembro ha incumplido una de las obligaciones que le incumben en virtud de los Tratados, emitirá un dictamen motivado al respecto, después de haber ofrecido a dicho Estado la posibilidad de presentar sus observaciones. Si el Estado de que se trate nos e atuviere a este dictamen en el plazo determinado por la Comisión, éste podrá recurrir al Tribunal de Justicia de la Unión Europea". Precisamente sobre la que parece obligatoriedad de la Comisión Europea para instar dicho procedimiento y así cumplir su papel en calidad de "guardiana de los Tratados" ya a la fecha RIPOLL CARULLA, S. "El recurso por incumplimiento. Breves notas sobre la preceptiva actitud de la Comisión", *Noticias de la Unión Europea,* 1990, nº 66, pp. 11-18. Desde una perspectiva muy crítica MANGAS MARTÍN, A. "Polonia en el punto de mira: ¿sólo riesgo de violación grave del Estado de Derecho?", *Revista General de Derecho Europeo,* 2018, nº 44, https://www.iustel.com, sobre otras vías y en particular la del art. 7.1 TUE operada a instancia igualmente de la Comisión con destino también a Polonia.

68 C-619/18, ECLI:EU:C:2019:531, TOL9.749.346, con auto de rectificación de 11 de julio de 2019, ECLI:EU:C:2019:615, TOL7.301.290 (sólo en versión polaca) y C-192/18, ECLI:EU:C:2019:924, TOL7.567.541. En ambos casos se declara incumplimiento de Polonia de las obligaciones derivadas, entre otros, de la aplicación del art. 19 TFUE en relación con la edad de jubilación de los magistrados de distintos tribunales manteniendo además edad diferente entre hombres y mujeres junto a las facultades concedidas al ejecutivo (Presidente de la República y ministro de justicia) para prorrogar la función jurisdiccional de aquellos/as magistrados/as que hubieran alcanzado dicha edad.

de 15 de julio de 2021[69] y 5 de junio de 2023[70] dando lugar a la denominada "saga polaca", por cuanto tuvo también su contestación judicial en este país a la luz del pulso mantenido entre el TJUE y Tribunal Constitucional polaco[71]. En relación con esta última, por ser la más reciente a la fecha, merece aquí recordarse como, tras una dilatada tramitación procesal con el dictado de diversas resoluciones interlocutorias en el camino[72], el alto

---

69 C-791/19, ECLI:EU:C:2021:596, TOL7.878.429, de nuevo condenando a Polonia por incumplimiento de las obligaciones derivadas del art. 19 TFUE al no garantizar la independencia e imparcialidad judicial de la propia Sala Disciplinaria del Tribunal Supremo de este país además de otras infracciones en relación con la influencia ejercida en esta sala por parte del ejecutivo declarando incluso la violación del derecho a un proceso sin dilaciones indebidas; más aún declara igualmente la infracción del mismo precepto, textualmente, "al permitir que la posibilidad de incoar un procedimiento disciplinario limite el derecho de los órganos jurisdiccionales a plantear al Tribunal de Justicia de la Unión Europea peticiones de decisión prejudicial" (fallo 2). Sobre estas sentencias, anteriores y otras en materia de independencia judicial ULLOA RUBIO, I. "La primacía del Derecho de la Unión en materia de estado de Derecho: un repaso a la jurisprudencia del TJUE sobre la independencia judicial", *La Ley Unión Europea,* 2022, nº 104, https://web.laley.es/revistas-laley/laley-union-europea/, pp. 5 y ss.

70 C-204/21, ECLI:EU:C:2023:442, TOL8.510.915.

71 Así y bajo esta rúbrica MENÉNDEZ, A.J. "¿Rebelión a bordo? A vueltas (de nuevo) con las relaciones entre ordenamientos en el espacio jurídico europeo", *Revista Española de Derecho Constitucional,* 2023, vol. 43, nº 129, pp. 47-77, esp. pp. 53 y ss. Desde este país, en particular análisis de la cuestión y reglas polacas para diversos campos, WYRZYKOWSKI, M. "The constitutional trap" en Bobek, Bodnar, von Bogdandy y Sonnevend, *Transtition 2.0…,* op. cit., pp. 227-248, esp. pp. 239 y ss en relación con la independencia judicial; así también, dentro del mismo volumen en concreta referencia a la designación de la judicatura en este país TABOROWSKI, M. "EU Law and judicial decisions of national judges appointed in breach of European standards", pp. 383-423 y FILIPEK, P. "Defective judicial appointments and their rectification under European standards", pp. 424-470, con análisis también de la jurisprudencia del TJUE y TEDH dictada a este respecto. Por último, también en mismo volumen, en una visión *pro futuro* BODNAR, A. "Poland after elections in 2023: transition 2.0 in the judiciary", pp. 299-322, esp. pp. 313 y ss.

72 Auto de la Vicepresidenta del Tribunal de Justicia de 14 de julio de 2021, ECLI:EU:C:2021:593, TOL9.750.000, estimando demanda de medidas provisionales solicitadas por la Comisión Europea en virtud del art. 279 TFUE y arts. 160-166 RPTJ y declarando así la suspensión de las disposiciones de la legislación nacional polaca en su día objeto de anterior demanda en incumplimiento; Auto de la Vicepresidenta del Tribunal de Justicia de 6 de octubre de 2021, ECLI:EU:C:2021:834, TOL9.750.001, desestimando la demanda de revocación de anterior auto de la Vicepresidenta interpuesta por Polonia a fecha de 16 de agosto de 2021 con arreglo al art. 163 RPTJ por entender que la sentencia del *Trybunal Konstytucyjny* (Tri-

Tribunal estima en su integridad la demanda interpuesta por la Comisión Europea condenando con imposición de costas a Polonia al entender opera la violación de los artículos 19.1.II TUE y 47 CDFUE además de otro articulado de este último texto y ulterior normativa europea. La motivación para ello estriba en las competencias atribuidas a la Sala Disciplinaria del *Sad Najwyzszy* (Tribunal Supremo, Polonia), "cuya independencia e imparcialidad no están garantizadas" junto a la legislación nacional (polaca) a la fecha vigente, igualmente contrarias al estatuto de independencia judicial que han de reunir jueces y magistrados en consonancia con las prescripciones de anterior normativa europea[73].

---

bunal Constitucional, Polonia) de 14 de julio de 2021 que se invoca a instancia de parte demandante "no constituye una «variación de las circunstancias», en el sentido del artículo 163 del Reglamento de Procedimiento, que pueda poner en cuestión las apreciaciones que figuran en el auto de 14 de julio de 2021" (FJ 25); Auto del Vicepresidente del Tribunal de Justicia de 27 de octubre de 2021, ECLI:EU:C:2021:878, TOL9.750.002, condenando "a la República de Polonia a abonar a la Comisión Europea una multa coercitiva por importe de 1 000 000 de euros diarios desde la fecha en que se le notifique el presente auto hasta el día en que dé cumplimiento a las obligaciones derivadas del auto de la Vicepresidenta del Tribunal de Justicia de 14 de julio de 2021, Comisión/Polonia (C204/21 R, EU:C:2021:593), o, en su defecto, hasta el día en que se dicte la sentencia que ponga fin al procedimiento en el asunto C-204/21" (fallo 1); Auto del Vicepresidente del Tribunal de Justicia de 21 de abril de 2023, ECLI:EU:C:2023:334, TOL9.750.003, estimando parcialmente la demanda de revocación del auto del Vicepresidente del Tribunal de Justicia de 27 de octubre de 2021 solicitada por Polonia a fecha de 10 de marzo de 2023 al "reducir a 500 000 euros diarios, desde la fecha de la firma del presente auto, el importe de la multa coercitiva que la República de Polonia ha sido condenada a abonar a la Comisión Europea" mediante este último auto (fallo 2).

73 Textualmente: "En virtud de todo lo expuesto, el Tribunal de Justicia (Gran Sala) decide: "1) Declarar que la República de Polonia ha incumplido las obligaciones que le incumben en virtud del artículo 19 TUE, apartado 1, párrafo segundo, al atribuir a la Sala Disciplinaria del Sąd Najwyższy (Tribunal Supremo, Polonia), cuya independencia e imparcialidad no están garantizadas, la facultad para pronunciarse en asuntos que inciden directamente en el estatuto y el ejercicio del cargo de juez o juez auxiliar, tales como, por una parte, las solicitudes de autorización para incoar un procedimiento penal contra jueces y jueces auxiliares o para detenerlos y, por otra parte, los asuntos en materia de Derecho laboral y de la seguridad social relativos a los jueces del Sąd Najwyższy (Tribunal Supremo) y los asuntos relativos a la jubilación forzosa de estos últimos. 2) Declarar que la República de Polonia ha incumplido las obligaciones que le incumben en virtud del artículo 19 TUE, apartado 1, párrafo segundo, en relación con el artículo 47 de la Carta de los Derechos Fundamentales de la Unión Europea, y en virtud del artículo 267 TFUE al adoptar y mantener en vigor el artículo 107, apartado 1, puntos

2 y 3, de la ustawa — Prawo o ustroju sądów powszechnych (Ley de Organización de los Tribunales Ordinarios), de 27 de julio de 2001, en su versión modificada por la ustawa o zmianie ustawy — Prawo o ustroju sądów powszechnych, ustawy o Sądzie Najwyższym oraz niektórych innych ustaw (Ley por la que se modifican la Ley de Organización de los Tribunales Ordinarios, la Ley del Tribunal Supremo y otras leyes), de 20 de diciembre de 2019, y el artículo 72, apartado 1, puntos 1 a 3, de la ustawa o Sądzie Najwyższym (Ley del Tribunal Supremo), de 8 de diciembre de 2017, en su versión modificada por la referida Ley de 20 de diciembre de 2019, que permiten calificar como falta disciplinaria el examen de la observancia de las exigencias de la Unión Europea relativas al tribunal independiente e imparcial, establecido previamente por la ley. 3) Declarar que la República de Polonia ha incumplido las obligaciones que le incumben en virtud del artículo 19 TUE, apartado 1, párrafo segundo, en relación con el artículo 47 de la Carta de los Derechos Fundamentales, y en virtud del principio de primacía del Derecho de la Unión al adoptar y mantener en vigor los artículos 42a, apartados 1 y 2, y 55, apartado 4, de la Ley de Organización de los Tribunales Ordinarios, en su versión modificada por la referida Ley de 20 de diciembre de 2019; los artículos 26, apartado 3, y 29, apartados 2 y 3, de la Ley del Tribunal Supremo, en su versión modificada por dicha Ley de 20 de diciembre de 2019; el artículo 5, apartados 1a y 1b, de la ustawa — Prawo o ustroju sądów administracyjnych (Ley de Organización de los Tribunales de lo Contencioso-Administrativo), de 25 de julio de 2002, en su versión modificada por la referida Ley de 20 de diciembre de 2019, y el artículo 8 de esta última Ley, que impiden a todos los órganos jurisdiccionales nacionales comprobar la observancia de las exigencias derivadas del Derecho de la Unión relativas a la garantía del tribunal independiente e imparcial, establecido previamente por la ley. 4) Declarar que la República de Polonia ha incumplido las obligaciones que le incumben en virtud del artículo 19 TUE, apartado 1, párrafo segundo, en relación con el artículo 47 de la Carta de los Derechos Fundamentales, y en virtud del artículo 267 TFUE y del principio de primacía del Derecho de la Unión al adoptar y mantener en vigor los artículos 26, apartados 2 y 4 a 6, y 82, apartados 2 a 5, de la Ley del Tribunal Supremo, en su versión modificada por la mencionada Ley de 20 de diciembre de 2019, y el artículo 10 de esta última Ley, que atribuyen competencia exclusiva a la Izba Kontroli Nadzwyczajnej i Spraw Publicznych (Sala de Control Extraordinario y de Asuntos Públicos) del Sąd Najwyższy (Tribunal Supremo) para examinar las imputaciones y las cuestiones jurídicas referidas a la falta de independencia de los jueces y tribunales. 5) Declarar que la República de Polonia ha vulnerado el derecho al respeto de la vida privada y el derecho a la protección de los datos personales garantizados en los artículos 7 y 8, apartado 1, de la Carta de los Derechos Fundamentales y en los artículos 6, apartado 1, párrafo primero, letras c) y e), y apartado 3, y 9, apartado 1, del Reglamento (UE) 2016/679 del Parlamento Europeo y del Consejo, de 27 de abril de 2016, relativo a la protección de las personas físicas en lo que respecta al tratamiento de datos personales y a la libre circulación de estos datos y por el que se deroga la Directiva 95/46 (Reglamento general de protección de datos), al adoptar y mantener en vigor el artículo 88a de la Ley de Organización de los Tribunales Ordinarios, en

Por lo que aquí importa y más allá de las actuaciones concretas emprendidas por la Comisión Europea derivadas de tales incumplimientos[74], interesa aquí destacar de forma importante las consecuencias que esta jurisprudencia acarrea en el seno de la cooperación judicial europea; estas tienen lugar especialmente en el ámbito penal por lo que atañe a la aplicación de los instrumentos de reconocimiento mutuo[75]. De este modo, la condena

---

su versión modificada por la citada Ley de 20 de diciembre de 2019, el artículo 45, apartado 3, de la Ley del Tribunal Supremo, en su versión modificada por dicha Ley de 20 de diciembre de 2019, y el artículo 8, apartado 2, de la Ley de Organización de los Tribunales de lo Contencioso-Administrativo, en su versión modificada por la referida Ley de 20 de diciembre de 2019. 6) Desestimar el recurso en todo lo demás. 7) La República de Polonia cargará, además de con sus propias costas, con las de la Comisión Europea, incluidas las correspondientes a los procedimientos sobre medidas provisionales. 8) El Reino de Bélgica, el Reino de Dinamarca, el Reino de los Países Bajos, la República de Finlandia y el Reino de Suecia cargarán con sus propias costas." (fallo).

74 A modo de ejemplo promulgación de la *Comunicación de la Comisión al Parlamento Europeo, al Consejo, al Comité Económico y Social Europeo y al Comité de las Regiones: "hacer cumplir el Derecho de la UE para una Europea que ofrezca resultados"*, Bruselas, 13 de octubre de 2022, COM(2022) 518 final, en la que especialmente destaca las "bondades" del empleo del procedimiento de infracción a fin de "garantizar que los Estados miembros hagan efectivo el Derecho de la Unión en interés general" en mayor medida que "facilitar una reparación individual"; por ello que, dentro de su enfoque estratégico, la Comisión Europea justifica que "los procedimientos de infracción rara vez se centran en asuntos individuales, sino más bien en problemas sistémicos y estructurales que afectan a un gran número de personas o empresas en un Estado miembro determinado o en toda la Unión" (p. 23) como aquí tiene lugar para Polonia. Refiere además la recepción de unas 4.000 denuncias anuales, en su mayor parte a través del formulario habilitado en línea https://ec.europa.eu/assets/sg/report-a-breach/complaints_es/index.html. En términos generales y en exposición de distintos mecanismos y metodología para la salvaguarda del Derecho de la UE en general así como en relación al caso polaco en particular, BLÁZQUEZ PEINADO, M.D. "La UE ante las vulneraciones del Estado de Derecho por parte del Estado polaco: panorámica general y estado actual de la cuestión", *Revista General de Derecho Europeo,* 2019, nº 48, https://www.iustel.com.

75 En esta línea igualmente FAGGIANI, V. "Le crise sistemiche dello stato e i loro effetti sulla cooperazione giudiziaria nell'UE", *Diritto Penale Contemporaneo,* 2019, nº 2, pp. 195-228, esp. pp. 206 y ss, exponiendo las dificultades de la confianza mutua en un área de "geometría variable", en comentario también de la cuestión polaca y de algunas de las sentencias arriba citadas. También en relación al despliegue de tales efectos en concreta relación con la ODE en particular POPELIER, P., GENTILE, G. y VAN ZIMMEREN, E. "Bridging the gap between facts and norms: mutual trust, the European Arrest Warrant and the rule of law in an

por incumplimiento a Polonia con motivo de la violación del artículo 19 TFUE impacta en concreto en la ejecución de órdenes de detención europea emitidas por este país llegando a convertirse *de facto* en ulterior motivo de denegación de ejecución de la orden de detención europea, cual es la vulneración de derechos fundamentales no contemplado expresamente en la normativa a este respecto aplicable. A ello se realizará oportuna referencia en su correspondiente capítulo[76].

III. LA JURISPRUDENCIA EUROPEA EN EL ÁMBITO DE LA COOPERACIÓN JUDICIAL CIVIL

Conviene ahora recordar que es precisamente en el ámbito del proceso civil donde tuvo inicialmente lugar la "europeización" del Derecho Procesal, pese a su hoy su escasa dedicación en los tratados europeos por oposición al ámbito procesal penal en la línea ya anticipada. En particular y dentro de la regulación ofrecida por los tratados europeos, sólo un precepto, cual es el artículo 81 TFUE, se ocupa de dicha cooperación judicial civil con regulación de las distintas medidas a adoptar en este ámbito bajo la aplicación de sendos principios de reconocimiento mutuo (en este caso, de resoluciones judiciales así como extrajudiciales) y aproximación legislativa[77]. Dejando aquí al margen la concreta aplicación de los principios

---

interdisciplinary context", *European. Law Journal,* 2021, vol. 27, nº 1-3, pp. 167-184, esp. pp. 170 y ss.

76 *Vid. infra* Cap. IV.2.

77 Textualmente, "1. La Unión desarrollará una cooperación judicial en asuntos civiles con repercusión transfronteriza, basada en el principio de reconocimiento mutuo de las resoluciones judiciales y extrajudiciales. Esta cooperación judicial podrá incluir la adopción de medidas de aproximación de las disposiciones legales y reglamentarias de los Estados miembros. 2. A los efectos del apartado 1, y en particular cuando resulte necesario para el buen funcionamiento del mercado interior, el Parlamento Europeo y el Consejo adoptarán, con arreglo al procedimiento ordinario, medidas para garantizar: a) el reconocimiento mutuo, entre los Estados miembros, de las resoluciones judiciales y extrajudiciales, así como su ejecución; b) la notificación y el traslado transfronterizos de documentos judiciales y extrajudiciales; c) la compatibilidad de las normas aplicables en los Estados miembros en materia de conflictos de leyes y jurisdicción; d) la cooperación en la obtención de pruebas; e) una tutela judicial efectiva; f) la eliminación de los obstáculos al buen funcionamiento de los procedimientos civiles, fomentando, si es necesario la compatibilidad de las normas de procedimiento civil aplicables en los Estados miembros; g) el desarrollo de métodos alternativos de resolución de litigios; h) el apoyo a la formación de magistrados y de personal al servicio de la

citados, cuya ejemplificación suficiente ha sido proporcionada en otros momentos y lugares[78], interesa ahora destacar la influencia que produce el Derecho de la Unión en el seno del proceso civil español; así en especial a partir de la jurisprudencia dictada por el TJUE, de nuevo mediante el empleo del procedimiento prejudicial como instrumento de referencia. Para ello una vez más resulta ser el supuesto de las cláusulas abusivas de la contratación el caso más representativo, siquiera por lo que atañe a nuestro país, el que sin duda ha jugado un papel protagonista en esta materia; por ello la alusión aquí de esta jurisprudencia europea atingente a nuestro espacio geográfico, la cual también ha servido para prever, si acaso, una futura aproximación legislativa de mayor envergadura.

1. *Casuística en materia de cláusulas abusivas*

A pesar del transcurso de más de diez años desde el dictado por parte del Tribunal de Justicia de la conocida sentencia *Mohamed Aziz* de 14 de marzo de 2013[79], todavía la misma continúa siendo el mejor exponente por lo que atañe a la interpretación y/o apreciación de validez en su caso de la *Directiva 93/13/CEE del Consejo, de 5 de abril de 1993, sobre las cláusulas*

---

administración de justicia." Por todos, JIMENO BULNES, "La armonización del Derecho Procesal Civil en Europa", op. cit., pp. 43 y ss.

78 De nuevo JIMENO BULNES, "La armonización del Derecho Procesal Civil en Europa", op. cit., pp. 51 y ss; así también JIMENO BULNES, M. "La evolución del espacio judicial europeo en materia civil y penal: su influencia en el proceso español", en M. Jimeno Bulnes (dra.) y C. Ruiz López (coord.), *La evolución del espacio judicial europeo en materia civil y penal: su influencia en el proceso español,* Tirant lo Blanch, Valencia, 2022, pp. 27-81, esp. pp. 45 y ss.

79 Sentencia del Tribunal de Justicia (Sala Primera), *Mohamed Aziz c. Caixa de Estalvis de Catalunya, Tarragona i Manresa (Catalunyacaixa),* C-415/11, ECLI:EU:C:2013:164, TOL3.297.919. Sobre esta jurisprudencia y sus consecuencias en España en términos generales y desde la literatura procesal véase ACHÓN BRUÑEN, M.J. "Cláusulas abusivas más habituales en las escrituras de hipoteca: análisis de los últimos pronunciamientos de Juzgados y Tribunales", *Diario La Ley,* 16 de julio de 2013, nº 8127 y, en particular, GIMENO SENDRA, V. "Las cláusulas abusivas (1)", *Diario La Ley,* 1 de julio de 2013, nº 8116, ambos disponibles en https://diariolaley.laleynext.es/; en términos generales CEDEÑO HERNÁN, M. *Protección de los consumidores, cláusulas abusivas y poderes de dirección del juez en el proceso civil,* Tirant lo Blanch, Valencia, 2023, pp. 278 y ss así como QUESADA LÓPEZ, P.M. *Desencuentros entre el Derecho europeo y la ejecución hipotecaria española: ¿una relación imposible?,* Thomson Reuters & Aranzadi, Cizur Menor (Navarra), 2020, esp. pp. 35 y ss.

abusivas en los contratos celebrados con consumidores[80]. No en vano, dicha resolución, sin duda también la más mediática en este ámbito contribuyendo a ello en buena parte el contexto de crisis económica sufrido a la fecha en nuestro país[81], resulta ser aún la jurisprudencia europea más ilustrativa y a su vez demostrativa de la cada vez mayor influencia del Derecho y jurisprudencia europea en el proceso civil español[82]. Recuérdese que particularidad de la sentencia citada es que provoca la modificación del art. 695 LEC en materia de ejecución hipotecaria y, por extensión, de otro articulado de la ley procesal civil ordinaria al hilo de sucesivas reformas procesales y específicas[83].

Aun cuando, ha de reconocerse, dicha sentencia no es absolutamente original por utilizar anteriores precedentes jurisprudenciales[84] ni es tam-

---

80 DOCE de 21 de abril de 1993, nº L 95, pp. 29-34, ELI: http://data.europa.eu/eli/dir/1993/13/oj. Como es sabido, en nuestro país la misma es objeto de transposición mediante *Ley 7/1998, de 13 de abril, sobre Condiciones Generales de Contratación,* BOE de 14 de abril de 1998, nº 89, pp. 12304-12314, ELI: https://www.boe.es/eli/es/l/1998/04/13/7/con.

81 Al respecto, JIMENO BULNES, "El impacto de la crisis económica en la justicia civil", en A.M. Neira Pena (dra.), F. Bueno de Mata y J. Pérez Gaipo (coords.), *Los desafíos de la justicia en la era post crisis,* Atelier, Barcelona, 2016, pp. 47-72, *passim.*

82 En particular, SERRANO MASIP, M. "Efectos de la jurisprudencia del Tribunal de Justicia de la Unión Europea sobre el proceso civil interno", *Revista de Estudios Europeos,* 2016, nº 68, pp. 5-32.

83 En concreto introducción de arts. 557.1.7º y 695.1.4º LEC en materia de ejecución ordinaria e hipotecaria respectivamente en virtud de la *Ley 1/2013, de 14 de mayo, de medidas para reforzar la protección a los deudores hipotecarios, reestructuración de deuda y alquiler social,* BOE de 15 de mayo de 2013, nº 116, pp. 36373-36398, ELI: https://www.boe.es/eli/es/l/2013/05/14/1/con. Sobre estas reformas, anteriores en relación proceso monitorio y otras al hilo de la jurisprudencia del TJUE, véase especialmente HERRERO PEREZAGUA, J.F. "Cambios obligados en la Ley de Enjuiciamiento Civil por el Derecho de la Unión Europea", *Anales de Derecho,* 2017, vol. 35, nº 2, http://revistas.um.es/analesderecho. Sobre las reformas legislativas acaecidas en materia de ejecución hipotecaría véase en clara crítica CASTILLEJO MANZANARES, R. "La inoperante reforma de la ejecución hipotecaria", en M.T. Areces Piñol (dra.), *Los retos jurídicos ante la crisis,* Thomson Reuters & Aranzadi, Cizur Menor 2014, pp. 47-102.

84 Así, en concreto, se cita Sentencia del Tribunal de Justicia (Sala Cuarta) de 4 de junio de 2009, *Pannon GSM Zrt c. Erzsébet Sustikné Györfi,* C-243/08, ECLI:EU:C:2009:350, TOL2.166.356, y, fundamentalmente, Sentencia del Tribunal de Justicia (Sala Primera) de 14 de junio de 2012, *Banco Español de Crédito S.A. c. Joaquín Calderón Camino,* C-618/10, ECLI:EU:C:2012:349, TOL2.558.453, esta última al hilo de proceso monitorio en virtud del antaño art. 815 LEC. Esta y otra jurisprudencia se recoge también por PARDO IRANZO, V., "La especial protección de

poco la primera cuestión prejudicial planteada por órganos jurisdiccionales españoles en la materia[85], sí tiene el mérito de iniciar el goteo de cuestiones prejudiciales planteadas por los órganos jurisdiccionales españoles en el seno de procesos monitorios y de ejecución hipotecaria en los que resulta de aplicación la citada Directiva. Se erige aquí el Tribunal de Justicia en calidad de verdadero garante de la protección de consumidores y usuarios al exigir el control de oficio[86] de tales cláusulas abusivas por parte del juzgador de instancia llegando a remover incluso la conciencia del legislador español, obligado a la promulgación de legislación específica en la materia como resultado de la misma[87], cuyo mayor exponente es la

---

los consumidores por la Directiva 93/13/CEE del Consejo: el control judicial de la nulidad de la cláusula arbitral", en A. de la Oliva Santos y M.P. Calderón Cuadrado (dres.), M. Cedeño Hernán y V. Pardo Iranzo (coords.), *La armonización del Derecho Procesal tras el Tratado de Lisboa,* Thomson Reuters-Aranzadi, Cizur Menor (Navarra) 2012, pp. 485-510, esp. pp. 494 y ss. Así también, con carácter monográfico, MARCOS GONZÁLEZ, M. *Apreciación de oficio de la nulidad contractual y de las cláusulas abusivas,* Civitas, Madrid 2011, esp. pp. 205 y ss.

85 Mérito que tiene la Sentencia del Tribunal de Justicia de 27 de junio de 2000, *Océano Grupo Editorial SA c. Rociò Murciano Quintero* y *Salvat Editores SA c. José Mª Sánchez Halcón Prades, José Luis Copano Badillo, Mohamed Berroane* y *Emilio Viñas Feliú,* C-240/98-244/98, ECLI:EU:C:2000:346, TOL9.817.082. A la fecha BELLO PAREDES, S. "Primera interpretación auténtica de la Directiva 93/13/CEE, sobre las cláusulas abusivas en los contratos celebrados con los consumidores", *El Derecho. Diario de Jurisprudencia* 2000, nº 1282, pp.1-3, destacando el carácter público de la cuestión que justifica la apreciación de oficio por parte del juzgador de instancia.

86 Al respecto, ABELLA RIBAS, J. "Extensión y futuro de la tutela judicial de oficio en materia de consumidores", *Actualidad Civil,* 2023, nº 12, https://web.laley.es/revistas-laley/actualidad-civil/, con examen igualmente de jurisprudencia europea y su influencia en la legislación procesal civil española.

87 Así *Real Decreto-ley 8/2011, de 1 de julio, de medidas de apoyo a los deudores hipotecarios, de control de gasto público y de cancelación de deudas con empresas y autónomos contratados por las entidades locales, de fomento de la actividad empresarial e impulso de la rehabilitación y de simplificación administrativa,* BOE de 7 de julio de 2011, nº 161, pp. 71548-71586, ELI: https://www.boe.es/eli/es/rdl/2011/07/01/8/con; *Real Decreto-ley 6/2012, de 9 de marzo, de medidas urgentes de protección de deudores sin recursos,* BOE de 10 de marzo de 2012, nº 60, pp. 22492-22501, ELI: https://www.boe.es/eli/es/rdl/2012/03/09/6; *Real Decreto-ley 27/2012, de 15 de noviembre, de medidas urgentes para reforzar la protección de los deudores hipotecarios,* BOE de 16 de noviembre de 2012, nº 276, pp. 79877-79880, ELI: https://www.boe.es/eli/es/rdl/2012/11/15/27/con, hoy sustituido por la antedicha *Ley 1/2013, de 14 de mayo, de medidas para reforzar la protección a los deudores hipotecarios, reestructuración de deuda y alquiler social...* etc. Al respecto de nuevo JIMENO BULNES, "El impacto de la crisis económica en la justicia civil", op. cit., esp. pp. 59 y ss.

conocida *Ley 1/2013, de 14 de mayo, de medidas para reforzar la protección a los deudores hipotecarios, reestructuración de deuda y alquiler social.*

De este modo y a partir de entonces la justicia europea continúa, en una suerte de casuística *non stop,* dictando sentencias en materia de cláusulas abusivas de la contratación al hilo de cuestiones prejudiciales planteadas por órganos jurisdiccionales españoles con motivo de tales procesos de ejecución hipotecaria y no sólo, resultando otra normativa procesal civil española también afectada como es el caso concreto de aquella relativa al proceso monitorio en el sentido apuntado[88]. Entre tales órganos promotores se encuentra el propio Tribunal Supremo y así, sirva como ejemplo citar aún en fecha reciente la Sentencia del Tribunal de Justicia (Gran Sala) de 17 de mayo de 2022, en el asunto *L c. Unicaja Banco S.A.*[89]; en ella el Tri-

88 Entre muchas y sólo a título de ejemplo Sentencia del Tribunal de Justicia (Sala Primera) de 17 de julio de 2014, *Juan Carlos Sánchez Morcillo y María del Carmen Abril García c. Banco Bilbao Vizcaya Argentaria, S.A.,* C-169/14, ECLI:EU:C:2014:2099, petición de cuestión prejudicial por la Audiencia Provincial de Castellón; Sentencia del Tribunal de Justicia (Sala Primera) de 21 de enero de 2015, *Unicaja Banco, S.A. c. José Hidalgo Rueda y otros y Caixabank, S.A. c. Manuel María Rueda Ledesma y otros,* C-482/15, C-484/15, C-485/15 y C-487/15, ECLI:EU:C:2015:21, TOL4.638.901, al hilo de cuestiones prejudiciales planteadas por el Juzgado de Primera Instancia e Instrucción de Marchena (Sevilla); Sentencia del Tribunal de Justicia (Sala Primera) de 29 de octubre de 2015, *BBVA S.A. c. Pedro Peñalva López y otros,* C-8/14, ECLI:EU:C:2015:731, TOL5.530.914, resultado de cuestión prejudicial promovida por el Juzgado de Primera Instancia nº 4 de Martorell; Sentencia del Tribunal de Justicia (Sala Primera) de 18 de febrero de 2016, *Finanmadrid EFC S.A. c. Jesús Vicente Albán Zambrano y otros,* C-49/14, ECLI:EU:C:2016:98, TOL5.643.818, resultado de cuestión prejudicial planteada por el Juzgado de Primera Instancia nº 5 de Cartagena; Sentencia del Tribunal de Justicia (Gran Sala) de 21 de diciembre de 2016, *Francisco Gutiérrez Naranjo c. Caja Banco Sur SAU, Ana María Palacios Martínez, c. Banco Bilbao Vizcaya Argentaria SA (BBVA), Banco Popular Español SA c. Emilio Irles López y Teresa Torres Andreu,* C-154/15, C-307/15 y C-308/15, ECLI:EU:C:2016:980, TOL7.984.659, en respuesta a cuestiones prejudiciales interpuestas por el Juzgado de lo Mercantil nº 1 de Granada y la Audiencia Provincial de Alicante; ...Sentencia del Tribunal de Justicia (Sala Cuarta) de 9 de julio de 2020, *XZ c. Ibercaja Banco,* S.A., C-452/18, ECLI:EU:C:2020:536, TOL7.998.252, petición de decisión prejudicial planteada por el Juzgado de Primera Instancia e Instrucción de Teruel;... Sentencia del Tribunal de Justicia (Gran Sala) de 17 de mayo de 2022, *MA c. Ibercaja Banco, S.A.,* C-600/19, ECLI:EU:C:2022:394, TOL8.936.255, resultado de cuestión prejudicial planteada por la Audiencia Provincial de Zaragoza; ...

89 C-869/19, ECLI:EU:C:2022:397, TOL8.942.738. En clara crítica PÉREZ-CRUZ MARTÍN, A.J. "La cosa juzgada ha muerto (y los principios procesales vilipendiados)", *Actualidad Civil,* 2022, nº 7, https://web.laley.es/revistas-laley/actua-

bunal de Justicia declara abiertamente el ataque a la Directiva 93/13/CEE por parte de "principios procesales nacionales" y, en suma, jurisprudencia estatal como es el caso concreto de la STS 241/2013, de 9 de mayo[90], la cual procede a limitación de los efectos temporales de las sentencias de nulidad y con ello la restitución de las cantidades indebidamente abonadas por parte del consumidor[91]. Todo ello al hilo del constante "diálogo"

---

lidad-civil/, afirmando de forma concluyente que "la doctrina del Tribunal de Justicia de la UE está contribuyendo a la quiebra del proceso civil como instrumento neutral de resolución de conflictos intersubjetivos" (p. 13); en alusión a este mismo debate respecto de última sentencia citada MANGA ALONSO, M.T. "Incidencia de los principios de justicia rogada, congruencia y prohibición de la *reformatio in peius* en la jurisprudencia del TJUE, STJUE de 17 de mayo de 2022, asunto C-869/19", *Revista del Centro de estudios jurídicos y de postgrado (CEJUP)*, 2023, nº 1, pp. 36-46, esp. pp. 45 y ss, por lo que atañe a la aplicación de esta sentencia por parte del TS. Una visión más amable proporciona DAMIÁN MORENO, J. "Legalidad procesal y principio de efectividad a la luz de la doctrina del TJUE", *Justicia,* 2023, nº 1, pp. 43-73, en comentario a esta misma sentencia y su influencia en el Derecho Procesal patrio.

90 ECLI:ES:TS:2013:1916, TOL3.671.048 ; de forma concreta se declara en la misma que "la nulidad de cláusulas no afectará a las situaciones definitivamente decididas por resoluciones judiciales con fuerza de cosa juzgada ni a los pagos ya efectuados en la fecha de publicación de la sentencia" (fallo, pronunciamiento 10º). Al respecto, por ejemplo, a la fecha DE PUIG MATEU, J. y DE PUIG VILADRICH, J. "El adiós a las cláusulas suelo y el debate sobre la retroactividad de su anulación", *Revista Aranzadi Doctrinal,* 2013, nº 5, pp. 157-162. Sobre las cuestiones prejudiciales planteadas por el TS en esta materia en general BLÁZQUEZ MARTÍN, R. "Las cuestiones prejudiciales planteadas por la Sala Civil del Tribunal Supremo en materia de consumidores", *Jueces para la democracia* 2022, nº 103, pp. 7-18.

91 De forma explícita, "el artículo 6, apartado 1, de la Directiva 93/13/CEE del Consejo, de 5 de abril de 1993, sobre las cláusulas abusivas en los contratos celebrados con consumidores, debe interpretarse en el sentido de que se opone a la aplicación de principios procesales nacionales en cuya virtud un tribunal nacional que conoce de un recurso de apelación contra una sentencia que limita en el tiempo la restitución de las cantidades indebidamente pagadas por el consumidor a consecuencia de una cláusula declarada abusiva no puede examinar de oficio un motivo basado en la infracción de dicha disposición y decretar la restitución íntegra de esas cantidades, cuando la falta de impugnación de tal limitación en el tiempo por el consumidor afectado no puede imputarse a una pasividad total de este" (fallo). En este caso la cuestión prejudicial procede del Tribunal Supremo en virtud de recurso de casación interpuesto por la parte ejecutada contra sentencia dictada en apelación por parte de la Audiencia Provincial de Valladolid en la que hace uso de la limitación de efectos temporales de la declaración de nulidad de las cláusulas suelo predicada por el STS 241/2013, de 9 de mayo, cuya compatibilidad con la Directiva 93/13/CE aquí cuestiona el alto tribunal español en virtud

mantenido entre ambos tribunales a lo largo de estos últimos años[92] dando lugar a ulterior jurisprudencia por una y otra parte en materia de cláusulas abusivas[93], en muchos casos con la reprimenda del tribunal europeo sobre el español como bien ilustra la sentencia inmediatamente mencionada.

De la misma forma y para el período en curso pueden citarse sentencias varias, de nuevo resultado de cuestiones prejudiciales interpuestas por nuestros órganos jurisdiccionales de distinta gradación y territorio; por todas, a título de ejemplo y ya dictada en el recién iniciado año, siquiera a la fecha en que se escriben estas líneas, la Sentencia del Tribunal de Justicia (Sala Novena) de 25 de enero de 2024, *Caixabank*[94], resultado de

---

de la aplicación de los principios de "justicia rogada, congruencia y prohibición de *reformatio in peius* ". Sobre el juego de tales principios en comentario a sentencia europea y española DAMIÁN MORENO, J. "El valor de las ficciones como garantía del principio de efectividad: consideraciones en torno a la situación creada por la sentencia del TJUE de 17 de mayo de 2022", *Diario La Ley,* 21 de noviembre de 2022, nº 10174, https://web.laley.es/revistas-laley/actualidad-civil/, esp. pp. 9 y ss, en alusión a la ficción jurídica en que incurre el TS al considerar implícitamente el recurso del consumidor en este punto.

92 Por todos y con dicha rúbrica, JIMENO BULNES, M. "El diálogo entre tribunales europeo y nacional: su incidencia en Derecho Procesal español", en F. Jiménez Conde (dr.), O. Fuentes Soriano y M.I. González Cano (coords.), *Adaptación del Derecho Procesal español a la normativa europea y a su interpretación por los tribunales,* Tirant lo Blanch, Valencia, 2018, pp. 101-135, esp. pp. 108 y ss.

93 Citada ya cierta jurisprudencia europea procede ahora recordar la procedente del TS, en su mayor parte confirmatoria de la mencionada STS 241/2013 y así, entre muchas otras, STS 138/2015, de 24 de marzo, ECLI:ES:TS:2015:1279, TOL4.828.170; 139/205, de 25 de marzo, ECLI:ES:TS:2015:1280, TOL4.828.169; STS 705/2015, de 23 de diciembre, ECLI:ES:TS:2015:5618, TOL5.615.949; ... STS 408/2020, de 7 de julio, ECLI:ES:TS:2015:2228, TOL8.013.117; ... etc. En particular, en análisis de la posible influencia de la jurisprudencia europea en Juzgados y Tribunales españoles en esta materia con algunos ejemplos de jurisprudencia europea TAPIA HERMIDA, A.J. "Efectos de las cuestiones prejudiciales ante el Tribunal de Justicia sobre la jurisprudencia de los Estados Miembros de la UE: el caso español", *La Ley Unión Europea,* 2023, nº 111, https://web.laley.es/revistas-laley/laley-union-europea/.

94 *Caixabank, S.A. c. WE y XA, Banco Bilbao Vizcaya Argentaria, S.A. c. TB y UK, Banco de Santander, S.A. c. OG, OK, PI c. Banco de Sabadell, S.A.,* C-810/21-813/21, ECLI:EU-:C:2024:81, TOL9.847.070, con motivo de los oportunos recursos de apelación interpuestos por las distintas entidades bancarias contra las diversas sentencias dictadas por el JPI nº 50 de Barcelona desestimando en todos los casos la excepción de prescripción de la acción planteada por las entidades bancarias. Entre los comentarios a la misma, por ejemplo, GARCÍA GUTIÉRREZ, F.J. "*Dies a quo* en la acción restitutoria de los gastos hipotecarios: estado de la cuestión tras la senten-

varias cuestiones prejudiciales planteadas por la Audiencia Provincial de Barcelona al albur de diversos litigios suscitados entre particulares y entidades bancarias derivados de la imposición por parte de estas últimas de determinados gastos originados por la suscripción de los correspondientes contratos de préstamo hipotecario (notaría, registro, gestoría…) a cargo de los consumidores y usuarios. En particular, no es objeto de discusión la imputación de tales gastos a cuenta de la entidad bancaria sino el plazo de prescripción de la correspondiente acción restitutoria en reclamación de tales gastos por parte de los prestatarios[95]; plazo de prescripción precisamente defendido por el propio TJUE en anterior jurisprudencia según recuerda el tribunal *a quo*, "siempre que ni el momento en que ese plazo comienza a correr ni su duración hagan imposible en la práctica o excesivamente difícil el ejercicio del derecho del consumidor a solicitar tal restitución"[96]. Por su parte, el Tribunal de Justicia en el caso de autos reconoce la

---

cia del TJUE de 25 de enero de 2024 (acumuladas C-810/21 y C-813/21), *Diario La Ley*, 9 de febrero de 2024, nº 10443, https://diariolaley.laleynext.es/, así como VILLARRUBIA GONZÁLEZ, J. "Golpe del TJUE con la Sentencia de 25 de enero de 2024 a la Banca española. Mantiene abierta la vía para la reclamación de los gastos de constitución de hipoteca tras resolver la prescripción de la acción restitutoria por la aplicación de cláusulas abusivas", *Diario La Ley*, 8 de febrero de 2024, nº 10442, https://diariolaley.laleynext.es/, poniendo de relieve la contradicción existente entre jurisprudencia europea y nacional.

95 En suma, fueron tres las cuestiones prejudiciales planteadas, textualmente: "1) a) En el ejercicio de una acción dirigida a hacer valer los efectos restitutorios de la declaración de nulidad de una cláusula que impone al prestatario los gastos de formalización del contrato, ¿es compatible con el artículo 6, apartado 1, y el artículo 7, apartado 1, de la Directiva 93/2013 someter el ejercicio de la acción a un plazo de prescripción de diez años a contar desde que la cláusula agota sus efectos con la liquidación del último de los pagos, momento en el que el consumidor conoce los hechos determinantes de la abusividad o es necesario que el consumidor disponga de información añadida sobre la valoración jurídica de los hechos?; b) De ser necesario el conocimiento de la valoración jurídica de los hechos, ¿debe supeditarse el inicio del cómputo del plazo a la existencia de un criterio jurisprudencial consolidado sobre la nulidad de la cláusula o el tribunal nacional puede tomar en consideración otras circunstancias distintas?; 2) Estando sujeta la acción restitutoria a un plazo largo de prescripción de diez años, ¿en qué momento debe el consumidor estar en condiciones de conocer el carácter abusivo de la cláusula y los derechos que le confiere la Directiva [93/2013], antes de que el plazo de prescripción empiece a correr o antes de que el plazo expire?" (FJ 38).

96 FJ 30, si bien no figura expresamente en dicha fundamentación la jurisprudencia citada habiéndose de acudir al AAP de Barcelona, Sección 15ª, de 9 de diciembre de 2021, ECLI:ES:APB:2021:9350A para observar cita de sentencias del Tribunal de Justicia (Sala Cuarta) de 9 de julio de 2020, *SC Raifeiseen Bank y BRD Groupe*

posición dominante que mantiene la entidad bancaria tras la celebración del oportuno contrato de préstamo con el consumidor y acude a la cita de su jurisprudencia más reciente[97] para recordar a las entidades bancarias la obligación de "actuar en consecuencia" con la declaración de nulidad de determinadas cláusulas abusivas practicadas en sede nacional. Con ello una vez más el tribunal europeo manifiesta su disconformidad con la jurisprudencia nacional que parece atribuir al consumidor la carga de conocer tal jurisprudencia nacional dictada a favor de sus derechos dictando el correspondiente fallo[98].

Société Générale BRD c. JB y KC, C-698/18 y 699/18, ECLI:EU:C:2020:537, y, fundamentalmente, de 16 de julio de 2020, *CY c. Caixabank, S.A. y LG y PK c. Banco Bilbao Vizcaya Argentaria, S.A.*, C-224/19 y C-259/19, ECLI:EU:C:2020:578, resultado esta última de cuestiones prejudiciales planteadas por JPI nº 17 de Palma de Mallorca y del Juzgado de Primera Instancia e Instrucción de Ceuta.

97 Entre otras y como sentencia más reciente Sentencia del Tribunal de Justicia (Sala Cuarta) de 13 de julio de 2023, *Cajasur Banco, S.A. c. JO e IM,* C35/22, EU:C:2023:569, trayendo a colación el FJ 32 en el que el TJUE declaraba textualmente que, "en el ámbito de las cláusulas abusivas en los contratos celebrados entre un profesional y un consumidor, en que se ha dictado una abundante jurisprudencia nacional, tal obligación debería recaer por igual sobre ambas partes contratantes. En efecto, cuando en jurisprudencia nacional reiterada se han declarado abusivas determinadas cláusulas tipo, cabe igualmente esperar de las entidades bancarias que tomen la iniciativa de ponerse en contacto con sus clientes cuyos contratos contengan tales cláusulas, antes de que estos presenten demanda, para anular los efectos de esas cláusulas". Dicha sentencia es objeto de cuestión prejudicial interpuesta por la AP de Málaga. Comentario a esta u otras en materia de cláusulas abusivas a la fecha se realiza por TAPIA HERMIDA, A.J. "Pronunciamientos recientes del Tribunal de Justicia de la Unión Europea sobre aspectos materiales y procesales de la protección del consumidor bancario", *La Ley Unión Europea,* 2023, nº 117, https://web.laley.es/revistas-laley/laley-union-europea/, pp. 13 y ss.

98 Textualmente: "1) Los artículos 6, apartado 1, y 7, apartado 1, de la Directiva 93/13/CEE del Consejo, de 5 de abril de 1993, sobre las cláusulas abusivas en los contratos celebrados con consumidores, en relación con el principio de efectividad, deben interpretarse en el sentido de que se oponen a una interpretación jurisprudencial del Derecho nacional según la cual, a raíz de la anulación de una cláusula contractual abusiva por la que se imponen al consumidor los gastos de formalización de un contrato de préstamo hipotecario, la acción restitutoria relativa a tales gastos está sujeta a un plazo de prescripción de diez años a contar desde que la referida cláusula agota sus efectos con la realización del último pago de dichos gastos, sin que se considere pertinente a estos efectos que ese consumidor conozca la valoración jurídica de esos hechos. La compatibilidad de las normas por las que se rige un plazo de prescripción con las citadas disposiciones debe apreciarse teniendo en cuenta el conjunto de esas normas; 2) La Directiva 93/13

Aún hoy son abundantes las cuestiones prejudiciales planteadas todavía por órganos jurisdiccionales españoles de una u otra índole en materia de cláusulas abusivas pendientes de resolución[99], lo que denota que la temática está lejos de agotarse y con ello la interpretación y/o apreciación de

---

debe interpretarse en el sentido de que se opone a una interpretación jurisprudencial del Derecho nacional según la cual, para determinar el inicio del cómputo del plazo de prescripción de la acción que puede ejercitar el consumidor para obtener la restitución de las cantidades pagadas indebidamente con arreglo a una cláusula contractual abusiva, puede considerarse que la existencia de una jurisprudencia nacional consolidada sobre la nulidad de cláusulas similares constituye una prueba de que se cumple el requisito relativo al conocimiento, por el consumidor de que se trate, del carácter abusivo de esa cláusula y de las consecuencias jurídicas que se derivan de ella".

99 Entre ellas y procedente igualmente del TS, caso *GP y BG c. Banco Santander, S.A.*, C-561/21, de nuevo en relación con el plazo de prescripción de la antedicha acción de restitución, planteada mediante ATS de 22 de julio de 2021, ECLI:ES:TS:2021:10157A, TOL8.596.091; al respecto, por ejemplo, DURÁN RIVACOBA, R. "Cuestión prejudicial acerca del comienzo del plazo de prescripción de las acciones restitutorias de las cantidades pagadas por el consumidor como consecuencia de una cláusula nula", *Diario La Ley,* 27 de octubre de 2021, nº 9041, https://diariolaley.laleynext.es/, y PÉREZ MORENO, J.C. "El Tribunal Supremo pregunta al TJUE sobre el inicio de la prescripción de las acciones de restitución de lo pagado en aplicación de una cláusula abusiva", *Diario La Ley,* 27 de octubre de 2021, nº 9041, https://diariolaley.laleynext.es, con examen también de anteriores pronunciamientos procedentes de jurisprudencia europea y nacional en el último caso. Así también la macrocausa *Caixabank y otros,* C-450/2022, en virtud de ATS de 29 de junio de 2022, ECLI:ES:TS:2021:10478A, TOL9.114.070, a tenor de los recursos de casación e infracción extraprocesal que tienen por origen la demanda formulada por la Asociación de Usuarios de Bancos, Cajas de Ahorros y Seguros de España (ADICAE) contra 44 entidades financieras que operan en España ejercitando acción de cesación de cláusula general de la contratación consistente en la limitación de la variabilidad del tipo de interés (cláusula suelo) utilizada en los contratos de préstamo hipotecario; a la fecha ya obran Conclusiones de la AG Laila Medina presentadas a fecha de 18 de enero de 2024, ECLI:EU:C:2024:64, pronunciándose a favor de un "control abstracto de transparencia" por parte del juzgador de instancia respecto de tales cláusulas contractuales. En esta materia y sobre dicho control de transparencia en particular MARÍN LÓPEZ, M.J. "El control de transparencia material de la cláusula de intereses remuneratorios del crédito revolving", *Revista CESCO de Derecho de Consumo,* 2023, nº 45, https://revista.uclm.es/index.php/cesco/issue/view/235, con examen de jurisprudencia europea y nacional procedente de TS y AAPP; así también, aún en alusión a otro ámbito del Derecho hipotecario y jurisprudencia, ADAN DOMENECH, F. "¿Necrológica de las hipotecas IRPH?", *Actualidad Civil,* 2023, nº 12, https://web.laley.es/revistas-laley/actualidad-civil/, esp. pp. 3 y ss bajo la denominación de "control de contenido" de tales cláusulas contractuales.

validez proporcionada por el TJUE respecto de la Directiva 93/13/CEE. Alguna de ellas resulta de particular interés como es el denominado caso *Investcapital*[100], resultado de cuestión prejudicial interpuesta por el Juzgado de Primera Instancia nº 2 de León, la que vaticina una posible ulterior modificación de nuestra legislación procesal civil a favor nuevamente de un control de oficio de tales cláusulas abusivas por parte del juzgador de instancia; la cuestión se plantea esta vez en fase de ejecución en el seno de un proceso monitorio a la luz del artículo 556 LEC, precepto relativo a la oposición en ejecución forzosa fundada en títulos no judiciales ni arbitrales, y el cual, por oposición al artículo 557 LEC, no contempla aún la existencia de cláusulas abusivas en la contratación como motivo de oposición en el supuesto de ejecución de resoluciones procesales o arbitrales así como acuerdos de mediación entendiendo que ya dicho control ha operado en el correspondiente proceso declarativo y/o arbitral y/o de mediación[101]. Habrá que esperar —si todavía no ha tenido lugar a la fecha de publicación de este trabajo— a la definitiva resolución del TJUE, la que parece pueda dar lugar a modificación en sede procesal española ahora de dicho artículo 556 LEC, por si hubiera cualesquiera dudas a la existencia de propósito de armonización/aproximación procesal civil desde la Unión Europea.

Precisamente una suerte de "aviso para navegantes" a modo de *obiter dicta* ya fue lanzado en anterior sentencia *Mohamed Aziz,* cuya declaración, pese a la importancia que pudiera acarrear por las consecuencias que reportaría en las legislaciones procesales civiles nacionales, me parece ha pasado aún a fecha de hoy bastante desapercibida; me refiero a la denuncia desde Luxemburgo de la "falta de armonización de los mecanismos

---

100 *Investcapital Ltd. c. G.H.R.,* C-724/22 en virtud de AJPI n. 2 de León de 26 de julio de 2022, disponible en el formulario de búsqueda del servidor oficial del TJUE y así ULR https://curia.europa.eu/juris/recherche.jsf?language=es.

101 En concreto se formula, entre otras, las dos preguntas siguientes, textualmente: "1. ¿Se opone el artículo 7 de la Directiva 93/13/CEE del Consejo, de 5 de abril de 1993, sobre las cláusulas abusivas en los contratos celebrados con consumidores, a que en la ejecución de un título proveniente de un proceso monitorio donde se realizó control de cláusulas abusivas se realice un nuevo control de oficio de cláusulas abusivas?" y "2. ¿Se opone al principio de efectividad del Derecho de la Unión europea una normativa procesal nacional que impide o no prevé un segundo control de oficio sobre las cláusulas abusivas en el procedimiento de ejecución de un título procesal proveniente de proceso monitorio y se considera que pudieran existir cláusulas abusivas debido a un imperfecto o incompleto control de abusividad en el proceso previo donde se emitió dicho título ejecutivo?".

nacionales de ejecución forzosa"[102]. A tenor de este enunciado considero no sería improbable un posible anuncio de futura regulación europea en aproximación de las legislaciones estatales en materia de ejecución forzosa al amparo del artículo 81.1 TFUE más arriba mencionado, aún la defensa por parte del propio Tribunal de Justicia en idéntica fundamentación del principio de autonomía procesal imperante en los Estados miembros[103]. No obstante, ello merecerá su atención en siguiente apartado a fin de observar si tal es el propósito de las instituciones europeas.

2. *¿Futura aproximación legislativa?*

Al hilo de sucesivas reformas procesales y específicas que ha tenido al menos lugar en la legislación procesal civil española como consecuencia de los mandatos judiciales impuestos desde Luxemburgo, parece resultar cada vez más dudoso la existencia del afirmado principio autonomía procesal; éste pudiera encontrarse cada vez más ausente en el Derecho procesal patrio debido a la creciente aplicación del también denominado principio de efectividad en el ámbito del Derecho europeo[104]. Ello al me-

[102] FJ 50. Sobre la aproximación/armonización del Derecho Procesal civil en general LUPOI, M. A. "The harmonization of civil procedural law within the EU", en M. A. Lupoi, J.O. Frosini y M. Marchesiello (eds.), *A European space of justice*, Longo Editore Ravenna, Ravenna, 2006, pp.199-227.

[103] En suma, reproduciendo al completo esta fundamentación: "A este respecto, procede señalar que, a falta de armonización de los mecanismos nacionales de ejecución forzosa, las modalidades de aplicación de los motivos de oposición admitidos en el marco de un procedimiento de ejecución hipotecaria y de las facultades conferidas al juez que conozca del proceso declarativo, competente para analizar la legitimidad de las cláusulas contractuales en virtud de las que se estableció el título ejecutivo, forman parte del ordenamiento jurídico interno de cada Estado miembro en virtud del principio de autonomía procesal de los Estados miembros, a condición, sin embargo, de que no sean menos favorables que las que rigen situaciones similares de carácter interno (principio de equivalencia) y de que no hagan imposible en la práctica o excesivamente difícil el ejercicio de los derechos que confiere a los consumidores el ordenamiento jurídico de la Unión (principio de efectividad) (véanse, en este sentido, las sentencias de 26 de octubre de 2006, Mostaza Claro, C-168/05, Rec. p. I-10421, apartado 24, y de 6 de octubre de 2009, Asturcom Telecomunicaciones, C-40/08, Rec. p. I-9579, apartado 38" (FJ 30). En la literatura en particular, COURONNE, V. "L'autonomie procédurale des États membres. De l'Union européenne à l'épreuve du temps", *Cahiers de Droit Européen*, 2010, nº 3-4, pp. 273-309.

[104] En esta línea SERRANO MASIP, M. "Pérdida de la autonomía procesal de los Estados miembros en virtud del principio de efectividad de la normativa de la Unión Europea sobre protección civil de los consumidores", en M.T. Areces Piñol

nos en materias de especial sensibilidad como es, en este caso, el Derecho de Consumo, donde el TJUE sin duda se erige en verdadero garante de la protección judicial a consumidores y usuarios exigiendo la correspondiente tutela en sede judicial ordinaria[105] en la línea también arriba afirmada. Resta ahora examinar si la Unión Europea ha emprendido cualesquiera iniciativas en el camino de la predicada armonización/aproximación legislativa como propone el artículo 81.1 TFUE arriba citado en conjunción con las medidas de reconocimiento mutuo contempladas, ambas de forma expresa en el posterior artículo 81.2 TFUE[106].

Ciertamente ha de reconocerse que el vigente artículo 81.2 TFUE en enumeración de tales medidas propuestas en materia de cooperación judi-

---

(coord.), *Los retos jurídicos ante la crisis,* Aranzadi, Cizur Menor (Navarra), 2014, pp. 47-102. Sobre el principio de efectividad en particular, su significado y aplicación en materia de consumo, QUESADA LÓPEZ, P.M. *El principio de efectividad del Derecho de la Unión Europea y su impacto en el Derecho Procesal nacional,* Iustel, Madrid, 2019, esp. pp.87 y ss así como pp. 155 y ss.

105 Al respecto ORMAZÁBAL SÁNCHEZ, G. y MÉNDEZ TOMÁS, R.M. "Los poderes probatorios del juez civil en materia de consumo a la luz de la jurisprudencia del TJUE", *La Ley Probática* 2021, nº 5, https://web.laley.es/revistas-laley/laley-probatica/, esp. p. 6, bajo el epígrafe "El creciente protagonismo tuitivo del juez en los procesos de los consumidores en la jurisprudencia del TJUE"; así también, en defensa precisamente de tal carácter tuitivo del TJUE para esta materia NIEVA FENOLL, J. "La actuación de oficio del Juez Nacional Europeo", *Diario La Ley,* 14 de junio de 2017, nº 9000, https://diariolaley.laleynext.es.

106 Textualmente: "A los efectos del apartado 1, y en particular cuando resulte necesario para el buen funcionamiento del mercado interior, el Parlamento Europeo y el Consejo adoptarán, con arreglo al procedimiento legislativo ordinario, medidas para garantizar: a) el reconocimiento mutuo, entre los Estados miembros, de las resoluciones judiciales y extrajudiciales, así como su ejecución; b) la notificación y el traslado transfronterizos de documentos judiciales y extrajudiciales; c) la compatibilidad de las normas aplicables en los Estados miembros en materia de conflictos de leyes y de jurisdicción; d) la cooperación en la obtención de pruebas; e) una tutela judicial efectiva; f) la eliminación de los obstáculos al buen funcionamiento de los procedimientos civiles, fomentando si es necesario la compatibilidad de las normas de procedimiento civil aplicables en los Estados miembros; g) el desarrollo de métodos alternativos de resolución de litigios; h) el apoyo a la formación de magistrados y del personal al servicio de la administración de justicia." Exposición de los logros a la fecha conforme esta regulación se expone en JIMENO BULNES, M. "El espacio judicial europeo a la luz del Tratado de Lisboa. Especial referencia a la cooperación judicial en materia civil", en AA.VV. *Derecho, eficacia y garantías en la sociedad global. Liber Amicorum I en honor de María del Carmen Calvo Sánchez,* Atelier, Barcelona 2013, pp. 381-405.

cial civil no resulta por completo novedoso en este ámbito[107], por cuanto la andadura de tales medidas de cooperación judicial civil en aras del funcionamiento del mercado interior ya había sido iniciada con bastante anterioridad. Buena prueba de ello es la promulgación de no pocos instrumentos procesales de naturaleza civil en fecha anterior a la firma y entrada en vigor del Tratado de Lisboa[108] e incluso a la celebración del Consejo Europeo de Tampere en ensalzamiento del principio de reconocimiento mutuo[109], principio de carácter básico sobre el que se ha ido construyendo la práctica totalidad del espacio judicial europeo en materia procesal civil. Sirva aquí recordar como ejemplo más gráfico la revolución que ya en su día supuso en el panorama procesal civil el *Convenio de Bruselas de 27 de septiembre de 1968, relativo a la competencia judicial, el reconocimiento y la ejecución de resoluciones judiciales en materia civil y mercantil*[110], a la fecha suscrito por los

---

107 En esta línea KAMPFER, G.K. "Der Raum der Freiheit, der Sicherheit und des Rechts", en A. Marchetti y C. Demesmay (eds.), *Der Vertrag von Lissabon. Analyse und Bewertung*, Nomos, Baden-Baden, 2010, pp. 73-87, esp. p. 75.

108 *Tratado de Lisboa por el que se modifican el Tratado de la Unión Europea y el Tratado constitutivo de la Comunidad Europea*, firmado el 7 de diciembre de 2007 y con entrada en vigor el 1 de enero de 2009, DOUE de 17 de diciembre de 2007, nº C 306, pp. 1-271, ELI: http://data.europa.eu/eli/treaty/lis/sign; versión consolidada del TFUE en DOUE de 30 de marzo de 2010, nº 83, pp. 47-199, ELI: http://data.europa.eu/eli/treaty/tfeu_2012/oj.

109 *Conclusiones de la Presidencia del Consejo Europeo de Tampere*, 15 y 16 de octubre de 1999, disponibles en ULR https://www.europarl.europa.eu/summits/tam_es.htm. Precisamente la conclusión nº 33 declara textualmente: "Un mejor reconocimiento mutuo de las resoluciones y sentencias judiciales y la necesaria aproximación de las legislaciones facilitaría la cooperación entre autoridades y la protección judicial de los derechos individuales. Por consiguiente, el Consejo Europeo hace suyo el principio del reconocimiento mutuo, que, a su juicio, debe ser la piedra angular de la cooperación judicial en materia civil y penal en la Unión. El principio debe aplicarse tanto a las sentencias como a otras resoluciones de las autoridades judiciales." Sobre el principio de reconocimiento mutuo como base jurídica del modelo de cooperación judicial en la UE en particular JIMENO BULNES, *Un proceso europeo para el siglo XXI*, op. cit., pp. 32 y ss; en el ámbito civil en particular JIMENO BULNES, M. "Hacia un proceso civil europeo", en A. Pigrau Solé, A. Galiana Saura y T. Franquet Sugrañer (coords.), *Dret, economía i societat: qüestions actuals. 25 anys de la Facultat de Ciències Jurídiques de la Universitat Rovira i Virgili*, Tirant lo Blanch, Valencia 2019, pp. 173-206, esp. pp. 176 y ss.

110 Versión consolidada en DOCE de 26 de enero de 1998, nº C 27, pp. 1-33; así también existe posterior publicación en DOUE de 21 de diciembre de 2007, nº L 339, pp. 3-41 y 10 de junio de 2009, nº L 147, pp. 5-43. Para un comentario a la fecha y entre otra bibliografía, PALOMO HERRERO, M.Y. *Reconocimiento y exequatur de resoluciones judiciales según el Convenio de Bruselas de 27-09-68*, Colex, Madrid, 2000;

seis Estados miembros originarios de la entonces Comunidad Económica Europea (Alemania, Francia e Italia además de los tres países del Benelux) sobre la base del antiguo artículo 220 TCEE[111].

En la actualidad y obrando superación del anterior convenio puede decirse que han sido dictados un número aproximado de 20 instrumentos procesales en materia de cooperación judicial civil, número que no deja de impresionar, al menos en cifras[112]. Todos ellos, en mayor o menor medida, han producido su impacto en el Derecho Procesal Civil español provocando, en unos casos, su adaptación y así el supuesto de la obligada transposición de Directivas europeas y en otros, su aplicación, llegado el caso mediante ulterior legislación y/o jurisprudencia a fin de convertir en operativa la normativa europea para aquella dictada bajo la fórmula de Reglamento[113]. No es propósito aquí y ahora exponer el completo elenco de los mismos —por otra parte, imposible, siquiera por cuestiones de espacio

---

en reconocimiento a su aniversario entonces ANCEL, B. "Les cinquante ans de la Convention de Bruxelles du 27 de septiembre 1968 concernant la compétence judiciaire et l'exécution des décisions en matière civile et commerciale", *Revista Española de Derecho Internacional*, 2018, vol. 70, nº 1, pp. 13-22. Hoy dicho convenio, aún en vigor, puede entenderse en su mayor parte sustituido por el *Reglamento (UE) nº 1215/2012 del Parlamento Europeo y del Consejo, de 12 de diciembre de 2012, relativa a la competencia judicial, el reconocimiento y la ejecución de resoluciones judiciales en materia civil y mercantil* (versión refundida), DOUE de 20 de diciembre de 2012, nº L 351, pp. 1-32, ELI: http://data.europa.eu/eli/reg/2012/1215/oj; sobre las diferencias entre una y otra regulación JIMENO BULNES, M. "La ejecución sin exequátur. La eficacia transfronteriza de las resoluciones judiciales en el ámbito europeo", en J.F. Herrero Perezagua (dr.), *Las transformaciones del proceso civil*, Thomson Reuters & Aranzadi, Cizur Menor (Navarra), 2016, pp. 265-287, esp. pp. 273 y ss.

111 Textualmente, "los Estados miembros entablarán, en tanto sea necesario, negociaciones entre sí, a fin de asegurar a favor de sus nacionales:... la simplificación de las formalidades a que están sometidos el reconocimiento y la ejecución recíprocos de las decisiones judiciales y de los laudos arbitrales".

112 El cómputo procede de HESS, B. "The state of the civil justice union", en B. Hess, M. Bergström y E. Storskrubb (eds.), *EU civil justice. Current issues and future outlook*, Hart Publishing, Oxford & Portland, 2016, pp. 1-19, esp. 1ª pág; aunque el cómputo procede de hace años, no difiere en gran medida del actual, por cuanto instrumentos posteriores a la fecha sustituyen a los entonces en vigor.

113 Así lo recuerdan igualmente GASCÓN INCHAUSTI, F. y PLEITEADO MARISCAL, P. "El análisis del proceso civil español desde el prisma del Derecho europeo: entre la utilidad y la necesidad", en F. Gascón Inchausti y P. Pleiteado Mariscal (dres.), *Estándares europeos y proceso civil. Hacia un proceso civil convergente con Europa*, Atelier, Barcelona, 2022, pp. 11-16, esp. p. 13.

y el que además ha sido realizado en anteriores ocasiones[114]— pero sí, en cambio, recordar aquellos que pudieran estar por venir en un futuro más o menos próximo.

De este modo y más allá de ciertos instrumentos procesales en vigor que pudieran considerarse también comprendidos bajo la estela de dicho principio de aproximación legislativa en el ámbito procesal civil europeo[115] interesa destacar, sin duda, la que supondría también verdadera revolución en el escenario procesal nacional en materia civil de modo similar a la que en su día significó el Convenio de Bruselas de 1968 en la línea arriba mencionada, sino aún mayor. Se trata de la *Resolución del Parlamento, de 4 de julio de 2017, sobre normas mínimas comunes del proceso civil en la Unión Europea*[116], con la duda sobre el valor de la misma y el estado de la cuestión a la fecha pues no ha obrado mayor consecución legislativa, al menos que se tenga

---

114 Véanse anterior trabajo JIMENO BULNES, "El espacio judicial europeo a la luz del Tratado de Lisboa. Especial referencia a la cooperación judicial en materia civil", op. cit., pp. 387 y ss; de interés también a la fecha MARCOS, M. "European Union civil justice and European Union criminal justice", *Waikato Law Review,* 2013, vol. 21, pp. 95-124, con examen sistemático de los distintos instrumentos procesales europeos civiles y penales entonces en vigor.

115 Por todos, aquí y ahora, *Reglamento (CE) nº 1896/2006 del Parlamento Europeo y del Consejo, de 12 de diciembre de 2006, por el que se establece un proceso monitorio europeo,* DOUE de 30 de diciembre de 2006, nº L 399, pp. 1-32, ELI: http://data.europa.eu/eli/reg/2006/1896/oj y *Reglamento (CE) nº 861/2007 del Parlamento Europeo y del Consejo, de 11 de julio de 2007, por el que se establece un proceso europeo de escasa cuantía,* DOUE de 31 de julio de 2007, nº L 199, pp. 1-22, ELI: http://data.europa.eu/eli/reg/2007/861/oj. Sobre ambos y en particular este último ya fue afirmado en su día que constituían un "primer paso hacia la armonización del proceso civil"; así, en concreto, SENÉS MOTILLA, C. "El proceso europeo de escasa cuantía: primer paso hacia la armonización del proceso civil", *Revista General de Derecho Procesal,* 2008, nº 16, https://www.iustel.com.

116 P8_TA(2017)0282, Parlamento Europeo 2014-2019, disponible en ULR https://www.europarl.europa.eu/doceo/document/TA-8-2017-0282_ES.html (fecha de última consulta: 13 de febrero de 2024) aprobada por 545 votos a favor y sólo 79 en contra. Entre la literatura, a modo de ejemplo, VIDAL FERNÁNDEZ, B. "La propuesta de Directiva sobre el establecimiento de normas mínimas comunes para un proceso civil europeo", en Jimeno Bulnes y Ruiz López, *La evolución del espacio judicial europeo en materia civil y penal...*, op. cit., pp. 169-205; así también GASCÓN INCHAUSTI, F. "The 2017 Directive proposal on commmon mínimum standards of civil procedure in the Europea Union" y RICHARD, V. "The 2017 Proposal of the European Parliament on common standards of civil procedure", ambos en F. Gascón Inchausti y B. Hess (eds.), *The future of the European Law of civil procedure. Coordination or harmonisation?,* Intersentia, Cambridge, 2020, pp. 241-264 y 265-284.

noticia hoy día. En suma y sobre la base jurídica allí dispuesta[117] tiene lugar la formulación de una serie de recomendaciones a la Comisión para el dictado de una Directiva por parte del Parlamento Europeo y del Consejo en esta materia articulando de este modo un estándar o modelo —esta vez sí— de proceso civil europeo con alcance general, en principio y a salvo de algún olvido imperdonable[118], a todos los tipos y fases procesales así como procurando el establecimiento igualmente de principios y garantías procesales comunes que operen como mínimo común denominador en el conjunto de Estados miembros.

En efecto, no deja de sorprender que, tras el anuncio realizado en su día por parte del TJUE en anterior sentencia *Mohamed Aziz*, precisa y sorprendentemente, la materia de ejecución forzosa ha sido objeto de olvido en dicha normativa, la que se ocupa así del proceso declarativo en exclusiva y si acaso del cautelar en concreta previsión de un precepto atingente a tales "medidas provisionales y cautelares"[119]. Con especial interés igualmente

---

117 Así arts. 225 TFUE, 67.4 y 81.2 TFUE, 19.1 TUE, 47 CDFUE y 6 CEDH. Sobre la competencia de la Unión Europea a este respecto y la base legal para ello GONZÁLEZ GARCÍA, S. "La propuesta de Directiva sobre normas mínimas comunes en el proceso civil ¿Hacia un Derecho Procesal Civil europeo?", *Revista General de Derecho Procesal* 2019, nº 49, https://www.iustel.com, pp. 3 y ss.

118 En concreto, la ejecución civil; igualmente lo recuerda y critica PICÓ I JUNOY, J. "Reflexiones críticas sobre las normas mínimas comunes del proceso civil en la Unión Europea en materia de prueba pericial", en Jiménez Conde, Fuentes Soriano y González Cano, *Adaptación del Derecho Procesal español a la normativa europea y a su interpretación por los tribunales*, op. cit., pp. 469-474, esp. pp. 470 y ss, considerando este olvido "inexplicable".

119 Así art. 6, bajo dicha rúbrica *Medidas provisionales y cautelares*, disponiendo textualmente: "1. Los Estados miembros velarán por que existan medidas provisionales para la conservación de una situación de hecho o de Derecho, de modo que, antes de que se inicie el procedimiento sobre el fondo del asunto y en cualquier fase de dicho procedimiento, se garantice la plena eficacia de la resolución judicial posterior sobre el fondo del asunto. Las medidas contempladas en el párrafo primero también incluirán las destinadas a evitar una infracción inminente o a poner fin inmediatamente a una infracción alegada así como las destinadas a conservar los bienes necesarios para garantizar que no se imposibilite o se dificulte sustancialmente la ejecución posterior de una pretensión. relación con las características y la gravedad de la infracción alegada, permitiendo, en su caso, la constitución de garantías para cubrir los costes y los perjuicios que ocasionen al demandado pretensiones injustificadas. Los órganos jurisdiccionales tendrán autoridad para exigir al demandante que aporte las pruebas de que razonablemente pueda disponer para convencerles, con un grado suficiente de certeza, de la necesidad y proporcionalidad de la medida solicitada. 3. Los Estados miembros velarán por

en la eficiencia procesal ahora tan de moda, sin embargo, la regulación a este respecto[120] encara en mayor medida la referencia a los principios y garantías procesales relativas a la independencia judicial y vigencia de la contradicción como parte del derecho a la tutela judicial efectiva y/o derecho al debido proceso reconocido en el artículo 47 CDFUE, cuyo respeto constituye el objeto primordial de esta normativa según se recuerda *ab initio*[121]. No obstante, es obvio que dicha propuesta, si alguna vez tiene

que, en casos debidamente justificados, se puedan adoptar medidas provisionales sin que el demandado sea oído, cuando el retraso pudiera ocasionar un perjuicio irreparable al demandado, o cuando exista un riesgo demostrable de destrucción de pruebas. En tal caso, las partes serán informadas de ello sin dilación indebida tras la ejecución de las medidas. A instancias del demandado se procederá a una revisión, que incluirá el derecho a ser oído, con el fin de decidir, en un plazo razonable tras la notificación de las medidas, si estas son modificadas, revocadas o confirmadas. Cuando las medidas contempladas en el párrafo primero sean revocadas o cuando se constate posteriormente que no ha existido infracción o amenaza de infracción, el órgano jurisdiccional podrá ordenar al demandante, a instancias del demandado, que resarza adecuadamente al demandado por los daños sufridos por causa de dichas medidas. 4. El presente artículo se entenderá sin perjuicio de lo dispuesto en la Directiva 2004/48/CE y el Reglamento (UE) n.° 655/2014." La alusión se realiza aquí a *Directiva 2004/48/CE del Parlamento Europeo y del Consejo, de 29 de abril de 2004, relativa al respeto de los derechos de propiedad intelectual,* DOUE de 30 de abril de 2004, n° L 157, pp. 45-86, ELI: http://data.europa.eu/eli/dir/2004/48/oj y Reglamento (UE) n° 655/2014 del Parlamento Europeo y del Consejo, de 15 de mayo de 2014, por el que se establece el procedimiento relativo a la orden europea de retención de cuentas a fin de simplificar el cobro transfronterizo de deudas en materia civil y mercantil, DOUE de 27 de junio de 2014, n° L 189, pp. 59-92, ELI: http://data.europa.eu/eli/reg/2014/655/oj.

120 Así en art. 7, bajo la citada rúbrica *Eficiencia procesal,* estableciendo expresamente: "1. Los órganos jurisdiccionales de los Estados miembros respetarán el derecho a la tutela judicial efectiva y a un juez imparcial que garantice el acceso efectivo a la justicia y el principio contradictorio del proceso, especialmente cuando se pronuncie sobre la necesidad de una vista oral, sobre los medios de práctica de la prueba y sobre el alcance de la práctica de la prueba. 2. Los órganos jurisdiccionales de los Estados miembros actuarán con la mayor brevedad independientemente de la existencia de plazos de prescripción para actuaciones específicas en las distintas fases del proceso."

121 Así art. 1, exactamente y bajo la rúbrica *Objeto:* "El objetivo de la presente Directiva es aproximar los sistemas de enjuiciamiento civil de modo que se garantice el pleno respeto del derecho a la tutela judicial efectiva y a un juez imparcial reconocido en el artículo 47 de la Carta y en el artículo 6 del CEDH, mediante el establecimiento de normas mínimas relativas al inicio, el desarrollo y la conclusión de los procesos civiles ante los órganos jurisdiccionales de los Estados miembros." De la misma forma y como ha sido dicho se distingue textualmente "una finalidad

lugar su definitiva promulgación, producirá importante incidencia y efectos en la legislación procesal civil nacional y, por ende, española[122] camino ya iniciado por anterior normativa y jurisprudencia europea en la línea examinada; así, parece, una de las cuestiones más polémicas redunda, por ejemplo, en la articulación de la prueba pericial y en concreto su previsión de oficio como regla general a diferencia del principio de instancia de parte que rige en el proceso civil siquiera español[123], opción normativa que ha sido considerada "acertada" por cierto sector doctrinal español que defiende su naturaleza como medio auxiliar del órgano jurisdiccional[124].

En todo caso, esta propuesta de armonización, por primera vez de forma "directa" procurada desde la Unión Europea[125], recuerda a otras iniciativas procedentes de instituciones públicas y/o privadas; así, en concreto, las Reglas Modelo Europeas del Proceso Civil (*Model European Rules of Civil Procedure*) derivadas del conocido como Proyecto ELI/ UNIDROIT[126]. Dichas reglas, elaboradas por diversos grupos de trabajo

---

mediata y otra inmediata: la finalidad inmediata de la Propuesta de Directiva es alcanzar una serie de normas mínimas procesales que garanticen un mínimo estatuto de derechos fundamentales procesales de las partes; el objetivo mediato es lograr una mayor confianza de los estados miembros en relación con los sistemas judiciales que favorezca la cooperación judicial, así como una mayor confianza de los ciudadanos"; así GONZÁLEZ GARCÍA, "La propuesta de Directiva sobre normas mínimas comunes en el proceso civil...", op. cit., p. 7.

122 Sobre tales eventuales modificaciones así como conflictos entre la propuesta europea y normativa procesal civil española GONZÁLEZ GARCÍA, "La propuesta de Directiva sobre normas mínimas comunes en el proceso civil...", op. cit., pp. 17 y ss y VIDAL FERNÁNDEZ, "La propuesta de Directiva sobre el establecimiento de normas mínimas comunes para un proceso civil europeo", op. cit., pp. 198 y ss.

123 Vid. Artículo 11: Peritos, textualmente: "1. Sin perjuicio de que las partes presenten pruebas periciales, los Estados miembros velarán por que el órgano jurisdiccional pueda nombrar en todo momento a peritos con objeto de que le aporten una visión especializada de aspectos específicos del asunto...".

124 En particular PICÓ I JUNOY, "Reflexiones críticas sobre las normas mínimas comunes del proceso civil en la Unión Europea en materia de prueba pericial", op. cit., p 472.

125 En esta línea LIAKOPOUROS, D. "The influence of EU Law on national Civil Procedural Law: towards the adoption of common minimum standards?", *International and European Legal Matters working papers,* 2017, nº 6, pp. 414-440, esp. p. 420.

126 En la literatura, a modo de ejemplo, los trabajos de SILVESTRI, E., STÜRNER, M. y KERN, C. en "Parte III: Current initiatives for further harmonisation: the ELI/UNIDROIT Project", en Gascón Inchausti y Hess, *The future of the European Law of civil procedure...,* op. cit., pp. 197-238. Así también en comentario de tales reglas modelo y anterior Resolución del Parlamento Europeo SCHUMANN BA-

constituidos en el seno del Instituto Internacional para la Unificación del Derecho Privado (UNIDROIT) y el *European Law Institute* (ELI)[127] teniendo lugar su aprobación por parte de esta última institución el 15 de julio de 2020, pretenden establecer un conjunto de "buenas prácticas" en el ámbito procesal civil[128]. En este caso se propone un articulado que resulta bastante más amplio que el ofrecido por la propuesta europea —a la sazón 245 preceptos frente a los 28 de la propuesta europea— por lo que bien pudiera entenderse que, en alguna medida, dichas reglas pretenden cubrir las lagunas de ésta última[129]; pero aún con todo y como ha sido reconocido por alguno de los miembros de tales grupos de expertos ocupados en su elaboración, las reglas modelo, siquiera a la fecha, tampoco ofrecen una "regulación completa y detallada de todas las cuestiones que deberían integrar un código procesal civil"[130]. Habrá que esperar así a futuras iniciativas de la Unión Europea en este ámbito entendiendo quizás, dadas las fechas, desatendida la propuesta de la Resolución del Parlamento Europeo comentada.

RRAGAN, G. "La gestión y la flexibilidad del procedimiento: ¿un proceso civil convergente con Europa?", en Gascón Inchausti y Pleiteado Mariscal, *Estándares europeos y proceso civil...*, op. cit., pp. 117-153, esp. pp. 135 y ss.

127 Versión española preparada por Fernando Gascón Inchausti y Marco de Benito Llopis-Llombart disponible en ULR https://www.unidroit.org/wp-content/uploads/2022/06/Reglas-en-espanñol-2022-28-junio.pdf. Un examen de las mismas se realiza por el primero y así GASCÓN INCHAUSTI, F. "Las *European Rules of Civil Procedure:* ¿un punto de partida para la armonización del proceso civil?", *Cuadernos de Derecho Transnacional*, 2021, vol. 13, nº 1, pp. 277-297 así como "Las *Model European Rules of Civil Procedure* : entre el código y el modelo", en Picó i Junoy, *Aspectos críticos del Derecho procesal. Diálogos hispano-italianos en homenaje al Profesor Ángelo Dondi,*op. cit., pp. 131-164. Así también el volumen general que incorpora versión definitiva y revisada de las reglas en inglés editado por sendas instituciones, *ELI-UNIDROIT Model European rules of civil procedure. From transnational principles to European Rules of civil Procedure,* Oxford University Press, Oxford, 2021, volumen disponible en acceso abierto en ULR https://fdslive.oup.com/www.oup.com/academic/pdf/openaccess/9780198866589.pdf.

128 En esta línea VIDAL FERNÁNDEZ, "La propuesta de Directiva sobre el establecimiento de normas mínimas comunes para un proceso civil europeo", op. cit., p. 195. Otra definición las describe como "un modelo de buena regulación del proceso civil en Europa que se pone a disposición tanto de los legisladores nacionales como del propio legislador europeo"; así GASCÓN INCHAUSTI, "Las *Model European Rules of Civil Procedure* : entre el código y el modelo", op. cit., p. 133.

129 Así VIDAL FERNÁNDEZ, "La propuesta de Directiva sobre el establecimiento de normas mínimas comunes para un proceso civil europeo", op. cit., pp. 194 y ss.

130 GASCÓN INCHAUSTI, F. "Las *Model European Rules of Civil Procedure* : entre el código y el modelo", op. cit., p. 135.

IV. LA JURISPRUDENCIA EUROPEA EN EL ÁMBITO DE LA COOPERACIÓN JUDICIAL PENAL

A diferencia de lo que ocurre con la cooperación judicial en materia civil de inmediato expuesta, el interés que presta la Unión Europea a la cooperación judicial en materia penal resulta mucho mayor, siquiera por razones obvias, dada su constante preocupación en ámbitos tales como la seguridad, terrorismo, delincuencia organizada, largo etcétera… de modo que esta última adquiere importancia crucial en el seno de la propia organización supranacional[131]. De este modo y a partir de la firma del Tratado de Lisboa a fecha de 7 de diciembre de 2007, el tratado europeo fundacional dedica cinco preceptos con esta misma *rúbrica cooperación judicial en materia penal* constituyendo el capítulo 4 dentro del Título V relativo al ELSJ arriba expuesto y así los artículos 82-89 TFUE, no exenta su negociación de dificultades a la fecha dando lugar a diversas "concesiones" en este ámbito[132].

Es mucha así la jurisprudencia europea dictada con abundancia y constante promoción de cuestiones prejudiciales con la más diversa temática y/ o principios clásicos en el área procesal penal como es el caso concreto del principio de *non bis in idem.* Ante la imposibilidad aquí de proceder a un

---

131 Sobre la importancia de esta cooperación judicial penal y su finalidad en el seno de la UE en particular, ya a la fecha, VERMEULEN, G. y RYCKMAN, C. "Criminal justice finality: a decisive element in the development of international cooperation in criminal matters", en G. Vermeulen, W. de Bondt y C. Ryckman (eds.), *Rethinking international cooperation in criminal matters in the EU. Moving beyond actors, bringing logic back, footed in reality,* Maklu, Antwerpen/Apeldoorn/Portland, 2012, pp. 91-103, esp. p. 91. Un resumen también de esta construcción de la cooperación judicial penal en el ámbito de la UE puede encontrarse también en MITSILEGAS, V. "Transnational Criminal law and the global rule of law", en G. Ziccardi Capaldo (ed.), *The global community Yearbook of International Law and Jurisprudence 2016,* Oxford University Press, Oxford, 2017, pp. pp. 47-80, esp. pp. 69 y ss; más recientemente CAEIRO, P. "Constitution and development of the European Union's penal jurisdiction: responsibility, self-reference and attribution", *European Law Journal,* 2022, vol. 27, nº 4-6, pp. 441-462, esp. pp. 445 y ss.

132 En particular JIMENO BULNES, M. "La conclusión del Tratado de Lisboa: avances y concesiones en materia de cooperación judicial penal", *Diario La Ley,* 30 de septiembre de 2008, nº 7023, pp. 1-9, esp. pp. 3 y ss; más ampliamente JIMENO BULNES, M. "Las implicaciones del Tratado de Lisboa en la cooperación judicial europea en materia penal" en C. Arangüena Fanego (dra.), *Espacio europeo de libertad, seguridad y justicia: últimos avances en cooperación judicial penal,* Lex Nova, Valladolid, 2010, pp. 29-70, esp. pp. 65 y ss, en relación con tales "concesiones".

examen global de esta jurisprudencia europea[133], se procede a la elección de aquellas materias que han dado lugar a mayor número de pronunciamientos por parte del TJUE a título ejemplificativo; de este modo y utilizando como en el caso anterior la última jurisprudencia europea dictada, la relativa al principio procesal comentado, cual es el principio de *non bis in idem* y al que sin duda es el instrumento de reconocimiento mutuo "estrella" en este ámbito[134], cual es la orden de detención europea.

1. *Principio de non bis in idem*

Por lo que atañe, en primer lugar, a la jurisprudencia europea vertida en materia de *non bis idem* a lo largo del último año cabe destacar que todas ellas son fruto de interpretación del artículo 54 *Convenio de Aplicación del Acuerdo Schengen de 19 de junio de 1990*[135] (en adelante CAAS) así como, en su caso, del artículo 50 CDFUE[136]. En efecto, a la fecha no existe un

---

133 De ordinario y anualmente tiene lugar la publicación en el servidor oficial de la institución, además de las estadísticas judiciales del Tribunal de Justicia arriba mencionadas, una selección de las principales sentencias en ULR https://curia.europa.eu/jcms/jcms/p1_3905249/es/; así a la fecha *Selección de las principales sentencias año 2022*, pp. 120 y ss, en relación con la temática de cooperación judicial en materia penal.

134 Por todos JIMENO BULNES, M. *La orden europea de detención y entrega*, Tirant lo Blanch, Valencia, 2024, p. 40 relativo a esta nomenclatura.

135 *Convenio de aplicación del Acuerdo Schengen de 14 de junio de 1985 entre los Gobiernos de los estados de la Unión Económica Benelux, de la República Federal de Alemania y de la República Francesa relativo a la supresión gradual de los controles en las fronteras comunes*, versión consolidada en DOUE de 22 de septiembre de 2000, nº L 239, pp. 19-62, ELI: http://data.europa.eu/eli/convention/2000/922/oj; el art. 54 CAAS dispone expresamente que "una persona que haya sido juzgada en sentencia firme por una Parte contratante no podrá ser perseguida por los mismos hechos por otra Parte contratante, siempre que, en caso de condena, se haya ejecutado la sanción, se esté ejecutando o no pueda ejecutarse ya según la legislación de la Parte contratante donde haya tenido lugar la condena". Sobre dicho principio sumaria y recientemente LÓPEZ ESCUDERO, M. "El principio 'non bis in idem' en El Derecho de la Unión Europea", *El Notario del siglo XXI*, 2023, nº 108, pp. 54-58; también nuestro granito de arena en su día y con idéntica nomenclatura explicando el por qué de la misma JIMENO BULNES, M. "El principio de *non bis in idem* en la orden de detención europea: régimen legal y tratamiento jurisprudencial", en A. de la Oliva Santos (dr.), M. Aguilera Morales e I. Cubillo López (coords.), *La justicia y la Carta de Derechos Fundamentales de la Unión Europea*, Colex, Madrid, pp. 275-294.

136 Textualmente: "Nadie podrá ser acusado o condenado penalmente por una infracción respecto de la cual ya haya sido absuelto o condenado en la Unión

instrumento legislativo propiamente *made in UE* y así dictado al amparo de anterior articulado constitucional, el que, por otra parte, tampoco realiza mención expresa a dicho principio sino únicamente a aquella medida tendente a "prevenir y resolver los conflictos de jurisdicción entre los estados miembros" conforme lectura del artículo 82.1.b) TFUE. Así, por tanto, la ausencia de regulación especial en la materia por parte de las instituciones europeas a pesar de la existencia en su día de iniciativas en esta materia[137]; no obstante y lamentablemente, pese a ser abordada su regulación en el preceptivo Libro Verde[138] como consecuencia de anteriores iniciativas, solo fue dictada en su día legislación en materia de conflictos de jurisdicción, cual es la *Decisión marco 2009/948/JAI del Consejo, de 30 de noviembre de 2009, sobre la prevención y resolución de conflictos de ejercicio de jurisdicción en los procesos penales*[139].

---

mediante sentencia penal firme conforme a la ley." Por todos y entre muchos trabajos, VERVAELE, J.A.E. "'Ne bis in idem': verso un principio costituzionale transnazionale in EU", *Rivista italiana di diritto e procedura penale,* 2014, vol. 57, nº 1, pp. 32-66, esp. pp. 54 y ss para especial referencia al art. 50 CDFUE.

137 *Iniciativa de la República helénica con vistas a la adopción de una Decisión marco del Consejo relativa a la aplicación del principio ne bis in idem,* DOUE de 26 de abril de 2003, nº C 100, pp. 24-27.

138 *Libro Verde sobre los conflictos de jurisdicción y el principio non bis in idem en los procedimientos penales,* Bruselas, 23 de diciembre de 2005, COM(2005) 696 final. Al respecto GONZÁLEZ CANO, M.I. "Consideraciones generales sobre el Libro Verde de la Comisión Europea relativo a los conflictos de jurisdicción y el principio non bis in idem en los procedimientos penales", en F. Muñoz Conde (coord.), *Problemas actuales del Derecho Penal y la Criminología. Estudios penales en memoria de la Profesora Dra. María del Mar Díaz Pita,* Tirant lo Blanch, Valencia, 2008, pp. 1193-1220; así también, entre otros, RAFARACI, T. "*Ne bis in idem* y conflictos de jurisdicción en materia penal en el espacio de libertad, seguridad y justicia de la Unión Europea", en Arangüena Fanego, *Espacio europeo de libertad, seguridad y justicia...,* op. cit., pp. 121-150, esp. pp. 145 y ss, con examen asimismo de jurisprudencia vertida en la materia.

139 DOUE de 15 de diciembre de 2009, nº L 328, pp. 42-47, ELI: http://data.europa.eu/eli/dec_framw/2009/948/oj. A modo de ejemplo, comentarios en su día por GONZÁLEZ CANO, M.I. "La Decisión Marco 2009/948/JAI del Consejo, de 30 de noviembre de 2009, sobre prevención y resolución de conflictos de ejercicio de jurisdicción en los procesos penales", *Unión Europea Aranzadi,* 2010, nº 4, pp. 7-23 y MARTÍN DIZ, F. "Prevención y resolución de conflictos de ejercicio de jurisdicción en los procesos penales: comentario a la Decisión Marco 2009/948/JAI del Consejo de 30 de noviembre de 2009", *Revista General de Derecho Europeo,* 2010, nº 21, http://www.iustel.com; con carácter monográfico y más recientemente HERNÁNDEZ LÓPEZ A. *Conflicts of criminal jurisdiction and transfer of proceedings in the EU,* Springer, Cham (Switzerland), 2022. Por cierto que el mismo autor ya consi-

Reconocido de esta forma su carácter transnacional a raíz de la jurisprudencia europea a partir de la conocida sentencia *Gözütok y Brugge* dictada por el Tribunal de Justicia a fecha de 11 de febrero de 2003[140] y continuada por posteriores precedentes jurisprudenciales[141], en todo caso ha de

---

deraba en su día esta normativa insuficiente; así HERNÁNDEZ LÓPEZ, A. "Crimen transfronterizo y determinación de la jurisdicción en el espacio de libertad, seguridad y justicia: ¿hacia una nueva normativa sobre resolución de conflictos de ejercicio de jurisdicción penal?", *Revista de Estudios Europeos,* 2018, nº 71, pp. 220-233.

140 *Procesos penales c. Husseyn Gözütok and Klaus Brugge*, C-187/1 y C-385/01, ECLI:EU:C:2003:87, TOL4.625.974, resultado de cuestiones prejudiciales planteadas por el *Oberlandesgericht Köln* (Alemania) y el *Rechtbank van eerste aanleg te Veurne* (Bélgica); de modo concreto el TJUE resolvió que "el principio *ne bis in idem,* consagrado en el artículo 54 del Convenio de aplicación del Acuerdo de Schengen, de 14 de junio de 1985, entre los Gobiernos de los Estados de la Unión Económica Benelux, de la República Federal de Alemania y de la República Francesa, relativo a la supresión gradual de los controles en las fronteras comunes, firmado en Schengen el 19 de junio de 1990, se aplica también a procedimientos de extinción de la acción pública, como los controvertidos en los litigios principales, por los que el ministerio fiscal de un Estado miembro ordena el archivo, sin intervención de un órgano jurisdiccional, de un proceso penal sustanciado en dicho Estado, una vez que el imputado haya cumplido determinadas obligaciones y, en particular, haya abonado determinado importe fijado por el ministerio fiscal" (fallo). Entre los numerosos comentarios específicos a esta sentencia cabe destacar CONWAY, G. "Judicial interpretation and the third pillar: Ireland's acceptance of the European Arrest Warrant and the Gözütok and Brugge case", *European Journal of Crime, Criminal Law and Criminal Justice,* 2006, vol. 13, nº 2, pp. 255-283 y VERVAELE, J.A.E. "Joined cases C-187/01 y C-385/01, *Criminal proceedings against Husseyn Gözütok and Klaus Brugge*", *Common Market Law Review,* 2004, vol. 41, nº 3, pp. 795-812.

141 A modo simplemente de ejemplo por su carácter consecutivo Sentencia del Tribunal de Justicia (Sala Quinta) de 10 de marzo de 2005, *Procedimiento penal entablado contra Filomeno Mario Miraglia,* C-469/2003:2005:156, TOL4.625.444, resultado de cuestión prejudicial planteada por el *Tribunale di Bologna* (Italia) y Sentencia del Tribunal de Justicia (Sala Segunda) de 9 de marzo de 2006, *Procedimiento penal entablado contra Leopold Henri Van Esbroeck,* C-436/04, ECLI:EU:C:2005:630, resolviendo cuestión prejudicial promovida por el *Hof van Cassatie* (Tribunal de Casación de Bélgica). En la primera el TJUE declara que el principio de *non bis in idem* establecido en el art. 54 CAAS no se aplica a una decisión de las autoridades judiciales de un Estado miembro de archivar un asunto después de que el ministerio fiscal haya decidido no proseguir la acción penal debido únicamente a que se han iniciado actuaciones penales en otro Estado miembro contra el mismo imputado y por los mismos hechos, sin que exista apreciación alguna en cuanto al fondo" (fallo); en la segunda procede a dar interpretación de la expresión "mismos hechos" contenida en dicho art. 54 CAAS declarando básicamente que el mismo está "constituido por el de la identidad de los hechos materiales, entendido como la

advertirse la construcción pretoriana de este importante principio procesal en sede penal supliendo la laguna legal a este respecto existente en el ámbito de la Unión Europea; principio procesal que supone en esencia la aplicación del efecto preclusivo o negativo de la autoridad de cosa juzgada de la que disfrutan las resoluciones judiciales y así reconocida en los ordenamientos jurídicos nacionales[142]. De este modo y conforme dicha jurisprudencia el concepto de *non bis idem* exige una resolución proveniente de autoridad judicial (comprendido también el ministerio público como es sabido en los países que así tenga lugar), la cual haya supuesto apreciación del fondo del asunto y además adquiera firmeza o autoridad de cosa juzgada formal; por otra parte, ha de entenderse hecha lógicamente la referencia del elemento *idem* al *factum* y no al crimen[143] por lo que respecta a los límites objetivos de la cosa juzgada.

---

existencia de un conjunto de hechos indisolublemente ligados entre sí, con independencia de su calificación jurídica o del interés jurídico protegido" (fallo 2).

142 Por todas y en fecha aún reciente, desde la perspectiva civil, Sentencia del Tribunal de Justicia (Gran Sala) de 17 de mayo de 2022, *MA c. Ibercaja Banco, SA*, C-600/19, ECLI:EU:C:2022:394, TOL8.936.255, FJ 41, expresando el TJUE esta misma afirmación y añadiendo que "con el fin de garantizar tanto la estabilidad del Derecho y de las relaciones jurídicas como la recta administración de la justicia, es necesario que no puedan impugnarse las resoluciones judiciales que hayan adquirido firmeza tras haberse agotado las vías de recurso disponibles o haber expirado los plazos previstos para el ejercicio de tales recursos".

143 Así Sentencia del Tribunal de Justicia (Sala Segunda) de 9 de marzo de 2006, *Procedimiento penal entablado c. Leopold Henri Van Esbroeck*, C-436/04, ECLI:EU-:C:2006:165, TOL4.627.863, al hilo de cuestión prejudicial planteada por *Hof van Cassatie* (Bélgica) en interpretación del art. 54 CAAS y en cuyo fallo se declara que "el criterio pertinente a efectos de la aplicación del citado artículo del CAAS está constituido por el de la identidad de los hechos materiales, entendido como la existencia de un conjunto de hechos indisolublemente ligados entre sí, con independencia de su calificación jurídica o del interés jurídico protegido". La misma fundamentación para dicho precepto es utilizada en otras sentencias posteriores como Sentencia del Tribunal de Justicia (Sala Primera) de 28 de septiembre de 2006, *Procedimiento penal entablado c. Giuseppe Francisco Gasparini*, C-467/04, ECLI:EU:C:2006:610, TOL4.625.444, TOL1.083.292, FJ 56, precisamente al hilo de cuestión prejudicial planteada por la Audiencia Provincial de Málaga; Sentencia del Tribunal de Justicia (Sala Segunda) de 28 de septiembre de 2006, *Jean Leon Van Straaten c. Staat der Nederlanden y Republiek Italië*, C-150/05, ECLI:EU-:C:2006:614, TOL1.083.353, FJ 48, resultado de petición de cuestión prejudicial por parte del *Rechtbank's-Hertogenbosch* (Países Bajos); Sentencia del Tribunal de Justicia (Sala Segunda) de 18 de julio de 2007, *Procedimiento penal entablado c. Jurgen Kretzinger*, C-469/03, ECLI:EU:C:2007:441, TOL1.149.035, FJ 37, resultado de cuestión prejudicial planteada por el *Bundesgerichtshof* (Alemania); Sentencia del

En relación con los límites subjetivos de la cosa juzgada, no es necesario lógicamente la concurrencia de identidad subjetiva activa pero sí la concurrencia de identidad subjetiva pasiva[144], ya no sólo por lo que respecta a la concreta persona física sino también por lo que atañe a su posición procesal debiendo redundar ésta en todo caso en su calidad de persona imputada/investigada en el seno del proceso penal con cualesquiera resultados[145]. Por ello la inclusión aquí también de los supuestos de dictado de

---

Tribunal de Justicia (Sala Segunda) de 18 de julio de 2007, *Procedimiento penal entablado c. Norma Kraaijenbrink*, C-367/05, ECLI:EU:C:2007:444, TOL1.149.039, FJ 28, resolviendo cuestión prejudicial promovida por el *Hof van Cassatie* (Bélgica);... etc. Sobre esta cuestión y en comentario a alguna de las sentencias citadas, a modo de ejemplo en su día, BLANCO CORDERO, I. "El principio *ne bis in idem* en la Unión Europea", *Diario La Ley*, 30 de junio de 2005, nº 6285, pp. 1-8 y JIMENO FERNÁNDEZ, F. "Algunas reflexiones sobre el principio *ne bis in idem* y el artículo 54 del Convenio de Aplicación de Schengen", *Diario La Ley*, 2 de junio de 2006, nº 6496, pp.1-5; así también NIETO MARTÍN, A. "Principio de legalidad, *ne bis in idem* y proceso justo en el Derecho Penal Europeo (comentario a la última juripsrudencia del TJCE en materia penal. Mayo-Septiembre 2007)", *Revista General de Derecho Penal*, 2007, nº 8, https://www.iustel.com, pp. 6 y ss, en comentario a sentencias *Kretzinger* y *Kraaijenbrik*.

144 Por todos, DE HOYOS SANCHO, M. "Eficacia transnacional del *non bis in idem* y denegación de la euroorden", *Diario La Ley*, 30 de septiembre de 2005, nº 6330, pp. 1-6, esp. p. 3.

145 Sentencia del Tribunal de Justicia (Sala Quinta) de 25 de julio de 2018, *AY*, C-268/17, ECLI:EU:C:2018:602, TOL6.674.065, al hilo de cuestión prejudicial planteada por el *Županijski sud u Zagrebu* (Tribunal de Condado de Zagreb, Croacia) en relación con la aplicación del art. 4.3 *Decisión Marco 2002/584/JAI del Consejo, de 13 de junio de 2002, relativa a la orden de detención y entrega entre Estados miembros*, DOUE de 18 de julio de 2002, nº L 190, pp. 1-18, ELI: http://data.europa.eu/eli/dec_framw/2002/584/oj; dicho precepto contempla como motivo de no ejecución facultativa de la orden de detención europea "cuando las autoridades judiciales del Estado miembro de ejecución hubieren decidido, o bien no incoar acción penal por la infracción que sea objeto de la orden de detención europea, o bien concluirla, o cuando sobre la persona buscada pese en un Estado miembro otra resolución definitiva por los mismos hechos que obstaculice el posterior ejercicio de diligencias penales". Por ello y en consecuencia el TJUE declara que "el artículo 3, punto 2, y el artículo 4, punto 3, de la Decisión Marco 2002/584, en su versión modificada por la Decisión Marco 2009/299, deben interpretarse en el sentido de que una resolución del Ministerio Fiscal, como la de la Oficina Central de Investigación húngara, por la que se ha archivado una investigación incoada en contra de un autor desconocido, durante la cual se ha tomado declaración a la persona objeto de una orden de detención europea meramente en calidad de testigo, sin que se hayan instruido diligencias penales contra esta persona y sin que dicha resolución se haya adoptado en relación con la misma, no puede invo-

auto de sobreseimiento libre que impliquen archivo definitivo de diligencias penales[146] o resoluciones equivalentes a sentencias de condena firme en los distintos Estados miembros[147] pero no, en cambio, el auto de sobreseimiento o archivo provisional de actuaciones en las que no haya existido aún conocimiento del fondo del asunto[148]; o bien, incluso se deniega la

carse para denegar la ejecución de dicha orden de detención europea al amparo de alguno de los referidos preceptos" (FJ 63 y fallo 2); en suma en primer proceso penal la persona objeto de ODE ocupaba la posición procesal de testigo mientras que en el segundo se trataba en última instancia del ya procesado habiendo sido denegada por parte del *Fővárosi Törvényszék* (Tribunal General de la Capital, Hungría) en calidad de autoridad judicial de ejecución. Al respecto RUIZ-YAMUZA, F.G. "AY case. Constructing EAW *ne bis in idem* within the boundaries of the preliminaru ruling reference", *Eucrim,* 2020, nº 4, pp. 336-347, esp. pp. 339 y ss, poniendo además de relieve diferente criterio mantenido por AG Maciej Szpunar en sus conclusiones de fecha de 16 de mayo de 2018 y Tribunal de Justicia; en relación con la aplicación del principio de *non bis in idem* en el seno de la orden de detención europea (en adelante ODE) en particular JIMENO BULNES, "El principio de *non bis in idem* en la orden de detención europea: régimen legal y tratamiento jurisprudencial", op. cit., así como más recientemente JIMENO BULNES, *La orden europea de detención y entrega,* op. cit., pp. 259 y ss.

146 A modo de ejemplo y en concreto Sentencia del Tribunal de Justicia (Sala Cuarta) de 5 de junio de 2014, *M,* C-398/12, ECLI:EU:C:2014:1057, TOL4.629.748, que tiene por objeto una petición de decisión prejudicial planteada por el *Tribunale di Fermo* (Italia) solicitando interpretación del art. 54 CAAS al hilo de un auto de sobreseimiento definitivo dictado por distinto Estado miembro; el Tribunal de Justicia declara que dicho precepto "debe interpretarse en el sentido de que un auto de sobreseimiento por el que se decide no remitir el asunto a un tribunal competente para conocer sobre el fondo que impide, en el Estado contratante en el que dictó dicho auto, nuevas diligencias por los mismos hechos contra la persona a la que ampara dicho auto, a menos que aparezcan nuevas pruebas contra ella, debe considerarse una resolución judicial firme, en el sentido de dicho artículo, que impide la apertura de nuevas diligencias contra la misma persona por los mismos hechos en otro Estado contratante" (fallo).

147 Es el caso por ejemplo de anterior sentencia *Gozütok y Brügge,* en la que el sobreseimiento deriva de la existencia de una "transacción" (*transactie*) propuesta por el MF que, aún sin participación judicial ni forma de sentencia, en Derecho holandés equivale a una sentencia de condena firme (*rechtskräftige Verurteilung*).

148 Entre otras y a la fecha de entonces, Sentencia del Tribunal de Justicia (Sala Quinta) de 10 de marzo de 2005, *Procedimiento penal entablado c. Filomeno Mario Miraglia,* C-469/03, ECLI:EU:C:2005:156, TOL4.625.444, al hilo de cuestión prejudicial planteada por *Tribunale di Bologna* (Italia) y en la que el Tribunal de Justicia declara que "el principio *non bis in idem,* consagrado en el artículo 54 del Convenio de Aplicación del Acuerdo de Schengen, de 14 de junio de 1985, entre los Gobiernos de los Estados de la Unión Económica Benelux, de la República Federal

aplicación del principio de *non bis in idem* por parte del TJUE aun cuando esta *cognitio* haya podido tener lugar pero en cualquier caso no suponga extinción de acción pública por los mismos hechos en el correspondiente Estado miembro[149].

A fecha de hoy continúa siendo constante el pronunciamiento del Tribunal de Justicia en materia de *non bis in idem* pudiendo destacar en el último año el dictado de sentencias tales como las tres siguientes, siquiera a título de ejemplo en análisis de dicho principio en interpretación indistinta de sendos artículos 54 CAAS y 50 CDFUE. Así Sentencia del Tribunal de Justicia (Sala Primera) de 14 de septiembre de 2023, *Volkswagen Group Italia y Volkswagen Aktiengesellschaft*[150], realizando el TJUE una interpretación de carácter material del concepto de sanción penal con independencia de su

de Alemania y de la República Francesa, relativo a la supresión gradual de los controles en las fronteras comunes, firmado en Schengen el 19 de junio de 1990, no se aplica a una decisión de las autoridades judiciales de un Estado miembro de archivar un asunto después de que el ministerio fiscal haya decidido no proseguir la acción penal debido únicamente a que se han iniciado actuaciones penales en otro Estado miembro contra el mismo imputado y por los mismos hechos, sin que exista apreciación alguna en cuanto al fondo" (fallo).

149 Así entonces Sentencia del Tribunal de Justicia (Sala Sexta) de 22 de diciembre de 2008, *Procedimiento penal entablado c. Vladimir Turansky*, C-491/07, ECLI:EU-:C:2008:768, TOL1.891.956, resultado de cuestión prejudicial promovida por el *Landesgericht für Strafsachen Wien* (Austria) afirmando el Tribunal de Justicia que "el principio *non bis in idem* consagrado en el artículo 54 del Convenio de Aplicación del Acuerdo de Schengen, de 14 de junio de 1985, entre los Gobiernos de los Estados de la Unión Económica del Benelux, de la República Federal de Alemania, y de la República Francesa, relativo a la supresión gradual de los controles en las fronteras comunes, firmado en Schengen (Luxemburgo) el 19 de junio de 1990, no es de aplicación a una resolución por la cual una autoridad de un Estado contratante, después de examinar el fondo del asunto de que conoce, ordena, en una fase previa a la inculpación de una persona sospechosa de un delito, el archivo de las diligencias penales, cuando esta resolución de archivo, de acuerdo con el Derecho nacional de ese Estado, no extingue definitivamente la acción pública y no impide por tanto que se emprendan nuevas diligencias penales, por los mismos hechos, en ese Estado" (fallo).

150 C-27/22, ECLI:EU:C:2023:663, resultado de cuestión prejudicial promovida por el *Consiglio di Stato* (Italia) en solicitud de interpretación del art. 50 CDFUE. A modo de ejemplo véase comentario de XUEREB, P.G. "El principio non bis in idem se aplica a las sanciones impuestas en materia de prácticas comerciales desleales califica das de sanciones administrativas de carácter penal". TJ, Sala Primera, S 14 Sep. 2023. Asunto C-27/22: Volkswagen Group Italia y Volkswagen Aktiengesellschaft", *La Ley Unión Europea*, 2023, nº 120, https://web.laley.es/revistas-laley/laley-union-europea/.

denominación como sanción administrativa en el Derecho interno[151]; Sentencia del Tribunal de Justicia (Sala Primera) de 12 de octubre de 2023, *Inter Consulting*[152], procediendo el Tribunal de Justicia a realizar una vez más interpretación amplia del concepto de "mismos hechos"[153] bajo la concre-

---

151 Así declara en su fallo, textualmente: "1) El artículo 50 de la Carta de los Derechos Fundamentales de la Unión Europea debe interpretarse en el sentido de que una multa administrativa pecuniaria establecida por la normativa nacional, impuesta a una sociedad por la autoridad nacional competente en materia de protección de los consumidores, por prácticas comerciales desleales, aunque sea calificada de sanción administrativa por la normativa nacional, constituye una sanción penal, en el sentido de dicha disposición, cuando persigue una finalidad represiva y presenta un nivel de gravedad elevado. 2) El principio *non bis in idem* consagrado en el artículo 50 de la Carta de los Derechos Fundamentales de la Unión Europea debe interpretarse en el sentido de que se opone a una normativa nacional que permite mantener una multa de carácter penal impuesta a una persona jurídica por prácticas comerciales desleales en el supuesto de que esa persona haya sido condenada penalmente por los mismos hechos en otro Estado miembro, aun cuando dicha condena sea posterior a la fecha de la resolución por la que se impone la multa, pero haya adquirido firmeza antes de que la sentencia sobre el recurso judicial interpuesto contra esa resolución haya adquirido fuerza de cosa juzgada. 3) El artículo 52, apartado 1, de la Carta de los Derechos Fundamentales de la Unión Europea debe interpretarse en el sentido de que autoriza la limitación de la aplicación del principio *non bis in idem*, consagrado en el artículo 50 de la Carta, de modo que permita acumular procedimientos o sanciones por los mismos hechos si concurren los requisitos establecidos en el artículo 52, apartado 1, de la Carta, tal como han sido precisados por la jurisprudencia, a saber, en primer lugar, que esta acumulación no represente una carga excesiva para el interesado; en segundo lugar, que existan reglas claras y precisas que permitan prever qué acciones u omisiones pueden acumularse, y, en tercer lugar, que los procedimientos en cuestión se hayan tramitado de manera suficientemente coordinada y próxima en el tiempo." (fallo).

152 C-726/21, ECLI:EU:C:2023:764, en el contexto de un proceso penal incoado en Croacia contra GR, HS e IT, planteando el *Županijski sud u Puli-Pola* (Tribunal de Condado de Pula) cuestión prejudicial en solicitud de interpretación del art. 54 CAAS relativa a los hechos que debían ser objeto de consideración en la primera resolución dictada a la hora de apreciar la existencia de identidad de hechos como requisito del principio de *ne bis in idem*. A modo de ejemplo, comentarios por VICARIO PÉREZ, A.M. "Validez de los hechos analizados en escritos procesales a efectos del principio *ne bis in idem*. Sentencia del Tribunal de Justicia 1ª 12 de octubre de 2023, asunto C-726/21:GR, HS, IT" y XUEREB, P.G. "Apreciación a la luz de los hechos examinados en un procedimiento de investigación y omitidos en el escrito de acusación del principio *non bis in idem* . TJ; Sala Primera, S 12 Oct. 2023. Asunto C-726/21: GR, HS, IT", ambos en *La Ley Unión Europea*, 2023, nº 120, https://web.laley.es/revistas-laley/laley-union-europea/.

153 Textualmente: "El artículo 54 del Convenio de aplicación del Acuerdo de Schengen, de 14 de junio de 1985, entre los Gobiernos de los Estados de la Unión Eco-

ción de sendos elementos *bis* e *idem*[154]; y Sentencia del Tribunal de Justicia (Sala Segunda) de 19 de octubre de 2023, *Központi Nyomozó Föugyészség*[155], manteniendo el TJUE una interpretación igualmente extensa en este sentido respecto del principio de *non bis in idem* en este caso contenido en el artículo 54 CAAS en consonancia con anterior jurisprudencia por su parte dictada y pronunciando además un dilatado fallo[156].

---

nómica Benelux, de la República Federal de Alemania y de la República Francesa relativo a la supresión gradual de los controles en las fronteras comunes, firmado en Schengen el 19 de junio de 1990 y que entró en vigor el 26 de marzo de 1995, a la luz del artículo 50 de la Carta de los Derechos Fundamentales de la Unión Europea, debe interpretarse en el sentido de que, al apreciar el respeto del principio *non bis in idem*, no han de tomarse en consideración únicamente los hechos expuestos en la parte dispositiva del escrito de acusación elaborado por las autoridades competentes de otro Estado miembro y en el fallo de la sentencia firme dictada en este, sino también los hechos expuestos en los fundamentos de dicha sentencia y aquellos que fueron objeto del procedimiento de instrucción, pero no se recogieron en el escrito de acusación, así como todas las informaciones pertinentes sobre los hechos materiales objeto de un proceso penal anterior tramitado en ese otro Estado miembro y concluido mediante una resolución firme" (fallo).

154 En esta línea VICARIO PÉREZ, "Validez de los hechos analizados en escritos procesales a efectos del principio *ne bis in idem…*", op. cit., pp. 10 y ss, con análisis de anterior jurisprudencia europea dictada por TEDH y TJUE.

155 C-147/22, ECLI:EU:C:2023:790, resultado de cuestión prejudicial planteada por el *Fővárosi Törvényszék* (Tribunal General de la Capital, Hungría) en solicitud de interpretación del art. 54 CAAS al hilo de procedimiento penal entablado contra Terhelt5, nacional húngaro quien había sido ya objeto de diligencias penales en Austria que dieron lugar al archivo de las actuaciones siendo así solicitada interpretación sobre los efectos de tal resolución.

156 Textualmente: "El principio *non bis in idem* consagrado en el artículo 54 del Convenio de Aplicación del Acuerdo de Schengen, de 14 de junio de 1985, entre los Gobiernos de los Estados de la Unión Económica Benelux, de la República Federal de Alemania y de la República Francesa relativo a la supresión gradual de los controles en las fronteras comunes, firmado en Schengen el 19 de junio de 1990 y que entró en vigor el 26 de marzo de 1995, a la luz del artículo 50 de la Carta de los Derechos Fundamentales de la Unión Europea, debe interpretarse en el sentido de que debe calificarse de resolución firme, a los efectos de dichos artículos, una resolución de absolución de un inculpado adoptada, en un primer Estado miembro, a raíz de una instrucción relativa esencialmente a actos de corrupción, cuando ese inculpado sea objeto, por esos mismos hechos, de nuevas diligencias penales en un segundo Estado miembro y: – la resolución de absolución haya sido adoptada por el Ministerio Fiscal del primer Estado miembro sin imposición de una pena y sin intervención de un órgano jurisdiccional y se haya basado en la constatación de la inexistencia de cualquier elemento probatorio que demuestre que el inculpado haya cometido efectivamente el delito que se le imputa; – según

Finalmente y ya dictada durante el año en curso puede citarse la Sentencia del Tribunal de Justicia (Sala Primera) de 25 de enero de 2024, *Parchetul de pe lânga Curtea de Apel Craiova*[157], Tribunal de Apelación de esta ciudad rumana, el que plantea la correspondiente cuestión prejudicial al hilo de procedimiento penal entablado contra NR solicitando una vez más interpretación en materia del principio de *non bis in idem,* en este caso conforme la regulación prescrita en el artículo 50 CDFUE. De este modo el órgano jurisdiccional *a quo* plantea en esencia si dentro de la redacción de este precepto —así la consideración en concreto de sentencia absolutoria firme en cuanto resolución previa productora de dicho efecto preclusivo— puede comprenderse resolución de sobreseimiento por parte de la fiscalía que no haya realizado examen del fondo del asunto como tiene lugar en el caso de autos[158].

---

el Derecho nacional aplicable en el primer Estado miembro, a pesar del carácter firme de tal resolución de absolución, el Ministerio Fiscal tenga la facultad de continuar el procedimiento en condiciones estrictamente definidas, como la aparición de nuevos hechos o de pruebas significativas, siempre que, en cualquier caso, el delito no haya prescrito, y – durante la instrucción, el Ministerio Fiscal del primer Estado miembro haya recabado datos sin interrogar, no obstante, al inculpado, que es ciudadano de otro Estado miembro, por haber resultado finalmente infructuosa la diligencia de instrucción de carácter coercitivo destinada a localizarlo, partiendo de la base de que la fiscalía del segundo Estado miembro puede tener en cuenta la falta de interrogatorio del inculpado por parte de la fiscalía del primer Estado miembro entre los posibles indicios pertinentes que revelen la inexistencia de una instrucción en profundidad en el primer Estado miembro, siempre que se demuestre, no obstante, que, en las circunstancias del caso de autos, incumbía razonablemente a la fiscalía del primer Estado miembro adoptar una diligencia de instrucción que garantizara un interrogatorio efectivo de dicho inculpado que, manifiestamente, hubiera podido aportar nuevos elementos de hecho o de prueba que pudieran poner en duda de manera significativa la procedencia de una resolución de absolución" (fallo).

157 C-58/22, ECLI:EU:C:2024:70, TOL9.874.175. Por todos, comentario de CARRASCO PÉREZ, C. "A vueltas con el principio non bis in idem en el Derecho europeo: la verificación del requisito bis (STJ 1ª 25 de enero de 2024, as. C-58/22: NR", *Ley Unión Europea,* 2024, nº 123, https://web.laley.es/revistas-laley/laley-union-europea/.

158 Textualmente, bajo el resumen que realiza el propio TJUE: "Habida cuenta de los motivos que se desprenden de la petición de decisión prejudicial, procede considerar, para dar una respuesta útil al órgano jurisdiccional remitente, que, mediante su cuestión prejudicial, dicho órgano jurisdiccional pregunta, en esencia, si el principio *non bis in idem* consagrado en el artículo 50 de la Carta debe interpretarse en el sentido de que puede considerarse que una persona ha sido absuelta mediante sentencia firme, en el sentido del citado artículo 50, como con-

Recuerda a este respecto en su resolución el Tribunal de Justicia para el caso objeto de comentario, a la luz de anteriores precedentes jurisprudenciales, que la aplicación del principio de *non bis in idem* "se supedita a un doble requisito: por una parte, que exista una resolución anterior firme (requisito del «bis») y, por otra parte, que la resolución anterior y los procedimientos o resoluciones posteriores tengan por objeto los mismos hechos (requisito del «idem»)"[159] procediendo a correspondiente análisis de ambos elementos de la definición. Como resultado del mismo concluye el TJUE, en un conciso y escueto fallo,[160] que no ha lugar a la aplicación de dicho principio de *non bis in idem* en el litigo principal pues no puede entenderse opera el dictado de sentencia absolutoria firme por parte de la fiscalía al no haberse examinado la responsabilidad penal de la concreta persona contra quien se dirige ahora el proceso penal.

2. *La orden de detención europea*

Conviene recordar que los instrumentos de reconocimiento mutuo en materia penal existentes son aquellos hoy contemplados, siquiera para nuestro país, en la ya mencionada *Ley 23/2014, de 20 de noviembre, de reconocimiento mutuo de resoluciones penales en la Unión Europea*[161] (en adelante

---

secuencia de una resolución de sobreseimiento dictada por una fiscalía cuando no se haya examinado la situación jurídica de dicha persona como responsable penal de los hechos constitutivos del delito investigado" (FJ 45).

159 FJ 47, con cita concreta aquí de Sentencia del Tribunal de Justicia (Gran Sala) de 22 de marzo de 2022, *bpost SA c. Autorité belge de la concurrence*, C-117/20, ECLI:EU-:C:2022:202, FJ 28; dicha sentencia es resultado de cuestión prejudicial planteada por la *Cour d'appel de Bruxelles* (Tribunal de Apelación de Bruselas, Bélgica) en solicitud de interpretación igualmente del art. 50 CDFUE en el contexto de un litigio entre bpost SA y la *Autorité belge de la concurrence* (Autoridad belga de la Competencia), en relación con la legalidad de una resolución mediante la cual se condenó a bpost al pago de una multa por haber incurrido en un abuso de posición dominante (en lo sucesivo, «resolución de la autoridad de competencia»).

160 Textualmente: "El principio *non bis in idem* consagrado en el artículo 50 de la Carta debe interpretarse en el sentido de que no puede considerarse que una persona ha sido absuelta mediante sentencia firme, en el sentido del citado artículo 50, como consecuencia de una resolución de sobreseimiento dictada por una fiscalía cuando no se haya examinado la situación jurídica de dicha persona como responsable penal de los hechos constitutivos del delito investigado".

161 BOE de 21 de noviembre de 2014, nº 282, pp. 95437-95593, versión consolidada en ELI: https://www.boe.es/eli/es/l/2014/11/20/23/con. Entre la literatura, por todos, ARANGÜENA FANEGO, C., DE HOYOS SANCHO, M. y RODRIGUEZ-MEDEL NIETO, C. (dras/coords.), *Reconocimiento mutuo de resoluciones*

LRM). Todos ellos se ocupan de hacer posible la cooperación y/o colaboración entre autoridades judiciales de los distintos Estados miembros en el seno de un proceso penal en curso y así antaño, desde una nomenclatura clásica, asistencia/auxilio judicial internacional[162]. Cooperación judicial ya en terminología moderna que hoy día además se presenta cada vez más modernizada y digitalizada a la luz de los recientes instrumentos legislativos dictados en esta materia[163].

Sin duda, aún a la fecha, continúa siendo el mayor exponente en términos de aplicación así como de objeto de jurisprudencia europea al hilo de planteamiento de cuestiones prejudiciales por los órganos jurisdiccionales nacionales precisamente el instrumento que constituyó en su día "ensayo"

---

penales en la Unión Europea, Thomson Reuters & Aranzadi, Cizur Menor (Navarra), 2015, en examen de la entonces nueva legislación, tanto desde la perspectiva teórica como práctica.

162 Desde la perspectiva española en materia penal entonces GONZÁLEZ MONTES, J.L. "La cooperación judicial internacional en el ámbito del proceso penal", *Revista de Derecho Procesal,* 1996, nº 1, pp. 33-80. Sobre ejemplos de ambos modelos desde una perspectiva europea y para un examen inicial JIMENO-BULNES, M. "European judicial cooperation in criminal matters", *European Law Journal,* 2003, vol. 9, nº 5, pp. 614-630. Sobre la superación de la antigua fórmula y el inicio de un nuevo modelo de cooperación VIDAL FERNÁNDEZ, B. "De la 'asistencia' judicial penal en Europa a un 'espacio común de justicia europeo'", en C. Arangüena Fanego (coord.), *Cooperación judicial penal en la Unión Europea: la orden europea de detención y entrega,* Lex Nova, Valladolid, 2005, pp. 18-73. Sobre este modelo europeo de cooperación judicial en materia penal más recientemente MITSILEGAS, V. "The European model of judicial cooperation in criminal matters: towards effectiveness based on earned trust", *Revista Brasileira de Direito Processual Penal,* 2019, vol. 5, nº 2, pp. 565-595.

163 *Vid.* TINOCO PASTRANA, A. "La modernización de la cooperación judicial transfronteriza en la Unión europea: la implementación de la digitalización", *Revista APDPUE,* 2023, nº 8, pp. 109-151, esp. pp. 130 y ss, en comentario a las entonces propuestas de Reglamento y Directiva DIG hoy ya *Reglamento (UE) 2023/2844 del Parlamento Europeo y del consejo, de 13 de diciembre de 2023, sobre la digitalización de la cooperación judicial y del acceso a la justicia en asuntos civiles, mercantiles y penales, y por el que se modifican determinados actos jurídicos de la cooperación judicial* así como Directiva (UE) 2023/2843 del Parlamento Europeo y del Consejo, de 13 de diciembre de 2023, por la que se modifican las *Directivas 2011/99/UE y 2014/41/UE del Parlamento Europeo y del Consejo, la Directiva 2003/8/CE del Consejo y las Decisiones Marco 2002/584/JAI, 2003/577/JAI, 2005/214/JAI, 2006/783/JAI, 2008/909/JAI, 2008/947/JAI, 2009/829/JAI y 2009/948/JAI del Consejo, en lo que respecta a la digitalización de la cooperación judicial,* ambos en DOUE de 27 de diciembre de 2023, serie L, ELI: http://data.europa.eu/eli/reg/2023/2844/oj y http://data.europa.eu/eli/dir/2023/2843/oj respectivamente.

o "banco de pruebas"[164] de dicho principio de reconocimiento mutuo; así la orden de detención europea regulada en la *Decisión Marco 2002/584/JAI del Consejo, de 13 de junio de 2002, relativa a la orden de detención europea y a los procedimientos de entrega entre Estados miembros* (en adelante DM 2002/584/JAI)[165], también conocida desde su nacimiento como "euro-orden"[166] además de acrónimos ODE u OEDE en España donde es objeto de concreta regulación en los artículos 34-62 LRM[167]. Ello aun cuando en puridad la nomenclatura de "euro-orden" resulta igualmente aplicable a cualesquiera instrumentos de reconocimiento mutuo consistentes en la emisión y ejecución de una "orden" mediante un sistema de certificado como aquí tiene lugar, sea en materia civil[168] y/o penal.

De este modo y desde la inicial jurisprudencia europea vertida en interpretación de este instrumento europeo a partir de la conocida sentencia *Advocaten voor Wereld* de 3 de mayo de 2007[169], son muchas las sentencias

---

164 Así, con esta última terminología, RUZ GUTIÉRREZ, P.R. "La orden europea de detención y entrega: banco de pruebas del principio de reconocimiento mutuo", en J.M. Cortés Martín y F.G. Ruiz Yamuza (coords.), *Retos actuales de la cooperación penal en la Unión Europea,* Dykinson, Madrid, 2020, pp. 193-234. Para otros "emblemática" como es calificada por MITSILEGAS, V. "The European model of judicial cooperation in criminal matters: towards effectiveness based on earned trust", op. cit., p. 567.

165 DOUE de 18 de julio de 2002, nº L 190, pp. 1-18; versión consolidada en ELI: https://eur-lex.europa.eu/eli/dec_framw/2002/584/oj. Por todos, JIMENO BULNES, *La orden europea de detención y entrega,* op. cit., pp. 49 y ss en referencia al principio de reconocimiento mutuo como base jurídica.

166 Por todos a la fecha CUERDA RIEZU, A. *De la extradición a la "euro orden" de detención y entrega. Con un análisis de la doctrina del Tribunal Constitucional español,* Centro de Estudios de Ramón Areces, Madrid, Madrid, 2003.

167 En comentario a dicho articulado, a modo de ejemplo, JIMENO BULNES, M. "La orden europea de detención y entrega: análisis normativo" en Arangüena Fanego, De Hoyos Sancho y Rodriguez-Medel Nieto, *Reconocimiento mutuo de resoluciones penales en la Unión Europea,* op. cit., pp. 35-76.

168 A modo simplemente de ejemplo *Reglamento (UE) nº 655/2014 del Parlamento Europeo y del Consejo, de 15 de mayo de 2014, por el que se establece el procedimiento relativo a la orden europea de retención de cuentas a fin de simplificar el cobro transfronterizo de deudas en materia civil y mercantil,* DOUE de 27 de junio de 2014, nº L 189, pp. 59-91; versión consolidada en ELI: https://eur-lex.europa.eu/eli/reg/2014/655/oj.

169 Sentencia del Tribunal de Justicia (Gran Sala), *Advocaten voor de Wereld VZW c. Leden van de Ministerraad,* C-303/05, ECLI:EU:C:2007:261, TOL1.083.147, resolviendo el Tribunal de Luxemburgo sendas cuestiones prejudiciales planteadas desde Bélgica por el *Arbitragehof* (Tribunal arbitral belga) en conocimiento del recurso de anulación planteado por una asociación de abogados belga sin ánimo de lucro (*Advocaten voor de Wereld VZW*) invocando, entre otros motivos, la falta de idonei-

prejudiciales dictadas procediendo a la construcción pretoriana de este importante mecanismo procesal; ello hasta el punto de poder afirmar sin rubor que, aún a la fecha, continúa la orden de detención europea centrando la mayor atención por parte del TJUE dentro del elenco de instrumentos de reconocimiento mutuo en materia penal hoy operativos[170]. La misma afirmación puede realizarse desde la perspectiva de restantes instituciones europeas pues a la fecha de hoy es el único instrumento de reconocimiento mutuo en materia penal (y civil) que dispone de un manual específico para su aplicación elaborado en concreto por parte de la Comisión Europea y del que precisamente acaba de ser publicada recientemente su última versión[171].

En relación al muestrario de jurisprudencia europea vertida en los últimos años hay que decir que el año 2023 resultó especialmente significativo para nuestro país por lo que atañe a sentencias prejudiciales dictadas por el Tribunal de Justicia en solicitud de la interpretación y/o apreciación de validez de la mencionada DM 2002/584/JAI. No en vano, precisamente, inaugura la anualidad aquella dictada por la Gran Sala el 31 de enero de 2023 en el conocido como caso Puigdemont o, en nomenclatura del TJUE, *Puig Gordi y otros*[172], a raíz de la cuestión prejudicial planteada por nuestro Tribunal Supremo. Esta resolución tiene especial interés para España pues

---

dad de la norma europea utilizada así como la violación del principio de legalidad penal; por su parte el Tribunal de Justicia reconoce a la Decisión Marco como el instrumento más adecuado para proceder a la regulación de instrumentos de carácter procesal como es aquí la ODE así como la existencia de una modalidad de principio de legalidad penal de ámbito europeo entendiendo así admisible su extraterritorialidad para el listado de 32 "euro-delitos" del art. 2.2 DM 2002/584/JAI para los que es suprimido el principio de doble incriminación. Sobre la misma y otras posteriores en interpretación del mismo instrumento jurídico JIMENO BULNES, "Perspectiva del espacio judicial europeo en materia civil y penal...", op. cit., pp. 26 y ss.

170 A modo de ejemplo y desde la propia institución judicial europea véase *Informe Anual 2022: Panorámica del año,* disponible en ULR https://curia.europa.eu/jcms/jcms/Jo2_7000/es/ (fecha de última consulta: 7 de marzo de 2024), esp. pp. 76 y ss, siendo objeto de mención y comentario precisamente sentencias prejudiciales derivadas de la aplicación de la ODE en su mayor parte.

171 *Comunicación de la Comisión – Manual europeo para la emisión y ejecución de órdenes de detención europeas,* C/2023/1270, DOUE de 15 de diciembre de 2023, serie C, ELI: http://data.europa.eu/eli/C/2023/1270/oj.

172 *Ministerio Fiscal, Abogacía del Estado y Partido Político VOX c. Lluís Puig Gordi, Carles Puigdemont Casamajó, Antoni Comín Oliveres, Clara Ponsatí Obiols, Meritxell Serret Aleu, Marta Rovira Vergés y Anna Gabriel Sabaté,* C-158/21, ECLI:EU:C:2023:57, TOL9.376.901. Ampliamente sobre el "caso Puigdemont" y con esta rúbrica JIME-

la cuestión prejudicial se plantea tras diversos avatares en el conocido periplo de Carles Puigdemont tras la inicial incertidumbre sobre la pertinencia de planteamiento de cuestión prejudicial por parte de la autoridad judicial de emisión[173].

De esta forma y como es sabido, tuvo lugar inicio del correspondiente procedimiento prejudicial mediante el ATS de 9 de marzo de 2021[174] redactado por parte del magistrado instructor Pablo Llarena, quien formula un total de siete preguntas relativas en términos generales a la actuación de sendas autoridades judiciales de emisión y ejecución en el marco del procedimiento de orden de detención europea[175]. Por su parte, el tribunal europeo proporciona una extensa y, en alguna medida, a la vez ambigua respuesta a la diversidad de las cuestiones planteadas[176] pues, si bien de-

---

NO BULNES, *La orden europea de detención y entrega*, op. cit., pp. 442 y ss (pp. 455 y ss en comentario a la sentencia prejudicial ahora citada).

173 A favor y entre las más entusiastas, aún al hilo de otro procedimiento, MUÑOZ DE MORALES, M. "¡Si se puede! O sobre cómo la cuestión prejudicial no es monopolio del juez de ejecución. Sentencia del Tribunal de Justicia de 25 de julio de 2018, Asunto C-268/17: AY", *La Ley Unión Europea*, 2018, nº 63, https://web.laley.es/revistas-laley/laley-union-europea/, si bien reconoce que "quien está mejor colocado para solicitar la interpretación de una norma europea y actuar en consecuencia a la hora de aplicar su Derecho interno es el juez de ejecución" (p. 4).

174 ECLI:ES:TS:2021:2544A, TOL8.356.185.

175 De modo particular y entre otras cuestiones, se solicita a Luxemburgo opinión sobre la posibilidad de discutir la competencia de la autoridad judicial de emisión por parte de la autoridad judicial de ejecución junto a la posibilidad también de que ésta última deniegue la entrega de la persona reclamada ante el riesgo de violación de derechos fundamentales en el Estado de emisión. Un examen de tal planteamiento de cuestión prejudicial y preguntas formuladas se realiza por HERNÁNDEZ LÓPEZ, A. "El procedimiento de entrega de Carles Puigdemont: estado actual y perspectivas", *Revista de Estudios Europeos*, 2023, nº extraordinario monográfico 1, pp. 279-309, esp. pp. 283 y ss; de forma específica el mismo autor "La desconfianza mutua como principio: sobre la trascendencia europea de las cuestiones prejudiciales planteadas por el magistrado instructor del caso procès", *La Ley Unión Europea*, 2021, nº 94, https://web.laley.es/revistas-laley/laley-union-europea/, y "El reconocimiento mutuo a examen: el asunto C-158/21 Puig Gordi y otros y su incidencia en el futuro de la cooperación judicial en materia penal en la UE", *Revista de Estudios Europeos*, 2022, nº 79, pp. 258-284, en ambos casos con examen de antecedentes del caso así como comentario de las distintas preguntas formuladas.

176 En esta línea SOLANES MULLOR, J. "Be careful what you ask for: the European Court of Justice's EAW jurisprudence meets the Catalan secession crisis and the European rule of law crisis in Puig Gordi and others, C-158/21, EU:C:2023:57",

clara *a priori* la imposibilidad para la autoridad judicial de ejecución de controlar la competencia de la autoridad judicial de emisión, igualmente advierte de la posibilidad de denegar la ejecución de la ODE ante el riesgo de vulneración de un derecho fundamental como aducen las partes del proceso principal, aun cuando éste no constituya en puridad un motivo de denegación contemplado en la DM 2002/585/JAI[177] en la línea arriba expuesta.

Maastricht Journal of European and Comparative Law, 2023, vol. 30, nº 2, pp. 201-215, quien aduce que la ambiguedad deriva de la propia formulación de tales cuestiones prejudiciales.

177 Textualmente, en un extenso fallo que tampoco se reproduce íntegramente: "1) La Decisión Marco 2002/584/JAI del Consejo, de 13 de junio de 2002, relativa a la orden de detención europea y a los procedimientos de entrega entre Estados miembros, en su versión modificada por la Decisión Marco 2009/299/JAI del Consejo, de 26 de febrero de 2009, debe interpretarse en el sentido de que una autoridad judicial de ejecución no dispone de la facultad de denegar la ejecución de una orden de detención europea basándose en un motivo de no ejecución que no se derive de la Decisión Marco 2002/584, en su versión modificada, sino del Derecho del Estado miembro de ejecución exclusivamente. En cambio, esa autoridad judicial puede aplicar una disposición nacional que establezca que se denegará la ejecución de una orden de detención europea cuando dicha ejecución daría lugar a una vulneración de un derecho fundamental consagrado por el Derecho de la Unión, siempre que el alcance de esta disposición no exceda el del artículo 1, apartado 3, de la Decisión Marco 2002/584, en su versión modificada, tal como ha sido interpretado por el Tribunal de Justicia; ... 3) El artículo 1, apartado 3, de la Decisión Marco 2002/584, en su versión modificada por la Decisión Marco 2009/299, en relación con el artículo 47, párrafo segundo, de la Carta de los Derechos Fundamentales de la Unión Europea debe interpretarse en el sentido de que la autoridad judicial de ejecución que haya de resolver sobre la entrega de una persona contra la que se ha dictado una orden de detención europea no puede denegar la ejecución de dicha orden de detención basándose en que esa persona corre el riesgo de ser enjuiciada, tras su entrega al Estado miembro emisor, por un órgano jurisdiccional carente de competencia a tal efecto, salvo que, – por una parte, dicha autoridad judicial disponga de elementos objetivos, fiables, precisos y debidamente actualizados que revelen la existencia de deficiencias sistémicas o generalizadas en el funcionamiento del sistema judicial del Estado miembro emisor o de deficiencias que afecten a la tutela judicial de un grupo objetivamente identificable de personas al que pertenezca el interesado, a la luz de la exigencia de un tribunal establecido por la ley, que impliquen que los justiciables afectados se vean privados, con carácter general, en dicho Estado miembro, de un cauce jurídico efectivo que permita controlar la competencia del órgano jurisdiccional penal que ha de enjuiciarlos, y – por otra parte, la referida autoridad judicial constate que, en las circunstancias particulares del asunto de que se trate, existen motivos serios y acreditados para creer que, habida cuenta,

Precisamente la observancia de derechos fundamentales constituye una problemática particular en el seno de la ejecución de la ODE dando lugar a toda una jurisprudencia europea en este sentido al hilo del planteamiento de numerosas cuestiones prejudiciales, cuyo examen ahora excede de estas líneas[178]. Sirva ahora indicar que, en la línea anticipada, la jurisprudencia dictada por parte del TJUE en materia de independencia judicial arriba mencionada procediendo a condena por incumplimiento a los Estados miembros infractores de la *rule of law* como es el caso de Polonia impacta de lleno en la cooperación judicial penal europea; así en especial y fundamentalmente por lo que atañe a la ejecución de órdenes de detención europea emitidas por este país[179]. Ello es así aun cuando el mayor precedente en este sentido ya había sido dictado a la fecha de modo previo a anteriores procesos de incumplimiento y así el caso *ML,* con sentencia dictada en fecha de 25 de julio de 2018[180], conocido también como caso *Celmer,* pues Artur Celmer era el nombre de la persona reclamada, en cuya sentencia el TJUE expuso de forma evidente la falta de independencia judicial en

---

en particular, de los datos facilitados por la persona que sea objeto de dicha orden de detención europea relativos a su situación personal, a la naturaleza de la infracción que se le impute, al contexto fáctico en que se dictó dicha orden de detención europea o a cualquier otra circunstancia relevante, el órgano jurisdiccional que probablemente vaya a conocer del procedimiento al que se someterá a esa persona en el Estado miembro emisor carece manifiestamente de competencia para ello. La circunstancia de que el interesado haya podido invocar, ante los tribunales del Estado miembro emisor, sus derechos fundamentales a efectos de impugnar la competencia de la autoridad judicial emisora y la orden de detención europea dictada contra él no reviste una importancia decisiva a este respecto."

178 Ampliamente JIMENO BULNES, M. *La orden europea de detención y entrega,* Tirant lo Blanch, Valencia, 2024, pp. 311 y ss.

179 En particular comentario a la influencia de la casuística polaca en relación con la ejecución de este instrumento de reconocimiento mutuo MAUNSBACH, L. "Obtaining and assessing information about rule-of-law compliance in Member State Courts. Using the European Arrest Warrant as an illustration", *Giornale di Storia Costituzionale,* 2023, vol. 45, nº 1, pp. 47-76; para una visión *pro futuro* en relación con otros países STIRONE, A. y MUMOLO, G. "Is the two-step test set out in LM and L and P English supreme Court's best option in post-Brexit Britain for EAW requests made by States with structural deficiencies", *New Journal of European Criminal Law,* 2022, vol. 13, nº 4, pp. 391-397.

180 Sentencia del Tribunal de Justicia (Sala Primera), C-220/18, ECLI:EU:C:2018:859, TOL6.674.044. A modo de ejemplo, DE AMICIS, G. "La corte di gustizia stabilisce nuove regole in tema di mandato di arresto europeo e divieto di trattamenti inhumani e degradanti nello stato di emissione: corte di Giustizia dell'Unione Europea I, 25 luglio 2018, C-220/18", *Cassazione Penale,* 2018, vol. 58, nº 11, pp. 3919-3925.

el seno de Polonia en resolución de cuestión prejudicial planteada por la *High Court* de Irlanda[181].

En efecto, en esta sentencia y por tal razón el Tribunal de Justicia da entrada a un nuevo motivo de denegación de ejecución de la orden de detención europea, cual es la vulneración de derechos fundamentales no contemplado expresa y, muy probable, intencionadamente[182] en la enumeración contenida en sendos artículos 3 y 4 de la DM 2002/584/JAI. Sin embargo, pese a la ausencia de regulación en sede europea y nacional en este sentido, el Tribunal de Justicia impone aquí con base en la previsión contenida de modo general en el artículo 1.3 DM 2002/584/JAI[183] la

---

181 Sentencia del Tribunal de Justicia (Gran Sala) de 25 de julio de 2018, C-216/18 PPU, ECLI:EU:C:2018:586, TOL6.674.045. Entre los numerosos comentarios en la literatura, a modo de ejemplo, WENDEL, M. "Indépendance judiciaire et confiance mutuelle: à propos de l'arrêt LM", *Cahiers de Droit Européen,* 2019, vol. 55, nº 1, 2019, pp. 189-215 y "Mutual trust, essence and federalism – Between consolidating and fragmenting the Area of Freedom, Security and Justice after LM ", *European Constitutional Law Rev*iew, 2019, vol. 15, nº 1, pp. 17-47, en defensa de la creación de un nuevo derecho fundamental a un tribunal independiente como parte del derecho al debido proceso en el seno del art. 2 TFUE; también de interés por la procedencia de la autora, BAZYLINSKA-NAGLER, J. "Polonia ante el principio de confianza mutua en el espacio de libertad, seguridad y justicia de la UE", *Revista de Derecho Político,* 2021, nº 110, pp. 321-346, esp. pp. 330 y ss.

182 De esta opinión CEDEÑO HERNÁN, M. "La protección de los derechos y garantías fundamentales como límite a la cooperación judicial en el sistema de la orden europea de detención y entrega", *Diario La Ley,* 15 de enero de 2023, nº 10425, https://diariolaley.laleynext.es/, p. 3, aun cuando recuerda como dos tercios de Estados miembros sí han incorporado tal motivo de denegación relativo a la posible violación de derechos fundamentales.

183 Textualmente: "La presente Decisión marco no podrá tener por efecto el de modificar la obligación de respetar los derechos fundamentales y los principios jurídicos fundamentales consagrados en el artículo 6 del Tratado de la Unión Europea". Sobre la posibilidad de incorporar un nuevo motivo de denegación de ejecución de los instrumentos de reconocimiento mutuo ante el "riesgo de violación de derechos fundamentales" ya a la fecha SCHALLMOSER, N. M. "The European Arrest Warrant and fundamental rights", *European Journal of Crime, Criminal Law and Criminal Justice,* 2014, vol. 22, nº 2, pp. 135-165, esp. pp. 154 y ss (158 y ss, en relación con ODE). En línea similar en comentario al caso *Celmer,* BURCHETT, J. "La cour de Justice de l'Union Européenne et l'indépendance de la justice", *European Pap*ers, 2020, vol. 5, nº 3, pp. 1251-1269, esp. pp. 1260 y ss así como ZIMMERMAN, F. "Concerns regarding the rule of law as a ground for non-execution of the European Arrest Warrant: suggestions for a reform", *European Criminal Law Review,* 2022, vol. 12, nº 1, pp. 4-24, recordando además el cumplimiento del 20 aniversario desde la promulgación de la ODE.

obligación a la autoridad judicial de ejecución de la ODE en cuestión de "comprobar, concreta y precisamente" si existe "un riesgo real de que se viole el derecho fundamental a un proceso equitativo garantizado por el artículo 47, párrafo segundo, de la Carta de los Derechos Fundamentales de la Unión Europea, debido a deficiencias sistémicas o generalizadas en relación con la independencia del poder judicial del Estado emisor"[184] y así el correspondiente riesgo que sufriría la persona reclamada en caso de operar entrega a este país como finalmente tuvo a la postre lugar[185]. Resta por averiguar si se trataría esta nueva incorporación *de facto* de un motivo de denegación obligatorio o facultativo conforme a la clasificación a este respecto realizada en dicha normativa europea y nacional.

Finalmente, ante la imposibilidad de abordar un examen completo y exhaustivo de la abundante jurisprudencia dictada desde Luxemburgo en materia de ODE respecto a esta u otra problemática, siquiera puede destacarse aquella más reciente y así, en concreto, diversas sentencias prejudiciales dictadas de forma coincidente a fecha de 21 de diciembre de 2023. De este modo y en primer lugar, Sentencia del Tribunal de Justicia (Gran Sala) en el caso *GN*[186], resultado de cuestión prejudicial interpuesta

---

184 Fallo. En este caso la cuestión prejudicial se plantea por la *High Court* (Tribunal Superior) de Irlanda, autoridad judicial de ejecución de las tres órdenes de detención europeas emitidas por Polonia manifestando el detenido oposición a la entrega bajo la alegación de riesgo de denegación de justicia a la luz de las reformas legislativas del sistema judicial emprendidas en Polonia y así la violación de su derecho al debido proceso contenido en última instancia en el art. 6 CEDH. Para un comentario de los aspectos fácticos en particular KONSTADINIDES, T. "Judicial independence and the rule of law in the context of execution of a European Arrest Warrant: *LM*", *Common Market Law Review*, 2019, vol. 56, nº 3, pp. 743-769, esp. pp. 744 y ss, también con posterior referencia a la respuesta de la autoridad judicial de ejecución irlandesa.

185 *High Court Ireland Decisions, Judgment of Ms. Justice Donnelly, the Minister for Justice and Equality v. Celmer* (2018) IEHC 639, disponible en ULR http://www.bailii.org/ie/cases/IEHC/2018/H639.html (fecha de última consulta: 7 de marzo de 2024). Dicha resolución concluyó que "the systemic and generalised deficiencies in the independence of the judiciary in Poland of themselves do not reach the threshold of amounting to a real risk there will be a flagrant denial of this individual's right to a fair trial." (FJ 123). En clara crítica MANCANO, L. "You'll never work alone: a systemic assessment of the European Arrest Warrant and judicial independence", *Common Market Law Review*, 2021, vol. 58, nº 3, pp. 683-718, esp, p. 705; el mismo autor de forma general sobre esta temática, con referencia a esta y otra jurisprudencia, en su posterior trabajo ya citado "The systemic and the particular in European Law...", pp. 965 y ss, en relación con la ODE.

186 C-261/22, ECLI:EU:C:2023:1017. TOL9.881.398.

por la *Corte suprema di cassazione* en relación con ODE emitida por Bélgica para cumplimiento de pena privativa de libertad dictada en rebeldía que reclama la entrega de una mujer madre con hijos menores de edad a su cargo, solicitando así la interpretación de los artículos 1.2 y 3 junto 3 y 4 DM 2002/584/JAI; así, en concreto, recuerda el Tribunal de Justicia la obligación de proceder a la entrega atendiendo a la regla general en favor de la ejecución de la ODE y sólo excepcionalmente su denegación ante el riesgo de vulneración de algún derecho fundamental como pudiera ser en este caso el derecho a la vida privada y familiar garantizado en el artículo 7 CDFUE[187]. En segundo lugar y a la misma fecha son dictadas igualmente tres sentencias por parte del TJUE[188], dando respuesta a cuestiones preju-

---

[187] Textualmente: "El artículo 1, apartados 2 y 3, de la Decisión Marco 2002/584/JAI del Consejo, de 13 de junio de 2002, relativa a la orden de detención europea y a los procedimientos de entrega entre Estados miembros, en su versión modificada por la Decisión Marco 2009/299/JAI del Consejo, de 26 de febrero de 2009, a la luz de los artículos 7 y 24, apartados 2 y 3, de la Carta de los Derechos Fundamentales de la Unión Europea, debe interpretarse en el sentido de que se opone a que la autoridad judicial de ejecución deniegue la entrega de la persona que es objeto de una orden de detención europea sobre la base de que esa persona es una madre con hijos de corta edad a su cargo, a menos que, en primer lugar, dicha autoridad disponga de elementos que demuestren la existencia de un riesgo real de vulneración del derecho fundamental al respeto de la vida privada y familiar de esa persona, garantizado por el artículo 7 de la Carta, y del interés superior de sus hijos, protegido por el artículo 24, apartados 2 y 3, de la Carta, debido a deficiencias sistémicas o generalizadas relativas a las condiciones de reclusión de las madres con hijos de corta edad y de guarda de esos menores en el Estado miembro emisor y, en segundo lugar, que existan motivos serios y fundados para creer que, habida cuenta de su situación personal, las personas afectadas correrán ese riesgo debido a tales condiciones" (fallo). Por su parte el art. 7 CDFUE declara como "toda persona tiene derecho al respeto de su vida privada y familiar, de su domicilio y de sus comunicaciones".

[188] Sentencia del Tribunal de Justicia (Gran Sala), *Generalstaatsanwaltschaft Berlin,* C-396/22, ECLI:EU:C:2023:1029, TOL9.881.119; Sentencias del Tribunal de Justicia (Sala Séptima), *LM,* C-397/22, ECLI:EU:C:2023:1030, TOL9.881.118 y *RQ,* C-398/22, ECLI:EU:C:2023:1031, TOL9.881.117. En comentario de las mismas CARRASCO PÉREZ, C. "La orden europea de detención y entrega: cuestiones prácticas a la vista del caso alemán. Sentencia del Tribunal de Justicia de 21 de diciembre de 2023, asunto C-397/22: LM" y CACCIATORE, S. "Concepto de 'juicio del que derive la resolución' y la interpretación del principio de primacía del Derecho de la Unión. Sentencia del Tribunal de Justicia, Sala Séptima, de 21 de diciembre de 2023, asunto C-398/22, Generalstaatsanwaltschaft Berlin", ambos en *La Ley Unión Europea,* 2024, nº 122, https://web.laley.es/revistas-laley/laley-union-europea/. Por su parte, para la primera sentencia citada, VICARIO PÉREZ, A.M. "La rebeldía como causa de denegación en la ejecución de una ODE.

diciales todas ellas planteadas por el *Kammergericht Berlin* (Tribunal Superior Regional de lo Civil y Penal de Berlín) con motivo de distintas órdenes de detención europea emitidas por Polonia y República checa, al hilo de la interpretación nuevamente del artículo 1.1 DM 2002/584/JAI en relación, en el primer caso, con la entrega de persona reclamada al cuidado de hijos de corta edad[189] así como, en los restantes, del artículo 4 bis 1) DM 2002/584/JAI concerniente a la ejecución de ODE derivada de sentencias condenatorias dictadas en ausencia[190], temáticas ambas de notable interés

Sentencia del Tribunal de Justicia, Sala séptima, de 21 de diciembre de 2023, asunto C-396/22: *Generalstaatsanwaltschaft Berlin* ", *La Ley Unión Europea,* 2024, nº 123, https://web.laley.es/revistas-laley/laley-union-europea/.

189 En concreto asunto *Generalstaatsanwaltschaft Berlin,* en cuyo fallo el Tribunal de Justicia declara textualmente: "El artículo 1, apartados 2 y 3, de la Decisión Marco 2002/584/JAI del Consejo, de 13 de junio de 2002, relativa a la orden de detención europea y a los procedimientos de entrega entre Estados miembros, en su versión modificada por la Decisión Marco 2009/299/JAI del Consejo, de 26 de febrero de 2009, a la luz de los artículos 7 y 24, apartados 2 y 3, de la Carta de los Derechos Fundamentales de la Unión Europea, debe interpretarse en el sentido de que se opone a que la autoridad judicial de ejecución deniegue la entrega de la persona que es objeto de una orden de detención europea sobre la base de que esa persona es una madre con hijos de corta edad a su cargo, a menos que, en primer lugar, dicha autoridad disponga de elementos que demuestren la existencia de un riesgo real de vulneración del derecho fundamental al respeto de la vida privada y familiar de esa persona, garantizado por el artículo 7 de la Carta, y del interés superior de sus hijos, protegido por el artículo 24, apartados 2 y 3, de la Carta, debido a deficiencias sistémicas o generalizadas relativas a las condiciones de reclusión de las madres con hijos de corta edad y de guarda de esos menores en el Estado miembro emisor y, en segundo lugar, que existan motivos serios y fundados para creer que, habida cuenta de su situación personal, las personas afectadas correrán ese riesgo debido a tales condiciones".

190 A modo de ejemplo se reproduce fallo de última sentencia correspondiente al caso *RQ* y así "1) El artículo 4 *bis,* apartado 1, letra a), inciso i), de la Decisión Marco 2002/584/JAI del Consejo, de 13 de junio de 2002, relativa a la orden de detención europea y a los procedimientos de entrega entre Estados miembros, en su versión modificada por la Decisión Marco 2009/299/JAI del Consejo, de 26 de febrero de 2009, debe interpretarse en el sentido de que un procedimiento de apelación que ha dado lugar a una sentencia mediante la que se modifica la resolución dictada en primera instancia y se resuelve definitivamente el asunto está comprendido en el concepto de «juicio del que derive la resolución», en el sentido de dicha disposición. 2) El artículo 4 *bis,* apartado 1, de la de la Decisión Marco 2002/584, en su versión modificada por la Decisión Marco 2009/299, debe interpretarse en el sentido de que es contraria a la citada disposición una normativa nacional que, al transponer dicha disposición, excluye, con carácter general, la posibilidad de que una autoridad judicial de ejecución ejecute una orden de

en las que el Tribunal de Justicia una vez más procede a delimitar las características y condiciones de la aplicación de este particular instrumento procesal en una suerte de doctrina legal *nonstop*.

V. REFLEXIÓN FINAL

Llegados a este punto y agotado tanto espacio como paciencia del lector sólo me resta finalizar el presente estudio con unas sucintas conclusiones a modo de reflexión final. Las mismas resultan a partir del examen realizado respecto de la actuación que desempeña la institución judicial europea en el seno del denominado Espacio de Libertad, Seguridad y Justicia, en su doble vertiente civil y penal. Así me atrevo aquí a enunciar las siguientes afirmaciones:

I. El papel del TJUE en general y Tribunal de Justicia en particular, lejos de agotarse sigue siendo, no sólo relevante, sino fundamental para la construcción del espacio judicial europeo en su doble vertiente civil y penal en delimitación de las características y condiciones del desarrollo de dicha cooperación judicial practicada entre los Estados miembros en el seno de la Unión Europea. De este modo podría decirse que "no todo está dicho" en la materia que nos ocupa y que aún sigue presentándose problemática de singular interés a la hora de poner en práctica los instrumentos de reconocimiento mutuo, tanto en materia civil como penal; ello aun cuando para este último ámbito la tarea pudiera presentarse, sin duda y lógicamente, más compleja. Prueba gráfica de ello son las estadísticas judiciales en su momento indicadas, que, se recuerda, para el último año analizado, cual es —aún a la fecha— la anualidad 2022, permitía observar cómo el mayor volumen de cuestiones prejudiciales planteadas correspondía a materias del ELSJ por encima de cualesquiera otras temáticas[191].

---

detención europea dictada a efectos de la ejecución de una pena cuando el interesado no haya comparecido personalmente en el juicio del que derive la resolución de que se trate. Un órgano jurisdiccional nacional está obligado, tomando en consideración la totalidad de su Derecho interno y aplicando los métodos de interpretación reconocidos por este, a interpretar dicha normativa nacional, en la medida de lo posible, a la luz de la letra y de la finalidad de la referida Decisión Marco."

191 *Vid. Informe Anual 2022: Estadísticas judiciales del tribunal de Justicia*, cit., p. 3.

II. Ciertamente, aún hoy y por mucho tiempo, el mecanismo arbitrado en el artículo 267 TFUE, cual es la cuestión prejudicial europea, se presenta como procedimiento más idóneo para proceder a la construcción de dicho espacio judicial europeo como así ha tenido lugar para cualesquiera ámbitos o "políticas" de la Unión; no en vano dicho control jurisdiccional por parte del TJUE es hoy y tras la entrada en vigor del Tratado de Lisboa prácticamente omnímodo[192]. No obstante, a la luz del análisis realizado en este trabajo, cabe observar que en los últimos tiempos el procedimiento prejudicial ya no se erige en instrumento exclusivo en aras de la interpretación y/o, en su caso, apreciación de validez de la normativa europea relativa al ELSJ sino que el mismo ha de compatibilizarse con otros procedimientos o procesos europeos como es el caso concreto del proceso o "recurso" de incumplimiento contemplado en los artículos 258-260 TFUE.

III. De la misma forma y en consonancia con la afirmación anterior, cabe apreciar importante influencia de los resultados del proceso de incumplimiento en el éxito de la cooperación judicial interestatal, especialmente aquella desarrollada en el ámbito penal para el caso de dictarse sentencia condenatoria contra determinado/s Estado/s miembro/s. Sirva aquí recordar una vez más la casuística polaca y la reticencia manifestada por parte de algunos Estados miembros para llevar a cabo la ejecución de ODEs emitidas por las autoridades judiciales de este país según ha podido apreciarse a la luz de la jurisprudencia europea vertida por el Tribunal de Justicia al respecto. Ello hasta el punto de añadir *de facto* un ulterior motivo de denegación de la ejecución de dicho instrumento de reconocimiento mutuo —y puede de los restantes si hubiera lugar— al listado de aquellos taxativamente contemplados en los sendos artículos 3 y 4 de la DM 2002/584/JAI, en este caso concreto por causa de violación de derechos fundamentales.

IV. A la luz de la experiencia y acontecimientos a la fecha en nuestro país podría llegarse a pensar que España se encuentra en el "pun-

192 A salvo de determinados ámbitos de la Política Exterior y de Seguridad Común (PESC) conforme el art. 24.1.II TUE. No obstante y pese a esta excepción, cada vez es mayor también aquí el control jurisdiccional del TJUE aún las particularidades de esta área; al respecto, MARTÍN Y PÉREZ DE NANCLARES, J. "El control jurisdiccional del TJUE en materia de medidas restrictivas adoptadas en el ámbito de la PESC: el equilibrio entre *efectividad* y *legalidad*", *Revista de Derecho Comunitario Europeo, 2023,* vol. 27, nº 75, pp. 91-129.

to de mira" de las instituciones europeas en lo que respecta a su cumplimiento con los preceptos y valores europeos, aun cuando, queremos creer, la situación en modo alguno resulta comparable a la de otros Estados miembros como pudiera ser el supuesto de Polonia y Hungría. No obstante, la Comisión está siempre en "guardia" como le corresponde en su papel de "guardiana de los tratados" en virtud del artículo 17.1 TFUE arriba citado y así se presenta a modo de espada de Damocles sobre nuestras espaldas. A modo de ejemplo y de forma explícita a fin de ilustrar esta afirmación, cabe traer aquí a colación la preocupación mostrada por el comisario de justicia Didier Reynders respecto de dos materias concretas de intensa controversia en la actualidad, cuales son la renovación del CGPJ y la proposición de ley de amnistía[193]. Si bien la última cuestión se encuentra en trámite siquiera a la fecha en que se redactan estas líneas[194], mayores dudas existe respecto a la solución de la primera a pesar de las esperanzas puestas en su día[195].

V. Finalmente y en términos de actualidad por extensión con la percepción nacional, me pregunto si cabría hablar también de riesgo de *lawfare* en el ámbito de la Unión Europea pudiendo citarse quizás como ejemplo más gráfico en este sentido la situación actual en Polonia. Ciertamente se trata éste de neologismo reciente de procedencia anglosajona que en sentido literal puede ser traducido como "guerra jurídica", pudiendo ser entendida ésta tanto en su dimensión de "judicialización de la política nacional" como en la

---

193 A modo de ejemplo y sobre ambas cuestiones noticias de prensa de Lidia Montes, "Bruselas seguirá de cerca cómo evoluciona la Ley de Amnistía", *el Economista*, 9 de octubre de 2023, disponible en https://www.eleconomista.es/actualidad/noticias/12482634/10/23/bruselas-seguira-de-cerca-como-evoluciona-la-ley-de-amnistia.html así como de Carlos Luján "Reynders insiste en la urgencia por renovar el CGPJ pero estudiaría empezar por reforma si así lo acuerdan los partidos", *Europa Press*, 4 de diciembre, https://www.europapress.es/nacional/noticia-reynders-insiste-urgencia-renovar-cgpj-estudiaria-empezar-reforma-si-asi-acuerdan-partidos-20231204194843.html (fecha de última consulta: 7 de marzo de 2024) .

194 Vid. nota de prensa del Congreso de los Diputados, "La comisión de Justicia aprueba el nuevo dictamen de la Proposición de Ley Orgánica de amnistía", 7 de marzo de 2024, disponible en la página web institucional https://www.congreso.es/es/notas-de-prensa (fecha de consulta: 7 de marzo de 2024).

195 A modo de ejemplo, titular de prensa de Carlos Berbell, "La renovación del CGPJ tendrá que tener lugar en enero o no será", *Confilegal*, 4 de enero de 2024, ULR https://confilegal.com/20240103-renovacion-cgpj/ (fecha de última consulta: 7 de marzo de 2024).

"politización de la justicia"[196]. Precisamente esta última dimensión que se articula como *lawfare político* provoca hoy un intenso debate en varios países del que no queda inmune el nuestro y así las voces que claman en favor del absoluto respeto que se debe a la independencia judicial como principal forma de preservar el Estado de Derecho[197]. Por ello el predicado de dicho *lawfare* en sede nacional y europea pues no en vano son espacios geográficos y jurídicos indisolublemente unidos.

Bibliografía

AA.VV. *50e anniversaire. Colloque 10 septembre 2015. Les príncipes généraux du droit de l'Union européenne, Cahiers de Droit Européen,* 2016, vol. 52, nº 1.

AA.VV. *ELI-UNIDROIT Model European rules of civil procedure. From transnational principles to European Rules of civil Procedure,* Oxford University Press, Oxford, 2021.

ACHÓN BRUÑEN, M.J. "Cláusulas abusivas más habituales en las escrituras de hipoteca: análisis de los últimos pronunciamientos de Juzgados y Tribunales", *Diario La Ley,* 16 de julio de 2013, nº 8127, https://diariolaley.laleynext.es/.

ADAN DOMENECH, F. "¿Necrológica de las hipotecas IRPH?", *Actualidad Civil,* 2023, nº 12, https://web.laley.es/revistas-laley/actualidad-civil/.

ANCEL, B. "Les cinquante ans de la Convention de Bruxelles du 27 de septiembre 1968 concernant la compétence judiciaire et l'exécution des décisions en matière civile et commerciale", *Revista Española de Derecho Internacional,* 2018, vol. 70, nº 1, pp. 13-22.

ARANGÜENA FANEGO, C. (dra.), *Espacio europeo de libertad, seguridad y justicia: últimos avances en cooperación judicial penal,* Lex Nova, Valladolid, 2010.

ARANGÚENA FANEGO, C. y FONSECA MORILLO, F. "Espacio de libertad, seguridad y justicia", en A. Calonge Velázquez y R. Martín de Laguardia (coords.), *Políticas comunitarias. Bases jurídicas,* Tirant lo Blanch, Valencia, 2013, pp. 143-213.

ARANGÚENA FANEGO, C., DE HOYOS SANCHO, M. y RODRIGUEZ-MEDEL NIETO, C. (dras/coords.), *Reconocimiento mutuo de resoluciones penales en la Unión Europea,* Thomson Reuters & Aranzadi, Cizur Menor (Navarra), 2015.

BACHMAIER WINTER, L. "Judicial independence in the Member States of the Council of Europe and the EU: evaluation and action", *ERA Forum,* 2019, nº 20, pp. 113-120.

[196] Así PIGNATELLI GARCÍA, M.J. "*Lawfare* en español. ¿Qué es la guerra jurídica? Aproximación teórica al fenómeno", *Revista General de Derecho Penal,* 2022, nº 37, https://www.iustel.com, esp. pp. 17 y ss, procediendo con anterioridad al estudio de semántica y antecedentes de dicha terminología.

[197] Tomo frase y contenido de ASENCIO MELLADO, J.M. "Preservar el Estado de Derecho", *Práctica de Tribunales,* 2024, nº 166, https://web.laley.es/revistas-laley/practica-de-tribunales/.

BACIGALUPO SAGGESE, M. "Una nueva arquitectura judicial para la Unión Europea (la reforma del sistema jurisdiccional de la Unión Europea operada por el Tratado de Niza", *Revista de Estudios Políticos,* 2003, nº 119, pp. 119-163.

BAZYLINSKA-NAGLER, J. "Polonia ante el principio de confianza mutua en el espacio de libertad, seguridad y justicia de la UE", *Revista de Derecho Político,* 2021, nº 110, pp. 321-346

BELLO PAREDES, S. "Primera interpretación auténtica de la Directiva 93/13/CEE, sobre las cláusulas abusivas en los contratos celebrados con los consumidores", *El Derecho. Diario de Jurisprudencia* 2000, nº 1282, pp.1-3.

BERZOSA LÓPEZ, D. *La protección de la independencia judicial en la Unión Europea,* Grupo PPE en el Parlamento Europeo, Unión Europea, 2023.

BLANCO CORDERO, I. "El principio *ne bis in idem* en la Unión Europea", *Diario La Ley,* 30 de junio de 2005, nº 6285, pp. 1-8.

BLÁZQUEZ MARTÍN, R. "Las cuestiones prejudiciales planteadas por la Sala Civil del Tribunal Supremo en materia de consumidores", *Jueces para la democracia* 2022, nº 103, pp. 7-18.

BLÁZQUEZ PEINADO, M.D. "La UE ante las vulneraciones del Estado de Derecho por parte del Estado polaco: panorámica general y estado actual de la cuestión", *Revista General de Derecho Europeo,* 2019, nº 48, https://www.iustel.com.

BOBEK, M., BODNAR, A., VON BOGDANDY, A. y SONNEVEND, P. (eds.), *Transition 2.0. Re-establishing constitutional democracy in EU Member States,* Nomos, Baden-Baden, 2023.

BURCHETT, J. "La cour de Justice de l'Union Européenne et l'indépendance de la justice", *European Papers*, 2020, vol. 5, nº 3, pp. 1251-1269.

BURSET, C.R. "Redefining the rule of law: an eighteenth-century case study", *American Journal of Comparative Law,* 2022, vol. 70, nº 4, pp. 657-694.

CACCIATORE, S. "Concepto de 'juicio del que derive la resolución' y la interpretación del principio de primacía del Derecho de la Unión. Sentencia del Tribunal de Justicia, Sala Séptima, de 21 de diciembre de 2023, asunto C-398/22, Generalstaatsanwaltschaft Berlin", *La Ley Unión Europea,* 2024, nº 122, https://web.laley.es/revistas-laley/laley-union-europea/.

CAEIRO, P. "Editorial do dossiê 'Cooperaçao judiciáiria internacional em materia penal' – Problemas actuáis em perspectiva global", *Revista Brasileira de Direito Processual Penal,* 2019, vol. 5, nº 2, pp. 553-563.

CAEIRO, P. "Constitution and development of the European Union's penal jurisdiction: responsibility, self-reference and attribution", *European Law Journal,* 2022, vol. 27, nº 4-6, pp. 441-462.

CAMACHO, M.V. "El derecho a un tribunal establecido por ley y el procedimiento de nombramiento judicial: nuevos desarrollos a través de la jurisprudencia del TEDH y del TJUE. Su aplicación al caso de Polonia", *Cuadernos Europeos de Deusto,* 2023, nº 68, pp. 116-150.

CAMPOS SÁNCHEZ-BORDONA, M. "Editorial: la protección de la independencia judicial en el Derecho de la Unión Europea", *Revista de Derecho Comunitario Europeo,* 2020, vol. 24, nº 65, pp. 11-31.

CAPPELLETTI, M., "Is the European Court of Justice 'running wild'?", *European Law Review,* 2015, nº 3, pp. 311-322.

CARRASCO PÉREZ, C. "La orden europea de detención y entrega: cuestiones prácticas a la vista del caso alemán. Sentencia del Tribunal de Justicia de 21 de diciembre de 2023, asunto C-397/22: LM", *La Ley Unión Europea,* 2024, nº 122, https://web.laley.es/revistas-laley/laley-union-europea/.

CARRASCO PÉREZ, C. "A vueltas con el principio non bis in idem en el Derecho europeo: la verificación del requisito bis (STJ 1ª 25 de enero de 2024, as. C-58/22: NR", *Ley Unión Europea,* 2024, nº 123, https://web.laley.es/revistas-laley/laley-union-europea/.

CASTILLEJO MANZANARES, R. "La inoperante reforma de la ejecución hipotecaria", en M.T. Areces Piñol (dra.), *Los retos jurídicos ante la crisis,* Thomson Reuters & Aranzadi, Cizur Menor 2014, pp. 47-102.

CAUNES, K. (ed.), *Special issue: between ought and is: European integration through the rule of law, European Law Journal,* 2021 vol. 27, nº 1-3.

CEDEÑO HERNÁN, M. *Protección de los consumidores, cláusulas abusivas y poderes de dirección del juez en el proceso civil,* Tirant lo Blanch, Valencia, 2023.

CEDEÑO HERNÁN, M. "La protección de los derechos y garantías fundamentales como límite a la cooperación judicial en el sistema de la orden europea de detención y entrega", *Diario La Ley,* 15 de enero de 2023, nº 10425, https://diariolaley.laleynext.es/.

CONWAY, G. "Judicial interpretation and the third pillar: Ireland's acceptance of the European Arrest Warrant and the Gözütok and Brugge case", *European Journal of Crime, Criminal Law and Criminal Justice,* 2006, vol. 13, nº 2, pp. 255-283.

COURONNE, V. "L'autonomie procédurale des États membres. De l'Union européenne à l'épreuve du temps", *Cahiers de Droit Européen* 2010, nº 3-4, pp. 273-309.

CRUZ VILLALÓN, P. y REQUEJO PAGÉS, J.L. "La relación entre la cuestión prejudicial y la cuestión de inconstitucionalidad", *Revista de Derecho Comunitario Europeo,* 2015, vol. 19, nº 50, pp. 173-194.

CUERDA RIEZU, A., *De la extradición a la "euro orden" de detención y entrega. Con un análisis de la doctrina del Tribunal Constitucional español,* Centro de Estudios de Ramón Areces, Madrid, 2003.

DAMIÁN MORENO, J. "El valor de las ficciones como garantía del principio de efectividad: consideraciones en torno a la situación creada por la sentencia del TJUE de 17 de mayo de 2022", *Diario La Ley,* 21 de noviembre de 2022, nº 10174, https://web.laley.es/revistas-laley/actualidad-civil/.

DAMIÁN MORENO, J. "Legalidad procesal y principio de efectividad a la luz de la doctrina del TJUE", *Justicia,* 2023, nº 1, pp. 43-73.

DE AMICIS, G. "La corte di gustizia stabilisce nuove regole in tema di mandato di arresto europeo e divieto di trattamenti inhumani e degradanti nello stato di emissione: corte di Giustizia dell'Unione Europea I, 25 luglio 2018, C-220/18", *Cassazione Penale,* 2018, vol. 58, nº 11, pp. 3919-3925.

DE BLAS JAVALOYAS, J.R. "La redacción de la cuestión prejudicial y la inadmisibilidad manifiesta", *Práctica de Tribunales,* 2023, nº 164, https://revistas.laley.es/Content/Inicio.aspx.

DE HOYOS SANCHO, M. "Eficacia transnacional del *non bis in idem* y denegación de la euroorden", *Diario La Ley,* 30 de septiembre de 2005, nº 6330, pp. 1-6.

DE PUIG MATEU, J. y DE PUIG VILADRICH, J. "El adiós a las cláusulas suelo y el debate sobre la retroactividad de su anulación", *Revista Aranzadi Doctrinal,* 2013, nº 5, pp. 157-162.

DURÁN RIVACOBA, R. "Cuestión prejudicial acerca del comienzo del plazo de prescripción de las acciones restitutorias de las cantidades pagadas por el consumidor como consecuencia de una cláusula nula", *Diario La Ley,* 27 de octubre de 2021, nº 9041, https://diariolaley.laleynext.es.

ESPIGARES JIMÉNEZ, V. "Cuestión prejudicial y cuestión de inconstitucionalidad. Por una discorde concordia", *Diario La Ley,* 9 de enero de 2024, nº 10421, https://diariolaley.laleynext.es/.

FAGGIANI, V. "Le crise sistemiche dello stato e i loro effetti sulla cooperazione giudiziaria nell'UE", *Diritto Penale Contemporaneo,* 2019, nº 2, pp. 195-228.

FIDALGO GALLARDO, C. "El proceso de desplazamiento de la autoridad normativa en los ordenamientos europeos, desde los legislativos nacionales a las instituciones de la Unión Europea. El TJUE como estrella emergente en el firmamento de la Unión", *Revista General de Derecho Procesal,* 2016, nº 40, https://www.iustel.com.

FIDALGO GALLARDO, C. "La prejudicialidad europea: cuestiones prejudiciales y suspensión de procesos civiles", *Revista General de Derecho Procesal,* 2022, nº 56, http://www.iustel.com.

GARCÍA GUTIÉRREZ, F.J. "*Dies a quo* en la acción restitutoria de los gastos hipotecarios: estado de la cuestión tras la sentencia del TJUE de 25 de enero de 2024 (acumuladas C-810/21 y C-813/21), *Diario La Ley,* 9 de febrero de 2024, nº 10443, https://diariolaley.laleynext.es/.

GARCÍA-VALDECASAS DORREGO, M.J. "El Tribunal de Justicia, centinela de la independencia judicial desde la sentencia *Associação Sindical dos Juízes Portugueses (ASJP)", Revista Española de Derecho Europeo,* 2019, nº 72, pp. 75-95.

GARCÍA-VALDECASAS DORREGO, M.J. "Estado de derecho e independencia judicial en la jurisprudencia del Tribunal de Justicia de la UE: la consagración de la identidad constitucional europea", *Revista Española de Derecho Europeo,* 2022, nº 82, pp. 19-76.

GASCÓN INCHAUSTI, F. "Las *European Rules of Civil Procedure:* ¿un punto de partida para la armonización del proceso civil?", *Cuadernos de Derecho Transnacional,* 2021, vol. 13, nº 1, pp. 277-297.

GASCÓN INCHAUSTI, F. y HESS, B. (eds.), *The future of the European Law of civil procedure. Coordination or harmonisation?,* Intersentia, Cambridge, 2020.

GASCÓN INCHAUSTI, F. y PLEITEADO MARISCAL, P. "El análisis del proceso civil español desde el prisma del Derecho europeo: entre la utilidad y la necesidad", en F. Gascón Inchausti y P. Pleiteado Mariscal (dres.), *Estándares europeos y proceso civil. Hacia un proceso civil convergente con Europa,* Atelier, Barcelona, 2022, pp. 11-16.

GIMENO SENDRA, V. "Las cláusulas abusivas (1)", *Diario La Ley,* 1 de julio de 2013, nº 8116, https://diariolaley.laleynext.es/.

GONZÁLEZ CANO, M.I. "Consideraciones generales sobre el Libro Verde de la Comisión Europea relativo a los conflictos de jurisdicción y el principio non bis in idem en los procedimientos penales", en F. Muñoz Conde (coord.), *Problemas actuales del Derecho Penal y la Criminología. Estudios penales en memoria de la Profesora Dra. María del Mar Díaz Pita,* Tirant lo Blanch, Valencia, 2008, pp. 1193-1220.

GONZÁLEZ CANO, M.I. "La Decisión Marco 2009/948/JAI del Consejo, de 30 de noviembre de 2009, sobre prevención y resolución de conflictos de ejercicio de jurisdicción en los procesos penales", *Unión Europea Aranzadi,* 2010, nº 4, pp. 7-23.

GONZÁLEZ GARCÍA, S. "La propuesta de Directiva sobre normas mínimas comunes en el proceso civil ¿Hacia un Derecho Procesal Civil europeo?", *Revista General de Derecho Procesal,* 2019, nº 49, https://www.iustel.com.

GONZÁLEZ MONTES, J.L. "La cooperación judicial internacional en el ámbito del proceso penal", *Revista de Derecho Procesal,* 1996, nº 1, pp. 33-80.

GONZÁLEZ VEGA, I. "Estado de Derecho en la Unión Europea: crisis de la independencia judicial en Polonia", *Jueces para la democracia,* 2023, nº 107, pp. 81-92.

GUTIÉRREZ-FONS, J.A. "El Tribunal de Justicia y la Unión Europea como 'una unión de valores'", *Revista de Derecho Comunitario Europeo,* 2023, vol. 27, nº 76, pp. 11-28.

HARBATH, S. y SPIELMANN, C. "EU review of judicial independence in the member states: foundations and limits", *European Law Review,* 2023, nº 48, pp. 681-695.

HERLIN-KARNELL, E. "The European Court of Justice as a game-changer. Fiduciary obligations in the area of freedom, security and justice", en A. Ripoll Servent y F. Trauner (eds.), *The Routledge Handbook of Justice and Home Affairs Research,* Routledge, London, 2018, pp. 396-408.

HERNÁNDEZ LÓPEZ, A. "Crimen transfronterizo y determinación de la jurisdicción en el espacio de libertad, seguridad y justicia: ¿hacia una nueva normativa sobre resolución de conflictos de ejercicio de jurisdicción penal?", *Revista de Estudios Europeos,* 2018, nº 71, pp. 220-233.

HERNÁNDEZ LÓPEZ, A. "La desconfianza mutua como principio: sobre la trascendencia europea de las cuestiones prejudiciales planteadas por el magistrado instructor del caso procès", *La Ley Unión Europea,* 2021, nº 94, https://web.laley.es/revistas-laley/laley-union-europea/.

HERNÁNDEZ LÓPEZ, A. "El reconocimiento mutuo a examen: el asunto C-158/21 Puig Gordi y otros y su incidencia en el futuro de la cooperación judicial en materia penal en la UE", *Revista de Estudios Europeos,* 2022, nº 79, pp. 258-284.

HERNÁNDEZ LÓPEZ A. *Conflicts of criminal jurisdiction and transfer of proceedings in the EU,* Springer, Cham (Switzerland), 2022.

HERNÁNDEZ LÓPEZ, A. "El procedimiento de entrega de Carles Puigdemont: estado actual y perspectivas", *Revista de Estudios Europeos,* 2023, nº extraordinario monográfico 1, pp. 279-309.

HERRERO PEREZAGUA, J.F. "Cambios obligados en la Ley de Enjuiciamiento Civil por el Derecho de la Unión Europea", *Anales de Derecho,* 2017, vol. 35, nº 2, http://revistas.um.es/analesderecho.

HESS, B. "The state of the civil justice union", en B. Hess, M. Bergström y E. Storskrubb (eds.), *EU civil justice. Current issues and future outlook,* Hart Publishing, Oxford & Portland, 2016, pp. 1-19.

HORSLEY, T. "Reflections on the role of the Court of Justice as the 'motor' of European integration: legal limits to judicial lawmaking", *Common Market Law Review,* 2013, vol. 50, nº 4, 2013, pp. 931-964.

IBAÑEZ GARCÍA, I. "La fragmentaria e insatisfactoria regulación, en España, de la cuestión prejudicial europea", *Revista Ceflegal,* 2018, nº 214, pp. 105-152.

IBAÑEZ GARCÍA, I. "El revuelo causado por la incorporación a la Ley de Enjuiciamiento Civil de un nuevo artículo 43 bis sobre la 'cuestión prejudicial europea'", *Diario La Ley,* 18 de enero de 2024, nº 10428, https://diariolaley.laleynext.es

IGLESIAS SÁNCHEZ, S. "L'usage du renvoi préjudiciel par les juges espagnols", *Revue des Affaires Européennes,* 2016, nº 1, pp. 47-57.

IGLESIAS SÁNCHEZ, S. "La independencia judicial como principio constitucional en la UE: los límites del control por el Tribunal de Justicia de la UE", *Teoría y realidad constitucional,* 2022, nº 50, pp. 487-516.

IGLESIAS SÁNCHEZ, S. "Preliminary rulings before the General Court crossing te last frontier of the reform of the EU judicial system?", *Revista General de Derecho Europeo,* 2023, nº 59, https://www.iustel.com.

JAULT-SESEKE, F. y LELIEUR, J. "Les différences d'approche de l'espace judiciaire européen sur les plans civil et penal", en F. Jault-Seseke y J. Lelieur (eds.), *L'espace judiciaire européen civil et penal: regards croisés,* Dalloz, Paris, 2009, pp. 3-19.

JIMENEZ CONDE, F. (dr.), FUENTES SORIANO, O. y GONZÁLEZ CANO, M.I. (coords.), *Adaptación del Derecho Procesal español a la normativa europea y a su interpretación por los tribunales,* Tirant lo Blanch, Valencia, 2018.

JIMENO BULNES, M.M. "Primera cuestión prejudicial planteada por una jurisdicción española: S. Giménez Zaera", *Revista Universitaria de Derecho Procesal,* 1989, nº 3, pp. 151-177.

JIMENO BULNES, M. *La cuestión prejudicial del artículo 177 TCE,* Bosch, Barcelona, 1996.

JIMENO BULNES, M. "La supresión de la cuestión prejudicial comunitaria en el Anteproyecto de L.E.C.", en J. Picó i Junoy (dr.), *Presente y futuro del proceso civil,* J.M. Bosch Editor, Barcelona, 1998, pp. 121-133.

JIMENO BULNES, M. "La reforma jurisdiccional del Tratado de Niza", *Boletín de Información del Ministerio de Justicia,* 15 de mayo de 2002, nº 1917, pp. 1681-1700.

JIMENO-BULNES, M. "European judicial cooperation in criminal matters", *European Law Journal,* 2003, vol. 9, nº 5, pp. 614-630.

JIMENO BULNES, M. "La nueva cuestión prejudicial en el espacio judicial europeo", *Revista General de Derecho Procesal,* 2008, nº 16, https://www.iustel.com.

JIMENO BULNES, M. "La conclusión del Tratado de Lisboa: avances y concesiones en materia de cooperación judicial penal", *Diario La Ley,* 30 de septiembre de 2008, nº 7023, pp. 1-9.

JIMENO BULNES, M. "El principio de *non bis in idem* en la orden de detención europea: régimen legal y tratamiento jurisprudencial", en A. de la Oliva Santos (dr.), M. Aguilera Morales e I. Cubillo López (coords.), *La justicia y la Carta de Derechos Fundamentales de la Unión Europea,* Colex, Madrid, 2008, pp. 275-294.

JIMENO BULNES, M. *Un proceso europeo para el siglo XXI,* Civitas & Thomson Reuters, Cizur Menor (Navarra) 2011.

JIMENO BULNES, M. "El espacio judicial europeo a la luz del Tratado de Lisboa. Especial referencia a la cooperación judicial en materia civil", en AA.VV. *Derecho, eficacia y garantías en la sociedad global. Liber Amicorum I en honor de María del Carmen Calvo Sánchez,* Atelier, Barcelona 2013, pp. 381-405.

JIMENO BULNES, M. "Perspectiva del espacio judicial europeo en materia civil y penal. Especial incidencia de la jurisprudencia del Tribunal de Justicia", en M. Jimeno Bulnes (coord.), *Nuevas aportaciones al espacio de libertad, seguridad y justicia,* Comares, Granada, 2014, pp. 1-45.

JIMENO BULNES, "El impacto de la crisis económica en la justicia civil", en A.M. Neira Pena (dra.), F. Bueno de Mata y J. Pérez Gaipo (coords.), *Los desafíos de la justicia en la era post crisis,* Atelier, Barcelona, 2016, pp. 47-72.

JIMENO BULNES, M. "La ejecución sin exequátur. La eficacia transfronteriza de las resoluciones judiciales en el ámbito europeo", en J.F. Herrero Perezagua (dr.), *Las transformaciones del proceso civil,* Thomson Reuters & Aranzadi, Cizur Menor (Navarra), 2016, pp. 265-287.

JIMENO BULNES, M. "Hacia un proceso civil europeo", en A. Pigrau Solé, A. Galiana Saura y T. Franquet Sugrañer (coords.), *Dret, economía i societat: qüestions actuals. 25 anys de la Facultat de Ciències Jurídiques de la Universitat Rovira i Virgili,* Tirant lo Blanch, Valencia, 2019, pp. 173-206.

JIMENO BULNES, M. (dra.) y RUIZ LÓPEZ, C. (coord.), *La evolución del espacio judicial europeo en materia civil y penal: su influencia en el proceso español,* Tirant lo Blanch, Valencia, 2022.

JIMENO BULNES, M. *La orden europea de detención y entrega,* Tirant lo Blanch, Valencia, 2024.

JIMENO FERNÁNDEZ, F. "Algunas reflexiones sobre el principio *ne bis in idem* y el artículo 54 del Convenio de Aplicación de Schengen", *Diario La Ley,* 2 de junio de 2006, nº 6496, pp.1-5.

KAMPFER, G.K. "Der Raum der Freiheit, der Sicherheit und des Rechts", en A. Marchetti y C. Demesmay (eds.), *Der Vertrag von Lissabon. Analyse und Bewertung,* Nomos, Baden-Baden, 2010, pp. 73-87.

KONSTADINIDES, T. "Judicial independence and the rule of law in the context of execution of a European Arrest Warrant: *LM*", *Common Market Law Review,* 2019, vol. 56, nº 3, pp. 743-769.

LENAERTS, K. "The rule of law and the coherence of the judicial system of the European Union", *Common Market Law Review,* 2007, vol. 44, nº 6, pp. 1625-1659.

LENAERTS, K. "On checks and balances: the rule of law within the EU", *Columbia Journal of European Law,* 2023, vol. 29, nº 2, pp. 25-63.

LENAERTS, K. "New horizons for the rule of law within the EU", *German Law Journal,* 2020, nº 21, pp. 29-34.

LENAERTS, K. "El Tribunal de Justicia de la Unión Europea y la independencia judicial", *Revista de Derecho Comunitario Europeo,* 2022, vol. 26, nº 72, pp. 351-368.

LIAKOPOUROS, D. "The influence of EU Law on national Civil Procedural Law: towards the adoption of common minimum standards?", *International and European Legal Matters Working papers,* 2017, nº 6, pp. 414-440.

LIAKOPOULOS, D. "Reference for a preliminary ruling on CJEU: thoughts and observations in criminal matters", *Revista General de Derecho Procesal,* 2020, nº 50, https://www.iustel.com.

LÓPEZ DE LOS MOZOS DÍAZ-MADROÑERO, A., "La normativización de la jurisprudencia del Tribunal de Justicia de las Comunidades Europeas", *Revista General de Derecho Público Comparado,* 2008, , nº 3, https://www.iustel.com.

LÓPEZ ESCUDERO, M. "El principio 'non bis in idem' en El Derecho de la Unión Europea", *El Notario del siglo XXI,* 2023, nº 108, pp. 54-58.

LUPOI, M. A. "The harmonization of civil procedural law within the EU", en M. A. Lupoi, J.O. Frosini y M. Marchesiello (eds.), *A European space of justice,* Longo Editore Ravenna, Ravenna, 2006, pp.199-227.

KOUTRAKOS, P. "Speeding up the preliminary reference procedure – fast but not too fast", *European Law Review,* 2008, vol. 33, nº 5, pp. 617-618.

KRZYWON, A. "La defensa y el desarrollo del principio de independencia judicial en la Unión Europea", *Revista Española de Derecho Constitucional,* 2020, vol. 40, nº 119, pp. 85-117.

MAGALDI, N. "Una nueva advertencia a Polonia sobre la (in)dependencia de su poder judicial. A propósito de la sentencia del TJUE de 26 de marzo de 2020, Miasto Lowicz y otros", *Revista General de Derecho Europeo,*2020, nº 52, https://www.iustel.com.

MAGALDI, N. "La construcción de un poder judicial europeo y las garantías de su independencia", *Revista Española de Derecho Constitucional* 2022, vol. 42, nº 125, pp. 127-157.

MANCANO, L. "A theory of justice? Securing the normative foundations of EU criminal law through an integrated approach to independence", *European Law Journal,* 2022, vol. 27, nº 4-6, pp. 477-501.

MANCANO, L. "You'll never work alone: a systemic assessment of the European Arrest Warrant and judicial independence", *Common Market Law Review,* 2021, vol. 58, nº 3, pp. 683-718.

MANCANO, L. "The systemic and the particular in European Law – Judicial cooperation in criminal matters", *German Law Journal,* 2023, vol. 24, nº 6, pp. 962-981.

MANGA ALONSO, M.T. "Incidencia de los principios de justicia rogada, congruencia y prohibición de la *reformatio in peius* en la jurisprudencia del TJUE, STJUE de 17 de mayo de 2022, asunto C-869/19", *Revista del Centro de estudios jurídicos y de postgrado (CEJUP),* 2023, nº 1, pp. 36-46.

MANGAS MARTÍN, A. "Polonia en el punto de mira: ¿sólo riesgo de violación grave del Estado de Derecho?", *Revista General de Derecho Europeo,* 2018, nº 44, https://www.iustel.com.

MARCOS GONZÁLEZ, M. *Apreciación de oficio de la nulidad contractual y de las cláusulas abusivas,* Civitas, Madrid 2011.

MARÍN LÓPEZ, M.J. "El control de transparencia material de la cláusula de intereses remuneratorios del crédito revolving", *Revista CESCO de Derecho de Consumo,* 2023, nº 45, https://revista.uclm.es/index.php/cesco/issue/view/235.

MARQUES, F. "Rule of law, national judges and the Court of Justice of the European Union: let's keep it juridical", *European Law Journal,* 2021, vol. 27, nº 1-3, pp. 228-239.

MARTÍN DIZ, F. "Prevención y resolución de conflictos de ejercicio de jurisdicción en los procesos penales: comentario a la Decisión Marco 2009/948/JAI del Consejo de 30 de noviembre de 2009", *Revista General de Derecho Europeo,* 2010, nº 21, http://www.iustel.com.

MARTÍN RODRIGUEZ, P. "El ruedo ibérico y la cuestión prejudicial. Sobre la futura derogación del recién estrenado artículo 43 bis de la Ley de enjuiciamiento Civil", *Diario La Ley,* 2 de febrero de 2024, nº 10438, https://diariolaley.laleynext.es.

MARTÍN Y PÉREZ DE NANCLARES, J. "El TJUE como actor de la constitucionalidad en el espacio jurídico europeo: la importancia del diálogo judicial leal con los tribunales constitucionales y con el TEDH", *Teoría y Realidad Constitucional,* 2017, nº 39, pp. 235-269.

MAUNSBACH, L. "Obtaining and assessing information about rule-of-law compliance in Member State Courts. Using the European Arrest Warrant as an illustration", *Giornale di Storia Costituzionale,* 2023, vol. 45, nº 1, pp. 47-76.

MÉNDEZ PINEDO, E. "La primacía absoluta o relativa del Derecho de la Unión Europea: recensión de doctrina académica sobre la jurisprudencia reciente de tribunales constitucionales", *Revista de Derecho Comunitario Europeo,* 2023, vol. 27, nº 76, pp. 113-154.

MENÉNDEZ, A.J. "¿Rebelión a bordo? A vueltas (de nuevo) con las relaciones entre ordenamientos en el espacio jurídico europeo", *Revista Española de Derecho Constitucional,* 2023, vol. 43, nº 129, pp. 47-77.

MICHL, F. "Zur selektiven Rezeption europäischer Rechtsprechung", *Europarecht* 2018, vol. 53, nº 8, 2018, pp. 456-476.

MITSILEGAS, V. "Transnational Criminal law and the global rule of law", en G. Ziccardi Capaldo (ed.), *The global community Yearbook of International Law and Jurisprudence 2016,* Oxford University Press, Oxford, 2017, pp. pp. 47-80.

MITSILEGAS, V. "The European model of judicial cooperation in criminal matters: towards effectiveness based on earned trust", *Revista Brasileira de Direito Processual Penal,* 2019, vol. 5, nº 2, pp. 565-595.

MUÑOZ DE MORALES, M. "¡Si se puede! O sobre cómo la cuestión prejudicial no es monopolio del juez de ejecución. Sentencia del Tribunal de Justicia de 25 de julio de 2018, Asunto C-268/17: AY", *La Ley Unión Europea,* 2018, nº 63, https://web.laley.es/revistas-laley/laley-union-europea/.

NIETO MARTÍN, A. "Principio de legalidad, *ne bis in idem* y proceso justo en el Derecho Penal Europeo (comentario a la última jurisprudencia del TJCE en materia penal. Mayo-Septiembre 2007)", *Revista General de Derecho Penal,* 2007, nº 8, https://www.iustel.com.

NIEVA FENOLL, J. "La actuación de oficio del Juez Nacional Europeo", *Diario La Ley*, 14 de junio de 2017, nº 9000, https://diariolaley.laleynext.es.

NIEVA FENOLL, J. "Requisitos mínimos europeos para la independencia personal", *Revista Vasca de Derecho Procesal y Arbitraje*, 2024, vol. 36, nº 1, pp. 123-134.

ORDOÑEZ SOLÍS, D. "Los jueces españoles y la aplicación del Derecho de la Unión Europea (o de cómo ha aumentado el poder de los jueces y de cómo se ha transformado el procedimiento judicial español)", *Noticias de la Unión Europea*, 2011, nº 315, pp. 3-16.

ORMAZÁBAL SÁNCHEZ, G. y MÉNDEZ TOMÁS, R.M. "Los poderes probatorios del juez civil en materia de consumo a la luz de la jurisprudencia del TJUE", *La Ley Probática* 2021, nº 5, https://web.laley.es/revistas-laley/laley-probatica/.

PALOMO HERRERO, M.Y. *Reconocimiento y exequatur de resoluciones judiciales según el Convenio de Bruselas de 27-09-68*, Colex, Madrid, 2000.

PARDO IRANZO, V. "Constitución europea y derechos procesales: notas sobre el juez independiente e imparcial", *Revista jurídica de la Comunidad Valenciana*, 2006, nº 19, pp. 5-21.

PARDO IRANZO, V. "La especial protección de los consumidores por la Directiva 93/13/CEE del Consejo: el control judicial de la nulidad de la cláusula arbitral", en A. de la Oliva Santos y M.P. Calderón Cuadrado (dres.), M. Cedeño Hernán y V. Pardo Iranzo (coords.), *La armonización del Derecho Procesal tras el Tratado de Lisboa*, Thomson Reuters-Aranzadi, Cizur Menor (Navarra), 2012, pp. 485-510.

PARDO IRANZO, V. *El sistema jurisdiccional de la Unión Europea*, Thomson Reuters & Aranzadi, Cizur Menor (Navarra), 2013.

PAVONE, T. y KELEMEN, D. "The evolving judicial politics of European integration: the European Court of Justice and national courts revisited", *European Law Journal* 2019, vol. 25, nº 4, pp. 352-373.

PECH, L. y PLATON, S. "Judicial Independence under threat: the court of Justice to the rescue in the ASJP case", *Common Market Law Review*, 2018, vol. 55, nº 6, pp. 1827-1854.

PETRIC, D. "Game of courts: a tale of principles and institutions", *European Law Journal*, 2019, vol. 25, nº 3, pp. 273-291.

PEREGO, A. "La jurisprudence de la Cour de justice sur l'indépendance judiciaire", *Revue du Droit de l'Union Européenne*, 2019, nº 4, pp. 129-142.

PEREIRA DE SOUSA, I. "O acordação *Associação Sindical dos Juízes Portugueses* como antecâmara para a intervenção do TJUE na crise do Estado de Direito na União Europeia", *Revista Ibérica do Direito*, 2020, vol. 1, nº 1, pp. 100-112.

PÉREZ MORENO, J.C. "El Tribunal Supremo pregunta al TJUE sobre el inicio de la prescripción de las acciones de restitución de lo pagado en aplicación de una cláusula abusiva", *Diario La Ley*, 27 de octubre de 2021, nº 9041, https://diariolaley.laleynext.es.

PÉREZ-CRUZ MARTÍN, A.J. "La cosa juzgada ha muerto (y los principios procesales vilipendiados)", *Actualidad Civil*, 2022, nº 7, https://web.laley.es/revistas-laley/actualidad-civil/.

PICÓ I JUNOY, J. (dr.), *Aspectos críticos del Derecho procesal. Diálogos hispano-italianos en homenaje al Profesor Ángelo Dondi,* Bosch editor, Barcelona, 2023.

PIGNATELLI GARCÍA, M.J. "*Lawfare* en español. ¿Qué es la guerra jurídica? Aproximación teórica al fenómeno", *Revista General de Derecho Penal,* 2022, nº 37, https://www.iustel.com.

PLEITE GUADAMILLAS, F. "Hacia una justicia europea", *Diario La Ley,* 3 de julio de 2019, nº 9462, https://diariolaley.laleynext.es/.

POPELIER, P., GENTILE, G. y VAN ZIMMEREN, E. "Bridging the gap between facts and norms: mutual trust, the European Arrest Warrant and the rule of law in an interdisciplinary context", *Euopean. Law Journal,,* 2021, vol. 27, nº 1-3, pp. 167-184.

QUESADA LÓPEZ, P.M. *El principio de efectividad del Derecho de la Unión Europea y su impacto en el Derecho Procesal nacional,* Iustel, Madrid, 2019.

QUESADA LÓPEZ, P.M. *Desencuentros entre el Derecho europeo y la ejecución hipotecaria española: ¿una relación imposible?,* Thomson Reuters & Aranzadi, Cizur Menor (Navarra), 2020.

RAITIO, J. "The concept of the rule of law – Just a political ideal, or a binding principle?", *Giornale di Storia Costituzionale,* 2023, vol. 45, nº 1, pp. 37-46.

RASMUSSEN, M. y SINDBJERG MARTINSEN, D. "EU constitutionalisation revisited: redressing a central assumption in European studies", *European Law Journal,* 2019, vol. 25, nº 3, pp. 251-272.

RIPOLL CARULLA, S. "El recurso por incumplimiento. Breves notas sobre la preceptiva actitud de la Comisión", *Noticias de la Unión Europea,* 1990, nº 66, pp. 11-18.

RIVERA RODRÍGUEZ, P. "El Tribunal de Justicia ante una nueva crisis europea: el equilibrio entre los derechos fundamentales y la cooperación judicial en materia penal", *Diario La Ley,* 7 de octubre de 2019, nº 9402, https://diariolaley.laleynext.es.

ROBIN-OLIVIER, S. "The evolution of direct effect in the EU: stocktaking, problems, projections", *International Journal of Constitutional Law,* 2014, vol. 12, nº 1, pp. 165-188.

RUIZ-YAMUZA, F.G. "AY case. Constructing EAW *ne bis in idem* within the boundaries of the preliminaru ruling reference", *Eucrim,* 2020, nº 4, pp. 336-347.

RUIZ-JARABO, D. "La reforma de la arquitectura judicial europea: un templo del Grial falto de inspiración", *Cuadernos de Derecho Público,* 2001, nº 13, pp. 125-151.

RUZ GUTIÉRREZ, P.R. "La orden europea de detención y entrega: banco de pruebas del principio de reconocimiento mutuo", en J.M. Cortés Martín y F.G. Ruiz Yamuza (coords.), *Retos actuales de la cooperación penal en la Unión Europea,* Dykinson, Madrid, 2020, pp. 193-234. .

SARMIENTO, D. "On the road to a Constitutional Court of the European Union: the Court of Justice after the transfer of the preliminary reference jurisdiction to the General Court", *Croatian Yearbook of European Law and Policy,* 2023, vol. 19, pp. VII-XVII.

SARMIENTO, D. y ARNALDO ORTS, E. "La cuestión prejudicial europea en la jurisdicción española ¿Un mito desmentido por las cifras?", *Revista de Derecho Comunitario Europeo,* 2023, vol. 27, nº 76, pp. 76-111.

SCHALLMOSER, N. M. "The European Arrest Warrant and fundamental rights", *European Journal of Crime, Criminal Law and Criminal Justice,* 2014, vol. 22, nº 2, pp. 135-165.

SENÉS MOTILLA, C. "El proceso europeo de escasa cuantía: primer paso hacia la armonización del proceso civil", *Revista General de Derecho Procesal,* 2008, nº 16, https://www.iustel.com.

SERRANO MASIP, M. "Pérdida de la autonomía procesal de los Estados miembros en virtud del principio de efectividad de la normativa de la Unión Europea sobre protección civil de los consumidores", en M.T. Areces Piñol (coord.), *Los retos jurídicos ante la crisis,* Aranzadi, Cizur Menor (Navarra), 2014, pp. 47-102.

SERRANO MASIP, M. "Efectos de la jurisprudencia del Tribunal de Justicia de la Unión Europea sobre el proceso civil interno", *Revista de Estudios Europeos,* 2016, nº 68, pp. 5-32.

SIGNES DE MESA, J.I. "Remisión prejudicial e integración europea", *El notario del siglo XXI,* 2017, nº 112, pp. 12-15.

SOLANES MULLOR, J. "Be careful what you ask for: the European Court of Justice's EAW jurisprudence meets the Catalan secession crisis and the European rule of law crisis in Puig Gordi and others, C-158/21, EU:C:2023:57", *Maastricht Journal of European and Comparative Law,* 2023, vol. 30, nº 2, pp. 201-215.

SOLDEVILA FRAGOSO, S. "Paralización del procedimiento ante cuestiones prejudiciales europeas: ni contigo ni sin ti", *Actualidad Administrativa,* 2023, nº 7, https://web.laley.es/revistas-laley/actualidad-administrativa/.

STIRONE, A. y MUMOLO, G. "Is the two-step test set out in LM and L and P English supreme Court's best option in post-Brexit Britain for EAW requests made by States with structural deficiencies", *New Journal of European Criminal Law,* 2022, vol. 13, nº 4, pp. 391-397.

STOBB, M. y SCALERA-ELLIOT, J. "Crafting the language of borders: the European Court of Justice's strategic opinion writing in rights cases", *Law & Policy,* 2023, vol. 46, nº 1, pp. 27-44.

STREINZ, Rudolf, "Die rolle des EuGH im Prozess der Europäischen Integration. Anmerkungen zu gegenläufigen Tendenzen in der neueren Rechtsprechung", *Archiv des öffentlichen Rechts,* 2010, vol. 135, nº 1, pp. 1-28.

SUNNQVIST, M. "'EU's legal history in the making'. Substantive rule of law in the deep culture of European Law", *Giornale di Storia Costituzionale,* 2023, vol. 45, nº 1, pp. 11-35.

TAPIA HERMIDA, A.J. "Pronunciamientos recientes del Tribunal de Justicia de la Unión Europea sobre aspectos materiales y procesales de la protección del consumidor bancario", *La Ley Unión Europea,* 2023, nº 117, https://web.laley.es/revistas-laley/laley-union-europea/.

TAPIA HERMIDA, A.J. "Efectos de las cuestiones prejudiciales ante el Tribunal de Justicia sobre la jurisprudencia de los Estados Miembros de la UE: el caso español", *La*

Ley Unión Europea, 2023, nº 111, https://web.laley.es/revistas-laley/laley-union-europea/.

TINOCO PASTRANA, A. "La modernización de la cooperación judicial transfronteriza en la Unión europea: la implementación de la digitalización", *Revista APDPUE,* 2023, nº 8, pp. 109-151.

TIZZANO, A., KOKOTT, J. y PRECHAL, S. (eds.), *50th anniversary of the judgment in Van Gend en Loos 1963-2013: conference proceedings,* Office des publications de l'Union européenne, Luxembourg, 2013.

UGARTEMENDÍA ECEIZABARRENA, J.I. "Turbulencias sobre la primacía del Derecho de la UE: últimos desafíos, respuestas y aportaciones", *Revista Española de Derecho Europeo,* 2021, nº 78-79, pp. 13-52.

ULLOA RUBIO, I. "La primacía del Derecho de la Unión en materia de estado de Derecho: un repaso a la jurisprudencia del TJUE sobre la independencia judicial", *La Ley Unión Europea,* 2022, nº 104, https://web.laley.es/revistas-laley/laley-union-europea/.

VALLEY-PARMAT, J., "Focus sur l'office des juges au sein de la procédure préjudicielle à l'usage des processualistes", *Revues des Affaires Européennes* 2017, nº 4, pp. 681-691.

VERMEULEN, G. y RYCKMAN, C. "Criminal justice finality: a decisive element in the development of international cooperation in criminal matters", en G. Vermeulen, W. de Bondt y C. Ryckman (eds.), *Rethinking international cooperation in criminal matters in the EU. Moving beyond actors, bringing logic back, footed in reality,* Maklu, Antwerpen/Apeldoorn/Portland, 2012, pp. 91-103.

VERVAELE, J.A.E. "Joined cases C-187/01 y C-385/01, *Criminal proceedings against Husseyn G¨zütok and Klaus Brugge*", *Common Market Law Review,* 2004, vol. 41, nº 3, pp. 795-812.

VERVAELE, J.A.E. "'Ne bis in idem': verso un principio costituzionale transnazionale in EU", *Rivista italiana di diritto e procedura penale,* 2014, vol. 57, nº 1, pp. 32-66.

VICARIO PÉREZ, A.M. "Validez de los hechos analizados en escritos procesales a efectos del principio *ne bis in idem.* Sentencia del Tribunal de Justicia 1ª 12 de octubre de 2023, asunto C-726/21:GR, HS, IT", *La Ley Unión Europea,* 2023, nº 120, https://web.laley.es/revistas-laley/laley-union-europea/.

VICARIO PÉREZ, A.M. "La rebeldía como causa de denegación en la ejecución de una ODE. Sentencia del Tribunal de Justicia, Sala séptima, de 21 de diciembre de 2023, asunto C-396/22: *Generalstaatsanwaltschaft Berlin* ", *La Ley Unión Europea,* 2024, nº 123, https://web.laley.es/revistas-laley/laley-union-europea/.

VIDAL FERNÁNDEZ, B. *El proceso de anulación comunitario. Control jurisdiccional de la legalidad de las actuaciones de las instituciones comunitarias,* Cedecs, Barcelona, 1999.

VIDAL FERNÁNDEZ, B., "De la 'asistencia' judicial penal en Europa a un 'espacio común de justicia europeo'", en C. Arangüena Fanego (coord.), *Cooperación judicial penal en la Unión Europea: la orden europea de detención y entrega,* Lex Nova, Valladolid, 2005, pp. 18-73.

VON BOGDANDY, A. "Los principios fundamentales de la Unión Europea. Aspectos teóricos y doctrinales", *Revista General de Derecho Europeo,* 2010, nº 22, https://www.iustel.com.

VON DANWITZ, T. "Kooperation der Gerichtsbarkeiten in Europa", *Zeitschrift für Rechtspolitik,* 2010, nº 5, pp. 143-147.

WAHL, N. y PRETE, L. "The gatekeepers of Article 267 TFEU: on jurisdiction and admissibility of references for preliminary rulings", *Common Market Law Review,* 2018, vol. 55, nº 2, pp. 511-548.

WENDEL, M. "Indépendance judiciaire et confiance mutuelle: à propos de l'arrêt LM", *Cahiers de Droit Européen,* 2019, vol. 55, nº 1, 2019, pp. 189-215.

WENDEL, M. "Mutual trust, essence and federalism – Between consolidating and fragmenting the Area of Freedom, Securtity and Justice after LM", *European Constitutional Law Review,* 2019, vol. 15, nº 1, pp. 17-47.

XUEREB, P.G. "El principio non bis in idem se aplica a las sanciones impuestas en materia de prácticas comerciales desleales califica das de sanciones administrativas de carácter penal". TJ, Sala Primera, S 14 Sep. 2023. Asunto C-27/22: Volkswagen Group Italia y Volkswagen Aktiengesellschaft", *La Ley Unión Europea,* 2023, nº 120, https://web.laley.es/revistas-laley/laley-union-europea/.

XUEREB, P.G. "Apreciación a la luz de los hechos examinados en un procedimiento de investigación y omitidos en el escrito de acusación del principio *non bis in idem* . TJ; Sala Primera, S 12 Oct. 2023. Asunto C-726/21: GR, HS, IT", ambos en *La Ley Unión Europea,* 2023, nº 120, https://web.laley.es/revistas-laley/laley-union-europea/,

ZIMMERMAN, F. "Concerns regarding the rule of law as a ground for non-execution of the European Arrest Warrant: suggestions for a reform", *European Criminal Law Review,* 2022, vol. 12, nº 1, pp. 4-24.

ZINOSO, P. "Revisiting the EU legal system: substantive & procedural loyalty for the judicial enforcement of the rule of law", *European Public Law,* 2021, vol. 27, nº 2, pp. 383-402.

ZYGMUNT, C. "The rule of law in Poland – crisis or a new reality", *Academia Letters,* 2021, https://doi.org/10.20935/AL2624.

Capítulo II

La evolución digital de la cooperación judicial y del acceso a la Justicia en la Unión Europea[1]

The digital evolution of judicial cooperation and access to Justice in the European Union

ÁNGEL TINOCO PASTRANA
Profesor Titular de Derecho Procesal
Universidad de Sevilla
atinoco@us.es
ORCID ID: https://orcid.org/0000-0002-6622-9030

RESUMEN: La Unión Europea posee una ambiciosa política en materia de digitalización de la Justicia. La digitalización de la cooperación judicial y del acceso transfronterizo a la Justicia a través del Reglamento (UE) 2023/2844 constituye un relevante resultado de ello, del mismo modo que la propia digitalización los sistemas judiciales en la Unión Europea. El Reglamento repercute directamente sobre los actos jurídicos en las materias civil, mercantil y penal adoptados durante más de dos décadas, que constituyen los fundamentos de la cooperación judicial y del propio Espacio de Libertad, Seguridad y Justicia. Este Reglamento nunca debe ni concebirse ni estudiarse de forma aislada, sino desde una perspectiva holística que considere otros avances como el sistema e-CODEX e instituciones como la Agencia eu-LISA. Estamos por tanto ante relevantes innovaciones, que poseen un gran calado estructural.

Palabras clave: transformación digital de la Justicia – cooperación judicial – acceso transfronterizo a la Justicia – e-CODEX – Agencia eu-LISA

ABSTRACT: The European Union has an ambitious policy on the digitisation of justice. The digitisation of judicial cooperation and cross-border access to justice through Regulation (EU) 2023/2844 is an important result of this, as is the digitisation of judicial systems in the European Union. The Regulation has a direct impact on the legal acts in civil, commercial and criminal matters adopted over more than

---

1 Este trabajo se ha realizado en el marco del Proyecto de Investigación "El Derecho Procesal Civil y Penal desde la perspectiva de la Unión Europea: la consolidación del Espacio de Libertad, Seguridad y Justicia (CAJI)", Proyecto I+D+i PID2021-124027NB-I00, Agencia Estatal de Investigación, Ministerio de Ciencia e Innovación.

two decades, which are the foundations of judicial cooperation and of the Area of Freedom, Security and Justice itself. This Regulation should never be conceived or studied in isolation, but rather from a holistic perspective, that takes into account other developments such as the e-CODEX system and institutions such as the eu-LISA Agency. We are therefore dealing with important innovations, which are of great structural significance.

Keywords: digital transformation of justice – judicial cooperation – cross-border access to Justice – e-CODEX – eu-LISA Agency

I. INTRODUCCIÓN

La Unión Europea (en adelante, UE) ha apostado firmemente por la digitalización en numerosos ámbitos, con importantes políticas, iniciativas legislativas y actos jurídicos al respecto, lo cual obviamente abarca al Espacio de Libertad, Seguridad y Justicia (en adelante, ELSJ) y, en consecuencia, a la cooperación judicial y acceso transfronterizo a la Justicia, cuestión de la que nos ocuparemos especialmente en este trabajo. En concreto, nos referimos al reciente Reglamento (UE) 2023/2844 del Parlamento Europeo y del Consejo, de 13 de diciembre de 2023, sobre la digitalización de la cooperación judicial y del acceso a la justicia en asuntos transfronterizos civiles, mercantiles y penales y, por el que se modifican determinados actos jurídicos en el ámbito de la cooperación judicial[2] (en adelante, Reglamento DIG), junto con la coetánea Directiva (UE) 2023/2843 del Parlamento Europeo y del Consejo, de 13 de diciembre de 2023, por la que se modifican las Directivas 2011/99/UE y 2014/41/UE del Parlamento Europeo y del Consejo, la Directiva 2003/8/CE del Consejo y las Decisiones Marco 2002/584/JAI, 2003/577/JAI, 2005/214/JAI, 2006/783/JAI, 2008/909/JAI, 2008/947/JAI, 2009/829/JAI y 2009/948/JAI del Consejo, en lo que respecta a la digitalización de la cooperación judicial[3].

---

2 DOUE L de 27 de diciembre de 2023, pp. 1-29, ELI: http://data.europa.eu/eli/reg/2023/2844/oj.

3 DOUE L de 27 de diciembre de 2023, pp. 1-13, ELI: http://data.europa.eu/eli/dir/2023/2843/oj.

El Reglamento DIG no constituye en absoluto un instrumento aislado, sino que por el contrario forma parte de la política de digitalización por defecto, que permitirá que los sistemas sean resilientes y puedan funcionar en diversos escenarios, constituyendo el resultado de una de las tres iniciativas legislativas para modernizar los sistemas judiciales presentadas por la Comisión en diciembre de 2021, como veremos. En este ámbito es fundamental el sistema e-CODEX, mecanismo transversal que constituye la columna vertebral de la digitalización de la cooperación judicial, regulado por el Reglamento (UE) 2022/850 del Parlamento Europeo y del Consejo, de 30 de mayo de 2022, relativo a un sistema informatizado para el intercambio electrónico transfronterizo de datos en el ámbito de la cooperación judicial en materia civil y penal (sistema e-CODEX) y, por el que se modifica el Reglamento (UE) 2018/1726[4] (en adelante, Reglamento e-CODEX). El sistema e-Codex, que es fundamental para el desarrollo digital del ELSJ, forma ya parte de los sistemas informáticos de gran magnitud gestionados por la Agencia eu-LISA[5].

La proactividad de la UE en materia de digitalización de la Justicia, se refleja en los ámbitos específicos sobre los que repercute el Reglamento DIG, que responde a las necesidades acuciantes de modernizar las herramientas de comunicación entre las autoridades e instituciones competentes en materia de cooperación, facilitar el acceso a la Justicia en asuntos civiles y mercantiles y, permitir la celebración de vistas telemáticas en procedimientos transfronterizos, suponiendo sin duda un relevante progreso estructural que permitirá una más ágil y eficiente cooperación judicial transfronteriza, con una repercusión directa en la totalidad de los actos jurídicos que constituyen los fundamentos de la cooperación judicial en las materias civil, mercantil y penal.

La imparable, abundante y ágil actividad de la UE en materia de digitalización de la Justicia, que se integra en su acervo normativo superándose la idea de "cross-fertilization", está concebida para que tenga un impacto

---

4 DOUE de 1 de junio de 2022, nº L 150, pp. 1-19, ELI: http://data.europa.eu/eli/reg/2022/850/oj.

5 Agencia regulada por el Reglamento (UE) 2018/1726, del Parlamento Europeo y del Consejo, de 14 noviembre de 2018, relativo a la Agencia de la Unión Europea para la Gestión Operativa de Sistemas Informáticos de Gran Magnitud en el Espacio de Libertad, Seguridad y Justicia (eu-LISA) y, por el que se modifican el Reglamento (CE) nº. 1987/2006 y la Decisión 2007/533/JAI del Consejo y, se deroga el Reglamento (UE) nº. 1077/2011, DOUE de 21 de noviembre de 2018, nº L 295, pp. 99-13, ELI: http://data.europa.eu/eli/reg/2018/1726/oj. Versión consolidada de 6 de junio de 2023, ELI: http://data.europa.eu/eli/reg/2018/1726/2023-06-06.

directo en los sistemas judiciales nacionales de los Estados miembros, lo cual obviamente es extrapolable a los actos normativos que acabamos de referir, especialmente al Reglamento DIG. Éstas entre otras numerosas instituciones, actos jurídicos y la propia política de la UE en la materia, serán estudiadas en este trabajo. Por ello, a continuación, vamos a tratar los Reglamentos de 2023 para digitalizar los sistemas judiciales en la UE, de los cuales forma parte el Reglamento DIG.

II. LOS REGLAMENTOS DE 2023 PARA DIGITALIZAR LOS SISTEMAS JUDICIALES EN LA UNIÓN EUROPEA

La promulgación del Reglamento DIG junto con la Directiva de acompañamiento, objeto fundamental de nuestro estudio, no constituyen los únicos actos legislativos recientes en materia de digitalización en el ELSJ. Forman parte del mismo paquete de medidas, el Reglamento (UE) 2023/2131 del Parlamento Europeo y del Consejo, de 4 de octubre de 2023, por el que se modifican el Reglamento (UE) 2018/1727 del Parlamento Europeo y del Consejo y la Decisión 2005/671/JAI del Consejo, en lo que respecta al intercambio de información digital en casos de terrorismo[6] y, el Reglamento (UE) 2023/969 del Parlamento Europeo y del Consejo, de 10 de mayo de 2023, por el que se establece una plataforma de colaboración en apoyo del funcionamiento de los equipos conjuntos de investigación y se modifica el Reglamento (UE) 2018/1726[7]. Estos nuevos Reglamentos, incorporados en la "Declaración Conjunta" sobre las prioridades legislativas comunes de las tres instituciones de la UE para 2023-24[8], reflejan la proactividad de la UE en materia de digitalización de la Justicia. Constituyen la culminación de las tres propuestas legislativas para digitalizar los sistemas judiciales en la UE, presentadas por la Comisión Europea el 1 de diciembre de 2021. Éstas responden a las prioridades determinadas en la "Comunicación sobre la digitalización de la Justicia"[9] y en la "Estrategia europea sobre la formación judicial para 2021-2024"[10], de 2 diciembre de

---

6 DOUE L de 11 de octubre de 2023, pp. 1-14, ELI: http://data.europa.eu/eli/reg/2023/2131/oj.

7 DOUE de 17 de mayo de 2023, nº L 132, pp. 1-20, ELI: http://data.europa.eu/eli/reg/2023/969/oj.

8 *Cfr.* https://oeil.secure.europarl.europa.eu/oeil/popups/thematicnote.do?id=41380&l=en (fecha de última consulta: 12 de diciembre de 2023).

9 Bruselas, 2.12.2020 COM(2020) 710 final.

10 Bruselas, 2.12.2020 COM(2020) 713 final.

2020, pilares fundamentales de los procedimientos legislativos concluidos para la modernización de los sistemas judiciales de la UE[11].

La relevancia de la materia que tratamos se comprueba igualmente en recientes actos no legislativos de la UE, como la nueva "Estrategia de Justicia en línea 2024-2028", aprobada en el Consejo de la UE Justicia e Interior de 4 y 5 de diciembre de 2023, que completará el referido paquete legislativo adoptado. La Estrategia que tiene como claros destinatarios a los Estados miembros, posee como finalidad la identificación de las áreas de trabajo en el ámbito de la Justicia digital, orientándolos en la adopción de iniciativas tanto legislativas como no legislativas. Para ello se apoyará a los Estados a través del establecimiento de los principios y objetivos para la transformación digital de la Justicia, además de efectuar un seguimiento técnico y administrativo de las innovaciones que se implementen, acciones que la UE y los Estados tendrán que realizar para poder cumplir con los objetivos fijados en la nueva Estrategia[12].

En consecuencia, la UE, que es plenamente consciente de que la Justicia no puede estar al margen del desarrollo tecnológico que existe en todos los ámbitos, constituye la gran impulsora y leitmotiv de la modernización y digitalización tanto del ELSJ como de los propios sistemas judiciales de los Estados miembros. Éstos serían los grandes protagonistas de las políticas de la UE en materia de digitalización de la Justicia, dadas las apremiantes necesidades existentes al respecto a nivel estatal y que para el pleno desarrollo digital del ELSJ, los sistemas judiciales nacionales tienen que progresar digitalmente y ser compatibles, entre otras, con las exigencias del nuevo modelo de cooperación judicial digital, además de implicarse en su funcionamiento efectivo. Como veremos cuando tratemos el Reglamento DIG, la Comisión Europea facilitará la interconexión e interoperabilidad a través del desarrollo de sistemas específicos creados *ad hoc*, que se podrán utilizar por los Estados para cumplir con el nuevo marco creado por el Reglamento DIG.

---

11 Actos jurídicos que forman parte integrante de la política de la UE "Un futuro digital para Europa", de la "Estrategia digital de la Unión Europea", de la "Década digital de Europa 2030", del Programa "Europa digital 2021-27" y de la denominada "Brújula digital", entre otras.

12 *Cfr.* respecto a la Estrategia de Justicia en línea 2024-2028, https://data.consilium.europa.eu/doc/document/ST-15509-2023-INIT/en/pdf, aprobada cuatro días antes de la adopción por el Consejo del Reglamento DIG y la Directiva de acompañamiento, *vid.* https://www.consilium.europa.eu/en/press/press-releases/2023/12/08/eu-takes-important-step-towards-digitalisation-of-justice-systems/ (fecha de última consulta: 12 de diciembre de 2023).

Cuando la Comisión hizo públicas las tres referidas propuestas legislativas de 1 de diciembre, resaltó la necesidad de la protección del mercado interior de la UE, dada la frecuencia de la litigiosidad transfronteriza entre la ciudadanía y las empresas, al igual que la importancia de la lucha contra la delincuencia transfronteriza. Respecto a esta última cuestión, las autoridades de investigación y los órganos jurisdiccionales de los Estados tienen que cooperar y apoyarse mutuamente en la investigación y en el enjuiciamiento de los delitos, además de intercambiar información y pruebas de forma segura, ágil y eficaz. Vemos como tanto la protección del mercado interior de la UE como la propia seguridad, ostentan una posición preeminente en las referidas propuestas y, en consecuencia, en el propio ELSJ. La relevancia del ciberespacio para la lucha contra la delincuencia transfronteriza y las formas más graves de criminalidad organizada como el terrorismo, requiere implementar métodos modernos y eficaces, dado que la delincuencia en internet carece de fronteras. Ello es apremiante, ya que la concepción tradicional de la jurisdicción fundamentada en el territorio, por tanto en la ubicación de los datos, estaría desactualizada, como consecuencia de la facilidad de su transmisión e inherente volatilidad[13].

Es necesario que se dote a las autoridades judiciales, la ciudadanía y las empresas, de modernas tecnologías digitales para facilitar y agilizar el acceso a la Justicia, al igual que para el intercambio rápido y seguro de información. El ELSJ debe progresar en resiliencia y eficiencia y solventar la desactualización de los instrumentos digitales existentes en la actualidad, del mismo modo que es necesario que los sistemas judiciales nacionales sean resilientes ante situaciones críticas, como se puso de manifiesto en la crisis de la COVID-19, que requirió la improvisación de mecanismos *ad hoc* para que éstos pudieran funcionar en cualquier situación, lo cual constituye un principio del Estado de Derecho. En la Evaluación de Impacto de la Comisión sobre la propuesta de Reglamento DIG, se resaltó la necesidad de un enfoque holístico para modernizar y fortalecer el Espacio Europeo de Justicia, potenciar la confianza de los Estados y proteger los derechos fundamentales. Si bien la Comisión reconoce que los Estados miembros están progresando hacia la digitalización de la Justicia, no todos poseen los mismos avances en este ámbito, que considera como uno de los dos

---

[13] Sobre la concepción de la jurisdicción y la deslocalización de los datos electrónicos, *vid.* TOSZA, S. "All evidence is equal, but electronic evidence is more equal than any other: The relationship between the European Investigation Order and the European Production Order", *New Journal of European Criminal Law*, 2020, vol. 11, nº 2, esp. pp. 168-170, https://doi.org/10.1177/2032284420919802.

"motores clave" de la política de la UE en materia de Justicia, junto con la independencia judicial[14].

Para la consecución de estos objetivos, el Reglamento DIG implementa herramientas digitales que permiten la realización de actuaciones procesales, actos de comunicación y de documentación, entre otros, como veremos, repercutiendo de forma directa en los trece actos jurídicos en el ámbito de la cooperación judicial en materia civil y mercantil, relacionados en su Anexo I y en los once actos jurídicos en el ámbito de la cooperación judicial en materia penal, recogidos en su Anexo II. Además, modifica un total de ocho actos jurídicos con rango de Reglamento[15], la mayor parte

---

14 *Cfr.* respecto a las tres iniciativas legislativas de la Comisión de 1 de diciembre de 2021 y las cuestiones señaladas, el comunicado de prensa de la Comisión de 1 de diciembre de 2021, disponible en https://ec.europa.eu/commission/presscorner/detail/es/ip_21_6387 y https://commission.europa.eu/publications/digitalisation-cross-border-judicial-cooperation_en (fecha de última consulta: 12 de diciembre de 2023), entre otros documentos, además de REYNDERS, D. "Digitalising Justice Systems to Bring Out the Best in Justice", *EUCRIM*, 2021, nº 4, pp. 236-237, https://doi.org/10.30709/eucrim-2021-030.

15 En concreto se modifican el Reglamento (CE) nº 805/2004 del Parlamento Europeo y del Consejo, de 21 de abril de 2004, por el que se establece un título ejecutivo europeo para créditos no impugnados (DOUE de 30 de abril de 2004, nº L 143, pp. 15–39, ELI: http://data.europa.eu/eli/reg/2004/805/oj); el Reglamento (CE) nº 1896/2006 del Parlamento Europeo y del Consejo, de 12 de diciembre de 2006, por el que se establece un proceso monitorio europeo (DOUE de 30 de diciembre de 2006, nº L 399, pp. 1-32, ELI: http://data.europa.eu/eli/reg/2006/1896/oj); el Reglamento (CE) nº 861/2007 del Parlamento Europeo y del Consejo, de 11 de julio de 2007, por el que se establece un proceso europeo de escasa cuantía (DOUE de 31 de julio de 2007, nº L 199, pp. 1-22 ELI: http://data.europa.eu/eli/reg/2007/861/oj); el Reglamento (UE) nº 606/2013 del Parlamento Europeo y del Consejo, de 12 de junio de 2013, relativo al reconocimiento mutuo de medidas de protección en materia civil (DOUE de 29 de junio de 2013, nº L 181, pp. 4-12, ELI: http://data.europa.eu/eli/reg/2013/606/oj); el Reglamento (UE) nº 655/2014 del Parlamento Europeo y del Consejo, de 15 de mayo de 2014, por el que se establece el procedimiento relativo a la orden europea de retención de cuentas a fin de simplificar el cobro transfronterizo de deudas en materia civil y mercantil (DOUE de 27 de junio de 2014, nº L 189, pp. 59-92, *ELI:* http://data.europa.eu/eli/reg/2014/655/oj); el Reglamento (UE) 2015/848 del Parlamento Europeo y del Consejo, de 20 de mayo de 2015, sobre procedimientos de insolvencia (versión refundida) (DOUE de 5 de junio de 2015, pp. 19-72, ELI: http://data.europa.eu/eli/reg/2015/848/oj); el Reglamento (UE) 2020/1784 del Parlamento Europeo y del Consejo, de 25 de noviembre de 2020, relativo a la notificación y traslado en los Estados miembros de documentos judiciales y extrajudiciales en materia civil o mercantil ("notificación y traslado de

obviamente, en materia civil y mercantil[16]. La correlativa Directiva (UE) 2023/2843, de acompañamiento del Reglamento DIG, con la misma finalidad de implementar herramientas digitales, reforma once actos jurídicos en materia de cooperación judicial adoptados con la forma de Decisión Marco o Directiva, los cuales fundamentalmente constituyen instrumentos de reconocimiento mutuo en materia penal, salvo el acto jurídico relativo a la justicia gratuita en conflictos transfronterizos[17], que si bien no cons-

---

documentos") (versión refundida) (DOUE de 2 de diciembre de 2020, nº L 405, pp. 40-78, ELI: http://data.europa.eu/eli/reg/2020/1784/oj); y finalmente, se modifica el único acto jurídico relativo a la cooperación judicial en materia penal, el Reglamento (UE) 2018/1805 del Parlamento Europeo y del Consejo, de 14 de noviembre de 2018, sobre el reconocimiento mutuo de las resoluciones de embargo y decomiso (DOUE de 28 de noviembre de 2018, nº L 303, pp. 1-38, ELI: http://data.europa.eu/eli/reg/2018/1805/oj).

16 Aunque se reforma el Reglamento (UE) 2020/1714, relativo a la notificación y traslado de documentos, el mismo no está dentro de la relación de los actos jurídicos del Anexo I del Reglamento DIG. Como se argumenta en el considerando nº 17 de la Exposición de Motivos del Reglamento DIG, éste no se aplica a la notificación y traslado de documentos conforme al referido Reglamento, del mismo modo que tampoco a la obtención de pruebas a través del Reglamento (UE) 2020/1783 del Parlamento Europeo y del Consejo, de 25 de noviembre de 2020, relativo a la cooperación entre los órganos jurisdiccionales de los Estados miembros en el ámbito de la obtención de pruebas en materia civil o mercantil (versión refundida) (DOUE de 2 de diciembre de 2020, nº L 405, pp. 1-39, ELI: http://data.europa.eu/eli/reg/2020/1783/oj). La razón de ello estriba en que estos Reglamentos ya poseen normas específicas en materia de digitalización, por lo que la referida modificación del Reglamento (UE) 2020/1714, tiene la finalidad de mejorar la realización de los actos procesales que se realicen en su marco a través de nuevas herramientas digitales, introduciendo de este modo homogeneidad con el marco creado por el Reglamento DIG.

17 En el ámbito de la cooperación judicial en materia civil y mercantil, se modifica la Directiva 2003/8/CE del Consejo, de 27 de enero de 2003, destinada a mejorar el acceso a la justicia en los litigios transfronterizos mediante el establecimiento de reglas mínimas comunes relativas a la justicia gratuita para dichos litigios (DOCE de 31 de enero de 2003, nº L 26, pp. 41-47, ELI: http://data.europa.eu/eli/dir/2003/8/oj). En materia de cooperación judicial en materia penal, se modifica la Decisión Marco 2002/584/JAI del Consejo, de 13 de junio de 2002, relativa a la orden europea de detención y a los procedimientos de entrega entre Estados miembros (DOCE de 18 de julio de 2002, nº L 190, pp. 1–20, ELI: http://data.europa.eu/eli/dec_framw/2002/584/oj); la Decisión Marco 2003/577/JAI del Consejo, de 22 de julio de 2003, relativa a la ejecución en la Unión Europea de las resoluciones de embargo preventivo de bienes y de aseguramiento de pruebas (DOUE de 2 de agosto de 2003, nº L 196, pp. 45–55, ELI: http://data.europa.eu/eli/dec_framw/2003/577/oj); la Decisión Marco 2005/214/JAI del

tituye un instrumento de dicha naturaleza, forma parte igualmente de la arquitectura del ELSJ[18]. Comprobamos cómo la relevancia del Reglamento

---

Consejo, de 24 de febrero de 2005, relativa a la aplicación del principio de reconocimiento mutuo de sanciones pecuniarias (DOUE de 22 de marzo de 2005, nº L 76, pp. 16–30, ELI: http://data.europa.eu/eli/dec_framw/2005/214/oj); la Decisión Marco 2006/783/JAI del Consejo, de 6 de octubre de 2006, relativa a la aplicación del principio de reconocimiento mutuo de resoluciones de decomiso (DOUE de 24 de noviembre de 2006, nº L 328, pp. 59-79, ELI: http://data.europa.eu/eli/dec_framw/2006/783/oj); la Decisión Marco 2008/909/JAI del Consejo, de 27 de noviembre de 2008, relativa a la aplicación del principio de reconocimiento mutuo de sentencias en materia penal por las que se imponen penas u otras medidas privativas de libertad a efectos de su ejecución en la Unión Europea (DOUE de 5 de diciembre de 2008, nº L 327, pp. 27–46, ELI: http://data.europa.eu/eli/dec_framw/2008/909/oj); la Decisión Marco 2008/947/JAI del Consejo, de 27 de noviembre de 2008, relativa a la aplicación del principio de reconocimiento mutuo de sentencias y resoluciones de libertad vigilada con miras a la vigilancia de las medidas de libertad vigilada y las penas sustitutivas (DOUE de 16 de diciembre de 2008, nº L 337, pp. 102-122, ELI: http://data.europa.eu/eli/dec_framw/2008/947/oj); la Decisión Marco 2009/829/JAI del Consejo, de 23 de octubre de 2009, relativa a la aplicación, entre Estados miembros de la Unión Europea, del principio de reconocimiento mutuo a las resoluciones sobre medidas de vigilancia como sustitución de la prisión provisional (DOUE de 11 de noviembre de 2009, nº L 294, pp. 20-40, ELI: http://data.europa.eu/eli/dec_framw/2009/829/oj); la Decisión Marco 2009/948/JAI del Consejo, de 30 de noviembre de 2009, sobre la prevención y resolución de conflictos de ejercicio de jurisdicción en los procesos penales (DOUE de 15 de diciembre de 2009, nº L 328, pp. 42-47, ELI: http://data.europa.eu/eli/dec_framw/2009/948/oj); la Directiva 2011/99/UE del Parlamento Europeo y del Consejo, de 13 de diciembre de 2011, sobre la orden europea de protección (DOUE de 21 de diciembre de 2011, nº L 338, pp. 2-18, ELI: http://data.europa.eu/eli/dir/2011/99/oj); y finalmente la Directiva 2014/41/UE del Parlamento Europeo y del Consejo, de 3 de abril de 2014, relativa a la orden europea de investigación en materia penal (DOUE de 1 de mayo de 2014, nº L 130, pp. 1-36, ELI: http://data.europa.eu/eli/dir/2014/41/oj).

18 En la propuesta de Directiva presentada por la Comisión, Bruselas, 1.12.21 COM(2021) 760 final, 2021/0395 (COD), también se modificaba la Decisión Marco 2002/465/JAI del Consejo, de 13 de junio de 2002, sobre equipos conjuntos de investigación (DOCE de 20 de junio de 2002, nº L 162, pp. 1-3, ELI: http://data.europa.eu/eli/dec_framw/2002/465/oj), si bien ello fue suprimido en el curso de las negociaciones interinstitucionales, como se comprueba en la orientación general del Consejo sobre la propuesta de Directiva (Bruselas, 25 de noviembre de 2022, 15138/22). Advertimos que no tenía demasiado sentido incorporar la referida Decisión Marco, ya que para el funcionamiento de los equipos conjuntos de investigación (en adelante, ECI) se implementan mecanismos específicos de digitalización a través de la coetánea propuesta legislativa que se ocupaba de esta

DIG y la Directiva de acompañamiento, además de en la agilidad de su procedimiento legislativo, se manifiesta en el impacto que poseen en el marco normativo europeo, reformándose con el propósito de la implementación del mecanismo de la digitalización, un total de diecinueve instrumentos normativos de la UE aprobados durante más de dos décadas que en gran medida, constituyen los fundamentos de la construcción del sistema de cooperación judicial europeo en materia civil, mercantil y penal, por tanto, del propio ELSJ.

Las innovaciones introducidas por el Reglamento DIG, objeto fundamental de nuestro estudio, supondrán un punto de inflexión en la materia, un relevante progreso con un indudable reflejo e impacto en los sistemas nacionales de los Estados miembros. Éstos como decíamos, constituyen en gran medida los principales destinatarios de la nueva concepción que supondrá la digitalización de la cooperación judicial y del acceso a la Justicia, que conllevará una significativa modernización y eficiencia procesal digital en el ámbito de la cooperación judicial transfronteriza en la UE, como hemos resaltado, lo cual además se redimensiona y pone en valor, conforme a la nueva Estrategia de Justicia en línea 2024-2028 del Consejo, anteriormente referida.

En cuanto a los recientes y prácticamente coetáneos Reglamento (UE) 2023/2131 y Reglamento (UE) 2023/969, frutos del mismo paquete de medidas para la digitalización de los sistemas judiciales en el ELSJ que el Reglamento DIG, como vimos, los mismos están centrados en el ámbito penal y poseen como finalidad la lucha eficaz contra el terrorismo y otras formas de delincuencia transfronteriza grave, evidenciando nuevamente que en el ELSJ el dogma seguridad continúa ostentando una posición predominante. Observamos al respecto, que existen opiniones que consideran que en el ELSJ existe la necesidad urgente de reconciliar la seguridad con las nociones de libertad y justicia, para evitar que sus compromisos se deterioren y acaben bajo un formalismo vacío[19]. En este sentido, destacamos que el Reglamento DIG posee el beneficio adicional de poner en valor

cuestión, que culminó en el anteriormente referido Reglamento (UE) 2023/969, al margen de que dicha Decisión Marco no establezca como tal un instrumento de cooperación judicial fundamentado en el principio de reconocimiento mutuo, si bien la misma regula una institución que formaría parte igualmente del ELSJ.

19 Como advierte, HERLIN-KARNELL, E. "The domination of security and the promise of justice: on justification and proportionality in Europe´s ´Area of Freedom, Security and Justice´", *Transnational Legal Theory*, 2017, vol. 8, nº 1, esp. pp. 83, 87-90, https://doi.org/10.1080/20414005.2017.1316637.

la libertad y la justicia en el ELSJ, por tanto, en un ámbito dominado por la seguridad.

El Reglamento (UE) 2023/2131, relativo al intercambio de información digital en casos de terrorismo, que entró en vigor el 31 de octubre de 2023 a los veinte días de su publicación en el DOUE, digitalizará la comunicación entre Eurojust y las autoridades de los Estados miembros, a través de un canal moderno y seguro que fomente la proactividad de Eurojust, simplificando la cooperación con terceros países. Los métodos que se han estado utilizando están desfasados[20], revelando insuficiencias y falta de seguridad, como se comprueba en el "Registro Judicial Antiterrorista europeo" (CTR por sus siglas en inglés), sistema de información obsoleto que posee Eurojust que impide el cotejo correcto de la información[21]. El nuevo Reglamento crea un moderno "sistema de gestión de casos" digitalizado (CMS por sus siglas en inglés), que permitirá determinar eficazmente los vínculos entre casos de terrorismo transfronterizo y otras formas de delitos transfronterizos graves, vínculos que constituirán la base para que los Estados miembros coordinen sus medidas de investigación y sus respuestas digitales, creando un canal digital seguro entre Eurojust y los Estados miembros, además de simplificar la cooperación con terceros países al permitir a los Fiscales de enlace adscritos a Eurojust, el acceso al nuevo CMS[22].

---

20 Sobre el desarrollo del concepto de Justicia Penal Digital (DCJ por sus siglas en inglés) por Eurojust, su estrecha colaboración con la Comisión Europea para el desarrollo de herramientas digitales en la cadena de seguridad en la UE y los sistemas digitales que Eurojust posee en este ámbito, *cfr.* https://www.eurojust.europa.eu/judicial-cooperation/instruments/digital-criminal-justice (fecha de última consulta: 12 de diciembre de 2023).

21 *Cfr.* https://commission.europa.eu/strategy-and-policy/policies/justice-and-fundamental-rights/digitalisation-justice/digital-information-exchange-terrorism-cases_en (fecha de última consulta: 12 de diciembre de 2023). La Comisión considera que constituye una de las prioridades clave del Derecho penal europeo, mejorar el funcionamiento del CTR. En los considerandos nºs. 5 y 6 de la Exposición de Motivos del Reglamento (UE) 2023/2131, se advierte que el CTR, creado en 2019 tras la adopción del Reglamento (UE) 2018/1727, para detectar los vínculos entre procedimientos judiciales sobre terrorismo y las necesidades de coordinación consecuencia de dichos vínculos, posee una deficiente integración en la infraestructura técnica de Eurojust, al no contemplarse el CTR en dicho Reglamento, situación que es necesario subsanar.

22 *Cfr.* el comunicado de prensa del Consejo de 18 de septiembre de 2023, tras la adopción por el Consejo del Reglamento en la referida fecha, que fue aprobado por el Parlamento el 12 de julio del mismo año, https://www.consilium.europa.eu/en/press/press-releases/?Page=4 (fecha de última consulta: 12 de diciembre

Este nuevo sistema informático descentralizado, estará compuesto por los sistemas informáticos "dorsales (*back-end*)" de los Estados y de Eurojust, con puntos de acceso interoperables basados en e-CODEX[23].

La agilidad de la tramitación legislativa de este Reglamento, consideramos que además de ser consecuencia de la prioridad de la digitalización en el ELSJ y del predominio de la seguridad, sería reflejo en gran medida del importante papel adquirido por Eurojust para la lucha contra la impunidad y garantizar la rendición de cuentas por los delitos cometidos en Ucrania. Ello se materializó en la aprobación del Reglamento (UE) 2022/838 del Parlamento Europeo y del Consejo, de 30 de mayo de 2022, por el que se modifica el Reglamento (UE) 2018/1727 en lo que respecta a la preservación, análisis y almacenamiento en Eurojust de pruebas relativas al genocidio, los crímenes contra la humanidad, los crímenes de guerra y las infracciones penales conexas[24]. Con independencia de que Eurojust constituya realmente un órgano idóneo para los objetivos referidos, es decir, para la lucha contra los delitos cometidos en Ucrania, lo cual podría ser debatible, hay que resaltar que este Reglamento igualmente fue adoptado en un tiempo récord y, que igualmente en el mismo la implementación de la digitalización ostenta un papel fundamental. Dada la urgente necesidad de almacenar dichas pruebas, es preciso que Eurojust las archive en una instalación de gestión y almacenamiento automatizada de datos separada del sistema actualmente existente[25]. La obsolescencia del actual sistema de información de Eurojust, conllevó la necesidad de crear una nueva instalación para la preservación, análisis y almacenamiento de las pruebas relativas a crímenes de guerra, que se integra en la nueva infraestructura digital de Eurojust[26], de la cual también formará parte el CMS.

---

de 2023) y el art. 1.6) del Reglamento (UE) 2023/2131, por el que se modifican los arts. 23 a 25 del Reglamento (UE) 2018/1727.

23 *Vid.* considerando nº 20 del Reglamento (UE) 2023/2131.

24 DOUE de 31 de mayo de 2022, nº L 148, pp. 1-5, ELI: http://data.europa.eu/eli/reg/2022/838/oj.

25 *Vid.* considerando nº 12 del Reglamento (UE) 2022/838.

26 Tras la entrada en vigor del Reglamento (UE) 2022/838, se creó la CICED (*Core International Crimes Evidence Database*), sistema informático que, si bien no se limita a un conflicto armado en concreto, ya que permite almacenar pruebas respecto a cualquier conflicto que fuera investigado por los socios de Eurojust, precisamente fue instaurado a raíz del conflicto en Ucrania. La CICED forma parte del entorno informático de Eurojust, posee un alto grado de seguridad informática y todas las medidas necesarias para la protección de datos. *Cfr.* https://www.eurojust.europa.eu/crime-types-and-cases/crime-types/core-international-crimes (fecha de última consulta: 12 de diciembre de 2023).

Respecto al Reglamento (UE) 2023/969, por el que se establece una plataforma de colaboración en apoyo del funcionamiento de los equipos conjuntos de investigación, cuya entrada en vigor tuvo lugar el 6 de junio de 2023, tras los veinte días de su publicación en el DOUE, igualmente ha sido promulgado para solventar la insuficiencia y anacronismo de los sistemas informáticos utilizados por los ECI. Éstos se enfrentan a dificultades técnicas referentes al intercambio electrónico seguro de información y pruebas, siendo necesaria la creación de un sistema de comunicación electrónica segura entre los miembros y participantes del ECI, tales como Eurojust, Europol, la Fiscalía Europea y la Oficina Europea de Lucha contra el Fraude (OLAF), al igual que un "diario conjunto de gestión" del ECI. El Reglamento crea la plataforma de colaboración de los ECI[27], que podrá utilizarse de forma voluntaria por los participantes en el ECI y tendrá que estar operativa con la fecha límite del 7 de diciembre de 2025[28]. La Agencia eu-LISA[29], se encargará del diseño, desarrollo y mantenimiento de la plataforma[30].

La plataforma estará dotada de herramientas de comunicación síncronas y asíncronas, seguras e imposible de rastrear. También permitirá el intercambio de información y pruebas, incluyendo archivos de gran tamaño a través de un sistema de almacenamiento centralizado, durante el tiempo estrictamente necesario para la trasferencia de datos, dado que en cuanto éstos se descarguen se eliminarán automáticamente. Para garantizar la admisibilidad de la prueba electrónica ante un Tribunal, se creará un mecanismo de registro avanzado que garantizará la cadena de custodia digital y por tanto su propia trazabilidad, archivando toda intervención en una

27 *Vid.* art. 1.a) del Reglamento (UE) 2023/969.

28 La Comisión Europea establecerá la fecha concreta para la puesta en funcionamiento de la plataforma, dentro de la referida fecha límite, tras verificar que se cumplen las condiciones necesarias para ello, conforme al art. 18 del Reglamento (UE) 2023/969.

29 *Vid.* art. 7 del Reglamento (UE) 2023/969.

30 Para el desempeño de esta labor se modificará el mandato a la Agencia eu-LISA, que se valdrá de las funciones existentes en SIENA y Europol, garantizándose de este modo tanto la complementariedad como la conectividad de los sistemas (*vid.* considerando nº 22 del Reglamento (UE) 2023/969). Dado el carácter sensible de los datos operativos que se intercambiarán a través de la plataforma, ésta deberá tener un alto grado de seguridad, debiendo adoptar la Agencia eu-LISA todas las medidas técnicas y organizativas necesarias, que garanticen la seguridad del intercambio de los datos a través de "sólidos algoritmos", con cifrado de datos en tránsito o en reposo, de extremo a extremo (*vid.* considerando nº 30 del Reglamento (UE) 2023/969).

prueba específica alojada en la plataforma. La plataforma de colaboración de los ECI será accesible para todos los actores que participen el mismo, por tanto, para los representantes de los Estados miembros en un ECI determinado, los representantes de terceros países invitados a un ECI en concreto y los organismos competentes de la UE como Eurojust, Europol, la Fiscalía Europea y la OLAF[31].

La rapidez de la tramitación legislativa de los actos jurídicos que hemos tratado, refleja la importancia actual de la digitalización en el ELSJ, como se ha reiterado, pero podemos cuestionar de forma contundente que la UE no se hubiera ocupado de la forma que actualmente lo está haciendo de esta relevante cuestión. En la Comunicación sobre la digitalización de la Justicia en la UE adoptada por la Comisión el 2 de diciembre de 2020, que enmarca las tres iniciativas legislativas culminadas conforme al principio de "digital por defecto", se resalta el impacto de la COVID 19 como detonante de la actual aceleración del proceso de digitalización. Pero no estamos ante una problemática nueva sino todo lo contrario. Prueba de ello la encontramos por ejemplo, en las propuestas legislativas de la Comisión que se remontan a 2018 y que culminaron cinco años después con la adopción del Reglamento (UE) 2023/1543 del Parlamento Europeo y del Consejo, de 12 de julio de 2023, sobre las órdenes europeas de producción y las órdenes europeas de conservación a efectos de prueba electrónica en procesos penales y de ejecución de penas privativas de libertad a raíz de procesos penales[32] (en adelante, Reglamento e-evidence) y, la correlativa Directiva (UE) 2023/1544 del Parlamento Europeo y del Consejo, de 12 de julio de 2023, por la que se establecen normas armonizadas para la designación de establecimientos designados y de representantes legales a efectos de recabar pruebas electrónicas en procesos penales[33], salvando las lógicas distancias, puesto que las referidas órdenes están concebidas para solventar las importantes carencias existentes en materia de obtención

---

31 Sobre las innovaciones que conlleva la plataforma de colaboración de los ECI, *cfr.* https://commission.europa.eu/strategy-and-policy/policies/justice-and-fundamental-rights/digitalisation-justice/joint-investigation-teams-jits-collaboration-platform_en (fecha de última consulta: 12 de diciembre de 2023).

32 DOUE de 28 de julio de 2023, nº L 191, pp. 118-180, ELI: http://data.europa.eu/eli/reg/2023/1543/oj.

33 DOUE de 28 de julio de 2023, nº L 191, pp. 181-190, ELI: http://data.europa.eu/eli/dir/2023/1544/oj.

transnacional de la prueba electrónica[34], si bien obviamente en las mismas los datos electrónicos ostentan un lugar primordial[35].

La respuesta del ELSJ al reto de la digitalización constituye una cuestión candente desde hace lustros en la UE, como se puso de manifiesto en el Plan de Acción E-Justicia 2009-2013, por el que se crean herramientas específicas fundamentadas en las nuevas tecnologías, que además servirían como instrumentos de cooperación judicial. Resultado de ello fue el Portal Europeo e-Justice, que constituye una herramienta que, entre otras utilidades, ofrece información sobre el Derecho de la UE, el Derecho de los Estados o sobre el acceso a la justicia gratuita en otro Estado[36]. En definitiva, si bien la UE tenía en su hoja de ruta el desarrollo digital de la Justicia y por tanto de la cooperación judicial transfronteriza desde hace mucho tiempo, realmente no se ha ocupado hasta ahora de este importante reto, con la prioridad y agilidad necesarias.

A continuación, vamos a estudiar el desarrollo de la digitalización en el ELSJ, aspecto donde destacan los sistemas informáticos que forman parte de su arquitectura digital, especialmente el sistema e-CODEX, lo cual posee lógicas interacciones con el Reglamento DIG, contextualizando la digitalización de la cooperación judicial y del acceso a la Justicia en la UE.

---

34 Sobre materia, *vid.* TINOCO PASTRANA, A. "Las órdenes europeas de entrega y conservación: la futura obtención transnacional de la prueba electrónica en los procesos penales en la Unión Europea", *Cuadernos de Política Criminal*, 2021, nº 135, pp. 203-246. Las órdenes introducen una nueva concepción o reinterpretación del principio de reconocimiento mutuo y de la propia confianza mutua entre los Estados de la UE, con un modelo de cooperación directa con los proveedores de servicios de telecomunicaciones en el ELSJ, que en gran medida replica el modelo de la *US Cloud Act* de 2018.

35 El Reglamento (UE) 2023/1543 y la Directiva (UE) 2023/1544, del mismo modo que los Reglamentos de 2023 que hemos tratado, forman parte, entre otras, de la política de la UE "Un futuro digital para Europa", anteriormente referida. *Vid.* al respecto, https://www.consilium.europa.eu/es/policies/a-digital-future-for-europe/ (fecha de última consulta: 12 de diciembre de 2023).

36 *Cfr.* sobre el Plan de Acción E-Justicia 2009-2013 y el Portal e-Justice, BUENO DE MATA, F, "Justicia online y ciudadanía: el Portal europeo e-Justicia como medio de información y apoyo a los ciudadanos para solventar sus litigios transfronterizos", *Revista Europea de Derechos Fundamentales*, 2011, nº 18, esp. pp. 192, 193, 196. Los objetivos de la instauración de dicho Portal, consistían en la mejora del acceso de los ciudadanos a la Justicia, en conseguir la cooperación entre las autoridades judiciales de los diversos Estados miembros y el intercambio de buenas prácticas, además de en garantizar la eficacia de la Justicia.

III. EL DESARROLLO DIGITAL DEL ESPACIO DE LIBERTAD, SEGURIDAD Y JUSTICIA: EL SISTEMA E-CODEX

El Reglamento e-CODEX constituye un instrumento fundamental para el desarrollo de la arquitectura digital de la cooperación judicial[37], habiéndose integrado el sistema e-CODEX[38] en el Reglamento DIG, como veremos, del mismo modo que se integró en el Reglamento e-evidence[39]. La Agencia eu-LISA, *ut supra* referida, que fue creada en 2011 y entró en funcionamiento el 1 de diciembre de 2012, posee igualmente un papel fundamental en la estrategia de digitalización de la cooperación judicial y del acceso a la Justicia, siendo esencial para la implantación de la nueva arquitectura digital en el ámbito de la Justicia y de los asuntos de interior. En el ELSJ encontramos una enorme variedad de sistemas, con diversas finalidades. Se trata del Sistema de Información de Schengen (SIS II), del Sistema de Información de Visados (VIS), del Sistema de Gestión de las Solicitudes de Asilo Europeas (EURODAC), del Sistema Europeo de Información y Autorización de Viajes (SEIAV), del Sistema de Entradas y Salidas de los nacionales de terceros países (ESS), del Sistema Europeo de Información de Antecedentes Penales (ECRIS) y del Sistema de Registro de Nombres de Pasajeros (PNR). La Agencia eu-LISA es la encargada de gestionar los sistemas informáticos de gran magnitud en el ELSJ utilizados para las políticas de gestión de fronteras, migración y cooperación policial,

---

[37] *Cfr.* CARRERA, S., MITSILEGAS, V. y STEFAN, M. *Criminal Justice, Fundamental Rights and the Rule of law in the Digital Age. Report of a CEPS and QMUL Task Force*, CEPS, Bruselas, 2021, esp. pp. 47-50, https://www.ceps.eu/download/publication/?id=33138&pdf=Criminal-Justice-Fundamental-Rights-and-the-Rule-of-law-in-the-Digital-Age.pdf.

[38] *Vid.* considerando nº 6 de la Exposición de Motivos del Reglamento e-CODEX, donde se aclara que si bien han sido creadas herramientas para el intercambio electrónico transfronterizo de datos procesales, que ni han sustituido ni han requerido especiales modificaciones de los sistemas existentes en los Estados miembros, la herramienta más relevante que se ha desarrollado hasta la actualidad es el sistema e-CODEX, como sistema de comunicación para la Justicia digital mediante el intercambio electrónico de datos procesales.

[39] *Cfr.* considerando nº 83 de la Exposición de Motivos del Reglamento e-evidence. Para la comunicación y transmisión de la prueba electrónica entre las autoridades y los proveedores de servicios de telecomunicaciones, se introduce un sistema informático descentralizado con puntos de acceso interoperables basados en el sistema e-CODEX.

habiéndose incrementado desde 2018 su capacidad para la gestión de estas políticas, a través del Reglamento (UE) 2018/1726[40].

Una cuestión fundamental consiste en la implementación de mecanismos para conseguir la interoperabilidad de los referidos sistemas y que sea factible el intercambio de información, como se puso de manifiesto, por ejemplo, en que los sistemas de información de la UE utilizados por las autoridades para luchar contra la delincuencia, controlar las fronteras y gestionar los flujos migratorios no estaban interconectados, existiendo el riesgo de que se produzcan lagunas de información. Por ello se promulgaron el Reglamento (UE) 2019/817 del Parlamento Europeo y del Consejo[41] (fronteras y visado) y el Reglamento (UE) 2019/818 del Parlamento Europeo y del Consejo[42] (cooperación judicial y policial, asilo y migración), ambos de 20 de mayo de 2019[43]. La interoperabilidad de los sistemas de información permitirá que los diversos sistemas se complementen, facilitando la identificación de las personas y la lucha contra la usurpación de identidad. Con base en los datos biográficos y biométricos archivados en diversos sistemas, se crea un portal europeo de búsqueda, un servicio de correspondencia biométrica compartido, un registro común de datos de identidad y un detector de identidades múltiples, con vínculos blancos, amarillos, rojos y verdes[44].

La Agencia eu-LISA, acaba de asumir el traspaso íntegro de la gestión operativa e-CODEX, sistema emblemático de la *e-Justice* en la UE que du-

---

40 La sede principal de la Agencia eu-LISA está en Tallin (Estonia), con sede operativa en Estrasburgo (Francia) y sede de reserva en Sankt Johann im Pangau (Austria). *Cfr.* https://www.eulisa.europa.eu/ (fecha de última consulta: 12 de diciembre de 2023).

41 DOUE de 22 de mayo de 2019, nº L 135, pp. 27-84, ELI: http://data.europa.eu/eli/reg/2019/817/oj. Versión consolidada de 31 de diciembre de 2023, ELI: http://data.europa.eu/eli/reg/2019/817/2023-12-31.

42 DOUE de 22 de mayo de 2019, nº L 135, pp. 85-135, ELI: http://data.europa.eu/eli/reg/2019/818/oj. Versión consolidada de 31 de diciembre de 2023, ELI: http://data.europa.eu/eli/reg/2019/818/2023-12-31.

43 *Cfr.* el comunicado de prensa del Consejo de la UE de 14 de mayo de 2019, https://www.consilium.europa.eu/es/press/press-releases/2019/05/14/interoperability-between-eu-information-systems-council-adopts-regulations/ (fecha de última consulta: 12 de diciembre de 2023).

44 *Vid.* sobre la interoperatibilidad de los sistemas y la detección de identidades múltiples, VAVOULA, N. "Interoperability of EU Information Systems: The Deathblow to the Rights to Privacy and Personal Data Protection of Third-Country Nationals?", *European Public Law,* 2020, vol. 26, nº 1, esp. pp. 139-140, 145, https://doi.org/10.54648/euro2020008.

rante más de una década fue mantenido por un consorcio de Estados miembros y organizaciones de profesionales del Derecho financiadas por la UE, por lo que ya forma parte de los sistemas informáticos de gran magnitud gestionados por dicha Agencia[45]. El Reglamento e-CODEX incluye reglas para proteger la independencia del Poder Judicial y la estructura de gobierno y gestión de e-CODEX dentro de la Agencia eu-LISA[46]. e-CODEX constituye la principal herramienta europea para establecer una red de comunicación interoperable, segura y descentralizada entre sistemas informáticos nacionales en procedimientos civiles y penales transfronterizos. La Agencia eu-LISA tiene previsto el desarrollo nuevas funcionalidades en materia de seguridad e interoperabilidad, en cuanto la expansión de e-CODEX lo requiera[47]. En este sistema descentralizado son fundamentales los puntos de acceso interoperables, diferenciándose entre los "puntos de acceso e-CODEX" que permiten transmitir y recibir información entre los puntos de acceso e-CODEX de forma segura y los "puntos de acceso e-CODEX autorizados", por la Comisión o un Estado miembro y que han sido notificados a la Agencia eu-LISA[48].

El Reglamento e-CODEX es considerado como un importante progreso para lograr el objetivo de crear un sistema de Justicia moderno que pueda resistir en tiempos de crisis, lo cual sería fundamental para poder garantizar los derechos de acceso a la Justicia y a un juicio justo. El sistema e-CODEX constituye un paquete de componentes de software para la conectividad entre los sistemas nacionales, a través del cual las autoridades judiciales competentes, los profesionales de la Administración de Justicia y los ciudadanos, podrán enviar y recibir de forma electrónica documentos, pruebas u otra información de forma fiable, ágil y segura. Permite crear

---

45 El traspaso operativo de e-CODEX a la Agencia eu-LISA se produjo durante el segundo semestre de 2023, conforme a lo establecido en el considerando nº 7 de la Exposición de Motivos y en el art. 10.4 del Reglamento e-Codex. Sobre la integración de e-CODEX en la Agencia eu-LISA y la *Me-CODEX III Conference* "Celebrating 13 years of e-CODEX: the past, the now and the future" celebrada en La Haya el 29 de febrero de 2024, que simbolizó el fin de la gestión por el Consorcio Me-CODEX III y la entrega de la gestión de e-CODEX a la Agencia eu-LISA, *vid.* https://www.eulisa.europa.eu/Newsroom/News/Pages/eu-LISA-ready-to-take-over-e-CODEX-operational-management.aspx (fecha de última consulta: 3 de marzo de 2024).

46 *Vid.* arts. 13 y 14 del Reglamento e-CODEX.

47 *Cfr.* https://www.eulisa.europa.eu/SiteAssets/Discover/default.aspx/discover/6 (fecha de última consulta: 3 de marzo de 2024).

48 *Vid.* art. 3.2) y .3) del Reglamento e-Codex.

redes de comunicación descentralizadas e interoperables entre los sistemas nacionales en materia de cooperación judicial transfronteriza civil, mercantil y penal. Como observó el Consejo de la Unión Europea cuando llegó a un acuerdo con el Parlamento sobre el Reglamento, el sistema e-CODEX se convertirá en la "columna vertebral" de la cooperación judicial en la UE en asuntos civiles, mercantiles y penales[49].

Actualmente e-CODEX ya respalda el sistema de intercambio de pruebas electrónicas a través de la "Plataforma central de Pruebas"[50], punto de acceso e-CODEX utilizado exclusivamente para la prueba digital. De forma más específica, e-CODEX apoya los intercambios en el ámbito de la cooperación judicial en instrumentos como la orden europea de investigación (en adelante, OEI) y la asistencia judicial mutua en asuntos penales, a través de la aplicación EVIDENCE2 e-CODEX, resultado de la fusión de los Proyectos Evidence y e-CODEX[51]. También para la transmisión de pruebas digitales existe el Portal e-EDES[52], solución proveída por la Comisión Europea orientada principalmente al intercambio de OEIs, aunque además

---

49 *Cfr.* el comunicado de prensa del Consejo de la Unión Europea de 8 de diciembre de 2021, tras el acuerdo provisional con el Parlamento, https://www.consilium.europa.eu/en/press/press-releases/2021/12/08/digitalisation-of-justice-council-presidency-and-european-parliament-reach-provisional-agreement-on-e-codex/ (fecha de última consulta: 12 de diciembre de 2023). Además *vid.* sobre el sistema e-CODEX, GOTTWALD, T., SCHNEIDER, M., BEHR, R. y MAURER, M. "e-CODEX: A Secure Infra-Structure for Cross-Border Cooperation", en M. A. Biasiotti y F. Turchi (eds.), *European Investigation Order. Where the Law Meets the Technology*, Springer, Cham, 2023, pp. 53-67, https://doi.org/10.1007/978-3-031-31686-9_6x; KRAMER, X. "Digitising access to justice: the next steps in the digitilisation of judicial cooperation in Europe", *Revista General de Derecho Procesal*, 2022, nº 56, esp. pp. 3-4, https://www.iustel.com; AMATO, R. y VELICOGNA, M. "Cross-Border Document Service Procedures in the EU from the Perspective of Italian Practitioners—The Lessons Learnt and the Process of Digitalisation of the Procedure through e-CODEX", *Laws*, 2022, vol. 11, nº 6, esp. pp. 4-6, https://doi.org/10.3390/laws11060081; OSZTOVITS, A. "The Present and Possible Future of Judicial Cooperation in Civil Matters", en A. Osztovits y J. Bóka (eds.), *The Policies of the European Union from a Central European Perspective*, Miskolc, Central European Academic Publishing, Budapest, 2022, esp. pp. 248-249, https://doi.org/10.54171/2022.aojb.poeucep_12; CARRERA, S., MITSILEGAS, V. y STEFAN, M. *Criminal Justice, Fundamental Rights*..., op. cit., esp. pp. 27-30, *et. al.*

50 *Vid.* art. 1.7), entre otros, del Reglamento e-Codex.

51 *Cfr.* https://evidence2e-codex.eu/a/matching-evidence-to-ecodex (fecha de última consulta: 12 de diciembre de 2023).

52 *Vid.* BEN MILOUD, D. y NICOLAU, C. "e-Evidence Digital Exchange System (eEDES)", en M. A. Biasiotti y F. Turchi (eds.), *European Investigation Order. Whe-*

permite el intercambio de otros instrumentos en el ámbito de la asistencia judicial mutua y la notificación de la intervención de telecomunicaciones. En España el referido Portal se soporta en el punto de acceso e-CODEX alojado en el punto de Acceso General de la Administración de Justicia, como mecanismo para el intercambio de OEIs y sus correspondientes pruebas del Ministerio de Justicia, compuesto por dos componentes, *gateway* y *conector*, que habilita el intercambio de mensajes entre los diferentes Estados miembros europeos con todas las garantías necesarias, tanto en materia de seguridad como de carácter jurídico[53]. Comprobamos, por tanto, la enorme versatilidad y transversalidad del sistema e-CODEX, constituyendo los referidos mecanismos interesantes experiencias prácticas que presentan especial utilidad, para la futura implementación de este sistema en el ámbito de la digitalización de la cooperación judicial y del acceso a la Justicia en la UE.

Además de estos sistemas de intercambio digital de pruebas electrónicas, hay que destacar la Plataforma SIRIUS, ejecutada conjuntamente por Europol y Eurojust en estrecha colaboración con la Red Judicial Europea, para el acceso a las pruebas electrónicas en las investigaciones penales, que permite afrontar la complejidad de la investigación en internet y compartir experiencias entre las autoridades[54]. Consideramos que lo lógico sería que la Plataforma SIRIUS migrara a e-CODEX, además creemos que no sería casual la denominación de este último, pues sería necesario poner orden y unificar, por tanto, efectuar una auténtica codificación en materia de sistemas informáticos con la misma finalidad, pero con diverso grado de desarrollo e incluso fundamentos diferentes. Esta dispersión pensamos que podría obstaculizar tanto la interoperabilidad como el propio desarrollo de dichos sistemas específicos, además de dificultar el aprendizaje y la

---

re the Law Meets the Technology, Springer, Cham, 2023, pp. 69-95, https://doi.org/10.1007/978-3-031-31686-9_7.

53 *Vid.* https://www.administraciondejusticia.gob.es/-/soluciones-portal-eedes (fecha de última consulta: 12 de diciembre de 2023). El Ministerio de Justicia desarrolla este Proyecto internacional, del que forman parte la Unidad de la Fiscalía de Cooperación Jurídica Internacional (UCIF), el Juzgado Central nº 5 de la Audiencia Nacional, el Juzgado de Instrucción nº 4 de Torremolinos y el Juzgado de Instrucción nº 32 de Madrid. Se inauguró con una OEI enviada en mayo de 2022 por el Juzgado Central de Instrucción nº 5 de la Audiencia Nacional a la Fiscalía de Colonia (Alemania). Está prevista la progresiva ampliación del Portal e-EDES a otros instrumentos, como el traslado de documentos y la obtención de pruebas.

54 *Vid.* https://www.europol.europa.eu/activities-services/sirius-project (fecha de última consulta: 12 de diciembre de 2023).

formación permanente de los operadores jurídicos que trabajen con los mismos. La convergencia en e-CODEX, máxime tras la asunción de su gestión operativa por la Agencia eu-LISA, presentaría indudables ventajas en cuanto a la seguridad, la descentralización y la necesaria interoperabilidad, además de beneficiar la propia cadena de custodia digital.

Ello contrasta con las rudimentarias herramientas que ofrece la web de la Red Judicial Europea en materia penal (*European Judicial Network*)[55]. En consecuencia, es urgente establecer un moderno sistema de comunicación síncrona, asíncrona y para la transmisión de datos, lo cual fortalecería la eficiencia de la cooperación judicial en la UE. Más evolucionada está la web de la Red Judicial Europea en materia civil y mercantil, que ofrece formularios en línea e información al ciudadano sobre la situación actual de las notificaciones por vía electrónica en los respectivos sistemas nacionales[56], si bien presenta indudables carencias, dado que en gran medida la digitalización depende de los propios Estados, lo cual constituye una gran tarea pendiente. Por otro lado tenemos el Portal e-Justice[57], el cual está más avanzado e incluso quizá constituyó un indudable paso en los inicios de la digitalización de la cooperación judicial y del acceso a la Justicia en asuntos civiles y mercantiles, como vimos *ut supra*, pero es indudable que es necesario progresar hacia un nuevo sistema único y vanguardista que ad-

---

55 Durante años se ha limitado a ofrecer información sobre extremos como los puntos de contacto, formularios, órdenes, etc. Incluso resulta sorprendente que en la actualidad aún aparezcan herramientas tan anquilosadas como el fax, para las comunicaciones con la autoridad competente del Estado receptor de un instrumento de reconocimiento mutuo, junto con la dirección postal, el teléfono y el correo electrónico, mecanismos a través de los que se enviarían los formularios u órdenes cumplimentados manualmente, como se puede comprobar en: https://www.ejn-crimjust.europa.eu/ejn2021/Home/EN (fecha de última consulta: 12 de diciembre de 2023). La web no constituye una herramienta de digitalización sino básicamente una fuente de información, que durante años no ha sido modernizada ni ha evolucionado, hacia lo que debería ser una auténtica útil aplicación de comunicación e intercambio de información y de datos. Permite por ejemplo escanear una firma digital, en lugar de la utilización de códigos seguros de verificación o de sistemas de autenticación encriptados, entre otros, lo cual sería coherente con el Reglamento eIDAS, Reglamento (UE) 910/2014 del Parlamento Europeo y del Consejo, de 23 de julio de 2014, relativo a la identificación electrónica y los servicios de confianza (DOUE de 28 de agosto de 2014, nº L 257, pp. 73-114, ELI http://data.europa.eu/eli/reg/2014/910/oj).

56 *Cfr.* https://e-justice.europa.eu/21/ES/european_judicial_network_in_civil_and_commercial_matters (fecha de última consulta: 12 de diciembre de 2023).

57 *Cfr.* https://e-justice.europa.eu/home?action=home&plang=es (fecha de última consulta: 12 de diciembre de 2023).

quiera el carácter de constituir una auténtica herramienta digital de transmisión y comunicación codificada, que no se limite fundamentalmente a proporcionar información básica, como hasta ahora. Precisamente resaltamos que el punto único de acceso europeo fundamentado en e-CODEX se alojará en el Portal e-Justice[58], lo cual sin duda fortalecerá esta herramienta y coadyuvará a su propio desarrollo y evolución.

Una cuestión fundamental en esta materia consiste en la protección de la ciberseguridad, respecto a la cual existe un relevante marco europeo, como se pone de manifiesto entre otros instrumentos, en la "Resolución sobre la estrategia de ciberseguridad de la UE para la década digital" adoptada por el Parlamento en junio de 2021[59], en el Reglamento (UE) 2019/881 relativo a ENISA (Agencia de la UE para la ciberseguridad)[60] y en el reciente Reglamento (UE) 2023/588, de 15 de marzo de 2023, por el que se establece el Programa de Conectividad Segura de la Unión para el período 2023-2027[61]. Obviamente, en esta última materia los Estados constituyen igualmente claros destinatarios y beneficiarios del nuevo marco sobre ciberseguridad, además del propio ELSJ como tal.

En definitiva, consideramos que para la eficiencia de la digitalización en el ELSJ, lo que sería realmente beneficioso y coadyuvaría a la seguridad jurídica, sería que existiera un único sistema de información codificado, que solvente la actual dispersión existente en la materia. Los actuales sistemas

---

58 *Vid.* arts. 2.4) y 4 del Reglamento DIG.

59 *Vid.* https://www.europarl.europa.eu/doceo/document/TA-9-2021-0286_ES.html (fecha de última consulta: 12 de diciembre de 2023).

60 Reglamento (UE) 2019/881 del Parlamento Europeo y del Consejo, de 17 de abril de 2019, relativo a ENISA (Agencia de la Unión Europea para la Ciberseguridad) y a la certificación de la ciberseguridad de las tecnologías de la información y la comunicación y por el que se deroga el Reglamento (UE) nº 526/2013 ("Reglamento sobre la Ciberseguridad") (DOUE de 7 de junio de 2019, nº L 151, pp. 15-69, ELI: http://data.europa.eu/eli/reg/2019/881/oj).

61 DOUE de 17 de marzo de 2023, nº L 79, pp. 1-39, ELI: http://data.europa.eu/eli/reg/2023/588/oj. El Consejo de la UE resaltó que el Reglamento es fundamental para la transición digital de la UE y la estrategia de puerta de enlace global de la UE, con tecnologías de cifrado avanzado tales como la criptografía cuántica, con la finalidad de garantizar servicios de comunicación rápidos y seguros incluso cuando las redes de comunicación terrestres se han visto interrumpidas. Todo ello refleja nuevamente, la importancia de la fortaleza, resiliencia y mejora continua de la arquitectura digital de la UE. *Vid.* el comunicado de prensa del Consejo de la UE de 7 de marzo de 2023: https://www.consilium.europa.eu/es/press/press-releases/2023/03/07/secure-space-based-connectivity-programme-council-gives-its-final-approval/ (fecha de última consulta: 12 de diciembre de 2023).

se han ido creando en distintos momentos y con finalidades diferentes y específicas. Creemos que en gran medida podríamos estar en los albores de la eficiencia digital en el ELSJ, siendo necesario avanzar en la creación de herramientas codificadas del mismo modo que hacia la interoperabilidad de los diversos sistemas informáticos en el ELSJ, aunque existen opiniones reticentes respecto a esto último, que advierten del riesgo de que ello pueda repercutir en los específicos fines de cada sistema en concreto[62]. De cualquier forma, consideramos que el desarrollo de herramientas convergentes con una misma base e interoperables, evitaría la dispersión actual y podría generar importantes beneficios para las autoridades, las instituciones, los operadores jurídicos y la propia ciudadanía, e incluso contribuiría a que el objetivo de la digitalización en el ELSJ nunca vaya en detrimento del respeto de los derechos fundamentales y las garantías procesales. Esto último podría constituir un retroceso imperdonable en el ELSJ, además de repercutir en el éxito de su propia arquitectura digital. La codificación y ordenación de los sistemas de información en materia de cooperación judicial y acceso a la Justicia, se conseguirá integrándolos en la arquitectura del sistema e-CODEX, nomenclatura que como decíamos, no sería casual. De cualquier forma, nunca se debe permitir que los objetivos de digitalización y eficiencia en el ELSJ, entorno por otro lado dominado por el "dogma seguridad", como hemos visto, suponga una reducción del marco de los derechos fundamentales y garantías de la ciudadanía, yendo en detrimento de sus necesarias salvaguardas o permitiendo un acceso injustificado a los datos, sino que por el contrario en todo caso debería servir para fortalecerlo, consolidarlo e incluso homogeneizarlo dentro del ELSJ, lo cual tendría además importantes beneficios para la construcción del Derecho procesal europeo.

A continuación, vamos a tratar la digitalización de la cooperación judicial y del acceso a la Justicia conforme al nuevo Reglamento (UE) 2023/2844, tras haber estudiado relevantes instituciones, actos e instrumentos que lo contextualizan en el ELSJ.

---

62 En este sentido, *vid.* CARRERA, S., MITSILEGAS, V. y STEFAN, M. *Criminal Justice, Fundamental Rights*..., op. cit., esp. pp. 50-53, que plantean interesantes cuestiones respecto a la interoperabilidad de e-CODEX con los sistemas hasta ahora gestionados por la Agencia eu-LISA, ya que éstos poseen finalidades diferentes a las de e-CODEX, tras la supresión por la Comisión y los Estados del "cortafuegos" que existía entre éste y los otros sistemas, antes del traspaso de la gestión a la Agencia eu-LISA, lo cual puede generar problemas desde la perspectiva de la limitación de la finalidad específica de e-CODEX, si bien parece estar claro que el objetivo final de la UE consiste en conseguir la plena interoperabilidad de los diversos sistemas informáticos de gran magnitud en el ELSJ.

IV. LA DIGITALIZACIÓN DE LA COOPERACIÓN JUDICIAL Y DEL ACCESO A LA JUSTICIA EN ASUNTOS TRANSFRONTERIZOS CIVILES, MERCANTILES Y PENALES

El Reglamento DIG constituye un Reglamento de carácter horizontal y junto con la Directiva de acompañamiento, repercute con la finalidad de implantar el mecanismo de la digitalización, en los actuales instrumentos de reconocimiento mutuo además de en otros de diversa naturaleza, como hemos visto. Dicho Reglamento ha sido concebido, además, para que posea un impacto directo en los ordenamientos de los Estados miembros. Los déficits en materia de digitalización no existen únicamente a nivel de la cooperación judicial y del acceso a la Justicia en asuntos transfronterizos[63], sino que podemos afirmar que incluso son más gravosos en los Estados miembros, como sucede por ejemplo en España, donde constituye un problema endémico, de lo cual se hizo eco el Plan de Trabajo común Justicia 2030[64] y ha tenido su reflejo en el reciente Real Decreto-ley 6/2023[65], que adopta importantes medidas respecto a la digitalización de la Justicia.

El Reglamento DIG afronta los retos de poner fin a la cooperación judicial transfronteriza a través de un sistema ineficaz y solventar los obstáculos del acceso a la Justicia, desde una perspectiva garantista además de respetuosa con la soberanía de los Estados. Entre sus objetivos destacamos

---

63 Como se argumenta en el considerando nº 4 de la Exposición de Motivos del Reglamento DIG, es necesario mejorar la "eficiencia y efectividad" de los procesos judiciales, facilitando el acceso a la Justicia a través de la digitalización de los canales de comunicación, lo cual supondrá un ahorro de costes y de tiempo, además de mejorar la resiliencia ante situaciones excepcionales en el ámbito de la cooperación judicial. Ello beneficiará a las personas físicas y jurídicas, del mismo modo que a las autoridades competentes, además de incrementar la confianza en los sistemas judiciales, al igual que favorecerá la lucha contra la delincuencia transfronteriza en los procesos penales. Estos objetivos deben satisfacerse preservando los derechos al respeto de la vida privada y familiar y a la protección de datos personales.

64 Plan de Recuperación, Transformación y Resiliencia para el Servicio Público de Justicia, impulsado por la UE que eroga los fondos *Next Generation* para su ejecución, *cfr.* https://www.justicia2030.es/ (fecha de última consulta: 12 de diciembre de 2023).

65 Real Decreto-ley 6/2023, de 19 de diciembre, por el que se aprueban medidas urgentes para la ejecución del Plan de Recuperación, Transformación y Resiliencia en materia de servicio público de Justicia, función pública, régimen local y mecenazgo (BOE de 20 de diciembre de 2023, nº 303, pp. 167808-167994, ELI: https://www.boe.es/eli/es/rdl/2023/12/19/6/con).

en primer lugar, que favorecerá que las partes puedan comunicarse directamente con las autoridades judiciales a través de medios electrónicos y ejercitar acciones en otro Estado miembro, salvo en lo regulado en la normativa sobre la notificación y traslado de documentos[66]. En segundo lugar, permitirá que se puedan celebrar vistas orales a través de videoconferencia con fines diferentes a la obtención de pruebas[67], para que los procedimientos sean más rápidos y menos itinerantes. En tercer lugar, hará posible que se puedan transferir solicitudes, documentos y datos de forma digital entre las autoridades competentes, acabando con el uso del formato papel[68]. Como se observó en el Informe de Evaluación de Impacto de la Comisión que acompañó a la propuesta de Reglamento DIG y la correlativa propuesta de Directiva, la transmisión en papel es lenta, poco confiable y especialmente vulnerable a las crisis. Además el uso predominante del papel puede coartar el acceso a la Justicia, sobre todo en los asuntos transfronterizos, dadas las distancias geográficas y las diferencias lingüísticas, entre otros obstáculos, situación que perjudica especialmente a las personas vulnerables o con discapacidad[69].

Estudiaremos los tres objetivos referidos de forma conjunta en las materias civil, mercantil y penal, considerando aquellas instituciones específicas para las dos primeras o bien para la tercera materia, del mismo modo que los aspectos en común y las diferencias o especialidades derivadas de la concreta naturaleza de las mismas, lo cual resulta más gráfico y refleja los estándares mínimos que deben respetarse en cuanto al respeto de los derechos fundamentales y las garantías procesales.

---

66 Ello se efectúa conforme al Reglamento (UE) 2020/1784, como hemos indicado.

67 En asuntos civiles y mercantiles ello se regula por el Reglamento (UE) 2020/1783, como señalamos *ut supra* y en materia penal, se establece que la audiencia telemática no deberá tener la finalidad de la obtención de pruebas, como trataremos a continuación.

68 *Cfr.* Respecto a dichos objetivos, *vid.* "Razones y objetivos de la Propuesta", párrafo 7, entre otros, de la Exposición de Motivos de la propuesta de Reglamento DIG presentada por la Comisión (Bruselas, 1.12.2021 COM(2021) 759 final, 2021/0394 (COD)) y, el comunicado de prensa de la Comisión Europea de 1 de diciembre de 2021, anteriormente referido: https://ec.europa.eu/commission/presscorner/detail/es/ip_21_6387 (fecha de última consulta: 12 de diciembre de 2023).

69 *Vid.* "Documento de trabajo de los servicios de la Comisión. Informe de Evaluación de Impacto", Bruselas, 1.12.2021 SWD(2021) 392 final, esp. pp. 12-14, disponible en: https://commission.europa.eu/publications/digitalisation-cross-border-judicial-cooperation_en (fecha de última consulta: 12 de diciembre de 2023).

Los artículos arts. 81.1,e) y f) y 82.2,d) del Tratado de Funcionamiento de la Unión Europea, junto con los principios de subsidiariedad y proporcionalidad, conforme al art. 5 del Tratado de la Unión Europea, constituyen la base jurídica del Reglamento DIG[70]. Se establece un sistema informático descentralizado, que tendrán que comenzar a utilizar los Estados a los dos años de la fecha de entrada en vigor de los "actos de ejecución" adoptados por la Comisión (art. 26.3 Reglamento DIG), los cuales tendrá que efectuar entre el 17 de enero de 2026 y el 17 de enero de 2029, en función del acto jurídico de que se trate, conforme a los Anexos I y II del Reglamento DIG (art. 10.3 Reglamento DIG), por lo que obviamente la plena instauración de la digitalización de la cooperación judicial y del acceso a la Justicia, no tendrá lugar ni de forma inmediata ni a corto plazo, sino que estaría prevista con la fecha límite del 17 de enero de 2031, por consiguiente en un período superior a siete años tras la promulgación del Reglamento. El sistema informático descentralizado estará compuesto por los sistemas finales de los Estados miembros y los órganos u organismos de la UE y por los puntos de acceso interoperables basados en e-CODEX[71]. El Reglamento DIG es respetuoso con la soberanía de los Estados, no habiéndose optado por un sistema centralizado en la UE, al ser complicado justificarlo desde la perspectiva de los principios de subsidiariedad y proporcionalidad, como se razona en la Evaluación inicial de Impacto efectuada por la Comisión, por lo que los Estados podrán utilizar sus propios sistemas informáticos, si bien los tendrán que modernizar e interconectar[72].

La Comisión creará y mantendrá un sistema informático de referencia que de forma facultativa y gratuita los Estados podrán utilizar como sistema final en lugar del sistema informático nacional (art. 12 Reglamento DIG), lo cual sin duda además de reducir costes, permitirá una más ágil y homogénea gestión de los asuntos. De todos modos, la creación por los Estados de un sistema *ad hoc* requiere innovaciones para que éste interactúe con e-CODEX, lo cual creemos que tendrá una positiva repercusión en la di-

---

70 *Cfr.* la Exposición de Motivos, esp. el considerando nº 58, del Reglamento DIG.

71 *Vid.* considerando nº 20 de la Exposición de Motivos del Reglamento DIG.

72 Al respecto, KRAMER, X. "Digitising access to justice...", op. cit., esp. p. 6. La Comisión Europea considera que es necesario un "enfoque común", dado que dejar que los Estados miembros desarrollen sus propias soluciones informáticas nacionales provoca fragmentación y conlleva el riesgo de incompatibilidad. La Comisión parece "cojear" un poco entre la necesidad de cooperación judicial en casos transfronterizos y la necesidad inherente de mejorar la digitalización de la Justicia a nivel nacional lo cual, dada la base legislativa del Reglamento, no es difícil que provoque "cierta fricción".

gitalización a escala nacional. Al apostarse por técnicas de comunicación confiables, la interconexión y el uso de canales de transmisión seguros, será necesario que cada Estado modernice y digitalice sus respectivos sistemas de Justicia, por lo que desde este punto de vista el Reglamento DIG tendría un efecto al menos aproximador, siendo especialmente relevante para ello que los puntos de acceso interoperables estén basados en e-CODEX. Además, el programa informático de referencia desarrollado por la Comisión que facultativamente podrá ser utilizado por los Estados, posee una configuración modular fundamentada en e-CODEX, que permite mejorar la infraestructura nacional de comunicación judicial de los Estados miembros para su uso transfronterizo[73]. No obstante, observamos que la proliferación de sistemas análogos en los diversos Estados con la misma finalidad, repercutiría negativamente en la seguridad jurídica e incluso en la propia interoperabilidad de los sistemas en el ELSJ, dado el modelo básico de "digital por defecto" que se establece por el Reglamento DIG. Como acabamos de tratar, los Estados tendrán disponible el sistema gratuito creado por la Comisión, por lo que pensamos que, en principio, no estarían claras las razones de éstos para no implantarlo, pues en absoluto estamos ante una materia que fuera equiparable a otros ámbitos procesales en los que los Estados se resisten a ceder parcelas de su soberanía, como sucede con el ejercicio del *ius puniendi*. Quizá la falta de una política legislativa clara al respecto e incluso la propia falta de interés por parte de los Estados miembros, podrían constituir las razones de ello.

La utilización por las personas físicas y jurídicas del punto de acceso electrónico europeo, para comunicarse con las autoridades judiciales y realizar actos procesales en materia civil y mercantil será facultativa, siendo necesario que lo consientan expresamente. Dicho punto de acceso, con cuyos gastos correrá la Comisión, forma parte del sistema informático descentralizado que deberá alojarse en el Portal e-Justice, sirviendo como "ventanilla única" (art. 4 Reglamento DIG), como hemos anticipado. Sin embargo, la comunicación digital será obligatoria[74] entre los órganos jurisdiccionales

---

73 Como se argumenta en el considerando nº 21 de la Exposición de Motivos del Reglamento DIG, si bien respecto a las cuestiones relativas a las obligaciones de alimentos, se permite que los Estados puedan utilizar el programa informático "iSupport", desarrollado por la Conferencia de la Haya de Derecho Internacional Privado.

74 *Vid.* ONȚANU, E. A. "The Digitalisation of European Union Procedures: A New Impetus Following a Time of Prolonged Crisis", *Law, Technology and Humans*, 2023, vol. 5, nº 1, esp. pp. 98-99, https://doi.org/10.5204/lthj.2706. Resalta que antes de la COVID 19 los medios de comunicación digital entre las autoridades implica-

y las autoridades competentes, salvo en supuestos excepcionales tasados como razones de fuerza mayor, interrupción del sistema centralizado o la propia naturaleza del material transmitido (art. 3 Reglamento DIG). Los órganos jurisdiccionales y las autoridades competentes, tendrán además que aceptar la comunicación electrónica de las personas físicas y jurídicas, conforme al Reglamento eIDAS (art. 9 Reglamento DIG). La digitalización del acceso a la Justicia en los asuntos transfronterizos, reducirá los costes de los procesos al igual que su duración[75], beneficios que observamos favorecen los objetivos de la eficiencia procesal y digital y que obviamente, también se obtendrían con la digitalización de los sistemas judiciales nacionales.

Pero advertimos que estas facilidades, pueden conllevar el riesgo de que se "incentive" litigar transfronterizamente y se incremente el volumen de asuntos, dado el escaso éxito actual de determinados instrumentos de cooperación judicial en materia civil y mercantil, como sucedería por ejemplo con los procesos de escasa cuantía y monitorio europeos, por lo que no se debe hacer una "foto fija" de la litigiosidad transfronteriza actual. Respecto a esta reflexión, desde una perspectiva más holística no hay que olvidar, la potenciación de los métodos adecuados de solución de controversias tales como la mediación electrónica, por parte del legislador europeo[76], lo cual podría igualmente repercutir en el volumen real de asuntos transfronterizos civiles y mercantiles actuales.

---

das en la cooperación judicial, en la práctica eran raramente utilizados de forma voluntaria, constituyendo un indudable progreso que ello cambie con el nuevo Reglamento DIG.

75 Dichos beneficios contrastan con el reducido coste de su implantación, cifrado en unos 300.000 € anuales por cada Estado, como se refleja en las "Repercusiones presupuestarias" incorporadas en la propuesta de Reglamento DIG presentada por la Comisión.

76 Como se comprueba en materia de consumo en el Reglamento (UE) nº 524/2013 del Parlamento Europeo y del Consejo, de 21 de mayo de 2013, sobre resolución de litigios en línea en materia de consumo, por el que se modifica el Reglamento (CE) nº 2006/2004 y la Directiva 2009/22/CE (DOUE de 18 de junio de 2013, nº L 165, pp. 1-12, ELI: http://data.europa.eu/eli/reg/2013/524/oj) y, en la Plataforma *Online Dispute Resolution* (ODR) o Resolución de litigios en línea (RLL) desarrollada por la Comisión Europea: https://ec.europa.eu/consumers/odr/main/index.cfm?event=main.home2.show&lng=ES (fecha de última consulta: 12 de diciembre de 2023), la cual de alguna forma, constituye un importante precedente en materia de acceso digital a la resolución de conflictos, experiencia que consideramos podría ser muy útil para la futura digitalización del acceso a la Justicia en los asuntos transfronterizos.

Como decíamos el Reglamento DIG en primer lugar, permitirá la incoación electrónica de procedimientos judiciales transfronterizos y la comunicación digital de las partes con las autoridades judiciales en materia civil y mercantil, además del pago electrónico de tasas (arts. 4 y 9 Reglamento DIG), lo cual se establece de forma facultativa para evitar que se amplíe la "brecha digital". Ello se considera especialmente relevante para responder a las necesidades de los grupos desfavorecidos y las personas en situación de vulnerabilidad que no tuvieran las competencias digitales o los medios técnicos necesarios para el acceso a los servicios digitales, como los menores o las personas de edad avanzada[77]. En consecuencia, las autoridades competentes se comunicarán con las personas físicas y jurídicas a través del punto de acceso electrónico europeo, si éstas hubieran dado de forma previa y expresa su consentimiento para ello[78].

En segundo lugar, se permitirá la audiencia a través de videoconferencia o tecnología de comunicación a distancia análoga, lo cual como hemos visto agiliza el tiempo del procedimiento permitiendo que éste sea menos itinerante. La regulación de la audiencia telemática, posee un tratamiento diferente en los asuntos civiles y mercantiles, respecto a los penales (arts. 5 y 6 Reglamento DIG). No obstante, ésta constituye la innovación respecto a la que tenemos mayores recelos, sobre todo en materia penal, dado que puede repercutir en la tutela judicial efectiva, debiendo realizarse en todo caso con respeto del art. 47 de la Carta de Derechos Fundamentales de la Unión Europea.

Con carácter general la audiencia a través de herramientas tecnológicas posee carácter facultativo, teniendo que existir la previa petición de parte o de su representante legal en las materias civil y mercantil (art. 5.1 Reglamento DIG). Conforme a dicho precepto tendrá que darse audiencia a la otra parte para que pueda opinar sobre el uso de este instrumento digital, además de supeditarse a la disponibilidad de esta tecnología y a la idoneidad de su utilización conforme al caso concreto[79], si bien creemos

---

77 *Vid.* considerando nº 29 de la Exposición de Motivos del Reglamento DIG.

78 No obstante, observamos que son necesarias cautelas adicionales, para evitar por ejemplo, que la parte demandada se niegue a aceptar las comunicaciones electrónicas con el único fin de ralentizar el procedimiento. De cualquier modo, estimamos que en todo caso la efectiva puesta en práctica de este nuevo mecanismo de digitalización en la incoación de procedimientos y comunicaciones electrónicas, será el mejor barómetro para medir tanto su éxito como sus debilidades y riesgos.

79 *Cfr.* ONȚANU, E. A. "The Digitalisation of European Union Procedures...", op. cit. esp. p. 102. Cuestiona que no se establezcan normas y requisitos mínimos para el uso de la videoconferencia o tecnología similar, por lo cual el marco jurídico

que esta última cuestión constituiría un concepto jurídico indeterminado, que podría repercutir en su efectiva utilización y conllevar falta de homogeneidad en los diversos Estados, dado que no se establecen cuáles serían los supuestos “no idóneos” para la utilización de la videoconferencia o tecnología análoga. No podrá denegarse la audiencia por videoconferencia o tecnología similar, por inexistencia de normas nacionales que regulen el uso de tecnologías de comunicación a distancia[80]. En las materias civil y mercantil está prevista la grabación de la videoconferencia conforme al ordenamiento del Estado donde se desarrolle el procedimiento (art. 5.3 Reglamento DIG), la cual por tanto se practicará conforme a la *lex fori*, es decir, la legislación del Estado donde se celebre la vista y no la del Estado donde el individuo se encuentre realmente (art. 5.4 Reglamento DIG).

En materia penal sin embargo, la audiencia no tendrá lugar a instancia de parte sino de oficio, con el consentimiento expreso de la parte o persona interesada. La autoridad competente de un Estado miembro podrá solicitar la audiencia del sospechoso, acusado, condenado o persona afectada, como se define esta última en el art. 10.2 del Reglamento (UE) 2018/1805[81], a través de medios digitales en determinados actos jurídicos

transfronterizo continuará estando fragmentado como consecuencia de la falta de un enfoque armonizado, aspecto que puede crear dificultades, dadas las diferencias entre las normas y soluciones informáticas de los diversos Estados.

80 Esta última precisión se efectúa en el considerando nº 33 de la Exposición de Motivos del Reglamento DIG, por lo que desde esta perspectiva dicho Reglamento podría tener un efecto al menos mínimamente aproximador, entre las regulaciones de los ordenamientos internos de los Estados miembros, el cual obviamente en absoluto sería equiparable al necesario enfoque armonizado que acabamos de referir.

81 Reglamento (UE) 2018/1805 del Parlamento Europeo y del Consejo, de 14 de noviembre de 2018, sobre el reconocimiento mutuo de las resoluciones de embargo y decomiso (DOUE de 28 de noviembre de 2018, nº L 303, pp. 1-38, ELI: http://data.europa.eu/eli/reg/2018/1805/oj). Conforme al art. 10.2, se trata de la persona física o jurídica contra la cual se ha emitido una resolución de embargo o de decomiso o bien, de la persona física o jurídica propietaria de los bienes y los terceros cuyos derechos sobre dichos bienes resulten directamente perjudicados por la resolución, conforme al Derecho del Estado de ejecución. La ampliación de la audiencia por medios electrónicos a las referidas personas afectadas, no estaba en la versión inicial de la propuesta legislativa, siendo introducida en las enmiendas formuladas por el Parlamento Europeo, *vid.* enmienda nº 36 del Informe conjunto de las Comisiones JURI y LIBE, de 14 de octubre de 2022, disponible en: https://www.europarl.europa.eu/RegData/etudes/BRIE/2022/739256/EPRS_BRI(2022)739256_EN.pdf (fecha de última consulta: 12 de diciembre de 2023).

del Anexo II del Reglamento DIG (art. 6.1 Reglamento DIG)[82]. Ello se entenderá sin perjuicio de otros actos jurídicos que prevean el uso de la videoconferencia o análoga tecnología en materia penal (art. 6.4 Reglamento DIG)[83]. Se requiere además que las circunstancias concretas del asunto

---

[82] Se ha restringido el ámbito de la videoconferencia o tecnología análoga en materia penal, en el Reglamento DIG respecto a la propuesta de Reglamento de la Comisión, donde inicialmente abarcaba todos los actos jurídicos del Anexo II (art. 8.2). En el Reglamento DIG, se limita este tipo de audiencia a determinadas disposiciones de una relación específica de actos jurídicos del referido Anexo II. En concreto, se trata de la Decisión Marco 2002/584/JAI del Consejo, en particular el artículo 18, apartado 1, letra a); la Decisión Marco 2008/909/JAI, en particular el artículo 6, apartado 3; la Decisión Marco 2008/947/JAI, en particular el artículo 17, apartado 4; la Decisión Marco 2009/829/JAI, en particular el artículo 19, apartado 4; la Directiva 2011/99/UE del Parlamento Europeo y del Consejo, en particular el artículo 6, apartado 4 y finalmente, el Reglamento (UE) 2018/1805, en particular el artículo 33, apartado 1.

[83] *Vid.* HERNÁNDEZ LÓPEZ, A. "La digitalización de la cooperación judicial en materia penal en la Unión Europea: propuestas y perspectivas legislativas", en C. Arangüena Fanego, M. de Hoyos Sancho y E. Pillado González (dirs.), *El proceso penal ante una nueva realidad tecnológica europea,* Thomson Reuters Aranzadi, Cizur Menor, 2023, esp. pp. 291-292. Respecto a esta diversidad en cuanto a la regulación del uso de la videoconferencia o tecnología similar en materia penal, cuestión que en otros términos, pero con análoga consecuencia se contemplaba en la propuesta de Reglamento DIG presentada por la Comisión, considera que ello limita su ámbito de aplicación material. Hace referencia en concreto a la Directiva OEI, cuyo art. 24 regula la comparecencia a través de videoconferencia de testigos, peritos, investigados y acusados, en la cual la ausencia de consentimiento del investigado o acusado constituye un motivo de denegación potestativo, a diferencia de la propuesta de Reglamento DIG, instrumento que por otro lado en relación a la audiencia telemática, advertimos nosotros que no está dentro de la regulación específica del Reglamento DIG, ya que éste no se extiende a todos los actos jurídicos de su Anexo II, como acabamos de señalar. Ello conlleva que la aplicación de dicho motivo de denegación, dependa de la norma de transposición del Estado específico de que se trate y de su propia práctica judicial. Igualmente resalta que en la Directiva OEI no se establece nada sobre cómo y cuándo se prestará dicho consentimiento y sobre si tiene que realizarse con asistencia letrada, lo cual se reproduce en la norma de transposición española, donde dicha falta de consentimiento constituye igualmente una causa de denegación facultativa. Compartimos la opinión del citado autor, que resalta que la propuesta de Reglamento DIG en su regulación de la videoconferencia al poseer un carácter subsidiario (lo cual sería extensible al Reglamento promulgado), permitiría regulaciones menos garantistas, lo cual se considera erróneo, dado que una regulación más garantista de esta cuestión, estaría en consonancia tanto con la postura del CEPEJ (Comisión Europea para eficiencia de la Justicia) como con la jurisprudencia del Tribunal Europeo de Derechos Humanos.

justifiquen el uso de la audiencia a través de instrumentos tecnológicos, junto con el expreso consentimiento del investigado, acusado, condenado o persona afectada como hemos señalado, estando previsto que éstos puedan solicitar el asesoramiento de un abogado (art. 6.2 Reglamento DIG), para que su consentimiento sea libre e informado. Cuando un menor participe se informará a los titulares de la patria potestad o a otro adulto adecuado, decidiendo la autoridad conforme al interés superior del menor (art. 6.6 Reglamento DIG). En materia penal la audiencia a través de medios tecnológicos no se debe utilizar a efectos de obtención de prueba, ni de celebración de juicios que puedan dar lugar a una resolución sobre la culpabilidad o inocencia de un acusado[84], sino para la audiencia de las partes o de una persona afectada, en el sentido referido.

Se garantizará la confidencialidad de la comunicación entre los investigados, acusados, condenados, personas afectadas y sus abogados, antes y durante la audiencia por medios tecnológicos (art. 6.5 Reglamento DIG), la cual tendrá lugar conforme a la *lex fori*, es decir, el ordenamiento del Estado requirente, salvo en lo contemplado en las disposiciones específicas del art. 6 (art. 6.9 Reglamento DIG), criterio similar al establecido en la videoconferencia en materia civil y mercantil. De forma expresa se prevé la grabación de la videoconferencia o declaración a través de medios técnicos, si el ordenamiento interno de un Estado miembro prevé la grabación de audiencias para asuntos nacionales, debiendo adoptarse por el Estado requirente las medidas necesarias conforme a su Derecho interno para la protección de la grabación e impedir su pública difusión, grabación que también está prevista para la audiencia por medios electrónicos en materia

---

84 Precisión del Reglamento DIG (considerando nº 43 de la Exposición de Motivos) que no estaba en la propuesta legislativa de la Comisión y fue introducida en la orientación general del Consejo sobre la propuesta de Reglamento en el considerando nº 21 bis ter. En el considerando nº 43 se aclara, que el Reglamento DIG debe entenderse sin perjuicio de la Directiva 2014/41/UE, del Convenio de Asistencia Judicial en Materia Penal entre los Estados miembros de la UE y de la Decisión Marco 2002/465/JAI, por lo cual se deduce que, conforme a estos actos legislativos y el referido Convenio, sí tendría lugar una audiencia a efectos de obtención de prueba o bien que conlleve una resolución de absolución o condena. De cualquier modo, vemos por otro lado como estas exclusiones no se contemplan con la misma taxatividad que en materia civil y mercantil, donde de forma expresa se remite a efectos de obtención de pruebas al Reglamento (UE) 2020/1783, pareciendo formularse de manera potestativa ("no se debe" utilizar la videoconferencia), en lugar de en términos de prohibición absoluta, reflexión que se refuerza en que nada se establece al respecto en el articulado del Reglamento DIG, sino únicamente en la Exposición de Motivos.

civil y mercantil como hemos visto, si bien en diversos términos, ya que en esta última se establece de forma expresa que se aplicará el Derecho nacional del Estado donde se realice el procedimiento, lo cual no se aclara del mismo modo en materia penal, si bien consideramos que igualmente se aplicaría la *lex fori*[85].

Pensamos que es indudable, que la audiencia a través de videoconferencia o tecnología análoga[86], repercute en la inmediación judicial y afecta a importantes rasgos de la comunicación tanto verbal como no verbal que podrían perderse, por lo que no es idéntica ni equiparable a una audiencia en persona. A veces son tímidas las fronteras que delimitan la audiencia de las partes de la propia fuente de prueba o de la posibilidad de que conlleve la absolución o condena, pues constituye un acto procesal que puede repercutir en la convicción judicial. Además, en el proceso penal la audiencia por este medio podría suponer la adopción de una medida cautelar de carácter personal. Ello puede afectar de forma clara tanto a la inmediación judicial como al principio de audiencia o contradicción. De cualquier manera, estimamos que la audiencia electrónica deberá acordarse conforme al principio de proporcionalidad, ponderando el sacrificio de los derechos afectados con los fines que se pretenden conseguir. Una visión puramente de "economía procesal", puede dañar severamente el derecho fundamental a la tutela judicial efectiva.

No obstante, a pesar de no ser obligatoria en materia penal la audiencia telemática para las partes y personas interesadas, salvo la precisión relativa a que podrá no ser necesario el consentimiento del investigado, acusado, condenado o persona afectada, si éstos supusieran una grave amenaza actual y previsible contra la seguridad o salud pública[87], nos planteamos si la

---

85 *Cfr.* arts. 5.3 y 6.7 del Reglamento DIG.

86 Respecto a la audiencia por videoconferencia en asuntos transfronterizos, *vid.* CARRERA, S. MITSILEGAS, V. y STEFAN, M. *Criminal Justice, Fundamental Rights...*, op. cit., esp. pp. 44-45, que resaltan que su principal ventaja consistiría en evitar que las órdenes europeas de detención y entrega se utilicen de forma desproporcionada para trasladar al sospechoso o acusado, respecto a lo cual ya existe experiencia previa con la emisión de la OEI con esta finalidad. Pero igualmente advierten que en modo alguno es equiparable, la audiencia por videoconferencia de la persona sospechosa o acusada, a su presencia física en una audiencia ante un Juez o Tribunal.

87 Esta excepción del consentimiento en caso de grave amenaza para la seguridad o salud pública del art. 6.2,4º del Reglamento DIG, no estaba en la versión original de la propuesta de Reglamento, siendo introducida por la orientación general del Consejo sobre la misma.

videoconferencia debería ser excepcional ante supuestos extraordinarios e incluso limitarla a asuntos de menor magnitud, como los civiles y mercantiles de escasa cuantía y a los penales que entren dentro de la denominada "criminalidad de bagatela". Para ello debería restringirse conforme a una cuantía litigiosa específica como límite máximo en materia civil y mercantil, del mismo modo que establecerse en materia penal un límite penológico *ad quem*, que determine claramente este tipo de infracciones penales, lo cual evitaría posibles vulneraciones del principio de proporcionalidad. La apuesta por la audiencia a través de videoconferencia o tecnología similar, estimamos que nunca debe constituir "un camino de ida sin retorno" que produjera daños irreparables en la tutela judicial efectiva y menos aún, generalizarse su práctica de tal forma que la audiencia presencial fuera excepcional. En la política de "digitalización por defecto", es necesario ser cautos con generalizarla a determinadas actuaciones procesales relevantes, como sucedería con la audiencia a través de instrumentos tecnológicos.

Precisamente, el Consejo de la Abogacía Europea (en adelante, CCBE), observó respecto a la audiencia por videoconferencia o tecnología análoga, respecto a la redacción utilizada en la propuesta de la Comisión del Reglamento DIG, que permite su uso "siempre que sea posible", que es inapropiada y puede conducir a resultados arbitrarios, además de que el uso de la videoconferencia debe acompañarse de salvaguardas específicas y reglas de procedimiento para proteger los derechos de las partes. El CCBE fundamenta ello en el ejemplo de partes que no sean hablantes nativos, supuesto en el que el Juez, Fiscal y Abogado, no podría examinar fácilmente los matices de la comparecencia si se realiza a través de medios tecnológicos. Además el CCBE considera importante que se desarrollen normas mínimas obligatorias relativas a las disposiciones técnicas respecto al uso de la videoconferencia, para garantizar la plena comunicación e interacción con la persona examinada, preservarla de accesos indebidos (*hacking*), además de proteger el secreto profesional y garantizar que el abogado participe en una audiencia telemática, para la defensa de los intereses de sus clientes[88]. Nosotros estamos de acuerdo con estas valoraciones, siendo extrapolables al contenido del Reglamento DIG, pues como acabamos de señalar, podría imponerse este tipo de

---

[88] *Cfr.* "Comentarios del CCBE a la Comunicación sobre la digitalización de la Justicia en la Unión Europea", de 26 de marzo de 2021, esp. pp. 6-7, disponible en https://www.abogacia.es/wp-content/uploads/2022/01/Comentarios-CCBE-sobre-la-Comunicacion-sobre-la-Digitalizacion-de-la-Justicia-en-la-UE.pdf (fecha de última consulta: 12 de diciembre de 2023).

audiencia por defecto, generalizándose la misma incluso por razones de economía procesal, por tanto, de índole pragmática.

En tercer lugar, se introduce la transmisión digital de solicitudes, formularios y documentos[89], entre las autoridades nacionales competentes y los órganos u organismos de la UE, de forma obligatoria y salvo imposibilidades técnicas que conlleven la interrupción del sistema informático descentralizado o bien por la naturaleza del material transmitido o circunstancias excepcionales, supuestos en los que la transmisión se realizará de forma alternativa por el método más rápido y adecuado, debiendo garantizarse un intercambio ágil y fiable[90] (art. 3.1 a 3.3 Reglamento DIG). Ello estimamos que sin duda requiere una valoración muy positiva, del mismo modo que la comunicación electrónica con las partes procesales que hemos tratado en primer lugar. No obstante, creemos como hemos señalado *ut supra*, que en

---

89 *Vid.* ONŢANU, E. A. "The Digitalisation of European Union Procedures...", op. cit., esp. p. 101. Conforme al art. 2.3 de la propuesta de Reglamento DIG de la Comisión, se trataría de documentos escritos o copias escaneadas en papel, definición que nosotros aclaramos ha sido eliminada en el Reglamento DIG, si bien en éste se contemplan los documentos electrónicos en el art. 8, cuyo contenido es idéntico al del art. 10 de la propuesta de Reglamento DIG. La referida autora resalta que la propuesta de Reglamento se refiere a "documentos electrónicos" en lugar de a "pruebas", probablemente porque el intercambio electrónico de documentos se realizará a través de un sistema informático descentralizado y no sólo incluirá material probatorio. Ello debe efectuarse en concordancia con el referido art. 10 de la propuesta de Reglamento (es decir, el art. 8 Reglamento DIG), que obliga a las autoridades a no denegar efectos jurídicos a los documentos electrónicos o a considerarlos inadmisibles en un procedimiento debido su formato digital. La propuesta de Reglamento DIG utiliza una definición más restringida del documento electrónico que el Reglamento eIDAS, que incorpora como tales a "cualquier contenido almacenado en forma electrónica, en particular texto o grabación sonora, visual o audiovisual" (art. 3, 35). Incorporamos estas reflexiones, dado que serían plenamente extrapolables al texto definitivo del Reglamento DIG, a pesar de la desaparición de la definición en el art. 2, lo cual creemos que es absolutamente cuestionable, porque en lugar de aclarar el concepto de documento electrónico, arroja más indeterminación al respecto.

90 *Vid.* HERNÁNDEZ LÓPEZ, A. "La digitalización de la cooperación judicial...", op. cit., esp. p. 289. Advierte que al no haberse concretado en la propuesta de Reglamento DIG cuál sería el sistema de transmisión alternativo, ello en la práctica permitiría que éste fuera digital o bien el tradicional, siendo los propios Estados los que tendrán que definir el sistema que pueda suplir al sistema descentralizado, en el supuesto de que se interrumpa o bien, concurran el resto de las causas tasadas que permiten su no utilización, las cuales considera como "excesivamente ambiguas", opinión que compartimos al ser extensible al texto del Reglamento promulgado.

este ámbito es fundamental conseguir la propia ordenación, interoperabilidad e incluso “codificación” de los sistemas y herramientas digitales en el ELSJ conforme a la arquitectura del sistema e-CODEX, además de fortalecer la resiliencia del sistema, la transmisión digital segura, garantizar la verificación y la autenticación, la protección de la cadena de bloques, la propia cadena de custodia digital y la prevención de ciberataques. La transmisión digital segura constituye una mejora considerable, permitiendo una más ágil y sencilla comunicación entre las autoridades y la cumplimentación de los anexos u órdenes de los diversos instrumentos e incluso su propia traducción e incorporación al procedimiento, entre otras relevantes ventajas en aspectos tales como la transmisión de datos a través de un sistema adaptado a su naturaleza, dada la creciente importancia de la prueba electrónica. Como señaló la Comisión cuando hizo pública la propuesta de Reglamento DIG, en la actualidad la comunicación entre las autoridades se realiza exclusivamente de forma impresa, suponiendo el canal electrónico un ahorro de tiempo además de económico cifrado en unos veinticinco millones de euros anuales.

El Reglamento DIG complementaría horizontalmente en lugar de reemplazar las normas existentes sobre la entrega digital de documentos, audiencias digitales y otros usos de la tecnología de la información en la cooperación judicial transfronteriza. Pensamos que si bien la instauración de mecanismos de digitalización en la cooperación judicial en materia de comunicación, registro y almacenamiento de información, constituye un avance como útiles herramientas que facilitan y mejoran la cooperación judicial y el acceso transfronterizo a la Justicia, hay que evitar que ello conlleve una reducción de las garantías procesales; no hay que olvidar que la digitalización no constituye la panacea y que es muy importante, preservar el sistema de garantías procesales e incluso mejorarlo a través de del mecanismo de la digitalización, nunca sacrificarlo, como se ha resaltado. Desde este punto de vista, como hemos tratado, la innovación respecto a la que tenemos mayores reticencias a pesar de contemplarse de forma garantista, sería la audiencia a través de videoconferencia o tecnología similar, sobre todo en los procesos penales transfronterizos. A pesar de ello estimamos que el Reglamento DIG constituye un considerable progreso y que será la propia praxis la que ponga de manifiesto cuáles son sus fortalezas y debilidades, siendo necesario en todo caso hacer balance de su propia eficiencia práctica e incluso perfeccionar este instrumento en un futuro. Pero el dilatado período de tiempo que habrá que esperar hasta la aplicación completa del Reglamento, que no tendrá lugar hasta el 27 de enero de 2031, como vimos *ut supra*, repercute de forma directa en cualquier valoración de la efectividad práctica real del mismo, máxime teniendo en cuenta el imparable progreso técnico, que genera una continua obsolescencia de los sistemas y colateralmente de las propias instituciones, por lo que no sería extraño que lo que ahora consideramos un avance, en unos pocos años precise un replanteamiento para adecuarlo al *status quo* que pudiera existir.

De cualquier modo, es obvio que la instauración de las herramientas digitales en el ámbito de la cooperación judicial y del acceso a la Justicia, constituye un progreso necesario e ineludible. Pero no hay que olvidar que la relevante, proactiva y fértil actividad legislativa de la UE en materia de digitalización y modernización de la Justicia, contrasta con la situación existente en los ordenamientos internos de los Estados miembros, además de que estas actuaciones de la UE están concebidas para que tengan un impacto directo en los mismos. Como hemos visto, constituye un objetivo de las propuestas de la Comisión Europea presentadas el 1 de diciembre de 2021 para digitalizar los sistemas judiciales en la UE, el cual también posee la "Comunicación sobre la digitalización de la Justicia en la UE" y la "Estrategia sobre la formación judicial europea" de 2020, las cuales constituyen los "pilares" de los Reglamentos de 2023. Por ello, es necesario que los Estados se comprometan de forma real y efectiva en la digitalización de sus sistemas judiciales, dado que ello repercute directamente en los objetivos del Reglamento DIG, por tanto, en la propia cooperación judicial y acceso a la Justicia en los asuntos transfronterizos.

V. CONCLUSIÓN FINAL

Dados los numerosos actos jurídicos, instituciones y acciones que forman parte de las políticas de la UE respecto al reto de la implementación de la digitalización en el ámbito de la cooperación judicial y del acceso a la Justicia en los asuntos transfronterizos, por tanto, en el ELSJ, esta materia ha sido abordada desde una perspectiva holística. A medida que hemos tratado todo ello, se han ido incorporando las conclusiones fundamentales, si bien como reflexiones o conclusiones finales, observamos que, en gran medida, estamos aún en los albores de la evolución digital de la cooperación judicial y del propio ELSJ. El dilatado lapso temporal que habrá que esperar para la aplicación completa del Reglamento DIG que se extiende hasta 2031, Reglamento de carácter horizontal que conforme al principio de subsidiariedad respetará los sistemas digitales de los Estados miembros, nos induce a pensar que a pesar de la firme política de la UE en materia de digitalización de la Justicia, son necesarias acciones adicionales menos tímidas para dar respuesta al reto de la efectiva evolución digital de los sistemas procesales nacionales, los cuales son fundamentales para que pueda funcionar la propia arquitectura digital de la cooperación judicial transfronteriza e incluso, del ELSJ.

De cualquier forma, sostenemos la idea de que en modo alguno la digitalización constituye la panacea, que es muy importante que se respete y fortalezca el acervo normativo en materia de garantías procesales y protección de los derechos fundamentales, lo cual junto con los beneficios que brindaría la eficiencia procesal digital, tendría efectos muy positivos en la mejora de la imagen y confianza de la ciudadanía en la Justicia. En este sentido, reiteramos que respecto a las innovaciones introducidas por el Reglamento DIG, quizá la que nos provoque mayores recelos sea la audiencia telemática, ya que repercute de forma directa sobre principios procesales como la audiencia o contradicción y la propia inmediación judicial, como hemos argumentado. Las importantes funciones que posee la Agencia eu-LISA en la gestión operativa de los sistemas informáticos de gran magnitud en el ELSJ, tales como e-CODEX, pieza fundamental de la cooperación judicial digitalizada, requieren igualmente las necesarias cautelas para la protección de los derechos y datos personales de la ciudadanía; nunca se debe permitir que la referida Agencia se convierta en una suerte de "Gran Hermano" digital en la UE que debilite al Estado de Derecho, del mismo modo que es necesario implementar serios mecanismos para preservar la ciberseguridad.

Estamos ante una materia en la que existen numerosos interrogantes del mismo modo que problemas estructurales por resolver, tales como la desactualización de los propios sistemas procesales nacionales, entre otros, materia que además está inescindiblemente ligada al imparable progreso tecnológico y a la rápida obsolescencia de los sistemas informáticos actuales, lo cual se une al extenso período que habrá que esperar para el pleno funcionamiento de las innovaciones introducidas por el Reglamento DIG, como hemos resaltado. Por ello, si bien estamos ante la respuesta de la UE a las apremiantes necesidades respecto a la modernización de la cooperación judicial y del acceso transfronterizo a la Justicia, será sin duda alguna la efectiva puesta en práctica de los nuevos mecanismos de digitalización estudiados, la que nos permita realizar balance del real progreso que conlleven, del mismo modo que de sus propias debilidades.

Bibliografía

AMATO, R. y VELICOGNA, M. "Cross-Border Document Service Procedures in the EU from the Perspective of Italian Practitioners—The Lessons Learnt and the Process of Digitalisation of the Procedure through e-CODEX", *Laws*, 2022, vol. 11, nº 6, pp. 1-28, https://doi.org/10.3390/laws11060081.

BEN MILOUD, D. y NICOLAU, C. "e-Evidence Digital Exchange System (eEDES)", en M. A. Biasiotti y F. Turchi (eds.), *European Investigation Order. Where the Law Meets the Technology*, Springer, Cham, 2023, pp. 69-95, https://doi.org/10.1007/978-3-031-31686-9_7.

BUENO DE MATA, F. "Justicia online y ciudadanía: el Portal europeo e-Justicia como medio de información y apoyo a los ciudadanos para solventar sus litigios transfronterizos", *Revista Europea de Derechos Fundamentales*, 2011, nº 18, pp. 191-219.

CARRERA, S., MITSILEGAS, V. y STEFAN, M. *Criminal Justice, Fundamental Rights and the Rule of law in the Digital Age. Report of a CEPS and QMUL Task Force*, CEPS, Bruselas, 2021, https://www.ceps.eu/download/publication/?id=33138&pdf=Criminal-Justice-Fundamental-Rights-and-the-Rule-of-law-in-the-Digital-Age.pdf.

GOTTWALD, T., SCHNEIDER, M., BEHR, R. y MAURER, M. "e-CODEX: A Secure Infra-Structure for Cross-Border Cooperation", en M. A. Biasiotti y F. Turchi (eds), *European Investigation Order. Where the Law Meets the Technology*, Springer, Cham 2023, pp. 53-67, https://doi.org/10.1007/978-3-031-31686-9_6.

HERLIN-KARNELL, E. "The domination of security and the promise of justice: on justification and proportionality in Europe´s ´Area of Freedom, Security and Justice´", *Transnational Legal Theory*, 2017, vol. 8, nº 1, pp. 77-102, https://doi.org/10.1080/20414005.2017.1316637.

HERNÁNDEZ LÓPEZ, A. "La digitalización de la cooperación judicial en materia penal en la Unión Europea: propuestas y perspectivas legislativas", en C. Arangüena Fanego, M. de Hoyos Sancho y E. Pillado González (dirs.), *El proceso penal ante una nueva realidad tecnológica europea*, Thomson Reuters Aranzadi, Cizur Menor, 2023, pp. 281-301.

KRAMER, X. "Digitising access to justice: the next steps in the digitilisation of judicial cooperation in Europe", *Revista General de Derecho Procesal*, 2022, nº 56, pp. 1-9, https://www.iustel.com.

ONȚANU, E. A. "The Digitalisation of European Union Procedures: A New Impetus Following a Time of Prolonged Crisis", *Law, Technology and Humans*, 2023, vol. 5, nº 1, pp. 93-110, https://doi.org/10.5204/lthj.2706.

OSZTOVITS, A. "The Present and Possible Future of Judicial Cooperation in Civil Matters", en A. Osztovits y J. Bóka (eds.), *The Policies of the European Union from a Central European Perspective*, Miskolc, Central European Academic Publishing, Budapest, 2022, pp. 239-258, https://doi.org/10.54171/2022.aojb.poeucep_12.

REYNDERS, D. "Digitalising Justice Systems to Bring Out the Best in Justice", *EUCRIM*, 2021, nº 4, pp. 236-237, https://doi.org/10.30709/eucrim-2021-030.

TINOCO PASTRANA, Á. "Las órdenes europeas de entrega y conservación: la futura obtención transnacional de la prueba electrónica en los procesos penales en la Unión Europea", *Cuadernos de Política Criminal*, nº 135, 2021, pp. 203-246.

TOSZA, S. "All evidence is equal, but electronic evidence is more equal than any other: The relationship between the European Investigation Order and the European Production Order", *New Journal of European Criminal Law*, 2020, vol. 11, nº 2, pp. 161-183, https://doi.org/10.1177/2032284420919802.

VAVOULA, N. "Interoperability of EU Information Systems: The Deathblow to the Rights to Privacy and Personal Data Protection of Third-Country Nationals?", *European Public Law*, 2020, vol. 26, nº 1, pp. 131-156, https://doi.org/10.54648/euro2020008.

Capítulo III

¿Hacia la digitalización por defecto? La propuesta de Reglamento sobre la digitalización de la cooperación judicial y del acceso a la justicia en los asuntos transfronterizos civiles, mercantiles y penales[1]

Towards digitalisation by default? The proposal for a regulation on the digitalisation of judicial cooperation and access to justice in cross-border civil, commercial and criminal matters

Alejandro Hernández López
Profesor Contratado Doctor de Derecho Procesal
Universidad de Valladolid
ORCID: 0000-0002-9481-3402

RESUMEN: La digitalización de la Justicia y de la cooperación judicial en asuntos civiles, mercantiles y penales, ha adquirido un renovado interés en los últimos años en la Unión Europea. Fruto de esta estrategia, en diciembre de 2021, la Comisión publicó un paquete de medidas destinadas precisamente a avanzar en este objetivo. Entre ellas, se encuentra la Propuesta de Reglamento COM (2021) 759 final [y la Directiva COM (2021) 760 final sobre digitalización de la cooperación judicial y acceso a la justicia en asuntos transfronterizos civiles, mercantiles y penales. El objetivo principal de esta Propuesta es establecer el uso por defecto de canales digitales seguros en la aplicación de todos los mecanismos de cooperación judicial transfronteriza adoptados hasta la fecha, a fin de mejorar la eficiencia y celeridad de los procesos, contribuyendo así al ahorro de costes materiales y temporales. En esta breve aportación centraremos nuestro análisis exclusivamente en dos de sus aspectos más relevantes:

1 El presente trabajo forma parte del proyecto de investigación nacional "Proceso penal y Unión Europea. Análisis y propuestas" (Ref. PID2020-116848GB-I00). El presente capítulo ha sido redactado en septiembre de 2023, antes de la publicación del Reglamento (UE) 2023/2844 (DOUE de 27 de diciembre de 2023, n.º C 2844, pp. 1-29).

la aplicación del principio "digital por defecto" en las comunicaciones entre autoridades competentes; el uso de la videoconferencia en procesos transfronterizos en materia civil, mercantil y penal.

Palabras clave: Digitalización – Propuesta de Reglamento COM (2021) 759 final – Propuesta de Directiva COM (2021) 760 final – cooperación judicial en materia civil y penal – videoconferencia

ABSTRACT: The digitalisation of Justice and judicial cooperation in civil, commercial and criminal matters has gained renewed interest in recent years in the European Union. As a result of this strategy, in December 2021, the Commission published a package of measures aimed at achieving this objective. These include the Proposal for a Regulation COM (2021) 759 final [and Directive COM (2021) 760 final] on digitalisation of judicial cooperation and access to justice in cross-border civil, commercial and criminal matters. The main objective of this Proposal is to establish the default use of secure digital channels in the application of all cross-border judicial cooperation mechanisms adopted to date, in order to improve the efficiency and speed of the proceedings, thus contributing to the saving of material and time costs. In this brief contribution we will focus our analysis exclusively on two of the most relevant aspects of the Proposal: the application of the "digital by default" principle in communications between competent authorities; the use of videoconferencing in cross-border proceedings in civil, commercial and criminal matters.

Keywords: Digitalisation – Proposal for a Regulation COM (2021) 759 final – Proposal for a Directive COM (2021) 760 final – judicial cooperation in civil and criminal matters – videoconference

I. INTRODUCCIÓN

1. *Antecedentes: la digitalización de la Justicia como objetivo prioritario de los Estados miembros*

Según el último informe *EU Justice Scoreboard* sobre la situación de la Justicia en la Unión Europea[2], tan sólo ocho Estados miembros cuentan

---

2 Documento COM (2023) 309, de 8 de junio de 2023, DOI:10.2838/33482.

con normas procesales específicas que permitan el uso total o mayoritario de medios de comunicación a distancia y la admisión de prueba en formato digital. En los otros diecinueve Estados miembros, esto sólo es posible en casos limitados y con un grado de acceso a menudo desigual para los diferentes sujetos intervinientes en el proceso. En general, aunque las autoridades judiciales sí cuentan ya con los medios digitales y la tecnología necesaria para la aplicación de la digitalización en los procesos, ni los órganos jurisdiccionales ni las Fiscalías utilizan aún todo su potencial.

La digitalización de la Justicia y, por extensión, de la cooperación judicial en asuntos civiles, mercantiles y penales, ha formado parte históricamente de la agenda de la Unión Europea y de sus Estados miembros. Podemos encontrar ejemplos tempranos del reconocimiento del uso de la videoconferencia en el ámbito de la cooperación judicial en el Convenio de asistencia judicial en materia penal entre Estados miembros de la Unión Europea del año 2000[3]. Por otra parte, la promoción del uso de las TIC en este ámbito se materializó en la creación del portal europeo e-Justice[4]. Desde entonces, la digitalización del Espacio de Libertad, Seguridad y Justicia en todos sus ámbitos siempre ha formado parte de los objetivos de la Unión Europea: el Consejo JAI decidió en junio de 2007 que debía promocionarse el uso desarrollándose paulatinamente mediante el Plan de acción plurianual 2009-2013 relativo a la justicia en red europea[5], sus sucesivas reediciones[6], así como mediante acciones y recomendaciones concretas de las instituciones europeas[7].

Si bien es cierto que el interés por la digitalización de la cooperación judicial no es ninguna novedad, sí que lo es la especial importancia y el decidido impulso que ha adquirido en los últimos años. Indudablemente, la crisis sanitaria provocada por el virus SARS-CoV-2 ha supuesto un verda-

---

3 Art. 10 Convenio relativo a la asistencia judicial en materia penal entre los Estados miembros de la Unión Europea (DOCE de 12 de julio de 2000, n.º C 197, pp. 3-23).

4 GASCÓN INCHAUSTI, F., "La e-Justicia en la Unión Europea: balance de situación y planes para el futuro (en diciembre de 2009)", en C. Senés Motilla, (Coord.), *Presente y futuro de la E-Justicia en España*, Aranzadi, Cizur Menor, 2010, pp. 83-125.

5 DOCE de 31 de marzo de 2009, n.º C 75, pp.1-12.

6 Plan de acción plurianual 2014-2018 relativo a la Justicia en red europea (DOUE de 14 de junio de 2014, n.º C 182, pp. 2-13); Plan de acción plurianual 2019-2023 (DOUE de 13 de marzo de 2019, n.º C 96, pp. 9-32).

7 *V.g.* Recomendaciones del Consejo "Fomentar la utilización de las videoconferencias transfronterizas en el ámbito de la justicia en los Estados miembros y a escala de la UE y compartir las mejores prácticas" (DOUE de 31 de julio de 2015, n.º C 250).

dero punto de inflexión en este proceso. Durante este periodo, los Estados miembros tuvieron que recurrir necesariamente al uso de soluciones digitales, que hasta ese momento se aplicaban de manera excepcional, y que en muchas ocasiones contaban con una nula o pobre cobertura legal y/o técnica. Esta situación excepcional lógicamente se trasladó al ámbito de la cooperación judicial transfronteriza, ralentizando o paralizando la ejecución de la mayoría de los instrumentos de cooperación, incluidos aquellos que dan efecto al principio de reconocimiento mutuo[8]. Las lecciones aprendidas durante esta situación de emergencia han llevado a los Estados miembros y a la Unión Europea a replantearse la necesidad de normalizar el uso de las TIC, convirtiendo ahora en prioritaria la digitalización de todos los ámbitos de nuestra sociedad, incluida la cooperación judicial y el acceso a la Justicia.

En este contexto favorable, en junio de 2020 el Consejo adoptó sus Conclusiones sobre "la configuración del futuro digital en Europa"[9], que incluían como objetivo prioritario la digitalización de los sistemas judiciales de los Estados miembros para mejorar el acceso a la Justicia. Dentro de este amplio objetivo, el Consejo solicitó a la Comisión la proposición de medidas concretas tendentes a facilitar los intercambios digitales transfronterizos entre los Estados miembros, tanto en materia civil[10] como penal, garantizando la sostenibilidad y el desarrollo continuo de las soluciones técnicas utilizadas para dichos intercambios. Ese mismo mes se completó el informe final *Cross-border Digital Criminal Justice* —publicado en septiembre de 2020—[11], documento que analiza en profundidad los problemas y disfuncionalidades digitales detectadas a lo largo de los años por las autoridades judiciales, órganos, organismos y agencias de la Unión con un rol activo en la cooperación judicial. En diciembre de ese mismo año, la Comisión publicó una nueva comunicación sobre la digitalización de la Justicia en la Unión Europea[12], incluyendo una serie de medidas destinadas a impulsar esta digitalización tanto a nivel nacional como a nivel europeo. Entre estas

---

8 *Vid. The impact of COVID-19 on Judicial Cooperation in Criminal Matters. Analysis of Eurojust Casework.*, mayo 2021, DOI:10.2812/083631.

9 DOUE de 16 de junio de 2020, n.º C 202, pp. 1-12.

10 Sobre los antecedentes del proceso de digitalización de la cooperación judicial en materia civil y mercantil, *vid.* ELVIRA BENAYAS, M. J. "Digitalización de la cooperación judicial internacional en materia civil o mercantil en la Unión Europea", *La Ley Unión Europea*, 2022, n.º 101, pp. 220-225, https://web.laley.es/revistas-la-ley/laley-union-europea/.

11 *Cross-border Digital Criminal Justice. Final Report*, junio 2020, DOI: 10.2838/118529.

12 Documento COM (2020) 710 final, de 2 de diciembre de 2020.

medidas, uno de los principales ejes de actuación consistía en la modernización de todos los procedimientos legislativos de cooperación judicial mediante la aplicación preferente de canales digitales de comunicación como medio para mejorar la eficiencia y la flexibilidad de la comunicación, así como para reducir los costes y la carga administrativa.

2. La Propuesta de Reglamento sobre digitalización de la cooperación judicial [COM (2021) 759 final]

Fruto de este dilatado proceso, la Comisión incorporó en su programa de trabajo para 2021[13] la creación de una batería de nuevas medidas específicas dentro del denominado "paquete de cooperación judicial digital"[14]. Dentro de este paquete, se encuentra la Propuesta de Reglamento sobre digitalización de la cooperación judicial y acceso a la justicia en asuntos transfronterizos civiles, mercantiles y penales (en adelante, PREGDIG)[15]. Este texto, junto con la Propuesta de Directiva[16] que lo acompaña, pretende mejorar la eficacia y la rapidez de los procesos civiles, mercantiles y penales transfronterizos a través de la generalización del uso de soluciones y medios digitales.

El objetivo principal de la PREGDIG es establecer el uso por defecto de canales digitales seguros en la aplicación de todos los mecanismos de cooperación judicial transfronteriza adoptados hasta la fecha, a fin de mejorar la eficiencia y celeridad de los procesos, contribuyendo al ahorro de costes materiales y temporales. Específicamente, la iniciativa de la Comisión busca establecer reglas mínimas comunes[17] en torno a la comunicación electrónica entre autoridades competentes, entre personas físicas o jurídicas y autoridades competentes, el uso de la videoconferencia o medios análogos de comunicación a distancia con fines diferentes a la obtención de pruebas en asuntos civiles y mercantiles; la aplicación de servicios de confianza electrónicos; la regulación de los efectos jurídicos de los documentos electrónicos; y el pago electrónico de tasas. Así pues, la PREGDIG incluye den-

---

13 Documento COM (2020) 690 final, de 19 de octubre de 2020, *Commission Work Programme 2021: a Union of vitality in a world of fragility*, Anexo I, p. 5.

14 REYNDERS, D. "Digitalising Justice Systems to Bring Out the Best in Justice", *Eucrim*, 2021, issue 4, pp. 236-237.

15 Documento COM (2021) 759 final, de 1 de diciembre de 2021.

16 Documento COM (2021) 760 final, de 1 de diciembre de 2021.

17 KRAMER, X. "Digitising access to justice: the next steps in the digitalisation of judicial cooperation in Europe", *Revista General de Derecho Europeo*, 2022, n.º 56, pp. 1-9, https://www.iustel.com.

tro en su ámbito de aplicación material aspectos relacionados tanto con la cooperación judicial transfronteriza en materia civil y mercantil, como con la cooperación judicial en materia penal. En cuanto a su ámbito de aplicación espacial, este se circunscribe a todos los Estados miembros salvo Irlanda y Dinamarca de acuerdo con las cláusulas *opt in* y *opt out* de sus respectivos protocolos[18].

En esta breve aportación centraremos nuestro análisis exclusivamente en dos de los aspectos más relevantes de la PREGDIG: (1) la aplicación del principio "digital por defecto" en las comunicaciones entre autoridades competentes; (2) el uso de la videoconferencia en procesos transfronterizos en materia civil, mercantil y penal.

II. COMUNICACIÓN DIGITAL POR DEFECTO ENTRE AUTORIDADES COMPETENTES

El texto propone la instauración de un nuevo sistema que convertirá la comunicación por medios electrónicos entre autoridades competentes en la modalidad comunicativa por defecto en materia de cooperación judicial. Primariamente, debe tenerse en cuenta la definición que el texto propone de autoridad competente, ya que esta incluye tanto a las autoridades judiciales en sentido amplio de los Estados miembros —jueces y fiscales—, como también a órganos y organismos de la Unión —tales como la Fiscalía Europea o la agencia Eurojust—. La definición abarca incluso a otras autoridades no comprendidas en los supuestos anteriores pero que participan en procedimientos de cooperación judicial de acuerdo con lo dispuesto en los actos jurídicos de derecho de la Unión incluidos en su ámbito de aplicación.

Partiendo de esta definición amplia, todas las referencias hechas a las comunicaciones que deben o pueden establecerse entre las autoridades competentes en cada uno de los actos jurídicos que abarca el listado de instrumentos de cooperación comprendidos en los Anexos I y II de la ini-

18 *Vid.* arts. 1, 2 y 4 bis (1) Protocolo núm. 21 al Tratado de Funcionamiento de la Unión Europea, sobre la posición de Reino Unido y de Irlanda respecto del espacio de libertad, seguridad y justicia (DOUE de 26 de octubre de 2012 n.º C 326); arts. 1 y 2 Protocolo núm. 22 al Tratado de Funcionamiento de la Unión Europea, sobre la posición de Dinamarca (DOUE de 26 de octubre de 2012, n.º C 236, pp. 295–298).

ciativa[19], incluido el intercambio de formularios, se deberán llevar a cabo a través de medios digitales y utilizando un sistema informático descentralizado, seguro y fiable[20]. A las anteriores características del sistema —descentralizado, seguro y fiable—, habría que añadir también eficiente, en línea con los objetivos principales de la propia Propuesta[21]. Por lo tanto, no sólo la comunicación digital será el medio que deberán utilizar las autoridades por defecto, sino que además esta comunicación deberá llevarse a cabo a través de un sistema informático específico que cuente con todas las características anteriormente reseñadas. Aunque el actual articulado de la PREGDIG no lo recoge de manera expresa, este sistema se apoyará en la herramienta tecnológica e-CODEX[22], ya que los puntos de acceso interoperables del sistema deberán estar basados en esta.

La aplicación obligatoria del principio "digital por defecto" en las comunicaciones entre autoridades competentes a través de este sistema descentralizado admitirá no obstante una serie de excepciones. En primer lugar, el art. 3 (2) de la PREGDIG contempla expresamente la posibilidad de que la comunicación no se pueda transmitir a través del sistema informático descentralizado *ad hoc* porque este no esté operativo debido a alguna interrupción del sistema, o bien porque la naturaleza del material a transmitir o circunstancias excepcionales desaconsejen su uso. La redacción actual de esta excepción en realidad contempla tres supuestos diferentes que justificarían prescindir del uso del sistema electrónico descentralizado:

---

19 Fuera de su ámbito de aplicación se mantendrían el Reglamento (UE) 2020/1784 (DOUE de 2 de diciembre de 2020, n.º L 405, pp. 40-78), texto refundido sobre notificación y traslado de documentos; y el Reglamento (UE) 2020/1783 (DOUE de 2 de diciembre de 2020, n.º L 405, pp. 1-39), texto refundido sobre obtención de pruebas en materia civil y mercantil, que ya cuentan con sus propias normas en materia de digitalización. Sobre las implicaciones internas del nuevo texto sobre notificación y traslado transfronterizo de documentos, *vid.* AGUILERA MORALES, M. "El Reglamento (UE) 2020/1784 sobre notificación y traslado transfronterizo de documentos: novedades e implicaciones internas", *Revista General de Derecho Europeo,* 2022, n.º 57, https://www.iustel.com.

20 Art. 3 (1) Propuesta de Reglamento COM (2021) 759 final.

21 Tal y como ha propuesto el Parlamento Europeo, *vid.* Documento A9-0062/2023 de Parlamento Europeo, de 9 de marzo de 2023, enmienda (39).

22 *Vid.* Considerandos 6, 10 y 11 Propuesta de Reglamento COM (2021) 759 final en relación con el Reglamento (UE) 2022/850 relativo a un sistema informatizado para el intercambio electrónico transfronterizo de datos en el ámbito de la cooperación judicial en materia civil y penal (sistema e-CODEX) (DOUE de 1 de junio de 2022, n.º L 150, pp. 1-19).

1) La interrupción técnica del servicio que imposibilite su utilización y/o la transmisión de la comunicación a través de este medio. A pesar de que el texto no contempla expresamente que la interrupción tenga que ser necesariamente de carácter temporal, esto sin duda es lo que debe inferirse tras su lectura sistemática[23].

2) La imposibilidad material de utilizar el sistema electrónico dada la naturaleza física de lo que debe transmitirse.

3) La concurrencia de circunstancias excepcionales que desaconsejen su uso, circunstancias que, a falta de previsión expresa, deberán ser apreciadas —y en su caso, motivadas— por las propias autoridades transmisoras y transmitentes[24].

En cualquiera de los supuestos anteriores, la redacción actual de la PREGDIG permitirá que la comunicación se lleve a cabo a través del medio alternativo más rápido y apropiado, siempre teniendo en cuenta la necesidad de asegurar que el intercambio de información se realice de una manera segura y fiable. Esto en la práctica supondrá legitimar la utilización de sistemas de transmisión alternativos para el intercambio de información, siempre y cuando estos sistemas ofrezcan unos estándares de seguridad y fiabilidad adecuados. A falta de una mayor concreción en el texto actual, parece que recaerá en los Estados miembros la tarea de determinar qué tipo de sistemas alternativos digitales (v.g. correo electrónico seguro) o físicos (correo postal certificado) podrán suplir válidamente al sistema descentralizado en caso de disrupción transitoria del sistema o debido a la concurrencia de cualquiera de las otras causas tasadas —y redactadas de una manera excesivamente ambigua— previstas como excepción.

En segundo lugar, el art. 3 (3) de la PREGDIG prevé que cuando las autoridades competentes no estimen apropiado el uso del sistema informático descentralizado en atención a las especificas circunstancias de la comunicación a transmitir, podrán usar cualquier otro medio de comunicación. Esta cláusula abierta permitiría el uso subsidiario y excepcional

---

[23] No obstante, la enmienda (40) del Documento A9-0062/2023, op. cit., prevé introducir el adjetivo "temporal" en la redacción para evitar cualquier tipo de confusión o futuros abusos en el uso de esta excepción.

[24] La falta de concreción en lo que respecta a las circunstancias excepcionales que permitirían invocar a las autoridades competentes esta excepción podría llevar a problemas en la práctica. Para evitarlo, el Parlamento Europeo aboga por la supresión de esta previsión, *vid.* Documento A9-0062/2023, enmienda (41).

de medios de comunicación mucho más flexibles o informales entre las autoridades competentes, tales como el correo electrónico convencional. Sobre la futurible aplicación de esta excepción, es necesario realizar las siguientes precisiones:

1) Más allá de referirse genéricamente a las "específicas circunstancias de la comunicación a transmitir", nada dice la actual redacción de la PREGDIG sobre qué circunstancias concretas podrían llegar a motivar el uso de estos medios de comunicación alternativos al sistema informático descentralizado.

2) La concurrencia de estas circunstancias no se supedita al previo cumplimiento de ningún requisito de carácter objetivo, por lo que hay que entender que su apreciación dependerá exclusivamente del prudente arbitrio de las propias autoridades que llevarán a cabo la comunicación, sin que exista, en principio, ninguna causa material que permita limitar o modular su invocación.

3) Sorprendentemente, la redacción actual de esta excepción no requiere que el medio de comunicación utilizado cuente necesariamente con las características de seguridad y fiabilidad que sí se requieren expresamente en los demás supuestos[25].

A pesar de que, en efecto, la PREGDIG no se pronuncia sobre qué circunstancias específicas podrían llegar a motivar este uso subsidiario de medios de comunicación no seguros ni fiables, sí prohíbe expresamente el uso de esta excepción en el supuesto de intercambio de formularios previstos en los instrumentos enumerados en los Anexos I y II (v.g., el intercambio de formularios de ODE o de OEI). Por lo tanto, una lectura *a contrario sensu* permite inferir que las autoridades deberán utilizar en estos casos siempre medios de comunicación seguros y fiables y, preferentemente, electrónicos[26].

---

25 Esta omisión ha sido advertida por el Parlamento Europeo, solicitando que se garantice expresamente que el medio de comunicación utilizado asegure un intercambio de información seguro y fiable. Documento A9-0062/2023, op. cit., enmienda (41).

26 Art. 3 (4) Propuesta de Reglamento COM (2021) 759 final. El Parlamento Europeo propone que esta prohibición se extienda también al intercambio de otros escritos procesales formales recogidos en los instrumentos de cooperación de los Anexos I y II, *vid.* Documento A9-0062/2023, op. cit., enmienda (43).

III. REGULACIÓN DEL USO DE VIDEOCONFERENCIA U OTROS MEDIOS ANÁLOGOS DE COMUNICACIÓN A DISTANCIA EN PROCESOS TRANSFRONTERIZOS

1. *Audiencias a distancia en materia civil y mercantil: la garantía de alegación de las partes*

En relación con el uso de la videoconferencia en procesos transfronterizos civiles y mercantiles, la PREGDIG prevé una regulación general común aplicable a todos los actos que actualmente configuran el listado de su Anexo I o en otros asuntos civiles y mercantiles en los que una de las partes esté presente en otro Estado miembro. Esta regulación general tendrá además carácter supletorio, ya que sólo se aplicará cuando no existan disposiciones específicas en los citados actos que regulen el uso de la videoconferencia, en cuyo caso esas normas especiales serán preferentes.

El texto permitirá que una de las partes, o su representante legal o autorizado, puedan solicitar la participación en una audiencia por videoconferencia o medio de comunicación análogo en todos los procesos contemplados en los actos del Anexo I, o en otros asuntos civiles y mercantiles en los que una de las partes esté presente en otro Estado miembro. En cualquiera de estos supuestos, las autoridades competentes permitirán la participación por videoconferencia u otras tecnologías de comunicación a distancia, siempre que se cumplan cumulativamente los siguientes requisitos[27]

1) La tecnología esté disponible: disponibilidad de medios que en la actualidad no debería considerarse una cuestión especialmente problemática[28].

2) Se haya permitido a la otra parte o partes en el proceso presentar su opinión sobre el uso de la videoconferencia.

La PREGDIG permite a su vez que sea la propia autoridad competente la que acuerde de oficio la celebración de la audiencia mediante videoconferencia, pero esta decisión deberá siempre estar supeditada a que se permita a las partes personadas presentar alegaciones sobre la pertinencia de su uso. Así pues, las reglas que prevé la Propuesta giran en torno a la necesidad de garantizar un trámite de audiencia a las partes en el que puedan alegar lo

---

[27] Art. 7 (1) Propuesta de Reglamento COM (2021) 759 final.

[28] De hecho, el Parlamento Europeo propone la supresión este requisito, *vid.* Documento A9-0062/2023, op. cit., enmienda (54).

que estimen procedente. No obstante, a pesar de que haya acuerdo de todas las partes personadas, el texto prevé que, si las circunstancias particulares del pleito hacen incompatible el uso de la videoconferencia o medio de comunicación a distancia análogo, las autoridades competentes podrán denegar la solicitud de celebración de la audiencia oral mediante este medio.

En cuanto a la forma y desarrollo del acto, la propuesta actual se limita a remitirse a lo que disponga en cada caso el ordenamiento jurídico interno del Estado miembro que la realice, si bien remarcando que las partes podrán presentar su solicitud a través del punto de acceso electrónico europeo y de los portales informáticos nacionales una vez estos estén disponibles. En el caso español, además de las disposiciones generales vigentes de la LOPJ[29], hay que tener en cuenta que el actualmente decaído Proyecto de Ley de medidas de Eficiencia Procesal (en adelante, PLEP)[30] preveía la inclusión de un nuevo Art. 137 bis LEC sobre el uso de videoconferencia. Esta nueva disposición establecía detalladamente la forma de documentación de las actuaciones, el lugar en el que debe intervenir quién declara en función de su situación personal y la necesidad de solicitar el uso de estos medios con antelación suficiente y en el plazo máximo de tres días desde la notificación de la citación o del señalamiento.

2. *Audiencias a distancia en materia penal: la prevalencia y necesidad del consentimiento del investigado, acusado o condenado*

En relación con el uso de la videoconferencia en procesos transfronterizos en materia penal, la PREGDIG establece que cuando la autoridad nacional competente de un Estado miembro solicite la audiencia de una persona investigada, acusada o condenada en procedimientos encuadrados dentro de cualquiera de los actos jurídicos listados en el Anexo II, la autoridad competente receptora debe permitir la participación en la audiencia mediante videoconferencia u otro medio de comunicación a distancia, siempre y cuando se cumplan cumulativamente los siguientes requisitos[31]:

1) la tecnología esté disponible

2) las circunstancias particulares del caso justifiquen el uso de dicha tecnología

---

29 *Vid.* Art. 229 LOPJ.

30 https://www.congreso.es/public_oficiales/L14/CONG/BOCG/A/BOCG-14-A-97-1.PDF (fecha de última consulta: 20 de octubre de 2023).

31 Art. 8 (1) Propuesta de Reglamento COM (2021) 759 final.

3) la persona investigada o condenada exprese su consentimiento.

En relación con este último requisito —el consentimiento—, la persona investigada, acusada o condenada debe tener además la posibilidad de ser asesorado por un abogado de conformidad con el derecho de la Unión[32] antes de prestarlo válidamente. Así pues, a diferencia de otros instrumentos de la Unión, la PREGDIG configura el consentimiento expreso de la persona investigada, acusada o condenada como una condición previa y obligatoria sin la cual no podrá acordarse válidamente su declaración mediante videoconferencia.

Estas normas generales, que deben calificarse como especialmente garantistas, coexistirán sin embargo con cualesquiera otras previsiones específicas que regulen el uso de videoconferencia y otros medios análogos en otros instrumentos de cooperación judicial en materia penal. En efecto, del mismo modo que sucede en materia civil y mercantil, la propia PREGDIG limita su ámbito de aplicación material al establecer que sus disposiciones se entienden sin perjuicio de lo dispuesto en los actos jurídicos establecidos en el Anexo II[33]. Uno de estos actos jurídicos es, precisamente, la Directiva 2014/41/UE (Directiva OEI)[34], que en su Art. 24 ya regula detalladamente la comparecencia mediante videoconferencia tanto de testigos y peritos como del propio investigado o acusado. En relación con este último caso, que es el que interesa aquí a efectos comparativos, la Directiva OEI contempla la falta de consentimiento del investigado o acusado como motivo de denegación potestativo y específico. Ello se traduce en la necesidad de que exista consentimiento previo del investigado o acusado dependerá, en gran medida, de la fórmula con la que cada Estado haya transpuesto esta disposición y de la propia praxis judicial a nivel nacional.

---

32 En consonancia con lo dispuesto en la Directiva 2013/48/UE (DOUE de 6 de noviembre de 2013, n.º L 294, pp. 1-12). Para un análisis en profundidad del instrumento, ARANGÜENA FANEGO, C. "El derecho a la asistencia letrada en la directiva 2013/48/UE", *Revista General de Derecho Europeo*, 2014, n.º 51, https://www.iustel.com.

33 Art. 8 (2) Propuesta de Reglamento COM (2021) 759 final.

34 DOUE de 1 de mayo de 2014, n.º L 130, pp. 1–36). Aunque no es objeto de este trabajo, debe citarse la reciente adopción del Reglamento (UE) 2023/1543 sobre las órdenes europeas de producción y conservación a efectos de prueba electrónica en procesos penales (DOUE de 28 de julio de 2023, n.º L 191, pp. 118-180). Para un análisis previo a su adopción, TINOCO PASTRANA, A. "Las órdenes europeas de entrega y conservación: la futura obtención transnacional de la prueba electrónica en los procesos penales en la Unión Europea", *Cuadernos de Política Criminal*, 2021, n.º 135, pp. 203-246.

Por otra parte, la Directiva OEI guarda silencio sobre el tiempo y forma en la que debe prestarse este consentimiento y, especialmente, si este debe ser o no garantizado con la concurrencia de asistencia letrada. Este mismo patrón se repite en nuestra Ley de Reconocimiento Mutuo (en adelante, LRM)[35], cuyo articulado únicamente reconoce la falta de consentimiento como motivo de denegación facultativo y no contempla expresamente la asistencia letrada previa a la hora de otorgar el consentimiento[36].

Así pues, la regulación genérica que propone actualmente la PREGDIG difiere en este punto con la regulación específica preexistente en otros instrumentos ya adoptados, tales como la Directiva OEI. El carácter subsidiario de las disposiciones de la PREGDIG nos lleva a entender que cualesquiera otras regulaciones específicas prevalecerán, a pesar de que puedan ser más restrictivas desde el punto de vista de las garantías procesales del investigado, acusado o condenado. Sin embargo, a nuestro juicio, este planteamiento no es desde luego lo más deseable, ya que la redacción más garantista que propone la PREGDIG se alinea con las directrices más actuales de la CEPEJ[37] y la jurisprudencia del TEDH sobre esta materia[38]. Asimismo, la eficacia directa y la no necesidad de transposición que brinda el instrumento elegido (reglamento) permitiría, una vez adoptado, contar con un estándar mínimo uniforme en toda la Unión, acabando así con

---

35 Ley 23/2014, de reconocimiento mutuo de resoluciones penales en la Unión Europea (BOE de 21 de noviembre de 2014, n.º 282, pp. 1-157).

36 Sin perjuicio de lo anterior, sí han de aplicarse las normas de derecho español sobre comparecencia de investigados y acusados (Art. 216 (2) (b) LRM) por lo que ha de entenderse que en España cualquier declaración de un investigado o acusado mediante videoconferencia solicitada a través de una OEI —o de cualquier otro instrumento de reconocimiento mutuo o de cooperación judicial internacional— debe siempre garantizar sus derechos de defensa y, concretamente, la concurrencia de asistencia letrada efectiva. *Vid.* DE HOYOS SANCHO, M. "La Orden Europea de Investigación: reflexiones sobre su potencial efectividad a la vista de los motivos de denegación del reconocimiento y ejecución en España", *Revista General de Derecho Procesal*, 2019, n.º 4.

37 *Vid. Guidelines on videoconferencing in judicial proceedings*, documento adoptado por la CEPEJ en su trigésimo sexta reunión plenaria (junio 2021), esp. pp. 14 y ss.

38 *Cfr.* entre otras SSTEDH *Marcello Viola c. Italia*, de 5 de octubre de 2006, CE:ECHR:2006:1005JUD004510604; *Asciutto c. Italia*, de 27 de noviembre de 2007, CE:ECHR:2007:1127JUD003579502; *Shulepov c. Rusia*, de 26 de junio de 2008, CE:ECHR:2008:0626JUD001543503. Sobre el uso de la videoconferencia y su incidencia en los derechos fundamentales durante la pandemia, GORI, P. y PAHLADSINGH, A. "Fundamental rights under Covid-19: an European perspective on videoconferencing in court", *ERA Forum*, 2021, vol. 21, issue 4, pp. 561–577.

la actual fragmentación normativa fruto de la disparidad de disposiciones nacionales y la transposición desigual de la Directiva OEI en los ordenamientos jurídicos de los diferentes Estados miembros. En consecuencia, lo más conveniente sería convertir en preferente la regulación del uso de videoconferencia y medios análogos que actualmente contempla la PREGDIG, de tal manera que todas las disposiciones específicas sobre la misma materia contenidas en el resto de actos jurídicos recogidos en el Anexo II sólo se consideraran compatibles mientras no se opongan a lo dispuesto en esta.

En relación con las normas aplicables al procedimiento de realización de la videoconferencia u otros medios de comunicación a distancia, la PREGDIG se limita en este punto a indicar que deberá regirse por la ley del Estado miembro dónde esta se celebre, debiéndose entender por tal el Estado miembro que la organiza[39]. Esta cuestión es especialmente relevante desde la perspectiva española, habida cuenta de que el ya citado PLEP contemplaba el mantenimiento de importantes límites penológicos en el uso de la videoconferencia en el orden penal[40]. En cuanto a la forma de llevar a cabo y dirigir el acto procesal de la videoconferencia, este aspecto también se regirá por lo dispuesto en el ordenamiento jurídico de cada Estado miembro. En el caso español, más allá de las disposiciones aplicables de la LOPJ, la LECrim[41] y su interpretación jurisprudencial[42], hay que tener en cuenta que el PLEP preveía la aplicación supletoria del proyectado Art. 137 bis LEC[43].

---

39 Art. 8 (3) en relación con considerando 19 Propuesta de Reglamento COM (2021) 759 final.

40 Sobre esta problemática, *vid.* HERNÁNDEZ LÓPEZ, A. "La digitalización de la cooperación judicial en materia penal en la Unión Europea: propuestas y perspectivas legislativas", en C. Arangüena Fanego, M. de Hoyos Sancho y E. Pillado González (Dir.), *El proceso penal ante una nueva realidad tecnológica europea*, Aranzadi, Cizur Menor, 2023, pp. 281-305; LARO GONZÁLEZ, E. "La audición por videoconferencia en la cooperación judicial penal en la Unión Europea: regulación actual y perspectivas futuras", en A. Hernández López y E. Laro González (Dirs.), *Proceso Penal Europeo: últimas tendencias, análisis y perspectivas*, Aranzadi, Cizur Menor, 2023, pp. 197-211.

41 *Vid.* arts. 123 (5), 306, 325, 520 (1) (c), 707, 731 bis LECrim.

42 *Cfr.* entre otras STS núm. 161/2015, de 17 de marzo de 2015, ES:TS:2015:812; STS núm. 863/2015, de 30 de diciembre de 2015, ES:TS:2015:5685; STS núm. 331/2019, de 27 de junio de 2019, ES:TS:2019:2163.

43 Disposición adicional octava a la LECrim incluida en el PLEP. La redacción del Anteproyecto preveía, en cambio, la aplicación preferente del Art. 137 bis LEC en el orden jurisdiccional penal.

La PREGDIG establece asimismo la necesidad de garantizar la confidencialidad de las comunicaciones entre las personas investigadas, acusadas o condenadas y sus respectivos letrados tanto antes como durante la audiencia mediante videoconferencia u otro medio de comunicación a distancia[44]. En realidad, lo que propone no es más que garantizar la aplicación de las mismas reglas que ya operan en los Estados miembros de la Unión Europea para las audiencias físicas tras la transposición nacional de la Directiva sobre el derecho a la asistencia letrada de investigados y acusados[45]. Por lo tanto, el principal desafío consistirá en asegurar técnicamente que el entorno informático digital utilizado permite efectivamente esta comunicación confidencial entre la persona que comparece y su abogado, condición que normalmente le corresponderá facilitar a la autoridad que dirige el acto[46]. Ha de tenerse en cuenta que este desafío será aún mayor cuando la videoconferencia se realice en el marco de una ODE y el reclamado ejercite su derecho a la doble asistencia letrada[47], pues la confidencialidad no sólo se extenderá a la comunicación con el abogado nombrado en el Estado de emisión, sino también a las comunicaciones que puedan mantener ambos letrados para coordinar su estrategia de defensa[48]. Asimismo, cuando la grabación de las audiencias físicas esté prevista en la ley nacional del Estado miembro para casos puramente domésticos, las mismas reglas se deberán aplicar a las audiencias llevadas a cabo mediante videoconferencia u otros medios de comunicación a distancia en casos transfronterizos[49]. Los Estados miembros deberán en todo caso tomar todas las medidas necesarias para asegurar que estas grabaciones son almacenadas de manera segura y que no son divulgadas públicamente. El texto contempla además la aplicación de reglas especiales en el caso de que la persona investigada, acusada o condenada sea menor de edad[50]. En estos casos, de conformidad con las disposiciones de la Directiva relativa a las garantías procesales de

---

44 Art. 8 (4) Propuesta de Reglamento COM (2021) 759 final.

45 Art. 3 en relación con el considerando 23 de la Directiva 2013/48/UE.

46 Conforme a la jurisprudencia consolidada del TEDH, el declarante debe tener garantizada una línea de comunicación segura y reservada con su abogado, o su presencia física en las mismas condiciones. *Cfr.* SSTEDH *Shulepov c. Rusia*, de 26 de junio de 2008, CE:ECHR:2008:0626JUD001543503; Gorbunov y Gorbachev c. Rusia, de 1 de marzo de 2016, ECHR:2016:0301JUD004318306; *Sakhnovskiy c. Rusia*, de 27 de noviembre de 2018, ECHR:2018:1127JUD003915912.

47 Art. 10 Directiva 2013/48/UE; Art. 50 LRM.

48 Sobre esta cuestión, *vid.* Dictamen 1/21 de la Fiscalía General del Estado, op. cit., pp. 30-31.

49 Art. 8 (6) Propuesta de Reglamento COM (2021) 759 final.

50 Art. 8 (5) Propuesta de Reglamento COM (2021) 759 final.

menores investigados o acusados en procesos penales[51], los titulares de la patria potestad u otro adulto adecuado designado por el menor y aceptado como tal por la autoridad competente deben ser avisados sin dilación y antes de que se lleve a cabo la audiencia. La autoridad competente debe tener en cuenta el interés superior del menor a la hora de decidir si procede o no la comparecencia del menor a través de videoconferencia u otro medio de comunicación a distancia.

Finalmente, la PREGDIG prevé que el investigado, acusado o persona condenada tenga derecho en todo caso a la tutela judicial efectiva conforme al derecho nacional de cada Estado miembro cuando entienda que alguna de las disposiciones generales de este precepto ha sido vulnerada[52]. Parece claro que la intención de la Comisión es reconocer la posibilidad de la persona investigada, acusada o condenada la posibilidad de interponer un recurso ante un órgano jurisdiccional conforme a las normas del derecho nacional aplicable.

IV. A MODO DE CONCLUSIÓN

El proceso de adopción de la PREGDIG se encuentra ya en una fase avanzada. Los trílogos negociadores entre la Comisión, el Parlamento Europeo y el Consejo parecen haber dado sus frutos, llegando a un compromiso en julio de 2023 que ha sido recientemente confirmado el 19 de septiembre de este mismo año. Como resultado de estas negociaciones, se han propuesto modificaciones en algunos de los aspectos claves que han sido brevemente analizados en este estudio, tales como la definición de autoridad competente, las situaciones concretas en las que se podrán utilizar medios alternativos de comunicación o la mejora de las garantías y reglas relativas al consentimiento en el uso de la videoconferencia. A la espera de contar con un texto definitivo, confiemos en que las negociaciones finales cristalicen en la adopción de una redacción mejorada, que consiga conju-

---

51 Arts. 3 (2) y 5 (2) Directiva (UE) 2016/800 (DO L 132 de 21 de mayo de 2016). Sobre la aplicación de esta norma desde una perspectiva práctica, *vid.* GARRIDO CARRILLO, F. y JIMÉNEZ MARTÍN, J. "Guide to Good Practices in Procedural Treatment of Minor Offenders. The Procedural Guarantees of Suspected or Accused Minors in Criminal Proceedings", en C. Arangüena Fanego, M. de Hoyos Sancho y A. Hernández López (eds), *Procedural Safeguards for Suspects and Accused Persons in Criminal Proceedings. Good Practices Throughout the European Union*, Cham, Springer, 2021, pp. 73-80.

52 Art. 8 (6) Propuesta de Reglamento COM (2021) 759 final.

gar la digitalización efectiva de la cooperación judicial transfronteriza con el mantenimiento de un estándar elevado de garantías y derechos para los justiciables.

Bibliografía

AGUILERA MORALES, M. "El Reglamento (UE) 2020/1784 sobre notificación y traslado transfronterizo de documentos: novedades e implicaciones internas", *Revista General de Derecho Europeo*, 2022, n.º 57, https://www.iustel.com

ARANGÜENA FANEGO, C. "El derecho a la asistencia letrada en la directiva 2013/48/UE", *Revista General de Derecho Europeo*, 2014, n.º 51, https://www.iustel.com.

BUENO DE MATA, F. "Justicia online y ciudadanía: el portal europeo E-Justicia como medio de información y apoyo a los ciudadanos para solventar sus litigios transfronterizos", *Revista Europea de Derechos Fundamentales*, 2011, n.º 18.

DE HOYOS SANCHO, M. "La Orden Europea de Investigación: reflexiones sobre su potencial efectividad a la vista de los motivos de denegación del reconocimiento y ejecución en España", Revista General de Derecho Procesal, 2019, n.º 4, https://www.iustel.com.

ELVIRA BENAYAS, M. J. «Digitalización de la cooperación judicial internacional en materia civil o mercantil en la Unión Europea», *La Ley Unión Europea*, 2022, n.º 101, https://web.laley.es/revistas-laley/laley-union-europea/.

GARRIDO CARRILLO, F. y JIMÉNEZ MARTÍN, J. "Guide to Good Practices in Procedural Treatment of Minor Offenders. The Procedural Guarantees of Suspected or Accused Minors in Criminal Proceedings", en C. Arangüena Fanego, M. de Hoyos Sancho y A. Hernández López (eds), *Procedural Safeguards for Suspects and Accused Persons in Criminal Proceedings. Good Practices Throughout the European Union*, Cham, Springer, 2021, pp. 73-80.

GASCÓN INCHAUSTI, F. "La e-Justicia en la Unión Europea: balance de situación y planes para el futuro (en diciembre de 2009)", en C. Senés Motilla, (Coord.), *Presente y futuro de la E-Justicia en España*, Aranzadi, Cizur Menor, 2010, pp. 83-125.

GORI, P. y PAHLADSINGH, A., "Fundamental rights under Covid-19: an European perspective on videoconferencing in court", *ERA Forum*, 2021, vol. 21, issue 4, pp. 561–577.

HERNÁNDEZ LÓPEZ, A., "La digitalización de la cooperación judicial en materia penal en la Unión Europea: propuestas y perspectivas legislativas", en C. Arangüena Fanego, M. de Hoyos Sancho y E. Pillado González. (Dir.), *El proceso penal ante una nueva realidad tecnológica europea*, Aranzadi, Cizur Menor, 2023, pp. 281-305

KRAMER, X., "Digitising access to justice: the next steps in the digitalisation of judicial cooperation in Europe", *Revista General de Derecho Europeo*, 2022, n.º 56, pp. 1-9, https://www.iustel.com.

LARO GONZÁLEZ, E., "La audición por videoconferencia en la cooperación judicial penal en la Unión Europea: regulación actual y perspectivas futuras", en A. Hernández López. y E. Laro González (Dirs.), *Proceso Penal Europeo: últimas tendencias, análisis y perspectivas*, Aranzadi, Cizur Menor, 2023, pp. 197-211.

REYNDERS, D., "Digitalising Justice Systems to Bring Out the Best in Justice", *Eucrim,* 2021, issue 4, pp. 236-237.

TINOCO PASTRANA, A., "Las órdenes europeas de entrega y conservación: la futura obtención transnacional de la prueba electronica en los procesos penales en la Unión Europea", *Cuadernos de Política Criminal,* 2021, n.º 135, pp. 203-246.

COOPERACIÓN JUDICIAL EN MATERIA CIVIL Y MERCANTIL

Capítulo IV

La sustracción parental transfronteriza en el nuevo Reglamento (UE) 2019/1111 Bruselas II-ter, de 30 de junio

Cross-border parental abduction and the new regulation (EU) 2019/1111 Brussels II-b of 30 june

Begoña Vidal Fernández
Profesora Titular Derecho Procesal
Universidad de Valladolid
ORCID: 0000-0002-6127-8028

RESUMEN: El Reglamento (UE) 2019/1111 del Consejo (Reglamento Bruselas II Ter) sustituye al Reglamento (CE) n.º 2201/2003 (Reglamento Bruselas II Bis) desde 1 de agosto de 2022. El nombre dado a este instrumento, que incluye expresamente en el título *"y sobre la sustracción internacional de menores"*, ofrece una idea de la orientación de las modificaciones operadas, dando respuesta a las necesidades detectadas en las operaciones previas de búsqueda de información, social y académica y forense. Se analizan y comparan dichas modificaciones.

Palabras clave: Sustracción internacional de menores, secuestro parental, sustracción transfronteriza, orden certificada de restitución, derecho de custodia.

ABSTRACT: Council Regulation (EU) 2019/1111 (Brussels IIb Regulation) replaces Regulation (EC) No 2201/2003 (Brussels IIa Regulation) as of 1 August 2022. The name given to this instrument, which expressly includes in the title "and on international child abduction", gives an idea of the direction of the amendments made, responding to the needs identified in the previous information, social, academic and forensic research operations. These amendments are analysed and compared.

Keywords: International child abduction, parental kidnapping, cross-border abduction, certified return order, custody rights.

I. INTRODUCCIÓN. RELEVANCIA DE LAS SUSTRACCIONES PARENTALES TRANSFRONTERIZAS. CONCEPTO DE "SUSTRACCIÓN PARENTAL"

Se trata de un problema complejo y en consecuencia de muy complicada solución. En el proyecto europeo de integración, donde la libertad por excelencia es la libertad de circulación, este tipo de conductas crea desconfianza y levanta barreras entre los Estados. Por ello la Unión Europea (en adelante, UE) está muy interesada en encontrar la mejor solución. En este acercamiento al tema es preciso atender a una expresión omnipresente en esta normativa europea como es "el interés superior del menor". La UE ha modelado este principio de modo que ha impedido que choque con el objetivo esencial de la propia Unión Europea: el proceso de integración. El paisaje, por tanto, no es ni lineal ni simple.

Cuando un niño es trasladado o retenido ilegalmente por uno de sus progenitores está siendo objeto de un *secuestro o sustracción parental*. En Derecho europeo, la traslado o la retención del menor a otro Estado distinto son ilegales cuando vulneran un derecho de custodia legal o judicialmente atribuido o un derecho de visita *legal o judicialmente establecido*[1]. Por tanto, el

---

1 Hay que advertir que en España esta exigencia ha sido anulada por la sentencia de la AN 10/2016 de 15 de marzo (ECLI:ES:AN:2016:2642, TOL5.777.954), declarando que también el progenitor custodio puede cometer el delito de sustracción ilegal si traslada al menor sin contar con el acuerdo del otro progenitor. El caso atañía a un matrimonio de sevillano que se trasladó a Bogotá con su hija al aceptar la esposa un trabajo allí. Meses después, como consecuencia de una crisis en la pareja, el padre regresó a España con la pequeña, sin el consentimiento de la madre. Acusado por ésta del delito de sustracción de la menor, el padre resultó absuelto por el Juez de lo penal por falta de tipicidad al no ser progenitor sustractor no custodio formalmente en el momento de los hechos. La resolución de la AN sin embargo modificó la sentencia y le condenó, exigiendo que la decisión de trasladar a la menor por un cónyuge se realice "de mutuo acuerdo para que no tenga trascendencia penal", aunque sea custodio, lo que supuso un cambio radical de la doctrina jurisprudencial hasta ese momento contradiciendo la jurisprudencia

secuestro o sustracción parental puede concretarse de dos maneras: bien trasladando al menor bien reteniéndolo ilegalmente con ocasión de una de las visitas establecidas[2]. Cuando dicho traslado o retención se realizan en el territorio de otro Estado distinto de aquel en el que residía el menor hasta ese momento se habla de secuestro o *sustracción internacional.* Y si los dos Estados involucrados son miembros de la UE, estamos entonces ante una *sustracción o secuestro parental transfronterizo.* En ocasiones el autor del traslado o retención ilegal no es el progenitor (normalmente el padre) privado de la custodia (habitualmente frente a la madre), al contrario, con frecuencia son mujeres, muchas de las cuales han denunciado ser víctimas de violencia doméstica, que huyen tratando de dejar atrás una vida de maltrato y humillaciones.

El Reglamento 2201/2003 (*sobre competencia, reconocimiento y ejecución de resoluciones judiciales en materia matrimonial y de responsabilidad parental)*[3] conocido como Bruselas II Bis, ha sido sustituido desde el 1 de agosto por la norma que le sucede, el Reglamento Bruselas II Ter, y se aplica a todos los residentes en el territorio de la UE, excepto en Dinamarca, sean o no nacionales de algún Estado miembro, e incluso aunque ambos cónyuges sean extracomunitarios, el matrimonio se haya celebrado en un Estado tercero, y los niños hayan nacido en Estados no comunitarios[4]. Estas normas nos dicen, en primer lugar, cuál es el Estado miembro cuyos tribunales son competentes para pronunciarse sobre la determinación de la responsabilidad

del TC (STC 196/2013). La propia AN señaló que elevaría al Gobierno una exposición razonada para solicitar el indulto. (*Vid.* GOMEZ, A. Mª. "La Audiencia Nacional reinterpreta el delito de sustracción de menores", en *Diario La Ley* 2016, nº 8786, https://diariolaley.laleynext.es/).

2 Art. 2.11 Reglamento 2201/2003 Bruselas II Bis. También está recogido en el nuevo Bruselas II Ter.

3 DOUE de 23 de diciembre de 2003 nº L 338, pp. 1-29.

4 Toda la información a nivel UE, tanto de las instituciones como de los Estados miembros, puede encontrarse en la web, en la dirección de la Red Judicial Europea en materia civil y mercantil, en el portal de internet e-justicia (https://e-justice.europa.eu/37842/ES/brussels_iib_regulation__matrimonial_matters_and_matters_of_parental_responsibility_recast_)- (fecha de última consulta 15 de noviembre de 2023). Todas las legislaciones nacionales incluyen medidas tendentes a evitar riesgos y peligros. Nuestro Código Civil dispone en su art. 158.3 que el juez, de oficio o a instancia del propio hijo, de cualquier pariente o del Ministerio Fiscal, dictará, entre otras, las medidas necesarias para evitar la sustracción de los hijos menores por alguno de los progenitores (necesidad de autorización judicial para cualquier cambio de domicilio del menor o para salir del territorio nacional, prohibición de expedición o retirada del pasaporte del menor).

parental (paterno-filial), y en concreto sobre la atribución de la custodia a uno de los progenitores, también en los supuestos de sustracción ilegal del menor. En segundo lugar, nos dicen cómo se reconoce y cómo se ejecuta en otro Estado miembro una resolución en estas materias[5]. Para la ejecución de resoluciones judiciales y extrajudiciales el Reglamento Bruselas II Bis mantenía un procedimiento de *exequatur* aunque muy simplificado, salvo dos casos en los que era automático y la resolución tiene que ser ejecutada como si hubiera sido dictada por un juez nacional: las resoluciones *certificadas* sobre el *derecho de visita transfronterizo*, y las que ordenan la *restitución del menor en caso de sustracción internacional*. El Reglamento Bruselas II Ter generaliza dicha supresión, como se verá más adelante.

El Reglamento, norma europea de efecto directo, prima sobre cualquier norma, nacional o internacional, que verse sobre la misma materia[6]. Estaba previsto que estas reglas se aplicaran a los secuestros intracomunitarios, manteniendo la aplicación del *Convenio de La Haya sobre aspectos civiles de la sustracción internacional de menores de 1980* para los supuestos de secuestro parental hacia otros Estados que fueran parte en dicho convenio. Las intensas discusiones mantenidas en el seno del Consejo sobre esta propuesta mostraron que una parte de los Estados miembros no deseaba ver desplazada la aplicación del Convenio de 1980 tampoco en los secuestros intracomunitario[7]. El acuerdo finalmente alcanzado supuso la "comunita-

---

5 El Reglamento Bruselas II Bis regulaba el reconocimiento de estas resoluciones, su sucesor el Reglamento Bruselas II Ter ha suprimido toda intervención estatal de reconocimiento, que tiene que ser automático (*vid.* Considerando 38).

6 En las relaciones entre los Estados miembros el Reglamento prima sobre los Convenios de La Haya: de 1961 (sobre competencia de las autoridades y la ley aplicable en materia de protección de menores), de 1970 (sobre reconocimiento de divorcios y separaciones legales) y de 1980 (sobre los aspectos civiles de la sustracción internacional de menores). También prima sobre el Convenio de Luxemburgo de 1967 (relativo al reconocimiento de resoluciones de validez de los matrimonios), y el Convenio Europeo de 1970 (sobre reconocimiento y ejecución de decisiones en materia de custodia de menores).

Es de destacar que el Reglamento no sustituye los convenios expresamente mencionados, sino que permite que continúen desplegando efectos en lo que no esté contemplado por la norma comunitaria.

7 Durante las negociaciones una alianza de Estados miembros, liderada por Reino Unido y apoyada por Alemania, quería retener el Convenio de La Haya de 1980 como primer mecanismo para hacer frente a los traslados y retenciones intracomunitarios ilícitos, frente a Francia y la Comisión, que perseguían la solución estrictamente comunitaria. En el Consejo de Justicia y Asuntos de Interior de noviembre de 2002 se alcanzó una fórmula de compromiso consistente en asegurar

rización" del Convenio mediante su aplicación simultánea con un conjunto de reglas específicas, recogidas en el art. 11 del Reglamento denominado Bruselas II bis. El Convenio de La Haya sobre aspectos civiles de la sustracción internacional de menores de 1980 continúa vigente entre los Estados miembros, pero respetando la primacía del Reglamento. Expresamente se declara su vigencia en las relaciones entre los Estados miembros en lo no regulado por la norma europea. De manera que en lo que atañe a los traslados ilícitos entre Estados de la Unión Europea, el Convenio de La Haya de 1980 y el Reglamento Bruselas II bis (ahora Bruselas II Ter) están inextricablemente vinculados en cuanto a su aplicación[8].

---

la posición del Convenio de 1980 a cambio de recoger en el texto normativo controles más estrictos en los casos de secuestros parentales intracomunitarios.

8 Apartado nº 42 de la opinión del AG Jääskinen presentada en el as. C-400/10 PPU, J. McB. c. L.E, ECLI:EU:C:2010:544. La relación entre estos dos instrumentos jurídicos ha sido calificada de "inextricable" por el Abogado General Jääsniken en el asunto JMcB. Y L.E. (as. C-400/10, STJ de 5 de octubre de 2010, ECLI:EU:C:2010:582). En este asunto se alegó por el Gobierno alemán, y en cierta medida por la Comisión europea, la inadmisibilidad de la cuestión prejudicial alegando que ésta versaba no sobre una norma comunitaria sino sobre la interpretación del Convenio de la Haya de 1980, interpretación para la cual el TJ de la UE no tiene competencia. Aquí se plantea la cuestión de determinar los vínculos entre el Convenio y el Reglamento comunitario, en cuanto normas que regulan una misma materia y que son simultáneamente aplicables a un mismo supuesto de hecho. El Convenio de 1980 permite *a cualquier persona* que tenga conocimiento de un traslado o retención de un menor que pueda ser ilícito de acuerdo con sus disposiciones, presentar una solicitud de restitución ante la autoridad central competente (art. 15). En este supuesto el solicitante, padre biológico de los menores, presenta tal demanda, al amparo del art. 15 del convenio aludido. Pero el Reglamento comunitario únicamente legitima al titular del derecho de custodia vulnerado. Se revela entonces el problema de definir la articulación de ambos instrumentos. De acuerdo con los arts. 60 y 62 del Reglamento comunitario, el legislador europeo declaró aplicable entre los Estados miembros el Convenio de La Haya de 1980 *para las cuestiones no reguladas por el Reglamento, que prima sobre aquél.* En su sentencia el TJ aclaró que se aplica el Reglamento cuando una persona, institución u organismo que tenga el derecho de custodia solicite a las autoridades competentes que se dicte una resolución con arreglo al convenio de 1980, con objeto de conseguir la restitución del menor trasladado o retenido ilícitamente. El art. 11 del Reglamento acoge la demanda de restitución del Convenio de la Haya (siempre que sea presentada por el titular del derecho de custodia vulnerado). Lo que el convenio regula es la demanda de restitución. Lo que regula el Reglamento es la "orden certificada de restitución" cuando se ha desestimado la demanda. Una de las carencias que más ha acusado es que se centra en el retorno del menor en caso de sustracción ilegal, regulando la cooperación *ex post* pero sin abordar posibles cooperaciones preventivas. Tampoco contiene fueros de atribución de

El Convenio de 1980 faculta para dirigirse a la autoridad central de un Estado parte a *toda persona* (física o jurídica, privada o pública) *que sostenga* que un menor ha sido objeto de traslado o retención con infracción del derecho de custodia. En cambio, el Reglamento comunitario limita la legitimación a la *persona* (física o jurídica, privada o pública) *titular del derecho de custodia.* En el mecanismo del convenio de 1980, el progenitor solicitante también puede ejercitar por sí mismo la demanda de restitución ante los tribunales del Estado donde se encuentra el menor. El papel del juez interno es el de resolver el conflicto intersubjetivo que se produce cuando el requerido de restitución se opone. Tiene que adoptar su resolución mediante la aplicación de las normas de procedimiento nacionales y las normas sustantivas contenidas en el convenio[9].

Las situaciones siguen produciéndose en la UE entre parejas bi-nacionales. Y los jueces nacionales son conscientes cada vez en mayor medida de su papel de jueces europeos. En nuestro ordenamiento esta actitud es constitutiva de delito. La Ley Orgánica 9/2002, de 10 de diciembre, de modificación de la Ley Orgánica 10/1995, de 23 de noviembre, del Código Penal, y del Código Civil, introdujo el tipo penal de sustracción parental en un nuevo art. 225 bis, castigado con pena de prisión de 2 a 4 años e inhabilitación especial para el ejercicio de la patria potestad por un tiempo de 4 a 10 años[10].

---

competencia internacional. El texto regula una acción directa de restitución del menor que opera como los interdictos posesorios: se respeta el *statu quo* sin entrar en el fondo del asunto (DE LA ROSA CORTINA, J.M., *Sustracción parental de menores. Aspectos civiles, penales, procesales e internacionales,* Monografías Tirant lo Blanch, 707, Valencia 2010, esp. p. 63).

9 *Vid.* más ampliamente VIDAL FERNÁNDEZ, B. "Ámbito de aplicación del Reglamento 2201/2003", en A. de la Oliva Santos (dir), F. Gascón Inchausti (coord.), *Derecho procesal civil europeo (vol. I): Competencia judicial internacional, reconocimiento y ejecución de resoluciones judiciales extranjeras en la Unión Europea",* Aranzadi-Thomson Reuters, Cizur Menor, 2011, esp. pp. 451-468.

10 Añade un nuevo párrafo al art. 224 CP para recoger el tipo del progenitor que induce a su hijo menor de edad a infringir el régimen de custodia establecido: "El que indujere a un menor de edad o a una persona con discapacidad necesitada de especial protección a que abandone el domicilio familiar, o lugar donde resida con anuencia de sus padres, tutores o guardadores, será castigado con la pena de prisión de seis meses a dos años. En la misma pena incurrirá el progenitor que induzca a su hijo menor a infringir el régimen de custodia establecido por la autoridad judicial o administrativa". Sobre este aspecto penal vid. SANCHO HERRERA, M.E. "Sustracción de menores. Aspectos civiles y penales (1)", *Diario La Ley,* 2023, nº 10391, Sección Tribuna, https://diariolaley.laleynext.es/.

II. MECANISMOS PROCESALES FRENTE A LA SUSTRACCIÓN PARENTAL TRANSFRONTERIZA EN LA UE

Es evidente que la medida más eficaz para desalentar esta práctica es la que logra impedir que se obtenga el fin perseguido con ella[11]. Es decir, que en ningún caso pueda obtenerse la custodia por este camino, por vía de hecho[12]. Para ello es preciso asegurar que en todo caso seguirán siendo competentes para pronunciarse sobre la custodia de los hijos los tribunales del Estado de residencia de los menores antes de su traslado o retención ilícitos a otro Estado, y además establecer un instrumento que garantice la restitución del menor siempre, salvo supuestos excepcionales, al Estado de donde fue sustraído, hasta que se resuelva definitivamente la cuestión sobre la determinación de la responsabilidad parental.

1. Instrumentos procesales y procedimientos del Reglamento 2201/2003-Bruselas II-bis

Se trata, por tanto, de establecer unos fueros de competencia inderogables, definidos en atención a la residencia habitual del menor antes de

---

11 No son objeto de atención las medidas preventivas que pueden ser adoptadas por los jueces nacionales tanto en el marco de un proceso pendiente de manera autónoma. Sobre ello *vid.* JIMENEZ FORTEA, F.J. "La tutela civil en España en los casos de sustracción de menores interparental", *Revista Boliviana de Derecho*, 2015, nº 20.

12 Ilustra esta situación la narración del supuesto fáctico del conocido caso de Juana Rivas, granadina, emprendió hace varios una campaña para no devolver a sus hijos a Italia, de donde se los llevó en mayo de 2016. Hasta entonces, ese era el país de residencia de Juana, de su expareja, Francesco Arcuri, y de los menores. Huyó con los niños alegando malos tratos y él la denunció por sustracción internacional de menores. La justicia italiana, ante la que Arcuri denunció la sustracción internacional de sus dos hijos, reclamó la devolución de los dos niños en cumplimiento del Convenio de La Haya sobre sustracción internacional de menores (según establece el art. 11 Reglamento 2201/2003 UE). En diciembre de 2016, el Juzgado de Primera Instancia nº 3 de Granada sentenció la entrega "inmediata" de los menores al padre, Francesco Arcuri. Y acordó, además, la retirada de los pasaportes a los dos menores y la prohibición de salir del territorio Schengen sin autorización del padre o autorización judicial. Esa sentencia fue ratificada por la Audiencia Provincial de Granada en abril de 2017. Tras la ratificación de la sentencia, Doña Juana Rivas se escondió para no entregar a los niños. El 28 de agosto 2017 acató finalmente la orden judicial que la obligaba a entregar a los menores, de tres y 11 años. Se celebró en Italia la vista por la custodia definitiva de los menores con asistencia de ambos progenitores, y se atribuyó la custodia definitiva al padre en septiembre de 2022.

la sustracción (*congelación*), y junto a ellos un mecanismo que asegure la restitución del menor sustraído *(coacción)*: *"mecanismo de prevalencia"* que en la normativa comunitaria se concreta en *la orden certificada de restitución*, cuya última decisión corresponde al juez del Estado de origen (su decisión prevalece en último caso).

1.1. Tribunales competentes

Cuando en aplicación de las disposiciones del Reglamento corresponda conocer a los tribunales españoles, esta competencia está atribuida, en primera instancia, a los *Juzgados de Familia, Juzgados de Violencia sobre la Mujer o Juzgados de 1ª instancia con competencias de Familia*[13]. En segunda instancia a las *Audiencias Provinciales*, y contra sus resoluciones admite España la existencia de *recurso de casación*.

a) *Fueros inderogables*

La regulación de la UE determina el juez competente para decidir sobre la atribución de la custodia de un menor aplicando un criterio de proximidad o de especial vinculación del menor con un Estado en particular, y establece que el tribunal competente para decidir sobre la atribución de la custodia del menor (o "determinación de la responsabilidad parental" en terminología europea)[14] es el del Estado donde el menor tiene su residencia habitual (Art. 8 Reglamento 2201/2003 / art. 7 Reglamento Bruselas II Ter) en el momento de presentarse la demanda (de modo que un cambio de residencia en momentos posteriores no afecta a la competencia del órgano así determinada, en virtud del principio "*perpetuatio fori*"). Los

---

13 SANTANA PÁEZ, E. "Competencia judicial internacional: crisis matrimoniales con elemento extranjero", en J. P. González del Pozo (dir.), *Los procesos de familia: una visión judicial. Compendio práctico de doctrina y jurisprudencia sobre los procesos de familia y menores*, Colex, Madrid, 2007, esp. p.147.

14 El art. 2.7 del Reglamento Bruselas II Bis define la "responsabilidad parental" como el conjunto de derechos y obligaciones conferidas a una persona física o jurídica en virtud de una resolución judicial, por ministerio de la ley o por un acuerdo con efectos jurídicos, en relación con la persona o los bienes del menor... en particular el derecho de custodia y visita". Y el propio Reglamento especifica el "el derecho de *custodia* incluye los derechos y obligaciones relativos al cuidado de la persona de un menor y en especial el derecho a decidir sobre su lugar de residencia" (art. 2.9 del Reglamento 2201/2003). Y que el derecho de *visita* abarca "el derecho de trasladar a un menor a un lugar distinto al de su residencia habitual durante un periodo de tiempo limitado" (art. 2.10 del Reglamento).

órganos jurisdiccionales del Estado miembro de origen siguen siendo competentes para decidir sobre la custodia a pesar de la sustracción. Para cuando no es posible conocer la residencia habitual, el Reglamento contiene un conjunto de fueros alternativos (el juez del Estado *comúnmente aceptado* por todas las partes[15] en atención al "interés superior del menor", el juez del estado *donde el menor está presente*[16] o el juez que se encuentra *en mejor situación para resolver*[17]). Cierra el sistema de fueros una cláusula de competencia residual para los casos no solucionados mediante la aplicación de los fueros enunciados, en virtud de la cual se aplica la legislación nacional de cada Estado para determinar el órgano con competencia internacional (art. 14 Reglamento 2201/2003). Los mismos fueros han sido reiterados en el Reglamento 2019/1111 Bruselas II Ter. En España las normas de atribución de competencia judicial internacional se encuentran en los arts.

---

15 Art. 12 Reglamento 2201/2003. Este juez puede ser el que está conociendo del divorcio de los progenitores, o del Estado miembro al que el menor está más estrechamente vinculado (por tener esa nacionalidad o por ser el de la residencia habitual del cónyuge custodio), o el juez de un Estado miembro distinto del Estado de residencia habitual del menor por tenerla éste en un Estado tercero que tampoco es parte del Convenio de la Haya de 1996 sobre protección jurídica de los niños.

16 Art. 13 Reglamento 2201/2003. Es una norma subsidiaria del fuero general (residencia habitual del menor) pensada en un principio para los caso de menores refugiados o desplazados internacionalmente, pero la práctica ha puesto de manifiesto su utilidad para aquellos supuestos en los que no es posible determinar la residencia habitual del menor que sin embargo se encuentra en el territorio de un Estado miembro, como ocurre con los supuestos de lactantes de pocos meses que son trasladados al poco tiempo de nacer (*vid.* STJ de 22 de diciembre 2010, C-497/10 PPU as. Mercredi, ECLI:EU:C:2010:829).

17 Art. 15 Reglamento 2201/2003. Autoriza al juez competente según el Reglamento a remitir el asunto al juez de otro Estado miembro cuando considere que éste está en mejor situación para conocer. Esto puede ocurrir en relación con la necesaria adopción de medidas de protección del menor ligadas a la administración o a la disposición de sus bienes que se encuentran en el territorio del Estado del juez que ha recibido la competencia por remisión. El juez que recibe el asunto no está obligado a aceptar la competencia, por ello y para que esta disposición tenga eficacia es imprescindible una generosa cooperación judicial y una fluida comunicación entre ambos, ya sea directamente —porque ambos manejen un idioma común— ya sea indirectamente por medio de los jueces de enlace o de las Autoridades Centrales. El art. 8 del Convenio de la Haya de 1996 sobre protección jurídica de los niños recoge una descripción de "mejor situación para resolver" especificando en su nº2 las situaciones: a) juez del Estado del que el menor posea la nacionalidad; b) del Estado donde estén situados bienes del menor; c) del Estado en que se esté sustanciando demanda de divorcio, separación o nulidad matrimonial de los progenitores; d) del Estado con el que el niño mantiene un vínculo estrecho.

22 quater d) de la Ley Orgánica del Poder Judicial, y art. 36.2 de la Ley de Enjuiciamiento Civil.

b) Competencia residual: Alcance de la competencia residual[18]

Permite la atribución de competencia internacional cuando de los Reglamentos aplicables no resulta competente ningún tribunal de Estados

---

[18] La aplicación de este fuero se puede observar en el asunto *LCDNMT y AMP* C-501/20, resuelto por el TJ el 1 de agosto de 2022, ECLI:EU:C:2022:619, TOL9.148.751. Doña MPA, de nacionalidad española, y Don LC DosNMT, de nacionalidad portuguesa, contrajeron matrimonio el 25 de agosto de 2010 en la Embajada de España en Guinea-Bisau donde residían. En el momento del litigio tienen dos hijos menores de edad, que poseen la doble nacionalidad española y portuguesa. Ambos cónyuges trabajan para la Comisión Europea en calidad de agentes contractuales y, a partir de febrero de 2015, se trasladaron a Lomé destinados en la Delegación de la Unión Europea en Togo. Se separaron de hecho en julio de 2018, tras lo cual la demandante en el procedimiento principal y los hijos menores siguieron residiendo en el domicilio conyugal, situado en Lomé, mientras que el esposo se trasladó a un hotel de Lomé. El 6 de marzo de 2019, la demandante en el procedimiento principal (Doña MPA) presentó ante el Juzgado de Primera Instancia nº2 de Manresa demanda de divorcio en la cual acumulaba asimismo las siguientes pretensiones: la disolución del régimen económico matrimonial, que se fijara el régimen y la forma de ejercicio de la custodia y de las responsabilidades parentales de los hijos menores, que se reconociera una pensión de alimentos para ellos y que se le concediera el uso de la vivienda familiar situada en Lomé. El demandado en el procedimiento principal (Don LC Dos NMT) formuló declinatoria por falta de competencia internacional del Juzgado nº 2 de Primera Instancia de Manresa.
Mediante auto de 9 de septiembre de 2019, dicho órgano jurisdiccional declaró su falta de competencia internacional para conocer del procedimiento por no tener las partes, a su juicio, su residencia habitual en España. Y dictó Auto ordenando el sobreseimiento de las actuaciones.
Contra dicho auto formuló recurso de apelación Doña MPA para ante la Audiencia Provincial (AP) de Barcelona. Las posturas de ambas partes y sus alegaciones, pusieron de manifiesto a la AP de Barcelona la necesidad de una interpretación uniforme del Tribunal de Justicia de la UE de los conceptos por los que se determina la competencia jurisdiccional internacional para conocer de las pretensiones sustanciadas, fijados en el Derecho de la Unión Europea aplicable: el Reglamento (CE) 2201/2003 (Bruselas II Bis). Mediante providencia de 22 de julio de 2020, la Sección 18ª de la AP de Barcelona dio audiencia a las partes y al Ministerio Fiscal para que formularan alegaciones sobre el planteamiento de una cuestión prejudicial ante el Tribunal de Justicia de la Unión Europea (TJUE).
Mediante Auto de 15 de septiembre de 2020 se elevó la cuestión prejudicial. El TJ resolvió la cuestión mediante la sentencia de 1 de agosto de 2022 (asunto C-501/20, ECLI:EU:C:2022:619, TOL9.148.751).

miembros de la UE. Cuando ningún órgano jurisdiccional de un Estado miembro, es competente conforme a las normas de competencia internacional del Reglamento 2201/2003, para pronunciarse sobre pretensión en materia de responsabilidad parental, es preciso analizar si pueden serlo por aplicación de la cláusula de competencia residual del art. 14 para la responsabilidad parental. Conforme a estos preceptos, en tal situación, el tribunal del Estado miembro ante el que se ha presentado la demanda puede ser competente si lo es con arreglo al Derecho nacional. Los tribunales de un Estado miembro deben declararse incompetentes de oficio cuando en virtud de sus disposiciones son competentes los de otro Estado miembro, con independencia de que el demandado sea comunitario (por nacionalidad o por residencia habitual) o extracomunitario (nacional y residente de un Estado tercero). En cambio, si de los criterios contenidos en el Reglamento no se desprende la competencia de los tribunales de ningún Estado miembro, el Estado ante el cual se ha presentado la demanda puede conocer de la misma si así le autorizan sus normas internas.

Para disuadir de la sustracción parental del menor el Reglamento establece como regla general que los órganos del Estado miembro de origen (de la residencia habitual del menor antes del traslado o la retención ilegales) siguen siendo los competentes para decidir sobre la custodia, a pesar de la sustracción y consiguiente cambio del lugar de residencia del menor a otro territorio. Sólo se reconoce competencia a los órganos del Estado miembro donde el menor ha sido ilegalmente trasladado o retenido (estado requerido) en 3 situaciones (que tienen en común el consentimiento expreso o tácito del progenitor ilegalmente privado del ejercicio de la custodia)[19]:

1°) Cuando hayan dado su consentimiento al traslado o retención quienes tienen atribuido el derecho de custodia,

2°) Cuando el juez del Estado de origen haya dictado una resolución (que no sea meramente provisional) sobre la custodia que no implique la restitución del menor.

3°) Cuando el menor haya residido durante un año en el Estado de traslado integrándose en su nuevo entorno y haya adquirido allí residencia habitual:

— sin que el titular del derecho de custodia haya presentado demanda de restitución en este Estado de traslado pudiendo hacerlo.

---

19 Art. 10 Reglamento 2201/2003 Bruselas II Bis

— o habiéndola presentado, bien ha desistido sin volver a presentarla en plazo, bien ésta ha sido desestimada,

— o presentada ante el juez del Estado origen, haya sido denegada y archivada y no ha presentado reclamaciones en el plazo de los 3 meses siguientes a dicho archivo.

Con las hipótesis contempladas en el art. 10 (art. 9 Reglamento Bruselas II Ter) se constata que la transferencia de competencia únicamente puede derivar, bien de una ausencia de decisión durante 1 año, o bien de una decisión del propio juez del Estado de la residencia habitual del menor antes del traslado ilegal. En todos los casos en los que el menor es legalmente trasladado a otro Estado (por decisión o con el consentimiento del cónyuge titular de su custodia), el Reglamento prorroga la competencia del juez del Estado de origen durante los 3 meses siguientes al traslado a los solos efectos de adecuar el derecho de visita[20] del cónyuge no custodio, cuyo efectivo ejercicio va a verse inevitablemente alterado por la mayor distancia física.

1.2. Mecanismo de prevalencia: Orden Certificada de Restitución

La segunda parte del mecanismo es el elemento coactivo que hace eficaz la primera, y se concreta en "*la orden certificada de restitución*". Cualquier persona que tenga conocimiento de la sustracción ilegal puede solicitar la restitución del menor ilícitamente trasladado, en el marco del Convenio de La Haya de 1980, pero en el marco del Reglamento Bruselas II bis solamente puede hacerlo el titular de la custodia del menor sustraído, entre Estados miembros de la UE. Cuando la retención o la sustracción ilegal ya se han producido y el menor se encuentra residiendo en otro Estado sin el consentimiento del titular del derecho de custodia, éste puede reclamar judicialmente el regreso del menor al Estado de origen. Puede presentar su petición ante las autoridades del Estado de origen o bien ante las del Estado de traslado. El procedimiento de ejecución de la resolución se rige por la ley del Estado miembro donde deba ser ejecutada[21]. Solicitada la res-

---

20 Art. 9 Reglamento 2201/2003 Bruselas II Bis.

21 Art. 47.1 Reglamento 2201/2003 – Art. 51.1 Reglamento 2019/1111 Bruselas II Ter. Si el Estado de traslado, por tanto donde se halla el menor de manera ilegal, es España, se sigue el procedimiento previsto en el Capítulo IV Bis del Título I: "Medidas relativas a la restitución o retorno de menores en los supuestos de sustracción internacional", arts. 778 quater a sexies de la LEC, introducido por la Disposición Final 3ª de la Ley de Jurisdicción Voluntaria de 2015, así como por la

titución, si el órgano jurisdiccional del Estado miembro requerido decide no restituir al menor[22], debe transmitir copia de su resolución al órgano de origen, quien lo notifica a las partes para que en un plazo de 3 meses puedan presentar reclamaciones. Si no lo hacen el juez requerido adquiere competencia para pronunciarse sobre la determinación de la custodia del menor. En cambio, si las partes presentan reclamaciones, el juez de origen examina la cuestión de la custodia y si considera que implica la restitución del menor, comunica al juez del Estado requerido su resolución *ordenando* la restitución del menor, acompañada del certificado, la cual es reconocida y tiene fuerza automáticamente en el Estado miembro requerido, de modo que la única posibilidad es la restitución del menor al Estado miembro de origen. Cualquier otra resolución dictada por el juez de origen que no implique la restitución del menor tiene el efecto de hacer competente al juez de traslado. Siempre que vaya acompañada del *certificado* previsto en el Reglamento, expedido por el Estado de origen, la orden tiene que ser considerada como emitida directamente por un juez nacional[23].

Es requisito esencial la audiencia del menor[24], porque en un procedimiento de sustracción de menores permite conocer sus objeciones a la

---

Disposición Final 22ª de la LEC para la facilitación de la aplicación en España del Reglamento 2201/2003.

22 Art. 11.4 Reglamento 2201/2003. El juez requerido debe evaluar si el Estado de origen adopta las medidas adecuadas para su protección después de la restitución. En esta labor es fundamental la actuación de las Autoridades Centrales del Estado de origen (Guía práctica, op. cit., p.36).

23 COBO SÁENZ, J.F. "El reconocimiento y ejecución de resoluciones judiciales, documentos públicos y acuerdos entre las partes con fuerza ejecutiva, en el Reglamento (CE) nº 2201/2003 (Bruselas II), relativo a la competencia judicial, el reconocimiento y la ejecución de resoluciones en materia matrimonial y de responsabilidad parental", *Estudios de Derecho Judicial*, 2005, nº 74, ejemplar dedicado a Cooperación judicial en materia de familia y relaciones parentales en la Unión Europea.

24 Este certificado garantiza que la resolución se ha adoptado respetando garantías esenciales del procedimiento (entre ellas audiencia a las partes y también al menor si es conveniente habida cuenta de su (Sobre el modo de practicar en Derecho español la audiencia o exploración del menor, *vid.* ARANGÜENA FANEGO, C. "La diligencia de exploración del menor en los procesos matrimoniales", en G. Martín-Calero (coord.), *Aspectos civiles y penales de las crisis matrimoniales*, Lex Nova 2009, esp. pp. 139 a 160). *Vid.* asimismo SERRANO MASIP, M. "Una justicia europea adaptada al menor: exploración de menores víctimas o testigos en la fase preliminar del proceso penal", *InDret*, 2013, nº 2, donde concluye que "el estudio correcto de la exploración del menor víctima o testigo es el que se produce desde la óptica de los derechos fundamentales del menor cuyo reconocimiento y efec-

restitución y, de este modo conocer en qué medida puede correr peligro (teniendo siempre presente la probable influencia de los padres sobre el menor)[25].

La orden de restitución acompañada del certificado redactado en el idioma expresamente aceptado por el Estado de ejecución[26], es reconocida y tiene automáticamente fuerza en el Estado miembro requerido, de modo que la única posibilidad es la restitución del menor al Estado miembro de origen. En España, el procedimiento y la emisión de la certificación judicial sobre la restitución del menor es expedida por el juez conforme al procedimiento legalmente establecido en el art. 778 quinquies de la LEC

---

tividad no pueden subordinarse al éxito de la función sancionadora del proceso penal. Al comprender que los derechos del menor no son un mero apéndice se percibirá que no (...) constituyen un obstáculo al ejercicio de la función jurisdiccional (...). Se trata de... exigir a los Estados miembros que implanten todos los medios necesarios para alcanzar un justo equilibrio entre todos los derechos e intereses que confluyen en el proceso...".

25 Posible *síndrome de alienación parental* o SAP. Ha sido definido como un trastorno que se presenta en conflictos de custodia de los hijos cuya principal manifestación es la campaña de denigración no justificada de un hijo contra uno de sus padres, resultado del adoctrinamiento efectuado por el otro progenitor junto con las propias contribuciones del niño. Desde un punto de vista clínico y forense se han identificado 8 síntomas recurrentes: 1) Campaña persistente de desaprobación e injurias contra el padre rechazado, 2) explicaciones débiles o absurdas para justificar el desprecio, 3) valoración impecable de uno de los padres y extraordinariamente negativa del otro, 4) niega cualquier influencia externa en su pensamiento y exige que sea respetado como propio, 5) defensa incondicional del progenitor alienador aunque se le demuestre que le ha mentido, 6) ausencia de remordimientos por la crueldad que ejerce sobre el padre rechazado, 7) argumentos y frases repetidas, a menudo tomadas del padre alienador, y 8) extensión del odio a la familia extensa y al entorno social del padre rechazado. Sobre este tema *vid.* TOVAR ESCUDERO, C. "Manifestaciones y expresiones de los niños afectados alienación parental en estudios españoles. Una aproximación cualitativa al síndrome de alienación parental (SAP)", en M.C. García Garnica (dir.), M. Morillas Fernández (coord.), A. Quesada Páez (coord.), *Aspectos actuales de la protección jurídica del menor. Una aproximación interdisciplinar*, Thomson-Aranzadi, Cizur Menor, 2008, pp.113 a 141, espec. pp. 119 a 122.

26 Para facilitar el cumplimiento correcto de este requisito el Reglamento incluye en sus anexos los formularios modelo de los diversos documentos exigidos, accesibles en todas las lenguas de la UE a través de la web de la red judicial europea en materia civil y mercantil (Dirección de internet de la Red Judicial Europea en materia civil y mercantil: http://ec.europa.eu/civiljustice)- (fecha de última consulta: 15 de noviembre de 2023). Los órganos jurisdiccionales españoles exigen que el certificado sea enviado en español.

(cumplimentando el formulario contenido en el Reglamento). De modo que no es posible oponerse al reconocimiento de una orden certificada de restitución y el órgano requerido ha de reconocer la fuerza ejecutiva de la resolución certificada y atender a la restitución inmediata del menor[27].

Y asimismo tiene automáticamente fuerza ejecutiva en todos los Estados miembros, de manera que un nuevo traslado a otro Estado miembro no tiene ninguna incidencia, no es necesario incoar un nuevo procedimiento

---

27 La jurisprudencia del TJCE ha sido clara en este tema, como dejó expresado en el as. *Rinau* (STJ de 11 de julio de 2008, as. C-195/08 PPU ECLI:EU:C:2008:406). Inga Rinau, lituana, contrajo matrimonio en 2003 con Michael Rinau, alemán, y residían en Alemania. En 2005 tienen una hija (Luisa) y dos meses después se separan e inician un procedimiento de divorcio, quedando el bebé al cuidado de la madre. En 2006 la Sra Rinau y su hija se marchan a Lituania, con el consentimiento de su esposo para pasar dos semanas de vacaciones, pero se quedan. En agosto de 2006 el tribunal alemán confió provisionalmente la custodia de la niña a su padre, y envió una solicitud de restitución de la menor al Estado de origen (Alemania). En diciembre del mismo año el tribunal regional lituano desestimó dicha solicitud. En junio de 2007 el tribunal alemán dictó la resolución de divorcio del matrimonio Rinau y atribuyó la custodia de la menor al padre (el Reglamento establece que los órganos del Estado miembro de origen siguen siendo competentes para decidir sobre la custodia a pesar de la sustracción). El tribunal ordenó entonces su regreso a Alemania para que el padre pudiera ejercer sus derechos de custodia, y expidió el certificado conforme al Reglamento por el que se confiere fuerza ejecutiva a la resolución de restitución y se permite su reconocimiento y ejecución inmediatos en otro Estado miembro. En Lituania el Tribunal de apelación había modificado la decisión del tribunal regional y ordenado el regreso de la menor a Alemania, aunque posteriormente se había suspendido la ejecución de esta resolución.

Frente a la orden de restitución la ex Sra Rinau ejercitó una acción de "no reconocimiento de resolución de restitución" del tribunal alemán, y recurrió la resolución del tribunal de apelación ante el Tribunal Supremo de Lituania. Este órgano planteó una cuestión prejudicial al TJCE para saber si, pese a la fuerza ejecutiva de la resolución de restitución, procedía examinar la acción de no reconocimiento presentada por la Sra. Rinau.

Aclaró el TJ que es requisito, para que pueda expedirse el certificado que da fuerza ejecutiva de una resolución de restitución del Estado de origen, que el Estado requerido haya dictado una resolución de no restitución del menor reclamado. El hecho de que posteriormente ésta sea modificada, suspendida o anulada carece de relevancia en tanto la restitución efectiva del menor no haya tenido lugar. Si no se cuestiona la autenticidad del certificado y éste ha sido expedido de conformidad con lo dispuesto en el Reglamento, no es posible oponerse al reconocimiento de la resolución de restitución y el órgano jurisdiccional requerido no puede más que reconocer la fuerza ejecutiva de la resolución certificada y atender a la restitución inmediata del menor.

de restitución, sino simplemente hacer ejecutar la resolución de juez de origen[28].

1.3. Papel de las Autoridades Centrales

El Reglamento recoge la tradicional figura de cooperación de Derecho internacional de las *Autoridades Centrales* nacionales, con las funciones generales de proporcionar información sobre las legislaciones y los procedimientos nacionales, y facilitar la aplicación del Reglamento (art. 54). Se acude a ellas exclusivamente para cuestiones de responsabilidad parental, y están pensadas para desarrollar un papel esencial en los casos de sustracción internacional de menores. Por ello el Reglamento busca que las Autoridades Centrales señaladas por los Estados coincidan con las que ya se ocupan de la aplicación del Convenio de La Haya de 1980[29]. Las Auto-

---

[28] Sobre el reconocimiento y ejecución de las resoluciones adoptadas en el marco del Reglamento Bruselas II bis vid. por todos: HOYOS SANCHO, M. "Reconocimiento de resoluciones judiciales en materia matrimonial y de responsabilidad parental", y ARANGÜENA FANEGO, C. "Ejecución de resoluciones judiciales en materia matrimonial y de responsabilidad parental", ambos estudios en A. de la Oliva Santos (dir.), F. Gascón Inchausti (coord.), *Derecho procesal civil europeo (vol. I): Competencia judicial internacional, reconocimiento y ejecución de resoluciones judiciales extranjeras en la Unión Europea*, Aranzadi-Thomson Reuters, Cizur Menor, 2011, esp. pp. 493 a 526.

[29] España designó como Autoridad Central la *Dirección General de Cooperación Jurídica Internacional del Ministerio de Justicia. Servicio de Convenios.* Sus atribuciones están reguladas por el RD 1475/2004, de 18 de junio, que desarrolla la estructura orgánica básica del Ministerio de Justicia. De esta Dirección General dependen 2 subdirecciones*: la Subdirección General para asuntos de Justicia en la Unión Europea y organismos Internacionales,* y la *Subdirección General de Cooperación Jurídica Internacional.* Es a esta última Subdirección a la que corresponde la aplicación del Reglamento 2201/2003, *Bruselas II bis, y el Reglamento UE 2019/1111 Bruselas II Ter desde el 1 de agosto de 2022.* La Autoridad Central española cuando se produce una sustracción al extranjero de un menor residente en España tiene que:

— Recibir la solicitud junto y la documentación que se acompaña y hacerla llegar a la Autoridad Central del país extranjero donde el menor ha sido trasladado o se encuentra retenido (Estado requerido); encargándose de la traducción de la documentación, cuando sea necesario;

— Supervisar el progreso de la tramitación de la solicitud y proporcionar a los padres privados de sus hijos (solicitantes) información actualizada.

— Proporcionar documentación adicional a la Autoridad competente del país extranjero si se precisara.

Se encuentra toda la información en la web del Ministerio de Justicia: www.mjusticia.es, dentro del apartado de "Áreas temáticas".

ridades Centrales tienen encomendadas expresamente en el Reglamento las tareas necesarias para cumplir los objetivos de la norma, y se amplía su capacidad de actuación en el Reglamento 2019/1111 Bruselas II Ter. Se trata en definitiva de[30]:

1. Facilitar las comunicaciones entre los órganos jurisdiccionales de los Es miembros.

   Para ello dichas comunicaciones tienen que realizarse en el idioma o idiomas expresamente aceptados por cada Autoridad. La española acepta comunicaciones en español, inglés y francés.

2. Ayudar a la aplicación del Reglamento: Localizando a los menores trasladados o retenidos ilícitamente, facilitando información relativa a la situación social del menor, facilitando información sobre la legislación del país (lo que resulta especialmente interesante en los casos en los que esta fuente falla en el Atlas Judicial Europeo) así como del suministro de cualquier otra información pertinente para los fines de procedimientos en materia de responsabilidad parental [31]. El Reglamento Bruselas II Ter resalta este deber de las autoridades centrales de cooperar entre sí para prestar asistencia a los órganos jurisdiccionales y a las autoridades competentes, así como a los titulares de la responsabilidad parental[32].

3. Facilitar la celebración de acuerdos entre los titulares de la responsabilidad parental, a través de mecanismos como la mediación. Esta función se vincula con el cargo creado por el Parlamento Europeo en 1987 de *Mediador del Parlamento Europeo para los casos de sustracción internacional de menores por sus progenitores* (en 2018 cambió su denominación a *Coordinador del PE para los Derechos del Niño)*[33]. Dado que todo menor tiene derecho a ambos progenitores, cualquiera

---

[30] Art. 55 Reglamento 2201/2003 Bruselas II Bis y especialmente los arts. 79 y ss. del Reglamento 2019/1111 Bruselas II Ter.

[31] GARCÍA REVUELTA, C. "La autoridad central. Ámbito de actuación. El Convenio de la Haya de 1980: "Aspectos civiles de la sustracción internacional de menores". Problemas prácticos en la aplicación del Convenio", en *Estudios de Derecho Judicial*, 2005, nº74, *ejemplar dedicado a Cooperación judicial en materia de familia y relaciones parentales en la Unión Europea*, esp. p. 223.

[32] Expresamente anunciado en el Considerando (78), y ampliamente desarrollado en sus arts. 79 y ss.

[33] Se puede consultar esta figura en la página web del Parlamento Europeo: https://www.europarl.europa.eu/at-your-service/es/be-heard/coordinator-on-children-rights (fecha de última consulta: 13 diciembre de 2023). Los progenitores

de ellos puede solicitar su mediación. Este Coordinador se presenta como punto de contacto para la creación de una red eficaz de cooperación con las Autoridades Centrales nacionales. De modo que, el Reglamento 22021/2003 Bruselas II Bis articula que, paralelamente al proceso judicial, pueda seguirse un procedimiento de mediación, y de alcanzar un acuerdo, presentarlo al tribunal para que lo homologue como una transacción judicial[34].

2. *Análisis del Reglamento 2201/2003 por la Comisión Europea en 2014. Propuesta de reforma de 2016*

Conforme estaba establecido en el propio articulado del Reglamento Bruselas II Bis[35], en 2014 la Comisión presentó, incluso con algo de retraso, al PE y al ECOSOC su informe sobre la aplicación del Reglamento 2201/2003[36], analizando y destacando las deficiencias detectadas. Desde su entrada en vigor se habían ya puesto de manifiesto sus bondades, pero también comenzaron a detectarse distorsiones y efectos no queridos por el legislador europeo. Con este panorama, una vez más la actuación del TJUE ha sido esencial, resolviendo y completando las contradicciones y las lagunas de la norma europea.

Singularmente se destacan las siguientes:

1) Dudas en las condiciones que han de cumplirse para la aplicación del art. 12 sobre prórroga de la competencia.

2) Dificultades para la aplicación del art.15 sobre transferencia de la competencia al órgano "mejor situado". Entre otros motivos, las di-

afectados pueden ponerse en contacto con ella (es Coordinadora) bien vía telefónica, bien por correo electrónico: MediationChildAbduct@europarl.europa.eu.

34 Sin embargo, en los supuestos de violencia contra la mujer se produce una contradicción: el Reglamento 2201/2003 anima a la mediación para determinar las relaciones paterno-filiales a través de las Autoridades Centrales, pero la legislación española la prohíbe precisamente en aquellos casos en los que se ha producido violencia sobre la mujer. El principio de primacía del Derecho comunitario debería imponer la regulación comunitaria y hacer válido el acuerdo alcanzado también en esta situación.

35 Artículo 65: Revisión. "A más tardar el 1 de enero de 2012, y a continuación cada cinco años, la Comisión presentará al Parlamento Europeo, al Consejo y al Comité Económico y Social Europeo un informe basado en la información proporcionada por los Estados miembros y relativo a la aplicación del presente Reglamento, acompañado, si ha lugar, de propuestas encaminadas a su adaptación".

36 COM(2014)225 final, de 15 de abril de 2014.

ficultades han derivado en ocasiones de que precisamente el órgano mejor situado es el tribunal del Estado donde ha sido trasladado ilícitamente el menor. El TJ ha admitido esta posibilidad, en principio totalmente contraria al objetivo de las normas europeas[37], siempre que se den cumulativamente tres requisitos: que el menor tenga efectivamente una vinculación especial con el Estado de traslado, que el tribunal del Estado de traslado esté efectivamente en mejor posición para conocer del asunto y que se realice en beneficio del interés superior del menor. Y a los tres hay que añadir un cuarto que responde a las especiales circunstancias en las que se quiere remitir la competencia: el procedimiento de restitución. Una vez iniciado este procedimiento, ningún juez que no sea el que está tramitándolo puede adoptar una resolución sobre el derecho de custodia hasta que no se haya pronunciado éste sobre la demanda de restitución del menor[38].

---

37 Por lo cual ha sido criticada por la doctrina. *Vid.* JIMÉNEZ BLANCO, P. "*Forum no conveniens* y sustracción internacional de menores. Sentencia del TJ del 13 de julio de 2023. As. C-87/2022: TT", *Diario La Ley Unión Europea*, 2003, nº 118, https://web.laley.es/revistas-laley/laley-union-europea/, quien destaca que además provocará dilaciones. *Vid.* asimismo DURÁN AYAGO, A "Y de repente, las dudas en la aplicación del mecanismo de prevalencia en los casos europeos de traslado ilícito de menores", *Diario La Ley Unión Europea*, 2023, nº 118, https://web.laley.es/revistas-laley/laley-union-europea/, para quien lo más llamativo de esta sentencia es que choca frontalmente con lo dispuesto en el Reglamento Bruselas II Ter, en cuyo Considerando (27) se insiste en que esta transferencia de competencia no debe autorizarse en casos de traslado o retención ilícitos del menor.

38 As. C-87/22, *TT y AK*, STJ de 23 de julio de 2023. ECLI:EU:C:2023:571, TOL9.640.985. Los litigantes son una pareja de nacionalidad eslovaca y residentes en Austria. Al romperse la pareja la madre se lleva a los hijos con ella a Eslovaquia sin el consentimiento del padre, quien presenta una demanda de restitución de los menores en aplicación del Convenio de La Haya de 1980 ante un tribunal eslovaco y además una demanda por la custodia ante un tribunal austríaco que la desestima por falta de competencia internacional. El padre recurre esta resolución desestimatoria, y es el órgano jurisdiccional austriaco de segunda instancia el que eleva una cuestión prejudicial al TJ preguntando si la facultad otorgada por el art. 15 del Reglamento Bruselas II bis al tribunal competente para resolver el fondo sobre el derecho de custodia (el del Estado de residencia habitual del menor antes de su traslado ilícito) de remitir el conocimiento a otro tribunal "mejor situado para conocer del litigio", puede hacerlo aunque ese tribunal sea del Estado de traslado. El TJ respondió afirmativamente siempre que se reúnan los tres requisitos establecidos y además tomar en consideración la existencia de un procedimiento de restitución de dicho menor, porque "las autoridades judiciales del Estado contratante a donde ha sido trasladado el menor no pueden decidir

3) Problemas en la aplicación del art. 20 que reconoce competencia cautelar, para adoptar medidas provisionales en relación con un menor, al órgano que no es competente para conocer del fondo del asunto. En esta materia, el TJ ha declarado que, si el juez competente antes de la sustracción ha dictado una medida y la ha declarado ejecutiva, el juez del Estado de traslado no puede dictar otra[39].

4) Los problemas que surgen en supuestos de litispendencia, al no quedar clara la norma en el texto del Reglamento. En la práctica ha permitido que se intente utilizar para impedir que conozca del asunto el juez competente en cuanto al fondo, adelantando la presentación de una demanda de medidas provisionales en el otro Estado. Para el legislador europeo la litispendencia en materia de responsabilidad parental exige la concurrencia de demandas sobre el mismo menor que tengan el mismo objeto y la misma causa (art. 19.2 Reglamento Bruselas II Bis), es decir que solo existen cuando haya pendientes dos procedimientos con el mismo objeto y la misma causa ante órganos diferentes, y los litigantes que demandan pretendan obtener una resolución que pueda ser reconocida en otro Estado miembro. Para el TJ, entonces, la existencia de dos procedimientos entre los mismos sujetos con el mismo objeto pero uno solicitando una reso-

---

sobre la cuestión de fondo de los derechos de custodia hasta que se haya determinado que no concurren los requisitos para la restitución del menor" (parágrafo 68 de la sentencia) ... "no se puede obviar la imposibilidad temporal de los órganos jurisdiccionales del Estado miembro al que el menor ha sido trasladado ilícitamente... para adoptar una resolución sobre el fondo del derecho de custodia que respete (el interés superior del menor) antes de que, por lo menos, el órgano jurisdiccional de dicho Estado miembro ante el que se ha presentado la demanda de restitución, se haya pronunciado sobre ella" (parágrafo 69 de la sentencia).

39 En el asunto *Jasna Deticêk c. Mauricio Sgueglia* (STJCE de 23 de diciembre de 2009, as. C-403/09 PPU. ECLI:EU:C:2009:810), el Tribunal de Justicia tuvo que pronunciarse sobre la interpretación del art. 20 del Reglamento 2201/2003 que permite a un órgano jurisdiccional nacional que no es el competente para resolver el fondo del asunto, adoptar una medida cautelar con arreglo a su derecho nacional, concretamente la atribución provisional de la menor a la madre, eslovena, hasta que resolviera el asunto sobre el divorcio el juez italiano. Reconocer la competencia del juez esloveno en este caso concreto supondría un ataque frontal al objetivo que persigue el Reglamento: establecer un espacio judicial europeo basado en el principio del reconocimiento mutuo de las resoluciones judiciales dictadas por cualquier tribunal en el territorio de la Unión Europea, pues supondría no reconocer la validez de la resolución del juez competente según el Reglamento para conocer del fondo del asunto.

lución de fondo y el otro una medida provisional, no puede solo por ello determinar la existencia de litispendencia, excepto si el juez de las medidas provisionales también es competente para conocer del fondo[40].

5) La insuficiencia de la norma sobre competencia residual puede originar situaciones en las que no se determine ningún órgano competente, si de la aplicación de la normativa nacional por efecto de la cláusula de competencia residual del art. 14 Reglamento Bruselas II Bis, no se deriva la competencia de los tribunales del Estado ante el que se ha presentado la demanda ni tampoco de los de otro Estado Miembro[41].

A la vista de los problemas y dificultades señalados (entre ellos, además, problemas serios en la ejecución de estas resoluciones en otros Estados distintos del de emisión, que no han sido tratados ahora como otros porque exigiría mayor extensión de este estudio), la Comisión informó de la necesidad de mejorar la aplicabilidad práctica del Reglamento, incorporando asimismo las interpretaciones del TJUE sobre los preceptos más polémicos, por medio de su jurisprudencia. Otros estudios externos pusieron de relieve que uno de los principales obstáculos era la excesiva duración de los procedimientos que conllevaba unos costes más elevados, así como la debilidad en la garantía del respeto de los derechos fundamentales del menor, lo que minaba la confianza mutua entre los órganos de los diferentes Estados. La Comisión presentó en junio de 2016 su propia propuesta de

---

40 As. C-296/10, *Purruker II*, STJ de 9 de noviembre de 2010. ECLI:EU:C:2010:665, esp. parágrafos 67 y 72.

41 En el as. C-501/20, *MPA y LCDNMT* (STJ de 1 de agosto de 2022. ECLI:EU-:C:2022:619, TOL9.148.751) se solicita al TJ una interpretación del concepto de residencia habitual a los efectos de determinar el tribunal competente. Se trata de una pareja luso-española que reside en Togo, donde decide separarse. Según la jurisprudencia del TJ no son competentes los tribunales de ningún Estado miembro. Es procedente entonces aplicar la cláusula de competencia residual. Los tribunales españoles pueden ser competentes en virtud de sus propias leyes basándose en la cláusula de competencia residual, es decir que pueden fundar su competencia en las normas de Derecho interno apartándose del criterio de proximidad del Reglamento. El art. 22 quater-d) LOPJ establece la competencia de los tribunales españoles por la nacionalidad en materia de relaciones paterno-filiales, protección de menores y responsabilidad parental, cuando el demandante sea español. Pero en este asunto se trataban más cuestiones: el divorcio y una demanda de alimentos. Para estas otras cuestiones no eran competentes.

reforma del Reglamento 2201/2003, orientada a conseguir los siguientes objetivos[42]:

— mejorar el procedimiento de restitución de los menores ilegalmente sustraídos y acortar su duración, que venía tardando una media de 24 semanas en completarse; mejorar el acogimiento transfronterizo, mejorar la eficiencia de la ejecución de las resoluciones en materia de relaciones paterno-filiales, e introducir la posibilidad de que el juez del Estado de refugio pueda ordenar medidas de protección urgentes que puedan "viajar con el menor" al Estado de residencia habitual; mejorar la cooperación mediante la aclaración de las funciones de las autoridades centrales; interpretar el interés superior del menor como el derecho a opinar y a expresar libremente su opinión.

La Comisión propone además la inclusión de las siguientes garantías y medidas de eficiencia:

— Cuando por razones de urgencia los jueces de un Estado miembro que no es el competente en cuanto al fondo, adopten medidas provisionales, esas medidas adoptadas con respeto de los principios de audiencia y contradicción[43] tienen que ser reconocidas y

---

42 Para ello incluye toda la regulación relativa a la sustracción de menores en un nuevo capítulo III con ese título ("Sustracción de Menores"), desarrollado en los nuevos artículos 21 a 26 del Reglamento refundido, además modifica profundamente los preceptos relativos a la ejecución y reconocimiento de estas resoluciones (capítulo IV), y aclara los siguientes puntos obscuros en la regulación anterior:
— Determina la frontera entre la minoría y la mayoría de edad en los 18 años, acomodándose así a la regulación del Convenio de la Haya de 1996 sobre protección jurídica de los menores, si bien mantiene la aplicación del Convenio de la Haya de 1980 para los niños hasta 16 años (Nuevo Considerando nº 12 de la Propuesta de Reglamento de refundición. Asimismo, el art.2.7 (nuevo) incluye como definición de "niño": toda persona menor de 18 años).
— Se establece cómo ha de interpretarse la expresión: "interés superior del menor", tanto en el Considerando nº 13 adaptado: "Cualquier referencia al interés superior del menor debe interpretarse a la luz del art. 24 de la Carta de los Derechos Fundamentales de la Unión Europea y de la Convención de las Naciones Unidas sobre los derechos del Niño, de 20de noviembre de 1989". En el art. 24.2 CDFUE se recoge el derecho de los niños a opinar y expresar libremente su opinión y a que ésta sea tenida en cuenta en los asuntos que les afecten, en función de su edad y madurez.

43 Art. 48 nuevo de la Propuesta de Reglamento refundido: "Las disposiciones del presente capítulo (reconocimiento y ejecución) aplicable a las resoluciones se aplicarán a las medidas provisionales, incluidas las cautelares, ordenadas por una autoridad

ejecutadas en los demás Estados miembros, incluido el competente para el fondo[44].

— Los Estados miembros tienen que especializar determinados órganos nacionales en materia de sustracción transfronteriza de menores y concentrar el conocimiento de estos asuntos en ellos[45].

— Para mejorar la tramitación y acelerar la resolución de la situación, la Comisión propone en su reforma, que los Estados miembros limiten a uno solo los recursos contra las resoluciones y además establezcan un plazo de 6 semanas para la sustanciación de cada instancia[46]. De este modo el procedimiento de restitución estaría limitado a un periodo máximo de 18 semanas: 6 semanas máximo para la tramitación de la Autoridad Central, 6 semanas para la tramitación por el tribunal de primera instancia y 6 semanas máximo para la tramitación por el tribunal de apelación. También las Autoridades Centrales tienen que garantizar que el expediente de restitución de un menor se complete en un plazo máximo de 6 semanas[47].

---

competente de conformidad con el capítulo II (competencia). Dichas disposiciones no se aplicarán a las medidas provisionales, incluidas las cautelares, ordenadas por una autoridad sin que el demandado haya sido citado a comparecer".

44 Nueva redacción del Considerando nº 17: "En caso de urgencia, las disposiciones del presente Reglamento no impedirán que las autoridades de un Estado miembro que no sean competentes para conocer del fondo del asunto adopten medidas provisionales, incluidas las protectoras, por lo que se refiere a la persona o a los bienes de un niño que se encuentren en ese Estado miembro. Dichas medidas deben ser reconocidas y ejecutadas en los demás Estados miembros, incluidos los que sean competentes en virtud del presente Reglamento, hasta que una autoridad competente de dicho Estado miembro haya adoptado las medidas que considere apropiadas. (…)".

45 Nuevo art. 22 de la Propuesta de Reglamento refundido: "Los Estados miembros garantizarán que su competencia para las demandas de restitución de un menor, contemplada en el art. 21 se concentre en un número limitado de órganos jurisdiccionales. Estos órganos serán comunicados por cada Estado miembro a la Comisión de conformidad con el art. 81".

46 Art. 23.1 modificado de la Propuesta de Reglamento refundido: "El órgano jurisdiccional ante el que se interponga la demanda de restitución de un menor… actuará con urgencia en el marco del proceso en que se sustancie la demanda… (…)
Sin perjuicio del párrafo primero, cada instancia dictará su resolución como máximo seis semanas después de la interposición de la demanda o recurso salvo que existan circunstancias excepcionales que lo hagan imposible".

47 Recogido en el nuevo Considerando nº 27, que añade: "A fin de permitir a la autoridad central requerida cumplir este plazo, la requirente debe ponerse en

Y asimismo se incorpora expresamente la posible derivación a mediación, en aras del interés superior del menor[48], utilizando las redes y estructuras de apoyo existentes[49].

3. *Modificaciones con el Reglamento (UE) 1111/2019 de 25 de junio de 2019, relativo a la competencia, el reconocimiento y la ejecución de resoluciones en materia matrimonial y de responsabilidad parental, y sobre la sustracción internacional de menores (versión refundida)*[50] *– Bruselas II ter.*

Conviene iniciar su análisis recordando que la intención del legislador europeo al aprobar esta regulación es hacer realidad el "espacio de libertad, seguridad y justicia" mediante el reconocimiento mutuo de las resoluciones judiciales en la UE (así se declara en el Considerando (3) del Reglamento). Las modificaciones introducidas son de tal envergadura que han obligado a llevar a cabo una "refundición" de la nueva propuesta con la regulación existente que se modifica[51]. El nuevo nombre dado a este instrumento, que incluye expresamente la aclaración "*y sobre la sustracción internacional de menores*", ofrece ya una idea de la orientación de las modificaciones operadas, dando respuesta a las necesidades detectadas en las operaciones previas de búsqueda de información, social y académica y forense. Esta cuestión regulada en un único artículo 11 del Reglamento Bruselas II bis, pasa a desarrollarse a lo largo de 8 artículos, con numerosos apartados algunos de ellos: los artículos 22 a 29 del Reglamento Bruselas II Ter.

---

estrecho contacto con el solicitante y responder sin demora a cualquier solicitud de información adicional o documentos…".

48 Nuevo nº 2º del art. 23 de la Propuesta de Reglamento refundido: "Tan pronto como sea posible durante el procedimiento, el órgano jurisdiccional examinará si las partes están dispuestas a recurrir a la mediación para encontrar, en el interés superior de menor, una solución consensuada, siempre que esto no retrase indebidamente el procedimiento".

49 Nuevo Considerando nº 28 de la Propuesta de Reglamento refundido.

50 DOUE de 2 de julio de 2019, nº L 178, pp. 1–115.

51 Así queda reflejado en el primer Considerando de la propuesta de Reglamento de refundición: "El 15 de abril de 2014, la Comisión adoptó un informe sobre la aplicación del Reglamento (CE) n. o 2201/2003 del Consejo. El informe concluía que el Reglamento (CE) n. o 2201/2003 estaba funcionando correctamente y había aportado a los ciudadanos beneficios importantes, pero que las normas vigentes podían mejorarse. Dado que el citado Reglamento debe ser objeto de varias modificaciones, conviene, en aras de la claridad, refundir dicho Reglamento.".

El Reglamento (UE) 2019/1111 del Consejo (Reglamento Bruselas II Ter) sustituye al Reglamento (CE) n.º 2201/2003 (Reglamento Bruselas II Bis) desde 1 de agosto de 2022. Este nuevo Reglamento solo es aplicable a los procesos judiciales incoados, los documentos públicos formalizados o registrados y las transacciones judiciales homologadas o celebradas en materia matrimonial y de responsabilidad parental el 1 de agosto de 2022 o después de esa fecha. Por tanto el Reglamento Bruselas II Bis sigue aplicándose a las resoluciones dictadas en procesos judiciales incoados, a los documentos públicos formalizados o registrados y a las transacciones judiciales homologadas o celebradas antes del 1 de agosto de 2022 que entren en el ámbito de aplicación de dicho Reglamento[52].

El Reglamento es aplicable en todos los Estados miembros de la Unión Europea con excepción de Dinamarca[53]. Los cambios más destacados, que son identificados en los Considerandos del texto, son los diez siguientes:

1) Se generaliza la supresión del *exequatur* como procedimiento intermedio necesario para conseguir una ejecución transfronteriza, res-

---

52 STJ de 15 Nov. 2022, C-646/2020 C-646/20: TB /RD, "De conformidad con su artículo 104, apartado 1, el Reglamento (UE) 2019/1111 del Consejo, de 25 de junio de 2019, relativo a la competencia, el reconocimiento y la ejecución de resoluciones en materia matrimonial y de responsabilidad parental, y sobre la sustracción internacional de menores (DOUE de 2 de julio de 2019, nº L 178, esp. p. 1; en lo sucesivo, «Reglamento Bruselas II ter»), que refundió el Reglamento Bruselas II bis, derogó este último a partir del 1 de agosto de 2022. No obstante, con arreglo al artículo 100, apartado 2, del Reglamento Bruselas II ter, el Reglamento Bruselas II bis ha de seguir aplicándose a las resoluciones dictadas en procedimientos ya incoados, a los documentos públicos formalizados o registrados y a los acuerdos que hayan adquirido fuerza ejecutiva en el Estado miembro en el que hayan sido celebrados antes del 1 de agosto de 2022. Así pues, habida cuenta de la fecha de los hechos del litigio principal, este se rige por el Reglamento Bruselas II bis."

53 A partir del 1 de enero de 2021, el Reino Unido dejó de ser Estado miembro de la UE. No obstante, en el ámbito de la justicia civil, los procesos y procedimientos pendientes que se hayan iniciado antes del final del período transitorio proseguirán con arreglo a la legislación de la UE. Hasta finales de 2024, el Reino Unido seguirá estando en las opciones de selección de los formularios dinámicos online a efectos de esos procesos y procedimientos. Una excepción a esta norma la constituyen los formularios de documentos públicos, en cuyas opciones de selección no deberá estar el Reino Unido. Vid. la Comunicación de la Comisión a las partes s*obre Retirada del Reino Unido y normas de la UE en el ámbito de la Justicia Civil y el Derecho Internacional Privado*, de 27 de agosto de 2020. https://e-justice.europa.eu/271/ES/brussels_iia_regulation__matrimonial_matters_and_matters_of_parental_responsibility_forms – (fecha de última consulta: 15 de noviembre de 2023).

pecto de todas las resoluciones[54]. A efectos de la ejecución en un Estado miembro de una resolución dictada en otro Estado miembro, basta con que la parte que solicite la ejecución presente a las autoridades de ejecución competentes una copia de la resolución y el certificado apropiado de entre los formularios contenidos en el anexo.

Las resoluciones que ordenen la restitución de un menor con arreglo al Convenio de La Haya de 1980 deben ser objeto de reconocimiento y ejecución en virtud del capítulo IV del Reglamento cuando deban ser ejecutadas en otro Estado miembro como consecuencia de una nueva sustracción ocurrida tras haberse ordenado la restitución, sin perjuicio de la posibilidad de incoar un nuevo procedimiento de restitución de un menor en virtud del Convenio de La Haya de 1980 en relación con la nueva sustracción. Por otra parte, el Reglamento debe seguir siendo aplicable a otros aspectos en situaciones de traslado o retención ilícitos de un menor, por ejemplo las disposiciones relativas a la competencia del órgano jurisdiccional del Estado miembro de residencia habitual y las disposiciones sobre el reconocimiento y la ejecución de cualquier orden que dicte dicho órgano jurisdiccional.[55]

El Reglamento Bruselas II Ter introduce la posibilidad de ejecución provisional de una resolución ejecutiva adoptada por el juez de origen: "Debe ser posible que una resolución por la que se ordene la restitución del menor pueda declararse provisionalmente ejecutiva no obstante posibles recursos, cuando el interés superior del menor requiera que sea restituido antes de que se dicte una resolución sobre el recurso. El Derecho nacional puede precisar qué órgano jurisdiccional está facultado para declarar la resolución provisionalmente ejecutiva"[56]. El Reglamento se propone establecer condiciones equitativas en lo que se refiere a la ejecución transfronteriza de las resoluciones en materia de responsabilidad parental entre los Estados miembros, cuyos sistemas difieren en cuanto a los efectos de los medios de impugnación. En varios Estados miembros estas resoluciones ya tienen fuerza ejecutiva aun cuando sigan siendo susceptibles de recurso, o hayan sido ya objeto de recurso. En otros

---

54 Considerando (58) Reglamento 2019/1111.

55 Considerando (16) Reglamento 2019/1111.

56 Considerando (47) Reglamento 2019/1111.

únicamente tienen fuerza ejecutiva las resoluciones firmes que ya no son susceptibles de recurso ordinario.

2) El mecanismo de restitución inmediata en caso de sustracción de menores continúa basándose en el mecanismo de restitución del Convenio de La Haya de 1980. Uno de los principales problemas que planteaba el Reglamento Bruselas II bis era la complejidad del procedimiento de restitución del menor ilegalmente trasladado o retenido, en cuanto pretendía articularse sobre el Convenio de la Haya de 1980, sin anularlo pero con primacía, de modo que ambos instrumentos jurídicos quedaban "inextricablemente unidos"[57]. En tales circunstancias, el TJ había aclarado[58] que se aplica el Reglamento cuando una persona, institución u organismo que tenga el derecho de custodia solicite a las autoridades competentes que se dicte una resolución con arreglo al convenio de 1980, con objeto de conseguir la restitución del menor trasladado o retenido ilícitamente. El art. 11 del Reglamento acoge la demanda de restitución del convenio de la Haya (siempre que sea presentada por el titular del derecho de custodia vulnerado). Lo que el convenio regula es la demanda de restitución. Lo que regula el Reglamento es la "orden

---

57 La calificación de esta relación como inextricable se debe al Abogado General en el asunto *J.McB vs. L.E.*, el Sr. N. Jääskinen. En este asunto se planteó por el Gobierno alemán, y en cierta medida por la Comisión europea, la inadmisibilidad de la cuestión prejudicial alegando que ésta versaba no sobre una norma comunitaria sino sobre la interpretación del Convenio de la Haya de 1980, interpretación para la cual el TJ de la UE no tiene competencia. De este modo aparece la cuestión de determinar cuáles y de qué naturaleza son los vínculos entre el convenio y el Reglamento comunitario en cuanto normas que regulan una misma materia y que son simultáneamente aplicables a un mismo supuesto de hecho. Los arts. 60 y 62 del Reglamento europeo declararon aplicable entre los Estados miembros el convenio de La Haya de 1980 *para las cuestiones no reguladas por el Reglamento, que prima sobre aquél.* El Convenio de 1980 permite a cualquier persona que tenga conocimiento de un traslado o retención de un menor que pueda ser ilícito de acuerdo con sus disposiciones, presentar una solicitud de restitución ante la autoridad central competente (art. 15). Pero el Reglamento comunitario únicamente legitima al titular del derecho de custodia vulnerado. Se reveló entonces el problema de definir la articulación de ambos instrumentos. Vid. más arriba nota número 8.

58 STJ de 5 de octubre de 2010, As. *J.McB. Y L.E.* (as. C-400/10 PPU). El solicitante, padre biológico de los menores, presenta tal demanda, al amparo del art. 15 del convenio de La Haya. Pero el Reglamento comunitario únicamente legitima al titular del derecho de custodia vulnerado. Se revela entonces el problema de definir la articulación de ambos instrumentos.

certificada de restitución" cuando se ha desestimado la demanda. "Aunque el objetivo del Reglamento es crear un espacio judicial basado en el principio de reconocimiento mutuo de resoluciones judiciales... mientras que el Convenio de la Haya tiene por objeto garantizar la restitución inmediata de los menores trasladados o retenidos ilícitamente en cualquier Estado contratante", "existe una estrecha relación entre estos dos instrumentos que, en esencia, tienen el objetivo común de impedir la sustracción de menores entre los Estados, y en caso de sustracción, conseguir que la restitución del menor al Estado de su residencia habitual se produzca sin demora"[59].

También garantiza que el procedimiento de restitución del menor sea más rápido (un plazo máximo de seis semanas en primera instancia y de seis semanas también en instancias superiores). Por otra parte, la autoridad central tendrá que tramitar las solicitudes de manera eficiente (plazo de cinco días para acusar recibo de la solicitud)[60].

3) Se incorpora como garantía fundamental la audiencia al menor, configurada como un derecho fundamental del menor en el art. 24.1 de la Carta de derechos fundamentales de la Unión Europea[61]. Con este requisito se trata de garantizar que el menor haya tenido la oportunidad de manifestar su opinión, bien ante el propio juez[62] o bien ante otra autoridad competente (como puede ser un asistente social). La nueva norma recoge expresamente el derecho del menor a ser oído no solo en el procedimiento sobre la custodia[63] sino

---

59 STJ de 2 de agosto de 2021, as. C-262/21 *PPU, AyB*, ECLI:EU:C:2021:640, TOL8.533.692.

60 Considerando (26) y art. 23.1 Reglamento 2019/1111.

61 Artículo 24.—Derechos del menor:
"1. Los menores tienen derecho a la protección y a los cuidados necesarios para su bienestar. Podrán expresar su opinión libremente. Ésta será tenida en cuenta en relación con los asuntos que les afecten, en función de su edad y de su madurez.".

62 Sobre el modo de practicar en Derecho español la audiencia o exploración del menor, *vid.* ARANGÜENA FANEGO, C. "La oralidad y sus consecuencias en la diligencia de exploración del menor en los procesos matrimoniales", en F. Carpi (ed.), M. Ortells Ramos (ed), *Oralidad y escritura en un proceso civil eficiente*, Tomo II, Universitat de Valencia, Valencia, 2008, esp. pp. 155 a 164, y de la misma autora: "La diligencia de exploración del menor en los procesos matrimoniales", en C. Guilarte Martín-Calero (dir.) *Aspectos civiles y penales de las crisis matrimoniales*, Lex Nova, Valladolid, 2009, esp. pp. 139-160.

63 Art. 20 Reglamento 2019/1111.

también en el procedimiento de restitución[64], así como la exigencia de que dicha audiencia sea real y efectiva, como condición para la expedición del certificado[65].

El Reglamento no determina si el menor debe ser oído por el juez en persona o por un experto con una formación específica que informe seguidamente al órgano jurisdiccional, o si el menor debe ser oído en la sala de audiencia o en otro lugar, o por otros medios. "Tanto los procedimientos en materia de responsabilidad parental en virtud del presente Reglamento como los procedimientos de restitución en virtud del Convenio de La Haya de 1980 deben, como principio fundamental, dar a los menores que sean objeto de los procedimientos y tengan capacidad para formarse su propio juicio, de conformidad con la jurisprudencia del Tribunal de Justicia, la posibilidad real y efectiva de expresar su opinión y a la hora de valorar el interés superior del menor, debe tenerse debidamente en cuenta dicha opinión. La posibilidad de que el menor exprese su opinión libremente, conforme al artículo 24, apartado 1, de la Carta y a la luz del artículo 12 de la Convención de las Naciones Unidas sobre los Derechos del Niño, desempeña un papel importante en la aplicación del presente Reglamento. Sin embargo, la cuestión de quién ha de oír al menor y de la manera en que debe hacerlo no debe regularse en el presente Reglamento sino en la legislación nacional de cada Estado miembro" [66]. Y, aunque la audiencia del menor es un

---

64 Art. 24 Reglamento 2019/1111.

65 Art. 53.5 Reglamento 2019/1111.

66 (57) Reglamento 2019/1111. "En lo que se refiere a la posibilidad de expresarse otorgada al menor, debe corresponder al órgano jurisdiccional de origen decidir el método adecuado. Por consiguiente, no debe ser posible denegar el reconocimiento de una resolución por el único motivo de que el órgano jurisdiccional de origen utilizó para oír al menor un método diferente del que aplicaría un órgano jurisdiccional del Estado miembro de reconocimiento. El Estado miembro en el que se invoca el reconocimiento no debe denegarlo cuando concurra una de las excepciones a este motivo específico de denegación autorizadas por el presente Reglamento. Dichas excepciones tienen por efecto que los órganos jurisdiccionales del Estado miembro de ejecución no pueden denegar la ejecución de una resolución por el único motivo de que no se haya dado al menor la oportunidad de expresarse, teniendo en cuenta su interés superior, si el procedimiento solo afectaba a los bienes del menor y a condición de que no se requiriera la audiencia del menor habida cuenta del objeto del procedimiento, o si existían motivos fundados para no dar esa oportunidad al menor debido, en particular, a la urgencia del asunto".

derecho de este, debe evaluarse teniendo en cuenta su interés superior, según la jurisprudencia del Tribunal de Justicia, que deja cierto margen de apreciación al órgano jurisdiccional, ahora bien cuando este decida oír al menor, deberá adoptar, atendiendo al interés superior del menor y en función de las circunstancias de cada caso, todas las medidas apropiadas para organizar tal audiencia de modo que quede asegurada la eficacia de las mencionadas disposiciones, ofreciendo al menor una posibilidad real y efectiva de expresar su opinión[67].

4) Promueve una mejor cooperación entre las Autoridades Centrales, que son el punto de contacto directo para los progenitores. Cada Estado miembro designa a una o varias Autoridades Centrales que asistirán en la aplicación del Reglamento en materia de responsabilidad parental[68]. Las Autoridades Centrales tienen que garantizar que el *expediente de restitución* de un menor se complete en un plazo máximo de 6 semanas[69] (para localizar al demandado y al niño, promover la mediación, remitir al solicitante a un abogado cualificado o el asunto ante la autoridad competente). De modo que el procedimiento de restitución no supere las 18 semanas (6 1ª instancia, 6 apelación, 6 Autoridades Centrales), frente a los 165 días actuales de media.

5) Completa y regula cualquier tipo de acogimiento del menor en un hogar de acogida, es decir, según el Derecho y los procedimientos nacionales, por una o más personas, o en una institución, por ejemplo en un orfanato o en un centro de acogida de menores, en otro Estado miembro[70]. La nueva regulación establece que "también se deben incluir los «acogimientos educativos» ordenados por un ór-

---

67 Considerando (39) Reglamento 2019/1111.

68 En España continúa el Ministerio de Justicia. Donde además se incluye información muy accesible: https://www.mjusticia.gob.es/es/area-internacional/tramites-internacionales/sustracci%C3%B3n-de-menores/resuelve-tus-dudas/presentar-solicitud – (fecha de última consulta: 15 de noviembre de 2023).

69 Recogido en el nuevo Considerando (27), que añade: "A fin de permitir a la autoridad central requerida cumplir este plazo, la requirente debe ponerse en estrecho contacto con el solicitante y responder sin demora a cualquier solicitud de información adicional o documentos…".

70 Salvo exclusión expresa, como es por ejemplo el caso de acogimiento con vistas a la adopción o el acogimiento por un progenitor o, cuando corresponda, por cualquier otro pariente cercano conforme a lo declarado por el Estado miembro receptor.

gano jurisdiccional o concertados por una autoridad competente con el acuerdo de los progenitores del menor o a petición de estos como consecuencia de un comportamiento anómalo del menor. Únicamente deben quedar excluidos los casos en que el acogimiento, ya sea educativo o punitivo, haya sido ordenado o concertado como consecuencia de un acto del menor que, de haber sido cometido por un adulto, podría ser constitutivo de delito con arreglo al Derecho penal nacional, con independencia de si en este caso concreto puede conducir a una condena"[71]. De este modo se prevé un procedimiento autónomo para el acogimiento transfronterizo, e impone como obligatoria la previa aprobación de las autoridades del Estado receptor, en un plazo máximo de 8 semanas[72].

6) Aclara que la minoría de edad alcanza hasta que se cumplan 18 años, de modo paralelo al Convenio de La Haya de 19 de octubre de

---

71 Considerando (11) Reglamento 2019/1111.

72 Considerando (83) Reglamento 2019/1111: "Debe entablarse un procedimiento de consulta para recabar la aprobación antes del acogimiento en caso de que un órgano jurisdiccional o autoridad competente de un Estado miembro esté considerando la posibilidad de acogimiento de un menor en otro Estado miembro. El órgano jurisdiccional o la autoridad competente que esté considerando la posibilidad de acogimiento debe recabar la aprobación de la autoridad competente del Estado miembro en el que el menor sería acogido antes de ordenar o concertar dicho acogimiento. Por otra parte, de conformidad con la jurisprudencia del Tribunal de Justicia, los Estados miembros deben establecer normas y procedimientos claros a efectos de la aprobación que debe obtenerse en virtud del presente Reglamento, de modo que se garanticen la seguridad jurídica y la celeridad. Los procedimientos deben, entre otras cosas, permitir a la autoridad competente conceder o denegar su aprobación en un plazo breve. La ausencia de respuesta en un plazo de tres meses no ha de entenderse como una aprobación, y el acogimiento no puede producirse sin aprobación. La solicitud de aprobación debe incluir al menos un informe sobre el menor, junto las razones de la propuesta de acogimiento o asistencia, la duración prevista del acogimiento, información sobre cualquier financiación prevista y cualquier otra información que el Estado miembro requerido pueda considerar pertinente, como por ejemplo la supervisión prevista de la medida, las modalidades de los contactos con los progenitores, otros parientes u otras personas con las que el menor tenga una relación estrecha, o las razones por las que no se prevén tales contactos habida cuenta del artículo 8 del Convenio Europeo para la protección de los Derechos Humanos y de las Libertades Fundamentales. Teniendo en cuenta la jurisprudencia del Tribunal de Justicia, si la aprobación para el acogimiento se ha otorgado por un período de tiempo determinado, no debe ser de aplicación para resoluciones o convenios que prorroguen la duración del acogimiento. En tales circunstancias, se debe cursar una nueva solicitud de aprobación".

1996 relativo a la competencia, la ley aplicable, el reconocimiento, la ejecución y la cooperación en materia de responsabilidad parental y de medidas de protección de los niños, incluso cuando hayan adquirido capacidad antes de esa edad en virtud de su ley personal, por ejemplo en casos de emancipación por matrimonio[73].

7) Fija el significado como concepto autónomo de "derecho de custodia" con independencia de la regulación nacional. Y declara que se debe considerar que una persona tiene «derechos de custodia» cuando, con arreglo a una resolución, por ministerio de la ley o por un acuerdo con efectos jurídicos en virtud del Derecho del Estado miembro donde reside habitualmente el menor, un titular de la responsabilidad parental no pueda decidir sobre el lugar de residencia del menor sin el consentimiento de dicha persona, con independencia de los términos utilizados en la legislación nacional[74]. En algunos sistemas jurídicos que mantienen los términos de «custodia» y «visita», el progenitor que no tiene la custodia puede conservar de hecho importantes responsabilidades en cuanto a decisiones que afectan al menor y que van más allá del mero derecho de visita[75].

8) Es posible la adopción de medidas provisionales por el juez del Estado de traslado que "viajen con el menor". Aunque se mantiene la competencia exclusiva del tribunal que puede resolver el fondo frente a la competencia cautelar para adoptar medidas que se caracterizan por su temporalidad o provisionalidad, de modo que se mantienen solo hasta que el juez de fondo dicta resolución definitiva. Así lo expresa la propia norma: "El presente Reglamento no debe impedir que los órganos jurisdiccionales de un Estado miembro que no sean competentes para conocer del fondo del asunto adopten en caso de urgencia medidas provisionales, incluidas las cautelares, por lo que se refiere a la persona o a los bienes de un menor que se encuentre en ese Estado miembro. Dichas medidas no deben ser reconocidas ni ejecutadas en ningún otro Estado miembro en virtud del presente Reglamento, excepto las medidas adoptadas para proteger al menor de un grave riesgo a que hace

---

73 Considerando (17) Reglamento 2019/1111.

74 La ley española ya se incorporó a esta interpretación, haciendo depender la legalidad del traslado de la existencia o no del consentimiento del cónyuge no custodio.

75 Considerando (18) Reglamento 2019/1111. Esta matización parece responder a la existencia de ordenamientos nacionales que no distinguen entre patria potestad y derecho de custodia.

referencia el artículo 13, párrafo primero, letra b), del Convenio de La Haya de 1980. Las medidas adoptadas para proteger al menor de dicho riesgo deben permanecer en vigor hasta que un órgano jurisdiccional del Estado miembro de residencia habitual del menor tome las medidas que considere apropiadas. En la medida en que la protección del interés superior del menor lo exija, el órgano jurisdiccional debe informar de las medidas adoptadas, directamente o por conducto de las autoridades centrales, al órgano jurisdiccional del Estado miembro competente para conocer del fondo del asunto en virtud del presente Reglamento"[76]. Por tanto, el Reglamento refundido mantiene el mecanismo establecido por la norma europea y desvela su primordial función preventiva, al dejar sentado que la decisión emitida por el órgano jurisdiccional del Estado de traslado puede ser sustituida por la resolución que posteriormente dicte el órgano que es competente, según los fueros del Reglamento, en cuanto al fondo. En definitiva, que siempre va a resolver de manera definitiva el juez del Estado donde el menor tenía su residencia habitual antes de su traslado o retención ilícitos. Esta directriz significa que cuando, por razones de urgencia, los jueces de un Estado miembro que no es el competente en cuanto al fondo, adopten medidas provisionales, siempre con pleno respeto de los principios de audiencia y de contradicción, esas medidas "viajaran con el niño" en su traslado al Estado de origen.

9) Delimita el inicio de la litispendencia, resolviendo así el problema de la existencia simultánea de varias demandas en varios Estados miembros, derivado de la presencia de dos sistemas diferentes "que requieren, en un caso, que el escrito de demanda se notifique en primer lugar al demandado y, en el otro, que se notifique antes al órgano jurisdiccional, debe bastar con que se haya dado el primer paso de conformidad con el Derecho nacional, a condición de que el demandante no haya dejado de tomar después las medidas requeridas de conformidad con el Derecho nacional para que tenga efecto el segundo paso"[77]. Extiende esta aclaración a los casos en los que se ha iniciado una mediación, y especialmente un "procedi-

---

[76] Considerando (30) Reglamento 2019/1111. No obstante, el incumplimiento de la obligación de facilitar dicha información no debe, como tal, constituir un motivo de no reconocimiento de la medida.

[77] Considerando (35) Reglamento 2019/1111.

miento obligatorio de conciliación", en aquellos Estados cuyas leyes lo establecen.

Habida cuenta de la importancia creciente de la mediación y otros métodos alternativos de resolución de litigios, también durante los procedimientos judiciales, y con arreglo a la jurisprudencia del Tribunal de Justicia, se debe considerar también iniciado un procedimiento en el momento de la presentación del escrito de demanda o documento equivalente al órgano jurisdiccional en aquellos casos en que el procedimiento se haya suspendido entretanto para encontrar una solución amistosa, a petición del demandante que inició el procedimiento, sin que el escrito de demanda se haya notificado aún al demandado y sin que este haya tenido conocimiento del procedimiento o haya participado de forma alguna en él, a condición de que la parte que haya incoado el procedimiento no haya dejado de tomar después las medidas requeridas para la notificación del escrito o documento al demandado. Según la jurisprudencia del Tribunal de Justicia, en caso de litispendencia, debe entenderse que la fecha de iniciación de un procedimiento de conciliación obligatorio ante una autoridad nacional de conciliación es la fecha en la que se considera que el procedimiento ha sido sometido al «órgano jurisdiccional».[78]

10) Encarga a los Estados miembros considerar la posibilidad de especializar determinados órganos nacionales en materia de sustracción transfronteriza de menores y de concentrar la competencia relativa a este tipo de procedimientos en el menor número posible de órganos jurisdiccionales, a fin de concluir los procedimientos de restitución en virtud del Convenio de La Haya de 1980 lo más rápidamente posible. La competencia en estos casos de sustracción de menores se debe concentrar en un único órgano jurisdiccional para todo el país o en un número limitado de órganos jurisdiccionales, por ejemplo, partiendo del número de órganos jurisdiccionales de apelación y concentrando la competencia respecto de los casos de sustracción internacional de menores en un órgano jurisdiccional de primera instancia en cada distrito de un tribunal de apelación.[79]

En los procedimientos de restitución en virtud del Convenio de La Haya de 1980, los órganos jurisdiccionales de cada instancia deben

---

[78] Considerando (35) Reglamento 2019/1111.

[79] Considerando (41) Reglamento 2019/1111.

dictar sus resoluciones en un plazo de seis semanas, excepto cuando se den circunstancias excepcionales que lo imposibiliten.[80]

Por otra parte, aunque la mediación puede no resultar siempre apropiada, en especial en los casos de violencia sobre la mujer, sí que puede ser útil cuando en el curso de un procedimiento de restitución conforme al Convenio de La Haya de 1980, los progenitores lleguen a un acuerdo no solamente sobre la restitución o no restitución del menor, sino también sobre otras cuestiones de responsabilidad parental. En tal caso, el nuevo Reglamento permite, en determinadas circunstancias, convenir en que el órgano jurisdiccional al que se haya recurrido con arreglo al Convenio de La Haya de 1980 sea competente para dar efecto jurídico vinculante a su acuerdo, ya sea incorporándolo a una resolución aprobándolo, o de otra forma prevista por la legislación y el procedimiento nacionales[81].

III. REFLEXIONES FINALES Y CONCLUSIONES

En el análisis del Reglamento Bruselas II Ter se puede observar que la doctrina jurisprudencial del TJ ha sido tenida en consideración por el legislador europeo, que ha aprovechado no solo la información facilitada por los directamente afectados por esta regulación sino también los conocimientos técnico-jurídicos de los mejor preparados para emitir un juicio: los jueces y abogados generales del TJ, manifestados en sus resoluciones prejudiciales.

El nuevo Reglamento da respuesta, por una parte, a las deficiencias detectadas en la aplicación práctica del Reglamento por los destinatarios del mismo (singularmente los progenitores y las autoridades centrales), y por otra parte a las lagunas jurídicas subsanadas por vía de interpretación por el único órgano competente para hacerlo, el TJUE.

Pero, las diferentes cuestiones prejudiciales planteadas al TJ muestran litigios en los que es constante la atribución (en principio provisional y a continuación definitiva) de la custodia del menor o menores al cónyuge nacional del Estado del foro, en el convencimiento de que es la mejor manera de asegurar la estabilidad del entorno social y familiar del menor, pues el cónyuge extranjero, antes o después, acaba por trasladarse a su país de origen. Esta actitud acaba por traducir "interés superior del menor" como mantenimiento del *statu quo* y conduce a la atribución de la custodia

---

80 (Considerando 42) Reglamento 2019/1111.

81 Considerando (43) Reglamento 2019/1111.

al progenitor nacional del Estado del foro de manera cuasi-automática[82]. Se pretende que se tome conciencia de que la táctica de llevar al menor al propio país y allí solicitar la atribución de la custodia alegando cambio de circunstancias, en ningún caso va a resultar exitosa. La constatación de que por la aplicación de los fueros inderogables el cónyuge no nacional del Estado del foro siempre resultará en peor posición, conduce a considerar la existencia de un interés por potenciar como una vía alternativa de solución la mediación familiar internacional. El Reglamento Bruselas II Ter de nuevo impulsa la mediación. Yo también he propuesto en trabajos anteriores esta solución como la única satisfactoria en esta materia tan delicada que afecta a menores en el ámbito familiar[83]. Transcurrido el tiempo, creo sin embargo que debo matizar esta consideración. Sigue siendo una posible solución en algunas situaciones. En los conflictos transfronterizos la mediación como solución pactada y en consecuencia de cumplimiento voluntario y no impuesto, es especialmente útil porque evita todas las dificultades de hacer cumplir una resolución forzosamente en el territorio de otro Estado miembro. Por lo tanto y desde este punto de vista es una solución buena que hay que potenciar. Aun afirmando este efecto positivo, es preciso no obstante advertir de sus consecuencias y de sus límites. El mediador tiene que informar a las partes del carácter vinculante del acuerdo alcanzado, así como de que pueden elevarlo a escritura pública y configurarlo con ello como un título ejecutivo, pero también tiene que informar de que no todos los compromisos recogidos en el acuerdo tienen contenido jurídico o pueden ser hechos valer frente a terceros. En todo caso los

---

[82] Si para evitar este efecto cuasi-inmediato el cónyuge no nacional opta por trasladarse a su país de origen y presentar allí su demanda de divorcio, una vez transcurridos los seis meses que exige la norma comunitaria, tendrá que elegir entre dos tipos de actuaciones: dejar durante ese tiempo al menor o menores con el otro cónyuge hasta que esté en condiciones de demandar el divorcio y plantear simultáneamente la custodia (cuya recuperación se habrá dificultado en gran medida pues el otro cónyuge podrá alegar junto con el interés superior del menor, el "abandono" de que han sido objeto los menores cuya custodia ahora se reclama); o bien la segunda opción, consistente en llevarse consigo el menor (o retenerlo en alguna de las visitas pactadas o establecidas), dando lugar así a un supuesto de sustracción ilegal de menores, para cuya solución el Reglamento Bruselas II bis impone un mecanismo automático e incontestable: la orden certificada de restitución.

[83] "El menor como víctima especialmente vulnerable en los supuestos de sustracción parental transfronteriza: Instrumentos procesales comunitarios", *Garantías y derechos de las víctimas especialmente vulnerables en el marco jurídico de la Unión Europea*, de Hoyos Sancho (Dir.), ed. Tirant lo Blanch, Valencia 2013, esp. pp. 405 a 420.

acuerdos alcanzados en mediación vinculan única y exclusivamente a los que han participado en dicho procedimiento[84].

Retomando las reflexiones avanzadas en la introducción de este trabajo, se revela importante interpretar correctamente lo que la Comisión quiere expresar cuando dice que éste es un problema que tiene dimensión europea en cuanto perjudica a la libertad de circulación. Quizá esta consideración puede abrir una nueva perspectiva. Se ha afirmado que la mejor técnica para impedir y/o desalentar las sustracciones internacionales es la reacción automática de restitución de los menores ilícitamente retenidos o trasladados a otro Estado. Si dejamos de considerar estos traslados con una dimensión transfronteriza, sino como traslados a otra parte del territorio de la UE, del mismo modo que ocurren a nivel interno dentro del territorio nacional, desinflamos la gravedad de la conducta (que no de los efectos para el menor). Ello permite plantear el uso de otras soluciones siempre dentro del marco legal. Si se considera que trasladarse a otro lugar con un menor sin el consentimiento del titular de la custodia no es un hecho delictivo, pero si ilícito, se abre la puerta a otras posibilidades como exigir reparaciones económicas, que también suelen dar muy buenos resultados. Es decir, que quizá convenga que la orden de restitución (en este caso certificada) dictada por un juez sea una de las medidas, pero no la única solución. Y si finalmente la práctica vuelve a demostrar que es la mejor técnica contra estas conductas, entonces hay que mejorarla acelerando su tramitación, y lo más eficaz será impedir el traslado mediante una especie de “orden inmediata de restitución provisional”.

Por otra parte, se ha destacado que se observa una tendencia de los jueces nacionales a atribuir la titularidad de la custodia al cónyuge nacional de ese Estado. Frente a esta inercia, contribuiría a disminuir los supuestos de sustracción incrementar la formación de los jueces en la convicción de compartir un zócalo común de principios y garantías, de valores, los de la Unión Europea normativamente consagrados en la Carta de Derechos Fundamentales de la UE, de modo que adquieran conciencia de que están velando por el interés superior del menor, y no del cónyuge nacional.

Por último, se ha visto como la aplicación de la minuciosa interpretación que hace el TJ de los Reglamentos europeos hace emerger efectos no

---

84 Vid. más ampliamente VIDAL FERNÁNDEZ, B. “La mediación: una visión desde Europa”, en S. Varona Vilar (ed.), *Justicia poliédrica en periodo de mudanza (nuevos conceptos, nuevos sujetos, nuevos instrumentos y nueva intensidad)*, Tirant lo blanch, Valencia, 2022, esp. pp.209-2036.

deseados del sistema europeo de determinación de la competencia internacional para estas materias. El TJ lanza con ello al legislador europeo un aviso sobre la necesidad de solucionar esta situación, dado que es al legislador a quien compete modificar las normas jurídicas, no a los jueces, cuyo cometido no puede ir más allá de la interpretación limitada siempre al marco legal. Emitido dicho aviso, encontramos que el Reglamento 2019/1111 (Bruselas II Ter), que sucede y deroga el Reglamento 2201/2023 desde el 1 de agosto de 2022, mantiene algunos de los preceptos polémicos como la regulación de la cláusula de competencia residual (arts. 7 sobre disolución del vínculo matrimonial, y 14 en materia de responsabilidad parental), con el límite del art. 6 (prohibición de llevar a un ciudadano de un EM ante los tribunales de otro si no es en virtud de los fueros de competencia del Reglamento). Es preocupante intuir que no parece haber un excesivo interés por el resultado de las modificaciones operadas por esta reforma. El Reglamento Bruselas II Ter prevé plazos muy largos para el seguimiento y evaluación de su aplicación, demasiado dada la sensibilidad de la materia que regula. En su artículo 101, apartado primero anuncia: "A más tardar el 2 de agosto de 2032 la Comisión presentará al Parlamento Europeo, al Consejo y al Comité Económico y Social Europeo un informe basado en la evaluación ex post del presente Reglamento, acompañado, si es preciso, de información proporcionada por los Estados miembros. El informe irá acompañado, cuando sea necesario, de una propuesta legislativa." Para ello los Estados miembros han de enviar información sobre el volumen y las características de estos litigios a partir del 2 de agosto de 2025, según deja establecido el apartado dos del mismo artículo 101. A la vista del resultado insatisfactorio de algunos aspectos como el sistema de atribución de competencia internacional en los casos en los que serían competentes los tribunales de un Estado tercero, no se debería esperar hasta 2032, sino que debería modificarse esta discordancia cuanto antes, si no se hace así, esta regulación puede llegar a fundamentar reclamaciones de responsabilidad patrimonial contra la "Unión Europea-legislador".

Bibliografía

ARANGÜENA FANEGO, C. "La diligencia de exploración del menor en los procesos matrimoniales", en C. Guilarte Martín-Calero (dir.), *Aspectos civiles y penales de las crisis matrimoniales,* Lex Nova, Valladolid, 2009.

ARANGÜENA FANEGO, C. "Ejecución de resoluciones judiciales en materia matrimonial y de responsabilidad parental", en A. Oliva Santos (dir.), F. Gascón Inchausti (coord.), *Derecho procesal civil europeo (vol. I): Competencia judicial internacional, reconocimiento y ejecución de resoluciones judiciales extranjeras en la Unión Europea",* ed. Aranzadi-Thomson Reuters, Cizur Menor, 2011, pp. 505-526.

ARANGÜENA FANEGO, C. "La oralidad y sus consecuencias en la diligencia de exploración del menor en los procesos matrimoniales", en F. Carpi (ed.), M. Ortells Ramos (ed), *Oralidad y escritura en un proceso civil eficiente*, Tomo II, Universitat de Valencia, Valencia, 2008, pp. 155-164.

COBO SÁENZ, J.F. "El reconocimiento y ejecución de resoluciones judiciales, documentos públicos y acuerdos entre las partes con fuerza ejecutiva, en el Reglamento (CE) nº 2201/2003 (Bruselas II), relativo a la competencia judicial, el reconocimiento y la ejecución de resoluciones en materia matrimonial y de responsabilidad parental", *Estudios de Derecho Judicial*, 2005, nº 74, ejemplar dedicado a Cooperación judicial en materia de familia y relaciones parentales en la Unión Europea.

DE LA ROSA CORTINA, J.M. *Sustracción parental de menores. Aspectos civiles, penales, procesales e internacionales*, Monografías Tirant lo Blanch, 707, Valencia, 2010.

DURÁN AYAGO, A. "Y de repente, las dudas en la aplicación del mecanismo de prevalencia en los casos europeos de traslado ilícito de menores", *La Ley Unión Europea*, 2023, nº 18, https://web.laley.es/revistas-laley/laley-union-europea/.

FORCADA MIRANDA, F.J. *Comentarios prácticos al Reglamento (UE) 2019/1111.: Competencia, Reconocimiento y Ejecución de Resoluciones en materia Matrimonial, Responsabilidad Parental y Sustracción Internacional de Menores*, Sepin, Madrid, 2021.

GARCÍA REVUELTA, C. "La autoridad central. Ámbito de actuación. El Convenio de la Haya de 1980: "Aspectos civiles de la sustracción internacional de menores". Problemas prácticos en la aplicación del Convenio", *Estudios de Derecho Judicial*, 2005, nº 74, ejemplar dedicado a Cooperación judicial en materia de familia y relaciones parentales en la Unión Europea.

GUÍA PRÁCTICA SOBRE EL REGLAMENTO BRUSELAS II TER – *Practice Guide for the application of the Brussels IIb Regulation* – 2022, accesible en https://e-justice.europa.eu/287/ES/ejn_s_publications?init=true (fecha de última consulta: 1 de diciembre de 2023).

GOMEZ, A. Mª. "La Audiencia Nacional reinterpreta el delito de sustracción de menores", en *Diario La Ley*, 2016, nº 8786, https://diariolaley.laleynext.es/ .

HOYOS SANCHO, M. "Reconocimiento de resoluciones judiciales en materia matrimonial y de responsabilidad parental", en A. de la Oliva Santos (dir.), F. Gascón Inchausti (coord.), *Derecho procesal civil europeo (vol. I): Competencia judicial internacional, reconocimiento y ejecución de resoluciones judiciales extranjeras en la Unión Europea*, Aranzadi-Thomson Reuters, Cizur Menor, 2011, pp. 493 a 504.

International Justice for Children, Council of Europe Publishing, 2008.

JIMÉNEZ BLANCO, P. "*Forum non conveniens* y sustracción internacional de menores (STJ 13 de julio de 2023, as C-87/22: TT y AK)", *La Ley Unión Europea*, 2023, nº 118, https://web.laley.es/revistas-laley/laley-union-europea/.

JIMENEZ FORTEA, F.J. "La tutela civil en España en los casos de sustracción de menores interparental", *Revista Boliviana de Derecho*, 2015, nº 20.

SANCHO HERRERA, M.E. "Sustracción de menores. Aspectos civiles y penales (1)", *Diario La Ley*, 2023, nº 10391, https://diariolaley.laleynext.es/.

SANTANA PÁEZ, E. "Competencia judicial internacional: crisis matrimoniales con elemento extranjero", en J. P. González del Pozo (dir.), *Los procesos de familia: una visión judicial. Compendio práctico de doctrina y jurisprudencia sobre los procesos de familia y menores*, Colex, Madrid, 2007, pp. 141-187.

SERRANO MASIP, M. "Una justicia europea adaptada al menor: exploración de menores víctimas o testigos en la fase preliminar del proceso penal", *InDret*, nº 2, 2013.

TOVAR ESCUDERO, C. "Manifestaciones y expresiones de los niños afectados alienación parental en estudios españoles. Una aproximación cualitativa al síndrome de alienación parental (SAP)", en M.C. García Garnica (dir.), M. Morillas Fernández (coord.), A. Quesada Páez (coord.), *Aspectos actuales de la protección jurídica del menor. Una aproximación interdisciplinar*, Thomson-Aranzadi, Cizur Menor, 2008, pp.113-141.

VIDAL FERNÁNDEZ, B. "Ámbito de aplicación del Reglamento 2201/2003", y "Sistema de atribución de competencia", ambos en A. de la Oliva Santos (dir), F. Gascón Inchausti (coord.), *Derecho procesal civil europeo (vol. I): Competencia judicial internacional, reconocimiento y ejecución de resoluciones judiciales extranjeras en la Unión Europea"*, Aranzadi-Thomson Reuters, Cizur Menor, esp. pp. 451-468 y 469-492, respectivamente.

VIDAL FERNÁNDEZ, B. "Cooperación judicial en materia de familia y relaciones parentales en la Unión Europea", en M. de Hoyos Sancho (coord.), *Tutela jurisdiccional frente a la violencia de género*, Lex Nova, Valladolid, 2009, pp. 689 y ss.

VIDAL FERNÁNDEZ, B. "Cooperación judicial entre España y Portugal en materia de familia y relaciones parentales: el Reglamento 2201/2003 (Bruselas II bis)", en C. Arangüena Fanego (coord.), *Cooperación judicial civil y penal en el nuevo escenario de Lisboa*, Comares, Granada 2011, pp. 85-112.

VIDAL FERNÁNDEZ, B. "El menor como víctima especialmente vulnerable en los supuestos de sustracción parental transfronteriza: Instrumentos procesales comunitarios", en de Hoyos Sancho (dir.), *Garantías y derechos de las víctimas especialmente vulnerables en el marco jurídico de la Unión Europea*, Tirant lo Blanch, Valencia, 2013, pp. 405-420.

VIDAL FERNÁNDEZ, B. "La mediación: una visión desde Europa", en S. Barona Vilar (ed.), *Justicia poliédrica en periodo de mudanza (nuevos conceptos, nuevos sujetos, nuevos instrumentos y nueva intensidad)*, Tirant lo blanch, Valencia, 2022, pp.209-236.

VIDAL FERNÁNDEZ, B. "Protección jurisdiccional de los hijos en casos de ruptura de los matrimonios mixtos. Especial consideración de la regulación adoptada en el espacio europeo de libertad, seguridad y justicia", *Revista de Estudios Europeos*, 2010, nº 55, pp. 105-135.

Capítulo V

Desarrollos de la debida diligencia en materia de Derechos Humanos en la Unión Europea y en España

Mandatory Human Rights due diligence and regulatory developments at the Spanish and European Union level

CARMEN MÁRQUEZ CARRASCO[1]

Catedrática de Derecho Internacional Público y Relaciones Internacionales, Universidad de Sevilla

Orcid: 0000-0003-2016-1664

RESUMEN: En el contexto de una creciente *legalización* de la responsabilidad de las empresas de respetar los derechos humanos en los marcos regulatorios sobre *conducta empresarial responsable* y del establecimiento de la debida diligencia como obligación jurídica, la UE ha ido adoptando medidas legislativas no solo para mejorar las prácticas de *diligencia debida en materia de derechos humanos y el medio ambiente,* sino también para evitar la inseguridad jurídica, la fragmentación del mercado interior y los costes y la complejidad innecesarios para las empresas como resultado de un número creciente de leyes de diligencia debida adoptadas por los Estados miembros. Para armonizar este marco fragmentado, la Unión se ha embarcado en adoptar una Directiva sobre diligencia debida de las empresas en materia de derechos humanos y medio ambiente (CSDDD). Este trabajo realiza un estudio

---

1 Contacto: cmarque@us.es; la investigación conducente a este capítulo ha sido realizada en el marco del proyecto de I+d+i "Vacíos normativos y desarrollo progresivo de la Agenda 2030 y del principio de sostenibilidad. Especial relevancia para España". IP Carlos FERNÁNDEZ LIESA/ IP Ana MANERO SALVADOR, financiado por MCIN-2023, PID2022-138333OB-I00; así como en el marco del Grupo de investigación del Plan Andaluz de Investigación SEJ-055 "nuevos sujetos, nuevos derechos, nuevas responsabilidades: derechos humanos en la sociedad global" y en el marco de la «Red Empresas y Derechos Humanos. Incidencia especial en el extractivismo y los acaparamientos de tierra y agua» (REDH-EXATA) financiada por la Asociación Iberoamericana de Postgrado (AUIP). Más información sobre la Red disponible en la web https://redhexata.com/la-red/

de estos desarrollos de normativa de la Unión y de la legislación nacional desde un enfoque de empresas y derechos humanos.

Palabras clave: Debida diligencia en derechos humanos –medio ambiente – cambio climático – sostenibilidad – Directiva – Unión Europea

ABSTRACT: In the context of increasing legalization of the corporate responsibility to respect human rights within regulatory frameworks on responsible business conduct and the establishment of *mandatory human rights due diligence,* the EU has been taking legislative measures not only to enhance practices of human rights and environmental due diligence but also to prevent legal uncertainty, fragmentation of the internal market, and unnecessary costs and complexity for companies resulting from an increasing number of due diligence laws adopted by member states. To harmonize this fragmented regulatory framework, the Union has embarked on the process of adopting a Directive on Corporate Sustainability Due Diligence in the field of human rights and the environment (CSDDD). This paper aims to study these Union´s regulatory developments and national legislation from a business and human rights lens.

Keywords: Human rights due diligence – environment – climate change – sustainability – CSDDD – European Union

I. INTRODUCCIÓN

Aunque muchas empresas contribuyen positivamente a la realización de los derechos humanos, por ejemplo, a través de la creación de empleo, la producción de bienes y servicios e infraestructura, las actividades empresariales que se llevan a cabo en las cadenas globales de suministro tienen enormes impactos negativos en los derechos humanos. En efecto, uno de los principales fenómenos que acompañan al proceso de globalización económica es el desarrollo progresivo de las cadenas globales de valor que se enmarca en un paradigma basado en la desintegración y deslocalización productiva.

Algunas de las formas más graves y generalizadas de abusos de los derechos humanos resultado de actividades corporativas están bien ilustradas en informes de organizaciones de la sociedad civil que muestras casos de empresas que han causado el desplazamiento de comunidades indígenas sin consulta ni compensación, el grave menoscabo de la salud y seguridad de las personas por condiciones de trabajo inadecuadas, la negación de la libertad de expresión y asociación, la discriminación y acoso sexual en el trabajo, el trabajo en condiciones de servidumbre o esclavitud, y el trabajo infantil, la destrucción del medio ambiente, así como también la comisión de conductas criminales, crímenes contra la humanidad y ecocidio. Además, ha de subrayarse la responsabilidad de las empresas que forman el denominado grupo de los *Carbon Majors* en la emergencia climática que asola a nuestro planeta.

La reivindicación y búsqueda de un marco internacional para establecer la responsabilidad de las empresas por continuos abusos de los derechos humanos y del medio ambiente, que se ha desarrollado por décadas en forma de bucle, condujo a la adopción de los Principios Rectores de las Naciones Unidas sobre empresas y derechos humanos en 2011, el primer marco de estándares de alcance universal adoptado por una organización intergubernamental. Con este instrumento se ha tratado de llenar los vacíos de gobernanza en una materia claramente transversal en la que también confluye el Derecho Internacional de los Derechos Humanos (en adelante, DIDH). Este régimen especializado del Derecho Internacional Público está diseñado principalmente para proteger los derechos humanos de la injerencia del Estado. La proliferación de los actores no estatales, característica del Derecho Internacional post contemporáneo, nos muestra rasgos de una expansión del Derecho Internacional que no encaja con los marcos normativos vigentes. Así, por ejemplo, el régimen de los tratados de derechos humanos de la ONU impone obligaciones jurídicas directas solo a los Estados ya que estos sujetos son los principales y casi-exclusivos titulares de las obligaciones jurídicas en el DIDH, y se aplica a las empresas multinacionales o transnacionales de manera indirecta y bastante limitada.

Para cubrir estas lagunas de gobernanza fueron adoptados los *Principios Rectores de las Naciones Unidas sobre empresas y derechos humanos,* que se estructuran en tres pilares[2]: el Pilar I contiene el deber del Estado de proteger los derechos humanos frente a la actividad empresarial; el Pilar II establece la responsabilidad de las empresas de respetar los derechos humanos, en cuyo articulado se incorpora un instrumento clave y estratégico de *diligencia debida de las empresas en materia de derechos humanos* (DDDH)[3]; el Pilar III regula el deber de Estados y empresas de remediar a las víctimas de los abusos corporativos.

Los estándares de *soft law* (Derecho indicativo) formulados en los Principios Rectores han sido extensamente difundidos e incorporados en una serie de marcos basados en la voluntariedad que alientan a las empresas a llevar a cabo la debida diligencia en materia de derechos humanos. Sin embargo, las iniciativas e instrumentos de carácter voluntario han demostrado su ineficacia, lo que ha llevado a que se produjera una creciente legalización de la responsabilidad corporativa de respetar los derechos humanos especialmente en Europa, donde la Unión Europea ha recurrido a actos normativos de carácter sectorial, y los Estados miembros, a raíz en particular de la catástrofe del Rana Plaza en Bangladesh, a adoptar leyes nacionales.

El concepto de diligencia debida basada en el riesgo para los derechos humanos y el medio ambiente se ha convertido en un elemento central de los principales marcos de estándares y guías sobre conducta empresarial

---

2 Informe del Representante Especial del Secretario General para la cuestión de los derechos humanos y las empresas transnacionales y otras empresas, RUGGIE, J. "Principios Rectores sobre las empresas y los derechos humanos: puesta en práctica del marco de las Naciones Unidas para proteger, respetar y remediar", UN Doc. A/HRC/17/31, 21 de marzo de 2011. Véase también, Consejo de Derechos Humanos de la ONU, 'Aclaración de los conceptos de 'Esfera de influencia' y 'Complicidad" (UN Doc. No. A/HRC/8/16, 15 de mayo de 2008).

3 Sobre la noción de diligencia debida en materia de derechos humanos y su evolución en el campo de empresas y derechos humanos, véase MÁRQUEZ CARRASCO, C. "Instrumentos sobre la debida diligencia en materia de Derechos Humanos: orígenes, evolución y perspectivas de futuro", *Cuadernos de Derecho Transnacional,* 2022, vol. 14, n.º 2, pp. 605-642 y la bibliografía allí citada.

responsable[4]. Los Principios Rectores de las Naciones Unidas sobre Empresas y Derechos Humanos constituyen el primer instrumento que estableció el concepto de diligencia debida en materia de derechos humanos de manera integral, y seguidamente las Directrices de la OCDE para Empresas Multinacionales ampliaron el enfoque más allá de los derechos humanos para incluir el medio ambiente y otras preocupaciones de sostenibilidad. La revisión de las Directrices en junio de 2023 ha conducido a perfilar con mayor detalle esta noción de debida diligencia de derechos humanos y el medio ambiente en sus distintos alcances y elementos[5].

En este contexto, la Unión Europea (en adelante, UE) ha ido adoptando medidas regulatorias no solo para mejorar las prácticas de diligencia debida en materia de derechos humanos y el medio ambiente, sino también para evitar la inseguridad jurídica, la fragmentación del mercado interior y los costes y la complejidad innecesarios para las empresas como resultado

---

[4] Entre otros, Directrices de la OCDE para empresas multinacionales 2011, disponibles en https://doi.org/10.1787/9789264115415-en. Véase también "Líneas Directrices de la OCDE para empresas multinacionales: temas de conducta empresarial responsable" disponible en http://mneguidelines.oecd.org/MNEguidelines_RBCmatters.pdf; Normas de Desempeño Ambiental y Social de IFC (2012) disponibles en www.ifc.org/wps/wcm/connect/Topics_Ext_Content/IFC_External_Corporate_Site/Sustainability-At-IFC/Policies-Standards/Performance-Standards; Organización Internacional del Trabajo, "Declaración tripartita de principios sobre las empresas multinacionales y la política social" (5ª edición 2017) ; Organización Internacional de Normalización, 'ISO 26000 – Responsabilidad social' (2010) <http://www.iso.org/iso/home/standards/iso26000.htm> 2022; Comisión Interamericana de Derechos Humanos, 'Empresas y Derechos Humanos: Estándares Interamericanos' (Documentos Oficiales OEA/Ser.L/V/II, 2019) , en párrafo 50; Pacto Mundial de las Naciones Unidas y Alto Comisionado de las Naciones Unidas para los Derechos Humanos, 'The UN Guiding Principles on Business and Human Rights: Relationship to UN Global Compact Commitments' (junio de 2014) <https://www.unglobalcompact.org/docs/issues_doc/human_rights/Resources/GPs_GC%20note.pdf> ; The Equator Principles Association, 'The Equator Principles III: A financial industry benchmark for determining, assessing and management environmental and social risk in projects' (2013), en https://equator-principles.com/about/; International Bar Association, 'IBA Practical Guide on Business and Human Rights for Business Lawyers' (Guía práctica de la IBA sobre empresas y derechos humanos para abogados de negocios' (28 de mayo de 2016).

[5] OCDE, 'Líneas Directrices de las OCDE para empresas multinacionales sobre conducta empresarial responsable' (2023), en https://www.oecd.org/publications/lineas-directrices-de-la-ocde-para-empresas-multinacionales-sobre-conducta-empresarial-responsable-7abea681-es.htm

de un número creciente de leyes de diligencia debida adoptadas por los Estados miembros[6]. Con la finalidad de armonizar este marco fragmentado, la intención de la Comisión Europea se ha centrado en establecer un marco jurídico obligatorio y horizontal mediante una Directiva sobre diligencia debida en materia de sostenibilidad empresarial (en adelante, CSDDD).

Tras presentar diversas variantes en junio de 2020, en septiembre de 2020, el Parlamento Europeo adoptó un informe para la Comisión Europea con recomendaciones para un proyecto de Directiva sobre diligencia debida empresarial en materia de derechos humanos, medio ambiente y buena gobernanza. Por parte de la Comisión, la primera propuesta de Directiva fue publicada en febrero de 2022. Por parte del Parlamento Europeo, la Comisión de Asuntos Jurídicos (JURI) publicó el 7 de noviembre de 2022 un proyecto de informe (denominado «proyecto de informe Wolters»), que no fue aprobado definitivamente hasta el 25 de abril de 2023. Entre tanto, el 30 de noviembre de 2022, el Consejo Europeo adoptó formalmente su posición negociadora («orientación general del Consejo») sobre la propuesta de Directiva. El 1 de junio de 2023 fue adoptada la posición negociadora final del Parlamento Europeo. A partir de aquí comenzó el triálogo interinstitucional sobre la propuesta de Directiva negociado por la Presidencia española del Consejo, con el Parlamento y la Comisión[7].

A lo largo de estos meses, el borrador de texto de la Directiva Europea ha sido objeto de un intenso debate entre las instituciones europea, las organizaciones internacionales (OCDE, ONU...) las organizaciones de la sociedad civil, las organizaciones sindicales y las empresas.

Cabe destacar el alcance pionero de la propuesta de la Comisión, en cuyo texto, la Unión Europea, junto con los Estados miembros, se comprometen a reforzar su participación con el fin de promover activamente la aplicación de normas internacionales para una conducta empresarial responsable, un marco regulatorio que será complementado por la futura Directiva.

---

6 Propuesta de Directiva del Parlamento Europeo y del Consejo relativa a la diligencia debida en materia de sostenibilidad empresarial y por la que se modifica la Directiva (UE) 2019/1937, Bruselas, 23.2.2022, COM(2022) 71 final, 022/0051(COD), (n 1), Exposición de motivos, esp. p. 13.

7 Puede consultarse el *iter* legislativo con referencias de fechas en instrumentos en MÁRQUEZ CARRASCO, C., "Todos los ojos puestos en Bruselas: las claves de la futura Directiva sobre diligencia debida en materia de sostenibilidad empresarial", *Revista Española de Empresas y Derechos Humanos*, 2023, nº 1, pp. 5-36.

En su estado actual, el proyecto se aplica a las grandes empresas que tienen su sede u operan en el mercado interior de la UE y, por lo tanto, se dirige intencionadamente a las empresas *tanto dentro como fuera de la UE*. Como parte de sus obligaciones de diligencia debida en materia de derechos humanos, las empresas incluidas en el proyecto deben abordar los impactos potenciales y reales relacionados con sus subsidiarias y socios comerciales. Debido a la globalización de las cadenas de valor, la futura Directiva de la UE en tanto que Derecho derivado tendrá implicaciones jurídicas considerables para las empresas y los titulares de derechos humanos fuera de la Unión Europea. Además, al basarse en la noción de diligencia debida fundamentada en el riesgo para los derechos humanos y el medio ambiente que se formula en los estándares internacionales de *soft law* (Derecho indicativo) sobre empresas y derechos humanos, la futura Directiva también convertiría dichos estándares en *hard law* (Derecho vinculante), una vez más, con implicaciones para las empresas activas en la UE, pero también para las empresas situadas a lo largo de sus cadenas de suministro mundiales.

Con estas consideraciones previas, cuando la Directiva sea adoptada, lo que se espera para la primavera de 2024, los Estados miembros de la UE exigirán a través de la norma nacional de transposición que las grandes empresas lleven a cabo la debida diligencia en materia de derechos humanos y medio ambiente y las hagan responsables si no la cumplen. Sin embargo, como suele decirse, el diablo está en los detalles: para que el resultado sea una legislación efectiva para abordar los impactos negativos de las empresas, se han de considerar la implicación de ciertas características del diseño de la propuesta tal como se encuentra en el procedimiento legislativo en curso, en el que tienen lugar las últimas sesiones del triálogo. También se abordarán en última instancia las implicaciones de la propuesta de Directiva para el acceso a la justicia de las víctimas de abusos corporativos de los derechos humanos.

II. EL ECOSISTEMA REGULATORIO SECTORIAL DE LA UNIÓN EUROPEA EN MATERIA DE SOSTENIBILIDAD EMPRESARIAL SOBRE DILIGENCIA DEBIDA EN DERECHOS HUMANOS Y MEDIO AMBIENTE

La regulación de la diligencia debida en materia de derechos humanos y medio ambiente ha emergido como un tema crucial en el mundo empresarial y legislativo. En Europa, varios países han adoptado leyes y propuesto iniciativas destinadas a garantizar que las empresas asuman responsabilidades más amplias en la protección de los derechos humanos y el medio ambiente a lo largo de sus cadenas de suministro globales. La futura Directiva complementará e integrará el marco jurídico más amplio y singular de la UE sobre *conducta empresarial responsable*, con el que se encuentra interconectada. La UE comenzó a desarrollar normativa de carácter sectorial en materia de diligencia debida y sostenibilidad con el Reglamento sobre la madera adoptado en 2010, que es anterior a los Principios Rectores de las Naciones Unidas, aunque no entró en vigor hasta marzo de 2013. En este apartado nos centramos en un análisis de los instrumentos más relevantes.

1. El Reglamento sobre la madera

El Reglamento de la UE sobre la madera (EUTR) fue anterior a los Principios Rectores de las Naciones Unidas, pero entró en vigor en marzo de 2013[8]. Forma parte de un amplio conjunto de medidas introducidas por el Plan de Acción para la Aplicación de las Leyes, la Gobernanza y el Comercio Forestales (FLEGT) adoptado en 2003 para hacer frente a la tala ilegal en los bosques del mundo. El EUTR obliga a los operadores que comercializan madera y productos de la madera en el mercado de la Unión a desarrollar o utilizar un sistema de diligencia debida para evaluar el riesgo de que la madera haya sido talada o comercializada ilegalmente, lo que implica compilar información sobre la madera que desean importar, eva-

---

8 El Reglamento UE nº 995/2010 del Parlamento Europeo y del Consejo, de 20 de octubre, por el que se establecen las obligaciones de los agentes que comercializan madera y productos de la madera es de aplicación directa a partir del 3 de marzo de 2013 y desarrolla una serie de disposiciones que buscan asegurar que toda la madera comercializada en Europa tenga un origen legal (DOUE de 12 de noviembre de 2010, nº L 295, pp. 23–34). El Reglamento de Ejecución (UE) No 607/2012 de la Comisión, de 6 de julio de 2012, establece normas detalladas en relación con el sistema de diligencia debida y con la frecuencia y la naturaleza de los controles que las autoridades competentes deben realizar sobre las entidades de supervisión (DOUE de 7 de julio de 2012, nº L 177, pp. 16–18). En España fue adoptado el Real Decreto 1088/2015, de 4 de diciembre, para asegurar la legalidad de la comercialización de madera y productos de la madera, que establece las disposiciones necesarias para la aplicación en España del Reglamento EUTR designando a la Dirección General de Biodiversidad, Bosques y Desertificación como Autoridad Competente EUTR para la coordinación, la relación con la Unión europea y la gestión del Sistema Estatal del comercio de la madera (LIGNUM); y a las Autoridades Competentes designados por las Comunidades Autónomas, como autoridades encargadas de realizar los controles a los operadores económicos que comercialicen en Europa madera o sus productos (BOE núm. 296, de 11 de diciembre de 2015).

luando la probabilidad de que sea legal y tomando medidas para mitigar el riesgo de importar madera ilegal. El incumplimiento de la diligencia debida es un delito, incluso si la madera en sí no se demuestra que es ilegal. Un informe reciente sobre la implementación del EUTR señaló que es "el primer instrumento legal a nivel de la Unión Europea que incluye la debida diligencia obligatoria, un principio clave para la responsabilidad de las empresas en línea con los Principios Rectores de las Naciones Unidas sobre las Empresas y los Derechos Humanos". No obstante, aunque se centra en los riesgos para la sociedad, el Reglamento de la Madera aplica un enfoque de diligencia debida diferente al establecido por los Principios Rectores.

2. *La Directiva sobre divulgación de información no financiera*

La Directiva 2013/34 de la UE sobre información[9] obliga a determinadas empresas a divulgar información sobre cuestiones no financieras, incluidos los principales riesgos de impactos adversos para los derechos humanos y el medio ambiente que están vinculados a las propias operaciones, productos y servicios de las empresas y a las relaciones comerciales, así como las políticas que aplican en torno a esos riesgos, incluidos los procesos de diligencia debida implementados. La Directiva se aplica a las empresas de más de 500 empleados, lo que abarca aproximadamente 6000 empresas de toda la UE, incluidas las empresas cotizadas, los bancos, las compañías de seguros y otras empresas designadas por las autoridades nacionales como de interés público. La Directiva ofrece a las empresas una flexibilidad significativa para divulgar la información pertinente. En la práctica, en la aplicación de la Directiva de la UE sobre información no financiera por parte de las empresas de los Estados miembros, parece haber una tendencia a centrarse en los riesgos materiales para la empresa, más que a riesgos para los afectados.

La futura Directiva sobre diligencia debida en materia de sostenibilidad empresarial perfeccionará la aplicación de la Directiva sobre información no financiera ya que incorporará un deber corporativo sustantivo para que las empresas ejerzan la debida diligencia sobre los derechos humanos y el medio ambiente en sus propias operaciones, sus filiales y en la cadena de suministro.

---

9 Directiva 2014/95/UE del Parlamento Europeo y del Consejo, de 22 de octubre de 2014, por la que se modifica la Directiva 2013/34/UE en lo que respecta a la divulgación de información no financiera y sobre diversidad por determinadas grandes empresas (DOUE de 15 de noviembre de 2014, nº L 330, pp. 1-9).

3. La Directiva sobre presentación de información sobre sostenibilidad

La Directiva sobre información no financiera, así como la Directiva de contabilidad de la UE, han sido modificadas por la Directiva relativa a la presentación de información sobre sostenibilidad por parte de las empresas (en adelante, CSRD)[10], con la que la propuesta de Directiva sobre diligencia debida en materia de sostenibilidad empresarial está estrechamente vinculada[11].

De acuerdo con los marcos internacionales sobre conducta empresarial responsable, la divulgación es una parte integral de un proceso de diligencia debida basado en el riesgo. Sin embargo, con arreglo al Derecho de la Unión, la comunicación de información pertinente entra en gran medida en el ámbito de aplicación de la futura Directiva. Nos encontramos, por tanto, con dos actos legislativos diferentes con ámbitos de aplicación subjetivo distintos. La propuesta de Directiva sobre diligencia debida se centra en políticas y procesos de gestión para identificar y abordar los impactos adversos, prescribiendo obligaciones de divulgación sólo para aquellas entidades que no están cubiertas por la CSRD.

La CSRD, a su vez, garantiza que las empresas y los grupos corporativos comuniquen información relevante, incluida una descripción de los proce-

---

10 La Directiva 2014/95/UE del Parlamento Europeo y del Consejo modificó la Directiva 2013/34/UE en lo que respecta a la divulgación de información no financiera por parte de determinadas grandes empresas y determinados grupos. La Directiva 2014/95/UE introdujo la obligación de que las empresas presentaran información relativa, como mínimo, a cuestiones medioambientales y sociales, así como relativas al personal, al respeto de los derechos humanos y a la lucha contra la corrupción y el soborno. En relación con estos temas, la Directiva 2014/95/UE exigía a las empresas que presentaran información en los siguientes ámbitos: modelo de negocio; políticas, incluidos los procedimientos de diligencia debida; resultados de dichas políticas; riesgos y gestión de riesgos; e indicadores clave de resultados que sean pertinentes respecto de la actividad empresarial.

11 Mientras que la futura Directiva sólo se aplica a grandes empresas que operan en el mercado de la UE, la CSRD comprende las pequeñas, medianas y grandes empresas (excepto microempresas), siempre que sean entidades de interés público, aunque con algunas excepciones. Véase el artículo 19 bis(1),6) y 7) y artículo 29c Directiva (UE) 2022/2464 del Parlamento Europeo y del Consejo, de 14 de diciembre de 2022, por la que se modifican el Reglamento (UE) n.º 537/2014, la Directiva 2004/109/CE, la Directiva 2006/43/CE y la Directiva 2013/34/UE, en lo que respecta a la presentación de información sobre sostenibilidad por parte de las empresas (Texto pertinente a efectos del EEE) (n 29) (DOUE de 16 de diciembre de 2022, nº L 132, pp. 15-80).

sos de debida diligencia de las empresas en materia de derechos humanos y medio ambiente, los principales impactos reales o potenciales resultantes de sus propias operaciones o cadenas de valor, y las acciones tomadas para prevenir, mitigar, remediar o poner fin a tales impactos adversos. A pesar de la separación formal, los dos requisitos están estrechamente vinculados. Por un lado, los procesos de diligencia debida basados en el riesgo prescritos permiten a las empresas recopilar mejor los datos necesarios para sus informes de sostenibilidad. Por otro lado, la mayor disponibilidad de información sobre sostenibilidad, resultante de los requisitos de CSRD, facilita a las empresas, especialmente a los socios comerciales de las entidades informantes, cumplir con sus propias obligaciones de diligencia debida basadas en el riesgo.

Respecto de la transición a una economía sostenible y de contribución a la limitación del calentamiento global en consonancia con el Acuerdo de París, la CSRD obliga a recopilar información y a notificar, y el Proyecto de Directiva aportará el establecimiento de procesos para la identificación de impactos adversos. En segundo lugar, la CSRD cubrirá el último paso del deber de diligencia debida, es decir, la etapa de presentación de informes, para las empresas que también están cubiertas por la CSDDD. En último lugar, aunque este es un punto muy debatido en la actual negociación, se espera que la futura Directiva establezca obligaciones para las empresas de adoptar del plan que asegure que el modelo de negocio y su estrategia sean compatibles con la transición hacia una economía sostenible y con la limitación del calentamiento global a 1,5 °C sobre el que CSRD exige informar[12].

Por lo tanto, la futura Directiva y la Directiva sobre presentación de información en materia de sostenibilidad se complementan y refuerzan mutuamente. Asimismo, la CSDDD complementará el Reglamento sobre taxonomía[13], una herramienta de transparencia que facilita las decisiones sobre inversión y ayuda a abordar el *greenwashing* al proporcionar una categorización de inversiones ambientalmente sostenibles en actividades económicas, ya que ampliará la identificación de los riesgos a toda la cadena de suministro, lo que permitirá informar a los inversores con mayor transparencia y profundidad.

---

12 Proposal for a Directive, Explanatory Memorandum, pp. 4 y 5.

13 Regulation (EU) 2020/852 of the European Parliament and of the Council of 18 June 2020 on the establishment of a framework to facilitate sustainable investment, and amending Regulation (EU) 2019/2088 (DOUE de 22 de junio de 2020, nº L 198, pp. 13–43).

4. El Reglamento sobre minerales de conflicto

El Reglamento sobre Minerales de Conflicto fue adoptado en 2017[14]. Aplicando un enfoque de diligencia debida consistente con las normas pertinentes de la OCDE, presenta obligaciones de diligencia debida en la cadena de suministro para los importadores de minerales y metales que contienen estaño, tantalio, tungsteno u oro con el objetivo de prevenir la violencia y el abuso de los derechos humanos en relación con la extracción y el comercio de estos recursos en zonas afectadas por conflictos y de alto riesgo. La futura Directiva incluye en el alcance material de las obligaciones de diligencia debida "los efectos adversos sobre el medio ambiente y se aplicarán a las cadenas de valor de minerales adicionales que no están incluidos en el Reglamento sobre los minerales de zonas de conflicto pero que producen efectos adversos sobre los derechos humanos, el clima y el medio ambiente"[15], por lo que también contribuirá a reforzar y ampliar las obligaciones de diligencia debida incluidas en dicho reglamento.

5. La propuesta de Reglamento sobre baterías

Se han previsto disposiciones similares para las empresas que comercializan baterías recargables industriales y de vehículos eléctricos y que tienen los objetivos específicos de reducir las repercusiones medioambientales, climáticas y sociales a lo largo de todas las fases del ciclo de vida de las pilas y baterías, reforzar el funcionamiento del mercado interior y garantizar la igualdad de condiciones mediante un conjunto común de normas[16]. Esta propuesta de nuevo acto jurídico incluye en su ámbito de aplicación a los operadores económicos que introduzcan en el mercado de la Unión baterías industriales o para vehículos eléctricos (incluidas las incorporadas en vehículos) que tengan una capacidad superior a 2 kWh, estableciendo la

---

14 Reglamento (UE) 2017/821 del Parlamento Europeo y del Consejo, de 17 de mayo de 2017, por el que se establecen obligaciones de diligencia debida en la cadena de suministro para los importadores de la Unión de estaño, tantalio y wolframio, sus minerales y oro originarios de zonas de conflicto o de alto riesgo (DOUE de 19 de mayo de 2017, nº L 130, pp. 1-20).

15 Propuesta de Directiva del Parlamento Europeo y del Consejo relativa a la diligencia debida en materia de sostenibilidad empresarial y por la que se modifica la Directiva (UE) 2019/1937 (n 1), Exposición de motivos, p. 7.

16 Propuesta de Reglamento del Parlamento Europeo y del Consejo relativo a las pilas y los residuos de pilas, por el que se deroga la Directiva 2006/66/CE y se modifica el Reglamento (UE) 2019/1020» (COM(2020) 798 final, de 10 de diciembre de 2020).

obligación de que adopten políticas de diligencia debida de la cadena de suministro, y de que presenten documentación relativa a la conformidad para la verificación por parte de los organismos notificados y están sujetos a controles por las autoridades nacionales de vigilancia del mercado. La propuesta de Reglamento sobre baterías cubre aquellas materias primas de las cuales una parte importante de la producción mundial se destina a la fabricación de pilas y baterías y que pueden tener efectos adversos para la sociedad o el medio ambiente (cobalto, grafito natural, litio y níquel). La futura Directiva "complementará al Reglamento relativo a las pilas y baterías mediante la introducción de una diligencia debida de la cadena de valor en relación con las materias primas que no están contempladas en dicho Reglamento, pero sin exigir una certificación para la introducción de los productos en el mercado de la UE"[17].

6. El Reglamento sobre deforestación

El 6 de diciembre de 2022 se produjo un acuerdo político de los colegisladores europeos en el que se decide reemplazar el Reglamento de la Madera con un nuevo Reglamento de Deforestación de la UE (EUDR), que comprende la madera, así como el aceite de palma, el ganado, la soja, el café, el cacao, el caucho y los productos derivados[18]. El nuevo acto jurídico, aprobado por el Parlamento Europeo en primera lectura, y que entró en vigor en junio de 2023, exige la debida diligencia no solo para garantizar el cumplimiento de la ley del país de producción, sino también para evitar la importación o exportación desde la UE de productos básicos o productos que contribuyen a la deforestación.

En comparación con las obligaciones generales de diligencia debida en virtud de la futura Directiva, sus objetivos son más específicos y diferentes. Este Reglamento incluye la prohibición de introducir en el mercado determinadas materias primas y productos derivados "si el cumplimiento del requisito de «legal» y «libre de deforestación» no puede establecerse mediante la diligencia debida". Esta prohibición será aplicable a todos

---

[17] Propuesta de Directiva del Parlamento Europeo y del Consejo relativa a la diligencia debida en materia de sostenibilidad empresarial y por la que se modifica la Directiva (UE) 2019/1937 (n 1), Exposición de motivos, p. 8.

[18] Reglamento (UE) 2023/115, del Parlamento Europeo y el Consejo, de 31 de mayo de 2023, relativo a la comercialización en el mercado de la Unión y a la exportación desde la Unión de determinadas materias primas y productos asociados a la deforestación y la degradación forestal, y por el que se deroga el Reglamento (UE) nº 995/2010 (DOUE de 9 de junio de 2023, nº L 150, pp. 206–247).

los agentes que introducen los productos pertinentes en el mercado de la Unión, tanto empresas de la UE como de terceros países, independientemente de su forma jurídica y su tamaño. Ambos instrumentos se reforzarán mutuamente, constituyendo la futura Directiva un complemento al Reglamento sobre productos libres de deforestación "mediante la introducción de una diligencia debida de la cadena de valor relacionada con actividades que no están contempladas en dicho Reglamento, pero que pueden conducir, directa o indirectamente, a la deforestación"[19].

Si el texto final de la CSDDD se mantiene sólido y coherente, el futuro instrumento ayudará a cumplir los objetivos de otras políticas y medidas de la Unión Europea en el campo del medio ambiente. En este sentido, se debe recordar la necesidad de coherencia con el Pacto Verde Europeo, en la lucha contra el cambio climático, y para el que la Comisión ha establecido una iniciativa de gobernanza empresarial integrada por el Plan de Acción de una Economía Circular[20], la Estrategia de Biodiversidad[21], Estrategia de la Granja a la Mesa[22] y la Estrategia Química[23], entre otros.

Asimismo, en razón de que la legislación medioambiental de la UE introduce varios requisitos para las empresas de los Estados miembros y define objetivos para la Unión, pero no se aplica a las cadenas de valor fuera de sus fronteras, donde pueden llegar a producirse hasta el 90 % del daño ambiental de la producción de la UE, la futura Directiva contribuirá a cubrir ese vacío. Este será el caso de la Directiva de Responsabilidad

---

19 Propuesta de Directiva del Parlamento Europeo y del Consejo relativa a la diligencia debida en materia de sostenibilidad empresarial y por la que se modifica la Directiva (UE) 2019/1937 (n 1), Exposición de motivos, p. 8.

20 Comunicación de la Comisión al Parlamento Europeo, al Consejo, al Comité Económico y Social Europeo y al Comité de las Regiones. Nuevo Plan de Acción para la Economía Circular por una Europa más limpia y más competitiva. Bruselas, 11.3.2020 COM (2020) 98 final.

21 Comunicación de la Comisión al Parlamento Europeo, al Consejo, al Comité Económico y Social Europeo y al Comité de las Regiones Estrategia de la UE sobre La Biodiversidad de aquí a 2030. Reintegrar la naturaleza en nuestras vidas. Bruselas, 20.5.2020 COM (2020) 380 final.

22 Farm to Fork Strategy. For a fair, healthy and environmentally-friendly food system. European Union, 2020.

23 Communication from the Commission to the European Parliament, the Council, the European Economic and Social Committee and the Committee of the Regions Chemicals Strategy for Sustainability Towards a Toxic-Free Environment. Brussels, 14.10.2020 COM (2020) 667 final.

Medioambiental,[24] que establece un marco para la responsabilidad con respecto a la prevención y reparación de daños medioambientales basado en el principio de "quien contamina paga" que no cubre las cadenas de valor de las empresas.

En la misma línea, la futura Directiva complementará la legislación climática de la UE, incluido el Reglamento de la UE sobre el Clima[25], con el objetivo de reducir las emisiones netas de gases de efecto invernadero en al menos un 55 % para 2030 y, así, colocar a Europa en un camino responsable hacia el cambio climático neutral para 2050. Más específicamente, la CSDDD complementará el paquete *Fit for 55* que integra objetivos más ambiciosos de eficiencia energética y energía renovable para los Estados miembros para el 2030 o la mejora del sistema de comercio de derechos de emisión de la UE[26]. De hecho, este paquete solo se aplicará indirectamente a algunas cadenas de valor fuera de la UE.

La futura Directiva sobre diligencia debida complementa estos regímenes de diligencia debida específicos de los distintos sectores con requisitos generales de diligencia debida basados en el riesgo y que se aplican a menos que exista una disposición de otro acto legislativo de la Unión que persiga los mismos objetivos y establezca obligaciones más amplias o más específicas. Así pues, los requisitos más especializados de diligencia debida prevalecen sobre la propuesta de Directiva en virtud del principio de especialidad normativa (*specialis derogat legi generali*).

---

24 Directive 2004/35/CE of the European Parliament and of the Council of 21 April 2004 on environmental liability with regard to the prevention and remedying of environmental damage (DOUE de 30 de abril de 2004, nº L 43, pp. 56–75).

25 Regulation (EU) 2021/1119 of the European Parliament and of the Council of 30 June 2021 establishing the framework for achieving climate neutrality and amending Regulations (EC) No 401/2009 and (EU) 2018/1999 (DOUE de 9 de julio de 2021, nº L 243, pp. 1-17).

26 El paquete "Fit for 55" comprende una serie de propuestas adoptadas por la Comisión el 14 de julio de 2021 con el objetivo de adaptar las políticas climáticas, energéticas, de uso del suelo, de transporte y fiscales de la UE para reducir las emisiones netas de gases de efecto invernadero en al menos un 55 % de aquí a 2030, por comparación con los niveles de 1990. Proposal for a Directive of the European Parliament and of the Council amending Directive 2003/87/EC establishing a system for greenhouse gas emission allowance trading within the Union, Decision (EU) 2015/1814 concerning the establishment and operation of a market stability reserve for the Union greenhouse gas emission trading scheme and Regulation (EU) 2015/757 (COM/2021/551 final).

III. LA CONSOLIDACIÓN DE LA DILIGENCIA DEBIDA EN MATERIA DE DERECHOS HUMANOS EN EL MARCO JURÍDICO INTERNO DE LOS PAÍSES EUROPEOS

La regulación de la debida diligencia en materia de derechos humanos y medio ambiente ha emergido como un tema crucial en el mundo empresarial y legislativo. En Europa, varios países han adoptado leyes y propuesto iniciativas destinadas a garantizar que las empresas asuman responsabilidades vinculantes en la protección de los derechos humanos y el medio ambiente a lo largo de sus cadenas de suministro globales.

Se analizan detalladamente tres leyes emblemáticas aprobadas en Francia, los Países Bajos y Alemania, que establecen requisitos y responsabilidades específicas para las empresas en relación con la debida diligencia en materia de derechos humanos y medio ambiente. Además, se examinan otras iniciativas y propuestas legislativas en curso en países como Austria, Luxemburgo, Finlandia, Reino Unido, Noruega, Suiza, Italia, España y otros, que reflejan una tendencia más amplia hacia la adopción de instrumentos similares. La Ley sobre Transparencia Empresarial y Trabajo Decente de Noruega, de 2021 requiere la presentación de informes por parte de las empresas (*reporting*), pero no prevé expresamente la debida diligencia en materia de derechos humanos.

En el caso de España, por su parte, las organizaciones de la sociedad civil han contribuido a formular el anteproyecto de Ley de protección de derechos humanos, de la sostenibilidad y de la diligencia debida en las actividades empresariales transnacionales, que fue bien recibida por el anterior Gobierno de coalición y sometida a consulta pública por parte del Ministerio de Asuntos Sociales y Agenda 2030[27].

1. *Ley francesa del deber de vigilancia de 2017*

La Ley francesa del deber de vigilancia de 2017 (Ley de vigilancia) es el único ejemplo legislativo hasta la fecha que impone un requisito general obligatorio de diligencia debida en relación con los impactos en los derechos humanos y en el medio ambiente, y amplía las responsabilidades a terceros implicados[28].

---

27 Véase en https://www.pactomundial.org/leyes-directivas-normativas-sostenibilidad/anteproyecto-de-ley-de-proteccion-de-los-derechos-humanos-de-la-sostenibilidad-y-diligencia-debida-en-las-actividades-empresariales-transnacionales/

28 *LOI n° 2017-399 du 27 mars 2017 relative au devoir de vigilance des sociétés mères et des entreprisesdonneuses d'ordre*, disponible en https://www.legifrance.gouv.fr/jorf/id/JORFTEXT000034290626/.

Para asegurar el cumplimiento de estas obligaciones se impone a las empresas el deber de implementar un plan de supervisión (vigilancia) que debe incluir medidas razonables para identificar riesgos y prevenir violaciones graves de los derechos humanos y el medio ambiente, que se aplique a sus filiales, contratistas y proveedores, extendiendo así el concepto de diligencia debida a lo largo de toda la cadena de producción. Ahora bien, la ley exige que exista una relación comercial establecida con subcontratistas y proveedores, cuando las actividades de la empresa matriz y de las empresas que controla estén vinculadas con esta relación. Además, esta ley garantiza la supervisión de las mencionadas obligaciones, la imposición de sanciones por posibles infracciones y permite que los planes de vigilancia sean sometidos a revisión judicial a petición de cualquier entidad interesada, como las organizaciones no gubernamentales. No obstante, su aplicación está limitada por ciertos parámetros. En primer lugar, se encuentra relacionada con la cuestión de la extraterritorialidad y el *forum non conveniens,* dado que la ley está regida por las normas de Derecho internacional privado, lo que implica que su alcance se limita a los tribunales franceses.

El segundo límite se refiere a los criterios para la inclusión de empresas, ya que la ley solo afectará a aquellas con sede en Francia que estén constituidas como sociedades anónimas, sociedades limitadas por acciones o empresas públicas de la Unión Europea, y que cuenten 5.000 empleados en Francia o 10.000 empleados en todo el mundo. La Ley también incluye dentro de su ámbito el grupo de empresas y las actividades de "las empresas que controla en el sentido del artículo II del artículo L. 233-16, directa o indirectamente, así como las actividades de subcontratistas o proveedores con los que existe una relación comercial establecida, cuando estas actividades están vinculadas con esta relación"[29], así como las filiales registradas en Francia de empresas extranjeras.

Por último, el tercer límite radica en la disposición de los derechos y obligaciones, ya que se sigue el enfoque de mitigar riesgos, donde la ley únicamente demanda a las empresas evitar las violaciones de derechos humanos consideradas graves. El alcance de la cadena de producción se ve restringido por la necesidad de mantener una relación comercial establecida, y no se contempla la alteración en la carga de la prueba, un elemento crucial para el acceso a la justicia de las víctimas de abusos corporativos.

La Ley de Vigilancia francesa no tiene un órgano de control específico, pero sí prevé la responsabilidad civil en virtud de la legislación sobre

---

29 Código de Comercio, artículo L. 225-102-4.-I introducido por la Ley de Vigilancia.

responsabilidad extracontractual cuando la empresa incumple sus propias obligaciones de vigilancia[30]. Dado que esta legislación sólo ha estado en vigor durante un corto período de tiempo, todavía no se cuenta con suficientes decisiones judiciales que clarifiquen adecuadamente los términos de aplicación de esta ley. Se han formulado críticas a la falta de respuesta empresarial o monitoreo efectivo. Sin embargo, ya se han iniciado algunas acciones legales en los tribunales franceses[31].

Este análisis indica que la Ley de Vigilancia francesa podría tener el efecto de obligar a las empresas a garantizar que su plan de vigilancia sea preciso, que refleje lo que se hace sobre el terreno y no solo en la política, y se actúe en consecuencia. Esta ley también es importante en el sentido de que considera expresamente los daños ambientales como parte del plan de acción sobre los impactos en los derechos humanos que deben emprender las empresas. Además, si bien persisten dudas acerca de las fortalezas de este instrumento, ciertamente ha tenido un efecto global en su enfoque y sin duda ha proporcionado un impulso a este tipo de legislación.

2. La Ley de Diligencia Debida sobre el Trabajo Infantil de los Países Bajos de 2019

La Ley de Diligencia Debida sobre el Trabajo Infantil de los Países Bajos se aprobó en mayo de 2019[32]. Su objetivo es prevenir el uso del trabajo infantil en la producción de bienes y servicios que se suministran a los usuarios finales holandeses, como parte de un enfoque de protección del consumidor por parte del gobierno holandés. La terminología es expresamente la de "diligencia debida" (*gepaste zorgvuldigheid*). De conformidad con la Ley: "[l]a empresa que [...] investiga si existe una presunción razonable de que los bienes y servicios que deben suministrarse se han produ-

---

30 Código de Comercio, art. 225-102-5, introducido por la Ley de Vigilancia.

31 En relación con ellas, se ha señalado "Todas las empresas objetivo habían publicado un plan de vigilancia en 2019, pero estos planes eran diferentes en su extensión y exhaustividad. En todos los casos, estos planes fueron considerados insatisfactorios por las partes solicitantes. Sus alegatos se centran en los impactos generados por las actividades de las empresas (Total, cambio climático; XPO), y/o la de sus filiales en el extranjero (Teleperfomance; FED; y Total, Uganda) y la de subcontratistas con una supuesta relación comercial establecida (para parte de las actividades objeto de escrutinio para Total, Uganda)". Véase en BRANANT, S., SAVOUREY, E., E. "All Eyes on France", disponible en https://www.cambridge.org/core/blog/2020/01/24/all-eyes-on-france-french-vigilance-law-first-enforcement-cases-1-2-current-cases-and-trends/#_edn13

32 Países Bajos Kamerstukken I, 2016/17, 34 506, A.

cido utilizando trabajo infantil, y elabora y lleva a cabo un plan de acción en caso de que exista tal presunción razonable, lleva a cabo la diligencia debida"[33].

El requisito de diligencia debida no tiene mayor definición en la Ley, aunque se menciona que los requisitos más detallados con respecto tanto a la investigación como al plan de acción se establecerán mediante una Orden Administrativa General, teniendo en cuenta la Herramienta de Orientación para las Empresas sobre el Trabajo Infantil de la OIT[34].

La Ley holandesa de diligencia debida se aplica a todas las empresas, estén o no domiciliadas en los Países Bajos y se encuentren o no en la lista, que suministren bienes o servicios a usuarios finales holandeses, siendo éstos "las personas físicas o jurídicas que utilizan los bienes o hacen uso de los servicios"[35]. También se incluyen las empresas extranjeras que tienen una sucursal o que estructuralmente realizan negocios en los Países Bajos, aunque la Ley excluye a las empresas que solo transportan mercancías. Por lo tanto, existe la obligación de que las empresas domiciliadas en el territorio holandés informen sobre las actividades que ellas o aquellas con las que mantienen una relación comercial hayan realizado fuera del territorio neerlandés. Esta legislación amplía esta situación a las empresas registradas fuera de los Países Bajos y que suministran bienes o servicios a los usuarios finales holandeses, incluso si los Países Bajos no son su principal centro de actividad o administración central. Además, el alcance de las obligaciones impuestas a estas empresas en virtud de la Ley de Diligencia Debida de los Países Bajos no se limita a ciertos niveles de la cadena de suministro. Más bien, como se espera que las empresas involucradas investiguen si existe una presunción razonable de que los bienes y servicios que se suministrarán se han producido utilizando trabajo infantil, significa que tendrían que revisar toda su cadena de suministro. Dado que los proveedores pueden presentar una declaración con respecto a esos bienes o servicios a lo largo de los eslabones de la cadena, esto debería tener el efecto de trasladar estas obligaciones a lo largo de la cadena de suministro.

Esta ley permite a cualquier persona física o jurídica (como un consumidor o competidor) cuyos intereses se hayan visto afectados por las (in) acciones de una empresa en el cumplimiento de las disposiciones establecidas en la ley presentar una queja ante el supervisor público (que aún no

---

33 Ley de diligencia debida de los Países Bajos, artículo 5, apartado 1.

34 *Ibidem* artículo 5, apartado 2.

35 *Ibidem*, Preámbulo.

ha sido designado) [36]. Hay multas que se pueden imponer a la empresa y hay una disposición de responsabilidad penal personal para el "oficial de cumplimiento"[37]. Sin embargo, dado que este instrumento se centra en la protección de los consumidores holandeses y no en las víctimas del trabajo infantil, no contiene disposiciones relativas al acceso a los recursos para las víctimas reales del trabajo infantil, por lo que cualquier recurso a este respecto dependería de la legislación general holandesa en materia de responsabilidad extracontractual. No obstante, los demandantes en virtud de la legislación nacional en materia de responsabilidad extracontractual podrán seguir invocando indirectamente la Ley si su violación por parte de la empresa pudiera interpretarse como un indicio de un acto contrario a un deber de diligencia con la sociedad.

Dado que esta ley se aprobó recientemente, es difícil valorar su eficacia. Sin embargo, muestra un enfoque diferente al de la Ley de Vigilancia francesa, ya que se centra en la protección del consumidor y no en la transparencia. Sin embargo, ambos instrumentos requieren algún tipo de plan público por parte de la empresa, basado en la debida diligencia en materia de derechos humanos. La Ley de Diligencia Debida de los Países Bajos probablemente encajará bien con el creciente número de casos ante los tribunales holandeses por responsabilidad del Estado y de la empresa matriz por abusos de los derechos humanos y daños ambientales[38].

3. Ley sobre debida diligencia corporativa en las cadenas de suministros de Alemania de 2021

La Ley alemana *Lieferkettensorgfaltspflichtengesetz*, fue adoptada en el año 2021 como parte de los compromisos del Gobierno alemán para la implementación del Plan de Acción Nacional sobre empresas y derechos humanos de 2016[39]. La "Ley de Debida Diligencia Corporativa en las Cadenas de Suministro", que ha entrado en vigor en 2023, exige que las empresas con más de 3000 empleados en Alemania (y al menos 1000 empleados, a partir

36 Artículo 1 d) de la Ley de diligencia debida de los Países Bajos.

37 *Ibidem* artículo 9.

38 Véase, por ejemplo, Tribunal Supremo de los Países Bajos, 11 de septiembre de 2009, JOR 2009, 309 (*Comsys*), y el Caso *Urgenda* www.urgenda.nl/en/themas/climate-case.

39 Act on Corporate Due Diligence Obligations in Supply Chains, BGBl I 2021, 2959. Official English translation at https://www.bmas.de/SharedDocs/Downloads/DE/Internationales/act-corporate-due-diligence-obligations-supply-chains.pdf https://www.bmas.bund.de/XXX.

de 2024) cumplan con las obligaciones de diligencia debida en materia de derechos humanos y medio ambiente en sus operaciones.

Estas empresas deben identificar los riesgos de violaciones de los derechos humanos y destrucción del medio ambiente en los proveedores directos y, si obtienen "conocimiento comprobado" de un posible abuso, también en los proveedores indirectos.

El ámbito material de la Ley establece la debida diligencia de las empresas sobre la base de las obligaciones de evaluar los riesgos; adoptar las medidas necesarias para evitar el riesgo en sus cadenas de suministros y corregirlos cuando se produzcan; y, por último, revelar la información relativa al cumplimiento de las obligaciones mediante la declaración sobre su estrategia de derechos humanos y la publicación de un informe anual. Ahora bien, la ley alemana distingue entre las medidas que debe adoptar respecto de su esfera de actividad propia y de sus proveedores directos o indirectos.

Las empresas deben poner en marcha un procedimiento interno de quejas para que los afectados —también a través de los sindicatos u organizaciones de la sociedad civil con capacidad para demandar— notifiquen los riegos o las violaciones de derechos humanos o del medio ambiente. El comité económico de cada empresa podrá por tanto abordar la debida diligencia empresarial en las cadenas de suministro, lo que ubicará este tema en el ámbito de los comités de empresa y proporcionará a los sindicatos un papel importante que desempeñar en relación con el respeto de los derechos humanos en todo el mundo.

Las empresas, por tanto, deben tomar medidas y documentarlas ante la Oficina Federal de Asuntos Económicos y Control de Exportaciones (BAFA). Las partes afectadas pueden exigir que la BAFA tome medidas. Este es el órgano de control sobre el cumplimiento de estas obligaciones y tiene como funciones recibir y revisar los informes de las empresas y actuará de oficio para dar seguimiento al cumplimiento de las obligaciones, realizando requerimientos de información o inspecciones cuando sea necesario. Ante el incumplimiento de las obligaciones de debida diligencia, prevé la aplicación de sanciones por parte de este órgano que incluyen desde multas hasta la prohibición de contratar con el sector público. Un importante vacío de la ley es la ausencia de regulación de la responsabilidad civil por los daños producidos como consecuencia del incumplimiento de las obligaciones.

IV. LA PROPUESTA DE DIRECTIVA SOBRE DILIGENCIA DEBIDA PARA LAS EMPRESAS EN MATERIA DE SOSTENIBILIDAD

El procedimiento para la adopción de esta Directiva se remonta a 2020 cuando, tras presentar diversas variantes en el mes de junio[40], en septiembre de 2020 el Parlamento Europeo adoptó un informe para la Comisión Europea con recomendaciones para un proyecto de Directiva sobre diligencia debida empresarial en materia de derechos humanos, medio ambiente y buena gobernanza[41]. El proyecto del Parlamento Europeo era muy avanzado en numerosas cuestiones clave que posteriormente han sido modificadas en términos menos sólidos y eficaces[42]. Por parte de la Comisión, la primera propuesta de Directiva fue publicada en febrero de 2022. Por parte del Parlamento Europeo, la Comisión de Asuntos Jurídicos (JURI) publicó el 7 de noviembre de 2022 un proyecto de informe (denominado «proyecto de informe Wolters»), que no fue aprobado definitivamente hasta el 25 de abril de 2023. Entre tanto, el 30 de noviembre de 2022, el Consejo Europeo adoptó formalmente su posición negociadora («orientación general del Consejo») sobre la CDSDD. El 1 de junio de 2023 fue adoptada la posición negociadora final del Parlamento Europeo. A partir de aquí, la propuesta de Directiva entró en fase de "trílogo" como se denomina a las negociaciones de la Presidencia del Consejo (que en el segundo semestre del año corresponde a España), con el Parlamento y la Comisión en el marco de las reuniones interinstitucionales informales, que los ayuden a llegar a un acuerdo.

El análisis que planteamos en este estudio se centra en las tres propuestas de Directiva de diligencia debida en materia de sostenibilidad corporativa adoptadas por la Comisión Europea (febrero de 2022), el Consejo de la Unión Europea (diciembre de 2022) y el Parlamento Europeo (junio de 2023), respectivamente[43]. Desde junio de 2023, estas instituciones legisla-

---

40 Parlamento Europeo, Human Rights Due Diligence Legislation – Options for the EU, junio de 2020 https://www.europarl.europa.eu/RegData/etudes/BRIE/2020/603495/EXPO_BRI(2020)603495_EN.pdf..

41 Draft Report of the Committee on Legal Affairs (2020/2129(INL)) of 11 September 2020 with Recommendations to the Commission on Corporate Due Diligence and Corporate Accountability, enhttps://www.europarl.europa.eu/doceo/document/JURI-PR-657191_EN.pdf.

42 Para su análisis, véase MÁRQUEZ CARRASCO, C. «Instrumentos sobre la debida diligencia en materia de Derechos Humanos: orígenes, evolución y perspectivas de futuro», *Cuadernos de Derecho Transnacional*, 2022, vol. 14, n.º 2, esp. p. 628.

43 El presente análisis se basa en nuestro reciente estudio MÁRQUEZ CARRASCO, C. "Todos los ojos puestos en Bruselas: las claves de la futura Directiva sobre diligencia debida en materia de sostenibilidad empresarial", *Revista Española de Em-*

tivas llevaron a cabo negociaciones tripartitas con el objetivo de alcanzar un acuerdo político sobre el texto definitivo de la Directiva para fines de 2023. En el momento de escribir estas páginas se ha producido la primera lectura por parte del Consejo del texto aprobado por el Parlamento y se da comienzo a la que se espera constituya la ronda final de negociaciones en el marco del trílogo.

Si bien las tres propuestas se basan en marcos internacionales clave, incluidos los Principios Rectores de las Naciones Unidas sobre las Empresas y los Derechos Humanos y las Directrices de la OCDE para Empresas Multinacionales sobre Conducta Empresarial Responsable, mantienen diferencias en muchos aspectos. Este trabajo destacará en el siguiente apartado cinco cuestiones clave que son particularmente importantes para las negociaciones del diálogo tripartito, entre ellas: i) Diligencia debida sustantiva; ii) Alcance de la obligación de diligencia debida, incluyendo el debate sobre la ausencia de obligaciones de debida diligencia climáticas; iii) Inclusión de las instituciones financiera; iv) Supervisión administrativa y ejecución, responsabilidad y reparación; v) Participación de los grupos de interés.

Se hará un recorrido por el contenido básico de la propuesta de Directiva, y a continuación, para cada uno de estos temas, enfatizaremos las diferencias entre las propuestas legislativas del Parlamento y el Consejo desde una perspectiva crítica, y plantearemos recomendaciones orientadas a que el texto definitivo de la Directiva esté alineada con los marcos internacionales, aborde los impactos adversos sobre los derechos humanos de manera efectiva y brinde la seguridad jurídica que se propone crear.

1. Ámbito subjetivo

En su ámbito subjetivo, la propuesta de Directiva de la Comisión se aplica a tanto a empresas europeas como no europeas. Están comprendidas las empresas constituidas conforme a la legislación de un país miembro de la UE por encima de un determinado umbral en términos de volumen de negocio y número de empleados, así como otras sociedades de responsabilidad limitada de la Unión que operen en sectores definidos de alto impacto, junto con empresas no europeas, constituidas conforme a la le-

---

presas y Derechos Humanos, 2023, nº 1, pp. 5-36, del que en las páginas que siguen actualizamos las posiciones de las instituciones durante las últimas semanas del triálogo. Las referencias se remiten al trabajo aquí citado.

gislación de un tercer país, aunque con actividad en la Unión, sobre una base similar.

En cuanto a los criterios exigidos, se puede decir que la propuesta de Directiva solo cubre dos grupos de empresas: a) las empresas que en el último ejercicio financiero emplearon en promedio a más de 500 empleados y sus ingresos netos en volumen de negocio a escala mundial superaron los 150 millones de euros, y b) aquellas empresas que no alcanzaron los umbrales establecidos en el primer grupo, pero emplearon en promedio a más de 250 empleados y en el último ejercicio financiero lograron ingresos netos mundiales de más de 40 millones de euros. Para este segundo grupo, la condición es que al menos el 50 % del volumen de negocios proceda de sectores específicos de alto riesgo, 38 entre los que se indican la producción y venta al por mayor de textiles, cuero y productos de cuero (incluido el calzado); agricultura, silvicultura, pesca, producción y venta al por mayor de artículos; extracción de recursos minerales independientemente del lugar de extracción, producción de productos metálicos básicos, otros productos a partir de materias primas minerales no metálicas y productos metálicos acabados (excepto maquinaria y equipo) y comercio al por mayor de materias primas minerales, productos minerales básicos e intermedios[44]. Estos criterios se aplican a una empresa individual y no a nivel de grupo.

La propuesta de Directiva de la Comisión también comprende las empresas constituidas en terceros países que cumplan las mismas condiciones en términos de volumen de negocios, aunque generado dentro de la Unión Europea. Este es un aspecto esencial, en cuanto que el volumen de negocios se ha erigido en nexo entre las empresas de terceros Estados y la Unión, dado que las actividades de estas empresas pueden tener efectos en el mercado interior. El legislador europeo lo ha articulado como vínculo suficiente para que el Derecho de la Unión se aplique a estas compañías. Las leyes nacionales sobre debida diligencia en materia de derechos humanos solo se aplican a las empresas que están registradas o tienen una sucursal en los respectivos Estados miembros. Se consideran sectores de alto impacto, entre otros, los relativos al textil, calzado, agrícola, pesquero, alimentario, minero, metalúrgico y de hidrocarburos (tanto producción como comercialización).

La orientación general del Consejo añade el requisito de que los criterios de umbral del número de empleados y el volumen de negocios neto mundial deben cumplirse durante dos ejercicios presupuestarios consecu-

[44] Véase art. 2 b) apartados i)-iii).

tivos. Esta previsión está en línea con la Directiva de Informes de Sostenibilidad Corporativa de la UE (CSRD).

Se ha de destacar que la propuesta de Directiva tiene efectos extraterritoriales directos para las grandes empresas de la UE (en torno a 14 000) y de fuera de la UE (aproximadamente 4 000), que cumplan con los criterios antes mencionados, cuando realicen la implementación de la diligencia debida en materia de derechos humanos y medio ambiente en todas sus operaciones globales. Asimismo, se generan efectos extraterritoriales indirectos de la CSDDD para las subsidiarias y socios comerciales en todo el mundo. Las empresas matrices deben diseñar e implementar políticas de debida diligencia de derechos humanos y medio ambiente en todo el grupo corporativo. Las empresas deberán "persuadir" a los socios comerciales para que aborden los impactos negativos "mediante la propiedad o el control fáctico, el poder de mercado, los requisitos de precalificación, vinculando los incentivos comerciales con los derechos humanos y el desempeño ambiental". Cuando las medidas preventivas y mitigadoras fracasen, las empresas considerarán la desvinculación, con el consiguiente riesgo de repercusiones económicas y sociales para las empresas y los titulares de derechos en terceros países (como los boicots en zonas de alto riesgo).

2. *Obligaciones de diligencia debida*

En el núcleo de la propuesta de Directiva se encuentran las obligaciones (llamadas "diligencia debida en materia de sostenibilidad" o "debida diligencia de derechos humanos y medio ambiente"), que requieren que las empresas *identifiquen, mitiguen y reparen los impactos adversos reales y potenciales en los derechos humanos y el medio ambiente en su cadena de valor*. Los Estados miembros deben asegurar el cumplimiento de las obligaciones de diligencia debida por parte de las empresas. La propuesta de Directiva también refleja el ciclo paso a paso de diligencia debida en materia de derechos humanos especificando seis "acciones" relativas a su puesta en práctica por parte de las empresas: a) integrar la diligencia debida en las políticas de las empresas (artículo 5); b) identificar los efectos reales o adversos (artículo 6); c) prevenir y mitigar los efectos (artículo 7) y eliminar los efectos adversos reales o minimizarlos (artículo 8); d) establecer y mantener un procedimiento de denuncia (artículo 9); e) supervisar la eficacia de las medidas de diligencia debida (artículo 10); f) comunicar públicamente la diligencia debida (artículo 11).

En la propuesta de la Comisión, el artículo 3.c define los "efectos adversos sobre los derechos humanos", como las consecuencias negativas para las personas protegidas resultantes del incumplimiento de alguno de los derechos o las prohibiciones previstos en los convenios internacionales que figuran en la lista de parte I del Anexo de la propuesta de Directiva.

Por su parte, el artículo 3.b define "efecto adverso para el medio ambiente" como las consecuencias negativas para el medio ambiente resultantes del incumplimiento de alguna de las prohibiciones y obligaciones establecidas en los convenios internacionales en materia de medio ambiente que se enumeran en la parte II del Anexo de la propuesta de Directiva.

Este Anexo hace referencia a las disposiciones pertinentes y a los tratados internacionales en materia de derechos humanos, incluidos la Declaración Universal de Derechos Humanos, el Pacto Internacional de Derechos Civiles y Políticos, el Pacto Internacional de Derechos Económicos, Sociales y Culturales, la Convención para la Prevención y la Sanción del Delito de Genocidio, Convención contra la Tortura y Otros Tratos o Penas Crueles, Inhumanos o Degradantes, entre otros, y de instrumentos internacionales en materia de medio ambiente, como el Convenio sobre la Diversidad Biológica, el Convención sobre el Comercio Internacional de Especies Amenazadas de Fauna y Flora Silvestres, Convenio de Minamata sobre el Mercurio, Convenio de Viena para la Protección de la Capa de Ozono y su Protocolo de Montreal relativo a las sustancias que agotan la capa de ozono, que las empresas deben respetar a través del cumplimiento de sus obligaciones de diligencia debida.

Las enmiendas del Parlamento Europeo, en línea con la posición del Consejo, han introducido un enfoque basado en el riesgo (*risk-based approach*), por el que se pretenden priorizar los efectos adversos más graves y probables de la actividad empresarial. Asimismo, las enmiendas del Parlamento Europeo introducen la obligación de conservar la documentación que demuestre el cumplimiento de estas obligaciones durante al menos diez años. En la orientación general del Consejo se pretende reforzar el enfoque basado en el riesgo modificando el artículo 6 de la propuesta de Directiva de la Comisión (cartografía y evaluación en profundidad de los efectos adversos) e introduciendo un nuevo artículo 6 bis sobre la priorización de los efectos adversos. Esta priorización se basa en la gravedad y la probabilidad del impacto adverso. Además, la orientación general del Consejo integra explícitamente el principio de adecuación, estableciendo cómo determinar las medidas apropiadas para (i) prevenir o mitigar los posibles impactos adversos y/o (ii) poner fin a los impactos adversos reales. Estas modificaciones propuestas por el Consejo encajan mejor con las obligaciones de diligencia debida y gestión de riesgos de la cadena de suministro en virtud de la Ley alemana.

Además, la orientación general del Consejo incluye la posibilidad de que las empresas no pongan fin a la relación comercial si existe una expectativa razonable de que la terminación daría lugar a un impacto adverso que es más grave que el impacto adverso potencial que no podría prevenirse o mitigarse adecuadamente. Las relaciones comerciales también pueden mantenerse si no existe una alternativa disponible a una relación comercial que proporcione una materia prima, producto o servicio esencial para la producción de bienes o la prestación de servicios de la empresa y la terminación causaría un perjuicio sustancial a la empresa (artículos 7 y 8).

Las enmiendas del Parlamento buscan alinear los elementos de diligencia debida requeridos por el texto de la propuesta con los principios y procesos de diligencia debida en derechos humanos que se espera que las empresas implementen según los Principios Rectores de las Naciones Unidas sobre Empresas y Derechos Humanos. También incluye otras áreas de conducta empresarial responsable (incluso en relación con el medio ambiente) de acuerdo con las Directrices de la OCDE para Empresas Multinacionales y la orientación relacionada.

Aunque se menciona en los proyectos de la Comisión y del Consejo y se refleja en elementos de las disposiciones sobre diligencia debida y las definiciones asociadas, el PE se ha basado más claramente en estas normas y directrices de Derecho indicativo en varios aspectos significativos. Por ejemplo, las empresas deben identificar los impactos adversos que han "causado" o "contribuido", y también aquellos a los que están "directamente vinculadas", ampliando los impactos que deben identificarse. Estos términos reciben definiciones que buscan alinearse con los términos empleados en los Principios Rectores de las Naciones Unidas y las Directrices de la OCDE.

Otros añadidos al texto propuestos por el PE requieren que los Estados miembros impongan obligaciones adicionales a las empresas que operan en contextos específicos con mayores riesgos asociados con impactos ambientales y de derechos humanos adversos. Por ejemplo, cuando operan en zonas en situación de conflicto armado, situaciones posteriores a conflictos, zonas ocupadas o anexionadas, o zonas con una gobernanza débil (como en Estados fallidos), los Estados miembros deben garantizar que las empresas lleven a cabo una *diligencia debida reforzada* y respeten el Derecho Internacional Humanitario.

También se imponen obligaciones específicas a los Estados miembros para regular la diligencia debida de los inversores financieros con respecto a las empresas en las que invierten. Los Estados miembros deben presentar legislación para que los inversores institucionales y los gestores de activos estén obligados a adoptar las medidas adecuadas para garantizar que las empresas en las que se invierte pongan fin a los efectos adversos.

2.1. Integración de la diligencia debida en las políticas corporativas de buen gobierno

Las empresas integrarán la diligencia debida en sus políticas pertinentes y establecerán una política de diligencia debida. Esta política deberá ser objeto de revisión y actualización. Entre otros aspectos, la política de diligencia debida debe contener un *código de conducta* que describa las reglas y principios que deben seguir los trabajadores de la empresa y sus filiales. Debe describir los efectos adversos o reales detectados y los procesos establecidos de diligencia debida (las medidas adoptadas para aplicarla en la cadena de valor, incluidas las pertinentes para incorporarla en su propio modelo de negocio, las prácticas de empleo y compra con entidades con las que la empresa mantiene una relación comercial y las adoptadas para supervisar y verificar las actividades de esta).

2.2. Detección y evaluación de impactos adversos (reales o potenciales)

Las empresas adoptarán las medidas adecuadas para detectar y evaluar los efectos adversos reales y potenciales de sus actividades, filiales y relaciones comerciales sobre los derechos humanos y el medio ambiente. Estas acciones deberán centrarse en la identificación de los impactos adversos más graves y probables (*risk-based approach*). Una vez identificados, las empresas deberán evaluar continuamente si hay nuevos impactos o si los impactos identificados han cambiado. Para identificar estos impactos adversos, las empresas podrán utilizar recursos como informes independientes e información recabada mediante procedimientos de reclamación. Cuando sea preciso, las empresas realizarán consultas con potenciales grupos de afectados, incluyendo trabajadores y otros grupos de interés (*stakeholders*).

2.3. Prevención y mitigación de potenciales impactos adversos

Se exigirá a las empresas la adopción de medidas adecuadas para prevenir o, en su caso, mitigar impactos adversos potenciales. Entre otros, destacan los siguientes ejemplos de medidas, tales como el desarrollo e implementación de un plan de acción, con plazos para la adopción de medidas e indicadores y medidores de mejora cuando sea preciso (por la naturaleza o complejidad de las medidas necesarias para la prevención). Para su desarrollo debe consultarse con las partes interesadas afectadas. Asimismo, las empresas establecerán disposiciones contractuales con los socios comerciales para el cumplimiento del código de conducta y, cuando sea necesario, del plan de acción. Estas disposiciones contractuales pueden incluir que los socios comerciales establezcan, a su vez, disposiciones contractuales para sus contratistas que formen parte de la cadena de valor de la empresa.

Las enmiendas del Parlamento contemplan el deber de apoyar a los socios comerciales en el cumplimiento de las obligaciones de diligencia debida. La mera incorporación de disposiciones contractuales no será suficiente para satisfacer las obligaciones de la Directiva.

En caso de que no pudieran prevenirse o mitigarse adecuadamente potenciales impactos adversos con las medidas indicadas, las empresas adoptarán las siguientes medidas (respecto del socio comercial que ha generado el impacto adverso) de conformidad con la legislación aplicable: a) abstenerse de celebrar nuevos contratos o de prorrogar contratos existentes; b) suspender temporalmente las relaciones comerciales mientras se intenta la prevención; c) resolver el contrato en relación con las actividades afectadas por el impacto adverso si éste fuera grave. Las enmiendas del Parlamento contemplan que no se resuelva el contrato cuando de ello resulten impactos más graves que los que se pretenden evitar.

2.4. Eliminación de los efectos adversos reales

Las empresas deberán adoptar medidas para poner fin a los efectos adversos reales y, cuando ello no sea posible, minimizar el alcance de tales efectos y seguir esforzándose por eliminarlos. Las medidas expuestas son igualmente aplicables para corregir los impactos adversos existentes. En concreto, son igualmente aplicables las medidas sobre disposiciones contractuales descritas en el apartado anterior, si los impactos adversos no pueden corregirse.

Se contempla como una medida correctiva el pago de indemnización por daños y perjuicios a las personas afectadas y el pago de compensaciones financieras a las comunidades afectadas (en proporción al impacto adverso generado, a la contribución de la empresa a su generación y a los recursos y la influencia de la sociedad).

Las enmiendas del Parlamento Europeo contemplan, entre otras medidas, la adaptación de los modelos de negocios y prácticas de compra, incluidas las que contribuyen a salarios e ingresos dignos para los proveedores.

2.5. Reparación de efectos adversos reales

Las enmiendas del Parlamento han introducido una nueva obligación consistente en que, cuando una empresa haya causado un efecto adverso o haya contribuido a él, deberá adoptar las medidas apropiadas para reparar tal efecto y el posible daño que haya infligido a la población o al medio ambiente o para contribuir a su reparación.

La reparación de efectos adversos reales debe articularse mediante la adopción de medidas de remediación que tengan por objeto devolver a las personas y grupos o comunidades afectados o al medio ambiente a un estado equivalente o lo más próximo posible a su estado antes de dicho efecto. Se identifican como posibles medidas la indemnización, la restitución, la rehabilitación, las disculpas públicas, el restablecimiento o una contribución a las investigaciones.

2.6. Colaboración significativa con los grupos de interés afectados

Otra inclusión del texto del Parlamento es la obligación de las empresas de adoptar medidas adecuadas para colaborar significativamente con los grupos de interés afectados que permitan una interacción y diálogo en su proceso de diligencia debida. Para ello, la colaboración abarcará la información y la consulta de las partes interesadas afectadas será global, estructural, eficaz y oportuna, y tendrá en cuenta las cuestiones culturales y de género.

2.7. Mecanismo de notificación y reclamación extrajudicial

Las empresas deberán establecer mecanismos de notificación y de reclamación extrajudiciales efectivos y a disposición del público a nivel operativo a los que puedan recurrir las personas y organizaciones para presentar notificaciones o reclamaciones y solicitar reparación cuando tengan información legítima o alberguen inquietudes legítimas en cuanto a los efectos adversos, reales o potenciales, sobre los derechos humanos o el medio ambiente.

El texto del Parlamento introduce una serie de enmiendas que colocan a las víctimas en el centro del proceso, incluyendo la confidencialidad del proceso y una serie de requisitos adicionales a los previstos en la propuesta inicial de la Comisión Europea. Estarán legitimadas para presentar estas reclamaciones *(i)* las personas afectadas por los impactos adversos (o que tengan fundamentos razonables para considerar que han sido afectadas); y *(ii)* los sindicatos y otros representantes de los trabajadores de la cadena de valor en cuestión. Es destacable que el Parlamento Europeo ha introducido una enmienda para reconocer una legitimación amplia para presentar denuncias a favor de "*personas físicas y jurídicas que defiendan los derechos humanos o el medio ambiente*", esto es, de los defensores de derechos humanos y del medio ambiente. Los demandantes tendrán derecho a estar informados de la tramitación de su reclamación por parte de la empresa y a reunirse con representantes de la compañía.

2.8. Supervisión y verificación

Las empresas verificarán de forma constante la aplicación y supervisar la idoneidad y eficacia de las medidas que adopten conforme a la Directiva.

2.9. Comunicación

Las empresas deberán publicar en su página web una declaración anual sobre los aspectos regulados en la propuesta de Directiva. La declaración anual se publicará el 30 de abril, cubriendo el año anterior. Un cambio importante introducido por las enmiendas del Parlamento es que, al publicar las declaraciones anuales, las empresas deberán hacer accesible dicha información en el punto de acceso único europeo.

2.10. Diligencia debida a nivel de grupo

El texto del Parlamento ha introducido la obligación de los Estados miembros de velar por que las sociedades matrices puedan realizar acciones que puedan contribuir a que sus filiales cumplan con sus obligaciones de diligencia que se les apliquen. Esta posibilidad está condicionada a una serie de requisitos indicados en el texto del Parlamento.

3. Obligaciones de lucha contra el cambio climático

Lamentablemente, la propuesta de Directiva de la Comisión no establece una obligación de debida diligencia relativa al cambio climático. En cambio, prevé la obligación de adoptar un plan de transición climática que asegure que el modelo de negocio y estrategia de las empresas a las que aplique la Directiva es compatible con la transición hacia una economía sostenible y con el límite del calentamiento global de 1,5 °C en línea con los Acuerdos de París y con los objetivos de la Unión Europea, como el objetivo de neutralidad climática para 2050 y el objetivo climático para 2030.

Las posiciones del Parlamento y Consejo difieren completamente respecto de este deber que se limita a un plan de transición. Ello es revelador de que el mandato negociador del Consejo de la UE, bajo Presidencia española, está rebajando uno de los aspectos claves de la futura Directiva, en particular aquel con el que la UE tendría que ser más coherente a la luz del Pacto Verde Europeo y la situación de emergencia climática.

4. Inclusión de las empresas financieras

La propuesta de Directiva de la Comisión Europea y las enmiendas del Parlamento Europeo incluyen a las empresas financieras reguladas dentro del ámbito de su aplicación. No obstante, el Consejo, en su posición negociadora, planteó que sean los Estados miembros quienes decidan su inclusión en el ámbito de aplicación a través de la legislación de transposición. Este es uno de los principales debates en la negociación entre las instituciones. El actual mandato negociador del Consejo en la última ronda de negociaciones excluye de la propuesta de Directiva a los servicios financieros.

5. Obligaciones de inversores institucionales y gestores de activos

Las enmiendas del Parlamento Europeo contemplan obligaciones para los inversores institucionales y gestores de activos de colaborar con la empresa participada y de ejercicio de sus derechos de voto, con el objetivo de inducir al órgano de dirección de la empresa participada a eliminar los efectos adversos causados o minimizar su alcance. Estas medidas exigidas a los inversores institucionales y gestores de activos tendrán que proporcionarse y considerar el grado de control que tengan sobre la sociedad participada.

6. Deberes de los administradores

En relación con las empresas constituidas en la Unión Europea y sujetas a la futura Directiva, se incluye un deber de diligencia que comprende el deber de los administradores de tener en consideración las consecuencias de sus decisiones sobre la sostenibilidad, los derechos humanos, el medio ambiente y el cambio climático (ya sea en el corto, medio y/o largo plazo). Las legislaciones nacionales deberán incluir el incumplimiento de esta obligación dentro del régimen de infracciones del deber diligencia.

La propuesta de la Comisión imponía el deber de velar por el cumplimiento de las obligaciones de diligencia debida de la empresa o sociedad a los administradores. Asimismo, establecía la obligación de los administradores de adaptar la estrategia corporativa de manera que tenga en cuenta los impactos adversos existentes y potenciales sobre los derechos humanos y medioambientales.

Hay un punto importante sobre remuneración variable en relación con cumplimiento de obligaciones de lucha contra el cambio climático. Las enmiendas del Parlamento Europeo concretan las previsiones iniciales de la propuesta de la Comisión y establecen que las empresas que tengan más de 1000 empleados de media deberán implementar una política corporativa que vincule la remuneración variable de los consejeros a su contribución a la estrategia de transición de la compañía.

Debe destacarse que la posición del Consejo propone la supresión de las anteriores previsiones. Por este motivo este es uno de los puntos candentes objeto de negociación entre las instituciones.

7. Autoridad nacional de supervisión

Cada Estado miembro atribuirá las facultades a una autoridad nacional para supervisar el cumplimiento de la legislación nacional de transposición de la Directiva. Esa autoridad nacional tendrá poderes de inspección, podrá solicitar información a las empresas, ordenar el cese de incumplimientos y la adopción de medidas de remediación (proporcionadas a la infracción), imponer sanciones y adoptar medidas provisionales para evitar la producción de riesgos y daños irreparables. Adicionalmente, según el texto del Parlamento, las autoridades nacionales tendrán que publicar un informe anual en el que se describan, entre otros, sus actividades y los casos más graves que se hayan producido.

8. Responsabilidades en caso de incumplimiento

8.1. Sanciones

Los Estados miembros podrán establecer un régimen sancionador para las infracciones de las normas nacionales de transposición de la Directiva.

Las enmiendas del Parlamento estipulan que las sanciones de un Estado miembro deberían incluir, como mínimo, (i) sanciones pecuniarias, (ii) una declaración pública en la que consten la empresa responsable y la naturaleza de la infracción, (iii) la obligación de llevar a cabo una medida, también para poner fin a la conducta constitutiva de infracción y abstenerse de repetirla, (iv) la suspensión de los productos por lo que se refiere a la libertad de circulación o la exportación. Todas estas sanciones deberán ser efectivas, proporcionadas y disuasorias, y se harán públicas.

Por último, con respecto a las sanciones pecuniarias, deberán determinarse teniendo en cuenta la facturación neta mundial de la empresa (el Parlamento Europeo contempla que el límite máximo de las sanciones pecuniarias no podrá ser inferior al 5 % del volumen de negocios mundial neto de la empresa).

8.2. Responsabilidad civil

El texto de la propuesta de Directiva de la Comisión prevé la responsabilidad civil de las sociedades vinculadas a incumplimientos de las obligaciones de diligencia debida de prevención y mitigación que causen daños y perjuicios, así como exclusiones parciales de responsabilidad (defensas) basadas en el cumplimiento de la diligencia debida (artículos 22, 23 y 27). La propuesta de Directiva también contempla un régimen de responsabilidad civil por negligencia, lo que hace recaer la carga de la prueba en las personas demandantes. Esta es uno de los grandes obstáculos en las reclamaciones y litigios transnacionales contra las empresas a la hora de probar el daño y el nexo causal.

La orientación general del Consejo modificó la propuesta de la Comisión sobre responsabilidad civil con el fin de lograr una mayor claridad y evitar interferencias injustificadas en los sistemas de responsabilidad civil de los Estados miembros. Introduce el requisito previo de culpa (con intención o negligencia). En tal sentido, una empresa será responsable de los daños causados a una persona física o jurídica, siempre que: "la empresa incumplió intencionalmente o por negligencia las obligaciones de diligencia debida establecidas en el art. 7 y art. 8 CSDDD; siempre que el derecho, la prohibición o la obligación enumerados en el anexo I tengan por objeto proteger a la persona física o jurídica", y " como consecuencia de tal incumplimiento, se causó un perjuicio al interés jurídico de la persona física o jurídica protegido por el Derecho nacional". La responsabilidad civil de una empresa por daños de conformidad con el nuevo artículo 22 propuesto por el Consejo se entenderá sin perjuicio de la responsabilidad civil de sus filiales o de cualquier socio comercial directo o indirecto en la cadena de actividades de la empresa. Cuando el daño sea causado conjuntamente por la sociedad y su filial, y socio comercial directo o indirecto, serán solidariamente responsables sin perjuicio de las disposiciones pertinentes de la legislación nacional.

El Consejo ha planteado la exención de responsabilidad si el daño fue causado únicamente por los socios comerciales de la empresa en su cadena de actividades.

Las enmiendas del Parlamento plantean que los Estados miembros deben establecer la responsabilidad civil por el incumplimiento de las obligaciones de diligencia debida, si ello ha causado o contribuido a un impacto adverso real y ha dado lugar a daños; asimismo contemplan normas procesales adicionales (sobre plazos de prescripción, medidas cautelares, legitimación y publicidad) para reforzar el acceso de las víctimas de abusos corporativos a la justicia, y excluyen la defensa de la debida diligencia razonable por los daños causados por las relaciones comerciales indirectas establecidas[45].

9. Ayudas públicas

La propuesta de Directiva establece que el incumplimiento de las obligaciones establecidas en ella se considere uno de los aspectos medioambientales y sociales que deben tenerse en cuenta de conformidad con las normas aplicables a la concesión de ayudas públicas (artículo 24).

---

[45] Las enmiendas del PE también aclaran, entre otras, las siguientes reglas:

- Plazo de prescripción, que para la interposición de demandas por daños y perjuicios no podrá ser inferior a diez años.
- Costas procesales, que deben mantenerse bajas para que los demandantes acudan a la justicia.
- Medidas cautelares, que pretendan el cese de una acción que pueda vulnerar la Directiva o el cumplimiento de una medida consignada en virtud de la Directiva.
- Legitimación de agentes pertinentes habilitados para que actúen en aras del interés público en nombre de una víctima o grupo de víctimas de efectos adversos, entre ellos legitimación de organizaciones de la sociedad civil para que puedan interpones acciones ante los tribunales en nombre de las víctimas.
- Pruebas respecto de las cuales los tribunales podrán ordenar la revelación por las empresas de aquéllas que se encuentren bajo su control cuando el denunciante aporte elementos que corroboren la probabilidad de la responsabilidad de la empresa y de la disposición por la empresa de dichas pruebas.

V. CONCLUSIONES

En la Unión Europea está emergiendo un marco jurídico regional sobre debida diligencia empresarial en derechos humanos y medio ambiente que contribuye a la cristalización de un proceso que arrancó en 2008, con la aprobación en Naciones Unidas del *Marco proteger, respetar y remediar*.

Las expectativas creadas por los avances legislativos en Europa han sido muy grandes pues este marco podría convertirse en un referente a nivel mundial que serviría de ejemplo para consolidar la necesidad de legislar la debida diligencia empresarial, con el objetivo de que más empresas ajusten sus políticas corporativas a los estándares internacionales. También podría suponer un incentivo para que los Estados en todo el mundo desarrollen un marco legislativo propositivo, completo y efectivo para que las empresas cumplan con los estándares de debida diligencia en derechos humanos.

De todo el ecosistema regulatorio de la UE en materia de sostenibilidad, la futura Directiva de la UE sobre la diligencia de sostenibilidad de las empresas representará un importante paso adelante a nivel mundial, por su carácter vinculante, su ámbito geográfico y la importancia económica de las actividades cubiertas, directamente o mediante relaciones comerciales y cadenas de suministro, y por la previsión de mecanismos de supervisión, aplicación y remedición. No obstante, en aspectos importantes, el proyecto de Directiva no guarda coherencia con los estándares de los Principios Rectores de las Naciones Unidas ni con otros estándares internacionales, como las Líneas Directrices de la OCDE para Empresas Multinacionales sobre Conducta Empresarial Responsable (actualizadas en la Reunión del Consejo Ministerial de la OCDE el pasado mes de junio de 2023), que constituyen un adecuado marco de estándares para reforzar el contenido de la futura Directiva.

Aunque las expectativas no son halagüeñas ante el último mandato al Consejo por parte del COREPER en noviembre de 2023, no debe dejarse de señalar que la debida diligencia en materia de Derechos Humanos y medio ambiente no es simplemente una tendencia o una estrategia de imagen pública sino un proceso de gestión de riesgos y de estrategia empresarial sobre la que se espera una mayor presión por parte de reguladores e inversores y ciudadanos en cuanto a sus exigencias. Las empresas o regiones del mundo que no se adapten a estas nuevas demandas perderán oportunidades de crecimiento económico y se verá afectada profundamente su competitividad. Frente a las acciones voluntarias y arbitrarias, se demanda una norma clara, sólida y eficaz con mecanismos correspondientes para asegurar su cumplimiento. En este punto, en la etapa final de negociación del texto definitivo de la Directiva sobre debida diligencia en materia de sostenibilidad empresarial, es preciso mantener un compromiso firme con la sostenibilidad en su sentido original, esto es, el de garantizar las necesidades de las generaciones presentes sin comprometer las necesidades y derechos de las generaciones futuras.

Bibliografía

ARENAL LORA, L. "Responsabilidad corporativa, derechos humanos y medio ambiente: de los Principios Rectores de la ONU a las leyes de diligencia debida", en C. Márquez Carrasco, (dir.), *El 10º Aniversario de los Principios Rectores de las Naciones Unidas sobre Empresas y Derechos Humanos: Retos de la Debida Diligencia en materia de Derechos Humanos y Medio Ambiente y Derechos de los Pueblos Indígenas*, Thomson Reuters Aranzadi, Cizur Menor, 2022, pp. 71-85.

MÁRQUEZ CARRASCO, C. *La Unión Europea y los actores no estatales*, Thomson Reuters Aranzadi, Cizur Menor, 2019.

MÁRQUEZ CARRASCO, C. (dir.), *El 10º Aniversario de los Principios Rectores de las Naciones Unidas sobre Empresas y Derechos Humanos: Retos de la Debida Diligencia en materia de Derechos Humanos y Medio Ambiente y Derechos de los Pueblos Indígenas*, Thomson Reuters Aranzadi, Cizur Menor, 2022.

MÁRQUEZ CARRASCO, C. «Instrumentos sobre la debida diligencia en materia de Derechos Humanos: orígenes, evolución y perspectivas de futuro», *Cuadernos de Derecho Transnacional*, 2022, vol. 14, n.º 2, pp. 605-642.

MÁRQUEZ CARRASCO, C. "Todos los ojos puestos en Bruselas: las claves de la futura Directiva sobre diligencia debida en materia de sostenibilidad empresarial", *Revista Española de Empresas y Derechos Humanos*, 2023, nº 1, pp. 5-36.

MARULLO, M.C., SALES PALLARÉS, L. y ZAMORA CABOT, F. J., *Empresas transnacionales, derechos humanos y cadenas de valor: nuevos desafíos*, Colex, A Coruña, 2023.

Capítulo VI

Instrumentos preconcursales tras la transposición de la Directiva (UE) 2019/1023: los planes de reestructuración[1]

Pre-insolvency instruments following the transposition of Directive (EU) 2019/1023: restructuring plans

MARINA SAN MARTÍN CALVO
Profesor Contratado Doctor
Area de Derecho Mercantil
Facultad de Derecho
ORCID: 000-00002-6233-1046

RESUMEN: El sistema español de insolvencias ha sufrido una profunda modificación como consecuencia de la entrada en vigor de la Ley 16/2022, que incorpora a nuestro ordenamiento jurídico la Directiva (UE) 2019/1023 sobre marcos de reestructuración preventiva (Directiva de Reestructuraciones). El objetivo del presente trabajo es el estudio y valoración de los nuevos instrumentos preconcursales introducidos por la Reforma, dirigidos a la consecución de acuerdos entre empresas viables y sus acreedores en una fase temprana de las dificultades financieras. Centraremos nuestra atención en el análisis de la que, sin duda, es la principal incorporación de la Reforma: los planes de reestructuración, concebidos como un instrumento para evitar la insolvencia y, con ella, la temida fase judicial.

Palabras clave: Directiva (UE) 2019/1023 – procedimiento de insolvencia – planes de reestructuración – instrumentos preconcursales – homologación judicial – experto en reestructuraciones

ABSTRACT: The Spanish insolvency system has undergone a profound modification as a result of the entry into force of Law 16/2022, which incorporates Directive

1 El presente trabajo se ha realizado en el marco del Proyecto de Investigación "El Derecho Procesal Civil y Penal desde la perspectiva de la Unión Europea: la consolidación del Espacio de Libertad, Seguridad y Justicia (CAJI)", Proyecto I+D+i PID2021-124027NB-I00, Agencia Estatal de Investigación, Ministerio de Ciencia e Innovación".

(EU) 2019/1023 on preventive restructuring frameworks (Directive on restructuring and insolvency) into our legal system. The objective of this work is the study and assessment of the new pre-bankruptcy instruments introduced by the Reform, aimed at achieving agreements between viable companies and their creditors in an early phase of financial difficulties. We will focus our attention on the analysis of what, without a doubt, is the main incorporation of the Reform: the restructuring plans, conceived as an instrument to avoid insolvency and, with it, the feared judicial phase.

Keywords: Directive (EU) 2019/1023 – pre-insolvency instruments – insolvency proceedings – restructuring plans – pre-bankruptcy – judicial approval – restructuring expert.

I. INTRODUCCIÓN

El Derecho Concursal español ha sufrido en las dos últimas décadas múltiples reformas, algunas de gran calado, que se han sucedido a un ritmo vertiginoso, al hilo de las sucesivas y graves crisis económicas y sanitarias sufridas, en un intento de ofrecer respuestas normativas a los retos a los que se han venido enfrentando las empresas en dificultades[2]. Configu-

---

2 Sólo por mencionar las reformas más destacadas, desde la Ley Concursal 22/2003, de 9 de julio, podemos citar: Real Decreto-ley 3/2009, de 27 de marzo, de medidas urgentes en materia tributaria, financiera y concursal ante la evolución de la situación económica; Ley 38/2011, de 10 de octubre, de reforma de la Ley 22/2003, de 9 de julio, Concursal; Ley 14/2013, de 27 de septiembre, de apoyo a los emprendedores y su internacionalización; Real Decreto-ley 4/2014, de 7 de marzo, por el que se adoptan medidas urgentes en materia de refinanciación y reestructuración de deuda empresarial; Real Decreto-ley 11/2014, de 5 de septiembre, de medidas urgentes en materia concursal; Ley 17/2014, de 30 de septiembre, por la que se adoptan medidas urgentes en materia de refinanciación y reestructuración de deuda empresarial; Real Decreto-ley 1/2015, de 27 de febrero, de mecanismo de segunda oportunidad, reducción de carga financiera y otras medidas de orden social; Ley 9/2015, de 25 de mayo, de medidas urgentes en materia concursal y

rado como una disciplina autónoma y enormemente dinámica en el ámbito del Derecho Mercantil, pronto se puso de manifiesto que el excesivo garantismo y la rigidez procesal de nuestro proceso judicial de insolvencias, establecido por la Ley Concursal 22/2003, de 9 de julio[3], era inadecuado.

Podríamos, incluso, calificar sus consecuencias para la economía española como nefastas: Las empresas que acudían al concurso acababan en liquidación en un 95% de los casos, siendo el tiempo medio de tramitación de un concurso superior a cuatro años. De hecho, la duración de los concursos había venido aumentando progresivamente durante los últimos quince años. Según datos facilitados por la web del CGPJ[4], la duración media de un concurso en 2019 era de 54,9 meses y en 2020 de 52,1 meses, como admite el propio legislador, que ya en el Preámbulo de la Ley 16/2022 cifra en un promedio de 60 meses la duración del concurso, lo que indefectiblemente conlleva el colapso de la jurisdicción mercantil en muchos territorios[5].

En pleno confinamiento y con un considerable retraso sobre el plan previsto[6], vio la luz el nuevo Texto Refundido de la Ley Concursal (en adelante, TRLC), aprobado por Real Decreto Legislativo 1/2020, de 5 de mayo, con la manifiesta declaración de intenciones de dotar de cohesión

---

Ley 25/2015, de 28 de julio, de mecanismo de segunda oportunidad, reducción de la carga financiera y otras medidas de orden social.

3 Ley 22/2003, de 9 de julio, Concursal, BOE de 10 de julio de 2003, nº 164, pp. 26905-26965.

4 https://www.poderjudicial.es. (fecha de última consulta: 18 de diciembre de 2023)

5 Preámbulo I, Ley 16/2022, de 5 de septiembre, de reforma del texto refundido de la Ley Concursal, aprobado por el Real Decreto Legislativo 1/2020, de 5 de mayo, para la transposición de la Directiva (UE) 2019/1023 del Parlamento Europeo y del Consejo, de 20 de junio de 2019, sobre marcos de reestructuración preventiva, exoneración de deudas e inhabilitaciones, y sobre medidas para aumentar la eficiencia de los procedimientos de reestructuración, insolvencia y exoneración de deudas, y por la que se modifica la Directiva (UE) 2017/1132 del Parlamento Europeo y del Consejo, sobre determinados aspectos del Derecho de sociedades (Directiva sobre reestructuración e insolvencia), BOE de 6 de septiembre de 2022, nº 214, pp. 123682-123851.

6 A los efectos de consolidar en un texto único las modificaciones incorporadas a la Ley 22/2003, de 9 de julio, Concursal, se autorizaba al Gobierno para elaborar y aprobar, en un plazo de doce meses a contar desde la entrada en vigor de la Ley 9/2015, de medidas urgentes en materia concursal, un texto refundido de la Ley Concursal. Disposición Final Octava de la Ley 9/2015, de 25 de mayo, de Medidas Urgentes en Materia Concursal, BOE de 26 de mayo de 2015, nº 125, pp. 43874-43909.

interna a la Ley Concursal, unificar y sistematizar la terminología y reordenar y armonizar la complejísima normativa concursal[7].

No obstante, al tiempo de la promulgación del nuevo Texto Refundido, que entró en vigor el 1 de septiembre de 2020, ya se sabía que forzosamente iba a tener que ser modificado en breve, como consecuencia de la aprobación de la Directiva 2019/1023, de 20 de junio del 2019, *sobre marcos de reestructuración preventiva, exoneración de deudas e inhabilitaciones, y sobre medidas para aumentar la eficiencia de los procedimientos de reestructuración, insolvencia y exoneración de deudas, y por la que se modifica la Directiva (UE) 2017/1132*[8], que introducía importantes modificaciones que debían ser implementadas en el ordenamiento jurídico nacional. Era necesario, además, incluir en el nuevo texto las modificaciones impuestas por la normativa COVID en materia procesal, mercantil y concursal, así como adoptar con celeridad las medidas urgentes necesarias para paliar, en la medida de lo posible, la difícil situación económica y social derivada de la pandemia, que afectaba de lleno al procedimiento de insolvencias[9].

II. LA TRANSPOSICIÓN DE LA DIRECTIVA DE REESTRUCTURACIONES. LA LEY 16/2022, DE REFORMA DEL TRLC

Así pues, el proceso concursal, tal y como estaba concebido antes de la Reforma, no funcionaba. Lento, ineficaz y caro, no garantizaba la satisfacción de los acreedores ni facilitaba el mantenimiento del tejido empresarial, con la consecuente desprotección de los puestos de trabajo, y eso a pesar de las durísimas consecuencias que acarreaba al deudor. Pocos instrumentos existían para sortear la temida fase judicial, cuyos efectos fueron atemperándose con la progresiva introducción de figuras *"paraconcursales"*

---

7 E. de M. Real Decreto Legislativo 1/2020, de 5 de mayo, por el que se aprueba el texto refundido de la Ley Concursal, BOE de 7 de mayo de 2020, nº 127, pp. 31518-31706.

8 Directiva (UE) 2019/1023 del Parlamento Europeo y del Consejo de 20 de junio de 2019, DOUE de 26 de junio de 2019, nº L 172, pp. 18 a 55.

9 En relación con la durísima situación económica en la que el tejido empresarial español se vio sumido como consecuencia de la pandemia, según datos de la Sección de Estadística del Consejo General del Poder Judicial, la cantidad de concursos solicitados entre enero y marzo de 2021 creció un 50,4% con respecto al mismo periodo del año anterior. En septiembre de 2022, el número de concursos había aumentado otro 15% más.

como el preconcurso, los acuerdos de refinanciación, la homologación judicial, el reconvenio, etc., como consecuencia de un sinfín de reformas que hicieron el texto legal original prácticamente irreconocible e, incluso, contradictorio en algunos aspectos. Estos instrumentos, en el panorama anterior a la entrada en vigor de la Ley 16/2022, eran la mejor opción (muchas veces la única) a la que acreedores y deudores podían aferrarse para eludir la fase de concurso, liquidativa en la mayor parte de los casos.

Sin embargo, y aunque en esta constante evolución normativa se ha recorrido un largo camino de mejora técnico, no todas las figuras paraconcursales que se fueron introduciendo resultaron adecuadas ni útiles, como también reconoce el propio Preámbulo de la Ley 16/2022 al afirmar que *"la percepción más extendida es que si bien los acuerdos de refinanciación han constituido un instrumento útil, los acuerdos extrajudiciales de pagos, dirigidos a pequeñas y medianas empresas, no han cumplido de forma satisfactoria con su propósito"*, justificando así su desaparición en la Reforma del TRLC[10].

La obligada trasposición de la Directiva 2019/1023, también conocida como ***Directiva de reestructuraciones*** (en adelante, la Directiva), marcó el inicio de un proceso legislativo y parlamentario, que culminó con la Ley 16/2022, de 5 de septiembre, *de reforma del texto refundido de la Ley Concursal, aprobado por el Real Decreto Legislativo 1/2020, de 5 de mayo, para la transposición de la Directiva (UE) 2019/1023 del Parlamento Europeo y del Consejo, de 20 de junio de 2019, sobre marcos de reestructuración preventiva, exoneración de deudas e inhabilitaciones, y sobre medidas para aumentar la eficiencia de los procedimientos de reestructuración, insolvencia y exoneración de deudas, y por la que se modifica la Directiva (UE) 2017/1132 del Parlamento Europeo y del Consejo, sobre determinados aspectos del Derecho de sociedades (Directiva sobre reestructuración e insolvencia)*[11].

Se trataba de una reforma muy esperada, pues se había cumplido ya la prórroga de un año que el Gobierno solicitó en julio de 2021, fecha en la que finalizaba el plazo para transponer la Directiva. La Reforma pretendía atajar las principales limitaciones del sistema de insolvencia español, que el Preámbulo de la nueva Ley agrupa en cuatro bloques: los **instrumentos**

---

10 Como analizaremos más adelante con mayor detenimiento, la Ley 16/2022, ante la escasa utilización de los acuerdos extrajudiciales de pago y su elevado coste, opta por introducir un procedimiento de insolvencia único, dirigido tanto a las situaciones concursales de insolvencia como a las preconcursales. Preámbulo I, Ley 16/2022, de 6 de septiembre.

11 DOUE de 26 de junio de 2019, nº L 172, pp. 18-55. BOE de 6 de septiembre de 2022, nº 214, pp. 123682-123851.

preconcursales; el recurso tardío al concurso; la excesiva duración de los concursos, que venían finalizando en la inmensa mayoría de los casos en liquidación y no en convenio, como hubiera sido deseable y, por último, en la escasa utilización del Beneficio de la Segunda Oportunidad. Nos encontramos, por tanto, ante una reforma que *"pretende afrontar este conjunto de limitaciones mediante una reforma estructural de calado del sistema de insolvencia"*[12].

La nueva legislación de insolvencias pretende ser más rápida, menos rígida y, sobre todo, más eficaz. A estos fines, la Ley 16/2022 introduce novedades sustanciales en varias materias, sobre las que no nos extenderemos aquí por no ser el objetivo de este trabajo, con importantes cambios en los Libros I y II del TRLC, entre ellas una nueva regulación del convenio, que elimina la posibilidad de la propuesta anticipada, la junta de acreedores y su tramitación escrita; la introducción de la exitosa figura del ***pre-pack administration***[13], para evitar la pérdida de valor de activos empresariales por la entrada en concurso del deudor, así como importantes (y más que necesarias) modificaciones en el Régimen de Segunda Oportunidad[14], principalmente respecto a la obligatoriedad de intentar alcanzar un Acuerdo Extrajudicial de Pagos entre el deudor y sus acreedores, figura hoy derogada, que obtuvo escasos resultados prácticos y que, en la mayoría de los casos, implicaba elevados costes para el deudor, ya de por sí lastrado por una situación económica muy complicada[15].

---

12 Preámbulo Ley 16/2022, de 5 de septiembre.

13 Siguiendo el Preámbulo de la Reforma, el legislador ha optado por incluir en la legislación concursal los mecanismos de enajenación ágil de unidades productivas previstas en otras jurisdicciones (EE.UU. y Países Bajos, entre otras). En síntesis, la implementación de esta figura permite al deudor solicitar, con anterioridad a la declaración de concurso, el nombramiento de un experto para monitorizar la selección de un potencial comprador de unidades productivas, con el fin de que su enajenación pueda realizarse de manera más eficiente y rápida, una vez abierto el concurso.

14 El Régimen de Segunda Oportunidad o BEPI (*beneficio de exoneración del pasivo insatisfecho*) pierde la "B" de beneficio, porque el legislador quiere incidir en que, más que un beneficio, estamos ante *"un derecho de la persona natural deudora"*. Las principales novedades se refieren a la simplificación de trámites y reducción de tiempos, la inclusión de un nuevo régimen para la vivienda habitual del deudor y la posibilidad de exonerar *todas* las deudas insatisfechas sin necesidad de liquidar el patrimonio, con la consiguiente desaparición del requisito de la liquidación previa de los bienes del deudor para el perdón de sus deudas.

15 Desaparece así la obligatoriedad para el deudor de intentar "cerrar" un Acuerdo Extrajudicial de Pago (AEP) con sus acreedores como requisito necesario para

El nuevo marco legislativo introduce también, un **procedimiento especial para las llamadas "microempresas"**, que constituyen el 93% del tejido empresarial español. En vigor desde el 1 de enero de 2023, el nuevo texto legal ha confeccionado este nuevo instrumento, destinado a empresas de menos de 10 trabajadores que mantengan, al menos, 700.000 euros de activo y acumulen menos de 350.000 euros de pasivo, creando un sistema concursal específico, más ágil, flexible y con plazos abreviados, con el objetivo de abaratar costes. A este sector también van dirigidos otros importantes instrumentos implementados por la Ley 16/2022, a los que nos referiremos más adelante.

Es importante destacar, también la **implantación de nuevas tecnologías** asociadas a los procedimientos de insolvencia, mayoritariamente gratuitas, dirigidas en su mayoría, a las pequeñas y medianas empresas, que constituyen, según indica la propia Directiva, el 99% de todas las empresas de la UE[16]. En efecto, la Reforma implementa un extenso catálogo de herramientas tecnológicas (servicios de asesoramiento online, web de ayuda para el autodiagnóstico de salud empresarial, formularios online, programas de cálculo, etc... destinadas a conseguir los objetivos de rapidez y eficacia perseguidos por la propia Directiva[17].

Con todo, el principal protagonista de la Reforma es el Libro II TRLC, que regula el **derecho preconcursal**, construido sobre dos *"institutos precon-*

---

acogerse a la Ley de Segunda Oportunidad, una medida que se ha revelado poco práctica, que encarecía el procedimiento, suponiendo importantes costes para el deudor cuya economía ya era muy mermada y ralentizaba aún más de ralentizar el proceso.

16 Directiva (UE) 2019/1023 del Parlamento Europeo y del Consejo, de 20 de junio de 2019, Considerando 17.

17 Así, está previsto el establecimiento de una plataforma de liquidaciones de los procedimientos especiales de insolvencia y de un programa de cálculo automático del plan de pagos, accesible en línea y sin coste para el usuario; la creación de formularios oficiales en línea, previstos para la gestión e impulso del procedimiento especial de microempresas, así como la implantación de servicios de asesoramiento a PYMES en dificultades en un estadio temprano de dificultades con el propósito de evitar su insolvencia, que se ve completado con el diseño de una página web para el autodiagnóstico de salud empresarial, que permita a las microempresas evaluar su solvencia.
Por último, se prevé la creación de un portal de liquidaciones en el Registro Público Concursal, en el que deberán figurar una relación de las empresas en fase de liquidación concursal, así como cuanta información resulte necesaria para facilitar la enajenación del conjunto de los establecimientos y explotaciones o unidades productivas.

cursales": la comunicación de apertura de negociaciones con los acreedores y los planes de reestructuración. El primero de estos instrumentos, la **comunicación de apertura de las negociaciones**, es una herramienta meramente instrumental, destinada a facilitar la negociación de la institución "estrella" de la Reforma, los **planes de reestructuración**, concebidos como un instrumento preconcursal dirigido a evitar la insolvencia, o a superarla en su caso, incentivando una reestructuración más temprana y, por tanto, con mayor posibilidad de éxito, evitando el estigma asociado al concurso[18]. Su introducción supone un cambio radical del Libro segundo del TRLC de 2020, que dice adiós a los actuales acuerdos de refinanciación y acuerdos extrajudiciales de pago con el fin, expresado en el art. 4 de la Directiva, de proteger el empleo y mantener la actividad empresarial.

III. LOS MECANISMOS PRECONCURSALES

Lo cierto es que sólo cuando la Directiva (UE) 2019/1023 ha sido objeto de transposición al ordenamiento jurídico español, el legislador ha admitido el fracaso del sistema procesal anterior y se ha tomado en serio el tratamiento desjudicializado de las insolvencias. A diferencia del Texto Refundido de 2020, que mantenía un elevado grado de judicialización, el nuevo marco introducido por la Ley 16/2022 cambia las reglas del juego de las insolvencias, puesto que nace con la finalidad de *favorecer los mecanismos preconcursales, con el fin último de facilitar la reestructuración de empresas viables y la liquidación rápida y ordenada de las que no lo son*"[19].

Es fácil adivinar, a la luz de la amplia y detallada Exposición de Motivos que acompaña a la nueva Ley, que el gran entusiasmo con que la Reforma acoge y promueve las figuras preconcursales no sólo obedece al mandato europeo, sino también a la necesidad de dar una solución satisfactoria a la preocupante realidad económica española.

Como no podía ser de otra manera, el propósito de favorecer los mecanismos preconcursales es trasunto de la Directiva, que en su I Considerando, explicita su pretensión de garantizar que "*las empresas y empresarios viables que se hallen en dificultades financieras tengan acceso a marcos nacionales efectivos de reestructuración preventiva que les permitan continuar su actividad; que*

---

18 En el Preámbulo de la Ley 16/2022, los PR se definen como *"una actuación en un estadio de dificultades previo al de los vigentes instrumentos preconcursales, sin el estigma asociado al concurso y con características que incrementan su eficacia"*.

19 E. de M. Ley 16/2022 de 5 de diciembre

los empresarios de buena fe insolventes o sobreendeudados puedan disfrutar de la plena exoneración de sus deudas después de un período de tiempo razonable, lo que les proporcionaría una segunda oportunidad; y que se mejore la eficacia de los procedimientos de reestructuración, insolvencia y exoneración de deudas, en particular con el fin de reducir su duración", proclamación que en términos semejantes se recoge en el Preámbulo de la Ley 16/2022.

Así pues, la Reforma concursal establece un nuevo marco legal de reestructuraciones en España que aumenta la flexibilidad en el ámbito preconcursal, desarrollando mecanismos para identificar situaciones de insolvencia en un estadio temprano del proceso, y superar tales situaciones reestructurando con éxito empresas que aún son viables.

La Directiva 2019/1023 exige la introducción en la legislación nacional de uno o varios marcos de reestructuración preventiva, cuya finalidad sea evitar la insolvencia y garantizar la continuidad de empresas viables, pero que atraviesan por dificultades financieras que pueden amenazar la solvencia y terminar en concurso[20]. Sin embargo, el texto europeo deja espacio al legislador nacional en cuanto a la forma de alcanzar este objetivo. El legislador español opta, mediante la reforma operada por la Ley 16/2022, por alterar profundamente el contenido del Libro II del Texto Refundido de la Ley Concursal, reduciendo las dos instituciones preexistentes, los acuerdos de refinanciación y los acuerdos extrajudiciales de pago de los artículos 605 ss. del TRLC, a una sola institución: **los planes de reestructuración (PR)** que, si bien tienen elementos comunes con los antiguos acuerdos de refinanciación, están dotados de un campo de aplicación mucho más amplio, con una regulación legal muy novedosa, directamente importada de la Directiva.

1. Presupuestos del concurso

La Reforma del TRLC inicia el nuevo Libro Segundo con dos artículos introductorios relativos a los presupuestos subjetivos y objetivos del preconcurso, antes de abordar la comunicación de la apertura de negociaciones (artículo 583 y ss.TRLC).

Por lo que se refiere al **presupuesto subjetivo**, ya en el Preámbulo de la propia Ley 16/2022, se menciona explícitamente a los destinatarios de los procedimientos de reestructuración preventiva, aspecto regulado de

---

[20] Art. 4 Directiva (UE) 2019/1023, de 20 de junio de 2019

forma más amplia por el ya mencionado art. 583 de la Ley Concursal[21]. Como regla general, cualquier persona física o jurídica que lleve a cabo una actividad empresarial o profesional podrá realizar la comunicación de apertura de negociaciones con los acreedores o solicitar directamente la homologación de un plan de reestructuración. Sin embargo, de acuerdo con el mandato expresado en la Directiva (UE) 2019/1023[22], el texto contempla significativas excepciones, estableciendo un listado cerrado de entidades que no pueden acogerse al preconcurso y que, en consecuencia, quedan excluidas de los planes de reestructuración. Así, sus disposiciones no afectan a las personas jurídico-públicas, las entidades financieras y de crédito (en sentido amplio), las entidades de inversión, las empresas de seguros y reaseguros y las entidades y las entidades que integran la organización territorial del Estado, organismos y entes de derecho público. Se excluyen también las microempresas, dotadas de un régimen jurídico propio recogido en el Libro III del actual TRLC.

Sin embargo, el elemento realmente innovador lo encontramos en el **presupuesto objetivo,** recogido en el art. 584 TRLC, que contempla la posibilidad de que, a fin de evitar la insolvencia, no solo pueda comunicar la apertura de negociaciones o solicitar la homologación de un plan de reestructuración el deudor que se encuentre en situación de insolvencia actual o inminente, sino también el deudor, de momento viable económicamente, desde que se encuentra en situación de mera ***"probabilidad de insolvencia"***. Así pues, a los ya conocidos supuestos de insolvencia inminente y actual[23], se añade ahora uno nuevo, el de *probabilidad de insolvencia,* hasta ahora inexistente en nuestro ordenamiento jurídico y definido por el art. 584.2 TRLC como aquella situación en la que sea "*objetivamente previsible*" que, de no alcanzarse un plan de reestructuración, el deudor no podrá cumplir regularmente sus obligaciones que venzan en los siguientes dos años.

La introducción de este nuevo concepto en la Reforma, posibilitando la iniciación de un proceso de reestructuración hasta dos años antes de la previsible insolvencia actual, es de gran importancia, y obedece a una clara finalidad: incentivar que la reestructuración se lleve a cabo en una fase

---

21 *Vid.* E. de M., párrafo III, Ley 16/2022, de 5 de septiembre

22 Considerandos 19 y 20, Directiva (UE) 2019/1023, de 20 de junio de 2019

23 La **insolvencia inminente** es aquella situación en la que se prevé que el deudor estará en insolvencia actual en los próximos 3 meses, mientras que la **insolvencia actual,** es aquella en la que el deudor ya no puede cumplir regularmente con las obligaciones exigibles.

temprana, reduciendo la pérdida de valor empresarial y el consiguiente perjuicio para los acreedores y para el propio deudor. Ello no implica que no pueda acudirse al preconcurso en los ya conocidos supuestos de insolvencia inminente o actual, siempre y cuando no se haya admitido a trámite una solicitud de concurso necesario.

2. *Comunicación de apertura de negociaciones*

El deudor y sus acreedores deben poder disfrutar de un periodo de tiempo para negociar un plan de reestructuración que evite la insolvencia, sin la presión de la obligación legal de solicitar concurso. Así lo recomienda la propia Directiva, proponiendo la suspensión temporal de las ejecuciones singulares, de modo que el deudor pueda continuar con su actividad empresarial o, al menos, preservar el valor de su patrimonio mientras duren las negociaciones[24].

A estos fines, la Reforma suspende la obligación del deudor de solicitar el concurso, aunque esté en situación de insolvencia concursal (actual o inminente), y se impiden las solicitudes de concurso necesario presentadas por los acreedores legitimados para ello. Por otro lado, se suspende y prohíbe la ejecución de ciertos activos del deudor, así como la terminación anticipada o modificación de determinados contratos, con el fin de mantener el valor de la empresa, en la medida de lo posible, y garantizar así que el deudor pueda continuar con su actividad, una vez haya superado sus dificultades económicas[25].

En relación con la intervención judicial en esta fase del procedimiento, hemos de señalar que, frente a la libertad que la Directiva ofrece a los Estados miembros sobre qué autoridad o instituciones deben supervisar el procedimiento (administrativa o judicial), el legislador español ha optado por dar continuidad al sistema tradicional y mantener la competencia de los órganos judiciales. No obstante, la intervención judicial se reduce a dos momentos distintos en la negociación del plan de reestructuración: la comunicación de la apertura de las negociaciones con los acreedores y la homologación de los planes de reestructuración. En este sentido, es importante destacar que la Reforma establece la competencia exclusiva de los Juzgados de lo Mercantil para entender de estos procedimientos.

---

24 Considerando (32), Directiva (UE) 2019/1023, de 20 de junio de 2019

25 LÓPEZ NARVAEZ, M. "La comunicación de la apertura de las negociaciones con los acreedores", *Actualidad Jurídica Uría Menéndez*, 2022, nº 59, pp. 13-29, *https://www.uria.com/documentos/publicaciones.*

2.1. Contenido de la comunicación

Pese a que la nueva Ley Concursal otorga nuevas facultades a los acreedores[26], lo cierto es que la Reforma mantiene la potestad exclusiva del deudor para comunicar al Juzgado competente la apertura de negociaciones con los acreedores (artículo 585 TRLC), que decidirá si inicia el procedimiento y cuándo le resulta más conveniente hacerlo. En cualquier caso, es obvio que cuanto antes se inicien las negociaciones, más probabilidad de éxito tendrá el plan de reestructuración, como ya apunta la Directiva en su Considerando 22[27].

No obstante, sí que se introducen modificaciones sustanciales con relación a la extensión y detalle de la información que, con carácter preceptivo, debe aportar el deudor junto con la comunicación al Juzgado, en los que se recoge el "contenido mínimo" de la comunicación, que puede verse ampliado en otros supuestos. En este sentido, y entre la extensa lista del artículo 586 TRLC, conviene destacar los siguientes apartados:

i. Las razones que justifican la comunicación, con referencia al estado en que se encuentra, sea probabilidad de insolvencia, insolvencia inminente o insolvencia actual, así como el fundamento de la competencia del juzgado para conocer de la comunicación.

ii. El listado de acreedores con los que se han iniciado o se vayan a iniciar las negociaciones, la actividad a la que se dedica la empresa, el importe del activo y del pasivo, volumen de negocio y número de trabajadores afectados, lo que nos dará información sobre si la deu-

---

26 Entre las facultades que la Reforma otorga a los acreedores, podemos citar la posibilidad de que los acreedores que representen más de un 50 % del pasivo que pueda quedar afectado por la reestructuración, puedan solicitar la prórroga de los efectos de la comunicación, la homologación judicial de un plan de reestructuración e incluso la suspensión de la solicitud de concurso presentada por el deudor.

27 Elegir el momento oportuno para comunicar la apertura de negociaciones no es tarea fácil, puesto que si bien es cierto que tiene efectos beneficiosos para el deudor, principalmente la suspensión de las ejecuciones pendientes sobre su patrimonio, no es menos cierto que, a partir de ese momento, se empieza a contar el plazo de tres meses, transcurridos los cuales, el deudor que no haya alcanzado un plan de reestructuración deberá solicitar la declaración del concurso en el mes siguiente, salvo que no se encontrara en situación de insolvencia actual (art. 611.1 TRLC). Sobre este particular, *Vid.* LÓPEZ NARVAEZ, M. "La comunicación de la apertura de las negociaciones con los acreedores", op. cit., esp. pp. 15 y ss.

dora es una microempresa o si es o no PYME, a los efectos legales que procedan.

iii. Los bienes, derechos y contratos necesarios para la continuidad de la actividad[28]

iv. La solicitud, en su caso, de nombramiento de experto en reestructuraciones, y

v. Cualquier otra circunstancia que pueda afectar al desarrollo o buen fin de las negociaciones

Respecto al concepto de "*bienes, derechos y contratos necesarios para la continuidad de la actividad*", es necesario matizar que la legislación concursal no define qué debe entenderse por *"bien o derecho necesario"*, por lo que se ha considerado tradicionalmente este concepto como jurídicamente indeterminado, que debe analizarse caso por caso, conforme a criterios jurisprudenciales[29]. Debe también tenerse en cuenta el concepto que aporta la Directiva de los contratos que denomina *"esenciales"*, a los que define, en su art. 7.4, como *"aquellos contratos vigentes que sean necesarios para proseguir la gestión diaria de la empresa, incluidos los contratos de suministro, cuya interrupción conduciría a una paralización de las actividades del deudor"*.

2.2. Duración y prórroga de las negociaciones

En cuanto a la duración de las negociaciones, la Reforma establece un plazo inicial de tres meses para negociar con los acreedores. Se mantiene

---

28 Como veremos más adelante, el término *"necesario para la continuidad de la actividad empresarial"* no está exento de polémica ya que, como también veremos, los efectos de la comunicación varían considerablemente, en función de si dichos bienes, derechos y contratos se consideren necesarios o no. En esta fase del procedimiento, en principio el deudor es quien determina inicialmente la condición de estos derechos, y sólo si el o los acreedores la discuten, a través de la interposición de un recurso de revisión de la comunicación, podrá el Juez intervenir, resolviendo lo que considere oportuno.

29 Por todos, Auto del Juzgado Mercantil nº 6 de Madrid, de 15 de diciembre de 2020, define los *bienes necesarios* como aquellos bienes que *"de modo efectivo, actual y real se encuentren unidos al proceso productivo del deudor y resulten imprescindibles para la ordinaria continuidad de aquella actividad"*, "ROJ AJM M 404/2020, disponible en enlace https://www.poderjudicial.es/search/index.jsp" (fecha de última consulta: 18 de diciembre de 2023). GELI FERNÁNDEZ-PEÑAFLOR, E. y ARLABÁN GABEIRAS. B., "Los planes de reestructuración", *Actualidad Jurídica Uría Menéndez,* mayo-agosto 2022, nº 59, pp. 30-70, https://www.uria.com/documentos/publicaciones.

así el plazo preexistente en el sistema anterior, que el legislador no ha considerado oportuno ampliar, a pesar de que el art. 6.6 de la Directiva extiende este plazo inicial hasta los cuatro meses. El *dies a quo* de dicho plazo es el mismo que en el antiguo Texto Refundido: La presentación de la comunicación.

Este plazo inicial es prorrogable por otros tres meses a solicitud del deudor o de los acreedores que representen más del 50% del pasivo que pueda verse afectado por el plan, excepto si la deudora es una PYME, en cuyo caso la prórroga sólo podrá ser solicitada por ésta. En cualquier caso, la concesión o no de la prórroga solicitada es competencia exclusiva del Juez competente, que la concederá o no, a la luz del estado de las negociaciones[30]. En cualquier caso, transcurridos tres meses desde la comunicación, o desde la prórroga, sin que se haya alcanzado el plan de reestructuración, el deudor tendrá la obligación legal de solicitar la declaración del concurso dentro del mes siguiente[31].

Por último, es necesario señalar que La Reforma introduce la posibilidad de que, una vez que el juez conceda la prórroga, esta sea levantada si lo solicita el deudor, el experto en reestructuraciones, acreedores que representen el 40 % del pasivo que pudiera ser afectado por el plan, o cualquier acreedor que acredite que la prórroga ha dejado de cumplir el objetivo de facilitar la consecución del plan. También se permite que un acreedor pueda solicitar su exclusión de la prórroga si esta pudiera causarle serios perjuicios, incluida su insolvencia, la disminución de los activos dados en garantía, o si los bienes objeto de ejecución no tuvieran el carácter de necesario.

---

30 En línea con lo que prevé la Directiva, en el párrafo 7 del art. 6, la prórroga no debe concederse de manera automática, sino que el juez debe valorar si está debidamente justificada porque se han logrado avances significativos en las negociaciones. No debería concederse dicha prórroga, por tanto, si el estado de las negociaciones indica que es improbable que se alcance un plan de reestructuración.

31 Art. 611 TRLC. En muchos casos, tres meses (seis, si ha concedido la prórroga solicitada) puede ser un período demasiado corto para cerrar un plan de estas características, por lo que la posibilidad de ampliación del plazo debe valorarse positivamente. Lamentablemente, en este punto el legislador español ha desoído la sugerencia de la Directiva, que permite que las prórrogas alcancen los 12 meses (art. 6.8 Directiva). La gran diferencia (nueve meses) entre el plazo de prórroga que permite el texto europeo y el concedido por nuestro ordenamiento jurídico, sólo puede explicarse por la desconfianza del legislador español hacia el procedimiento preconcursal, más flexible y con una mínima intervención judicial, en contraposición a la secular judicialización de nuestro procedimiento de insolvencias.

2.3. Efectos de la comunicación de apertura de negociaciones

Los efectos de la apertura de comunicaciones tras las modificaciones introducidas por la Ley 16/2022, son amplios y diversos.

Si se centra la atención en los efectos para el **deudor**, quizás la novedad más significativa se plantea respecto al ejercicio de las facultades sobre su patrimonio. Así, mientras que en el concurso el deudor se ve limitado o excluido del ejercicio de sus facultades patrimoniales y de cualesquiera otra que pueda tener consecuencias patrimoniales para la masa activa, en los procedimientos de reestructuración el deudor continúa al frente de su patrimonio y de su negocio, quizá como un acicate para incentivar al deudor a solicitar la reestructuración preventiva en un momento temprano, incrementando así las posibilidades de garantizar la continuación de la actividad y la viabilidad de la empresa[32].

También representa una importante novedad la suspensión de la obligación legal impuesta al deudor por el art. 363.1.e) LSC, de promover la disolución de la sociedad por pérdidas cualificadas, esto es, por pérdidas que hayan reducido su patrimonio neto por debajo de la mitad del capital social.

El legislador también se pronuncia sobre otros efectos que la comunicación de apertura de negociaciones tiene sobre los créditos, los contratos, y las ejecuciones. Así, respecto a los **créditos**, y a fin de evitar la resolución anticipada de un crédito que complicaría aún más la difícil situación financiera del deudor, el art. 595 TRLC establece que la comunicación, por sí misma, no puede producir el vencimiento anticipado de los créditos, y que serán ineficaces las cláusulas contractuales que prevean la modificación de los términos y condiciones del crédito por el mero hecho de presentar la comunicación.

Por tanto, se tendrán por no puestas las cláusulas contractuales que establezcan la facultad de la otra parte de suspender o modificar las obligaciones o los efectos del contrato, así como la facultad de resolución o la de extinción del contrato por el simple hecho de presentar la solicitud de homologación del plan o su admisión a trámite, la homologación judicial

---

[32] Considerando 30 y el art. 5.1 de la Directiva (UE) 2019/1023; E. de M. de la Ley 16/2022, de 5 de septiembre, y art. 594 TRLC. *Vid.* MARTINEZ FLOREZ, A. "La igualdad de trato de los créditos del mismo rango en los planes de reestructuración: significado y tutela", La Ley Insolvencia, 2023, nº 21, https://web.laley.es/revistas.

del plan o cualquier otra circunstancia análoga. Evidentemente, estas disposiciones colocan a los acreedores, especialmente a los bancarios, en una situación delicada, ya que les somete a unos riesgos muy superiores a los que están acostumbrados a correr, en un escenario tan volátil como es un procedimiento preconcursal[33].

Por último, en relación **con** los **contratos y** como señala la Directiva en su Considerando 41, la resolución anticipada de los contratos puede poner en peligro la capacidad de la empresa deudora para seguir desarrollando su actividad durante las negociaciones, especialmente respecto a los contratos de suministros básicos. En consecuencia, la Reforma estipula que se tendrán por no puestas las cláusulas contractuales que supongan una suspensión, modificación, resolución o terminación de los contratos con obligaciones recíprocas pendientes de cumplimiento, así como los contratos necesarios para la continuidad de la actividad del deudor, en particular, como exige la Directiva, los contratos de suministro, que no podrán suspenderse, modificarse, resolverse o terminarse aun cuando los incumplimientos hayan sido anteriores a la comunicación[34].

2.4. Prohibición de inicio y suspensión de las ejecuciones en el preconcurso

Uno de los efectos más relevantes de la comunicación de inicio de negociaciones para alcanzar un plan de reestructuración, es la prohibición de inicio o suspensión de las ejecuciones en curso que, tras la Reforma, se regula en los artículos 600 a 606 de la nueva Ley Concursal. Lejos de representar una ruptura con el régimen previo, la nueva regulación es netamente continuista con el sistema anterior (arts. 5 bis y arts. 588 a 593 del antiguo TRLC), con la misma finalidad: permitir que el deudor en dificultades goce del periodo de estabilidad necesario y suficiente para negociar con sus acreedores, con vistas a sacar adelante un plan de reestructuración[35]. No obstante, la Ley 16/2022 introduce novedades de enorme trascendencia práctica.

---

[33] LÓPEZ NARVAEZ, M. "La comunicación de la apertura de las negociaciones con los acreedores", op. cit., esp. pp. 23 y ss.

[34] Art. 597 y ss. TRLC. Considerando (41), Directiva (UE) 2019/1023

[35] BLANCO SARALEGUI, J.M. y MORATINOS LÓPEZ. M. "El régimen de prohibición de inicio y suspensión de ejecuciones en el preconcurso tras la Ley 16/2022, de 5 de septiembre, de reforma del Texto Refundido de la Ley Concursal", nº 21, La Ley Insolvencia, 2023, nº 21, https://web.laley.es/revistas.

En primer lugar, la Reforma limita la posibilidad de que las ejecuciones de bienes *"no necesarios"* se vean afectadas como consecuencia de la comunicación de apertura de negociaciones, mediante la eliminación de la figura de los Acuerdos Extrajudiciales de Pagos (AEP), a los que ya hemos hecho referencia, lo que constituye una importante novedad en el procedimiento para la exoneración de deudas conocido como *beneficio de exoneración del pasivo insatisfecho* (BEPI) o Régimen de Segunda Oportunidad[36]. Desaparece así la posibilidad de impedir el inicio o la continuación de

---

36 El suprimido **acuerdo extrajudicial de pagos** era un mecanismo preconcursal consistente en una mediación con los acreedores para intentar alcanzar un acuerdo de reestructuración de las deudas y solucionar situaciones de insolvencia, evitando tener que acudir a un concurso de acreedores. Podían solicitarlo las personas físicas y jurídicas, en situación de insolvencia actual o inminente, que no hubiesen sido declaradas en concurso, siempre que, si el deudor fuera una persona natural, la estimación inicial del pasivo no superase los 5 millones de euros. Si fuera una persona jurídica, además del citado limite de los 5 millones, también debía tener menos de 50 acreedores y acreditar activos suficientes para pagar los gastos propios de tramitación del expediente. La ley, igualmente contemplaba otras excepciones, en cuya virtud no podían iniciar el acuerdo extrajudicial determinados grupos de personas.

Como consecuencia de la solicitud presentada por el deudor, éste podía continuar con su actividad profesional, empresarial o laboral, pero tenía que abstenerse de realizar cualquier acto de administración y disposición que excediese de las actos u operaciones propias del giro o tráfico de su actividad.

En cuanto a las **ejecuciones**, la regla general era la prohibición de iniciación y la suspensión de las iniciadas hasta transcurridos tres meses desde la fecha de presentación de la comunicación de la apertura de negociaciones para tratar de alcanzar un acuerdo extrajudicial de pagos, si el deudor era persona jurídica; plazo que se reducía a dos meses si el deudor era persona física que no tuviera la condición de empresario. En todo caso, la suspensión de las ejecuciones en tramitación debía ser aprobada por el juez que estuviera conociendo de las mismas.

Esta regla general no afectaba a los acreedores con garantía real, que sí podían iniciar ejecuciones o continuar con la tramitación de las ya iniciadas. No obstante, si la garantía recayese sobre la vivienda habitual o sobre bienes o derechos *necesarios* para la continuidad de la actividad profesional o empresarial, la ejecución sobre esos bienes o derechos se debía suspender conforme a las reglas generales, esto es, durante tres meses si el deudor era persona jurídica, o dos meses si el deudor era persona física que no tuviera la condición de empresario, en ambos casos a contar desde la fecha de la comunicación de la apertura de negociaciones con los acreedores.

Tras la reforma concursal introducida por la Ley del 2022, el deudor persona natural que se encuentre en estado de insolvencia (actual o inminente), deberá acudir directamente al concurso de acreedores para poder acogerse al mecanismo de la exoneración de la Ley de Segunda Oportunidad (LSO).

ejecuciones dirigidas frente a bienes y derechos del deudor que no tengan la condición de *"necesarios"* para la continuidad de su actividad profesional o empresarial, lo que excede el mandato de la Directiva, que tan sólo exige a los Estados miembros el establecimiento de mecanismos para que el deudor pueda disfrutar de una suspensión de las ejecuciones singulares que favorezca las negociaciones de un plan de reestructuración en un marco de reestructuración preventiva, con independencia del carácter, necesario o no, de los bienes y derechos ejecutados.

El legislador español pretende así proteger los derechos de los acreedores, limitando la suspensión de las ejecuciones tan sólo respecto de aquellos procedimientos ejecutivos que pueden frustrar las negociaciones para la consecución del plan de reestructuración, al mismo tiempo que permite que los acreedores puedan satisfacer sus créditos mediante la realización forzosa de bienes del deudor que no tengan influencia en su actividad[37].

Esta interpretación restrictiva de la Directiva se apoya en la necesidad, expresada en el art. 602.1 del nuevo TRLC, de una decisión judicial favorable para extender los efectos de la suspensión a las ejecuciones de bienes *no necesarios*. En este sentido, la Reforma prevé la posibilidad de que el deudor, *en cualquier momento*[38], pueda solicitar la extensión de dicha prohi-

---

37 La limitación de la prohibición de inicio y suspensión de las ejecuciones en curso a aquellos procedimientos de ejecución que se dirigen frente a *bienes necesarios* para la continuación de la actividad profesional o empresarial del deudor ha sido una opción del legislador español, toda vez que la Directiva, en su artículo 6.1, tan sólo establece que los Estados deben velar *"porque el deudor pueda disfrutar de un suspensión de ejecuciones singulares para favorecer las negociaciones de un plan de reestructuración en un marco de reestructuración preventiva"*, estableciendo asimismo la previsión de que las autoridades judiciales o administrativas *"puedan"* denegar la suspensión de las ejecuciones singulares cuando no sea necesaria o no cumpla con el objetivo de favorecer las negociaciones. *Vid.* BLANCO SARALEGUI, J.M. y MORATINOS LÓPEZ. M. "El régimen de prohibición de inicio y suspensión de ejecuciones en el preconcurso tras la Ley 16/2022, de 5 de septiembre, de reforma del Texto Refundido de la Ley Concursal", op. cit., esp. pp. 3 y ss.

38 La solicitud de extensión podrá ser presentada por el deudor en «*cualquier momento*», es decir, junto con la comunicación o en un momento posterior, e igualmente será adoptada mediante auto, dictado por el Juez competente, únicamente en aquellos casos en los que se determine que la extensión de este efecto de la comunicación «*resulte necesario para asegurar el buen fin de las negociaciones*». Debe tenerse en cuenta que, cuando se haya designado un experto en materia de reestructuración, la solicitud del deudor deberá ir necesariamente acompañada de un informe favorable de ese experto. De conformidad con los establecido en el artículo 602.2 TRLC, sin esta opinión favorable el Juez denegará la extensión.

bición sobre el resto de su patrimonio *cuando resulte necesario para asegurar el buen fin de las negociaciones*, lo que conlleva otra modificación del sistema anterior, concretamente de los artículos 5*bis* LC y 590 TRLC, al impedir que los procedimientos de ejecución dirigidos frente a bienes o derechos del deudor considerados como *"no necesarios"* pudieran quedar afectados por esta prohibición de inicio o suspensión cuando existiera una mayoría de acreedores financieros que apoyara el inicio de las negociaciones.

En la actual regulación, la extensión de los efectos de la comunicación a los procedimientos de ejecución dirigidos frente a bienes *"no necesarios"* requerirá, en primer lugar, que el deudor lo solicite expresamente, acreditando fehacientemente, como hemos dicho, que la extensión de efectos sea *necesaria para el buen fin de las negociaciones*. Requisito indispensable es la resolución dictada por el Juez competente, mediante un auto independiente de la resolución que tenga por efectuada la comunicación, que puede ser favorable o no a la petición del deudor[39] .

Respecto a la **duración de la suspensión de ejecuciones singulares**, como ya hemos visto, el legislador español mantiene la regulación precedente, estableciendo la duración máxima del periodo inicial en tres meses[40], como establecían los artículos 5*bis* LC, así como los artículos 588 y 589 en la antigua redacción del TRLC; y ello a pesar de que la Directiva permite, en su artículo 6.6, la extensión de esta duración máxima hasta los cuatro meses. Más sorprendente resulta aún la duración de la prórroga de los efectos de la comunicación, que el nuevo artículo 607 TRLC, fija en tres meses, mientras que la Directiva, en su artículo 6.8, permite una duración

---

39 Artículo 602. 1 *"A solicitud del deudor, presentada en cualquier momento, el juez podrá extender la prohibición de iniciación de ejecuciones, judiciales o extrajudiciales, o la suspensión de las ya iniciadas sobre todos o algunos de los demás bienes o derechos distintos de aquellos a los que se refiere el artículo anterior* (referido a los bienes o derechos necesarios para la continuidad de la actividad empresarial o profesional, cuya ejecución se suspenderá en cualquier caso) *contra uno o varios acreedores individuales o contra una o varias clases de acreedores, cuando resulte necesario para asegurar el buen fin de las negociaciones....*"
"3. La resolución se adoptará mediante auto, separada de la resolución teniendo por efectuada la comunicación y, si es favorable a la solicitud, se publicará en el Registro Público Concursal."

40 El plazo inicial de 3 meses comenzará a computarse desde la fecha en la que el deudor presente la comunicación de apertura de negociaciones en el Juzgado, con independencia de cuando se dicte el decreto por el que se tenga por efectuada la comunicación. (SAP Barcelona [S. 15ª] **nº** 517/2020, de 6 de marzo [JUR 2020,156668]).

total de 12 meses. Así pues, el periodo durante el cual un deudor podrá beneficiarse en España de la suspensión de las ejecuciones singulares en ningún caso podrá extenderse más allá de los seis meses desde la comunicación de apertura de negociaciones, mientras que la Directiva permite que la suma de los periodos inicial y la prórroga alcancen hasta un máximo de 16 meses. Es una diferencia importante que, a juicio de la autora, es manifiestamente criticable.

Otro de los aspectos que han sido objeto de duras críticas por parte de la doctrina[41] es el mantenimiento, difícil de justificar, del "trato de favor" aplicado por la Reforma a los **créditos públicos** que, dicho sea de paso, también es de marcado carácter continuista respecto a la legislación anterior. Nos referimos a la inmunidad de los acreedores públicos respecto de la suspensión de las ejecuciones singulares, sancionada por el artículo 605 TRLC [42], pero también a las muy limitadas posibilidades de afección de los créditos de derecho público en el plan de reestructuración, blindados por el artículo 616 *bis* TRLC[43] y su expresa exclusión del régimen de exoneración de pasivo insatisfecho, establecida en el artículo 489.1.5º TRLC.

No obstante, y si bien esta evidente sobreprotección del crédito público está más que contrastada, algunos autores hablan de una *"inmunidad relativa"* toda vez que el segundo párrafo del citado artículo 605 TRLC, recoge la posibilidad de que se suspenda la regla general de no afectación de los créditos públicos en la fase de realización o enajenación cuando recaiga

---

41 Citamos, por todos, AZOFRA VEGAS, F. "*La suspensión de las ejecuciones en el preconcurso tras la Ley 16/2022"*, Revista General de Insolvencias y Restructuraciones, nº 7, 2022, pp. 93-128, http://www.iustel.com.

42 El artículo 605 de TRLC excluye expresamente a los acreedores públicos, al afirmar en su párrafo 1º que *"Lo dispuesto en esta sección no será de aplicación a los procedimientos de ejecución de los acreedores públicos, al tratarse de una categoría de acreedores que no se verá afectada por la suspensión de ejecuciones singulares."*

43 En relación con los créditos de Derecho público, en artículo 616 bis TRLC, establece que *en ningún caso,* el plan de reestructuración podrá suponer para éstos la reducción de su importe; el cambio de la ley aplicable; el cambio de deudor; la modificación o extinción de las garantías que tuvieren; o la conversión del crédito en acciones o participaciones sociales, en crédito o préstamo participativo o en un instrumento de características o de rango distintos de aquellos que tuviere el originario.
Asimismo, establece unos férreos plazos en los que los créditos de Derecho público, afectados por un plan de reestructuración, deberán ser íntegramente satisfechos que, en cualquier caso, deberán estar íntegramente satisfechos en un plazo máximo de dieciocho meses desde la fecha de comunicación de la apertura de negociaciones.

sobre bienes o derechos *necesarios* para la continuidad de la actividad empresarial[44].

Por último, y respecto a los **acreedores no afectados,** el art. 606 TRLC nos recuerda que aquellos acreedores que no pueden ser afectados por un plan de reestructuración, tampoco podrán serlo respecto al régimen de prohibición de inicio o suspensión de las ejecuciones en curso. En consecuencia, la comunicación de apertura de negociaciones no afectará a los titulares de créditos por alimentos derivados de una relación familiar, parentesco o matrimonio, los titulares de créditos derivados de responsabilidad civil extracontractual, ni a los trabajadores, entre otros. Estos acreedores podrán iniciar o continuar, sin ningún tipo de restricción, los procedimientos ejecutivos tendentes a la satisfacción de sus créditos, con independencia de que esos procesos se dirijan frente a *bienes necesarios* o *no necesarios* para la actividad profesional, laboral o empresarial del deudor.

IV. LOS NUEVOS PLANES DE REESTRUCTURACIÓN

El procedimiento concursal y el preconcursal presentan notables diferencias, tanto respecto a sus fines como a sus presupuestos objetivos. Respecto a los primeros, mientras que la finalidad principal del concurso es la satisfacción de los acreedores, que generalmente tiene lugar mediante la liquidación de la masa activa y su reparto entre los acreedores; los planes de reestructuración constituyen instrumentos preconcursales dirigidos a evitar la insolvencia de las empresas viables económicamente o a superarla y, consecuentemente, a garantizar la continuación de aquellas que valen más reestructuradas que liquidadas (E. de M. Ley 16/2022), lo que también redundaría en satisfacción de los acreedores.

Estos fines explican también los diferentes *presupuestos objetivos* que rigen uno y otro procedimiento. Así, mientras que, con el objetivo de conseguir una reestructuración temprana y evitar la insolvencia, el deudor viable económicamente puede recurrir a los planes de reestructuración desde que se encuentra en situación de mera probabilidad de insolvencia (art.

44 AZOFRA VEGAS, F. "*La suspensión de las ejecuciones en el preconcurso tras la Ley 16/2022*", op. cit.; BLANCO SARALEGUI, J.M. y MORATINOS LÓPEZ. M. "El régimen de prohibición de inicio y suspensión de ejecuciones en el preconcurso tras la Ley 16/2022, de 5 de septiembre, de reforma del Texto Refundido de la Ley Concursal", op. cit, esp. pp.10 y ss.

584 TRLC), el concurso de acreedores presupone la insolvencia actual o inminente del deudor (art. 2 TRLC), y no requiere su viabilidad.

1. Concepto y ámbito de aplicación

Como ya se ha comentado, la Reforma altera profundamente el contenido del Libro II del Texto Refundido de la Ley Concursal introduciendo, en sustitución de los acuerdos de refinanciación y acuerdos extrajudiciales de pago, la figura de los planes de reestructuración. Regulados en el Título III del Libro II, el nuevo TRLC ha introducido en los arts. 614 a 671 el nuevo régimen de los planes de reestructuración, caracterizado por su exhaustividad y sistemática legislativa[45].

En términos similares a los utilizados por la Directiva[46], el art. 614 del nuevo TRLC define los PR de forma descriptiva y amplia, como aquellos que *"tengan por objeto la modificación de la composición, de las condiciones o de la estructura del activo y del pasivo del deudor, o de sus fondos propios, incluidas las transmisiones de activos, unidades productivas o de la totalidad de la empresa en funcionamiento, así como cualquier cambio operativo necesario, o una combinación de estos elementos"*.

En cuanto a su **ámbito objetivo**, pueden tener un contenido muy variado: además de las tradicionales esperas o quitas, el plan puede incluir una reorganización societaria, venta de activos, cambio de ley aplicable, etc. Lógicamente, cuanto más complejo sea el plan, más tiempo llevará su diseño y negociación. Por este motivo, la Reforma establece que se puede presentar esta comunicación (así como solicitar la homologación judicial de un plan de reestructuración) no solo cuando la insolvencia sea actual o inminente, sino también cuando esta sea probable.

Asimismo, el art. 615 TRLC establece que se someterán a la Ley Concursal los planes que prevean una extensión de sus efectos frente a (i) los

---

45 El contenido de los planes de reestructuración es mucho más amplio que los acuerdos de refinanciación y los acuerdos extrajudiciales de pagos, a los que sustituyen. Es un instrumento mucho más complejo, que incluso puede imponerse al deudor, algo impensable respecto de los instrumentos ahora derogados. En realidad, los acuerdos de financiación eran poco más que un plan de viabilidad a medio o corto plazo. De hecho, el contenido propio de los antiguos acuerdos de refinanciación no representa más que dos de los doce requisitos exigidos en la actualidad por el art. 633 TRLC. *Vid.* GELI FERNÁNDEZ-PEÑAFLOR, E. y ARLABÁN GABEIRAS. B. "Los planes de reestructuración", op. cit., esp. pp. 33 y ss.

46 Directiva (UE) 2019/1023, art. 2.1.1

acreedores o clases de acreedores titulares de créditos afectados que no hayan votado a favor del plan (ii) los socios de la persona jurídica cuando no hayan aprobado el plan y (iii), con independencia de que se prevea o no una extensión de los efectos del plan, los planes cuando se pretenda proteger la financiación interina y la nueva financiación que prevea el plan (y los actos, operaciones o negocios realizados en el contexto de este) frente al régimen general de las acciones rescisorias, y reconocer a esa financiación las preferencias de cobro previstas en la LC.

Los planes de reestructuración podrán implementarse desde que acaezca la situación jurídica de *probabilidad de insolvencia,* si bien la homologación judicial de planes que no hayan sido aprobados por los socios exige que el deudor se encuentre en situación de insolvencia actual o inminente. Con ello se pretende favorecer al deudor en una situación previa al concurso en la que, cuando se detecten indicios de probabilidad de insolvencia, se reestructure su deuda con el fin de acometer soluciones en una fase más temprana.

Respecto al ámbito subjetivo, los planes afectan esencialmente al deudor, que puede ser persona natural o jurídica, y sus acreedores, aunque puede haber otras partes que se vean afectadas, principalmente avalistas y, con frecuencia, los socios del deudor persona jurídica, cuya intervención es necesaria para asumir ciertos compromisos o permitir determinadas actuaciones del deudor en ejecución del plan.

2. *Créditos afectados*

La determinación de los **créditos que pueden verse afectados** se regula en el art. 616 TRLC que, de forma muy amplia, incluye a todos los que sufran una modificación en sus términos y condiciones. En este sentido, uno de los cambios más destacables de la reforma es la flexibilidad que introduce en la configuración del perímetro de aplicación del plan de reestructuración, permitiendo que el deudor y/o los acreedores decidan qué parte del pasivo resultará novado. La reestructuración puede ser tanto del activo, del pasivo y/o de los fondos propios del deudor, incluyendo la transmisión de unidades productivas e incluso de la propia sociedad. Para dicha reestructuración se pueden establecer esperas, quitas, capitalización de deudas, efecto sobre garantías de terceros, daciones en pago, etc.

Sin embargo, el plan no puede afectar a algunos créditos o únicamente puede hacerlo en determinadas circunstancias, tasadas por la propia Ley. Así, no afectarán a los créditos de alimentos, parentesco, matrimonio, así como los derivados de responsabilidad civil extracontractual y los de relaciones laborales distintas del personal de alta dirección, que sí estarían incluidos. Tampoco afectarán a los titulares de derechos reales de garantía expresamente excluidos por el art. 603.2 del TRLC (las conocidas como *Garantías 5/2005*), que introduce una referencia expresa a la inmunidad de estos acreedores respecto a los efectos de la comunicación de apertura de negociaciones[47].

Otra excepción que, como ya hemos comentado, ha sido objeto de no pocas controversias, son los **créditos públicos** que, con carácter general, quedan excluidos de la paralización de las ejecuciones. Sólo podrán verse afectados por el plan siempre que (i) el deudor está al corriente de sus obligaciones tributarias y con la Seguridad Social y de SS y (ii) los créditos tengan una antigüedad inferior a 2 años. Nunca se les podrá aplicar quitas y, en cuanto a las esperas, se aplican rigurosos límites temporales.

Interesante es la consideración de los créditos ICO como créditos financieros a todos los efectos, en el rango de crédito ordinario. Además, como a los créditos públicos, no se les podrá aplicar ni cambio de ley aplicable, ni cambio de deudor, ni de las garantías que tuvieren, etc., pero sí se le podrán imponer quitas y esperas superiores, aunque todo aplazamiento, fraccionamiento o quita deberá contar con la previa aprobación expresa de Hacienda, sin que el contenido del plan pueda producir efectos frente al Estado.

3. Contenido y comunicación del plan de reestructuración

El plan debe tener el contenido mínimo que detalla el art. 633 TRLC, y a cuyo texto nos remitimos. A pesar de su exhaustividad, este precepto evidencia también la gran flexibilidad del procedimiento, así como la amplia libertad que la Ley confiere a las partes para diseñar el plano. En un

---

47 En consecuencia, los acreedores titulares de Garantías 5/2005, hasta donde alcance el importe de su garantía, pueden iniciar inmediatamente, y de forma separada, la ejecución de la garantía, sin que la ejecución pueda verse afectada o paralizada por los efectos de la comunicación de apertura de negociaciones. Obviamente, en la parte que exceda del crédito cubierto por la garantía, quedarán afectados por los efectos de la comunicación, como el resto de acreedores. *Vid.* BLANCO SARALEGUI, J.M. y MORATINOS LÓPEZ. M. "El régimen de prohibición de inicio y suspensión de ejecuciones en el preconcurso tras la Ley 16/2022, de 5 de septiembre, de reforma del Texto Refundido de la Ley Concursal", op.cit., esp. pp. 8 y ss.

intento de síntesis, destacamos aquí algunos de estos requisitos mínimos, como: (i) La identificación de los *acreedores afectados* (ordinal 5.º) y los *no afectados* (ordinal 8.º5), ya sea de forma individual o agrupados por clases; (ii) los contratos con obligaciones recíprocas pendientes de cumplimiento que vayan a quedar resueltos en virtud del plan; (iii) las medidas de *reestructuración operativa* propuestas; (iv) Las medidas de *reestructuración financiera* de la deuda, incluyendo la financiación interina y la nueva financiación prevista; (v) la exposición de las razones por las que el plan ofrece una perspectiva razonable de garantizar la viabilidad de la empresa en el corto y medio plazo y evitar el concurso[48].

La propuesta del plan de reestructuración, que deberá ser comunicada, preferiblemente de forma individual, a todos los acreedores cuyos créditos pudieran quedar afectados (art. 627 TRLC), deberá ser formalizada en instrumento público por quienes lo hubieran suscrito; requisito ya exigido por la normativa anterior a la Reforma, en cuya virtud se acredita la capacidad de los firmantes y la legalidad del plan aprobado y —muy importante— se da fe de la fecha en que el plan se formaliza, a los efectos del cómputo de plazos.

4. Formación de clases de créditos

El sistema de clases introducido por la Reforma pretende introducir cierta flexibilidad, en lo que al *principio de igualdad de trato* se refiere, con el objeto de facilitar la consecución de un plan de reestructuración, que exige un trato igual[49]. Así, se prevé la **votación por clases de créditos**, de modo que los acreedores titulares de créditos afectados por el plan votarán agrupados por clases, que deben atender a la existencia de un interés común a los integrantes de cada una de ellas, determinado conforme a criterios objetivos[50].

---

48 Para un estudio más profundo del contenido de los PR, *vid.* GELI FERNÁNDEZ-PEÑAFLOR, E. y ARLABÁN GABEIRAS. B. "Los planes de reestructuración", op.cit., esp. pp. 37 y ss.

49 MARTÍNEZ FLOREZ, A. "La igualdad de trato de los créditos del mismo rango en los planes de reestructuración: significado y tutela", *La Ley Insolvencia,* 2023, nº 21, https://web.laley.es/revistas.

50 El tratamiento de los créditos en el concurso de acreedores es un procedimiento universal rígido, en el que todos los créditos del deudor quedan integrados en la masa pasiva (art. 251.1 TRLC), deben ser clasificados en la forma establecida en la Ley (como privilegiados, ordinarios o subordinados: art. 269.1 TRLC) y satisfechos normalmente en dinero, con el producto de la liquidación y por el orden

A estos fines, se considera que existe interés común entre los créditos de igual rango, que se determina por el orden de pago en el concurso. Pero, a su vez, la Ley permite que los créditos de un mismo rango concursal puedan separarse en distintas clases cuando haya razones suficientes que lo justifiquen, como la naturaleza (financiera o no) del crédito, el conflicto de intereses que puedan tener los acreedores que formen parte de distintas clases o cómo los créditos vayan a quedar afectados por el plan[51].

En cualquier caso, los créditos con garantía real sobre bienes del deudor constituirán una clase única, salvo que la heterogeneidad de los bienes o derechos gravados justifique su separación en dos o más clases, al igual que los créditos de derecho público, que también constituirán una clase separada entre las clases de su mismo rango concursal.

A fin de dar mayor seguridad jurídica a las partes, el art. 625 TRLC prevé que tanto el deudor como los acreedores que representen más del 50% del pasivo que vaya a quedar afectado por el plan, estarán legitimados para solicitar la *confirmación judicial* de la correcta formación de las clases, con carácter previo a la solicitud de homologación del plan. Esta disposición, trasunto de la Directiva, prevé que los Estados miembros puedan permitir a las autoridades competentes[52], examinar la clasificación por categorías en una fase anterior, en el caso de que el proponente del plan busque orientación o su validación, con carácter previo a su aprobación.

Este importante recurso constituye una de las novedades más destacadas del nuevo sistema, que valoramos positivamente, puesto que posibilita la aprobación del plan, con la aceptación de un número relativamente

---

establecido en la Ley (esto es, según los rangos y, en su caso, *subrangos* concursales: *vid.* arts. 280 y 281 TRLC) y, dentro de cada rango (o *subrango*), cuando no hay para satisfacer a todos, a prorrata del importe de sus derechos de crédito (arts. 432.1, 433.2 y 435.2 TRLC.

51 El art. 623 TRLC establece una definición de crédito financiero más detallada que la prevista antes de la Reforma y con alguna novedad interesante, al incluir en la definición (i) los créditos que sean titularidad de entidades aseguradoras respecto a seguros de crédito o caución, (ii) los derivados de operaciones comerciales cuando hayan sido cedidos a una entidad financiera y (iii) los derivados de contratos de naturaleza análoga como arrendamiento financiero13 o financiación de ventas de bienes con reserva de dominio, aval o contraaval, *factoring* y *confirming*.

52 Considerando (46) Directiva (UE) 2019/1023, de 20 de junio. Como es sabido, nuestro ordenamiento jurídico establece la competencia del Juez que, en su caso, fuera también competente para conocer del concurso

bajo de acreedores, en aplicación de los *mecanismos de arrastre* a los que nos referiremos más adelante[53].

5. Aprobación del Plan de Reestructuración

Todos los acreedores cuyos créditos pudieran quedar afectados por el plan tienen derecho a voto. La regla general es que se considerará que una clase aprueba el plan cuando hayan votado a favor más de dos tercios del importe del pasivo correspondiente a esa clase, o tres cuartos del pasivo en caso de que la clase estuviese formada por créditos con garantía real (art. 628 ss TRLC). En cuanto a los trabajadores que pudieran verse afectados por el plan, la LC prevé expresamente, en su artículo 628bis, el derecho de información y consulta.

Así pues, si se consigue el voto favorable de la mayoría de los acreedores correspondiente a una clase, se considerará que el plan ha sido apoyado por toda la clase de acreedores. Esta regla es de suma importancia, puesto que, si el Juzgado aprueba el plan, este se aplicará a todos los créditos de la clase, incluyendo los créditos de los ***acreedores disidentes***. Este "arrastre" del acreedor disidente de una clase cuando se ha obtenido el voto favorable de la mayoría correspondiente a tal clase recibe el nombre de ***"arrastre horizontal" o intra-class cramdown***.

La principal novedad reside en la extensión de estos acuerdos a todas las categorías de acreedores (***"arrastre vertical"*** **o** ***cross-class cramdown***) tras la homologación judicial del plan de reestructuración, conforme a lo establecido en los artículos 9 a 11 de la Directiva 2019/1023[54], lo que convierte

---

53 *Vid.* Considerando 46 Directiva (UE) 2019/1023, *in fine.* De existir suficiente tiempo para ello, esta confirmación *ex ante* puede ser aconsejable, dada la complejidad de la formación de clases y el potencial alcance de las impugnaciones de un plan si las clases que las partes han pensado formar no son correctas. Como es lógico, una vez que el tribunal confirme la formación de la clase, la formación de clases no podrá invocarse como motivo de impugnación a la homologación. *vid.* GELI FERNÁNDEZ-PEÑAFLOR, E. y ARLABÁN GABEIRAS. B. "Los planes de reestructuración", op.cit., esp. pp. 42 y ss.

54 En este sentido, la Directiva (UE) 2019/1023 establece en su artículo 9.2 que *"Los Estados miembros velarán porque las partes afectadas tengan derecho de voto sobre la adopción del plan de reestructuración. Las partes no afectadas por el plan de reestructuración no tendrán derecho de voto en la adopción de dicho plan*". Por su parte, la reestructuración forzosa de la deuda aplicable a todas las categorías viene establecida en el artículo 11.1, al afirmar que "Los Estados miembros velarán para que un plan de reestructuración no aprobado por las partes afectadas, de conformidad con el artículo 9,

a esta herramienta en uno de los instrumentos más poderosos en favor de los planes de reestructuración. En efecto, si el plan cumple con todos los requisitos para su homologación, excepto el de alcanzar la mayoría en todas las clases de acreedores, el tribunal puede aprobarlo con carácter vinculante, no sólo para los acreedores disidentes de las clases en las que se ha alcanzado la mayoría (*arrastre horizontal*), sino también para los acreedores de las clases en las que no se ha alcanzado la mayoría (*arrastre vertical*).

No obstante, para aplicar estas reglas, el art. 639 TRLC exige que se cumpla uno de los siguientes requisitos: (i) debe ser apoyado por la mayoría simple de las clases, siempre que al menos una de ellas esté compuesta por créditos que se beneficiarían de un privilegio general o especial si el deudor fuera declarado insolvente; o, en su defecto, (ii) debe estar respaldado por al menos una de las clases *"in the money"*, es decir, por una clase de la que, de acuerdo con la clasificación de créditos prevista en la LC, pueda razonablemente presumirse que hubiese recibido algún pago tras una valoración del deudor como empresa en funcionamiento. Dicha valoración debe estar respaldada por un informe emitido por el experto en reestructuraciones y presentado al Juzgado junto con la solicitud de homologación.

6. Homologación judicial de los planes de reestructuración

La actual normativa concursal regula la posibilidad de que los acuerdos de refinanciación que el deudor alcance con sus acreedores al margen del proceso concursal *puedan* homologarse judicialmente. Es decir, en principio, la homologación del plan por el Juez competente no es un requisito obligatorio para la aprobación del plan. Sin embargo, la intervención judicial para homologar los planes de reestructuración es una exigencia de la Directiva que, en su art. 10.1 establece que los planes de restructuración serán vinculantes para los acreedores disidentes sólo si han sido confirmados por la autoridad competente.

Podemos afirmar, por tanto, que la homologación judicial es, básicamente, un mecanismo para extender sus efectos a los *acreedores disidentes,*

---

apartado 6, en todas las categorías de voto pueda ser confirmado por la autoridad competente", es decir, el Juez, a propuesta de un deudor o con el consentimiento del deudor, y convertirse en vinculante para las categorías de voto disidentes, siempre que el plan de reestructuración cumpla unas condiciones establecidas por el propio texto legal. THOMAS PUIG, P.M. "La homologación judicial de los planes de reestructuración", *La Ley Mercantil*, 2022, nº 92, https://web.laley.es/revistas.

siendo obligatoria cuando se pretenda (i) extender los efectos a acreedores o clases de acreedores disidentes o a los socios que no votaron favorablemente; (ii) resolver los contratos en interés de la reestructuración, o (iii) proteger la financiación interina) y la nueva financiación que prevea en plan, así como cualquier contenido de plan frente a acciones rescisorias (art. 635 LC)[55].

Podrá ser solicitada por el deudor[56] o por cualquier acreedor que haya suscrito el plan. Como novedad, la Reforma legitima a cualquier acreedor afectado que haya suscrito el plan para presentar una solicitud de homologación de un plan de reestructuración, que evitaría el concurso de acreedores (art. 643.1 TRLC), superando así el tradicional monopolio del deudor y de los socios respecto del tratamiento de sus dificultades económicas[57].

Los requisitos que se exigen, muy detallados por la Ley, difieren si la homologación del plan de reestructuración ha sido aprobado por todas las clases de acreedores o los socios, o cuando no ha sido así. En este sentido, es importante destacar que, por primera vez, el legislador español prevé la posibilidad de homologar judicialmente planes no aprobados por todos los acreedores o por los socios. No obstante, la homologación judicial de planes que no hayan sido aprobados por los socios exige que el deudor se encuentre en situación de insolvencia actual o inminente, en cuyo caso el deudor podrá llegar a acuerdos vinculantes con los acreedores financieros disidentes de su mismo grupo, en virtud del *"arrastre horizontal"* al que hemos hecho referencia arriba.

En este sentido, aunque la Reforma aboga por el carácter consensual de los planes de reestructuración, y en la práctica estamos asistiendo a la ho-

---

55 La **financiación interina** es la concedida mientras duren las negociaciones con los acreedores y hasta la homologación judicial, a fin de asegurar la continuidad de la actividad empresarial del deudor y preservar (incluso aumentar, si es posible) el valor de la empresa. Esta financiación es aplicable al conjunto de la empresa o a una o varias unidades productivas y puede establecerse en cualquier momento anterior a la homologación judicial. Por su parte, la **nueva financiación** es la prevista en el propio PR, necesaria para el cumplimiento del plan.

56 Si el deudor es persona natural, la homologación del plan requerirá que haya sido aprobado por él mismo y, si es persona jurídica, deberá haber sido aprobado por los socios legalmente responsables de las deudas sociales.

57 Se concede así a los acreedores la facultad de tomar la iniciativa, en caso de que el deudor no coopere, y elegir bajo régimen de mayorías a través de la aceptación del plan la solución que estiman más idónea para la satisfacción de sus créditos. PULGAR EZQUERRA, J. "Los nuevos Planes de Reestructuración: un año de aplicación práctica", *Diario La Ley*, 2023, nº 10374, https://diariolaley.laleynext.es.

mologación de más planes consensuados entre el deudor y sus acreedores (*Telepizza*[58], *Pronovias, Ezentis, …*) que forzosos, también se están homologando planes impuestos por los acreedores a los socios, como observamos en la importantísima sentencia dictada en el caso CELSA[59], o por el deudor o un socio acreedor a sus acreedores *(Caso Single Home)*[60].

El Juez competente para resolver sobre la solicitud de homologación será el mismo que hubiera sido competente para la declaración de concurso del deudor, y podrá resolver a favor o en contra de homologar el PR, es decir, que la homologación judicial no es automática. En este sentido, el art. 647 TRLC impone al juez la obligación de revisar si se han cumplido los requisitos exigidos en la propia Ley, y sólo si de la documentación presentada se pudiera deducir *manifiestamente* que no se cumplen estos requisitos, podrá el juez negarse a homologar el plan.

Finalmente, el Juez resolverá mediante Auto motivado que deberá ser publicado en el Registro Público Concursal y, si el plan ha sido homologado, sus efectos se extienden inmediatamente a todos los créditos afectados, al propio deudor y, si fuera sociedad, a sus socios, aunque el auto aún no haya devenido firme.

El Auto de homologación sólo resuelve sobre cuestiones formales, las referidas en los arts. 638 y 639 TRLC, no de fondo. Sin embargo, puede ser impugnado ante la Audiencia Provincial también por cuestiones de fondo, en función de los motivos tasados expresados en el art. 654. La sentencia estimatoria de la impugnación solo surtirá efectos frente a quienes la hubieran instado, subsistiendo los efectos de la homologación frente al resto de los acreedores y socios. Si los efectos no se pueden revertir, el impugnante tendrá derecho a una indemnización por los

los daños y perjuicios sufridos. No obstante, cuando la estimación de la impugnación se haya basado en la falta de concurrencia de las mayorías

58 Auto nº 327/2023, del Juzgado de lo Mercantil nº 5 de Madrid, de 28 de septiembre de 2023, ECLI:ES:JMM:2023:679A

59 Sentencia núm. 26/2023, del Juzgado Mercantil nº 2 de Barcelona, de 4 de septiembre de 2023, *Caso Celsa,* ECLI:ES:JMB:2023:1949, TO L9.696.169. Sobre esta crucial resolución, *vid.* GONZÁLEZ VAZQUEZ, J.C "El Caso Cesla a examen: algunas lecciones para el futuro y otras que no deberían serlo", LA LEY Mercantil, octubre 2023, nº 106, https://web.laley.es/revistas; PULGAR EZQUERRA, J. "Los nuevos Planes de Reestructuración: un año de aplicación práctica", op. cit., esp. pp. 14 y ss.

60 Auto nº 85/2023, del Juzgado de lo Mercantil nº 5 Madrid, de 10 de abril de 2023, ECLI:ES:JMM:2023:625A, TOL TOL9.623.648.

necesarias o en la formación defectuosa de las clases, la sentencia declarará la ineficacia del plan.

Una vez homologado el plan de reestructuración, no se podrá pedir su resolución por incumplimiento, ni la desaparición de los efectos sobre los créditos afectados, salvo que el propio plan previese otra cosa, a no ser que el incumplimiento del plan tuviera como causa la insolvencia, cualquier persona legitimada podrá solicitar la declaración de concurso. No obstante, los acreedores de derecho público afectados por el PR podrán, en todo caso, instar la resolución de dicho plan en cuanto a los créditos de derecho público, en caso de incumplimiento[61].

V. EL EXPERTO EN REESTRUCTURACIONES

Otra importante novedad introducida por la Ley 16/2022 es la figura del experto en la reestructuración, regulada en los arts. 672 y ss. del TRLC. Sus competencias van mucho más allá que las desempeñadas por el "experto independiente" del sistema anterior que, básicamente, se limitaba a valorar aspectos como el plan de viabilidad o la suficiencia de las garantías constituidas con arreglo al acuerdo de refinanciación. En realidad, el experto en reestructuraciones se aproxima más a la figura de un *mediador*, puesto que su función principal es facilitar el acuerdo entre las partes, asistiendo a deudor y acreedores en el desarrollo de las negociaciones y en la elaboración del plan de reestructuración, con la diligencia de un profesional especializado y con imparcialidad[62].

Además de esta labor de mediación y asesoramiento a las partes, el experto debe elaborar los informes exigidos por la propia Ley, así como los que el juez considere pertinentes. No obstante, en ningún caso interviene o supervisa los poderes de administración y disposición patrimonial del deudor, lo que definitivamente establece la diferencia entre el experto en reestructuraciones y la figura del administrador concursal.

---

[61] En este sentido, el plan se entenderá incumplido tanto por el impago de cualquiera de los plazos de amortización de la deuda por créditos de derecho público en las condiciones previstas en el artículo 616 bis, como por la generación de deuda por cuota corriente tributaria y de seguridad social durante la vigencia del mismo.

[62] Arts. 679 y 680 TRLC. A fin de establecer las garantías necesarias, el experto en reestructuraciones deberá suscribir un seguro de responsabilidad civil proporcional a la naturaleza y alcance del riesgo, puesto que debe responder por los daños y perjuicios causados al deudor o a los acreedores por infracción de los deberes de diligencia, independencia o imparcialidad.

El nombramiento del experto en reestructuraciones será realizado por el Juez, que también podrá sustituirlo si considera que el propuesto no reúne las condiciones necesarias para el desempeño de las funciones exigidas por la Ley. Su nombramiento es obligatorio cuando: (i) lo solicite el deudor; (ii) lo soliciten acreedores que representen más del 50% del pasivo que pudiera quedar afectado por el plan, siendo ellos quienes asumirían los gastos derivados del honorarios del experto, salvo que el plan previese que lo asuma el deudor; (iii) se solicite por el deudor la suspensión general de ejecuciones, y el juez considere que el nombramiento es necesario para el interés de los afectados por la suspensión, o (iv) se solicite la homologación del plan con extensión de sus efectos a acreedores o socios disidentes. Cabe igualmente solicitar al juez el nombramiento del experto en reestructuraciones por parte de al menos el 35% del pasivo afectado por el plan, razonando su necesidad (art. 673 TRLC).

Respecto al **estatuto jurídico del experto**, salvo posterior desarrollo estatutario, no hay requisitos concretos ni mecanismo definido que regule esta figura. Tan sólo se establecen sus requisitos subjetivos, es decir, que puede ser persona natural o jurídica, española o extranjera, que deberá tener los conocimientos jurídicos, financieros y empresariales necesarios, así como experiencia en materia de reestructuraciones o, en su defecto, que acredite cumplir los requisitos para ser administrador concursal. Además, no podrá estar incurso en ninguna causa de incompatibilidad y/o prohibiciones de las recogidas en la Ley.

La labor del experto en reestructuraciones puede ser de vital importancia en las negociaciones de cara a la consecución de un plan. En primer lugar, porque previsiblemente las negociaciones serán largas y complejas, puesto que lo habitual es que, además del deudor y sus acreedores, intervengan otras partes interesadas, como los accionistas del deudor, cada una con sus propios intereses, que habrá que compaginar para que el plan de reestructuración se consolide. En segundo lugar, las posturas de los diversos acreedores pueden llegar a ser tremendamente dispares, y no sólo respecto a los disidentes, sino también respecto a los acreedores que, en principio, están dispuestos a aprobar el plan. Sus posiciones pueden ser incluso antagónicas en aspectos tales como el peso de la financiación estructural o la circulante, la cobertura de las garantías constituidas, o incluso las quitas o aplazamientos, por no hablar de las negociaciones para la formación de las clases de acreedores, en las que el experto puede jugar un papel relevante. Por tanto, aunque en principio su nombramiento no es obligatorio, es altamente recomendable, toda vez que, en muchas ocasiones, será conveniente contar con un perfil independiente, con experiencia profesional en el ámbito empresarial y conocimientos legales y económico-financieros[63].

VI. CONCLUSIÓN

La necesaria reforma operada por la Ley 16/2022 introduce profundas modificaciones en el anterior procedimiento de insolvencias español, lento, caro y profundamente ineficaz, que en la inmensa mayoría de los casos terminaba con la liquidación del patrimonio del deudor. La Reforma no solo transpone la Directiva (UE) 2019/1023, sino que articula un completo juego de herramientas para reestructurar negocios económicamente viables, ofreciendo al deudor algunos recursos de los que antes carecía y dotando a los acreedores de un mayor poder de intervención en el procedimiento de insolvencia.

Sin duda, la institución "estrella" del nuevo sistema son los planes de reestructuración, que sustituyen a los acuerdos de refinanciación y acuerdos extrajudiciales de pago y plantean un nuevo escenario de relaciones entre el Derecho Concursal y el Derecho de Sociedades, marcado por una de las disposiciones más interesantes de la *Directiva de Reestructuraciones,* que advierte, en su Considerando 96, que la eficacia de los planes de reestructuración no puede verse comprometida por el Derecho de Sociedades, es decir, que la normativa societaria vigente no puede obstaculizar la reestructuración de empresas viables que atraviesan dificultades económicas.

La valoración de este nuevo instrumento sólo puede ser positiva. Si bien el mercado de reestructuraciones se inició tímidamente, lo cierto es que cada vez se ponen en marcha más procedimientos. De hecho, a pesar del escaso recorrido temporal de la Reforma, estamos asistiendo ya a frecuentes tomas de control de compañías deudoras por parte de sus acreedores, situación impensable con el anterior sistema, a través de la homologación judicial de planes de reestructuración. Hoy por hoy, el caso más mediático es Celsa, al que se han unido otras empresas emblemáticas españolas como Telepizza, Pronovias o Ezentis, pero también se están negociando importantes planes en empresas menos conocidas.

---

63 COUSO PASCUAL, J.R. "El experto en reestructuraciones", *El Notario en el Siglo XXI,* nov.-dic. 2023, nº 112, disponible en https://www.elnotario.es/; GELI FERNÁNDEZ-PEÑAFLOR, E., ARLABÁN GABEIRAS. B., "Los planes de reestructuración", op.cit., esp. pp. 47 y ss.

En cualquier caso, el número de reestructuraciones completadas hasta la fecha es muy pequeño, en comparación con las empresas en situación de dificultad financiera, aunque previsiblemente se producirá un incremento de las reestructuraciones a partir de 2024, coincidiendo con el vencimiento de los préstamos ICO, la retirada de ayudas públicas y la aplicación de una política fiscal más restrictiva a nivel europeo. Se impone, por tanto, una necesaria concienciación colectiva, en la que deben colaborar todos los operadores económicos, con el objetivo de promover las reestructuraciones tempranas y evitar la insolvencia. Especialmente importante será la labor divulgativa realizada por los distintos agentes involucrados y la formación de auténticos profesionales, especialistas en el sector que conozcan y apliquen de forma eficaz las nuevas instituciones.

Igualmente determinante será el papel de jueces y tribunales en los próximos meses. Es de vital importancia que la jurisprudencia no introduzca criterios excesivamente restrictivos de interpretación y que sus resoluciones sean especialmente motivadas y fundamentadas, estableciendo así una doctrina uniforme que permita a las empresas afectadas y a sus acreedores acudir a la reestructuración sin la incertidumbre que ahora existe, como consecuencia de la novedad del sistema implantado.

Bibliografía

AZOFRA VEGAS, F. «*La suspensión de las ejecuciones en el preconcurso tras la Ley 16/2022*», *Revista General de Insolvencias y Restructuraciones: Journal of Insolvency & Restructuring (I&R)*, 2022, nº 7, pp. 93-128, http://www.iustel.com.

BLANCO SARALEGUI, J.M. y MORATINOS LÓPEZ. M. "El régimen de prohibición de inicio y suspensión de ejecuciones en el preconcurso tras la Ley 16/2022, de 5 de septiembre, de reforma del Texto Refundido de la Ley Concursal", *La Ley Insolvencia*, 2023, nº 21, https://web.laley.es/revistas.

CIFREDO ORTIZ, P. "La novedosa regulación sobre los contratos en el preconcurso, a propósito del proyecto de ley de reforma del Texto Refundido de la Ley Concursal", *Revista Aranzadi de Derecho Patrimonial*, 2022, nº 58, http://www.aranzadi.es.

COUSO PASCUAL, J.R. "El experto en reestructuraciones", *El Notario en el Siglo XXI*, 2023, nº 112, https://www.elnotario.es/.

GELI FERNÁNDEZ-PEÑAFLOR, E. y ARLABÁN GABEIRAS. B. "Los planes de reestructuración", *Actualidad Jurídica Uría Menéndez*, 2022, nº 59, pp. 30-70, https://www.uria.com/documentos/publicaciones.

GOMEZ ASENSIO, C. "La comunicación de apertura de negociaciones con los acreedores", *Reestruturação de empresas e exoneração do passivo restante em Portugal e Espanha: Reestructuración de empresas y exoneración de deuda en Portugal y España*, en A. Soveral Martins y C. Gómez Asensio (coord.), Coimbra, ed. Universidad de Coimbra, Coimbra, 2023, pp. 77-102.

GONZÁLEZ VAZQUEZ, J.C. "El caso Cesla a examen: algunas lecciones para el futuro y otras que no deberían serlo", *La Ley Mercantil*, 2023, nº 106, https://web.laley.es/revistas.

LÓPEZ NARVAEZ, M. "La comunicación de la apertura de las negociaciones con los acreedores", *Actualidad Jurídica Uría Menéndez*, 2022, nº 59, pp. 13-29, https://www.uria.com/documentos/publicaciones.

MARTOS MORENO, J.L. "La impugnación de los planes de reestructuración", en A. Díaz Moreno (dir.), *La reestructuración como solución de las empresas viables*, Navarra, Thomson Reuters Aranzadi, Cizur Menor, 2022, pp. 575-595.

MARTÍN TORRES, A. "Sugerencias de potenciales modificaciones de determinados artículos del Texto Refundido de la Ley Concursal (Ley 16/2022 de 5 de septiembre) a la luz de las diferentes sentencias acaecidas tras su entrada en vigor, al espíritu de la ley, y a las posibilidades que la Directiva Europea ofrecía a los estados miembros de la UE para su trasposición", *La Ley Insolvencia*, 2023, nº 21, https://web.laley.es/revistas.

MARTÍNEZ FLOREZ, A. "La igualdad de trato de los créditos del mismo rango en los planes de reestructuración: significado y tutela", *La Ley Insolvencia*, 2023, nº 21, https://web.laley.es/revistas.

PULGAR EZQUERRA, J. "Los nuevos Planes de Reestructuración: un año de aplicación práctica" *Diario La Ley*, 2023, nº 10374, https://diariolaley.laleynext.es.

RIVAS URBINA, R. "Los planes de reestructuración en el nuevo régimen de insolvencia español. Reestructuring plans in the new spanish insolvency regime" *Revista Boliviana de Derecho*, 2023, nº 35, pp. 626-657.

THOMAS PUIG, P.M. "la homologación judicial de los planes de reestructuración", *La Ley Mercantil*, 2022, nº 92, https://web.laley.es/revistas.

Capítulo VII

La Orden Europea de retención de cuentas[1]

The European Account preservation order

Regina Garcimartín Montero
Catedrática de Derecho Procesal
Universidad de Zaragoza
Código ORCID: 0000-0002-4078-2196

RESUMEN: La tutela eficaz del crédito ha sido siempre una de las principales preocupaciones del legislador procesal civil, ya que incide de forma evidente en la confianza de los operadores en el tráfico jurídico. Cualquier medio que se arbitre en este sentido ha de procurar de forma eficaz y rápida el cobro de la deuda, salvaguardando al mismo tiempo el derecho de defensa del deudor. El Reglamento (UE) nº 655/2014, con la finalidad de tutelar el crédito, establece un instrumento consistente en una orden por la que se retienen fondos de las cuentas bancarias del deudor, para evitar la desaparición de sus activos ante el cobro de la deuda. Esta orden, que se acuerda sin audiencia del deudor, se podrá emitir antes o después de la demanda declarativa o incluso estando en posesión de un título de ejecución.

Palabras clave: Proceso civil Tutela del crédito – Medida cautelar – Garantías de la ejecución – Retención de cuentas

ABSTRACT: Effective protection of the claim has always been one of the main concerns of the civil procedural legislator since it has a clear influence on the confidence of the operators in legal transactions. Any protection in this regard must ensure effective and quick means for the recovery of debt, safeguarding at the same time the debtor's right to defence. Regulation (EU) No 655/2014, with the aim of protecting the claim, establishes an instrument consisting of an order by which debtor's bank accounts are preserved. This order, which is granted without hearing the debtor, can be issued before or after the declaratory judgment or even when the debtor is in possession of an enforcement order.

---

1 El presente trabajo se ha realizado en el marco del Proyecto de Investigación "El Derecho Procesal Civil y Penal desde la perspectiva de la Unión Europea: la consolidación del Espacio de Libertad, Seguridad y Justicia (CAJI)", Proyecto I+D+i PID2021-124027NB-I00, Agencia Estatal de Investigación, Ministerio de Ciencia e Innovación.

Keywords: Civil procedure – Credit protection – Protective measures – Enforcement guarantee – Account preservation

SUMARIO: I. EL ORIGEN DE LA ORDEN EUROPEA DE RETENCIÓN DE CUENTAS. II. ÁMBITO DE LA OERC: 1. Ámbito material del Reglamento (UE) nº 655/2014: 1.1. Materia civil y mercantil. 1.2. Carácter transfronterizo del asunto; 2. Ámbito temporal del Reglamento (UE) nº 655/2014. 3. Ámbito territorial del Reglamento (UE) nº 655/2014. III. NATURALEZA JURÍDICA DE LA OERC. IV. REQUISITOS PARA LA ADOPCIÓN DE LA OERC: 1. *Periculum in mora*. 2. *Fumus boni iuris*. 3. Prestación de caución. V. PROCEDIMIENTO: 1. El carácter *inaudita parte* de la emisión de la OERC. 2. La solicitud de la OERC y la petición de información. 3. La retención de fondos del deudor. 4. Comunicación de la OERC al deudor y posible impugnación.

I. EL ORIGEN DE LA ORDEN EUROPEA DE RETENCIÓN DE CUENTAS

El cobro eficaz de la deuda es sin duda una de las cuestiones más sensibles y más complejas que debe afrontar cualquier legislador procesal civil. Está en juego no sólo el adecuado funcionamiento de la justicia en una cuestión técnicamente compleja, que ya sería mucho, sino que la adecuada regulación de la tutela crediticia es una materia que tiene también consecuencias extraprocesales. La eficacia y la rapidez en el cobro de la deuda favorece el tráfico jurídico, ya que sus protagonistas actuarán con la confianza de que en el caso de que se produzca un impago, el sistema actuará con eficiencia y celeridad.

La legislación referente al cobro de la deuda es complicada porque se topa con dificultades prácticas a la hora de adoptar las acciones necesarias para localizar los bienes del deudor y al mismo tiempo asegurar la oportuna protección de los principales sujetos involucrados: acreedor, deudor y terceros procesales. Si en el ámbito nacional la tutela del crédito resulta ya compleja, mucho más cuando a las mencionadas dificultades se añade el elemento transnacional que limita su eficacia y ocasiona una mayor lentitud en la respuesta del derecho.

Entre las actuaciones más relevantes para lograr la eficacia en el cobro de las deudas está la adopción de medidas procesales para evitar que se frustre una eventual ejecución de una sentencia de condena. Su objetivo primordial es actuar preventivamente ante posibles maniobras fraudulentas por parte del deudor que intenta realizar actuaciones sobre su patrimonio para eludir el cumplimiento de la sentencia. La localización y en su caso adopción de medidas sobre los bienes del deudor se revela entonces como una de las tareas más complejas desde el punto de vista procesal, pero al mismo tiempo puede ser crucial para conseguir el éxito en el cobro de la deuda.

La previsión legal de cualquier tipo de medida que tienda a garantizar el cobro de la deuda requiere, desde el punto de vista procesal, un equilibrio entre la protección de los intereses patrimoniales del acreedor y el derecho de defensa del deudor.

Todas estas dificultades, como ya he adelantado, se multiplican cuando en la tutela del crédito existe un elemento internacional. Las actuaciones que pudiera realizar el deudor para eludir el pago de la deuda se ven favorecidas en un contexto internacional en el que pueden producirse "maniobras fraudulentas de los deudores para ocultar, dilapidar o trasladar su patrimonio de un Estado a otro"[2]; de ahí que el elemento internacional aumenta tanto las posibilidades del deudor de frustrar maliciosamente el pago de una deuda como la dificultad del acreedor para solicitar la adopción de actuaciones procesales para hacer frente a dicha actitud; en definitiva, el hecho de que el litigio se lleve a cabo en un contexto internacional dificulta enormemente el cobro de la deuda.

Cuando en el proceso existe un elemento internacional el recurso al derecho nacional para lograr una orden de retención sobre las cuentas del deudor puede resultar francamente "engorroso", por utilizar las palabras del propio Reglamento (UE) nº 655/2014[3], además la complejidad del trámite y consiguientemente su lentitud pueden ocasionar con facilidad que se frustre su objetivo.

No es de extrañar, por tanto, que la legislación europea prestara atención al riesgo que plantea una posible conducta maliciosa del deudor ante una reclamación de deudas, lo que le condujo al legislador a la promulgación del Reglamento (UE) nº 655/2014, por el que se establece una orden europea de retención de cuentas (en adelante, OERC)[4]. La regulación de

---

2 RODRÍGUEZ VÁZQUEZ, Mª. A., "La orden europea de retención de cuentas", en *Revista de Derecho Patrimonial*, 2015, 2015, nº 30, esp. p. 146.

3 Considerando 5 Reglamento 655/2014.

4 La referencia completa de esta norma es: Reglamento (UE) nº 655/2014 del Parlamento Europeo y del Consejo de 15 de mayo de 2014 por el que se establece el procedimiento relativo a la orden europea de retención de cuentas a fin de simplificar el cobro transfronterizo de deudas en materia civil y mercantil. DOUE de 27 de junio de 2014, nº L 189, pp. 59-92.
Los formularios se aprobaron mediante el Reglamento de Ejecución (UE) 2016/1823, de la Comisión, de 10 de octubre de 2016, por el que se establecen los

este instrumento se enmarca dentro del interés de la UE en que se arbitren mecanismos para evitar contextos en los que resulte excesivamente difícil el cobro de las deudas transfronterizas[5].

No puede decirse que la sensibilidad del legislador europeo para lograr el cobro eficiente de una deuda se manifieste por primera vez en el Reglamento (UE) nº 655/2014, antes bien ya en el Reglamento Bruselas I[6] quedó patente que una de las preocupaciones principales a la hora de regular la tutela del crédito en la UE era el arbitrio de un sistema garantista pero también eficaz en el cobro de la deuda.

Como señala DOMÍNGUEZ RUIZ, el Reglamento (CE) nº 44/2001 establecía no sólo una vía sino dos en materia de adopción de medidas cautelares; así, el acreedor podía solicitar las medidas cautelares ante el tribunal que conociese del asunto para que se adoptaran en el Estado miembro en el que habían de surtir efecto; pero también podía solicitar directamente la adaptación de las medidas cautelares en el Estado miembro en que se solicita su ejecución[7].

A pesar de el Reglamento Bruselas I articula dos posibilidades diversas para intentar asegurar al acreedor el cobro de la deuda ambas resultan insatisfactorias en cuanto al logro eficaz de sus finalidades procesales, a lo que hay que añadir las dificultades propias del idioma y los elevados costes del procedimiento[8].

---

formularios mencionados en el Reglamento (UE) nº 655/2014 del Parlamento Europeo y del Consejo por el que se establece el procedimiento relativo a la orden europea de retención de cuentas a fin de simplificar el cobro transfronterizo de deudas en materia civil y mercantil. DOUE de 19 de octubre de 2016 L283, pp. 1-48. El plazo establecido por el art. 50 del Reglamento (UE) nº 655/2014 por el que se posponía su entrada en vigor hasta el año 2017 permitió que los formularios pudieran aprobarse dos años más tarde sin interferir en la aplicación de la norma.

5 SERRANO MASIP, M., "Eficacia de la orden europea de retención de cuentas como medida cautelar en asuntos transfronterizos", en M. Jimeno Bulnes (dir.), *La evolución del espacio judicial europeo en materia civil y penal: su influencia en el proceso español*, Tirant lo Blanch, Valencia, 2022, esp. p. 146.

6 Reglamento (CE) nº 44/2001 del Consejo, de 22 de diciembre de 2000 relativo a competencia judicial, el reconocimiento y ejecución de resoluciones judiciales en materia civil y mercantil. DOUE de 16 de enero de 2001 nº L 12, pp. 1-23.

7 DOMÍNGUEZ RUIZ, L., "La orden europea de retención de cuentas", en *Revista de Derecho Civil*, 2014, nº 4, p. 243.

8 SERRANO MASIP, M., "Eficacia de la orden europea de retención de cuentas como medida cautelar en asuntos transfronterizos", op. cit., esp. p. 147. Vid tam-

El Reglamento (CE) nº 1215/2012[9], también llamado Bruselas II, vino a sustituir al Reglamento (CE) nº 44/2001; sin embargo, a pesar de las modificaciones que se incorporaron en 2012 en relación con el Reglamento Bruselas I, la opinión general es que el nuevo Reglamento básicamente arrastra las limitaciones de la normativa anterior en cuanto a la posible adopción de medidas cautelares, lo que dio lugar a que el Reglamento (CE) nº 1215/2012 se hiciera merecedor de las mismas críticas que la norma precedente.

Así, como pone de manifiesto SERRANO MASIP el Reglamento Bruselas II sigue sin dar una solución satisfactoria a la tutela cautelar del crédito; por un lado, una vez obtenida la tutela cautelar habrá de solicitarse su ejecución al Estado donde se encuentren los bienes, por otro lado, la imposibilidad de acordar las medidas cautelares *inaudita parte* de acuerdo con la norma europea limita enormemente la eficacia de la medida[10]. La doctrina, en definitiva, coincidía en manifestar la insuficiencia de los Reglamentos Bruselas I y Bruselas II a efectos de una configuración adecuada de las medidas cautelares[11].

Estas carencias fueron advertidas también por el legislador europeo, como lo demuestra el hecho de que ya durante la aplicación del Reglamento (CE) nº 44/2001 comenzaran los trabajos preparatorios que dieron lugar posteriormente a la aprobación del Reglamento (UE) nº 655/2014.

Así, en los años 2006 y 2008 se elaboraron sendos Libros Verdes que tenían como característica común sentar las bases para una futura legis-

---

bién DOMÍNGUEZ RUIZ, L., "La orden europea de retención de cuentas", op. cit., esp. p. 244.

9 Reglamento (CE) nº 1215/2012 del Parlamento Europeo y del Consejo de 12 de diciembre de 2012, relativo a la competencia judicial, el reconocimiento y la ejecución de resoluciones judiciales en materia civil y mercantil. DOUE de 20 de diciembre de 2012, nº L 351, pp. 1-32.

10 SERRANO MASIP, M., "Eficacia de la orden europea de retención de cuentas como medida cautelar en asuntos transfronterizos", op. cit., esp. p. 147.

11 Además de la autora previamente citada vid. también CORDÓN MORENO, F., "La orden europea de retención de cuentas en un proceso seguido en España: naturaleza cautelar o ejecutiva", en *Revista Española de Derecho Internacional*, 2017, nº 692, p. 2, este autor define la tutela cautelar como el talón de Aquiles del espacio europeo en materia civil. DOMÍNGUEZ RUIZ, L., "La orden europea de retención de cuentas", op. cit., esp. pp. 243 y ss y HERNÁNDEZ, B. y RUIZ DE CASTAÑEDA, J. L., "Orden europea de retención de cuentas. Oportunidad y alternativas", en *Diario La Ley*, 2022, nº 10171, http://diariolaley.laley.es [fecha de acceso: octubre 2023], p. 2.

lación que lograra una mayor eficacia en la ejecución de las resoluciones judiciales civiles.

El primero de los mencionados documentos es el Libro Verde sobre una mayor eficacia en la ejecución de las resoluciones judiciales en la Unión Europea: embargo de activos bancarios, que fue presentado en Bruselas el 24 de octubre de 2006. Este documento hace hincapié en el contraste que se observa entre la facilidad que tiene el deudor para trasladar sus fondos de uno a otro Estado dentro de la UE y la dificultad del acreedor para solicitar que se bloqueen los fondos del deudor. Esta peculiar situación incide de forma indirecta pero evidente en aspectos nucleares del mercado interior, como son la protección de los consumidores o la competencia entre las empresas en los distintos Estados miembros.

A pesar de que el título del Libro Verde de 2006 apunta a un instrumento de eficacia ejecutiva lo cierto es que en el texto del documento se sugiere ya una solución distinta que, como observa CORDÓN MORENO tiene carácter únicamente garantista sin la eficacia propia de la realización forzosa[12]. Esta solución que aparece contemplada como una posibilidad en el Libro Verde de 2006 fue la que finalmente se impuso en la redacción del Reglamento (UE) nº 655/2014[13].

El segundo Libro Verde presentado en esta materia en la primera década de 2000 es el Libro Verde sobre la eficacia en la ejecución de las resoluciones judiciales en la Unión Europea: transparencia de los activos patrimoniales de los deudores, que fue presentado en Bruselas el 6 de marzo de 2008. Se puede encontrar en este Libro Verde un análisis de las distintas soluciones que ofrecen los ordenamientos nacionales para uno de los principales problemas que plantea la efectividad en el cobro de la deuda como es la localización de los bienes del deudor. Así, se abordan en este documento las distintas fuentes de las que se puede obtener información

---

12 CORDÓN MORENO, F., "La orden europea de retención de cuentas en un proceso seguido en España: naturaleza cautelar o ejecutiva", op. cit., esp. pp. 2 y ss.

13 Así se definía la propuesta del Libro Verde de 2006: "Una solución podría ser crear una orden europea de embargo de activos bancarios que permitiera garantizar al acreedor la cantidad que se le adeuda o que él reclama impidiendo la retirada o transferencia de fondos en poder del deudor a una o más cuentas bancarias en el territorio de la Unión Europea. Una orden de este tipo tendría sólo un efecto precautorio, es decir, bloquearía los fondos del deudor en una cuenta bancaria sin transferirlos al acreedor", Libro Verde sobre una mayor eficacia en la ejecución de las resoluciones judiciales en la Unión Europea: embargo de activos bancarios, Bruselas, 24 de octubre de 2006 COM (2006) 618 final, p. 4.

sobre el patrimonio del deudor: declaración del propio interesado, registros, Seguridad Social, etc. haciendo un análisis de las posibilidades que ofrecen cada una de las opciones relativas a la obtención de información.

Otro de los documentos relevantes en los trabajos preparatorios es el Programa de Estocolmo de 2009[14]; este Programa tenía entre sus objetivos el de otorgar "prioridad a los mecanismos destinados a facilitar el acceso a la justicia, de modo que las personas puedan hacer valer sus derechos en toda la Unión"[15]; para el logro de este objetivo propone "evaluar la necesidad y la viabilidad de establecer algunas medidas provisionales, incluso protectoras, a escala de la Unión, para prevenir, por ejemplo, la desaparición de activos antes de la ejecución de una demanda"[16].

Fruto de esta proposición efectuada en el Programa de Estocolmo de 2009 se elabora finalmente Propuesta de Reglamento en el año 2011 que da lugar años más tarde a la aprobación del Reglamento (UE) nº 655/2014 si bien su entrada en vigor no se produce hasta 2017; en definitiva, el Reglamento que nos ocupa es una norma en la que los trabajos preparatorios implicaron el transcurso de un larguísimo periodo de tiempo[17].

La inusual demora de los trabajos preparatorios pone de manifiesto la dificultad de lograr un equilibrio entre los múltiples intereses en juego como son la seguridad jurídica, el cobro eficaz de la deuda, el respeto a los intereses del deudor y de terceros, etc.

A fecha de hoy no ha transcurrido una década desde la entrada en vigor del Reglamento (UE) nº 655/2014, lo que impide en cierta medida extraer conclusiones acerca de la eficacia de la OERC y de las disfunciones que puedan producirse en la implementación de este instrumento.

Sin embargo, sí que hay cifras que permiten al menos hacer una valoración del uso de la OERC por parte de los justiciables. Los números que arroja la estadística en los últimos años en nuestro país son las siguientes: en el año 2020 se emitieron 23 órdenes y se recibieron 7; en 2021 se emitieron 28 y se recibieron 6, mientras que en el primer semestre de 2022 se

---

14 Programa de Estocolmo. Una Europa abierta y segura que sirva y proteja al ciudadano, DOUE de 4 de mayo de 2010, nº C 115, pp. 1-38.

15 Programa de Estocolmo, p. 4.

16 Programa de Estocolmo, p. 16.

17 DOMÍNGUEZ RUIZ, L., "La orden europea de retención de cuentas", op. cit., esp. p. 245.

emitieron 12 solicitudes y se recibieron 2[18]. En este sentido la práctica demuestra que la acogida de la OERC no ha sido quizá la que cabría esperar ya que la estadística revela que los justiciables escasamente recurren a las posibilidades que ofrece este instrumento. La infrautilización procesal de la OERC lamentablemente es desproporcionada al tiempo y a los esfuerzos que se ha tomado el legislador europeo para la regulación de este instrumento.

El escaso número de resoluciones y el ámbito de la jurisdicción civil en el que se adoptan las OERC ocasionan que no haya un cuerpo de jurisprudencia que permita analizar la casuística de las medidas adoptadas al amparo del Reglamento (UE) nº 655/2014 así como conocer cuál es su resultado y los problemas que se pueden presentar en su aplicación práctica. En todo caso las cifras del uso de la OERC en nuestro país impiden por sí mismas una valoración positiva de este instrumento[19].

Son múltiples las razones que se pueden encontrar detrás de los bajos números que arroja la estadística, pero quizá podrían esconder, como señala DOMÍNGUEZ, una sensación de "lejanía de las instituciones europeas respecto de los justiciables" y la complejidad de la tramitación de la OERC[20]. Es cierto que el legislador ha buscado la máxima simplicidad mediante el uso de formularios y la supresión de trámites innecesarios, sin embargo, no cabe duda de que una cierta complejidad es inevitable tratándose de un instrumento europeo; unido a lo que posiblemente es una falta de adecuado conocimiento de la legislación europea por parte de los operadores jurídicos.

---

18 Datos de Justicia. Boletín de información Estadística. Los instrumentos de reconocimiento y ejecución de documentos judiciales y de auxilio judicial internacional en el orden civil a la luz de la Estadística Judicial 2021, 2022, nº 93, https://www.poderjudicial.es/cgpj/es/Temas/Estadistica-Judicial/Estadistica-por-temas/Aspectos-internacionales/Cooperacion-con-organos-judiciales-extranjeros/Solicitudes-de-cooperacion-tramitadas-directamente-por-los-organos-judiciales/, p. 22 [fecha de acceso: octubre 2023].

19 Para SENÉS MOTILLA, las principales sombras del Reglamento (UE) nº 655/2014 son su indefinición en cuestiones de cierta relevancia y un exceso de remisiones al derecho interno, aunque su valoración global es positiva. SENÉS MOTILLA, C., "La orden europea de retención de cuentas: una apuesta decidida para la tutela cautelar del crédito en asuntos transfronterizos", en *Revista Española de Derecho Internacional,* 2017, nº 692, p. 316.

20 DOMÍNGUEZ RUIZ, L., "La orden europea de retención de cuentas", op. cit., esp. p. 256.

En definitiva, se puede observar que el Reglamento (UE) nº 655/2014 se viene a sumar a las muchas normas que existen en el ámbito de la UE para lograr la eficacia y la celeridad en el cobro de las deudas, lo que de alguna manera parece indicar que el legislador europeo no termina de encontrar la solución adecuada para lograr el cumplimiento de esa finalidad[21].

II. ÁMBITO DE LA OERC

1. Ámbito material del Reglamento (UE) nº 655/2014

1.1. Materia civil y mercantil

El ámbito material del Reglamento (UE) nº 655/2014 es, como anuncia el propio título de la norma, la materia civil y mercantil; el art. 2 especifica de forma más detallada las deudas para las que se puede solicitar la orden: "deudas pecuniarias en materia civil y mercantil en asuntos transfronterizos que se definen en el artículo 3, con independencia de la naturaleza del órgano jurisdiccional de que se trate. No se aplicará, en particular, a las materias fiscal, aduanera ni administrativa, ni a la responsabilidad del Estado por acciones u omisiones en el ejercicio de su autoridad (*acta iure imperii*)".

La norma contenida en el art. 2 del Reglamento (UE) nº 655/2014 hace referencia tanto al ámbito del Derecho en el que se llevan a cabo las reclamaciones dinerarias para las que puede emitirse una orden como a su carácter transfronterizo, que es también definitorio del ámbito material del Reglamento (UE) nº 655/2014 y al que me referiré en el siguiente epígrafe.

---

21 ANTÓN JUÁREZ pone de manifiesto el elevado número de normas en el ámbito de la Unión que tienen como objetivo favorecer el cobro de la deuda, entre los que menciona como más relevantes Reglamento (CE) 1896/2006 del Parlamento Europeo y del Consejo de 12 de diciembre de 2006 por el que se establece un proceso monitorio europeo, el Reglamento (CE) 861/2007 del Parlamento Europeo y del Consejo de 11 de julio de 2007 por el que se establece un proceso europeo de escasa cuantía y el Reglamento (CE) 805/2004 del Parlamento Europeo y del Consejo, de 21 de abril de 2004, por el que se establece un título ejecutivo europeo para créditos no impugnados, sin olvidar por supuesto, el Reglamento (UE) Nº 1215/2012 del Parlamento Europeo y del Consejo de 12 de diciembre de 2012. ANTÓN JUÁREZ, I., "La orden europea de retención de cuentas: ¿adiós a la dificultad que plantea el cobro de la deuda transfronteriza en la UE?", en *Cuadernos de Derecho Transnacional*, 2017, nº 9, p. 7.

Es oportuno tener en cuenta, como señalan algunas autoras, que para determinar qué cuestiones pueden considerarse civiles o mercantiles, no procede tomar como referencia el ámbito de estas materias en el derecho interno, sino que la jurisprudencia europea ha subrayado en repetidas ocasiones que este concepto tiene un sentido propio en el derecho europeo[22].

Ese sentido propio del ámbito civil y mercantil en el contexto europeo es de tal amplitud que la concreción de las materias se realiza de forma negativa, como queda explícito en la letra del art. 2 del Reglamento (UE) nº 655/2014 que excluye de su ámbito las materias fiscal, aduanera, administrativa o de responsabilidad del Estado.

Por tanto, el Reglamento (UE) nº 655/2014 se une a otras normas que despliegan su eficacia normativa en el ámbito civil y mercantil, entre las cuales la más destacada posiblemente es el Reglamento (CE) nº 1215/2012 cuyo título, al igual que la norma que nos ocupa, anuncia un ámbito coincidente. Sin embargo, esta delimitación negativa da lugar a que el ámbito material de las normas europeas en materia civil y mercantil no sea siempre idéntico. Esto es así porque no coinciden en todas las normas europeas las materias que quedan excluidas del ámbito civil y mercantil. Así el ámbito del Reglamento (CE) nº 655/2014 en virtud de estas exclusiones resulta ser ligeramente más amplio al del Reglamento (CE) nº 1215/2012[23].

1.2. Carácter transfronterizo del asunto

Además de definirse por la materia civil y mercantil, la aplicación del Reglamento (CE) nº 655/2014 exige también que se trate de un asunto transfronterizo como afirma el art. 3; este artículo considera que el carácter transfronterizo se da cuando la orden se da en un Estado miembro que no sea el órgano al que se solicite la retención "ni" el Estado del domicilio del deudor.

Este criterio de internacionalización contenido en el art. 3 del Reglamento (CE) nº 655/2014 resulta más estricto del que indica el propio Reglamento en su Considerando 10, en el que alude a que el carácter trans-

---

22 ANTÓN JUÁREZ, I., "La orden europea de retención de cuentas: ¿adiós a la dificultad que plantea el cobro de la deuda transfronteriza en la UE?", op. cit., esp. p. 8 y DOMÍNGUEZ RUIZ, L., "La orden europea de retención de cuentas", op. cit., esp. p. 247.

23 DOMÍNGUEZ RUIZ, L., "La orden europea de retención de cuentas", op. cit., esp. p. 247 y RODRÍGUEZ VÁZQUEZ, Mª. A., "La orden europea de retención de cuentas", op. cit., esp. p. 149.

fronterizo puede darse cuando el órgano judicial que emite la orden está en un Estado miembro y la cuenta bancaria afectada en otro, o también cuando el acreedor está en un Estado miembro y el órgano judicial que cursa la orden y la cuenta bancaria sobre la que se ha de efectuar la retención están en otro Estado distinto.

En definitiva, hay una falta de coherencia entre las circunstancias que definen el carácter transfronterizo de un asunto en el Considerando 10 y en el art. 3 del Reglamento (UE) nº 655/2014, como ha puesto de manifiesto la doctrina[24].

Creo que la explicación más razonable de esta contradicción es la proporcionada por DOMÍNGUEZ RUIZ y compartida por otras autoras en la doctrina que aluden a un error material en la versión española del Reglamento, error que sin embargo no existe en las versiones que se dan en otras lenguas[25]. De acuerdo con esta interpretación debería prescindirse de la conjunción "ni" utilizada por el art. 3 del Reglamento (UE) nº 655/2014, de tal manera que las dos circunstancias de internacionalización a las que alude esta norma: nacionalidad del Estado miembro que cursa la orden de retención y Estado miembro del acreedor, han de considerarse alternativas en relación con el tercer elemento internacional al que se refiere el art. 3: el Estado en que se encuentren las cuentas bancarias.

2. *Ámbito temporal del Reglamento (UE) nº 655/2014*

El Reglamento (UE) nº 655/2014 se publicó en junio de 2014 y su entrada en vigor estaba prevista, según su art. 54, a los veinte días de la publica-

---

24 DOMÍNGUEZ RUIZ, L., "La orden europea de retención de cuentas", op. cit., esp. p. 248 y RODRÍGUEZ VÁZQUEZ, Mª. A., "La orden europea de retención de cuentas", op. cit., esp. p. 150.

25 DOMÍNGUEZ se basa en que "en las versiones inglesa, francesa e italiana del Reglamento, el carácter transfronterizo del asunto depende de que la cuenta se encuentre en el Estado miembro del tribunal «o» en el Estado miembro del domicilio del deudor. Es decir, se utiliza la conjunción «o» en vez de «ni», como hace la versión española del Reglamento 655/2014". DOMÍNGUEZ RUIZ, L., "La orden europea de retención de cuentas", op. cit., esp. p. 248 nota 13. Vid. también ANTÓN JUÁREZ, I., "La orden europea de retención de cuentas: ¿adiós a la dificultad que plantea el cobro de la deuda transfronteriza en la UE?", op. cit., esp. p. 12 y SENÉS MOTILLA, C., "La orden europea de retención de cuentas: una apuesta decidida para la tutela cautelar del crédito en asuntos transfronterizos", op. cit., esp. pp. 312 y ss.

ción. Sin embargo, según el propio artículo, su aplicación se demoró hasta enero de 2017, con excepción del art. 50 cuya aplicación fue inmediata.

El art. 50 imponía a los Estados miembros en los que se aplica el Reglamento (UE) nº 655/2014 que en el lapso de tiempo que transcurría desde la entrada en vigor hasta la aplicación del resto del Reglamento, se habían de facilitar una serie de datos y órganos involucrados en la OERC, sin cuya información no era posible la implementación de este instrumento. Entre los datos requeridos por el art. 50 del Reglamento (UE) nº 655/2014 estaban desde luego los órganos jurisdiccionales competentes para dictar y para ejecutar una orden de retención en cada Estado miembro y los órganos jurisdiccionales con competencia funcional para conocer del recurso. Además de esta información relativa a los órganos jurisdiccionales involucrados se debía informar también de otros aspectos tales como las tasas, los medios por los que se iba a obtener la información relativa a las cuentas, etc.

En nuestro país se facilitó la información tardíamente, mediante la Ley 3/2018, de 11 de junio, por la que se modifica la Ley 23/2014, de 20 de noviembre, de reconocimiento mutuo de resoluciones penales en la Unión Europea, para regular la Orden Europea de Investigación, en las Disposiciones finales de la Ley 3/2018 se añade una nueva DF en la LEC para cumplir con el mandato del art. 50 del Reglamento (UE) nº 655/2014 [26].

En definitiva, esta demora en la aplicación del Reglamento (UE) nº 655/2014 dio lugar a que a los largos trabajos preparatorios hubiera que añadir todavía casi tres años desde la aprobación del Reglamento hasta que se produjera su entrada en vigor, lo que alargó todavía más la implementación de una medida que venía siendo reclamada desde mucho tiempo atrás por los propios órganos de la UE[27]. Sin embargo, la información requerida por el art. 50 que debía facilitar cada uno de los Estados miembros era de tal entidad que justifica el lapso de tiempo concedido por la UE[28].

---

26 La nueva DF 27ª LEC lleva como rúbrica: "Medidas para facilitar la aplicación en España del Reglamento (UE) n.º 655 del Parlamento Europeo y del Consejo, de 15 de mayo de 2014, por el que se establece el procedimiento relativo a la orden europea de retención de cuentas a fin de simplificar el cobro transfronterizo de deudas en materia civil y mercantil".

27 DOMÍNGUEZ RUIZ, L., "La orden europea de retención de cuentas", op. cit., esp. p. 245.

28 ANTÓN JUÁREZ, I., "La orden europea de retención de cuentas: ¿adiós a la dificultad que plantea el cobro de la deuda transfronteriza en la UE?", op. cit., esp. p. 8.

3. Ámbito territorial del Reglamento (UE) nº 655/2014

El Reglamento (UE) nº 655/2014 se aplica en todos los Estados miembros con excepción de Dinamarca y Reino Unido, que según señalan los Considerandos 50 y 51 del Reglamento (UE) nº 655/2014 no participaban en el mismo.

La salida del Reino Unido de la UE no supuso por tanto ninguna modificación en relación con dicho país puesto que nunca participó en el Reglamento (UE) nº 655/2014[29].

III. NATURALEZA JURÍDICA DE LA OERC

Para tratar la cuestión acerca de la naturaleza jurídica de la OERC es imprescindible hacer alusión a los momentos procesales en los que el Reglamento (UE) nº 655/2014 permite su adopción, ya que en función del momento en que se acuerde, como veremos a continuación, su naturaleza jurídica puede variar.

De acuerdo con el art. 5 del Reglamento (UE) nº 655/2014 se puede solicitar una OERC en dos momentos diversos: "a) antes de que se incoe un procedimiento en un Estado miembro contra el deudor sobre el fondo del asunto, o en cualquier fase de ese procedimiento hasta el momento en que se dicte la resolución judicial o se apruebe o concluya una transacción judicial; b) después de que haya obtenido en un Estado miembro una resolución judicial, una transacción judicial o un documento público con fuerza ejecutiva que obligue al deudor a pagar una deuda a su favor".

Sin embargo, CORDÓN MORENO hace notar que si nos atenemos a las consecuencias procesales que puede tener la adopción de una OERC en cada una de las fases que se pueden dar en un proceso, realmente podemos distinguir hasta tres momentos distintos en que puede acordarse la OERC. Según este autor estos momentos procesales son los siguientes: en primer lugar, la solicitud de la OERC durante la primera instancia del proceso y antes de que se dicte una sentencia poniendo fin a la misma; en segundo lugar, la solicitud de la OERC durante la pendencia del recurso

---

29 ANTÓN JUÁREZ, I., "La orden europea de retención de cuentas: ¿adiós a la dificultad que plantea el cobro de la deuda transfronteriza en la UE?", op. cit., esp. p. 8.

cuando este ha sido interpuesto por el acreedor y, en tercer lugar, la adopción de la OERC tras la sentencia firme[30].

Las dos primeras situaciones a las que se refiere este autor se encuentran incluidas dentro del supuesto que define el art. 5 a) del Reglamento (UE) nº 655/2014 que ciertamente incluye cualquier momento procesal en la que se encuentre la reclamación judicial de la deuda antes de que exista una sentencia firme.

No cabe duda que cuando se solicita la medida antes de que se incoe el proceso en el derecho interno nos encontramos propiamente ante una medida cautelar puesto que en ese momento cumple la finalidad de asegurar que eventualmente se podrá ejecutar una sentencia de condena. Lo mismo sucedería si se solicita la OERC tras la presentación de la demanda, pero antes de que se dicte la sentencia de primera instancia: se mantiene la naturaleza jurídica de medida cautelar de la OERC[31].

Si mediante la interposición de recurso se abre la segunda instancia, la OERC mantendrá su carácter cautelar si se expide en cualquier momento antes de la sentencia firme, sin embargo, a pesar de que la naturaleza jurídica de la OERC no varíe en relación con la adopción de la medida en primera instancia sí que lo hará su tratamiento procesal, como señala CORDÓN MORENO que hace especial hincapié en el distinto régimen que tienen las medidas cautelares a partir del momento se ha obtenido una sentencia definitiva. Así, como pone de manifiesto este autor, durante la pendencia de la segunda instancia puede darse una modificación del régimen de las medidas cautelares según lo establecido en la LEC. Esta diversidad de régimen procesal depende de la actuación del acreedor favorecido por la sentencia y también del contenido de la sentencia dictada en la primera instancia. De este modo, cabe la posibilidad que el acreedor favorecido por la sentencia de primera instancia inste la ejecución provisional lo que implicará automáticamente el alzamiento de las medidas cautelares[32].

---

30 CORDÓN MORENO, F., "La orden europea de retención de cuentas en un proceso seguido en España: naturaleza cautelar o ejecutiva", op. cit., esp. pp. 303 y ss.

31 RODRÍGUEZ VÁZQUEZ, Mª. A., "La orden europea de retención de cuentas", op. cit., esp. p. 151 y SERRANO MASIP, M., "Eficacia de la orden europea de retención de cuentas como medida cautelar en asuntos transfronterizos", op. cit., esp. p. 158.

32 CORDÓN MORENO, F., "La orden europea de retención de cuentas en un proceso seguido en España: naturaleza cautelar o ejecutiva", op. cit., esp. pp. 303 y ss.

Ahora bien, si nos encontramos en la situación definida en el art. 5 b del Reglamento (UE) nº 655/2014, es decir, que la OERC se solicite cuando el acreedor tenga ya un título ejecutivo, que en la redacción del Reglamento (UE) nº 655/2014 habitualmente es una sentencia firme, entonces no puede entenderse propiamente que estemos ante una medida cautelar. Esto es así porque la medida cautelar por su provisionalidad y su instrumentalidad van referidas necesariamente a la duración del proceso de declaración[33].

Esta razón es la que conduce a CORDÓN MORENO a afirmar que cuando se solicita una OERC basada en un título ejecutivo, en este caso ya no nos encontramos ante una medida cautelar, sino que la medida que se acuerde cuando el autor ya tiene un título ejecutivo constituye una garantía de la traba, puesto que en ese momento lo que se está garantizando es la ejecución[34].

Como señala el propio CORDÓN MORENO resultará inusual que un acreedor que puede pedir la ejecución y presentar una demanda ejecutiva solicite únicamente una OERC; dado que en el momento en que se tiene un título ejecutivo se puede solicitar ya la ejecución definitiva, no parece tener mucho sentido la solicitud únicamente de una garantía de la misma, pero en todo caso es una posibilidad que el régimen de la OERC otorga al acreedor[35]. Pudiera darse esta situación si sobrevienen circunstancias como puede ser una expectativa inminente de pago o cualquier otra eventualidad que disuada al acreedor de iniciar de forma inmediata el proceso de ejecución.

El mencionado autor es consciente de que su postura no es unánime en la doctrina y que el propio Reglamento (UE) nº 655/2014 aparentemente se atiene también a la consideración de la OERC como una medida cautelar con independencia del momento del proceso en el que se acuerde la medida[36];

---

33 VALLS GOMBAU, J. F., "Comentario al art. 731", en FERNÁNDEZ-BALLESTEROS, M. A., RIFÁ SOLER, J. M. y VALLS GOMBAU, J. F. (coord.), *Comentarios a la nueva Ley de Enjuiciamiento Civil,* t. III, Barcelona, Ed. Atelier, 2000, esp. p. 3315. En el mismo sentido se pronuncia ORMAZÁBAL SÁNCHEZ, G., "Comentario al art. 721", en CORDÓN MORENO, F., ARMENTA DEU, T., MUERZA ESPARZA, J. J. y TAPIA FERNÁNDEZ, I., (Coord.) *Comentarios a la Ley de Enjuiciamiento Civil,* vol. II, 2ª ed., Cizur Menor, Ed. Aranzadi, 2011, p. 740.

34 CORDÓN MORENO, F., "La orden europea de retención de cuentas en un proceso seguido en España: naturaleza cautelar o ejecutiva", loc. cit.

35 CORDÓN MORENO, F., "La orden europea de retención de cuentas en un proceso seguido en España: naturaleza cautelar o ejecutiva", loc. cit.

36 Sobre la naturaleza cautelar de la medida vid. SENÉS MOTILLA en sus obras "La orden europea de retención de cuentas: una apuesta decidida para la tutela cautelar del crédito en asuntos transfronterizos", op. cit., esp. p. 310 y SENÉS MOTILLA,

sin embargo, me inclino a compartir su opinión, atendiendo a la finalidad buscada por el legislador cuando la OERC se funda en un título ejecutivo[37].

El problema que plantea la regulación contenida en el Reglamento (UE) nº 655/2014 es que *a priori* se regula de forma unitaria la OERC sin que en principio parezca darse importancia a que se trata de una medida que tiene unos requisitos y efectos distintos en función del momento del proceso en que se acuerda. Es más, se podría decir que el solo hecho de otorgar una denominación unitaria a una medida que puede tener eficacia y una naturaleza jurídica distinta según el momento del proceso en el que se haga uso de este instrumento, puede resultar un tanto confuso.

A efectos de la aplicación del Reglamento (UE) nº 655/2014 por parte de los operadores jurídicos la existencia de un único instrumento que puede ser o medida cautelar o medida de garantía de la traba según el momento procesal en que nos encontremos puede resultar un tanto complejo. Es verdad que hay rasgos comunes entre estas dos instituciones ya que tienen en común el cobro de la deuda por parte del acreedor, pero las diferencias son obvias. Por mencionar sólo una de ellas, cuando la OERC se adopta como medida de garantía de la traba esto implica que en muchos casos ha habido un proceso previo, con la consecuencia (entre otras) de que la OERC se ve avalada por una decisión judicial que estima la pretensión del acreedor, y que la OERC no tiene un carácter tan sorpresivo en el deudor, como sucedería si se adoptara con carácter cautelar.

Por tanto, incluso aunque el Reglamento (UE) nº 655/2014 no reconozca de forma expresa la distinta naturaleza jurídica de la OERC en función del momento en que se acuerda sí que es evidente, como señala CORDÓN MORENO que, al menos, contempla dos realidades distintas desde un punto de vista procesal: una previa a la sentencia firme y otra posterior[38].

C., *La orden europea de retención de cuentas. Aplicación en Derecho Español del Reglamento (UE) nº 655/2014, de 15 de mayo de 2014*, Cizur Menor, Ed. Aranzadi, 2015, p. 63.

37 Si acudimos al art. 621.2 LEC se puede apreciar que la letra de lo establecido en esta norma, situada en sede de medidas de garantía de la traba, evoca sin lugar a dudas el objeto de la OERC: "Cuando se embargaren saldos favorables en cuentas de cualquier clase abiertas en entidades de crédito, ahorro o financiación, el Letrado de la Administración de Justicia responsable de la ejecución enviará a la entidad orden de retención de las concretas cantidades que sean embargadas".

38 CORDÓN MORENO, F., "La orden europea de retención de cuentas en un proceso seguido en España: naturaleza cautelar o ejecutiva", op. cit., esp. p. 304.

En consecuencia, en el Reglamento (UE) nº 655/2014 encontramos continuas precisiones según la adopción de la OERC se produzca antes de la sentencia firme y, por tanto, con carácter cautelar o bien tras la misma y en este caso como medida de garantía de la ejecución puesto que su régimen será diverso en cada caso[39]. Esta peculiaridad de la regulación contenida en el Reglamento (UE) nº 655/2014 puede hacer su aplicación un tanto compleja a los operadores jurídicos.

Del mismo modo, en los formularios contenidos en el Reglamento de Ejecución (UE) 2016/1823 se pueden encontrar con frecuencia advertencias para indicar en qué momento del proceso se encuentra el reclamante y, en definitiva, si existe o no una resolución judicial firme (o un documento con eficacia ejecutiva) que reconozca la deuda o todavía no[40].

IV. REQUISITOS PARA LA ADOPCIÓN DE LA OERC

Los requisitos de la OERC son la existencia del *fumus boni iuris*, el *periculum in mora* y la prestación de caución, esta tríada incluye los requisitos típicos que tradicionalmente exige el legislador para la adopción de las medidas cautelares[41].

---

39 RODRÍGUEZ VÁZQUEZ, Mª. A., "La orden europea de retención de cuentas", op. cit., esp. p. 151.
A modo de ejemplo y teniendo en cuenta solo los primeros artículos del Reglamento (UE) nº 655/2014 se puede apreciar un régimen distinto para la OERC según se base en un título ejecutivo o se solicite antes del proceso civil en las siguientes normas: art. 5 que alude al momento en que se puede solicitar la OERC; art. 6 que contempla normas de competencia diversas según exista o no título ejecutivo; art. 7 que contempla los requisitos para dictar la orden en función de la existencia o no de título, art. 8 que contempla el contenido de la solicitud que variará en función de las circunstancias referidas, etc.

40 DOMÍNGUEZ RUIZ, L., "La orden europea de retención de cuentas", op. cit., esp. p. 252.
Así, por ejemplo, en el Anexo I contenido en el Reglamento de Ejecución (UE) 2016/1823 se puede encontrar la siguiente advertencia en el apartado 8: "Rellene esta sección únicamente si ya ha obtenido una resolución judicial, una transacción judicial o un documento público con fuerza ejecutiva que obligue al deudor a pagar su deuda. En caso contrario, pase al apartado 9".

41 De hecho, en nuestro ordenamiento interno los mencionados requisitos son regulados de forma unitaria en el art. 728 LEC que precisamente lleva como rúbrica "Peligro por la mora procesal. Apariencia de buen derecho. Caución".

Sin embargo, no podemos olvidar que la OERC no tiene una única naturaleza jurídica, sino que en función del momento del proceso en que se acuerde tiene también la naturaleza de medida de garantía de la traba. Por este motivo, estos requisitos se pueden ver fuertemente atenuados e incluso desaparecer según el acreedor solicite la orden con base en un título ejecutivo o no, como veremos a continuación.

1. Periculum in mora

El art. 7.1 del Reglamento (UE) nº 655/2014 contempla como requisito para acordar la OERC "la necesidad urgente de una medida cautelar en forma de orden de retención por existir un riesgo real de que, sin dicha medida, la ejecución ulterior del crédito se verá impedida o resultará considerablemente más difícil".

La acreditación de este requisito es necesaria incluso aunque el acreedor posea un título ejecutivo, se puede deducir así por una interpretación *a contrario* de la letra del art. 7.2 del Reglamento (UE) nº 655/2014 que contempla el requisito de la apariencia de buen derecho, y en cuya sede el legislador prescinde de la exigencia de la acreditación de la apariencia de buen derecho en los casos en que el acreedor posea un título ejecutivo.

Por tanto, el peligro por mora es único presupuesto procesal de la OERC que opera con carácter absoluto, sin importar la circunstancia en la que se encuentre el acreedor en relación con la reclamación judicial de la deuda[42].

La acreditación se llevará a cabo mediante "pruebas suficientes" sin que el legislador otorgue prevalencia ni excluya ningún medio de prueba, aunque tratándose de la reclamación de una deuda lo más oportuno parece ser la aportación de un principio de prueba de carácter documental[43].

Una interpretación literal del art. 7.1 del Reglamento (UE) nº 655/2014 permite afirmar que el riesgo ha de ser real, no potencial y que no es nece-

---

42 SENÉS MOTILLA, C., *La orden europea de retención de cuentas. Aplicación en Derecho Español del Reglamento (UE) nº 655/2014, de 15 de mayo de 2014*, op. cit., esp. p. 73.

43 Según afirma SENÉS MOTILLA la pertinencia de la prueba documental se puede deducir de la letra del Reglamento (UE) nº 655/2014 en la medida en que el art. 8, relativo al contenido de la solicitud, indica que la misma ha de incluir los documentos justificativos pertinentes (art. 8.2.l) y la lista de pruebas que se acompañan a la solicitud (art. 8.3). SENÉS MOTILLA, C., *La orden europea de retención de cuentas. Aplicación en Derecho Español del Reglamento (UE) nº 655/2014, de 15 de mayo de 2014*, op. cit., esp. p. 75.

sario que el peligro por mora impida en su totalidad una futura ejecución, sino que basta con que la dificulte.

Pueden ayudar a precisar las situaciones de riesgo las identificadas como tales en el Considerando 14 del Reglamento (UE) nº 655/2014 según el cual se puede considerar que constituyen circunstancias de riesgo la conducta del deudor ante una reclamación, su historial crediticio, la naturaleza de los bienes del deudor, la actitud del deudor hacia sus bienes o la existencia de gastos inusuales. El propio Considerando 14 afirma también que no puede considerarse situación de riesgo por sí solo el hecho de que el deudor tenga más de un acreedor o que se encuentre en una situación de deterioro financiero.

La doctrina ha contribuido también a identificar situaciones que pueden implicar un *periculum in mora*; así, RODRIGUEZ VÁZQUEZ afirma que cualquier actividad que implique ocultación o destrucción de patrimonio, por supuesto, son indicativos de un riesgo[44].

Por su parte HERNANDEZ y RUIZ DE CASTAÑEDA toman como fundamento la interpretación del Reglamento (UE) nº 655/2014 realizada por la jurisprudencia alemana para afirmar que no puede considerarse peligro de mora procesal una transferencia ordinaria de fondos a otro Estado miembro, el impago ante una reclamación, ni el mero riesgo de que el deudor se vea alertado al recibir una orden de pago. Y ello a pesar de que, como advierten los autores, el propio art. 14 del Reglamento (UE) nº 655/2014 reconoce el riesgo que implica el conocimiento por parte del deudor de la emisión de una OERC, poniendo medios para evitar que el deudor conozca demasiado tempranamente la existencia de una orden, así se deduce con toda claridad del art. 14.8: "En el caso de que, con arreglo al presente artículo, la autoridad de información reciba información de un banco, o se le conceda acceso a la información que figure en los registros de autoridades o administraciones públicas, la notificación al deudor de la revelación de sus datos personales se aplazará durante 30 días, con el fin de evitar que una pronta notificación ponga en peligro el efecto de la orden de retención" [45].

El hecho de que el legislador aluda a la "necesidad urgente" de adoptar la medida cautelar no implica, a mi parecer, que se esté introduciendo un

---

44 RODRÍGUEZ VÁZQUEZ, Mª. A., "La orden europea de retención de cuentas", op. cit., esp. p. 152.

45 HERNÁNDEZ, B. y RUIZ DE CASTAÑEDA, J. L., "Orden europea de retención de cuentas. Oportunidad y alternativas", op. cit., esp. p. 3.

nuevo requisito, distinto del peligro de mora procesal[46], sino que considero que simplemente individualiza el transcurso del tiempo como el principal factor de riesgo que puede poner en peligro el cobro de la deuda. El *periculum in mora* va asociado a la necesaria duración del proceso[47]; en definitiva, la noción de mora ya incluye el propio factor temporal, puesto que implica que mientras se desarrolla el proceso, y quizá alertado por el curso de las actuaciones procesales, el deudor tiene el tiempo suficiente para actuar sobre sus bienes intentando eludir una posible sentencia de condena.

2. *Fumus boni iuris*

El *fumus boni iuris* o la apariencia de buen derecho está regulada también en el art. 7 del Reglamento (UE) nº 655/2014 que requiere que el acreedor haya presentado pruebas suficientes para que el juez pueda alcanzar un convencimiento sobre la necesidad de emitir la OERC.

Al igual que sucedía con el peligro por mora procesal, la acreditación de la apariencia de buen derecho se ha de llevar a cabo mediante "pruebas suficientes" (art. 7.2 del Reglamento (UE) nº 655/2014). Una vez más, el legislador no muestra preferencia por ningún medio de prueba, como tampoco se excluye ninguna prueba, aunque se puede reiterar la pertinencia de la prueba documental a la que me refería anteriormente como la más idónea para demostrar el peligro por mora.

El requisito del *fumus boni iuris* sólo tiene sentido cuando la OERC tiene carácter propiamente cautelar, si el acreedor ya posee un documento con fuerza ejecutiva no tiene sentido demostrar que su pretensión tiene "posibilidades de prosperar en cuanto al fondo", que es como define el art. 7.2 del Reglamento (UE) nº 655/2014 la apariencia de buen derecho, porque la pretensión ya se ha reconocido. De ahí que el requisito de presentar prueba para demostrar la apariencia de buen derecho se aplica únicamente al acreedor que no está en posesión de "una resolución judicial, una

---

46 Así parece entenderlo ANTÓN JUÁREZ que contempla como requisitos para acordar la OERC la necesidad urgente de la medida, la dificultad en el cobro de la deuda y la apariencia de buen derecho. ANTÓN JUÁREZ, I., "La orden europea de retención de cuentas: ¿adiós a la dificultad que plantea el cobro de la deuda transfronteriza en la UE?", op. cit., esp. pp. 14 y ss.

47 ORMAZÁBAL SÁNCHEZ, G., "Comentario al art. 728", en CORDÓN MORENO, F., ARMENTA DEU, T., MUERZA ESPARZA, J. J. y TAPIA FERNÁNDEZ, I., (Coord.) *Comentarios a la Ley de Enjuiciamiento Civil*, vol. II, op cit., esp. p. 777.

transacción judicial o un documento con fuerza ejecutiva", como indica el art. 7.2 del Reglamento (UE) nº 655/2014.

3. Prestación de caución

Otro de los requisitos establecidos por el Reglamento (UE) nº 655/2014 para poder acordar la OERC es el de prestación de caución. Al igual que sucedía con el requisito del *fumus boni iuris*, la prestación de caución no es un requisito absoluto y, por tanto, no se aplica al acreedor en cualquier caso, sino que caben dos excepciones a este requisito.

La primera de las excepciones es que el acreedor posea "una resolución judicial, una transacción judicial o un documento público con fuerza ejecutiva", como afirma el art. 12.1 del Reglamento (UE) nº 655/2014.

Esta excepción, sin embargo, no opera de forma plena, sino que al acreedor que posee uno de los documentos a los que se refiere el Reglamento (UE) nº 655/2014 se le puede pedir que preste caución si el juez lo considera "necesario y adecuado dadas las circunstancias del caso" (art. 12.3 Reglamento (UE) nº 655/2014). El Considerando 18 del Reglamento (UE) nº 655/2014 ofrece algún ejemplo cuales pueden ser estas circunstancias, entre ellas se menciona que la resolución no sea ejecutiva o lo sea parcialmente por determinadas circunstancias como puede ser la pendencia de un recurso.

La segunda excepción para la prestación de caución contemplada en el Reglamento (UE) nº 655/2014 se produce si el juez considera que la caución es improcedente dadas las circunstancias del caso. El enunciado de esta excepción no es excesivamente concreto, pero de nuevo el Considerando 18 alude a supuestos que justificarían la exención de caución[48]. Estos supuestos son de muy diversa naturaleza; así, el legislador menciona la posibilidad de que el acreedor no tenga la capacidad económica suficiente para prestar una caución. En la redacción de este ejemplo que proporciona el Considerando 18, el legislador parece condicionar la no prestación de caución a la exigencia del cumplimiento del requisito de la apariencia de buen derecho con especial severidad ya que el Considerando 18 alude a este supuesto señalando que el acreedor "pese a unas pretensiones

---

48 Vid. el análisis del Considerando 18 del Reglamento (UE) nº 655/2014 que realiza SERRANO MASIP, M., "Eficacia de la orden europea de retención de cuentas como medida cautelar en asuntos transfronterizos", op. cit., esp. p. 158.

y alegaciones bien fundadas, no tiene medios suficientes para presentar caución"[49].

Los siguientes ejemplos a los que alude el Considerando 18 del Reglamento (UE) nº 655/2014 no se refieren a la capacidad económica del deudor sino a la naturaleza o cuantía de la deuda, así el juez podrá eximir de la prestación de caución cuando la deuda derive de "obligaciones de alimentos o del pago de sueldos o salarios" o, finalmente, cuando la deuda sea de tan escasa cuantía que no puede causar al acreedor ningún perjuicio.

Es el propio acreedor quien deberá *a priori* valorar la procedencia de ser eximido de la prestación de caución; ya que, como señala el art. 8.g del Reglamento (UE) nº 655/2014, en la solicitud el acreedor deberá alegar en su caso las razones que justificarían que sea eximido de la prestación de caución, con independencia de que posteriormente el juez deberá valorar la petición del acreedor y decidir en consecuencia.

Precisamente para lograr una decisión que atienda a la petición del acreedor relativa a la exención del pago de una caución, y aunque el Reglamento (UE) nº 655/2014 no lo exige, parece oportuno que se acredite alguno de los extremos en los que el acreedor basa su petición lo que podría suceder, por ejemplo, en la solicitud de ser eximido del pago de la caución cuando esta se basa en la escasa capacidad económica del acreedor.

La cuantía y forma de la caución deberán ser establecidas por el juez, como indica el art. 12.3 del Reglamento (UE) nº 655/2014, si bien el Considerando 18 apunta a la fianza, la hipoteca y la garantía como formas más frecuentes de caución.

Como analizaré más adelante, la caución intenta buscar un equilibrio entre acreedor y deudor, teniendo en cuenta fundamentalmente que la OERC se adopta sin audiencia previa al deudor, de ahí que el juez deba buscar la cantidad y forma adecuadas para la caución de tal forma que, sin desproteger al deudor, no resulte tan gravosa al acreedor como para disuadirle de la petición de emisión de la orden.

El juez deberá tener en cuenta también la finalidad propia de la caución, puesto que debería prestarse en cantidad suficiente para solventar los daños causados por dos posibles eventualidades: en primer lugar, que el acreedor actúe de forma abusiva para causar perjuicio al deudor con una orden solicitada por mala fe y, en segundo lugar, garantizar que el deudor

---

[49] HERNÁNDEZ, B. y RUIZ DE CASTAÑEDA, J. L., "Orden europea de retención de cuentas. Oportunidad y alternativas", op. cit., esp. p. 4.

podrá ser reparado económicamente en el caso de que una OERC que se reputa finalmente improcedente le haya causado daños por la limitación temporal de su liquidez[50].

V. PROCEDIMIENTO

1. El carácter inaudita parte de la emisión de la OERC

Una de las características más señaladas del trámite contemplado en el Reglamento (UE) nº 655/2014 es que se procederá *inaudita parte debitoris,* como dispone el art. 11: "No se notificará al deudor la solicitud de la orden de retención ni se le oirá sin haberse dictado previamente la orden".

La falta de audiencia al deudor es, como afirma SENÉS, un "principio nuclear del procedimiento"[51]. Ciertamente, si el acreedor tiene razones fundadas para creer que el deudor puede realizar maniobras fraudulentas para ocultar su patrimonio y eludir el pago de la deuda, en este contexto parece lógico actuar de tal manera que el deudor esté inadvertido de la posible adopción de la OERC, de otro modo podría empeorar la situación del acreedor y hacer peligrar aún más el cobro de la deuda.

La adopción de la medida cautelar sin audiencia del deudor en nuestro derecho interno es una posibilidad que tiene el acreedor, que puede solicitar que se adopte la medida sin dar audiencia al demandado, aunque deberá justificar las razones que avalan esta peculiaridad de su petición (art. 733 LEC). En todo caso, conviene señalar que cuando conforme al derecho interno se acuerda una medida cautelar sin audiencia del demandado lo que sucede propiamente es que se altera el orden normal de las actuaciones y la audiencia del deudor que, en razón lógica, debería haberse producido antes de la adopción de la medida, se difiere a un momento posterior, cuando la medida ha sido ya implementada.

A diferencia de lo que sucede en nuestro proceso civil, que requiere urgencia para la adopción de la medida *inaudita parte debitoris,* en el Reglamento (UE) nº 655/2014 se establece esta forma de actuación como

---

50 VILLAMARÍN LÓPEZ, M. L., "La responsabilidad del acreedor en el Reglamento 655/2014, sobre la orden europea de retención de cuentas", en *Cuadernos de Derecho Transnacional,* 2020, nº 2, p. 1472.

51 SENÉS MOTILLA, C., "La orden europea de retención de cuentas: una apuesta decidida para la tutela cautelar del crédito en asuntos transfronterizos", op. cit., esp. p. 312.

regla general y sin necesidad de una petición expresa del acreedor en este sentido al estar ya prevista *ex lege*[52].

La adopción de la OERC sin audiencia del deudor es una opción del legislador claramente novedosa en la legislación europea y que se aparta de lo establecido hasta la fecha, ya que el Reglamento (CE) nº 1215/2012 no permitía que se acordaran medidas cautelares si no se daba previamente audiencia al demandado[53].

La adopción de medidas cautelares sin audiencia al deudor no sólo es anómala en el derecho europeo, sino que también lo es en el derecho interno de algunos Estados miembros, lo que podía presagiar una cierta reticencia por parte de estos Estados de cara a la aplicación de la OERC en el Reglamento (UE) nº 655/2014. Sin embargo, no parece oportuno modificar en este aspecto la regulación de la orden, puesto que eso podría poner en peligro la clave de su eficacia. La emisión de la orden sin audiencia al deudor es por tanto, una cuestión ciertamente sensible pero crucial para el éxito de la OERC[54].

El legislador no ignora que la falta de audiencia al deudor puede romper el necesario equilibrio entre acreedor y deudor a favor del primero. Este equilibrio se restaura en un momento procesal posterior en el que se le concede al deudor la posibilidad de impugnar la orden o su ejecución[55].

A pesar de que el deudor tendrá ocasión posteriormente de impugnar la orden o su ejecución[56], no podemos olvidar que la actual configuración

---

52 En el Proyecto de Reglamento sí que estaba prevista la posibilidad de que el acreedor solicitara que se diera audiencia al deudor con antelación, pero finalmente la redacción del Reglamento en este sentido no prosperó. DOMÍNGUEZ RUIZ, L., "La orden europea de retención de cuentas", op. cit., esp. p. 249.

53 Art. 42.2.c y Considerando 33 del Reglamento (CE) nº 1215/2012.

54 RODRÍGUEZ VÁZQUEZ, Mª. A., "La orden europea de retención de cuentas", op. cit., esp. p. 155. La autora alerta del riesgo de que los Estados Miembros invoquen el orden público para eludir la ejecución de la orden en razón de la falta de audiencia al deudor.

55 Como señala VALLS GOMBAU en relación con la adopción de medidas *inaudita parte* en nuestra LEC, la concesión de medios de oposición al deudor tras la adopción de la medida sin haberle concedido audiencia previamente "restablece el equilibrio entre partes momentáneamente roto". VALLS GOMBAU, J. F., "Comentario al art. 731", en FERNÁNDEZ-BALLESTEROS, M. A., RIFÁ SOLER, J. M. y VALLS GOMBAU, J. F. (coord.), *Comentarios a la nueva Ley de Enjuiciamiento Civil*, op. cit., esp. p. 3355.

56 Esta cuestión se tratará *infra* en el epígrafe 3.

de la OERC puede causar un severo perjuicio al deudor que verá retenidos los fondos de sus cuentas de manera sorpresiva y sin previo aviso.

Para compensar los efectos adversos de la adopción de la OERC, el Reglamento (UE) nº 655/2014 establece un sistema de garantías para compensar los posibles perjuicios que pueda causar al deudor una medida cautelar que finalmente se revela improcedente por la existencia de un pronunciamiento absolutorio. Así, la finalidad de la caución, a la que ya me he referido en estas líneas es precisamente la de responder a posibles perjuicios que se le ocasionen al acreedor, del mismo modo el art. 13 del Reglamento (UE) nº 655/2014 establece la responsabilidad del acreedor ante cualquier perjuicio que pudiera causar al deudor con la OERC[57].

Conviene señalar que, al igual que ocurre en nuestro derecho interno, en el Reglamento (UE) nº 655/2014 lo que sucede propiamente es que la audiencia al deudor se difiere al momento establecido en el art. 28 del Reglamento (UE) nº 655/2014, esa notificación lleva aparejada la posibilidad de hacer uso de medios de defensa por parte del deudor, de tal manera que el deudor no quedará privado de los oportunos medios para hacer valer sus intereses en el proceso, pero el buen fin de la medida exige que se produzcan cuando esta ya ha sido adoptada[58].

2. *La solicitud de la OERC y la petición de información*

El trámite para solicitar la adopción de la OERC se incoa a instancia del acreedor; no sólo no procede que se incoe de oficio, sino que la cantidad por la que se solicita la OERC vincula al juez que no podrá en ningún caso emitir una orden por una cantidad superior a la solicitada[59].

---

57 ANTÓN JUÁREZ, I., "La orden europea de retención de cuentas: ¿adiós a la dificultad que plantea el cobro de la deuda transfronteriza en la UE?", op. cit., p. 19; RODRÍGUEZ VÁZQUEZ, Mª. A., "La orden europea de retención de cuentas", op. cit., p. 156; SENÉS MOTILLA, C., *La orden europea de retención de cuentas. Aplicación en Derecho Español del Reglamento (UE) nº 655/2014, de 15 de mayo de 2014*, op. cit., p. 105 y VILLAMARÍN LÓPEZ, M. L., "La responsabilidad del acreedor en el Reglamento 655/2014, sobre la orden europea de retención de cuentas", op. cit., esp. pp. 1476 y ss.

58 ANTÓN JUÁREZ, I., "La orden europea de retención de cuentas: ¿adiós a la dificultad que plantea el cobro de la deuda transfronteriza en la UE?", op. cit., p. 19 y HERNÁNDEZ, B. y RUIZ DE CASTAÑEDA, J. L., "Orden europea de retención de cuentas. Oportunidad y alternativas", op. cit., esp. p. 6.

59 SENÉS MOTILLA, C., *La orden europea de retención de cuentas. Aplicación en Derecho Español del Reglamento (UE) nº 655/2014, de 15 de mayo de 2014*, op. cit., esp. p. 89.

El Reglamento (UE) nº 655/2014 establece distintos requisitos y contenidos para la solicitud según cual sea el momento procesal de la presentación.

Si el acreedor presenta la solicitud con anterioridad a la incoación del procedimiento, el contenido de la petición necesariamente ha de ser más complejo que cuando el acreedor posee un título ejecutivo. Como he señalado anteriormente hay requisitos para la solicitud de la OERC que sólo deben concurrir cuando el acreedor no posee una resolución judicial, una transacción judicial o un documento con eficacia ejecutiva a su favor; por tanto, en ausencia de tales documentos, el acreedor deberá presentar la justificación de los extremos a los que se refiere el art. 8 del Reglamento (UE) nº 655/2014 entre los que se encuentran la cuantía de la deuda, las circunstancias que fundamentan la reclamación de la deuda y el interés reclamado[60].

Cuando el acreedor solicita la OERC antes de presentar la demanda, el legislador establece un requisito temporal para que el acreedor demuestre al juez ante el que presentó la solicitud, que ya ha iniciado el procedimiento; esta acreditación ha de presentarse en el plazo de 30 días o, si la orden todavía no se ha emitido, 14 días después de haberse acordado la OERC.

El legislador europeo es consciente de que el momento de incoación del proceso no es obvio y que puede variar en los distintos Estados miembros[61]. Para evitar cualquier confusión al respecto el art. 10.3 del Reglamento (UE) nº 655/2014 dispone que el procedimiento comienza cuando se presenta la demanda si posteriormente "el acreedor no deja de tomar todas las medidas que se le exijan para que se dé al deudor traslado de dicho escrito" o bien, si la demanda se ha de notificar al deudor antes de su presentación, en el momento en que lo reciba la autoridad encargada de la notificación; requiriéndose, una vez más que el acreedor no deje de tomar las medidas que se le exijan para presentar el escrito ante el órgano jurisdiccional.

El criterio establecido por el Reglamento (UE) nº 655/2014, como señala ANTÓN JUÁREZ, tiene como finalidad la búsqueda de la seguridad jurídica y establece una norma para determinar el momento de incoación del proceso civil que no tiene por qué coincidir con lo establecido en el derecho interno de los Estados miembros; si bien es cierto que pueden

---

60 Vid. supra epígrafe IV.

61 ANTÓN JUÁREZ, I., "La orden europea de retención de cuentas: ¿adiós a la dificultad que plantea el cobro de la deuda transfronteriza en la UE?", op. cit., esp. p. 15.

apreciarse obvias similitudes entre lo dispuesto en el art. 10.3 del Reglamento (UE) nº 655/2014 y el criterio establecido por el legislador español para considerar iniciado el proceso civil en el art. 410 LEC[62].

Cuando la OERC se solicita después de la presentación de la demanda y por tanto durante la tramitación de la primera instancia, el legislador no establece ningún requisito temporal[63].

El art. 16 del Reglamento (UE) nº 655/2014 aborda la posibilidad de solicitar más de una OERC y su compatibilidad con otras medidas similares en el ámbito interno.

Sobre la primera cuestión la negativa del legislador es absoluta: "el acreedor no podrá presentar al mismo tiempo, ante más de un órgano judicial, solicitudes paralelas de órdenes de retención contra el mismo deudor" (art. 16.1 del Reglamento (UE) nº 655/2014). SENÉS MOTILLA indica que el fundamento de esta medida es doble: por un lado intentar prevenir una pluspetición al deudor y por otro lado evitar una actuación que pudiera suponer un uso abusivo de los medios de la Administración de Justicia en los distintos Estados miembros[64]. Por supuesto esto no impide que el deudor reciba distintas OERC que puedan afectar a sus bienes, pero solicitadas por acreedores distintos[65].

---

62 ANTÓN JUÁREZ, I., loc. cit.

63 Recuérdese que conforme a nuestra LEC la petición de adopción de medidas cautelares con posterioridad a la presentación de la demanda está sujeta no a requisitos temporales, pero sí a una justificación que debe presentar el acreedor acerca del motivo por el que no solicitó las medidas cautelares al iniciarse el proceso haciéndolo, sin embargo, con posterioridad (art. 730.4 LEC).

64 SENÉS MOTILLA, C., *La orden europea de retención de cuentas. Aplicación en Derecho Español del Reglamento (UE) nº 655/2014, de 15 de mayo de 2014*, op. cit., esp. p. 134. Vid. en el mismo sentido ANTÓN JUÁREZ, I., "La orden europea de retención de cuentas: ¿adiós a la dificultad que plantea el cobro de la deuda transfronteriza en la UE?", op. cit., esp. p. 23.

65 HERNÁNDEZ y RUIZ DE CASTAÑEDA observan que en nuestro país una situación de este tipo no daría lugar a que se atendiera a las distintas órdenes de acuerdo con un sistema de prelación de créditos, sino que el órgano judicial las atenderá teniendo en cuenta la fecha en la que se recibe la OERC. Vid. HERNÁNDEZ, B. y RUIZ DE CASTAÑEDA, J. L., "Orden europea de retención de cuentas. Oportunidad y alternativas", op. cit., esp. p. 5. En el mismo sentido se pronuncia SENÉS MOTILLA, C., *La orden europea de retención de cuentas. Aplicación en Derecho Español del Reglamento (UE) nº 655/2014, de 15 de mayo de 2014*, op. cit., p. 206. ANTÓN JUÁREZ alerta del riesgo de que la OERC sea postergada en relación con las medidas nacionales. Vid. "La orden europea de retención de cuentas: ¿adiós a

Sin embargo, en relación con los medios procesales que posee el acreedor en su Estado miembro, el legislador permite que se soliciten otras medidas conforme a lo establecido en el derecho nacional, si bien el acreedor tendrá que comunicar cuáles son estas medidas y si han sido admitidas y ejecutadas o rechazadas por el juez, así lo señala el art. 16.2 del Reglamento (UE) nº 655/2014. Por tanto, la OERC es complementaria con otras medidas que se pudieran acordar en el derecho nacional[66].

Un aspecto controvertido del Reglamento (UE) nº 655/2014 es la regulación de su art. 14 acerca de la petición del acreedor para lograr información sobre las cuentas del deudor. Según el art. 14.1 del Reglamento (UE) nº 655/2014, cuando el acreedor tenga razones para creer que el deudor tiene cuentas a su nombre en un Estado miembro pero desconozca los datos que permiten identificar dichas cuentas, puede solicitar al órgano judicial ante el que presentó la solicitud que "obtenga la información necesaria que permita identificar al banco o bancos y la cuenta o cuentas del deudor" (art. 14 Reglamento (UE) nº 655/2014).

Sin embargo, y este es el aspecto que genera la controversia, esta posibilidad se encuentra sólo a disposición del acreedor que tenga en su haber una resolución judicial, una transacción judicial o un documento con fuerza ejecutiva; cuando no suceda así, su petición de información podrá ser considerada por el juez y, en su caso, admitida en función de las circunstancias del caso.

Esta limitación en la petición de información sobre las cuentas del deudor ha sido criticada por la doctrina, puesto que puede suceder con facilidad que el acreedor desconozca los datos concretos relativos a las cuentas del deudor y, en estos casos, limitar sus posibilidades de requerir información por vía judicial implica limitar también la posibilidad de recurrir a la OERC[67].

---

la dificultad que plantea el cobro de la deuda transfronteriza en la UE?", op. cit., esp. p. 32.

66 ANTÓN JUÁREZ, I., "La orden europea de retención de cuentas: ¿adiós a la dificultad que plantea el cobro de la deuda transfronteriza en la UE?", op. cit., esp. p. 7.

67 CORDÓN MORENO, F., "La orden europea de retención de cuentas en un proceso seguido en España: naturaleza cautelar o ejecutiva", op. cit., esp. p. 308.
Las críticas a la limitada posibilidad de averiguar los bienes del deudor no se han dado solo en el ámbito doctrinal, sino que durante la tramitación del Reglamento (UE) nº 655/2014 varios Estados miembros mantuvieron una postura muy beligerante para lograr que estableciera una regulación que permitiera recabar información sobre las cuentas del deudor con más amplitud, aunque sus propuestas

SERRANO MASIP señala con acierto que lo oportuno hubiera sido que se permitiera proceder de manera similar a la previsión existente en el derecho interno en el cual el acreedor puede solicitar al LAJ que requiera a las entidades financieras para que puedan solicitar información sobre los bienes del deudor de los que las entidades tienen noticia[68].

3. La retención de fondos del deudor

Una vez que la OERC se haya recibido en el Estado ejecutor este tomará las medidas para dar cumplimiento a la misma según el derecho nacional, de acuerdo con lo que dispone el art. 23 del Reglamento (UE) nº 655/2014. Tratándose de una retención de dinero en cuentas bancarias el cumplimiento no puede ser efectuado mas que por el banco en el que deudor tenga la cuenta.

En lo que se refiere al tipo de cuentas que se pueden retener señala el art. 4 del Reglamento (UE) nº 655/2014 en las definiciones que se proporcionan a efectos de la aplicación del Reglamento, que se considera que tiene la consideración de cuenta "cualquier cuenta que contenga fondos en un banco a nombre del deudor o a nombre de un tercero por cuenta de un deudor"; el propio art. 4 especifica que dichos fondos pueden ser en cualquier divisa. Quedarían excluidas, según señala ANTÓN JUÁREZ, aquellas cuentas que, bajo cualquier modalidad de depósito bancario, contienen fondos que provienen de una línea de crédito que el banco ha concedido al deudor[69].

El banco receptor de la OERC tiene dos posibilidades: o bien retener en la cuenta del deudor la cantidad de dinero especificada en la orden o bien

---

finalmente no prosperaron. Vid. HERNÁNDEZ, B. y RUIZ DE CASTAÑEDA, J. L., "Orden europea de retención de cuentas. Oportunidad y alternativas", op. cit., esp. p. 6.

No obstante, hay opiniones discrepantes, entre las que se encuentra la de ANTÓN JUÁREZ, que alaba la prudencia del Reglamento (UE) nº 655/2014, ya que considera que la finalidad es evitar proporcionar a un acreedor información sensible del deudor en un momento procesal en el que todavía no se sabe si la OERC prosperará o no. Vid. ANTÓN JUÁREZ, I., "La orden europea de retención de cuentas: ¿adiós a la dificultad que plantea el cobro de la deuda transfronteriza en la UE?", op. cit., esp. p. 20.

68 SERRANO MASIP, M., "Eficacia de la orden europea de retención de cuentas como medida cautelar en asuntos transfronterizos", op. cit., esp. p. 165.

69 ANTÓN JUÁREZ, I., "La orden europea de retención de cuentas: ¿adiós a la dificultad que plantea el cobro de la deuda transfronteriza en la UE?", op. cit., esp. p. 9.

transferir la cantidad a una cuenta destinada específicamente a los fines de retención (art. 24 del Reglamento (UE) nº 655/2014). Como afirma SENÉS MOTILLA esta última sería la modalidad procedente en nuestro país, a través de la transferencia a la cuenta de depósitos y consignaciones del órgano judicial que ha ejecutado la OERC[70].

En todo caso el banco está obligado a llevar a cabo sin demora la operación indicada por el juez de acuerdo con el contenido de la orden (art. 24.1 del Reglamento (UE) nº 655/2014), aunque la aparente celeridad que impone el Reglamento (UE) nº 655/2014 no se compagina bien con la ausencia de un plazo para cumplir lo establecido en la OERC[71].

Una vez llevada a cabo la retención o la transferencia a la cuenta correspondiente, el banco deberá dar cuenta al juez sobre la actuación efectuada informándole de los extremos a los que se refiere el art. 25 del Reglamento (UE) nº 655/2014: si se han retenido los fondos, en qué cuantía y en qué fecha.

El Reglamento (UE) nº 655/2014 permite que el banco no realice la retención sobre aquellas cantidades que son inembargables conforme al derecho español (art. 24) y también, según señala el mismo artículo, se permite que el banco supedite la retención al pago de operaciones pendientes, una facultad que ha sido criticada por su falta de concreción[72].

El legislador ha previsto también el riesgo de pluspetición. La denuncia de una situación de pluspetición está concebida en el Reglamento (UE) nº 655/2014 como una obligación que corresponde al acreedor que, según establece el art. 27, deberá "tomar las medidas necesarias" para que se liberen las cantidades que exceden de lo indicado en la OERC[73]. La inacti-

---

70 SENÉS MOTILLA, C., "La orden europea de retención de cuentas: una apuesta decidida para la tutela cautelar del crédito en asuntos transfronterizos", op. cit., esp. p. 315.

71 ANTÓN JUÁREZ, I., "La orden europea de retención de cuentas: ¿adiós a la dificultad que plantea el cobro de la deuda transfronteriza en la UE?", op. cit., esp. p. 30.

72 SENÉS MOTILLA, C., "La orden europea de retención de cuentas: una apuesta decidida para la tutela cautelar del crédito en asuntos transfronterizos", op. cit., esp. p. 315. La propia autora sugiere en otra de sus obras que pueden ser operaciones de las que el banco tuviera ya constancia en el momento de recibir el mandato judicial o pagos ordenados a terceros, entre otros. Vid. SENÉS MOTILLA, C., *La orden europea de retención de cuentas. Aplicación en Derecho Español del Reglamento (UE) nº 655/2014, de 15 de mayo de 2014*, op. cit., esp. p. 192.

73 SENÉS MOTILLA, C., *La orden europea de retención de cuentas. Aplicación en Derecho Español del Reglamento (UE) nº 655/2014, de 15 de mayo de 2014*, op. cit., esp. p. 215.

vidad del acreedor en este sentido es motivo de impugnación de la OERC a instancia del acreedor, según dispone el art. 33.1 f del Reglamento (UE) nº 655/2014[74].

Sin embargo, es posible quien sea conocedor de la pluspetición en primer lugar sea el deudor que posiblemente opte por poner en conocimiento del juez esta situación para que adopte las medidas oportunas[75].

4. Comunicación de la OERC al deudor y posible impugnación

La OERC se adopta *inaudita parte debitoris* para evitar prevenir al deudor y que pueda adoptar acciones para frustrar la eficacia de la orden; sin embargo, una vez que se ha adoptado la orden procede dar a conocer al deudor la misma, lo que se hará según la normativa existente en el Estado miembro de que se trate para medidas nacionales equivalentes a la OERC, según dispone el art. 17.5 del Reglamento (UE) nº 655/2014.

El momento previsto para notificar al deudor es con posterioridad a aquel en que el banco ya ha procedido a informar al juez de haber efectuado las retenciones en el sentido en que se le ha indicado por parte del juez ejecutor de la orden. Así se deduce del art. 28 del Reglamento (UE) nº 655/2014 cuando enumera los extremos que ha de incluir la notificación al deudor que incluyen, entre otros, la declaración del art. 25, es decir, la declaración del banco dando cuenta de haber retenido los fondos en los términos indicados en la orden[76].

La comunicación al deudor permite que este utilice los medios de defensa a su alcance que, de acuerdo con el Reglamento (UE) nº 655/2014,

---

74 Aunque hay una cierta discordancia entre estas dos normas ya que el art. 27 del Reglamento (UE) nº 655/2014 exige al acreedor que tome las medidas para garantizar que se liberan las cantidades que exceden de la orden, mientras que el art. 33 del Reglamento (UE) nº 655/2014 tiene como finalidad revocar o modificar la OERC, cuando lo que pretende el art. 27 es que no haya un exceso en el cumplimiento de la orden, sino que se realice en los términos en ella establecidos, sin que haya un exceso.

75 HERNÁNDEZ, B. y RUIZ DE CASTAÑEDA, J. L., “Orden europea de retención de cuentas. Oportunidad y alternativas”, op. cit., esp. p. 5.

76 Aunque no hay que descartar, como señala ANTÓN JUÁREZ, la posibilidad de que la propia entidad haya informado al deudor de la operación producida bien a petición del deudor o bien espontáneamente, lo cual está permitido expresamente en el art. 25. 4 del Reglamento (UE) nº 655/2014. ANTÓN JUÁREZ, I., “La orden europea de retención de cuentas: ¿adiós a la dificultad que plantea el cobro de la deuda transfronteriza en la UE?”, op. cit., esp. p. 36.

se arbitrarán a través de la impugnación de la OERC. La impugnación de la orden ha de fundamentarse en alguno de los motivos tasados que establece el art. 33 del Reglamento (UE) nº 655/2014.

Así como el art. 33 del Reglamento (UE) nº 655/2014 regula la posibilidad de que, mediante el recurso contemplado en dicho artículo, el deudor pueda solicitar la revocación o modificación de la OERC, el art. 34 concede al deudor la facultad de impugnar la ejecución de la OERC.

Los motivos establecidos en el art. 34 del Reglamento (UE) nº 655/2014 son tasados, al igual que los contemplados en el art. 33. Entre ellos destaca la posibilidad de impugnar la ejecución de la OERC por ser contraria al orden público internacional. A juicio de ANTÓN JUÁREZ la jurisprudencia producida en aplicación del Reglamento (CE) nº 1215/2012 sobre qué circunstancias puede considerarse que afectan al orden público podría servir de ayuda para interpretar el art. 34.2 del Reglamento (UE) nº 655/2014, pero cabe afirmar ~~e~~ que se puede invocar el orden público cuando la OERC provoca una situación inaceptable en el ordenamiento jurídico del Estado miembro encargado de su ejecución[77].

El régimen de impugnación de la OERC se completa con el art. 35 del Reglamento (UE) nº 655/2014, que establece la posibilidad de interponer recurso, con la peculiaridad de que la previsión de impugnación contemplada en el art. 35 está a disposición tanto del acreedor como del deudor e incluye entre los motivos de impugnación el cambio en las circunstancias y la liquidación consensuada de la deuda.

Bibliografía

ANTÓN JUÁREZ, I., "La orden europea de retención de cuentas: ¿adiós a la dificultad que plantea el cobro de la deuda transfronteriza en la UE?", en *Cuadernos de Derecho Transnacional*, 2017, nº 9, pp. 5-48.

CORDÓN MORENO, F., "La orden europea de retención de cuentas en un proceso seguido en España: naturaleza cautelar o ejecutiva", en *Revista Española de Derecho Internacional*, 2017, nº 692, pp. 301-308.

CORDÓN MORENO, F., ARMENTA DEU, T., MUERZA ESPARZA, J. J. y TAPIA FERNÁNDEZ, I., (Coord.) *Comentarios a la Ley de Enjuiciamiento Civil*, vol. II, 2ª ed., Cizur Menor, Ed. Aranzadi, 2011.

[77] La autora pone como ejemplo que justificaría la invocación del orden público el cobro de unos intereses claramente desproporcionados con la deuda. ANTÓN JUÁREZ, I., "La orden europea de retención de cuentas: ¿adiós a la dificultad que plantea el cobro de la deuda transfronteriza en la UE?", op. cit., esp. p. 42.

DOMÍNGUEZ RUIZ, L., "La orden europea de retención de cuentas", en *Revista de Derecho Civil*, 2014, nº 4, pp. 243-256.

FERNÁNDEZ-BALLESTEROS, M. A., RIFÁ SOLER, J. M. y VALLS GOMBAU, J. F. (coord.), *Comentarios a la nueva Ley de Enjuiciamiento Civil*, t. III, Barcelona, Ed. Atelier, 2000.

HERNÁNDEZ, B. y RUIZ DE CASTAÑEDA, J. L., "Orden europea de retención de cuentas. Oportunidad y alternativas", en *Diario La Ley*, 2022, nº 10171, http://diariolaley.laley.es.

RODRÍGUEZ VÁZQUEZ, Mª. A., "La orden europea de retención de cuentas", *Revista de Derecho Patrimonial*, 2015, 2015, nº 30, pp. 145-160.

SENÉS MOTILLA, C., *La orden europea de retención de cuentas. Aplicación en Derecho Español del Reglamento (UE) nº 655/2014, de 15 de mayo de 2014*, Cizur Menor, Ed. Aranzadi, 2015.

SENÉS MOTILLA, C., "La orden europea de retención de cuentas: una apuesta decidida para la tutela cautelar del crédito en asuntos transfronterizos", en *Revista Española de Derecho Internacional*, 2017, nº 692, pp. 309-316.

SERRANO MASIP, M., "Eficacia de la orden europea de retención de cuentas como medida cautelar en asuntos transfronterizos", en M. Jimeno Bulnes (dir.), *La evolución del espacio judicial europeo en materia civil y penal: su influencia en el proceso español*, Valencia, Tirant lo Blanc, 2022, pp. 145-168.

VILLAMARÍN LÓPEZ, M. L., "La responsabilidad del acreedor en el Reglamento 655/2014, sobre la orden europea de retención de cuentas", en *Cuadernos de Derecho Transnacional*, 2020, nº 2, pp. 1470-1482.

Capítulo VIII

La obtención de la prueba en materia civil y mercantil en el ámbito de la cooperación judicial en la Unión Europea[1]

Taking of evidence in civil and commercial matters in the field of judicial cooperation in the European Union

Mercedes Serrano Masip
Profesora Titular de Derecho Procesal
Universidad de Lleida
ORCID: 0000-0002-6529-3428

RESUMEN: La obtención de pruebas en el extranjero es un asunto que exige la previsión de vías que faciliten la cooperación judicial internacional. Una de estas vías es la formulación de normas comunes para que sean aplicadas por un conjunto de Estados. Esta acción es llevada a cabo por el Convenio de La Haya de 1970. Se trata de un texto que ha ejercido una gran influencia en la normativa de la Unión Europea dictada para agilizar la transmisión y ejecución de solicitudes de diligencias de obtención de prueba en materia civil o mercantil. Partiendo de este impacto, este trabajo analiza diversas cuestiones que ha planteado la interpretación y aplicación del Reglamento (CE) 1206/2201 y que continúa suscitando el vigente Reglamento (UE) 2020/1783.

Palabras clave: Cooperación judicial internacional, Reglamento (UE) 2020/1783, obtención directa de pruebas, órgano jurisdiccional, transmisión electrónica transfronteriza.

ABSTRACT: Taking of evidence abroad is a question that requires the provision of means to ease international judicial cooperation. One of those means is the formulation of common standards to be applied by a group of States. This action is

1 El presente trabajo se ha realizado en el marco del Proyecto de Investigación "El Derecho Procesal Civil y Penal desde la perspectiva de la Unión Europea: la consolidación del Espacio de Libertad, Seguridad y Justicia (CAJI)", Proyecto I+D+i PID2021-124027NB-I00, Agencia Estatal de Investigación, Ministerio de Ciencia e Innovación".

fulfilled by the 1970 Hague Convention. It is a text that has had a great influence on the European Union's Regulations issued to expedite the transmission and execution of requests for the taking of evidence in civil and commercial matters. Based on this impact, the aim of this paper is to analyse various topics that have been raised by the interpretation and application of Regulation (EC) 1206/2201 and that need to be addressed by the current Regulation (EU) 2020/1783.

Keywords: International judicial cooperation, Regulation (EU) 2020/1783, direct taking of evidence, court, electronic cross-border transmission.

I. COOPERACIÓN JUDICIAL EN MATERIA DE OBTENCIÓN DE PRUEBAS EN EL EXTRANJERO. EL CONVENIO DE LA HAYA DE 1970

La presencia de un elemento internacional o extranjero en una relación o situación jurídica que se convierte en litigiosa puede suscitar múltiples cuestiones a las que, aun cuando sea en último lugar, ha de dar respuesta el Derecho procesal. Así, por ejemplo, determinar los presupuestos procesales relativos al tribunal y a las partes, el objeto del proceso, el tipo de procedimiento a tramitar, la forma de llevar a cabo los actos de comunicación y, como no, la práctica de los medios de prueba en un Estado distinto al del foro. Y decimos que la intervención del Derecho procesal se suele estimar secundaria porque ante un litigio con elementos extranjeros la primera institución que entra en juego es la asistencia judicial internacional de la que se ocupa un sector del Derecho internacional privado. Mediante ella pueden superarse las trabas que para el otorgamiento de la tutela judicial efectiva se derivan del fraccionamiento y la disparidad de sistemas jurídicos, así como de la división territorial de los poderes jurisdiccionales. Al constituir el ejercicio de la función jurisdiccional un atributo de la soberanía, los Estados no pueden de manera unilateral autorizar la realización de actos procesales en el extranjero. Cuando sea preciso la obtención de pruebas más allá de sus fronteras debe solicitarse la colaboración del Estado en el que ha de practicarse el medio de prueba y que deberá transmitir la información resultante de dicha práctica[2].

Además, la columna que vertebra la asistencia judicial internacional es, en esencia, la misma independientemente de que se utilice en un contexto de una estricta cooperación internacional o en el marco de una integración jurídica supraestatal que es el supuesto de la Unión Europea.

En cualquier caso, y ya centrándonos en la obtención de pruebas, el auxilio judicial internacional supone siempre, de un lado, un ejercicio de confrontación entre distintos ordenamientos jurídicos que pone de manifiesto sus diferencias en la regulación de la prueba y, de otro, una actividad de elección del mecanismo de cooperación que sea más eficaz en el logro del objetivo. Y en estos dos extremos radican las principales dificultades a las que debe enfrentarse la práctica transfronteriza de medios de prueba. A la búsqueda de soluciones que proporcionen un grado suficiente de seguridad jurídica, previsibilidad y agilidad se ha empeñado Europa, singularmente, desde finales del s. XIX.

Será en el seno de una organización intergubernamental, esto es, la Conferencia de La Haya de Derecho Internacional Privado, donde se llevaron a cabo iniciativas y trabajos desde finales del s. XIX con el fin de elaborar unas normas comunes sobre de obtención pruebas en el extranjero en materia civil o mercantil. Los acuerdos internacionales que se alcanzaron se han plasmado en diversos Convenios que proporcionan claridad y seguridad en tres áreas, una de las cuales es la relativa a litigios transnacionales[3]. Resulta interesantísimo observar cómo se ha ido profundizando en aspectos de Derecho procesal civil internacional desde la primera Conferencia en 1893 hasta la firma del Convenio vigente, de 18 marzo de 1970, relativo

---

2 *Vid.* FERNÁNDEZ ROZAS J.C. y SÁNCHEZ LORENZO, S. *Derecho internacional privado,* 12ª ed., Thomson Reuters-Civitas, Cizur Menor, 2022, pp. 23-25 y 336-340; VIRGÓS SORIANO, M. y GARCIMARTÍN ALFÉREZ, F.J., *Derecho procesal civil internacional. Litigación internacional,* 2ª ed., Thomson-Civitas, Cizur Menor, 2023, pp. 35-45; DIAGO DIAGO, Mª P. *La obtención de pruebas en la Unión Europea,* Thomson-Aranzadi, Cizur Menor, 2003, pp. 22-31.

3 https://www.hcch.net/es/about; en la misma web de la organización pueden consultarse los Convenios: https://www.hcch.net/es/instruments/conventions (fecha de última consulta: 31 de octubre de 2023).

a la obtención de pruebas en el extranjero en materia civil o mercantil[4]. Según consta en las breves líneas de la Exposición de motivos del citado Convenio sus objetivos son: facilitar la transmisión y ejecución de las comisiones rogatorias[5] e incidir en los métodos de obtención de prueba ya utilizados con el fin de perfeccionarlos, en particular, en lo relativo a las intervenciones de los agentes diplomáticos y consulares y comisarios[6]. Por tanto, el Convenio de La Haya de 1970 prevé las dos tipologías de auxilio internacional, la activa y la pasiva, con el fin facilitar la de obtención de pruebas en el extranjero para ser incorporadas en procesos iniciados o que se pretendan incoar.

En cuanto al auxilio activo (arts. 1 a 14), cooperación judicial en la que son las autoridades requeridas las que practican las diligencias probatorias solicitadas por una autoridad extranjera respecto de un proceso incoado o que se pretenda incoar, se simplifica la preparación de las comisiones rogatorias y se facilita su transmisión al Estado requerido siendo la Autoridad Central la receptora y la que remite la petición al órgano competente para la ejecución. Junto a esa medida, se reducen las causas de denegación de

---

4 *Vid.* en particular, los análisis de la evolución de los trabajos de la Conferencia de La Haya, en un campo específico de la cooperación judicial internacional como es la obtención de pruebas que es separada de la notificación internacional, efectuados por DIAGO DIAGO, Mª P. *La obtención de pruebas en la Unión Europea,* op. cit., esp. pp. 37-42 y VILLAMARÍN LÓPEZ, Mª L. "Obtención de pruebas en otros Estados de la Unión Europea. Reglamento (CE) núm. 1206/2001 del Consejo, de 28 de mayo de 2001, relativo a la cooperación entre los órganos jurisdiccionales de los Estados miembros en el ámbito de la obtención de pruebas en materia civil o mercantil", en DE LA OLIVA SANTOS, A. (dir.) y CALDERÓN CUADRADO, Mª P. (coord.), *Derecho Procesal Civil Europeo,* vol. II, *Acceso a la Justicia y auxilio judicial en la Unión Europea,* Thomson Reuters-Aranzadi, Cizur Menor, 2011, pp. 297-300.

5 En los Convenios de La Haya que abordan la práctica de medios de prueba en un Estado contratante distinto al del foro, p. ej. el Convenio sobre el Procedimiento Civil de 1954, se definen las comisiones rogatorias, o cartas rogatorias, indicando que son peticiones que la autoridad judicial de un Estado contratante dirige a la autoridad competente de otro Estado contratante para que ejecute, dentro del territorio de su jurisdicción, actos de instrucción u otros actos judiciales. El Convenio de 1970 acomete un cambio importante en la agilización de las comisiones rogatorias ya que dejan de ser transmitidas por vía diplomática o consular y se envían, directamente, a la autoridad central que designa el Estado requerido.

6 Otra de las novedades que introduce el Convenio de La Haya de 1970 respecto del Convenio de 1954 es la figura del comisario propia de los sistemas de *common law.* Acerca del concepto, designación e intervención del comisario, *vid.* DIAGO DIAGO, Mª P. *La obtención de pruebas en la Unión Europea,* op. cit., esp. pp. 74 y 75.

la ejecución de la solicitud y prevé la posibilidad de que los Estados contratantes manifiesten su negativa a ejecutar diligencias en el seno de los procedimientos de *pre-trial discovery of documents*[7]. Finalmente, cabe apuntar que la ejecución de las diligencias ha de ajustarse a las normas del Estado requerido (*lex fori regit processum),* aunque para asegurar la validez de los medios de prueba practicados se concede al Estado requirente la facultad de solicitar que se tramite un procedimiento especial previsto en su ordenamiento jurídico.

Por lo que respecta al auxilio pasivo (arts. 15 a 22), cooperación judicial según la cual el Estado requerido tolera la realización en su territorio de diligencias probatorias por autoridades de otro Estado, se caracteriza por la reducción del ámbito en el que puede operar, pues, se limita a procesos ya iniciados y por corresponder su ejecución a funcionarios diplomáticos o consulares, así como a comisarios, sin que deban obtener previa autorización de la Autoridad central, pero estándoles prohibido acordar medidas de compulsión en orden a lograr la práctica efectiva de la prueba. Debe señalarse que la obtención de pruebas por dichos funcionarios es una novedad del Convenio de 1970 respecto del de 1954[8].

II. ENFOQUE DE LA UNIÓN EUROPEA RESPECTO DE LA OBTENCIÓN DE PRUEBAS EN EL EXTRANJERO. LA COOPERACIÓN JUDICIAL EN LOS REGLAMENTOS DE OBTENCIÓN DE PRUEBAS DE 2001 Y 2020

La asistencia judicial transfronteriza es un extremo vital en el ámbito de la Justicia, también de la Unión Europea (en adelante, UE) que a partir del Tratado de Ámsterdam de 1997 aborda con decisión la construcción y el desarrollo del Espacio de Libertad, Seguridad y Justicia (en adelante, ELSJ), teniendo siempre muy en mente que debe adoptar todas las medidas que exige el buen funcionamiento del mercado interior. Este pragmatismo tiene, no obstante, muy presente que la regulación que vaya a configurar el auxilio judicial en materia civil y mercantil ha de estar informada

---

7 El art. 23 del Convenio de La Haya de 1970 dispone que los Estados contratantes podrán declarar al tiempo de la firma, ratificación o adhesión, que no ejecutarán las comisiones rogatorias en las que se solicite la obtención de documentos a través del trámite, conocido en los países de *common law,* con el nombre de *pre-trial discovery of documents.*

8 *Vid.* FERNÁNDEZ ROZAS, J.C. y SÁNCHEZ LORENZO, S. *Derecho internacional privado,* op. cit., esp. p. 353.

por valores superiores y derechos procesales fundamentales como el acceso a la justicia, derecho a un proceso con todas las garantías y el derecho de defensa. En definitiva, un espacio sin fronteras internas requiere que la dimensión económica esté acompañada por la jurisdiccional, puesto que es esta la que tiene la misión de velar por la plenitud de los derechos reconocidos a las personas[9].

Respondiendo a esa convicción fueron aprobados en poco tiempo los dos instrumentos que constituyen las bases de la cooperación judicial en la UE: el Reglamento relativo a la notificación y traslado en los EM de documentos judiciales y extrajudiciales en materia civil o mercantil (1348/2000) y el Reglamento (CE) 1206/2001 del Consejo, de 28 de mayo de 2001, relativo a la cooperación entre los órganos jurisdiccionales de los Estados miembros en el ámbito de la obtención de pruebas en materia civil o mercantil.

1. Reglamento de Obtención de Pruebas 1206/2001

1.1. Procedimientos establecidos para la obtención de prueba transfronteriza

Aun cuando el Reglamento (CE) 1206/2001 del Consejo, de 28 de mayo de 2001, relativo a la cooperación entre los órganos jurisdiccionales de los Estados miembros en el ámbito de la obtención de pruebas en materia civil o mercantil (en adelante, ROP 2001)[10] desplaza al Convenio de La Haya de 1970 entre los Estados miembros, con excepción de Dinamarca, y su principal propósito es establecer un sistema descentralizado, moderno y eficiente de contacto bilateral directo entre los órganos jurisdiccionales, para la transmisión de las solicitudes y el resultado de las pruebas, no puede negarse que aquel Convenio es no solo su punto de partida, sino también el modelo que toma de referencia[11].

Del texto articulado del ROP 2001, conviene destacar que fija normas precisas en cuanto a la forma y contenido de las solicitudes de realización

---

9 *Cfr.* DIAGO DIAGO, Mª P. *La obtención de pruebas en la Unión Europea*, op. cit., esp. pp. 42-47.

10 DOCE de 27 de junio de 2001, nº L 174, pp. 1-24.

11 El grado de influencia del Convenio de La Haya de 1970 en el ROP 2001 es explicada por RICHARD, V. y HESS, B., "The 1965 Service and 1970 Evidence Conventions as crucial bridges between legal traditions?", en John, T., Gulati, R. & Köhler, B. (eds.), *The Elgar companion to the Hague Conference on Privat International Law,* Edward Elgar Publishing, Cheltenham (UK), 2020, p. 289.

de diligencias de obtención de pruebas y a las ulteriores comunicaciones entre el órgano jurisdiccional requirente y requerido. Al objeto de garantizar un máximo de claridad y seguridad jurídica, las solicitudes se presentan por medio de formularios estandarizados. Han de ser redactadas en la lengua oficial del Estado miembro requerido, debiéndose transmitir por la vía más rápida aceptada por el Estado miembro requerido, siempre que permita asegurar la integridad y la autenticidad del documento expedido. La eficacia de los procedimientos de obtención de pruebas que instituye pretende ser alcanzada imponiendo plazos para la realización de las actuaciones y circunscribiendo la denegación de la ejecución de las solicitudes a situaciones excepcionales y delimitadas.

El presupuesto del que depende la aplicación del ROP 2001 es la práctica de pruebas en un Estado miembro distinto al del foro en los casos a los que se refiere su art. 1; esto es, cuando el órgano jurisdiccional de un Estado miembro, de conformidad con su ordenamiento jurídico, solicite bien la práctica de diligencias de obtención de pruebas al órgano jurisdiccional competente de otro Estado miembro bien la realización de esas diligencias directamente en otro Estado miembro. En cualquiera de ambos casos, la obtención de pruebas debe estar destinada a utilizarse en una causa iniciada o que se prevea incoar.

Una vez delimitado su ámbito, el ROP 2001 diseña en detalle los procedimientos que han de seguirse para la obtención de prueba transfronteriza, distinguiendo entre la asistencia judicial activa (art. 10) y la pasiva (art. 17). Este segundo tipo de asistencia permite que el órgano jurisdiccional requirente practique un medio de prueba, o encargue su práctica a otra persona, p.ej. un experto, en el Estado miembro donde se halle la fuente de prueba. Presenta importantes ventajas si se compara con la activa, ya que al practicarse las diligencias probatorias con inmediación y de conformidad con el derecho del Estado miembro en el que se tramita el proceso, aumentan las posibilidades de que aquellas sean eficaces y, por tanto, su resultado pueda ser valorado en el momento de dictar sentencia[12]. Aspectos positivos que, no obstante, hallan su contrapeso en ciertos inconvenientes, por ejemplo, la práctica de las diligencias ha de estar autorizada por el órgano central designado por el Estado requerido y en su ejecución están prohibidas medidas de índole coercitiva (art. 17).

---

[12] *Vid.* VILLAMARÍN LÓPEZ, Mª L. "Obtención de pruebas en otros Estados de la Unión Europea", op. cit., esp. pp. 357 y 358.

Asimismo, debe señalarse que en ambos tipos de asistencia pueden utilizarse medios tecnológicos de comunicación, mencionándose expresamente la videoconferencia y la teleconferencia (arts. 10.4 y 17.4).

Por último, estimamos significativo traer a colación que el ROP 2001 favorece el diálogo el órgano jurisdiccional requirente y el requerido. En lo atinente a la asistencia judicial activa, la interacción se promueve al estar previsto que el órgano jurisdiccional requirente pueda pedir al requerido que la solicitud se ejecute de acuerdo con alguno de los procedimientos especiales previstos en su derecho (art. 10.3), así como, en los supuestos en los que informa al requerido que, en la obtención de la prueba, las partes, sus representantes y mandatarios, no solo van a estar presentes sino que solicita su participación, ya que el requerido determinará las condiciones en las que pueden participar (arts. 11 y 12). También, en la asistencia judicial pasiva debe entablarse tal dialogo pues la autoridad central puede imponer ciertas condiciones que deben observarse en la práctica de las diligencias probatorias, así como, puede designar un órgano jurisdiccional que participará en las diligencias a fin de que garantice la aplicación de aquellas condiciones (art. 17.4)[13].

1.2. Evaluación de la aplicación del ROP 2001

De conformidad con lo previsto en el art. 23 ROP 2001, la Comisión lleva a cabo un estudio sobre la aplicación del ROP 2001 y elabora un informe que presenta al Parlamento, Consejo y al Comité Económico y Social Europeo[14]. Su conclusión principal es que el Reglamento ha mejorado, simplificado y acelerado la cooperación entre los órganos jurisdiccionales por lo que se refiere a la obtención de pruebas. En particular, resalta la agilidad lograda mediante la comunicación directa entre los órganos jurisdiccionales y el empleo de formularios normalizados.

Pero también en dicho informe se exponen los problemas advertidos que cabe ordenar en tres grupos. En el primero cabría englobar los de índole práctica, entre los que se hallan: el envío de las solicitudes, en la cooperación activa, a la autoridad central en lugar de hacerlo directamente al órgano requerido; la redacción de los formularios en las lenguas oficiales de los Estados miembros requirentes y no en las de los requeridos;

---

13 *Vid.* SLADIČ, J. "L'obtention de preuves en matière civile et commerciale dans l'espace judiciaire européen : *status quaestionis* et la réforme envisagée", *Revue des affaires européennes,* 2021, n°1, esp. pp. 193 y 194.

14 Documento COM (2007) 769 final, de 5.12.2007.

y las frecuentes interrupciones de las comunicaciones entre los Estados miembros requirente y requerido, lo que conlleva como efecto colateral el incumplimiento de los plazos establecidos. Un segundo grupo reuniría en su seno los problemas de índole técnica, entre los que se destaca la escasa utilización de las nuevas tecnologías de la comunicación, singularmente, la videoconferencia. Y, en el último grupo quedarían comprendidos los de índole jurídica que, esencialmente, se circunscriben al significado y contenido de tres conceptos mediante los que el ROP 2001 delimita su ámbito de aplicación y que son "materia civil y mercantil", "órgano jurisdiccional" y "pruebas"[15]. Sobre estos problemas jurídicos, la Comisión aun cuando precisa que su resolución corresponde al Tribunal de Justicia de la Unión Europea (en adelante, TJUE) recuerda a los órganos jurisdiccionales de los Estados miembros que, al tratarse de conceptos autónomos del derecho UE, estos deben ser interpretados de manera que no se impida alcanzar los objetivos del ROP 2001. En cierto modo, viene a decir que optar por una interpretación amplia soslayaría la denegación de las solicitudes.

Sobre la base de los resultados expuestos, la Comisión afirma que no debe modificarse el ROP 2001, pero sí mejorar su funcionamiento. Como extremos más negativos señala, de un lado, la infrautilización de las tecnologías de la comunicación y, de otro, la obtención directa de pruebas. De modo que anima a los Estados miembros a dotar a los órganos jurisdiccionales de los medios tecnológicos necesarios para que la videoconferencia sea el medio normal de obtención de prueba.

A partir de la publicación del informe de la Comisión, se inicia un período en el que se suceden una serie de estudios jurídicos y económicos, consultas y evaluaciones de distinta naturaleza[16]. Todos estos trabajos propor-

---

15 En el informe, se hace hincapié en las inseguridades causadas por la indefinición de "pruebas" generando interpretaciones divergentes respecto a la consideración que merecen la obtención de sangre y de muestras biológicas, así como, en relación, con las pruebas periciales practicadas en los procesos relativos a la filiación, familia y bienestar infantil.

16 La Comisión en 2014 identifica los desafíos a los que ha de hacer frente en orden a consolidar el espacio europeo común de justicia; desafíos que consisten en continuar respaldando la confianza mutua, los derechos que promueven la movilidad de los ciudadanos y la recuperación económica en la Unión, y establece que una de las vías para afrontarlos estriba en complementar el marco normativo con nuevas iniciativas. Alude, expresamente, a la necesidad de incidir en los derechos procesales civiles en lo que concierne a la notificación de documentos y obtención de pruebas. *Vid.* Comunicación de la Comisión al Parlamento Europeo, al Consejo, al Comité Económico y Social Europeo y al Comité de las Regiones, *La Agenda de*

cionan datos y permiten extraer conclusiones que van a ser determinantes a la hora de modificar el Reglamento. Debido al análisis contextualizado al que somete la aplicación del ROP 2001 junto a otros instrumentos normativos UE de Derecho procesal civil y a las diversas metodologías empleadas para la recogida de información, estimamos pertinente detenernos en los resultados que figuran en el Informe que es encargado por la Comisión a un consorcio de Universidades europeas liderado por el Instituto Max-Planck de Luxemburgo para el Derecho Procesal y que es publicado en 2017[17].

En dicho Informe se deja constancia de la importancia que, para la normalización de la litigación transfronteriza, tiene la obtención de prueba en el extranjero. Y, si no se logra dicha normalización, es en parte debido a la poca efectividad del ROP 2001 a causa bien de la inaplicación de sus preceptos bien de su aplicación incorrecta. Así se observa que no se aplican las normas que regulan la obtención directa de pruebas por el órgano jurisdiccional requirente, sino que se eluden. Esta consecuencia deriva, básicamente, de dos causas, siendo una de ellas las disparidades entre las legislaciones nacionales en materia de prueba[18]; y la segunda, es una combinación de bajo nivel de cooperación judicial e inseguridad jurídica ocasionada por la vaguedad de algunos preceptos del ROP 2001[19]. Por otro lado, ya se ha indicado, que tampoco la aplicación del ROP 2001 está exenta de valoraciones negativas[20].

Justicia de la UE para 2020 – Reforzar la confianza mutua, la movilidad y el crecimiento en la Unión, COM (2014) 144 final, de 11.3.2014.

17 Se trata del Informe: *An evaluation study of national procedural laws and practices in terms of their impact on the free circulation of judgments and on the equivalence and effectiveness of the procedural protection of consumers under EU consumer law*, JUST/2014/RCON/PR/CIVI/0082, Luxembourg: Publications Office of the European Union, 2017, pp. 113-125.

18 Un ejemplo significativo de los efectos que ocasiona la falta de armonización de las legislaciones domésticas son los casos en los que el órgano jurisdiccional ante el que se ha presentado la demanda, en lugar de solicitar el interrogatorio de un testigo al órgano jurisdiccional competente del Estado miembro donde aquel reside, lo cita de forma directa o admite la presentación de declaraciones testificales por escrito.

19 Se aporta como ejemplo la duda acerca de a quién corresponde asumir los gastos generados por la intervención de intérpretes, así como por el uso de la videoconferencia.

20 Se mencionan en particular: la excesiva duración de los procedimientos, el incumplimiento de los plazos, los obstáculos para contactar con testigos y peritos,

Esencialmente, las propuestas de mejoras que se formulan en el Informe analizado giran en torno a dos ejes, siendo el primero el fomento del empleo de las tecnologías de la información y la comunicación, así como de la digitalización. El segundo eje es la armonización de estándares mínimos relativos a la práctica de los medios de prueba centrados, de un lado, en la limitación de los motivos que las partes o los terceros pueden esgrimir para no proporcionar información y, de otro, en los deberes de confidencialidad que se les imponen[21].

Partiendo de los resultados del anterior Informe, de los datos proporcionados por las evaluaciones e informes sobre el ROP 2001[22] y en el contexto de las políticas de la UE tendentes a procurar un mercado único digital que incluye digitalizar e informatizar la Administración de justicia, lograr la interoperabilidad transfronteriza y fomentar la adopción de nuevas tecnologías en el funcionamiento diario de los sistemas judiciales[23], la

---

así como, los problemas técnicos que impiden un adecuado desarrollo de las videoconferencias.

21 En concreto, los estándares mínimos en materia probatoria podrían versar sobre: los motivos que las partes y los terceros podrían invocar para no responder a las preguntas planteadas o no exhibir los documentos requeridos, la sanciones que cabría imponer a los testigos que se negaran a declarar y los métodos de la designación de expertos. Se justifica su previsión en que seguiría las pautas ya sentadas en la Directiva 2004/48/CE relativa al respeto de los derechos de propiedad intelectual (DOUE de 30 de abril de 2004, nº L 157, pp. 45-86), la Directiva 2014/104/UE relativa a determinadas normas por las que se rigen las acciones por daños en virtud del Derecho nacional, por infracciones del Derecho de la competencia de los Estados miembros y de la Unión Europea (DOUE de 5 de diciembre de 2014, nº L 349, pp. 1-19) y la Directiva (UE) 2016/943 relativa a la protección de los conocimientos técnicos y la información empresarial no divulgados contra su obtención, utilización y revelación ilícitas (DOUE de 15 de junio de 2016, nº L 157, pp. 1-18).

22 Destacamos la evaluación de impacto, que acompaña a la Propuesta de reforma del ROP 2001, contenida en el SWD (2018) 285 final, de 31 de mayo de 2018 encargada a Deloitte. Algunos de los obstáculos identificados, durante el período de 2001 a 2017, que han restado eficacia a las modalidades de cooperación judicial instauradas en el ROP 2001 son el hecho de no haber impuesto a los Estados miembros la obligación de adaptarse a los avances tecnológicos, la constatación de que los sistemas de videoconferencia de los Estados miembros no son interoperables, el carácter facultativo del ROP 2001, la disparidad de las normativas nacionales relativas a la obtención de pruebas y la inseguridad jurídica provocada por interpretaciones divergentes de los conceptos "órgano jurisdiccional" y "pruebas" (*cfr.* esp. pp. 9-17 y 74-123).

23 Vid. entre otros documentos, *La agenda de la Justicia para 2020-Reforzar la confianza, la movilidad y el crecimiento en la Unión*, Comunicación de la Comisión al Parlamen-

Comisión elabora una Propuesta de nuevo Reglamento de obtención de pruebas[24].

Con esta acción se pretende que la cooperación judicial pueda beneficiarse de las ventajas de la digitalización y las tecnologías electrónicas para agilizar las comunicaciones, así como, la obtención de pruebas de forma directa, velando por un mayor uso de las videoconferencias. A estos objetivos se suma el propósito de controlar el cumplimiento de las normas en materia de seguridad e incrementar las salvaguardas de los derechos fundamentales de las partes y terceros afectados. Concretamente, a través de la reforma del ROP de 2001 se quiere instituir la transmisión electrónica como canal prioritario para la comunicación y el intercambio de documentos. En materia de obtención de prueba transfronteriza, así como en otros instrumentos UE que tienen por objeto la modernización de la cooperación judicial en materia civil y mercantil, la máxima "digital por defecto" ha de servir para mejorar la eficiencia y resiliencia de la comunicación, además de facilitar la reducción de costes y carga administrativa, dando preferencia al uso del canal digital de comunicación[25]. Complemento de esta medida es la eliminación de los obstáculos jurídicos a la admisión de pruebas electrónicas. Asimismo, se pretende fomentar el uso de modernas vías de obtención de pruebas, como es la videoconferencia, cuando

---

to Europeo, al Consejo, al Comité Económico y Social Europeo y al Comité de las Regiones, COM (2014) 144 final, de 11.3 2014.

24 Propuesta de Reglamento del Parlamento Europeo y del Consejo por el que se modifica el Reglamento (CE) nº 1206/2001, de 28 de mayo de 2001, relativo a la cooperación entre los órganos jurisdiccionales de los Estados miembros en el ámbito de la obtención de pruebas en materia civil o mercantil, COM (2018) 378 final, de 31 de mayo de 2018.

25 La modificación del ROP 2001 coincide en el tiempo con la que se opera en el Reglamento (CE) nº 1393/2007 del Parlamento y del Consejo, de 13 de noviembre de 2007, relativo a la notificación y al traslado en los Estados miembros de documentos judiciales y extrajudiciales en materia civil o mercantil. Ambos actos legislativos comparten la finalidad de constituir un marco eficiente para la cooperación judicial transfronteriza. De modo que una de las novedades comunes que ambos experimentan es la de adaptarse a las exigencias del mercado único digital incorporando, como regla general de funcionamiento o cauce de uso obligado, medios electrónicos de comunicación. Vid. AGUILERA MORALES, M., "El Reglamento (UE) 2020/1784 sobre notificación y traslado transfronterizo de documentos: novedades e implicaciones internas", *Revista General del Derecho Europeo,* 2022, núm. 53, pp. 9-13 y MARCHAL ESCALONA, N., "El nuevo marco europeo sobre notificación y obtención de pruebas en el extranjero", *Revista Española de Derecho Internacional,* 2022, vol. 74, nº 1, pp. 159-165.

deban declarar personas residentes en un Estado miembro distinto del de la celebración del juicio. Siendo sensible a los elevados costes que han de ser sufragados por los Estados miembros para dotar a sus órganos jurisdiccionales de los sistemas electrónicos apropiados, la UE se compromete a financiar proyectos nacionales. Finalmente, interesa destacar que el legislador UE asume que debe fijarse con mayor precisión el ámbito de aplicación del nuevo ROP, entendiendo que para ello es imprescindible aclarar el concepto de "órgano jurisdiccional".

En suma, se afirma que todas estas medidas van a tener un impacto positivo para las personas físicas y jurídicas que hayan de intervenir en las causas judiciales transfronterizas, puesto que conseguirán que se tramiten con más celeridad y sean más económicas. Como resultado de incidir en las garantías del derecho de acceso a la justicia y a la protección de datos[26], la Comisión pronostica que las empresas verán mejorada su condición de parte. La reducción de los riesgos asociados al surgimiento de conflictos estimulará la celebración de transacciones transfronterizas y mejorarán el funcionamiento del mercado interior.

Teniendo en cuenta lo expuesto, se comprende que había llegado el momento de aprobar un nuevo ROP.

2. *Reglamento de Obtención de Pruebas 2020/1783*

Si el Reglamento (UE) 2020/1738 del Parlamento y del Consejo, de 25 de noviembre de 2020, relativo a la cooperación entre los órganos jurisdiccionales de los Estados miembros en el ámbito de la obtención de pruebas en material civil y mercantil (en adelante, ROP 2020)[27] se confronta con el ROP 2001 cabe sostener que no lleva a cabo una reforma radical del sistema de cooperación judicial instaurado por este último, sino que, básicamente, lo adapta a nuevas realidades y exigencias. Así, los avances tecno-

---

26 Es a partir de estos derechos que ha de configurarse un sistema de intercambio de datos electrónicos entre los órganos jurisdiccionales que garantice la integridad, autenticidad y privacidad de los datos que se transmitan. Al establecer unos usuarios predefinidos del sistema (sólo órganos jurisdiccionales y autoridades centrales) se instituye una garantía adicional del tratamiento legal de los datos personales, pues, serán transmitidos en un entorno cerrado y controlable. En definitiva, una de las garantías técnicas del respeto a los derechos fundamentales es reducir el número de responsables del tratamiento de los datos. Asimismo, se prevén normas que van a favorecer el reconocimiento mutuo de las pruebas digitales con vistas a disminuir los casos de inadmisión.

27 DOUE de 2 de diciembre de 2020, nº L 405, pp. 1-39.

lógicos se incorporan a la obtención de pruebas y a la cooperación judicial con el fin de disipar las posibles dudas que pudieran surgir sobre la validez de la transmisión electrónica de las solicitudes, la comunicación electrónica entre autoridades competentes y la digitalización de documentos.

Pero también se advierte la voluntad de promover la aplicación del ROP 2020 fomentando la obtención directa de pruebas en otro Estado miembro. Este propósito se constata no solo en las disposiciones que apuestan por la utilización de la videoconferencia (arts. 12.4 y 20), sino en regular la obtención de pruebas por agentes diplomáticos o funcionarios consulares (art. 21). Aun cuando no estemos ante una nueva modalidad de auxilio internacional pasivo, pues, ya estaba prevista en el Convenio de La Haya de 1970, el hecho de que no estuviera expresamente regulada por el ROP 2001, y se haya decidido su inclusión en el instrumento que lo actualiza, pone de relieve que es considerada una pieza clave del sistema.

No es este el lugar adecuado para analizar detenidamente todas y cada una de las cuestiones que suscita el ROP 2020. Con el fin de dedicarles especial atención en este trabajo han sido seleccionadas las que hemos estimado más relevantes por su novedad, así como las que arrastran incertidumbres desde el ROP 2001 a las que no se consigue dar una respuesta satisfactoria. Desde estas ideas, nos centraremos en el carácter del Reglamento, las nociones de "órgano jurisdiccional" y "diligencia de prueba". Nos detenemos también en cómo se ha decidió enlazar los avances tecnológicos con unos procedimientos de cooperación judicial internacional muy consolidados. En último lugar, es abordada la obtención directa de pruebas en el extranjero.

2.1. Carácter del Reglamento: norma general y de aplicación facultativa

Al igual que su predecesor, el ROP 2020 se aplica cuando un órgano jurisdiccional de un Estado miembro, de conformidad con su ordenamiento jurídico interno, solicita la práctica de diligencias de obtención de pruebas al órgano jurisdiccional competente de otro Estado miembro o solicita la obtención de pruebas directamente en otro Estado miembro, en procesos incoados o que se prevea incoar (art. 1)[28]. Su transversalidad comporta que, de manera previa a su aplicación, deba procederse al examen acerca de si

---

[28] El ROP 2020 prevalecerá sobre las disposiciones de los convenios bilaterales o multilaterales celebrados por los Estados miembros, en especial los Convenios de la Haya de 1954 y de 1970, en las relaciones entre los Estados miembros que sean parte en dichos convenios. Ahora bien, el ROP 2020 permite que dos o más Estados miem-

existe algún precepto sobre obtención de pruebas en otro instrumento UE que aborde la cooperación judicial respecto de una determinada materia civil o mercantil; en caso afirmativo, debe ser aplicado el precepto especial[29].

Pero incluso en los supuestos en los que la obtención de prueba en el extranjero no deba ajustarse a lo regulado en un instrumento UE específico, ha sido aceptado que pueda soslayarse la aplicación del ROP 2020. Así, es comúnmente aceptado que sus preceptos no son ni preceptivos ni exhaustivos, sino que el tribunal y las partes pueden optar por obtener las pruebas en otro Estado miembro a través de vías diferentes, siempre y cuando no consistan en actos de soberanía respecto de los que no se ha obtenido la autorización[30]. Nada que matizar al respecto. El objeto del ROP 2020 es la cooperación judicial civil en la UE en materia de obtención de pruebas. De ahí que se limite a prever las vías con arreglo a las cuales el órgano jurisdiccional de un Estado miembro puede solicitar al órgano jurisdiccional de otro Estado miembro la práctica de pruebas o puede solicitar que sea autorizado a practicarlas directamente. Partiendo de este supuesto, que es el que determina la aplicación del ROP 2020, el legislador europeo

---

bros celebren acuerdos encaminados a facilitar en mayor medida la obtención de pruebas, siempre que sean compatibles con sus disposiciones (art. 29).

29 Cabe citar como ejemplos, el Reglamento (UE) 2019/1111 del Consejo, de 25 de junio de 2019, relativo a la competencia, el reconocimiento y la ejecución de resoluciones en materia matrimonial y de responsabilidad parental, y sobre la sustracción internacional de menores, cuyo considerando 39 precisa que con el fin de dar audiencia al menor, el órgano jurisdiccional del Estado miembro de origen ha de poder utilizar todos los medios que pone a su disposición el derecho nacional, además de los instrumentos propios de la asistencia judicial internacional (DOUE de 2 de julio de 2019, nº L 178, pp. 1-115) y el Reglamento (CE) 4/2009 del Consejo, de 18 de diciembre de 2008, relativo a la competencia, ley aplicable, el reconocimiento y la ejecución de resoluciones y la cooperación en materia de obligaciones de alimentos, cuyo art. 51.2.c prevé el intercambio de información entre autoridades centrales a los efectos de localizar a los deudores y determinar sus ingresos y patrimonio en la medida que sea necesario (DOUE de 10 de enero de 2009, nº L 7, pp. 1-79).

30 *Vid.* VIRGÓS SORIANO, M. y GARCIMARTÍN ALFÉREZ, F.J. *Derecho procesal civil internacional. Litigación internacional,* op. cit., esp. pp. 408 y 409; FERNÁNDEZ ROZAS, J.C. y SÁNCHEZ LORENZO, S. *Derecho internacional privado,* op. cit., esp. p. 355 y RAMÍREZ BENAVENTE, Mª D. "La obtención de prueba en la Unión Europea: evolución y análisis del Reglamento (UE) 2020/1783 relativo a la cooperación entre los órganos jurisdiccionales de los Estados miembros en el ámbito de la obtención de pruebas en materia civil o mercantil", *Revista General de Derecho Europeo,* 2021, núm. 55, pp. 255 y 256, https://www.iustel.com.

ha diseñado unos cauces de obtención de pruebas en el extranjero que estima son los más sencillos, eficaces, seguros y ágiles.

Los apoyos más sólidos de la tesis mayoritaria que defiende el carácter facultativo del ROP 2020 son, de un lado, la flexibilidad respecto a la obtención de pruebas en el extranjero reconocida en instrumentos normativos UE encaminados a profundizar en la litigación transfronteriza[31] y, de otro, la jurisprudencia del TJUE. Dedicaremos unas líneas a esta última porque muestra cómo puede articularse en el futuro la obtención de prueba transfronteriza.

Tratándose del interrogatorio de un testigo residente en otro Estado miembro, este puede ser citado para comparecer de conformidad con la ley del foro y los efectos de la incomparecencia también puede ser los establecidos por dicha normativa. Esta es la tesis que sostiene el TJUE en la sentencia dictada en el as. C-170/11[32]. Para el TJUE esta actuación no es incompatible con el ROP ya que no deben limitarse las posibilidades de que dispone un órgano jurisdiccional de llevar a cabo el interrogatorio. Es más, si la parte citada en calidad de testigo está dispuesta a comparecer voluntariamente puede resultar más sencillo y eficaz aplicar las disposiciones nacionales. Incluso parece que el TJUE comprenda la opción elegida por el tribunal nacional en el supuesto que da origen al planteamiento de la cuestión prejudicial, al precisar que, si bien el ROP 2001 prevé la obtención directa de pruebas por el órgano jurisdiccional con arreglo al derecho del Estado miembro al que pertenece, dicha modalidad de cooperación no deja de estar sujeta a la autorización y a las condiciones impuestas por el organismo central o la autoridad competente del Estado miembro requerido (aptdos. 30-32)[33].

---

31 Se cita como ejemplo el art. 9.3 del Reglamento (CE) 861/2007 del Parlamento Europeo y del Consejo, de 11 de julio de 2007, por el que se establece un proceso europeo de escasa cuantía, en el que se faculta al órgano jurisdiccional para que opte "por el medio de práctica de la prueba más sencillo y menos gravoso" (DOUE de 31 de julio de 2007, nº L 199, pp. 1-22).

32 Sentencia *Lippens*, de 6 de septiembre de 2012, C-170/11, ECLI:EU:C:2012:540.

33 Los argumentos expresados en la sentencia *Lippens* se mantienen en una reciente resolución del TJUE: auto *VP*, de 8 de septiembre de 2022, as. C-188/22, ECLI:EU-:C:2022:678. En ella se declara que los arts. 1 y 17 ROP 2001 deben interpretarse en el sentido de que un órgano jurisdiccional de un Estado miembro que desee oír a una persona residente en otro Estado miembro no está obligado a aplicar los medios de obtención de prueba previstos en el ROP, sino que está facultado, sin sometimiento a ninguna previa autorización, para recurrir a la declaración escrita de esa persona con arreglo a la ley del foro.

Estimando fundados y lógicos los argumentos hasta ahora expuestos del TJUE, suscita cierta confusión el sentido que deba darse a unas palabras ulteriores que los complementan, que parece realizar *obiter dicta,* según la cual el órgano jurisdiccional además de la facultad de elegir entre la aplicación del ROP 2001 y su derecho nacional para la práctica del interrogatorio, "conserva la libertad de deducir de la incomparecencia injustificada de una parte en calidad de testigo las consecuencias previstas por su propio Derecho nacional, siempre que se apliquen de un modo conforme con el Derecho de la Unión" (apto. 38).

Por lo que se refiere a la práctica de la prueba pericial en el territorio de otro Estado miembro, tampoco está obligado el órgano jurisdiccional que tramita el proceso a aplicar las reglas de la realización directa de diligencias de obtención de pruebas previstas en el ROP 2001. Según el TJUE, el perito designado puede trasladarse al territorio de otro Estado miembro para desarrollar allí la actividad pericial que se le ha encomendado[34]. Los argumentos son esencialmente los mismos que los vertidos en la sentencia dictada en el as. C-170/11, a los que agrega la advertencia específica para dicho medio de prueba consistente en señalar que no cualquier peritaje puede efectuarse de espaldas a la vía de cooperación judicial pasiva regulada en el ROP 2001, pues, podría colisionar con ámbitos reservados al poder público (apto. 47).

El carácter dispositivo de los preceptos de los ROP no es un tema de menor importancia debido a que permite sostener que para la obtención de pruebas en el extranjero no deben acudirse, ineludiblemente, a la cooperación judicial internacional y, en consecuencia, son unos instrumentos fallidos[35]. Puede entenderse que es suficiente que la práctica del medio de prueba siga las normas del Estado del foro o del Estado en el que se halla la fuente de prueba. Sin embargo, esta manera de enfocar la prueba en un asunto transfronterizo puede ocasionar la vulneración del derecho fundamental a un proceso con todas las garantías. Y ello porque debido a la falta de diligencia de los órganos jurisdiccionales o de las autoridades que han de intervenir en la obtención de la prueba esta se frustre[36].

---

34 Sentencia *ProRail BV,* de 21 de febrero de 2013, C-332/11, ECLI:EU:C:2013:87.

35 No es un tema de segundo orden porque pone de relieve que el objetivo que se marca el ROP 2001 de agilizar las vías para la obtención de pruebas en el extranjero no se está logrando; *vid.* GASCÓN INCHAUSTI, F. *Derecho europeo y legislación procesal civil nacional: entre autonomía y armonización,* Marcial Pons, Madrid, 2018, pp. 23 y 24.

36 Esta llamada de atención puede extraerse de la STEDH, as. *Dolenc c. Slovenia,* de 20 de octubre de 2022, ECLI:CE:ECHR:2022:1020JUD002025620.

La cuestión que estamos examinando no es inédita en el contexto de la asistencia judicial internacional. También respecto del Convenio de La Haya de 1970 se ha declarado que los procedimientos que regula para la obtención de documentos e información depositados en un Estado firmante distinto del Estado del foro no tienen carácter exclusivo u obligatorio, sino que son opcionales. Se ha observado que este carácter ya queda claro en el Preámbulo del Convenio donde se destaca que su propósito radica en facilitar la obtención de pruebas y mejorar la cooperación judicial, sin usar en ningún momento expresiones imperativas. Esta interpretación ha permitido concluir que la Convención de La Haya no arrebata a un órgano jurisdiccional su competencia para ordenar, de conformidad con las normas del Estado al que pertenece, a la parte nacional de otro Estado a que exhiba la prueba situada en otro Estado contratante[37].

Ahora bien, no puede negarse que a este razonamiento puede subyacer algún interés particular, como el que se percibe en la sentencia del Tribunal Supremo de Estados Unidos, de 15 de junio de 1987, dictada en el caso Société Nationale Industrielle Aérospatiale v. United States District Court for the Southern District of Iowa [38]. Apoyándose en el carácter no imperativo del Convenio de La Haya de 1970, dicho Tribunal declara que, es compatible con las obligaciones internacionales asumidas, el hecho de que el órgano jurisdiccional que tramita el proceso (*District Court*) aplique las Reglas Federales del Proceso Civil a la parte extranjera (*Discovery*) y le ordene que presente fuentes de prueba situadas en otro Estado firmante del Convenio. Y ello porque los procedimientos establecidos en la Convención, comparados con aquellas Reglas, son más largos, costosos y con menos probabilidades de que faciliten la obtención de las pruebas solicitadas.

En cualquier caso, la idea basada en admitir que el tribunal, ante el que se tramita un proceso en el que es preciso obtener una prueba situada en el extranjero, ostenta la facultad de elegir entre acudir a la cooperación judicial o aplicar las normas de su derecho procesal interno ha sido asimi-

---

[37] *Cfr.* sobre el tema, RICHARD, V. y HESS, B. "The 1965 Service and 1960 Evidence Conventions as crucial bridges between legal traditions?", p. cit., esp. pp. 293 y 294.

[38] *Cfr.* CARRILLO POZO, L. F. "Llei aplicable al procés civil internacional i cooperació internacional", en A. Font i Segura, J. M. Fontanellas Morell, M. Gardeñes Santiago y G. Garriga Suau, G. (coords.), *Lliçons de dret internacional privat*, Atelier, Barcelona, 2023, esp. pp. 146 y 147.
La sentencia del Tribunal Supremo de Estados Unidos Société Nationale v. District Court 482 U.S. 522 (1987) puede obtenerse en https://supreme.justia.com/cases/federal/us/482/522/ (fecha de última consulta: 31 de octubre de 2023).

lada por dos recientes iniciativas que comparten el objetivo de armonizar, desde una perspectiva horizontal, determinados aspectos del proceso civil en Europa. La primera de ellas es una resolución del Parlamento Europeo de 2017 en la que pide a la Comisión que elabore y le someta una propuesta relativa a un acto legislativo que establece normas mínimas comunes de procedimiento civil[39]. De su contenido, nos hemos de limitar en este estudio a destacar que, en la Sec. 2ª de la propuesta de Directiva insertada en la resolución del Parlamento Europeo, donde se incluyen los preceptos destinados a lograr la eficiencia de los procedimientos, se aborda la obtención de prueba en el extranjero. Y aun cuando lo haga de manera muy parcial, sin mencionar el ROP 2001 y circunscribiéndose a la prueba pericial, es muy significativo que la resolución del Parlamento Europeo incorpore la doctrina del TJUE que aboga por que no sea obligatorio instar la cooperación judicial para obtener una prueba en otro Estado miembro[40].

La segunda iniciativa en la que se comprueba la influencia de esa idea son las Reglas modelo de proceso civil europeo aprobadas en 2020 por el *European Law Institute* (ELI) y el *International Institute for the Unification of Private Law* (UNIDROIT)[41]. Debemos centrarnos en las reglas 128 y 129 que regulan la obtención de prueba transfronteriza en la UE y fuera de ella. Se aprecia una diferencia importante con la resolución del Parlamento, pues, las citadas reglas sí aluden de forma expresa al ROP 2001 y al Convenio de La Haya de 1970, afirmando que cuando sea precisa la obtención de pruebas en otro Estado miembro de la Unión Europea o fuera de ella, el tribunal que tramita el proceso y las partes deben contemplar la posibilidad de aplicar los procedimientos establecidos en dichos instrumentos. Pero a continuación autorizan al tribunal a soslayar la aplicación de esos

---

39 P8_TA (2017)0282 Normas mínimas comunes del proceso civil. *Resolución del Parlamento Europeo, de 4 julio de 2017, con recomendaciones destinadas a la Comisión sobre normas mínimas comunes del proceso civil en la Unión Europea* (2015/2084(INL)).

40 En el art. 11.2 de la propuesta de Directiva se establece como regla general que, en los litigios transfronterizos, los Estados han de velar por que los órganos jurisdiccionales puedan designar un perito para que realice sus investigaciones en el territorio de otro Estado miembro sin necesidad de obtener una previa autorización de este último. Vid. el análisis del art. 11.2 efectuado por VIDAL FERNÁNDEZ, B. "La propuesta de Directiva sobre el establecimiento de normas mínimas comunes para un proceso civil europeo", en M. Jimeno Bulnes (dir.) y C. Ruiz López, (coord.), Tirant lo blanch, Valencia, 2022, esp. pp. 189 y 190.

41 Las Reglas se han publicado bajo el título *ELI-UNIDROIT Model European Rules of Civil Procedure. From Transnational Principles to European Rules of Civil Procedure*, Oxford University Press, Oxford, 2021.

instrumentos normativos permitiéndole que practique directamente, sin acudir a la cooperación judicial internacional[42], medios de prueba con algún elemento extranjero. Esta salvedad a la norma general es expresada, en la regla 128, mediante el empleo de cuatro supuestos que son enunciados a título de ejemplo y que autorizan al tribunal que tramita el proceso a: citar a testigos que residan en otro Estado; designar a un perito que deberá presentar un dictamen para cuya elaboración haya de inspeccionar personas residentes u objetos situados en otro Estado; emitir una orden a una parte o tercera persona, que resida o tenga su domicilio en el Estado del foro, para que exhiba una prueba, en cuyo caso aquella tiene el deber de permitir el acceso a la prueba aun cuando esta se halle depositada en otro Estado miembro y, dirigir una orden a una futura parte o a una tercera persona domiciliada en otro Estado miembro para que permita el acceso a las pruebas.

2.2. Concepto de "órgano jurisdiccional"

La Comisión fundamenta la necesidad de definir "órgano jurisdiccional" en la existencia de interpretaciones divergentes entre los Estados miembros. Mientras que para unos se refiere únicamente a órganos judiciales en sentido estricto, otros incluyen a otras autoridades si sus ordenamientos les facultan para realizar la práctica de medios de prueba[43].

El ROP 2020 adopta una posición pragmática al establecer en el art. 2.1 que, en lo atinente a su ámbito de aplicación, se entenderá por "órgano jurisdiccional" los órganos jurisdiccionales y demás autoridades de los Es-

42 Aun cuando pudiera parecer contradictorio, cabría entender que, en el modelo procesal civil que proponen las *European Rules of Civil Procedure,* la cooperación judicial internacional podría oponerse a la noción de cooperación que las informa. Noción que impone al tribunal el deber de cooperar con las partes y sus abogados con vistas a solucionar la controversia de manera eficiente, lo que se traduce en una actuación judicial que hallaría en la gestión activa y eficaz del procedimiento una de sus prioridades. Sobre las implicaciones del enfoque cooperativo por el que optan las mencionadas reglas, *cfr.* GASCÓN INCHAUSTI, F. "Las *European rules of Civil Procedure: ¿un punto de partida para la armonización del proceso civil?*", *Cuadernos de Derecho Transnacional,* 2021, vol. 13, nº 1, esp. pp. 286 y 287.

43 *Vid.* Propuesta de Reglamento del Parlamento Europeo y del Consejo por el que se modifica el Reglamento (CE) nº 1206/2001, de 28 de mayo de 2001, relativo a la cooperación entre los órganos jurisdiccionales de los Estados miembros en el ámbito de la obtención de pruebas en materia civil o mercantil, COM (2018) 378 final, de 31 de mayo de 2018; así como el documento en el que se evalúa el impacto de su SWD (2018) 285 final.

tados miembros comunicadas a la Comisión que sean competentes para obtener pruebas en procedimientos judiciales en materia civil y mercantil (art. 31.3). Sin embargo, no les concede una discreción total ya que impone requisitos, tanto a los órganos jurisdiccionales tradicionales como a las otras autoridades; en concreto dispone que han de ejercer funciones jurisdiccionales, actúen por delegación de poderes de una autoridad judicial o bajo su control y sean competentes con arreglo al derecho nacional para obtener pruebas para procedimientos judiciales en materia civil y mercantil.

Ya en la Guía Práctica para la aplicación del ROP de 2001 elaborada por la Comisión se abogaba por interpretar el concepto de "órgano jurisdiccional" en sentido amplio, excluyendo a los tribunales arbitrales[44]. Esta interpretación presenta la ventaja de ser integradora, acogiendo en su seno las distintas nociones de "órgano jurisdiccional" que se formulan en los distintos instrumentos normativos UE.

En las conclusiones que el Abogado General, Sr. Y. Bot, presenta en los asuntos C-484/15 y C-511/14 expone con gran claridad esas nociones sistematizándolas en tres tendencias[45]. Una primera tendencia opta por una interpretación estricta de "órganos jurisdiccionales" limitada a los propiamente dichos que excluye a las autoridades que no forman parte de la organización jurisdiccional de un Estado miembro, salvo que el legislador UE haya previsto una excepción. Son ejemplos de esta tendencia el Reglamento (CE) 805/2004 que establece un título ejecutivo europeo para créditos no impugnados y el Reglamento (UE) 1215/2012 relativo a la competencia judicial, el reconocimiento y la ejecución de resoluciones judiciales en materia civil y mercantil.

Una segunda tendencia constatada estriba en diluir aquel concepto en el de cualquier autoridad competente que designen los Estados miembros. Son representativos de esta tendencia el Reglamento (CE) 1896/2006 por el que se establece un proceso monitorio europeo y el Reglamento el Reglamento (UE) 2019/1111 relativo a la competencia, el reconocimiento y la ejecución de resoluciones en materia matrimonial y de responsabilidad parental, y sobre la sustracción internacional de menores.

---

[44] Puede consultarse la Guía práctica para la aplicación del ROP 2001 en https://e-justice.europa.eu/content_taking_evidence-374-es.do.

[45] Conclusiones *Pebros Servizi Srl*, de 14 de enero de 2016, C-511/14, ECLI:EU:C:2016:14 y *Ibrica Zulfikarpašić*, de 8 de septiembre de 2016, C-484/15, ECLI:EU:C:2016:564.

Y la tercera tendencia, que califica de intermedia, que incorpora a las normas los caracteres que la jurisprudencia del TJUE atribuye al órgano legitimado para plantear cuestiones prejudiciales al amparo del art. 267 TFUE. En este campo, el TJUE no ha formulado una doctrina general y abstracta del concepto "órgano jurisdiccional", sino que aplica un método de identificación que se basa en considerar una serie de indicios concurrentes relativos: al origen legal del órgano, su permanencia, la naturaleza obligatoria de su jurisdicción, la aplicación por el órgano de normas jurídicas en un procedimiento que ha de tener carácter contradictorio y su independencia. Por tanto, la atribución de la categoría de órgano jurisdiccional es un tema que depende del derecho UE. Esta noción se ha plasmado, p. ej., en el Reglamento (CE) 4/2009 relativo a la competencia, la ley aplicable, el reconocimiento y la ejecución de resoluciones y la cooperación en materia de obligaciones de alimentos y el Reglamento (UE) 650/2012 relativo a la competencia, la ley aplicable, el reconocimiento y la ejecución de las resoluciones, a la aceptación y la ejecución de los documentos públicos en materia de sucesiones mortis causa y a la creación de un certificado sucesorio europeo.

Coincidimos con el Abogado General, Sr. Y. Bot, en que el legislador UE debería adoptar esta tercera tendencia, puesto que, de un lado, se apoya en principios constitucionales como son la independencia e imparcialidad y, de otro, en la función jurisdiccional encomendada al órgano judicial o a la autoridad competente que debe ser ejercitada a través de un procedimiento respetuoso con el derecho del demandado a ser oído y oponerse a la petición de la otra parte. Además, es la opción que está en consonancia con la política judicial actual de "desjudicializar" el tratamiento de causas que son contenciosas con el fin de reducir el volumen de trabajo de los órganos judiciales[46].

2.3. Diligencias de obtención de pruebas para ser utilizadas en un proceso iniciado o que se prevea incoar

Ninguno de los dos ROP ofrecen un concepto de "diligencia de obtención de prueba". Mantenerse en esta posición durante tantos años revela que el legislador europeo estima correctos los argumentos vertidos por la

---

46 Sobre el concepto de "tribunal" en la jurisprudencia del TJUE, vid. FONTANELLAS MORELL, J.Mª "Las principales conexiones del Reglamento 650/2012 por ver primera ante el Tribunal de Justicia de la Unión Europea", en *Revista Electrónica de Estudios Internacionales,* 2021, nº 42, pp. 5-16.

doctrina y el TJUE al respecto, según los cuales dicho concepto ha de ser interpretado de forma autónoma, pero a la vez de modo que comprenda actuaciones muy diversas provenientes de las distintas tradiciones jurídicas que confluyen en la UE. Tomando como punto de referencia el Derecho procesal civil español, debe entenderse que cualquier medio de prueba que regula, con independencia de si el objeto del proceso es de naturaleza dispositiva o es preferente el interés público sobre el privado y de si la práctica de la prueba ha sido a iniciativa de las partes o de oficio, cae dentro del ámbito de aplicación del ROP 2020. Es más, su esfera abarca no solo a las diligencias probatorias que deban practicarse en procesos ya iniciados, sino también a aquellas que se pretendan utilizar en procesos aun no incoados. Por ello, España como Estado miembro requirente y requerido, podría solicitar la práctica y debería ejecutarla, de pruebas anticipadas (arts. 293 a 296 LEC) y de las actuaciones encaminadas a la adquisición de fuentes de prueba y su aseguramiento (arts. 207 y 298 LEC). Ahora bien, de la cooperación judicial prevista en el ROP 2020 quedan fuera todas aquellas instituciones que no presentan una naturaleza probatoria; ejemplos de estas últimas son en nuestra LEC las diligencias preliminares y las medidas cautelares o provisionales[47].

Durante la vigencia del ROP 2001 fue planteada una cuestión prejudicial al TJUE, as. C-175/06, que puso de relieve que en los ordenamientos jurídicos nacionales existen criterios divergentes sobre, de un lado, los requisitos que deben establecerse respecto a la práctica de una diligencia de obtención de prueba y, de otro, el papel que desempeñan los órganos jurisdiccionales requeridos en orden al cumplimiento de esos requisitos. Discrepancias que incluso emergen en sectores del derecho procesal civil y mercantil ya armonizados.

Los hechos fueron los siguientes: ante un tribunal italiano, y de conformidad con lo previsto en la normativa procesal italiana[48], el titular de un derecho de propiedad intelectual pide que, previamente a la interposición de la demanda y sin necesidad de oír a la parte contraria, se proceda a describir el objeto que supuestamente vulnera su derecho. Con arreglo a

---

47 Estimamos plenamente trasladables al ROP 2020 los argumentos expuestos por VILLAMARÍN LÓPEZ, Mª L. respecto del ROP 2001, con el fin de poder precisar el sentido que ha de darse a los términos "diligencias de obtención de pruebas"; cfr. "Obtención de pruebas en otros Estados de la Unión Europea", op. cit., esp. pp. 311-314.

48 En concreto, en los preceptos que se ocupan de la tutela jurisdiccional de la propiedad industrial del Código de la Propiedad Industrial de 10 de febrero de 2005.

aquella normativa, la descripción debe ser efectuada por un agente judicial acompañado en su caso de un perito, el agente debe examinar el objeto, ha de dejar constancia del resultado del examen, estando facultado para incautar los documentos y las muestras relativas a los mismos. Este conjunto de actos integra lo que se conoce como una diligencia de aseguramiento de la prueba, que no solo se halla regulada por el sistema procesal civil italiano, sino también por nuestra LEC (art. 297 LEC) ya que ambos Estados miembros transpusieron la Directiva 2004/48/CE relativa al respeto de los derechos de propiedad intelectual.

Para la ejecución de las mencionadas diligencias respecto de fuentes de prueba situadas en el Reino Unido, el tribunal italiano solicita la cooperación al órgano competente del Reino Unido. Basándose en que las actuaciones que ha de realizar ni están en consonancia con su praxis habitual ni están comprendidas en el ámbito de aplicación del ROP, el tribunal deniega la ejecución de la solicitud de cooperación judicial.

Del as. C-175/06 solo contamos con las conclusiones de la Abogado General, Sra. J. Kokott, presentadas el 18 de julio de 2007, puesto que el TJUE no llegó a dictar sentencia tras informarle el tribunal remitente que se había puesto término al procedimiento[49]. Este hecho no les resta importancia, siendo su lectura a nuestro entender imprescindible debido a la amplitud y profundidad del análisis que en ellas se efectúa. Partiendo de la justificación de carácter general acerca de la interpretación de forma autónoma que ha de hacerse de los conceptos incluidos en un instrumento normativo europeo[50], así como, de la génesis, sistemática y finalidad del ROP 2001, la Abogado General ofrece unas ideas clave respecto a qué debe entenderse por "diligencias de obtención de pruebas". Estas ideas, expuestas de manera esquemática, son las siguientes:

a) Al concepto de "obtención de pruebas" le debe ser reconocido un sentido amplio ya que ello va a permitir que el mecanismo simplificado de asistencia judicial del ROP sea aplicable al mayor número posible de diligencias.

---

49 Las conclusiones *Tedesco,* de 18 de julio de 2007, C-175/06, ECLI:EU:2007:541 han generado mucho interés en la doctrina. *Vid.*, por todos, los comentarios de GIL NIEVAS, R., "Obtención de pruebas", en A. BORRÁS (coord.), *La cooperación en materia civil en la Unión Europea: textos y comentarios*, Thomson-Aranzadi, Cizur Menor, 2009, esp. pp. 457 y 458 y VILLAMARÍN LÓPEZ, Mª L. "Obtención de pruebas en otros Estados de la Unión Europea", op. cit., esp. pp. 314 y 315.

50 *Vid.* ap. 41.

b) Si los objetos exactamente designados y descritos en la solicitud de cooperación son documentos u otras cosas que un órgano jurisdiccional pueda inspeccionar, o someter a la emisión de un dictamen pericial, ha de poder ejecutarse sobre ellos una diligencia probatoria.

c) Deben ser tenida en cuenta la naturaleza de los derechos a proteger ya que la efectividad de la tutela judicial puede exigir la aplicación de regímenes procesales específicos caracterizados por fomentar la celeridad de las actuaciones, como es el supuesto de la propiedad intelectual.

d) El fin de las diligencias solicitadas no puede ser otro que la obtención de pruebas en el marco de un proceso concreto.

e) Finalmente, si las diligencias de obtención de pruebas han sido armonizadas por el Derecho UE, las divergencias legislativas entre los EM han de hallarse en aspectos secundarios en los que difícilmente puede sostenerse la denegación de la solicitud por no estar comprendida en el ámbito de aplicación del ROP.

Por lo que respecta a la clase de diligencias que, a su entender, no debían alcanzar el carácter de probatorias a los efectos del ROP 2001, la Abogado General examina determinadas instituciones propias de los sistemas jurídicos vigentes en los Estados miembros, así como en los Estados Contratantes del Convenio de La Haya de 1970. En primer lugar, excluye del ámbito de aplicación del ROP 2001 las medidas cautelares puesto que su finalidad consiste en garantizar la eficacia de una eventual estimación de la pretensión principal y no el aseguramiento de fuentes de prueba (aps. 76-93)[51]. En segundo lugar, distingue entre la admisión de la solicitud por

---

51 Para reforzar su opinión en contra de estimar aplicable el ROP 2001 a las medidas cautelares, la Abogado General incorpora a su discurso algunos pronunciamientos de la sentencia *St. Paul Dairy*, de 28 de abril de 2005, C-104/03, ECLI:EU-:C:2005:255. En esta resolución, el TJUE establece una clara distinción entre medidas provisionales dirigidas a mantener una determinada situación de hecho o de derecho y medidas de naturaleza probatoria que se practican antes de la interposición de la demanda. Solo las primeras integran el supuesto de hecho del art. 24 del Convenio de Bruselas de 1968 de modo que pueden ser acordadas por un órgano jurisdiccional que es incompetente para tramitar el litigio principal. Por consiguiente, la diferencia en el fin a alcanzar supone que el régimen jurídico a aplicar también sea distinto. En lo atinente a la obtención de pruebas en otro Estado miembro, esa distinción se traduce en que es preciso acudir a la cooperación judicial según lo dispuesto en el ROP 2001. Si no fuera así, no sólo se eludirían los

el órgano jurisdiccional requerido y la efectiva práctica de la obtención de pruebas. En este contexto, señala que del hecho de no estar asignadas al órgano jurisdiccional requerido las específicas actuaciones ejecutivas en orden al cumplimiento de la solicitud, no debe colegirse que la solicitud quede fuera del ámbito de aplicación del ROP 2001. Y, un tercer asunto que ha de examinar es el relativo a si las diligencias que cabría englobar en la figura jurídica del *pre-trial discovery of documents*, propia de los sistemas del *common law* pueden entenderse comprendidas en el ámbito de aplicación del ROP 2001. Debe señalarse que tal y como es concebida en las Federal Rules de proceso civil de Estados Unidos fue excluido del ámbito de aplicación del ROP 2001 por la Declaración del Consejo (CE) 54/01 de 4 de julio de 2001. En el ROP 2001 nada se decía al respecto. Tampoco hay mención expresa en el ROP 2020.

De acuerdo con las Reglas Federales sobre el proceso civil, el *discovery of documents* o *the demand production of documents* no está sujeto a una previa autorización judicial y su ámbito material es muy amplio (solo se requiere que exista una conexión demostrable entre las alegaciones fácticas y la obtención de prueba que se solicita, así como, que razonablemente el documento que se pretende obtener pueda constituir un medio de prueba [Rule 26b 1)]. Aun cuando podría decirse que es una necesidad lógica en un sistema basado en el juicio ante un jurado, debe señalarse que se le ha conferido una relevancia mayor. En efecto, el *discovery* alcanza la categoría de derecho constitucional de las partes a la oportunidad de conocer de antemano la esencia de las pruebas que presentará la parte contraria. De modo que frente al derecho de las partes en los sistemas del *civil law* consistente en el derecho a solicitar del tribunal la práctica de medios de prueba (*constitucional principle of adjudication,* en el que la figura central es el juez), el sistema del *common law* americano las partes son titulares del derecho a obtener medios de prueba sin que el juez actúe de intermediario (*right to pretrial discovery*), derecho que es una faceta del derecho al proceso debido[52].

Seguramente, la referida declaración del Consejo obedeció a las profundas diferencias entre los sistemas del *civil* y del *common law* en materia de iniciativa y alcance de las diligencias de prueba ya expuestas. Ahora bien, la Abogado General precisó que la exclusión del *pre-trial discovery* no

---

procedimientos en el establecidos, sino también las normas mediante las que se pretende otorgar las mismas garantías y los mismos efectos a todos los justiciables (ap. 23).

52 *Vid.* HAZARD, G.C. "Discovery and the role of the judge in civil law jurisdictions", *Notre Dame Law Review,* 1997, esp. pp. 1017-1022.

comportaba la de cualquier procedimiento previo a la incoación del proceso principal. En este contexto, las solicitudes debían ser admitidas si las fuentes de prueba se hallaban suficientemente precisadas lo que permitía verificar su conexión con el objeto de la causa iniciada o que se pretendiera iniciar; además, la asistencia judicial solo puede referirse a los medios de prueba y no a otras circunstancias indirectamente relacionadas con el proceso principal[53].

Concluimos este apartado señalando que el TJUE ha declarado que, la solicitud de un órgano jurisdiccional de un Estado miembro en la que pidiera a otro Estado miembro que averiguara la dirección de una persona, para que le fuera notificada una resolución judicial, no constituye una diligencia de obtención de pruebas, de modo que no es aplicable a este supuesto el ROP 2001 (STJUE 9.9.21, as. acumulados C-208/20 y C-256/20)[54].

2.4. Transmisión electrónica de documentos, uso de la videoconferencia y efectos jurídicos de los documentos electrónicos

El ROP 2020 impone la transmisión de las solicitudes y comunicaciones entre los Estados miembros, así como el intercambio de documentos, a

---

53 Debemos hacer una breve referencia al Convenio de La Haya de 1970. España ha efectuado, al igual que otros muchos Estados la reserva prevista en el art. 23 en el sentido de no aceptar las comisiones rogatorias derivadas del *pre-trial discovery of documents*. Alemania también hizo tal reserva (27.4.1979). Sin embargo, el 24 de junio de 2022 se aprobó la Ley que extiende la asistencia jurídica internacional a la ejecución de solicitudes de *pre-trial discovery of documents*, pero en el marco del Convenio de La Haya y con determinados requisitos que han de cumplir los documentos: deben especificarse con detalle; deben tener un importancia directa e indudable para el proceso y su resultado; deben estar en posesión de una de las partes del proceso y la solicitud para su entrega no debe oponerse a los principios fundamentales del ordenamiento jurídico alemán (art. 3 Gesetz zur Durchführung der EU-Verordnungen *über* grenzüberschreitenden Beweisaufnahmen in Zivil– oder Handelssachen; BGBl, Teil I, 2022, Nr. 22, 30.06.22).

54 Sentencia *Toplofikatsia Sofia EAD*, de 9 de septiembre de 2012, C-280/20 y C-256/20, ECLI:EU:C:2021:719. Sobre esta sentencia y el art. 7 del Reglamento (UE) 2020/1784, relativo a la notificación y traslado de documentos judiciales y extrajudiciales en materia civil o mercantil, que impone a los Estados miembros el deber de prestarse asistencia de índole informativa para poder determinar la dirección de la persona a la que debe notificarse o trasladarse un documento, vid. los comentarios de AGUILERA MORALES, M. "El Reglamento (UE) 2020/1874 sobre notificación y traslado transfronterizo de documentos: novedades e implicaciones internas", op. cit., esp. pp. 7 y 8.

través de un sistema informático descentralizado, al permitir intercambio de datos exclusivamente entre Estados miembros, seguro y fiable que comprenda los sistemas informáticos nacionales que han de estar interconectados y ser interoperables sobre la base de e-CODEX[55]. A su vez, adopta el denominado principio "digital por defecto" que supone la obligatoriedad y la preferencia del uso de medios tecnológicos para obtener pruebas en otro Estado miembro. No obstante, deben preverse alternativas, rápidas y adecuadas, a dicho principio con vistas a hacer frente a las particularidades derivadas de la naturaleza de las fuentes de prueba o de circunstancias excepcionales (art. 7)[56].

Los componentes del sistema informático descentralizado son responsabilidad de la UE y serán gestionados por la Agencia eu-LISA. Será la Comisión la encargada de la creación, el mantenimiento y el desarrollo de un programa informático, de conformidad con los principios de protección de datos personales desde el diseño y por defecto, así como, de garantizar un nivel de seguridad adecuado que los Estados miembros han de poder

---

55 El sistema e-CODEX, acrónimo de *e-Justice Communication via Online Data Exchange*, es una herramienta específicamente diseñada para facilitar el intercambio electrónico transfronterizo de datos en el ámbito de la cooperación judicial civil y penal. Los instrumentos que regulan su composición, los puntos de acceso, sus funciones y las responsabilidades de la Comisión, la Agencia eu-LISA (agencia de la UE que gestiona los sistemas informáticos de gran magnitud en el ELSJ) y los Estados miembros son el Reglamento (UE) 2022/850, del Parlamento Europeo y del Consejo, de 30 de mayo de 2022 (DOUE de 1 de julio de 2022, nº L 150, pp. 1-19) y la Decisión de ejecución (UE) 2022/2519 de la Comisión, de 20 de diciembre de 2022, relativa a las normas y especificaciones técnicas del sistema e-CODEX (DOUE de 21 de diciembre de 2022, nº L 326, pp. 25-33). Como se ha señalado, uno de los principales aciertos de estas normas radica en instituir una plataforma que conecta y compatibiliza los sistemas informáticos que utilizan las autoridades judiciales de los Estados miembros; *vid.* RAMÍREZ BENAVENTE, Mª D. "La obtención de prueba en la Unión Europea: evolución y análisis del Reglamento (UE) 2020/1783 relativo a la cooperación entre los órganos jurisdiccionales de los Estados miembros en el ámbito de la obtención de pruebas en materia civil o mercantil", op. cit., esp. p. 263 y VICARIO PÉREZ, A. Mª, "Cooperación judicial digital en la Unión Europea. e-CODEX como sistema de intercambio electrónico transfronterizo de datos procesales", en P.R. Suárez Xavier, y A. Vicario Pérez, A. (dirs.), *Cooperación judicial civil y penal en la Unión Europea. Retos pendientes y nuevos desafíos ante la transformación digital del proceso,* Bosch, Barcelona, 2023, pp. 245-252.

56 La transmisión de las solicitudes y comunicaciones a través del sistema informático descentralizado no tendrá lugar de forma obligatoria hasta abril de 2025 (art. 35.3 ROP 2020).

utilizar en lugar del nacional[57]. De ahí que dicho programa deba respetar los principios y requisitos establecidos en dos reglamentos: Reglamento (UE) 2018/1725 relativo a la protección de las personas físicas en lo que respecta al tratamiento de datos personales por las instituciones y organismos UE y la libre circulación de esos datos y Reglamento (UE) 2016/679 relativo a la protección de las personas físicas en lo atinente al tratamiento de sus datos personales y a la libre circulación de los mismos (art. 30)[58].

Para la adecuada implementación del sistema informático descentralizado en el ámbito de la obtención de pruebas en otro Estado miembro se ha dictado el Reglamento de ejecución (UE) 2022/422 que establece las especificaciones técnicas definidoras de los métodos de comunicación por medios electrónicos y de intercambio digital de datos procesales[59]. De su texto deben destacarse las reglas del art. 5 destinadas a salvaguardar los estándares mínimos en materia de seguridad informática y que tienen la virtualidad de controlar el sistema electrónico de intercambio de información desde la protección de datos personales y la eficacia de los derechos procesales de las partes[60].

---

57 Los principios de protección de datos desde el *diseño* imponen que el responsable del tratamiento de los datos aplique técnicas adecuadas como la seudonimización y minimización de datos y por *defecto* que solo sean objeto de tratamiento los datos personales necesarios para cada uno de los fines específicos del tratamiento (cantidad de datos, extensión del tratamiento, plazo de almacenamiento o y accesibilidad). Debe reconocerse que el legislador UE ha incorporado a la regulación de la obtención de prueba transfronteriza las principales recomendaciones relativas la digitalización y al uso de las tecnologías de la información efectuadas por el Supervisor Europeo de Protección de Datos en su Dictamen sobre la revisión de los Reglamentos de la UE relativos a la notificación y al traslado de documentos y a la obtención de pruebas en materia civil o mercantil, de 13 de septiembre de 2019, (2019/C 370/07).

58 Reglamento (UE) 2018/1725 del Parlamento Europeo y del Consejo, de 23 de octubre de 2018 (DOUE de 21 de noviembre de 2018, nº L 295, pp. 39-98) y Reglamento (UE) 2016/679 del Parlamento Europeo y del Consejo, de 27 de abril de 2016 (DOUE de 4 de mayo de 2016, nº L 119, p. 1-88).

59 Reglamento de ejecución (UE) 2022/422 de la Comisión, de 14 de marzo de 2022 (DOUE de 15 de marzo de 2022, nº L 87, pp. 5-8).

60 La normalización de la digitalización y del intercambio electrónico de información exige que los preceptos que la regulen se ocupen de elementos cruciales para los derechos inherentes a la personalidad y los procesales de las partes, entre los que cabe destacar, la privacidad, confidencialidad, autenticidad e integridad de los datos (preservación y transmisión), acceso a las fuentes de prueba e instrumentos que permitan archivar y reproducir datos. *Cfr.* sobre este interesante tema, ONTANU, E., "Normalising the use of electronic evidence: bringing tech-

A las solicitudes y comunicaciones que sean objeto de transmisión, les serán aplicables las normas del Reglamento (UE) 910/2014, relativo a la identificación electrónica y los servicios de confianza para las transacciones electrónicas en el mercado interior, de modo que haga posible la identificación electrónica de la persona física o jurídica que firma los documentos, así como el proceso de autenticación del origen y la integridad de los datos en formato electrónico[61].

En cuanto a la obtención de pruebas, el ROP 2022 fomenta el uso de la videoconferencia tanto si el medio de prueba es practicado por el órgano jurisdiccional requerido (art. 12.4) o directamente por el requirente (arts. 19 y 20). Ambos órganos jurisdiccionales han de ponerse de acuerdo sobre los aspectos prácticos de la toma de declaración o el interrogatorio.

Por último, con respecto a los documentos electrónicos se fortalecen los derechos procesales de las partes ya que se dispone que no deben negarse efectos jurídicos a los documentos que se transmitan a través del sistema informático descentralizado; tampoco se considerarán inadmisibles como prueba en procedimientos judiciales (art. 8). No obstante, estas reglas se deben aplicar sin perjuicio de la valoración de los efectos jurídicos de esos documentos, o de su admisibilidad como prueba, de conformidad con el Derecho nacional, así como, sin perjuicio del Derecho nacional relativo a la conversión de documentos (considerando 13).

Olvida, empero, el ROP 2020 ofrecer un concepto de "documento electrónico". Debe acudirse, pues, a otros instrumentos UE, p. ej., el Reglamento (UE) 910/2014 que lo define como "todo contenido almacenado en formato electrónico, en particular, texto o registro sonoro, visual o audiovisual" (art. 3.35). También se define en la Propuesta de Reglamento sobre la digitalización de la cooperación judicial y del acceso a la justicia en los asuntos transfronterizos civiles, mercantiles y penales, COM (2021) 759 final, art. 2.3 indicando que un documento electrónico es todo "documento transmitido como parte de una comunicación electrónica, incluidos los documentos en papel escaneados" (art. 2.3).

---

nology use into a familiar normative path in civil procedure", *Oñati Socio-Legal Series*, 2022, vol. 12, issue 3, pp. 588-592.

61 Reglamento (UE) 910/2014 del Parlamento Europeo y del Consejo, de 23 de julio de 2014 (DOUE de 28 de agosto de 2014, nº L 257, pp. 73-114).

2.5. Obtención directa de pruebas en el extranjero

En el ROP 2020 se regulan dos importantes novedades relativas a la obtención directa de pruebas en otro Estado miembro. Ambas son una clara expresión de la voluntad del legislador europeo de reforzar el auxilio judicial pasivo.

La primera es la consecuencia jurídica asignada a la falta de contestación por parte el órgano central, o la autoridad competente, del Estado miembro requerido a la solicitud del órgano jurisdiccional requirente. A diferencia de las normas contenidas en el art. 17.4 ROP 2001, de las que cabía deducir que, si en el plazo de treinta días de la recepción de la solicitud los mencionados órganos y autoridades no emitían ninguna respuesta, la solicitud de obtención de prueba directa debía entenderse denegada, el art. 19.5 ROP 2020 instaura una suerte de silencio administrativo positivo[62]. Según este precepto, cuando el órgano jurisdiccional requirente no recibe información acerca de si su solicitud ha sido aceptada en el plazo de treinta días, podrá enviar un recordatorio. Y si, en el plazo de quince días siguientes, tampoco obtiene una respuesta, se considerará aceptada la solicitud de obtención directa de pruebas[63].

La segunda novedad consiste en dedicar un precepto a la regulación de la obtención de prueba por agentes diplomáticos o funcionarios consulares. Esta modalidad de auxilio judicial pasivo no estaba contemplada en el ROP 2001[64]. Cabe entender que uno de los motivos de considerarla

---

62 *Vid.* en este sentido, RICHARD, V. "La refonte du règlement sur l'obtention des preuves en matière civile", *Revue Critique de Droit International Privé,* 2021, nº 1, esp. p.77.

63 Ahora bien, al silencio administrativo positivo se le impone una excepción que puede disminuir su eficacia. Y es que se prevé que, en supuestos extraordinarios uno de los cuales es ejemplificado por el propio art. 19.5 ROP consistente en que los órganos competentes no hubieran podido "reaccionar ante la solicitud dentro del plazo tras la recepción del recordatorio", podrá denegarse la solicitud de obtención directa de pruebas durante el período que transcurre desde la finalización de aquel plazo hasta "el momento en que se realice la obtención directa de pruebas". *Vid.* al respecto MARCHAL ESCALONA, N. "El nuevo marco europeo sobre notificación y obtención de pruebas en el extranjero", op. cit., esp. p. 167.

64 La obtención de pruebas por agentes diplomáticos o funcionarios consulares no estaba prevista en el ROP 2001 como una modalidad específica y autónoma respecto de la categoría general de la obtención directa de pruebas. Ahora bien, la doctrina ha precisado que la referencia genérica contenida en el art. 17.3 ROP 2001, mediante la que se autorizaba a "cualquier otra persona" distinta de un miembro del personal judicial, cabía ser interpretada en el sentido de que los

innecesaria radicara en ser uno de los mecanismos más antiguos de la cooperación judicial internacional, recogido en los Convenios de La Haya de 1954 (art. 15) y de 1970 (arts. 15 y 16) y no caracterizado, precisamente, por su agilidad, ya que la ejecución de las diligencias probatorias puede someterse a la previa autorización del órgano competente del Estado en el que los agentes consulares y diplomáticos están acreditados. Ahora bien, en el territorio de la UE se podía prescindir de esta exigencia derivada de la soberanía estatal. Así lo entendió la Comisión y con el propósito de fomentar esta vía de obtención de pruebas en el extranjero no la impone[65]. Esto supone que pueda concluirse que la razón de ser del art. 21 ROP 2020, además de la nostalgia[66], haya sido recuperar un mecanismo de obtención directa de pruebas, pero liberándolo de los obstáculos que podían frenar su aplicación[67].

---

funcionarios diplomáticos o consulares podían ejecutar diligencias probatorias siempre y cuando estuviera previsto en el ordenamiento del Estado miembro al que representa; *vid.* VILLAMARÍN LÓPEZ, Mª L. "Obtención de pruebas en otros Estados de la Unión Europea", op. cit., esp. pp. 319, 320 y 357.

65 *Vid.* la Propuesta, citada *supra,* de Reglamento del Parlamento Europeo y del Consejo por el que se modifica el Reglamento (CE) nº 1206/2001, COM (2018) 378 final, p. 9.

66 Con el título "La tradition ne meurt point : la modernisation de l'obtention des preuves par les agents consulaires et diplomatiques", SLADIČ, J. pone de manifiesto que estamos ante un mecanismo más propio de Derecho internacional que de Derecho de la Unión Europea, cfr. "L'obtention de preuves en matière civile et commerciale dans l'espace judiciaire européen : *status quaestionis* et la réforme envisagée", op. cit., esp. p. 211.

67 Cabe recordar que dos de las principales ventajas de la obtención directa de pruebas frente al auxilio activo son que garantiza mejor la inmediación y aumenta las posibilidades de eficacia de sus resultados. Asimismo, la intervención de los agentes diplomáticos o funcionarios consulares presenta un aspecto positivo respecto de la obtención directa por el órgano jurisdiccional requirente como es evitar los gastos propios del desplazamiento. Vid. sobre este tema, VILLAMARÍN LÓPEZ, Mª L., "Obtención de pruebas en otros Estados de la Unión Europea", op. cit., esp. pp. 357 y 358; VIRGÓS SORIANO, M. y GARCIMARTÍN ALFÉREZ, F.J. *Derecho procesal civil internacional. Litigación internacional,* op. cit., esp. pp. 488 y 489 y DIAGO DIAGO, Mª P. *La obtención de pruebas en la Unión Europea,* op. cit., esp. pp. 61-64. En definitiva, es significativo que el legislador europeo haya querido fomentar la obtención de pruebas por agentes diplomáticos o funcionarios diplomáticos ya que es una modalidad que en los países del *common law* es la prevalente, pues, raramente se acude a las comisiones rogatorias, cfr. sobre el particular, AMRAM, P.W., "The proposed Convention on the taking of evidence abroad", *American Bar Association Journal,* 1969, vol. 55, nº 7, p. 652.

Partiendo de la base de que la obtención de pruebas no está sometida ni a la previa solicitud al Estado miembro en cuyo territorio debe ejecutarse ni a la admisión por su parte, son las legislaciones nacionales las responsables de permitirla[68]. Sin embargo, estas no gozan de una absoluta autonomía puesto que su eficiencia exige estar en sintonía con las normas del art. 21 ROP 2020, según las cuales los órganos jurisdiccionales podrán encargar a sus agentes diplomáticos o funcionarios consulares la obtención de pruebas en el territorio de otro Estado miembro y en los locales de la misión diplomática o del consulado de la zona en la que estén acreditados[69]. Esas normas también regulan los medios de prueba que pueden ser practicados, limitándolos a declaraciones e interrogatorios, y cuyos sujetos pasivos sólo pueden ser nacionales del Estado miembro al que representan los agentes o funcionarios. Finalmente, será la legislación de dicho Estado la que deberá ser aplicada en la práctica de los medios de prueba, pero con dos importantes restricciones: la obtención de las declaraciones ha de ser voluntaria estando prohibida la imposición de medidas coercitivas y han de servir a un proceso ya incoado[70].

El claro propósito del legislador UE de promover la aplicación del ROP 2020 mediante la incorporación, en la modalidad de obtención directa de pruebas en el extranjero, de la actuación de agentes diplomáticos o funcionarios consulares, nos conduce a llevar a cabo un breve análisis de cómo es abordada por la legislación española. En primer lugar, debe repararse en la Ley 29/2015, de 30 de julio, de cooperación jurídica internacional en materia civil cuyo art. 15 regula la ejecución, a cargo de funcionarios

---

68 Queda, pues, a la discreción de los Estados miembros otorgar a sus agentes diplomáticos o funcionarios consulares la potestad de obtener pruebas en el marco de sus funciones. Ello significa que el legislador europeo no ha tenido la intención de armonizar dicha modalidad de ejecución directa de pruebas (cfr. considerando 24 ROP 2020).

69 Al requisito del lugar para la validez de las diligencias probatorias le confiere el art. 21 ROP 2020 carácter general, de manera que puede no aplicarse en circunstancias excepcionales. Un ejemplo de estas últimas, al que expresamente alude el considerando 25, es la "enfermedad grave" que impida a la persona a la que deba tomarse declaración o interrogar acudir a los locales de la misión diplomática o del consulado. Por consiguiente, cabe interpretar que, p. ej., la declaración puede ser domiciliaria o en centro sanitario.

70 La práctica de diligencias de prueba antes del comienzo del proceso queda excluida de la modalidad de obtención de pruebas por los agentes diplomáticos o funcionarios consulares. Esta exclusión no está prevista en la redacción del art. 21 ROP 2020 pero sí se incluye en su considerando 24 que, en este extremo, se alinea con lo establecido en el art. 15 del Convenio de La Haya de 1970.

diplomáticos y consulares, de diligencias procesales y dispone que las "diligencias procesales que resulten de un procedimiento sustanciado ante la autoridad judicial española podrán ejecutarse en el extranjero por funcionario diplomático o consular siempre que: no impliquen coacción, la ley española no requiera de modo inexcusable la presencia de una autoridad judicial, hayan de realizarse en la demarcación consular y no se oponga la ley del Estado receptor".

Pues bien, en segundo término, resulta claro que la Ley 29/1025 se remite a la LEC y esta exige la presencia judicial en la práctica de los interrogatorios a las partes y los testigos, así como, en la explicación de los dictámenes periciales (art. 289.2). Otra norma de la LEC que pone de relieve la imposibilidad de cumplir lo previsto en el art. 21 ROP 2020 es la que impone la presencia judicial en la práctica de medios de prueba fuera de la sede judicial (arts. 169.4 y 364). No obstante, este óbice podría salvarse con una norma similar a la prevista en el *Proyecto de Ley de medidas de eficiencia procesal del servicio público de Justicia* presentado en la anterior Legislatura que permitiría la obtención directa de pruebas por agentes diplomáticos o funcionarios consulares mediante videoconferencia que conectara la sede diplomática con la judicial[71]. Este Proyecto introducía un nuevo precepto en la LEC, el art. 137 bis regulador de la práctica de actuaciones judiciales mediante videoconferencia. La regla general que establecía era que los profesionales, partes, peritos y testigos que debieran intervenir en cualquier actuación por videoconferencia lo podían hacer desde la Oficina judicial del partido judicial o municipal de domicilio o su lugar de trabajo. No obstante, el juez o la jueza podía autorizar, en función de las circunstancias, que estas intervenciones puedan hacerse desde cualquier lugar siempre que se dispusiera de los medios que permitieran asegurar la identidad del interviniente. Identificación que podría certificar el agente diplomático o consular. Aun cuando el mencionado Proyecto caducó, el Real Decreto-ley 6/2023 ha incorporado a la LEC el art. 137 bis, cuyos apartados 2 y 3 recogen las normas que contemplaba el citado Proyecto[72].

---

[71] *Proyecto de Ley de medidas de eficiencia procesal del servicio público de Justicia*, BOCG, Congreso de los Diputados, XIV Legislatura, Seria A: Proyectos de Ley, 22 de abril de 2022, núm. 97-1.

[72] Real Decreto-ley 6/2023, de 19 de diciembre, por el que se aprueban medidas urgentes para la ejecución del Plan de Recuperación, Transformación y Resiliencia en materia de servicio público de justicia, función pública, régimen local y mecenazgo (BOE núm. 303, de 20 de diciembre de 2023, pp. 167808-167994). Fue convalidado por Resolución del Congreso de los Diputados de 10 de enero de 2024 (BOE núm. 11, de 12 de enero de 2024, p. 3699).

Bibliografía

AGUILERA MORALES, M. "El Reglamento (UE) 2020/1874 sobre notificación y traslado transfronterizo de documentos: novedades e implicaciones internas", *Revista General de Derecho Europeo,* 2022, núm. 53, pp. 1-31.

AMRAM, P.W. "The proposed Convention on the taking of evidence abroad", *American Bar Association,* 1969, vol. 55, nº 7, pp. 651-655.

DIAGO DIAGO, Mª P. *La obtención de pruebas en la Unión Europea,* Thomson-Aranzadi, Cizur Menor, 2003.

FERNÁNDEZ ROZAS J.C. y SÁNCHEZ LORENZO, S. *Derecho internacional privado,* 12ª ed., Thomson Reuters-Civitas, Cizur Menor, 2022.

FONT I SEGURA, A. FONTANELLAS MORELL, J.Mª, GARDEÑES SANTIAGO, M. y GARRIGA SUAU, G. (coords.), *Lliçons de dret internacional privat,* Atelier, Barcelona, 2023.

FONTANELLAS MORELL, J. Mª. "Las principales conexiones del Reglamento 650/2012 por primera vez ante el Tribunal de Justicia de la Unión Europea", *Revista Electrónica de Estudios Internacionales,* 2021, nº 42, pp. 1-44.

GASCÓN INCHAUSTI, F. *Derecho europeo y legislación procesal civil nacional: entre autonomía y armonización,* Marcial Pons, Madrid, 2018.

GASCÓN INCHAUSTI, F. "Las European Rules of Civil Procedure: ¿un punto de partida para la armonización del proceso civil?", *Cuadernos de Derecho Transnacional,* 2021, vol. 13, nº 1, pp. 277-297.

GIL NIEVAS, R. "Obtención de pruebas", en A. Borrás, (coord.), *La cooperación en materia civil en la Unión Europea: textos y comentarios,* Thomson-Aranzadi, Cizur Menor, 2009, pp. 455-464.

HAZARD, G.C. "Discovery and the role of the judge in civil law jurisdictions", *Notre Dame Law Review,* 1997, pp. 1017-1028.

HESS, B. "Cooperación judicial digital en el espacio de libertad, seguridad y justicia. La cooperación judicial en materia civil", en F. Gascón Inchausti y P. Peiteado Mariscal, P. (dirs.), *Estándares europeos y proceso civil. Hacia un proceso civil convergente con Europa,* Atelier, Barcelona, 2022, pp. 763-775.

MARCHAL ESCALONA, N. "El nuevo marco europeo sobre notificación y obtención de pruebas en el extranjero", *Revista Española de Derecho Internacional,* 2022, vol. 74, nº 1, pp. 155-180.

ONTANU, E. "Normalising the use of electronic evidence: bringing technology use into a familiar normative path in civil procedure", *Oñati Socio-Legal Series,* 2022, vol. 12, issue 3, pp. 582–613.

RAMÍREZ BENAVENTE, Mª D. "La obtención de prueba en la Unión Europea: evolución y análisis del Reglamento (UE) 2020/1783 relativo a la cooperación entre los órganos jurisdiccionales de los Estados miembros en el ámbito de la obtención de pruebas en materia civil o mercantil", *Revista General de Derecho Europeo,* 2021, núm. 55, pp. 245-271.

RICHARD, V. "La refonte du règlement sur l'obtention des preuves en matière civile", *Revue Critique de Droit International Privé,* 2021, núm. 1, pp. 67-77.

RICHARD, V. & HESS, B. "The 1965 Service and 1970 Evidence Conventions as crucial bridges between legal traditions?", en John, T., Gulati, R. & Köhler, B. (eds.), *The Elgar companion to the Hague Conference on Privat International Law,* Edward Elgar Publishing, Cheltenham (UK), 2020, pp. 288-297.

SLADIČ, J. "L'obtention de preuves en matière civile et commerciale dans l'espace judiciaire européen : *status quaestionis* et la réforme envisagée", *Revue des affaires européennes,* 2021/1, pp. 191-212.

VICARIO PÉREZ, A. Mª. "Cooperación judicial digital en la Unión Europea. e-CODEX como sistema de intercambio electrónico transfronterizo de datos procesales", en P. R. Suárez Xavier, P.R. y A. Vicario Pérez (dirs.), *Cooperación judicial civil y penal en la Unión Europea. Retos pendientes y nuevos desafíos ante la transformación digital del proceso,* Bosch, Barcelona, 2023, pp. 233-266.

VIDAL FERNÁNDEZ, B. "La propuesta de Directiva sobre el establecimiento de normas mínimas comunes para un proceso civil europeo", en M. Jimeno Bulnes (dir.) y C. Ruiz López, (coord.), Tirant lo blanch, Valencia, 2022, pp. 169-205.

VILLAMARÍN LÓPEZ, Mª L. "Obtención de pruebas en otros Estados de la Unión Europea. Reglamento (CE) núm. 1206/2001 del Consejo, de 28 de mayo de 2001, relativo a la cooperación entre los órganos jurisdiccionales de los Estados miembros en el ámbito de la obtención de pruebas en materia civil o mercantil", en A. De la Oliva Santos (dir.) y M.P. Calderón Cuadrado (coord.), *Derecho Procesal Civil Europeo,* vol. II, Acceso a la Justicia y auxilio judicial en la Unión Europea, Thomson Reuters-Aranzadi, Cizur Menor, 2011, pp. 297-365.

VIRGÓS SORIANO, M. y GARCIMARTÍN ALFÉREZ, F.J. *Derecho procesal civil internacional. Litigación internacional,* 2ª ed., Thomson-Civitas, Cizur Menor, 2007.

Capítulo IX

Avanzando hacia una directiva de mediación laboral en la Unión Europea: una propuesta de lege ferenda para la armonización de la resolución de conflictos laborales a nivel comunitario[1]

Advancing towards a directive on labor mediation in the European Union: a lege ferenda proposal for harmonizing labor conflict resolution at the European level

Rodrigo Miguel Barrio
Profesor ayudante doctor
Universidad de Burgos
rmiguel@ubu.es
ORCID: 0000-0003-1681-9152

RESUMEN: Los métodos alternativos de resolución de conflictos han adquirido una creciente importancia en el seno de la UE en los últimos años. La mediación se ha reconocido como una herramienta eficaz para aliviar la carga de los tribunales, si bien esta perspectiva se circunscribe exclusivamente al ámbito civil. En este contexto, el presente estudio plantea la cuestión fundamental de si sería apropiado implementar un instrumento europeo de mediación y conciliación en el ámbito laboral. A través del análisis de la Directiva 2008/52/CE y de la Ley 5/2012, se formula una propuesta de directiva sobre mediación en cuestiones laborales, considerando y adaptándose a las particularidades de este entorno, donde se caracteriza por la asimetría de poder entre el trabajador y la empresa.

Palabras clave: mediación; mediación laboral; derecho procesal laboral, Espacio judicial europeo, Lege Ferenda.

1 Trabajo realizado en el marco del proyecto de investigación del plan estatal "El Derecho Procesal civil y penal desde la perspectiva de la Unión Europea: la consolidación del Espacio de Libertad, Seguridad y Justicia (Ref. PID2021-124027NB-I00)", financiado por MCIN/ AEI / 10.13039/501100011033 / FEDER, UE.

ABSTRACT: The alternative dispute resolution have gained increasing prominence within the European Union in recent years. Mediation has been acknowledged as an effective tool for alleviating the burden on the courts, albeit within the exclusive confines of the civil sphere. Within this context, the present study raises the fundamental question of whether it would be apt to implement a European instrument for mediation and conciliation in the realm of labor. Through an analysis of Directive 2008/52/EC and Law 5/2012, a draft directive on mediation in labor matters is formulated. This proposal takes into account and adapts to the peculiarities of this environment, characterized by the power asymmetry between the employee and the employer.

Keywords: Mediation; labor mediation; labor procedural law; European judicial space; Lege Ferenda.

I. A MODO DE INTRODUCCIÓN

Los métodos alternativos (adecuados) de resolución de conflictos, comúnmente conocidos como MASC o ADR (por sus siglas en inglés, *Alternative Dispute Resolution*)[2], han cobrado una prominencia notable en el ámbito de la solución de controversias. En virtud de su singular capacidad para amoldarse a las particularidades inherentes a cada conflicto y a los diversos actores involucrados, estos mecanismos se distinguen por su naturaleza no adversarial, en la cual la consecución de una decisión judicial no se erige como meta primordial, sino que se persigue arribar a un consenso mutuamente aceptable, cimentado en la colaboración y en la búsqueda de beneficios recíprocos. Este enfoque se caracteriza por la autonomía de las

---

2 Si bien resulta arduo rastrear con precisión la génesis histórica de la mediación, tiene raíces ancestrales, como la mediación de los gobernadores sumerios en Mesopotamia, las enseñanzas imparciales de Confucio, y términos como "mádhyad" en sánscrito y "mediatio" en latín. A lo largo de la historia, estas prácticas surgieron y desaparecieron según las necesidades legales de cada época. En el siglo XX, experimentaron un renacimiento, siendo la Ley Nacional de Relaciones Laborales de 1935 en los EE. UU., promulgada por el Gobierno de Franklin Delano Roosevelt, un ejemplo clave para abordar litigios laborales tras el colapso financiero de 1929.

partes y por su carácter voluntario, brindando así una respuesta más eficaz a las demandas sociales de celeridad en el ámbito de la justicia.

La Unión Europea ha demostrado un palpable interés en la implementación de métodos alternativos de resolución de controversias y ha promovido con énfasis la mediación civil como medio de descongestionar los órganos judiciales. En el año 2008, se instituyó formalmente la mediación civil como un dispositivo normativo a nivel europeo, y en el año 2012, España la incorporó en su ordenamiento jurídico nacional mediante la transposición de una directiva comunitaria. No obstante, es imperativo destacar que esta orientación se halla circunscrita exclusivamente al ámbito de las disputas de naturaleza civil, sin abordar con igual determinación la mediación en el ámbito laboral.

El propósito central del presente estudio reside en la formulación de una propuesta de Directiva de carácter comunitario que regule de manera específica la mediación en cuestiones laborales a nivel europeo. La mediación laboral se ha destacado como una estrategia de resolución de disputas que ha gozado de notorio éxito tanto a nivel nacional como en el ámbito internacional, al ofrecer soluciones eficaces para los conflictos en el ámbito laboral, caracterizados con frecuencia por la asimetría de poder entre los trabajadores y las entidades empleadoras. Dada la singularidad inherente a las disputas de naturaleza laboral y la necesidad imperante de tratarlas con un enfoque autónomo, se hace imprescindible la promulgación de una disposición normativa de la Unión Europea que provea salvaguardias para los trabajadores en toda la región. En las futuras líneas se procederá a desarrollar el objetivo marcado en este trabajo, el cual es responder a la pregunta de investigación: ¿es necesaria una directiva sobre mediación y conciliación laboral? En primer lugar, se llevará a cabo un desarrollo teórico de los conceptos de mediación y conciliación, y posteriormente se analizará el ámbito de aplicación de la Directiva 2008/52/CE y de la Ley 5/2012. A continuación, se presentará una propuesta de Directiva de mediación laboral, justificando inicialmente la importancia de esta regulación y, a continuación, se desarrollarán los diferentes artículos de dicha propuesta. Finalmente, se concluirá con una breve reflexión sobre el trabajo expuesto.

II. CONCEPTO DE MEDIACIÓN Y CONCILIACIÓN

La mediación se ha convertido en una tendencia destacada en los últimos años, y su práctica como un mecanismo de salvaguardia ha suscitado un creciente interés tanto entre los profesionales del derecho como en el ámbito político. Sus virtualidades y beneficios se obvian en su casi totalidad, prestándosele atención como un medio alternativo a los procesos judiciales para resolver disputas y aliviar la carga de trabajo en los tribunales nacionales, como se observa particularmente en el ámbito de la jurisdicción laboral[3]. Este puede ser un enfoque sobre el que asentar tal concepto, la concepción del recurso a la justicia como *ultima ratio*[4], pero no deja de ser otorgar a la figura una perspectiva limitada de su esencia. La reducción de la carga de trabajo de los juzgados y tribunales es solo una de las muchas ventajas de la mediación, pero no la más significativa.

Efectuar una definición homogénea de mediación se muestra tarea complicada. Ya su categorización como un método autocompositivo o heterocompositivo no es materia exenta de diferentes posturas. Sobre esta cuestión inicial, cabe destacar que la participación de un tercero imparcial, cuestión señalada como factor clave por quienes catalogan a la mediación

---

3 BELLOSO MARTÍN, N. "Un paso más hacia la desjudicialización. La Directiva europea 2008/52/CE sobre mediación en asuntos civiles y mercantiles", *Revista Eletrônica de Direito Processual*, 2008, vol. 2, nº 2, 2008, pp. 257-291, esp. p. 278.

4 Sobre tal idea se asentaba el RD el cual, en su exposición de motivos, determina a la mediación como una institución jurídica que contribuye a concebir a los tribunales de justicia en este ámbito del ordenamiento jurídico como una medida de último recurso, en situaciones donde no sea factible la resolución de la disputa meramente mediante la voluntad de las partes. Asimismo, la mediación se revela como una herramienta eficaz en la reducción de la carga de trabajo de dichos tribunales, al restringir su intervención exclusivamente a aquellos casos en los que las partes en conflicto no han sido capaces de poner fin, mediante acuerdo mutuo, a la situación de controversia. Este enfoque subraya la importancia de la mediación como un componente fundamental del proceso de resolución de conflictos, cuya aplicación adecuada puede aliviar la presión sobre el sistema judicial, permitiendo que los tribunales intervengan solo cuando resulte imprescindible en aras de la justicia. En tal idea se muestra contrario SIGÜENZA LÓPEZ, J. "Precisiones conceptuales sobre lo que es y no mediación", en J.P. Murga Fernández (dir.), S. Tomás Tomás (dir.), *Il Diritto Patrimoniale di fronte alla crisi económica in Italia ein Spagna*, San Giuliano Milanese, Wolter Kluwer Italia, 2014, pp. 449-457, para quien la jurisdicción (especifica la civil pero podría ampliarse a cualquier otra) no debe de ser un último remedio, salvo que la mediación se regule como un requisito de procedibilidad para el ejercicio de la acción civil. Esta idea ha sido desarrollada en el proceso laboral, en el cual se establece como requisito de procedibilidad la interposición de papeleta de conciliación (salvo en las materias recogidas en el art. 64 LRJS). Sobre tal cuestión véase MIGUEL BARRIO, R. "La conmutatividad en el proceso laboral, o cuando el orden de los factores no altera el producto", *Trabajo y derecho: nueva revista de actualidad y relaciones laborales*, 2022, nº 94, pp. 1-22.

como un método heterocompositivo[5], no tiene una función decisoria, sino asistencial. El mediador nunca va a resolver la disputa, sino que actúa como un facilitador para que las partes involucradas puedan entablar un diálogo y, a través de su propio consenso, alcanzar un acuerdo que ponga fin a la controversia. El rol del tercero no es decisorio, sino que su intervención es "inter partes" y no "supra partes"[6], careciendo de autoridad para imponer una solución a los litigantes en disputa. En otras palabras, en un proceso de mediación no se delega la resolución del conflicto a un tercero imparcial, sino que esta se basa en la participación activa y voluntaria de las partes en conflicto. La figura del mediador se basa en la facilitación de la comunicación, en la promoción del diálogo constructivo y, por consiguiente, en ayudar a las partes a identificar sus intereses subyacentes, explorar las opciones existentes y, finalmente, que lleguen a un acuerdo satisfactorio para ambos. Las partes conservan el control y la responsabilidad del proceso, actuando dentro del marco seguro y estructurado proporcionado por el mediador.

Superado este primer desafío, es necesario presentar ya una definición consolidada de la figura de mediación. En la doctrina nacional e internacional se han venido efectuando diferentes definiciones de mediación, a pesar de las complejidades inherentes a esta tarea[7]. Algunos de los elemen-

---

5 Aun desde un punto de vista penalista, JIMENO BULNES, M. "Mediación penal: estado de la cuestión", en A. Fernández Pérez (coord.), *Avances para una justicia sostenible: ponencias y comunicaciones de la Jornada sobre Métodos alternativos de resolución de controversias y cultura de la paz*, Aranzadi, Cizur Menor, 2023, pp. 235-265, esp. p. 246, remarca la existencia de voces que defienden el carácter heterocompositivo de la mediación, posicionándose la autora en tal perfil.

6 En esta línea véase BARONA VILAR, S. "El movimiento de las ADR en Derecho Comparado", en M.A. Catalina Benavente y R. Castillejo Manzanares (coords.), *Violencia de género, justicia restaurativa y mediación*, La Ley, Madrid, 2011, pp. 455-500, esp. p. 462, quien manifiesta que la autocomposición implica: (a) un acuerdo alcanzado por las partes involucradas en un conflicto; (b) posibilidad de participación de un tercero ajeno al conflicto, quien no impone decisiones, sino desempeña un papel en la búsqueda de soluciones o consenso la actuar "inter partes" y no "supra partes"; (c) la solución deviene de la intervención y voluntad de las partes en conflicto".

7 Para SOLETO MUÑOZ, H. "La mediación vinculada a los tribunales", en H. Soleto Muñoz (coord.) y M. Otero Parga (coord.), *Mediación y resolución de conflictos. Habilidades para una necesidad emergente*, Madrid, Tecnos, 2007, pp. 245-280, esp. p. 245, La definición precisa de mediación es un desafío debido a su reciente inclusión en el sistema legal y a la variación en las regulaciones según las jurisdicciones en España.

tos definitorios más esclarecedores de la mediación incluyen su enfoque no adversarial, su naturaleza autocompositiva, la utilización de metodologías creativas[8] y colaborativas[9], su papel complementario a la jurisdicción, de "espíritu de autárquico"[10], su carácter voluntario, la intervención de un tercero neutral[11], la búsqueda de un acuerdo como medio para resolver el conflicto de una forma ajustada a sus necesidades[12] y la restauración de las relaciones[13] y de la situación previa[14] o minimización de los efectos adversos[15]. Por lo tanto, gracias a estos elementos, se puede afirmar que la mediación se configura como un proceso autocompositivo, no adversarial y voluntario dirigido a la resolución de disputas. En este contexto, emerge la figura de un tercero ajeno al conflicto, conocido como mediador, cuya función consiste en asistir a las partes en litigio para gestionar y superar sus diferencias. En consecuencia, el mediador fomenta la comunicación y la negociación colaborativa entre las partes involucradas, persiguiendo la consecución de un acuerdo mutuamente aceptado y estructurado. Este enfoque se orienta hacia la preservación o restauración de las relaciones entre los individuos en conflicto, y se desenvuelve en un contexto privado y extrajudicial que complementa la jurisdicción. La mediación se caracteriza por su carácter voluntario, lo cual implica que las partes conservan el control sobre las decisiones y la resolución definitiva, y donde el mediador no se erige como proponente ni impositor del acuerdo, sino como auxiliar y asistente en la obtención libre y voluntaria de una resolución satisfactoria.

Es menester destacar la relevancia de la conciliación, una institución que ha experimentado un amplio desarrollo en el ámbito laboral. En este orden jurisdiccional, se emplean indistintamente los términos "concilia-

---

8 KOVACH, K. K. "Mediation", en, M.L. Moffit (dir.) y R.C. Bordone (dir.), The Handbook of Dispute Resolution, San Francisco, Jossey-Bass, 2005, pp. 304-317.

9 SUAREZ, M. *Mediando en sistemas familiares*, Barcelona, Paidós Mediación, 2002, pp. 28-29.

10 MARTIN DIZ, F. *La mediación: sistema complementario de administración de justicia*, Madrid, Consejo General del Poder Judicial, 2010, pp. 30-31.

11 DUFFY, G.,*La Mediación y sus contextos de aplicación*, Barcelona, Paidós, 1996, p. 52.

12 FOLBERG J. y TAYLOR, A. *Mediación. Resolución de conflictos sin litigio*, México, Limusa, 1997, p. 27.

13 HAYNES, J. *Fundamentos de la Mediación Familiar*, Madrid, Gaia Ediciones, 1995, p. 11.

14 BARONA VILAR, S. *Mediación en asuntos civiles y mercantiles en España*, Tirant lo Blanch, Valencia, 2013, pp. 104-105.

15 URQUIDI, E. *Mediación. Solución de conflictos sin litigio*, Querétaro, centro de Resolución de Conflictos, 1999, p. 19.

ción" y "mediación"[16] para hacer referencia al mismo instituto jurídico. Se podría argumentar que, en su concepción original, la nomenclatura conciliación comparte características fundamentales con la mediación, diferenciándose únicamente en la función desempeñada por el tercero imparcial. El conciliador no solo establece un espacio propicio para que las partes dialoguen y busquen una solución a la disputa mediante un procedimiento no adversarial, sino que su intervención adquiere un rol aún más destacado. Este tercero tiene la facultad de proponer soluciones y desempeñar una función más decisiva en comparación con el mediador. La conciliación, a diferencia de la mediación, se caracteriza por su estructura más formal y organizada, aspecto que se atribuye a las funciones específicas del conciliador en términos de presentar propuestas. Por lo tanto, la mediación se distingue por la aplicación de técnicas que promueven una resolución colaborativa del conflicto, tales como la comunicación efectiva, la escucha activa, *brainstorming* y la exploración de opciones, con el propósito de fomentar una resolución colaborativa del conflicto. Por otro lado, en la conciliación se emplean técnicas de enfoque más directivo, como la evaluación de riesgos y la presentación de propuestas concretas por parte del conciliador[17].

III. LA DIRECTIVA 2008/52 CE Y LA LEY 5/2012

La Directiva 2008/52/CE del Parlamento Europeo y del Consejo, de 21 de mayo de 2008, sobre ciertos aspectos de la mediación en asuntos civiles y mercantiles, representa el resultado de un extenso trabajo europeo destinado a la gestión y establecimiento de un instrumento comunitario para

---

[16] Para una interesante definición, acúdase a: MOORE, C. *El proceso de mediación*, Buenos Aires, Granica, 1995, pp. 205-206, quien entiende la conciliación como una estrategia psicológica empleada con el propósito de rectificar percepciones erróneas, disminuir los temores infundados y mejorar la comunicación hasta el punto en el que esta última facilite un diálogo sensato y, en efecto, propicie una negociación lógica. En el contexto de la mediación, la conciliación se configura como el componente psicológico que impulsa al tercero a forjar un entorno caracterizado por la confianza mutua y la cooperación, con el fin de fomentar el inicio de una negociación. De manera práctica, la conciliación se presenta como un proceso dinámico que se desenvuelve a lo largo del curso de la negociación.

[17] La distinción conceptual entre conciliación y mediación ha perdido su vigencia en el terreno práctico, siendo empleadas de forma intercambiable. De ahí que en la presente propuesta se haga uso de ambas nomenclaturas, pues ambas representan instituciones afines donde un tercero imparcial auxilia en la resolución de disputas.

la resolución alternativa de conflictos. Los antecedentes que preceden a esta herramienta europea, que en algunas ocasiones han tomado forma de iniciativas comunitarias sectoriales[18], suelen remontarse en el Consejo Europeo de Viena de diciembre de 1998 y en el Consejo de Tampere de 15-16 de octubre de 1999, así como en el Libro Verde sobre las modalidades alternativas de solución de conflictos en el ámbito del derecho civil y mercantil de 2002. No se debe pasar por alto un trabajo previo de gran relevancia, que consistió en un amplio conjunto de recomendaciones del Consejo de Europa, las cuales marcaron la necesidad de incorporar estos instrumentos y fomentar las figuras de la mediación y la conciliación en cualquier orden jurisdiccional y fase procesal, con el fin de promover el arreglo amigable de controversias[19].

El objetivo de este cuerpo normativo se enfoca en el fomento de la mediación como vía de acceso a la justicia[20], descongestionando la misma a través de este método pacífico. Además, se derivan ventajas tanto en el ámbito económico como en el social[21]. Es de trascendental importancia

---

18 MARTÍN DIZ, F. "Políticas de la Unión Europea en la promoción de soluciones extrajudiciales para la resolución de conflictos", en Mª. S. Velarde Aramayo (coord.), *Introducción al Derecho del arbitraje y mediación*, Salamanca, Ratio Legis Librería Jurídica, 2006, pp. 71-96, esp. pp. 79-83.

19 Para más información sobre el origen de la Directiva 2008/52 acúdase a MIGUEL BARRIO, R., "La necesaria inclusión de la mediación laboral como instrumento alternativo de resolución de conflictos en el ámbito de la unión europea", en M. Jimeno Bulnes (dir.) y C. Ruiz López (coord.), *La evolución del espacio judicial europeo en materia civil y penal: su influencia en el proceso español*, Valencia, Tirant lo Blanch, 2022, pp. 207-238, esp. pp. 210-218.

20 El quinto considerando de la Directiva subraya la importancia de garantizar un acceso mejorado a la justicia como parte integral de la política de la Unión Europea, que busca establecer un espacio de libertad, seguridad y justicia. Esta política tiene como objetivo facilitar el acceso tanto a los métodos judiciales como a los métodos extrajudiciales de resolución de conflictos. La Directiva tiene como propósito contribuir al funcionamiento eficiente del mercado interior, especialmente en lo que respecta a la accesibilidad a servicios de mediación.

21 GONZALO QUIROGA, M. "Métodos alternos: una justicia más progresista y universalizada", en M. Gonzalo Quiroga (coord.), F. J. Gorjón Gómez (coord.) y A. Sánchez García (coord.), *Métodos alternos de solución de conflictos: Herramientas de paz y modernización de la justicia*, Madrid, Dykinson, 2011, pp. 41-66, esp. p. 45, señala que la justicia es considerada el pilar fundamental en cualquier modelo económico. Se trata de un componente esencial que proporciona un sólido respaldo para una mayor seguridad jurídica, lo que a su vez genera confianza y protección para el conjunto de la población. Esta confianza en la justicia es fundamental para la confianza en la economía y las decisiones empresariales, ya que establece un mar-

ya que sirve de soporte para una posterior armonización en esta materia en los restantes Estados europeos[22]. La norma en cuestión aborda la institución de la mediación, proporcionando una definición exhaustiva[23], así como los principios que deben de regir en todo proceso de mediación[24], de amplia visión extrajudicial[25], y adaptada a cualquier sistema legal europeo[26].

---

co de certidumbre, confiabilidad y predictibilidad. En este contexto de modernización de la justicia, vista como un servicio público orientado hacia el bienestar de las personas, los MASC ocupan una posición privilegiada, ya que son los que mejor se adaptan y responden a las demandas de la sociedad contemporánea.

22 Resalta GIL NIEVAS, R. "La Directiva 2008/52/CE del Parlamento Europeo y del Consejo, de 21 de mayo de 2008, sobre ciertos aspectos de la mediación en asuntos civiles y mercantiles", *Actualidad Jurídica Aranzadi*, 2009, nº 768, pp. 11-16, esp. p. 16, que el propósito central de la Directiva es contribuir a la transición gradual de una cultura basada en la búsqueda de compensaciones legales hacia una cultura que promueva la resolución de conflictos mediante acuerdos. Esta transformación será un proceso gradual, pero posibilitará que algunos litigios que originalmente se habrían resuelto a través de procesos judiciales y que habrían generado hostilidad entre las partes, puedan solucionarse de manera cercana a un acuerdo amigable. Además, esta evolución tiene el potencial de aliviar, aunque sea en cierta medida, la abrumadora carga de trabajo que actualmente recae sobre los tribunales.

23 El artículo 3 define la mediación como un proceso estructurado, sin importar su denominación, en el cual dos o más partes involucradas en una disputa se esfuerzan voluntariamente por alcanzar un acuerdo para resolver dicha disputa con la asistencia de un mediador. Este proceso puede ser iniciado por las propias partes, sugerido o requerido por un tribunal, o estipulado por la legislación de un Estado miembro. Incluso abarca la mediación facilitada por un juez que no tiene responsabilidad sobre ningún procedimiento judicial relacionado con la disputa en cuestión. Sin embargo, no incluye las gestiones para resolver la disputa que realice el tribunal o el juez competente durante el proceso judiciál relacionado con esa disputa.

24 Señalando exactamente que sus principios clave son la autodeterminación de las partes, la confidencialidad, la imparcialidad, la profesionalización y la voluntariedad. Sobre el estudio de los principios véase CHÉLIZ INGLÉS, M.C., "La UE y la armonización de la regulación en materia de mediación: ¿hacia una mediación obligatoria en todos los Estados miembros?", *Revista de Estudios Europeos*, 2017, n. 71, pp. 189-205, esp. pp. 193-194.

25 ARIAS RODRÍGUEZ, J.M. "Reflexiones acerca de la Directiva 2008/52/CE sobre ciertos aspectos de la mediación en asuntos civiles y mercantiles", *Revista del Poder Judicial*, 2009, nº 88, pp. 133-175, esp. pp. 154-155.

26 ALMOGUERA GARCÍA, J. "La Directiva europea de la mediación civil y mercantil. La mediación y el arbitraje en el comercio internacional", *Noticias de la Unión Europea*, 2009, nº 292, pp. 5-19, esp. p. 8.

En interés del presente trabajo, el primer artículo de la Directiva señala el ámbito de aplicación de la Directiva, estableciendo que esta será efectiva en los litigios civiles y mercantiles de naturaleza transfronteriza. Por el contrario, quedan fuera de este ámbito de aplicación "los asuntos fiscales, aduaneros o administrativos ni a la responsabilidad del Estado por actos u omisiones en el ejercicio de su autoridad soberana". Desde un punto de vista europeísta, la materia "litigios civiles y mercantiles" abarca un amplio ámbito, lo que sugiere la posibilidad de que esta Directiva se aplique igualmente en los conflictos surgidos en el ámbito laboral[27]. Esto nos llevaría a la conclusión de que esta Directiva debe de aplicarse a las disputas sociales y, por lo tanto, a los procedimientos de mediación que se desarrollan en tal materia. Empero, es importante destacar que esta cuestión no es un tema ajeno a la controversia, ya que la terminología amplia permite a los Estados miembros optar por interpretaciones expansivas o restrictivas de su alcance.

De la lectura del restante articulado, se observa que, aunque el ámbito de aplicación de la presente Directiva no excluye a los conflictos laborales[28], no está especialmente diseñado para abordar este tipo de disputas, lo que sugiere la necesidad de un instrumento legal autónomo para tales casos. Igualmente, surge la interrogante de cómo se relaciona esta Directiva con la figura de la conciliación. Como se explicará *a posteriori*, se tiende a utilizar indistintamente los términos "conciliación" y "mediación" para abordar la utilización de los ADR por los diferentes servicios. Esta norma parece únicamente ofrecer base legal a la segunda de ellas, lo que podría dejar a las prácticas de conciliación en una posición de cierta desprotección.

Esta Directiva ha sido transpuesta de manera adecuada por los diversos Estados miembros, manteniendo sus elementos esenciales clave[29]. Esto ha establecido un sistema común de resolución de conflictos en todo el terri-

---

27 GIL NIEVAS, R., "La Directiva 2008/52/CE del Parlamento Europeo y del Consejo, de 21 de Mayo de 2008, sobre ciertos aspectos de la mediación en asuntos civiles y mercantiles", op. cit., esp. p. 12.

28 DOMÍNGUEZ RUIZ, L. "La mediación civil y mercantil en Europa: estudio comparado del Derecho italiano y español", *Revista Aranzadi Doctrinal*, 2012, n. 11, pp. 139-157, esp. pp. 142-143.

29 El único aspecto que ha generado controversia es, en materia de ejecución, la posibilidad de ser realizada a través de resolución judicial o acto auténtico. Este último término, conforme manifiesta TORRES ESCÁMEZ, S., "Ejecuta como sea (o el carácter ejecutivo del documento privado de mediación)", *El Notario del Siglo XXI*, 2011, n. 38, pp. 34-35, esp. p. 35, es entendido como una nomenclatura inexacta que debería ser sustituido por "escritura pública notarial".

torio de la Unión[30]. España transpone la norma mediante la Ley 5/2012, de 6 de julio[31], de mediación en asuntos civiles y mercantiles. Esta ley se basa en una serie de principios como la "desjudicialización", la previsión inicial de alto grado de éxito[32] y la actitud muy intervencionista del mediador[33]. Puede así sostenerse una cierta libertad y flexibilidad adoptada por el legislador nacional para la transposición de la Directiva, llevando a que, aun respetando los elementos centrales, efectuare diferentes adaptaciones conforme a los postulados del ordenamiento jurídico nacional.

Y en esta cuestión se integra el segundo artículo de la ley. Amplía el alcance de aplicación de la legislación, al tiempo que excluye la mediación en asuntos penales, la mediación con las administraciones públicas, la mediación laboral y la mediación en asuntos de consumo. Resulta curioso que se excluya el ámbito laboral sin una razón aparente, desmarcándose de la postura llevada a cabo por la Directiva. Esto se justifica en la imposibilidad de disponibilidad o cesión de los derechos fundamentales, lo que podría conducir a una privación de aplicación de esta norma en los conflictos colectivos[34], pero no así a la gran mayoría de los conflictos individuales[35].

---

30 CHÉLIZ INGLÉS, M.C. "La UE y la armonización de la regulación en materia de mediación: ¿hacia una mediación obligatoria en todos los Estados miembros?", op. cit., pp. 195-197.

31 Reproduciendo casi en totalidad el contenido del RD Ley 5/2012, de 5 de marzo, de mediación en asuntos civiles y mercantiles, con algunas modificaciones de indudable interés, pero ajenas al objeto del presente trabajo. No obstante, se incumplió el plazo otorgado para su oportuna transposición por la Unión Europea (21 de mayo de 2011), retraso que igualmente acaeció en otros ocho estados como son Chipre, Eslovaquia, Finlandia, Francia, Luxemburgo, Países Bajos, Reino Unido y la República Checa.

32 BELLOSO MARTÍN, N. "Un paso más hacia la desjudicialización. La Directiva europea 2008/52/CE sobre mediación en asuntos civiles y mercantiles", op. cit., p. 288.

33 La regulación de la figura del mediador en la Ley 5/2012 no ha estado exenta de críticas. La norma no recoge un mediador usual, sino que su modelo de actuación se acerca más a los postulados de la antigua figura del conciliador, teniendo una actitud activa en la búsqueda y propuesta de soluciones (FERNÁNDEZ BALLESTEROS, M.A., *Avenencia o ADR. Negociación, Mediación, Peritajes, Conciliación, Pactos y Transacción*, Madrid, Iurgium, 2014, pp. 134-137)

34 TERUEL FERNÁNDEZ, C. "Una perspectiva panorámica y regional sobre la mediación laboral y en materia de consumo en España", *Revista de Direito Brasileira*, 2020, vol. 25, nº 10, pp. 402-413, esp. p. 403.

35 Manifiesta MIGUEL BARRIO, R. "La necesaria inclusión de la mediación laboral como instrumento alternativo de resolución de conflictos en el ámbito de la unión europea", op. cit., pp. 218-219, que este error del legislador ha quedado

IV. NECESIDAD DE REGULACIÓN AUTÓNOMA. PROPUESTA DE *LEGE FERENDA*

El presente apartado tratará de ofrecer una justificación a la necesidad de una Directiva en materia laboral para, y a continuación, ofrecer una propuesta de *Lege Ferenda* que desarrolle el cuerpo normativo pretendido en la materia.

1. *Justificación de la propuesta de Directiva. Estado de la situación de la mediación laboral y justificación de la propuesta de Directiva autónoma.*

Tras lo analizado en anteriores apartados, se evidencia que si bien la Directiva 2008/52 no prohíbe expresamente la práctica de la mediación en el ámbito laboral, no es el instrumento más idóneo para ello. Su articulado se enfoca dentro del marco de las relaciones civiles. En el contexto laboral, un proceso de mediación difiere significativamente en términos de su desarrollo, intervinientes o necesidades. No se justifica la adaptación de una normativa concebida para asuntos civiles a un ámbito social de tanta trascendencia. En lugar de ello, la importancia del entorno laboral reclama la promulgación de una normativa europea específica, ajustada a las particularidades de tales procesos de mediación.

La justificación de este trabajo emana de la mayor complejidad inherente a un proceso de mediación de carácter social en contraposición a uno de naturaleza civil. En el primero, se abordan e abordan una amplia variedad de asuntos, muchos de los cuales tienen un impacto significativo en un ámbito particular de la vida de los individuos, a saber, el ámbito laboral. Estos asuntos pueden abarcar desde controversias relativas a salarios impagos, incumplimiento de los horarios laborales establecidos en el contrato, condiciones de trabajo, casos de acoso en el entorno laboral, posibles actos de discriminación, y despidos, tanto individuales como colectivos[36]. Estas

---

parcialmente solventado a través de la regulación de los servicios de mediación y conciliación laboral efectuado por la Ley Reguladora de la Jurisdicción Social, aun cuando esta norma no recoge todos los aspectos comprendidos en un proceso de mediación.

36 La satisfacción de las necesidades humanas básicas, como lo describe la pirámide de Maslow, tiene un impacto directo en el ámbito laboral y, por ende, en la propuesta de mediación laboral. Las necesidades fisiológicas, como la alimentación, están vinculadas al empleo y el salario. El segundo nivel involucra la búsqueda de estabilidad laboral y seguridad en el trabajo, que requiere políticas de protección y un entorno libre de acoso. En el tercer nivel, las relaciones laborales positivas y

materias tienen su principal enfoque en que ambos litigantes, o mejor dicho, ambas partes, tienen una relación especial surgida en virtud del contrato de trabajo. Involucra al personal trabajador, a la parte empresarial. Y en ocasiones, a sindicatos y asociaciones empresariales, actuando como representantes de los intereses de sus miembros, especialmente en asuntos de conflictos colectivos.

En este contexto, es evidente que las relaciones laborales están fundamentadas en una estructura jerárquica entre la parte empleadora y la parte trabajadora. Esta jerarquía da lugar a dinámicas de poder que otorgan la primera una posición dominante y de supremacía sobre la segunda. Se advierte la inexistencia de una postura igualitaria entre ambos partícipes, una característica que no se da en el ámbito civil, donde no existe dicha relación jerárquica entre las partes en conflicto. Del mismo modo, esta relación jerárquica habida en el ámbito del trabajo genera una serie de intereses y necesidades divergentes, como condiciones de trabajo, remuneración, horarios, entre otros aspectos. En todos estos casos, los intereses de ambas partes son completamente contrapuestos, pero la cuestión crítica radica en la patente desigualdad. La regulación específica de esta materia conllevará la adopción de medidas particulares para abordar este desafío. Es imperativo que el mediador sea plenamente consciente de estas asimetrías de poder, debiendo de tomar todas las acciones necesarias para garantizar un entorno neutral y equitativo que facilite la búsqueda de una solución satisfactoria, sin menoscabo de la participación de la parte empleadora y el respeto a sus derechos. De esta forma, también se ha de tener en cuenta que la participación de los sindicatos y patronal puede provocar más conflictos y desigualdades al introducir intereses y perspectivas adicionales.

El acuerdo de mediación debe de tener un enfoque mayor a una transacción entre dos particulares. La repercusión de la resolución de un conflicto laboral se extiende a la dinámica laboral y organizativa en su con-

---

el apoyo mutuo fomentan un sentido de pertenencia. El cuarto nivel, relacionado con la estima y el reconocimiento, también afecta a los trabajadores, ya que buscan valoración y oportunidades de crecimiento. Cuando se satisfacen estos niveles, los trabajadores pueden alcanzar su potencial máximo y experimentar la autorrealización en el quinto nivel. Los conflictos laborales afectan negativamente a estos niveles de la pirámide de Maslow, obstaculizando el crecimiento personal y la autorrealización. Dado que los conflictos laborales requieren un enfoque autónomo, una mediación específica en este ámbito se presenta como una solución adecuada.

junto, influyendo en la posible exacerbación de tensiones en el ámbito laboral. Las diferentes sesiones afectarán a la productividad, al clima laboral y a la relación continua entre las partes involucradas, pudiendo tener repercusiones muy diversas dependiendo del curso de tales actuaciones. De ahí la necesidad de establecer un mecanismo especializado en el que el mediador posea experiencia en el ámbito de las relaciones laborales, comprenda las peculiaridades y las posibles repercusiones inherentes a un contrato de trabajo. Las intensas emociones que se suceden en este contexto, especialmente cuando la relación contractual es prolongada, pueden nublar la percepción de alguno de los intervinientes, llevándola a suscribir un acuerdo que no beneficie sus intereses debido a sus sentimientos personales. Incluso en casos en que el conflicto se origina por acciones que han afectado negativamente al empleado, como el acoso, el despido o la discriminación, las tensiones generadas pueden dificultar aún más la consecución de un acuerdo, un fenómeno que trasciende el ámbito de una mera relación civil.

Dado que un proceso de mediación laboral implica una serie de cuestiones específicas propias de esta rama del derecho, que involucra a dos partes con roles claramente definidos y operando en una estructura jerárquica, la promulgación de una normativa europea puede otorgar una protección más extensa y especializada de los derechos de los trabajadores. Los derechos laborales son fundamentales para garantizar condiciones de trabajo justas y equitativas. La promoción de un instrumento europeo en materia social puede brindar un mayor alcance de protección a estos derechos al contar con un procedimiento adaptado a sus particularidades. Además, es esencial considerar que el ámbito laboral y los derechos asociados a él están en constante evolución. El surgimiento de nuevos avances tecnológicos y las presiones sociales conducen a la aparición de nuevas modalidades de empleo, estructuras laborales flexibles y, por tanto, retos emergentes.

No ha de obviarse que las relaciones laborales no tienen únicamente un impacto limitado exclusivamente al seno empresarial donde se están llevando a cabo. Un conflicto social de carácter individual puede suponer una afectación más allá del propio asunto, ya que puede sentar un precedente para la reclamación (o no) de derechos similares por parte de otros empleados de la empresa que se encuentren en situaciones comparables. En el caso de conflictos laborales de carácter colectivo, las implicaciones pueden ser a nivel supranacional. La participación de un gran número de empleados puede estar relacionada con un conflicto de interés general, y la resolución de dicho conflicto, ya sea a través de un proceso judicial o de un método alternativo de resolución de conflictos, puede ser de interés tanto a nivel social como económico, dado que podría afectar a un ámbito más amplio desde el punto de vista de una empresa, tanto pública como privada[37]. Estos asuntos generan un amplio impacto al trascender del propio conflicto entre particulares, siendo necesario un tratamiento específico y determinado en un cuerpo normativo adecuado para ello.

La autonomía intrínseca de este instrumento brinda una serie de ventajas que respaldan la necesidad imperante de su promulgación. Obtener un proceso específico, guiado por un mediador experto en esta rama del derecho y con pleno entendimiento de las consecuencias que se desprenden de una relación contractual, que trascienden el marco jurídico, brinda una seguridad incrementada al abordar situaciones complejas. Entre estas situaciones se encuentra la inherente disparidad de poder entre las partes involucradas. Una mediación diseñada para atender las necesidades y realidades del ámbito laboral se traduce en un procedimiento que garantiza los derechos laborales, aborda la posible existencia de coacciones en el seno empresarial para evitar la interposición de la acción, y se amolde a las características y agilidad necesaria. Es primordial que el proceso se caracterice por su máxima celeridad, ya que los conflictos en cuestión requieren una resolución urgente. Por ejemplo, en el supuesto de impagos a una persona trabajadora, es esencial una resolución rápida para que estos puedan acceder a los pagos que les adeudan. Este principio es válido para cualquier otro conflicto surgido en este contexto. Por lo tanto, el proceso debe ofrecer una respuesta instantánea, con plazos de tramitación y gestión reducidos al mínimo, de manera que, una vez presentada la demanda, las sesiones puedan comenzar prácticamente de inmediato.

En la situación actual, se observa un alto número de mediaciones (comúnmente denominadas conciliaciones en este contexto, aunque esta distinción terminológica carece de relevancia real) en el ámbito laboral. Su

---

37 Véase STS, Sala IV de lo Social, de 25 de enero de 2023, ECLI:ES:TS:2023:315, por el cual se conoce conflicto colectivo promovido a instancia de la Federación Regional de Enseñanza de Comisiones Obreras de Madrid, contra Universidad Politécnica de Madrid; Universidad Autónoma de Madrid; Universidad Rey Juan Carlos; Universidad Complutense de Madrid; Universidad Carlos III; Universidad Alcalá; Unión General de Trabajadores (UGT); CSICSIF; Organismo Autónomo Agencia Nacional de Evaluación de la Calidad y Acreditación (ANECA); y Ministerio de Universidades, obedeciendo a un reconocimiento de derecho y de satisfacción económica del mismo. Dicho pronunciamiento ha conllevado la interposición de reclamaciones similares en otras CCAA del territorio nacional, y por consiguiente, un interés y repercusión económica futura en los presupuestos de las Universidades Públicas españolas.

regulación se encuentra en los arts. 63-68 LRJS, preceptos que conciben este trámite como una vía previa y obligatoria para la tramitación del proceso (art. 63 LRJS) desarrollada ante el Servicio de Mediación, Arbitraje y Conciliación (SMAC) dependiente de la Consejería de Trabajo de la comunidad autónoma correspondiente[38]. Este procedimiento se caracteriza por su carácter vinculante, diseñado para evitar la judicialización de aquellos conflictos individuales que pueden ser resueltos por acuerdo entre las mismas partes del proceso. La interposición de la acción se llevará a cabo de forma telemática o presencial mediante la denominada papeleta de conciliación. Tal y como se puso de manifiesto en el anterior párrafo acerca de la agilidad que ofrecería un instrumento autónomo, esta es la idea plasmada en este instituto. La duración máxima de este procedimiento será de 30 días desde la presentación de la documentación (art. 65 LRJS). Se procurará que la celebración del acto se lleve a cabo en un plazo menor a 15 días tras la notificación a la otra parte interesada. Dependiendo de la actitud de los litigantes, se finalizará la disputa a través de un acuerdo o se abrirá la vía judicial en el supuesto de incomparecencia de la parte demandante[39] o desacuerdo. Únicamente a modo de anotación, los arts. 83 y

---

[38] FERNÁNDEZ DE LA CIGOÑA, J. R. "7 cosas que te interesa conocer sobre la conciliación laboral en el SMAC", CEF-Laboral Social. Documento en línea: https://www.laboral-social.com/sites/laboral-social.com/files/7_cosas_conciliacion_laboral_SMAC.pdf

[39] En tal supuesto, se entiende que la conciliación ha sido intentada sin efecto, pudiendo el juez o tribunal imponer las costas del proceso a la parte que no se haya presentado sin una justificación adecuada. Incluirán los honorarios, hasta un máximo de seiscientos euros, del abogado o graduado social colegiado de la parte contraria que haya participado, en caso de que la sentencia que se dicte en el futuro coincida esencialmente con la pretensión presentada en la solicitud de conciliación o mediación. Sin embargo, este requisito ha experimentado restricciones debido a la interpretación jurisprudencial, la cual sostiene que la mera falta de comparecencia no constituye motivo suficiente para imponer las costas, sino que se requiere la ausencia de una causa justificada debidamente fundamentada, lo que se traduce en una actuación procesal temeraria. En tal cuestión véase: STS, sala de lo Social, de 23 de enero de 2002, ECLI:ES:TS:2002:9592, manifestando en su FD. 3 que la conciliación administrativa previa se encuentra legalmente concebida como un medio de evitar el proceso judicial, al que se debe acudir de manera obligatoria. Esta obligatoriedad de comparecer en el acto de conciliación se aplica tanto al demandante como al demandado, y se fundamenta en el principio de celeridad procesal, tal como establece el artículo 24.2 de la Constitución Española y el artículo 74.1 de la Ley de Procedimiento Laboral. El artículo 74.1 de la Ley de Procedimiento Laboral establece que la falta de comparecencia del futuro demandado resultará en que el acto se considere intentado pero sin efecto, sin

84 LRJS recogen la conciliación judicial previa. Un nuevo trámite procesal llevado a cabo en sede judicial, desarrollado bajo el amparo de las funciones de conciliación que le han venido siendo reconocidas al Letrado de la Administración de justicia, que pretende, *in extremis*, la consecución de un acuerdo de conciliación que ponga fin al conflicto y evite la celebración de la vista oral.

En los últimos años, a pesar de los desafíos derivados de la pandemia de SARS-CoV-2, se han registrado un gran número de procedimientos de mediación-conciliación en las sedes de SMAC en todo el país. En 2018, se llevaron a cabo 428.893 procesos, con 135.690 acuerdos exitosos y 157.943 sin acuerdo. Estas cifras aumentaron en 2019, con 443.712 conciliaciones, 145.018 con acuerdo y 150.744 sin acuerdo. Sin embargo, en 2020, debido a la pandemia, hubo una disminución significativa, con 292,986 casos, de los cuales solo 101.137 tuvieron un acuerdo. En 2021, a pesar de las restricciones de movilidad, se llevaron a cabo 332.424 procedimientos, con 120.900 acuerdos y 104.607 sin acuerdo. En el último año disponible, se

---

contemplar la posibilidad de un nuevo intento conciliatorio previo. Sin embargo, impone una sanción al incomparecido en caso de que su ausencia no esté justificada. Esto significa que el litigante pasivo ausente, si no pudo comparecer debido a una citación insuficiente, se ve privado no solo de la oportunidad de llegar a un acuerdo, sino también de cualquier otro derecho o beneficio que habría obtenido mediante la asistencia al acto, como lo establece el artículo 56.2 del Estatuto de los Trabajadores. Para evitar este perjuicio injustificado a aquel que no pudo comparecer debido a circunstancias ajenas a su voluntad, es necesario interpretar los preceptos mencionados no solo en función de su literalidad, sino también considerando otros elementos hermenéuticos, en particular el propósito subyacente (teleológico), de acuerdo con lo que exige el artículo 3.1 del Código Civil. De lo contrario, cualquier negligencia por parte del solicitante de la conciliación en cuanto al domicilio de la otra parte, o cualquier otra anomalía que impida un conocimiento adecuado de la celebración del acto por parte de la otra parte, podría causar un perjuicio injustificado a aquel que no pudo comparecer debido a causas ajenas a su voluntad. Por lo tanto, es fundamental que se respeten tanto los derechos del litigante ausente como los derechos de la otra parte, de acuerdo con lo que establece el mencionado precepto. En la misma línea se sitúan STSJ de Baleares, sala de lo Social, de 20 de septiembre de 2010, ECLI:ES:TSJBAL:2010:1220, FD. 4: "la empresa no acudió al acto de conciliación ante el TAMIB pese a estar citada, siempre, en forma y, por ello, en aplicación de tal doctrina estamos ante un caso de incomparecencia injustificada, como lo revela el que jamás ofreció razón alguna de tal conducta, lo que hace que este Tribunal deba (art. 66.3 LPL) apreciar "temeridad" y aplicar la multa prevista en el artículo 97.3 de la LPL ya que, en definitiva, la sentencia que se ha dictado coincide esencialmente con la pretensión contenida en la papeleta de conciliación".

tramitaron 362.511 asuntos, con 124.856 acuerdos. Más del 60% de los asuntos se relacionan con despidos, mientras que el 40% restante aborda reclamaciones de cantidad y diversas causas como accidentes laborales y clasificación profesional. Desde el punto de vista de conflictos colectivos, la mediación-conciliación no ha sido una materia alejada. El Servicio Interconfederal de Mediación y Arbitraje (Fundación SIMA), tutelado por el Ministerio de Trabajo y Economía Social, establecido como un trámite preprocesal[40], ha venido ofreciendo este servicio a aquellos conflictos colectivos llevados a cabo en un ámbito geográfico superior al autonómico desde la firma del I Acuerdo sobre Solución Extrajudicial de Conflictos colectivos laborales (ASEC)[41] y suscrito por las organizaciones CC.OO., UGT, CEOE y CEPYME. Los datos obtenidos[42] han venido reflejando una actividad *in crescendo*, iniciando el servicio de manera efectiva en 1998, conociendo de 49 procedimientos en sus etapas iniciales a cifras cercanas a los 500 asuntos en las últimas anualidades, existiendo una tasa de acuerdo cercana al 30%. Desde un prisma autonómico, y especialmente en la Comunidad Autónoma de Castilla y León, la Fundación del Servicio de Relaciones Laborales de la comunidad (SERLA[43]) es un órgano extrajudicial, autónomo y pari-

---

40 GARCÍA VALVERDE, M.D. "Estudio del marco jurídico de la solución extrajudicial laboral en el ámbito estatal: El SIMA y el ASAC V. Evolución de los acuerdos estatales y situación actual", en M.D. García Valverde (dir.), R. Moya Amador (dir.), C. Serrano Falcón (dir.), N. Tomás Jiménez (dir.) y R. Vida Fernández (dir.), *Acuerdos de solución extrajudicial de conflictos laborales. Teoría y práctica*, Valencia, Tirant lo Blanch, 2017, pp. 51-94, esp. p. 73.

41 I Acuerdo sobre Solución Extrajudicial de Conflictos colectivos laborales (ASEC). Disponible en: https://www.boe.es/boe/dias/1996/02/08/pdfs/A04519-04521.pdf Posteriormente se han ido firmando los acuerdos II de 2001 (Disponible en: https://www.boe.es/boe/dias/2001/02/26/pdfs/A07274-07280.pdf), Acuerdo III de 2005 (Disponible en: https://www.boe.es/boe/dias/2005/01/29/pdfs/A03282-03287.pdf), Acuerdo IV de 2009 (Disponible en: https://www.boe.es/boe/dias/2009/03/14/pdfs/BOE-A-2009-4317.pdf), Acuerdo V de 2012 (Disponible en: https://www.boe.es/boe/dias/2012/02/23/pdfs/BOE-A-2012-2655.pdf) y Acuerdo VI de 2020 (Disponible en: https://www.boe.es/boe/dias/2020/12/23/pdfs/BOE-A-2020-16881.pdf).

42 Datos obtenidos del Archivo histórico de la página web de la Fundación SIMA (Tabla: Evolución de conflictos tramitados en el SIMA (1998 a 2016). Disponible en: https://fsima.bouge.es/wp-content/uploads/Evoluci%C3%B3n-conflictos-1998-2016-1.pdf) así como de la *Memoria de Actividades del año 2019 de la Fundación SIMA*, pp. 11-16. Disponible en: https://www.fsima.es/wp-content/uploads/Memoria19_SIMA_FSP_pag-web-comprimido_compressed.pdf

43 Constituida por el I Acuerdo Interprofesional sobre Procedimientos de Solución Autónoma de Conflictos laborales en Castilla y León –aprobándose en fecha de

tario, que está enfocado en proporcionar un procedimiento de mediación ante los conflictos colectivos ocasionados en el ámbito territorial de la región. Desde su origen, ha propiciado la participación de más de 36.000 empleados y 2.600 empleadores, mostrando la importante labor ejercida por el Diálogo Social en la comunidad castellanoleonesa.

En congruencia con el actual avance del modelo laboral, el cual supera las fronteras nacionales y abarca un interés transfronterizo, resulta imperativo que la Unión Europea elabore un instrumento comunitario que establezca la armonización y las normas mínimas en este ámbito, facilitando la integración y el funcionamiento del mercado único. La existencia de reglas y estándares uniformes en toda la UE conduce a una mayor efectividad en la protección de los derechos laborales, y por ende, del proceso de mediación social. La creación de un marco específico para la mediación laboral puede ayudar a generar una respuesta más efectiva ante los conflictos nacientes en este particular ámbito del derecho europeo, lo cual deberá ser transpuesto a nivel nacional para abordar las necesidades específicas de cada jurisdicción interna. La propia naturaleza de las relaciones contractuales en este contexto difiere significativamente de las disputas de naturaleza civil, lo que aleja considerablemente la idoneidad del marco normativo civil para proporcionar una respuesta adecuada a las necesidades laborales. De igual manera, desde una perspectiva pragmática, en el ámbito laboral, la mediación se ha demostrado ampliamente apropiada, superando con creces la cantidad de mediaciones que se realizan en el ámbito civil.

2. *Propuesta de Lege Ferenda: Directiva de mediación laboral en asuntos transfronterizos*

A través de las próximas líneas se procederá a elaborar una propuesta de Directiva, que es el objeto central de este estudio. De este modo, se llevará a cabo una breve introducción de la norma y, posteriormente, se procederá a analizar el artículo en cuestión.

Dando comienzo al presente apartado, la propuesta de Directiva dará inicio con el primer artículo, que tiene por objetivo establecer la finalidad y ámbito de aplicación de la misma. En este sentido, su propósito principal

---

22 de diciembre de 1997 sus estatutos—, suscrito por la Unión General de Trabajadores – Unión Regional de Castilla y León (UGT), la Unión Regional de Comisiones Obreras de Castilla y León (CCOO) y la Confederación de Organizaciones Empresariales de Castilla y León (CECALE).

es el fomento del uso de la mediación y conciliación como mecanismos complementarios orientados a salvaguardar los derechos de las partes involucradas, con un enfoque particular en la parte trabajadora, que parte de una posición caracterizada por la desigualdad. El ámbito de aplicación abarca diversas materias laborales como las condiciones de trabajo, las relaciones laborales, los conflictos entre trabajadores y cualquier otra materia que las partes deseen someter a mediación o conciliación.

Artículo 1. Finalidad y ámbito de aplicación

1. El objetivo de la presente directiva es fomentar la utilización de la mediación y conciliación como herramientas para la resolución de conflictos laborales, a fin de promover relaciones laborales más justas y eficaces.

2. A tal fin, los Estados miembros deberán garantizar que los empleadores y los trabajadores tengan acceso a procedimientos efectivos y adecuados de mediación y conciliación, en los que se fomente la comunicación, el diálogo y la negociación entre las partes.

3. Los procedimientos de mediación y conciliación deberán ser voluntarios y confidenciales, llevados a cabo por profesionales especializados y neutrales que cuenten con la formación y experiencia necesarias.

4. Asimismo, los Estados miembros deberán promover la utilización de los procedimientos de mediación y conciliación como medios complementarios a la vía judicial, fomentando la cooperación entre las autoridades judiciales y los mediadores y conciliadores.

5. Los Estados miembros deberán adoptar medidas para garantizar los derechos de las partes intervinientes, y especialmente la protección de los derechos de las personas empleadas. La manifiesta desigualdad habida entre empleador y empleado conlleva la instrucción de un conjunto de garantías nacionales que eviten la posible existencia de coacciones que limiten a la parte trabajadora a reclamar sus derechos en una posición equitativa.

6. La mediación y conciliación laboral deberán abordar, entre otras, las siguientes materias:

a) Las condiciones de trabajo, incluyendo la remuneración, la jornada laboral, la salud y seguridad en el trabajo y la igualdad de trato;

b) Las relaciones laborales, incluyendo la contratación, la promoción, la formación y el despido;

c) Los conflictos entre trabajadores, incluyendo acoso laboral y discriminación;

d) Cualquier otra materia que las partes deseen someter a mediación o conciliación.

7. Los Estados miembros deberán adoptar medidas para garantizar que las decisiones adoptadas en el marco de los procedimientos de mediación y conciliación sean respetadas y aplicadas por las partes, incluyendo la posibilidad de que sean elevadas a la vía judicial en caso de incumplimiento.

8. La presente Directiva se aplicará a los conflictos laborales transfronterizos que surjan entre empleados y empleadores en la Unión Europea, con la sal-

vedad de aquellos derechos y obligaciones que no estén a disposición de las partes en virtud de la legislación nacional pertinente.

9. En la presente Directiva, se entenderá por «Estado miembro» cualquier Estado miembro, con excepción de Dinamarca.

El segundo apartado de la propuesta de Directiva (Artículo 2. Litigios transfronterizos) introduce la noción de controversia transfronteriza, que presenta similitudes sustanciales con la ya contemplada en la Directiva de 2008, remitiéndonos a dicha Directiva.

El artículo 3 de la propuesta de Directiva procede a delinear las definiciones de los términos esenciales que conforman el contenido del documento. En este sentido, proporciona una serie de conceptos coherentes con los que ya se han empleado en otros instrumentos europeos relacionados con la mediación y la conciliación. Cabe destacar que se resalta la función del mediador y el conciliador como facilitadores imparciales del diálogo, sin atribuirles la capacidad de brindar asesoramiento jurídico o imponer soluciones vinculantes.

Artículo 3. Definiciones

1. A efectos de la presente Directiva, se entenderá por:

a) «mediación»: un procedimiento estructurado, independientemente de su denominación, en el que dos o más partes involucradas en una disputa buscan voluntariamente alcanzar un acuerdo para la resolución de su conflicto con la asistencia de un mediador. Este proceso puede ser iniciado por las propias partes, recomendado o requerido por una autoridad judicial, o establecido por la legislación de un Estado miembro. La mediación también abarca los casos en los que un juez que no está vinculado a ningún procedimiento judicial relacionado con la disputa facilita el proceso, así como las mediaciones realizadas por servicios o unidades especializadas en mediación, conciliación y arbitraje en el ámbito de los conflictos laborales. No se considera mediación aquellas gestiones para resolver la disputa que sean realizadas por el órgano jurisdiccional o el juez competente en el curso de un proceso judicial relacionado con dicha disputa.

b) «conciliación»: un procedimiento estructurado, cualquiera que sea su nombre o denominación, en el que dos o más partes involucradas en un conflicto laboral intentan de manera voluntaria llegar a un acuerdo para la resolución de dicho conflicto, con la ayuda y propuestas de un conciliador. Al igual que en el caso de la mediación, este procedimiento puede ser iniciado por las partes en disputa, sugerido o requerido por una autoridad judicial, o establecido por la legislación de un Estado miembro. La conciliación también engloba los casos en los que un juez que no tiene responsabilidad sobre ningún proceso judicial relacionado con el conflicto laboral facilita el proceso, así como las conciliaciones realizadas por servicios o unidades especializadas en mediación, conciliación y arbitraje en el ámbito de los conflictos laborales. No se considera conciliación aquellas gestiones para resolver el conflicto laboral que sean realizadas por el órgano jurisdiccional o el juez competente en el curso de un proceso judicial relacionado con dicho conflicto laboral

c) «mediador»: todo tercero que sea requerido para llevar a cabo una mediación de manera eficaz, imparcial y competente, independientemente de su designación, denominación o profesión en el Estado miembro correspondiente, así como del método utilizado para su nombramiento o solicitud en el proceso de mediación. El mediador desempeña un papel crucial al ayudar a las partes involucradas en el conflicto a alcanzar un acuerdo, facilitando la comunicación y el diálogo entre ellas, aunque se abstiene de proporcionar asesoramiento jurídico o imponer soluciones vinculantes. La designación del mediador puede ser realizada por las partes en disputa, sugerida u ordenada por una autoridad judicial, o estipulada por la legislación de un Estado miembro.

d) «conciliador»: todo tercero al que se le solicite llevar a cabo una conciliación de manera eficaz, imparcial y competente, independientemente de su designación, denominación o profesión en el Estado miembro correspondiente, así como del método utilizado para su nombramiento o solicitud en el proceso de conciliación. El conciliador desempeña un papel importante al asistir a las partes en conflicto en la búsqueda de un acuerdo, facilitando la comunicación y el diálogo entre ellas, y aunque puede presentar propuestas, se abstiene de brindar asesoramiento jurídico o imponer soluciones vinculantes. La designación del conciliador puede ser realizada por las partes en disputa, sugerida u ordenada por una autoridad judicial, o estipulada por la legislación de un Estado miembro.

e) En el contexto de la presente Directiva, «conflicto laboral» se refiere a cualquier disputa entre empleados y empleadores relacionada con los términos y condiciones del empleo, incluyendo, entre otros, la compensación, los horarios de trabajo, las condiciones laborales, el acoso y la discriminación.

El cuarto artículo recoge un aspecto esencial que confiere una autonomía trascendental a este instrumento europeo. La intervención de los sindicatos y patronal se puede convertir en un factor clave para el desarrollo del proceso específico, así como del cumplimiento del diálogo social.

Artículo 4. Intervención de sindicatos y organizaciones patronales.

1. Los Estados miembros procurarán que los sindicatos puedan intervenir en el proceso de mediación más allá de sus meras funciones representativas de la persona trabajadora. Su participación como terceros obedecerá a la idea ya expresada en el presente texto legal de proteger los derechos de las personas empleadas ante la evidente posición de desigualdad habida en un conflicto laboral.

2. Los Estados miembros procurarán la participación de las asociaciones de empleadores para la representación y defensa de los intereses de estos últimos.

3. La participación tanto de sindicatos como patronales garantizará el cumplimiento del modelo social europeo, poniendo en relevancia la importancia del diálogo social y la contribución activa en la elaboración de la política social y laboral europea.

El artículo quinto detalla los diferentes principios sobre los que ha de asentarse el nuevo modelo de mediación laboral europeo. Se destaca la voluntariedad del proceso, la igualdad de oportunidades entre las partes, la confidencialidad de la mediación y conciliación, y se enfatiza en los principios de lealtad, buena fe y respeto mutuo. Estos principios son fundamentales para promover un diálogo constructivo y equitativo, así como para fomentar la autodeterminación de las partes en la resolución de los conflictos laborales.

Artículo 5. Principios informadores de la mediación y conciliación

1. El proceso es voluntario. Nadie está obligado a mantenerse en el procedimiento de mediación ni a concluir un acuerdo

2. Se garantizará que las partes participen en igualdad de oportunidades, manteniendo el equilibrio entre sus posiciones y el respeto hacia los puntos de vista que ellas expresen. El mediador o conciliador deberá ser imparcial y no actuar en perjuicio o en interés de ninguna de las partes.

3. Se desarrollarán las actuaciones de mediación de manera tal que se habilite a las partes involucradas en el conflicto a lograr por cuenta propia un acuerdo de mediación.

4. Los Estados miembros garantizarán que la mediación y conciliación laboral sea confidencial y que los mediadores y los participantes en la mediación laboral no divulguen ninguna información confidencial relacionada con el conflicto laboral. Salvo acuerdo en contrario de las partes, los mediadores o conciliadores y cualquier persona involucrada en la administración del procedimiento no estarán obligados a declarar sobre la información obtenida o relacionada con el proceso de mediación y conciliación en ningún proceso judicial posterior o arbitraje. Sin embargo, esta regla no se aplicará cuando sea necesario por razones imperiosas de orden público en el Estado miembro de que se trate, en particular cuando así lo requiera la prevención de daños a la integridad física o psicológica de una persona, o cuando el conocimiento del contenido del acuerdo resultante de la mediación sea necesario para aplicar o ejecutar dicho acuerdo.

La persona mediadora deberá informar a las partes sobre el tratamiento y la finalidad de los datos personales recabados en la mediación, así como sobre los derechos que les asisten en materia de acceso, rectificación, supresión, limitación, oposición y portabilidad. Asimismo, deberá solicitar su consentimiento expreso para dicho tratamiento y para su cesión a terceros cuando sea necesario para el desarrollo del proceso.

El mediador o mediadora adoptará las medidas técnicas y organizativas necesarias para garantizar la seguridad y confidencialidad de los datos personales tratados en la mediación, evitando su alteración, pérdida o acceso no autorizado. En particular, deberá utilizar medios telemáticos seguros cuando se realice la mediación a distancia.

Los Estados miembros podrán establecer medidas más estrictas para proteger la confidencialidad de la mediación y conciliación, según sea necesario para proteger los intereses de las partes involucradas y garantizar un proceso de mediación y conciliación justo y equitativo.

> 5. Las partes involucradas en un proceso de mediación deberán actuar de acuerdo a los principios de lealtad, buena fe y respeto mutuo, los cuales constituyen los pilares fundamentales para un diálogo constructivo y efectivo en el marco del proceso de mediación y conciliación.

El sexto artículo centra su atención en la celeridad del procedimiento y en la figura de la mediación acelerada. Su propósito consiste en promover técnicas y herramientas que, sin menoscabo de la calidad del proceso, reduzcan al mínimo la duración de las actuaciones.

> **Artículo 6. Agilidad del proceso de mediación y la mediación acelerada**
>
> 1. Los Estados miembros fomentarán la utilización de técnicas y herramientas que permitan la agilización del proceso de mediación en los procedimientos laborales, sin menoscabo de la calidad y eficacia de dicho proceso.
>
> 2. Se promoverán medidas que propicien la rápida designación de mediadores en los procedimientos de mediación, garantizando su experiencia y formación específica en la materia objeto de controversia.
>
> 3. Los Estados miembros promoverán, asimismo, el uso de fórmulas de mediación acelerada, como la mediación en un solo día o la mediación de urgencia, en aquellos casos en que la naturaleza del conflicto o las circunstancias lo requieran.
>
> 4. Los Estados miembros podrán establecer medidas adicionales que favorezcan la agilidad del proceso de mediación, siempre y cuando no menoscaben la protección de los derechos y garantías de las partes y se respeten los principios y valores que rigen el proceso de mediación laboral, incluyendo la confidencialidad, la imparcialidad y la independencia de los mediadores, así como el derecho de las partes a un proceso justo y equitativo.

El séptimo artículo establece la posibilidad de que los órganos jurisdiccionales puedan proponer a los litigantes el uso de la mediación como método de solución de litigios.

> **Art. 7. Recurso a la mediación**
>
> 1. El tribunal competente en un caso, cuando sea pertinente y considerando todas las circunstancias particulares, puede sugerir a las partes que consideren la posibilidad de recurrir a la mediación y conciliación como medio para resolver la disputa. Además, el tribunal puede requerir que las partes participen en una sesión informativa sobre el uso de la mediación, si dichas sesiones están disponibles y son de fácil acceso.
>
> 2. La presente Directiva no afectará a la legislación nacional que establezca la obligatoriedad de la mediación y conciliación, o que la vincule a incentivos o sanciones, ya sea antes o después del inicio del proceso judicial, siempre y cuando dicha legislación no impida que las partes ejerzan su derecho de acceso al sistema judicial.

Por su parte, el octavo artículo establece los efectos de suspensión de los plazos de caducidad e interrupción de los de prescripción ante la solicitud del trámite de mediación, remitiéndonos al octavo artículo de la Directiva 2008.

El noveno artículo aborda la ejecutividad del acuerdo de mediación, remitiéndonos al sexto artículo de la Directiva 2008.

A través del décimo artículo, se aboga por la incorporación de medios tecnológicos con el fin de posibilitar un proceso más eficiente y accesible a todas las partes involucradas, siempre y cuando se salvaguarden los principios y valores inherentes a la mediación, así como los derechos de las partes.

> **Artículo 10. Utilización de medios telemáticos.**
>
> 1. Los Estados miembros garantizarán que las partes tengan la posibilidad de llevar a cabo las sesiones de mediación a través de medios telemáticos, siempre que se respeten las condiciones necesarias para asegurar la calidad y seguridad del proceso.
>
> 2. Los Estados miembros velarán por que los mediadores estén debidamente formados y capacitados para utilizar medios telemáticos en el desarrollo de las sesiones de mediación laboral, así como para garantizar la confidencialidad de las actuaciones.
>
> 3. Los Estados miembros podrán establecer requisitos adicionales para la utilización de medios telemáticos en la mediación laboral, siempre que no se menoscaben los derechos y garantías de las partes y se respeten los principios y valores que rigen el proceso de mediación.

En cuanto a la Inteligencia Artificial, que ha cobrado un papel destacado en el desarrollo de la sociedad en los últimos meses, no podía quedar excluida de la mediación laboral[44]. La mediación laboral no podía quedar fuera de sus virtudes, y a través del artículo undécimo se establecen los requisitos para su utilización.

> **Artículo 11. Utilización de la Inteligencia Artificial**
>
> 1. Los Estados miembros establecerán los requisitos y fomentarán la utilización de la Inteligencia Artificial (IA) en los procedimientos de mediación la-

---

44 Para un estudio de la importancia de la IA en los nuevos modelos de ADR, véase BARONA VILAR, S. "Psicoanálisis de las ADR. Retos en la sociedad global del siglo XXI", *La Ley: mediación y arbitraje*, 2020, nº. 1, pp. 1-22; BARONA VILAR, S. "Una justicia "digital" y "algorítmica" para una sociedad en estado de mudanza", en S. Barona Vilar (dir.), *Justicia algorítmica y neuroderecho: una mirada multidisciplinar,* Tirant lo Blanch, Valencia, 2021, pp. 21-63; MARTÍN DIZ, F. "Inteligencia artificial y medios extrajudiciales de resolución de litigios online (ODR): evolución de futuro en tiempos de pandemia global (Covid-19)", *La Ley: mediación y arbitraje,* 2020, nº. 2, pp. 1-47; NIEVA FENOLL, J. *Inteligencia artificial y proceso judicial,* Marcial Pons, Madrid, 2018.

boral, siempre y cuando se garanticen los derechos y garantías de las partes involucradas en el conflicto laboral, pudiendo imponer restricciones adicionales si se considera necesario.

2. Los mediadores encargados de utilizar la IA en la mediación laboral deberán estar debidamente formados y capacitados en el uso de esta tecnología, garantizando que se preserven los principios y valores que rigen el proceso de mediación.

3. Los mediadores deberán informar a las partes involucradas en la mediación sobre el uso de la IA en el proceso y garantizar que se obtenga su consentimiento expreso antes de utilizarla. En caso de que una de las partes se oponga a la utilización de la IA en el proceso de mediación, se deberá llevar a cabo la mediación sin utilizar esta tecnología.

4. La utilización de la IA en la mediación laboral no deberá menoscabar la capacidad de las partes para alcanzar un acuerdo de mediación por sí mismas, ni deberá afectar negativamente el equilibrio de poder entre las partes.

El duodécimo artículo fomenta la formación y registro de los profesionales. Para ello se establece esta como un mecanismo de control de la calidad del proceso y formación mínima.

Artículo 12. Formación y registro de mediadores y conciliadores

1. Los Estados miembros promoverán, según lo consideren apropiado, la creación de códigos de conducta voluntarios y la adhesión de mediadores y organizaciones que ofrezcan servicios de mediación a estos códigos. Además, fomentarán la implementación de otros mecanismos efectivos de control de calidad relacionados con la prestación de servicios de mediación.

2. Los Estados miembros garantizarán que los mediadores y conciliadores que actúen en su territorio hayan completado una formación específica para ejercer la mediación y conciliación. Esta formación tendrá una duración mínima de 100 horas, de las cuales al menos el 35% deberá ser práctica. Los contenidos de los cursos deberán incluir aspectos teóricos y prácticos sobre la normativa aplicable, las técnicas y habilidades de comunicación y negociación, los principios éticos y deontológicos, y los procedimientos administrativos relacionados con la mediación y la conciliación.

3. Para ser reconocido como mediador o conciliador en el registro oficial, el candidato deberá demostrar haber completado satisfactoriamente la formación específica, mediante la presentación de un certificado expedido por la institución que imparte dicha formación. Los mediadores y conciliadores inscritos en el registro estarán obligados a mantener actualizados sus datos personales y profesionales, y acreditar periódicamente la realización de actividades formativas complementarias

El décimo tercer de la propuesta instituye un marco de financiación pública destinado a garantizar la accesibilidad de los servicios de mediación y conciliación. Se cubrirán los costos de formación, funcionamiento y promoción de dichos servicios. Se fomentarán incentivos fiscales y se realizará un seguimiento de la eficacia y calidad de los servicios financiados.

Artículo 13. Financiación de los servicios de mediación y conciliación

1. Se establecerá un marco de financiación pública para garantizar la accesibilidad de los servicios de mediación y conciliación a todas las partes, especialmente aquellas que cuentan con menos recursos.

2. La financiación pública se destinará a cubrir los costes de los servicios de mediación y conciliación, incluyendo la formación y acreditación de mediadores y conciliadores, los gastos de funcionamiento y mantenimiento de los centros de mediación y conciliación, y los costes derivados de la promoción y difusión de estos servicios.

3. La financiación pública se distribuirá de forma equitativa entre los distintos servicios de mediación y conciliación, teniendo en cuenta las necesidades de cada territorio y la demanda de estos servicios por parte de la ciudadanía.

4. Las administraciones públicas podrán establecer acuerdos de colaboración con entidades privadas para la financiación de los servicios de mediación y conciliación, siempre y cuando se respeten los principios de transparencia, eficacia y eficiencia en el uso de los recursos públicos.

5. Se promoverán medidas de incentivo fiscal para las empresas y particulares que utilicen los servicios de mediación y conciliación en la resolución de conflictos, fomentando de esta forma su uso y contribuyendo a la difusión de la cultura de la mediación y la conciliación.

6. Los servicios de mediación y conciliación deberán llevar un registro de los ingresos y gastos derivados de su actividad, y deberán presentar una memoria anual de sus actividades y resultados a las administraciones públicas correspondientes, para garantizar la transparencia y el control en la gestión de los recursos públicos destinados a su financiación.

7. Las administraciones públicas podrán establecer medidas de evaluación y seguimiento de la eficacia y eficiencia de los servicios de mediación y conciliación financiados con recursos públicos, para garantizar la calidad de estos servicios y su adecuación a las necesidades de la ciudadanía.

En último lugar, el décimo cuarto artículo versa sobre el fomento de la mediación por parte de los diferentes Estados miembros, remitiéndonos al art. 9 de la Directiva 2008.

V. A MODO DE REFLEXIÓN FINAL

El célebre psicólogo Abraham Maslow (1908-1970) afirmaba que "si tu única herramienta es un martillo, tiendes a tratar cada problema como si fuera un clavo". Esta aseveración adquiere relevancia en el contexto del presente trabajo, donde se sostiene que la aplicación del instrumento europeo de mediación civil para dirimir conflictos laborales representa una solución inadecuada. Las disputas surgidas de las relaciones laborales presentan características específicas que demandan una regulación autónoma. Estas disputas derivan de los contratos de trabajo y están intrínsecamente vinculadas con el sustento diario de los trabajadores. Según la pirámide de Maslow, las necesidades fisiológicas ocupan la base jerárquica, seguidas de otros cuatro niveles igualmente relacionados de manera indirecta al ámbito laboral. Tanto la satisfacción de necesidades primordiales como el avance profesional son aspectos inherentes y derivados de las relaciones laborales, y no de las relaciones civiles. Por consiguiente, estas particularidades demandan una protección autónoma que no puede ser brindada a través de un enfoque civil, sino a través de un enfoque laboral. Además, no se advierte una posición de igualdad entre las partes litigantes, dado que la jerarquía impuesta por los contratos laborales coloca a los trabajadores en una posición de desventaja frente a las empresas. De igual forma, conviene destacar la posible (y a veces necesaria) intervención de otros actores fundamentales en estas relaciones, como los sindicatos o las organizaciones patronales.

En este contexto, se ha presentado en estas líneas una propuesta de Directiva de mediación laboral con el propósito de proteger de los derechos laborales de los trabajadores en la Unión Europea. Esta propuesta, compuesta por catorce artículos, aborda, partiendo del marco civilista existente: (a) Finalidad y ámbito de aplicación; (b) Litigios transfronterizos; (c) Definiciones de conceptos de mediación, conciliador, mediador, conciliador y conflicto laboral; (d) Intervención de los sindicatos y organizaciones patronales; (e) Principios informadores de la mediación y conciliación; (f) Agilidad del proceso de mediación y la mediación acelerada; (g) Recurso a la mediación; (h) Efecto de la mediación sobre la prescripción y la suspensión de plazos; (i) Acuerdo de mediación y carácter ejecutivo de los acuerdos resultantes de la mediación; (j) Utilización de medios telemáticos; (k) Utilización de la Inteligencia Artificial; (l) Formación y registro de mediadores y conciliadores; (m) Financiación de los servicios de mediación y conciliación; (n) Información al público y fomento de la conciliación y mediación.

Se pretende adecuar este nuevo marco normativo a los principios del proceso laboral, amalgamándolos con los principios inherentes a la mediación y abriendo espacio para la incorporación de innovadores fenómenos tecnológicos que no fueron considerados en el instrumento de 2008. Se promueve, de este modo, la autonomía de los conflictos laborales a través de un instrumento europeo propio que garantice una adecuada protección de los derechos laborales, armonizando las prácticas en todo el territorio de la Unión Europea y fortaleciendo el mercado único. Esto permite alcanzar un proceso de mediación más ágil, eficiente y económico que reestructure las relaciones entre empleados y empleadores.

Bibliografía

ALMOGUERA GARCÍA, J. "La Directiva europea de la mediación civil y mercantil. La mediación y el arbitraje en el comercio internacional", *Noticias de la Unión Europea,* 2009, nº 292, pp. 5-19.

ARIAS RODRÍGUEZ, J.M. "Reflexiones acerca de la Directiva 2008/52/CE sobre ciertos aspectos de la mediación en asuntos civiles y mercantiles", *Revista del Poder Judicial,* 2009, nº 88, pp. 133-175.

BARONA VILAR, S. "El movimiento de las ADR en Derecho Comparado", en M.A. Catalina Benavente y R. Castillejo Manzanares (coords.), *Violencia de género, justicia restaurativa y mediación,* La Ley, Madrid, 2011, pp. 455-500.

BARONA VILAR, S. *Mediación en asuntos civiles y mercantiles en España,* Tirant lo Blanch, Valencia, 2013.

BARONA VILAR, S. "Psicoanálisis de las ADR. Retos en la sociedad global del siglo XXI", *La Ley: mediación y arbitraje,* 2020, nº. 1, pp. 1-22.

BARONA VILAR, S. "Una justicia "digital" y "algorítmica" para una sociedad en estado de mudanza", en S. Barona Vilar (dir.), *Justicia algorítmica y neuroderecho: una mirada multidisciplinar,* Tirant lo Blanch, Valencia, 2021, pp. 21-63.

BELLOSO MARTÍN, N. "Un paso más hacia la desjudicialización. La Directiva europea 2008/52/CE sobre mediación en asuntos civiles y mercantiles", *Revista Eletrônica de Direito Processual,* 2008, vol.2 nº 2, 2008, pp. 257-291, esp. p. 278.

CHÉLIZ INGLÉS, M.C. "La UE y la armonización de la regulación en materia de mediación: ¿hacia una mediación obligatoria en todos los Estados miembros?", *Revista de Estudios Europeos,* 2017, n. 71, pp. 189-205.

DOMÍNGUEZ RUIZ, L. "La mediación civil y mercantil en Europa: estudio comparado del Derecho italiano y español", *Revista Aranzadi Doctrinal,* 2012, n. 11, pp. 139-157.

DUFFY, G. *La Mediación y sus contextos de aplicación,* Barcelona, Paidós, 1996.

FERNÁNDEZ BALLESTEROS, M.A., *Avenencia o ADR. Negociación, Mediación, Peritajes, Conciliación, Pactos y Transacción,* Madrid, Iurgium, 2014.

FOLBERG J. y TAYLOR, A. *Mediación. Resolución de conflictos sin litigio,* México, Limusa, 1997.

GARCÍA VALVERDE, M.D. "Estudio del marco jurídico de la solución extrajudicial laboral en el ámbito estatal: El SIMA y el ASAC V. Evolución de los acuerdos estatales y situación actual", en M.D. García Valverde (dir.), R. Moya Amador (dir.), C. Serrano Falcón (dir.), N. Tomás Jiménez (dir.) y R. Vida Fernández (dir.), *Acuerdos de solución extrajudicial de conflictos laborales. Teoría y práctica,* Tirant lo Blanch, Valencia, 2017, pp. 51-94.

GIL NIEVAS, R. "La Directiva 2008/52/CE del Parlamento Europeo y del Consejo, de 21 de mayo de 2008, sobre ciertos aspectos de la mediación en asuntos civiles y mercantiles", *Actualidad Jurídica Aranzadi,* 2009, nº 768, pp. 11-16.

GONZALO QUIROGA, M. "Métodos alternos: una justicia más progresista y universalizada", en M. Gonzalo Quiroga (coord.), F. J. Gorjón Gómez (coord.) y A. Sánchez García (coord.), *Métodos alternos de solución de conflictos: Herramientas de paz y modernización de la justicia,* Dykinson, 2011, Madrid, pp. 41-66.

HAYNES, J., *Fundamentos de la Mediación Familiar*, Gaia Ediciones, Madrid, 1995.

JIMENO BULNES, M. "Mediación penal: estado de la cuestión", en A. Fernández Pérez (coord.), *Avances para una justicia sostenible: ponencias y comunicaciones de la Jornada sobre Métodos alternativos de resolución de controversias y cultura de la paz*, Aranzadi, 2023, Madrid, pp. 235-265.

KOVACH, K. K. "Mediation", en, M.L. Moffit (dir.) y R.C. Bordone (dir.), *The Handbook of Dispute Resolution*, San Francisco, Jossey-Bass, 2005, pp. 304-317.

MARTÍN DIZ, F. "Políticas de la Unión Europea en la promoción de soluciones extrajudiciales para la resolución de conflictos", en Mª. S. Velarde Aramayo (coord.), *Introducción al Derecho del arbitraje y mediación*, Ratio Legis Librería Jurídica, Salamanca, 2006, pp. 71-96.

MARTIN DIZ, F. *La mediación: sistema complementario de administración de justicia*, Consejo General del Poder Judicial, Madrid, 2010.

MARTÍN DIZ, F. "Inteligencia artificial y medios extrajudiciales de resolución de litigios online (ODR): evolución de futuro en tiempos de pandemia global (Covid-19)", *La Ley: mediación y arbitraje*, 2020, nº. 2, pp. 1-47.

MIGUEL BARRIO, R. "La conmutatividad en el proceso laboral, o cuando el orden de los factores no altera el producto", *Trabajo y derecho: nueva revista de actualidad y relaciones laborales*, 2022, nº 94, pp. 1-22.

MIGUEL BARRIO, R. "La necesaria inclusión de la mediación laboral como instrumento alternativo de resolución de conflictos en el ámbito de la unión europea", en M. Jimeno Bulnes (dir.) y C. Ruiz López (coord.), *La evolución del espacio judicial europeo en materia civil y penal: su influencia en el proceso español*, Tirant lo Blanch, Valencia, 2022, pp. 207-238.

MOORE, C. *El proceso de mediación*, Granica, Buenos Aires, 1995.

NIEVA FENOLL, J. *Inteligencia artificial y proceso judicial*, Marcial Pons, Madrid, 2018.

TERUEL FERNÁNDEZ, C. "Una perspectiva panorámica y regional sobre la mediación laboral y en materia de consumo en España", *Revista de Direito Brasileira*, 2020, vol. 25, nº 10, pp. 402-413.

SIGÜENZA LÓPEZ, J. "Precisiones conceptuales sobre lo que es y no mediación", en J.P. Murga Fernández (dir.), S. Tomás Tomás (dir.), *Il Diritto Patrimoniale di fronte alla crisi económica in Italia ein Spagna*, Wolter Kluwer Italia, 2014, San Giuliano Milanese, pp. 449-457.

SOLETO MUÑOZ, H. "La mediación vinculada a los tribunales", en H. Soleto Muñoz (coord.) y M. Otero Parga (coord.), *Mediación y resolución de conflictos. Habilidades para una necesidad emergente*, Tecnos, Madrid, 2007, pp. 245-280.

SUAREZ, M. *Mediando en sistemas familiares*, Paidós Mediación, Barcelona, 2002.

TORRES ESCÁMEZ, S. "Ejecuta como sea (o el carácter ejecutivo del documento privado de mediación)", *El Notario del Siglo XXI*, 2011, n. 38, pp. 34-35.

URQUIDI, E. *Mediación. Solución de conflictos sin litigio*, Centro de Resolución de Conflictos, Querétaro, 1999.

Capítulo X

Evolución del concepto "materia contractual" en el Reglamento Bruselas I bis

Development of the concept of "contractual matters" in the Brussels I bis Regulation

ÍÑIGO HERRERO ELEJALDE
Magistrado del Juzgado 1ª Instancia e Instrucción nº2 Puerto de la Cruz
Profesor CLI de Derecho internacional privado de la Universidad de la Laguna
Miembro de la Red Judicial Española de Cooperación Judicial Internacional

RESUMEN: Han pasado diez años desde la publicación de Reglamento No 1215/2012[1] del Parlamento europeo y del Consejo de 12 de diciembre de 2012 relativo a la competencia judicial, el reconocimiento y la ejecución de resoluciones judiciales en materia civil y mercantil (refundición). En este Reglamento Bruselas I bis se establecen una serie de criterios de atribución de dicha competencia y distingue en su art. 7 entre materia contractual y extracontractual. Procede en esta investigación definir aquel concepto de materia contractual. El concepto materia contractual es un concepto autónomo[2] de derecho de la Unión Europea y por ello resulta preciso examinar y analizar la evolución del concepto materia contractual en la jurisprudencia del TJUE en relación al art. 7 Reglamento Bruselas I bis y sus consecuencias. Debemos recordar que la interpretación del TJUE del artículo 5 del Reglamento Bruselas I[3], debe tenerse en cuenta al examinar la interpretación del artículo 7 del Reglamento Bruselas I bis y su aplicación[4].

---

1 Reglamento No 1215/2012 del Parlamento europeo y del Consejo de 12 de diciembre de 2012 relativo a la competencia judicial, el reconocimiento y la ejecución de resoluciones judiciales en materia civil y mercantil (refundición). Publicado en DOUE de 20 de diciembre de 2012, nº L 351/1, pp. 001-0032.

2 Los conceptos de «materia contractual» y de «materia delictual o cuasidelictual» no pueden entenderse en el sentido de que se remitan a la calificación que la ley nacional aplicable da a la relación jurídica sobre la que debe pronunciarse el órgano jurisdiccional nacional".

3 Reglamento (CE) nº 44/2001 del Consejo, de 22 de diciembre de 2000, relativo a la competencia judicial, el reconocimiento y la ejecución de resoluciones judiciales en materia civil y mercantil. Publicado en DOCE de 16 de enero de 2001, nº L 12, pp. 0001 – 0023.

4 Así se desprende del considerando 34 del Reglamento (UE) n.º 1215/2012, Bruselas I (refundición), que hace hincapié en la necesidad de continuidad.

Palabras clave: Reglamento Bruselas I bis; competencia; TJUE; contractual; extracontractual.

ABSTRACT: It has already been ten years since the publication of the Regulation (EU) No 1215/2012 on jurisdiction and the recognition and enforcement of judgments in civil and commercial matters. This Regulation establishes a series of criteria for the attribution of such competence and distinguishes in Article 7 between contractual and non-contractual matters. The aim of this research is to define the concept of contractual matters. The concept of contractual matters is an autonomous concept of European Union law and it is therefore necessary to examine and analyse the evolution of the concept of contractual matters in the case law of the CJEU in relation to Article 7 of the Brussels Ibis Regulation and its consequences. We must remember that the CJEU's interpretation of Article 5 of the Brussels I Regulation must be taken into account when examining the interpretation of Article 7 of the Brussels I bis Regulation and its application.

Keywords: Brussels I bis Regulation; jurisdiction; CJEU; contractual; non contractual.

I. SENTIDO NEGATIVO

1. *Acciones de responsabilidad nacidas de un contrato*

Hablamos de definición en sentido negativo en aquellos casos en los que el Tribunal de Justicia de la Unión Europea (en adelante, TJUE) no se pronuncia sobre el contenido de la materia contractual por su contenido si no por exclusión o contraposición a lo que es extracontractual y viceversa, esto es, se define un concepto en contraposición o por exclusión del otro.

En el Asunto C-189/87[5], el *Bundesgerichtshof* había planteado, con arreglo al Protocolo de 3 de junio de 1971 relativo a la interpretación por el Tribunal de Justicia del Convenio de 27 de septiembre de 1968 sobre la competencia judicial y la ejecución de resoluciones judiciales en materia civil y mercantil (en lo sucesivo, «el Convenio»[6]), dos cuestiones prejudiciales sobre la interpretación del apartado 3 del artículo 5 y del apartado 1 del artículo 6 del Convenio. La segunda de las cuestiones tenía por objeto dilucidar si el concepto de "delito" del apartado 3 del artículo 5 del Convenio de Bruselas debía interpretarse de modo autónomo conforme a dicho Convenio o, por el contrario, si debía ser determinado conforme al Derecho aplicable a cada caso (*lex causae*), que estableciera el Derecho internacional privado del órgano jurisdiccional al que se ha sometido el litigio. Así pues, al responder a esta primera parte de la cuestión estimó que debía considerarse como un concepto autónomo y, lo que aquí nos interesa, añadió que el concepto delito abarcaba todas las demandas dirigidas a exigir la responsabilidad de un demandado y que no estuvieran relacionadas con la «materia contractual» en el sentido del apartado 1 del artículo 5. Así, el TJUE en su Sentencia del 27 de septiembre de 1988, al responder a la segunda cuestión prejudicial inició la senda de la delimitación negativa o por exclusión del concepto materia extracontractual al afirmar que ésta abarca todas las acciones que buscan establecer la responsabilidad de un demandado y que no están relacionadas con un contrato. En definitiva, para el Tribunal es materia extracontractual aquello que no tiene su origen en un contrato y, a sensu contrario, es contractual todo aquello que nace de un contrato.

2. *Acciones de responsabilidad no nacidas de un contrato pero en las que existe una relación contractual que constituye un antecedente lógico y necesario de aquellas*

Aquella relación se fija menos intensa e incluso en sentido indirecto u oblicuo en el Asunto C-548/12[7]. En aquel supuesto, si bien también se

---

5 Sentencia Kalfelis/Schröder y otros, 27 de septiembre de 1988, C-189/87, ECLI:EU:C:1988:459 (disponible en servidor oficial del Tribunal de Justicia: http://curia.europa.eu).

6 Convenio de Bruselas de 1968 relativo a la competencia judicial y a la ejecución de resoluciones judiciales en materia civil y mercantil. Publicado en DOCE de 31 de diciembre de 1972, n° L 299, pp. 0032–0042.

7 Sentencia Marc Brogsitter contra Fabrication de Montres Normandes EURL y Karsten Fräßdorf, 13 de marzo de 2014, C-548/12, ECLI:EU:C:2014:148, TOL9.914.728.

define lo extracontractual por oposición a lo contractual, se parte de una perspectiva distinta al tomar en consideración los derechos subyacentes que legitiman a las partes en el conflicto y su origen. La petición de cuestión prejudicial se presentó en el marco de un litigio entre el Sr. Brogsitter, con domicilio en Kempen (Alemania), por una parte, y Fabrication de Montres Normandes EURL (en lo sucesivo, «Fabrication de Montres Normandes»), sociedad domiciliada en Brionne (Francia), y el Sr. Fräßdorf, con domicilio en Neuchâtel (Suiza), por otra, en relación con las acciones entabladas por el Sr. Brogsitter con diversas finalidades por los perjuicios que afirmaba haber sufrido a causa de comportamientos constitutivos de competencia desleal. En la STJUE de fecha 13 de marzo de 2014 al resolver la citada cuestión el Tribunal en su párrafo 21 recuerda conforme reiterada jurisprudencia del Tribunal y ligado al concepto de derecho autónomo que debe comprobarse en primer lugar si, la naturaleza de las pretensiones, independientemente de su calificación en Derecho nacional, revisten carácter contractual. A continuación, y en lo que al concepto de materia contractual se refiere en su sentido negativo lo relevante es que traslada al órgano judicial independientemente de la calificación dada por las partes la calificación jurídica a los efectos de determinar el foro competente. En esta tarea, el Juez nacional deberá dilucidar si el comportamiento recriminado es un incumplimiento de las obligaciones contractuales, y por ende la interpretación del contrato que une al demandado con el demandante es indispensable para determinar la licitud o, por el contrario, la ilicitud del comportamiento imputado al primero por el segundo. Es así que, en las acciones de responsabilidad civil, de carácter extracontractual en Derecho nacional deben no en todo caso considerarse materia extracontractual porque no están relacionadas de manera directa con un contrato, si no que, a los efectos de la determinación del foro y en aplicación del Reglamento Bruselas I bis también pueden considerarse "materia contractual". Y esto es así por cuanto que se clarifica que la expresión contractual alcanza ya no solo las materias "relacionadas con un contrato" de manera directa sino también aquellos supuestos (de relación menos intensa, digamos) en los que es indispensable tener en cuenta el contrato para resolver la pretensión de resarcimiento cuando el Juez nacional entienda que a tenor de las alegaciones de las partes puede razonablemente considerarse motivada por la inobservancia de los derechos y obligaciones del contrato que vincula a las partes del procedimiento principal.

II. SENTIDO POSITIVO

1. Obligación libremente asumida por una persona para con otra

En lo que a la definición en positivo o descriptiva del término contrato se refiere, debemos acudir en primer lugar a la STJUE de 17 de junio de 1992[8]. En aquel asunto la *Cour de cassation* francesa sometió al Tribunal de Justicia la siguiente cuestión prejudicial: "El punto 1 del artículo 5 del Convenio, que establece una norma de competencia especial en materia contractual, ¿es aplicable al litigio entablado entre el subadquirente de una cosa y el fabricante, que no es el vendedor, por defectos de la cosa o por no ser adecuada para el uso al que estaba destinada?". El TJUE entendió que lo relevante conforme los vínculos en los que se fundamentan los foros de competencia y la seguridad jurídica era comprobar que no existía ningún vínculo contractual entre el subadquirente y el fabricante y que este último no había asumido ninguna obligación de naturaleza contractual frente al subadquirente. Por consiguiente, lo que procede extraer de esta resolución es que el concepto 'materias relativas a un contrato', tal como se utiliza en el artículo 7 no debe entenderse que cubre una situación en la que no hay obligación libremente asumida por una parte hacia otra.

1.1. Calificación jurídica de la voluntariedad de los vínculos alegados que constituyen la *causa petendi*

En la STJUE de 5 de diciembre de 2019[9], se analizaba si el artículo 7, punto 1, letra a), del Reglamento n.o 1215/2012 debía interpretarse en el sentido de que constituye una acción «en materia contractual», en el sentido de dicha disposición, la acción ejercitada por un Colegio de Abogados en la que se interesa la condena a uno de sus miembros al pago de las cuotas profesionales anuales que adeudaba al colegio y que tienen por objeto principal la financiación de servicios de seguro. Si bien la inscripción en el registro del Colegio de Abogados constituye una obligación legal a la que está supeditado el ejercicio de la profesión de abogado y en tales circunstancias, el artículo 7, punto 1, letra a), del Reglamento n.o 1215/2012

---

8 Sentencia Jakob Handte & Co. GmbH contra Traitements mécano-chimiques des surfaces SA, 17 de junio de 1992, C-26/91, ECLI:EU:C:1992:268 (disponible en servidor oficial del Tribunal de Justicia: http://curia.europa.eu).

9 Sentencia Ordre des avocats du barreau de Dinant, 5 de diciembre de 2019, C-421/18, ECLI:EU:C:2019:1053, TOL7.606.943.

debería interpretarse en el sentido de que una acción ejercitada por un Colegio de Abogados a fin de que se condene a uno de sus miembros al pago de las cuotas profesionales anuales que el Colegio le exige no constituye, en principio, una acción «en materia contractual» en el sentido de dicha disposición, no cabe excluir que, además de las relaciones impuestas *ex lege*, un Colegio de Abogados establezca también relaciones de naturaleza contractual con sus miembros, por ejemplo, de seguro, que ese Colegio de Abogados haya negociado con un tercero a fin de obtener condiciones más ventajosas para los abogados miembros de dicho Colegio, la obligación de abonar tales cuotas tendría carácter contractual y, por tanto, una acción ejercitada para obtener el cumplimiento de dicha obligación estaría comprendida en el ámbito de aplicación del artículo 7, punto 1, letra a), del Reglamento n.o 1215/2012.

Esto es, de la citada resolución se desprende la importancia de determinar el origen de la obligación jurídica invocada como causa de la acción ejercitada y establece la obligación del órgano judicial de verificar si la *causa petendi* fundamento de la acción es de naturaleza contractual o no, esto es, si responde en realidad a una obligación libremente asumida sin perjuicio del estatuto de las partes en conflicto y las obligaciones *ex lege* que puedan coexistir en sus relaciones internas. Señala la citada resolución que corresponde al órgano dilucidar si la cantidad reclamada constituye la contrapartida de las prestaciones libremente consentidas, por ejemplo, de seguro en cuyo caso, la obligación de abonar tales cuotas tendría carácter contractual o si en caso de que no fuera contrapartida de aquella constituye una obligación *ex lege* consecuencia de la necesaria inscripción en el registro del Colegio de Abogados. De los propios hechos se desprende que al solicitar el decano del Colegio de Abogados de Dinant a JN el pago de las cuotas correspondientes a los años 2013 a 2015 y proponerle reducir el importe de dichas cuotas al de las primas de seguro abonadas por este colegio y fraccionar el pago, las cuotas que se adeudaban al colegio correspondían en realidad, esencialmente, a las primas de seguro.

2. *Obligación legal libremente consentida por una persona para con otra y en la cual se funda la pretensión del demandante aun cuando esta obligación no vincule directamente a las partes del litigio*

Esta línea, esto es, la existencia de una obligación libremente asumida para la determinación de la existencia de la materia contractual, es constante en la jurisprudencia del TJUE. No obstante la STJUE 4 de octubre de

2018[10] en relación a una cuestión planteada por el Tribunal Regional de Szczecin, Polonia, añade un elemento más al conjunto de elementos que componen la definición. Afirma que la aplicación de esta regla de competencia presupone el establecimiento de una obligación libremente consentida por una persona para con otra y en la cual se funda la pretensión del demandante. En el citado asunto se planteaba si la regla de competencia referida a materia contractual era aplicable a una acción pauliana mediante la cual el titular de un derecho de crédito nacido de un contrato solicita que se declare ineficaz frente a él el acto, supuestamente lesivo para sus derechos, por el que su deudor transmite un bien a un tercero. En su párrafo 46 la Sentencia afirma que "el titular de derechos de crédito nacidos de un contrato que tiene intención de ejercitar una acción pauliana puede hacerlo ante el órgano jurisdiccional del «lugar en el que se haya cumplido o deba cumplirse la obligación que sirva de base a la demanda», foro que es el autorizado por el artículo 7, punto 1, letra a), del Reglamento n.o 1215/2012" y este será el lugar donde, en virtud de dicho contrato, se hayan ejecutado esas obras. Con ello puede afirmarse que para el TJUE es la *causa petendi* y no la obligación que vincula a las partes en el contrato, lo que identifica la naturaleza de la acción, lo cual supone a su vez una paso más en la evolución de este concepto[11].

3. Obligación jurídica basada en un contrato en la que se funda la acción declarativa de los demandantes y respeto al equilibrio entre el objetivo de previsibilidad y seguridad jurídica y el de proximidad y buena administración de la justicia

Para ahondar en esta evolución amplia del concepto materia contractual cabe traer a colación asimismo las conclusiones del Abogado General presentadas el 16 de junio de 2022 en el Asunto C-265/21[12]. Nos referiremos a

---

10 Sentencia Feniks Sp. z o.o. contra Azteca Products & Services SL, 4 de octubre de 2018, C-337/17, ECLI:EU:C:2018:805, TOL6.818.495.

11 En este sentido las Conclusiones del Abogado General AG Flightright, 19 de octubre de 2017, acumulados C-274/16, C-447/16 y C-448/16, ECLI:EU:C:2017:787, TOL9.913.122 (punto 54) en las cuales indica que la regla de competencia referencia a asuntos de materia contractual se basa en la causa de la acción, no en la identidad de las partes (ver también Sentencia JW y otros contra LOT Polish Airlines, 3 de febrero de 2022, C-20/21, ECLI:EU:C:2022:71, TOL8.774.305).

12 Auto AB y AB-CD (Titre de propriété sur des œuvres d'art), 21 de julio de 2022, C-265/21, ECLI:EU:C:2022:637, TOL9.185.661 y Conclusiones ECLI:EU-:C:2022:476, TOL9.908.528.

las Conclusiones que abordaron un aspecto de gran interés en relación al objeto de este estudio aún cuando el mismo no finalizó con un pronunciamiento sobre el fondo por el Tribunal ya que por Auto del Presidente de la Sala Segunda del Tribunal de Justicia de 21 de julio de 2022 se acordó el archivo de la petición de decisión prejudicial planteada y posteriormente retirada por la Cour d'appel de Bruxelles. En sus conclusiones, el Abogado General Sr. Maciej Szpunar presentadas el 16 de junio de 2022 señaló que lo único que importaba es que la obligación jurídica que invocaban los demandantes en el litigio principal naciera de un contrato, entendido como un acuerdo entre dos personas, o de una relación jurídica que puede asimilarse a un contrato en la medida en que crea «vínculos estrechos del mismo tipo que los que se establecen entre las partes de un contrato». En este caso, los demandantes en el litigio principal basan su acción declarativa de un derecho de propiedad en un contrato de compraventa celebrado entre la madre de uno de ellos, una galerista que, según los demandantes, adquirió las obras de arte de una pareja de artistas, padres del demandado en el litigio principal. Este último sostenía que el contrato de que se trataba no era un contrato de compraventa, sino de depósito. Lo relevante es que la obligación jurídica en la que se basa la acción de los demandantes en el litigio principal surgiera de un contrato. Es por ello que conforme sostiene el Abogado General una vez se ha identificado la obligación contractual en la que se basa la acción del demandante, procede verificar que con la aplicación de las reglas de competencia no se llega a situaciones desorbitantes y que existe un vínculo de conexión particularmente estrecho entre la demanda y el órgano jurisdiccional al que puede someterse esta. En este caso, la alegación del demandado de falta de previsibilidad no puede acogerse por cuanto el tribunal remitente era el órgano jurisdiccional del lugar de cumplimiento de las obligaciones en el que durante más de treinta años estuvieron las obras de arte.

Esta apreciación es conforme con el principio de proximidad y de seguridad jurídica y garantiza el equilibrio entre los intereses del demandante y los del demandado. Además, tal solución permite que la regla de competencia enunciada en el artículo 5, punto 1, del Reglamento n.º 44/2001 produzca su efecto útil. En conclusión, lo que cabe extraer de las conclusiones del Abogado General es que la aplicación de la regla presupone la determinación de una obligación jurídica libremente consentida por una persona respecto a otra y en la que se basa la acción del demandante, aun cuando esta obligación no vincule directamente a las partes del litigio (tal y como hemos visto en los apartados anteriores) y con independencia de la naturaleza de la acción que se ejercita y además, que al interpretar esta disposición, el órgano jurisdiccional nacional vele que se respete el equilibrio entre el objetivo de previsibilidad y seguridad jurídica y el de proximidad y buena administración de la justicia.

4. Alcance de la expresión relación jurídica o vínculos análogos a los propios de la relación contractual que integra el concepto de materia contractual

En la STJUE de fecha de 14 de septiembre de 2023 en el asunto C-393/22[13], entre EXTÉRIA s.r.o. y Spravime, s.r.o., se planteaba y si integran estos el concepto materia contractual a los efectos del art. 7 Reglamento Bruselas I bis1 en el sentido de que el concepto de "contrato de prestación de servicios" el precontrato (*pactum de contrahendo*), en virtud del cual las partes se comprometieron a celebrar el contrato prometido, que sería un contrato de prestación de servicios a los efectos de aquella disposición. Según el Tribunal, la obligación de pago de una penalización contractual por el incumplimiento de un precontrato, como la controvertida en el litigio principal al resultar de las obligaciones que vinculan a las partes y que resultan de los términos de un precontrato están comprendidas en el concepto de «materia contractual», en el sentido del artículo 7, punto 1, letra a), del Reglamento Bruselas I bis. Sin embargo, en la medida en que el precontrato no requiere la realización de ningún acto positivo ni el pago de una remuneración que son elementos definitorios del concepto autónomo del contrato de prestación de servicios, las obligaciones resultantes de él, en particular, la obligación de pago de la penalización contractual, no pueden entenderse comprendidas en el concepto de «prestación de servicios», en el sentido del artículo 7, punto 1, letra b), segundo guion, del Reglamento Bruselas I bis.

III. CONCLUSIONES

Es manifiesta la evolución del concepto materia contractual en la jurisprudencia del TJUE en relación al art. 7 Reglamento Bruselas I bis. De un concepto más estricto y una interpretación restrictiva del mismo basado en obligaciones resultantes del contrato y las partes en este, ha pasado a comprender obligaciones que estén relacionadas con éste es decir, que la obligación puede estar motivada por las relaciones resultantes de una obligación contractual. Además, aquella obligación libremente asumida que define a la

---

13 Sentencia EXTÉRIA, 14 de septiembre de 2023, C-393/22, ECLI:EU:C:2023:675, TOL9.884.131.

relación contractual ya no determina una vinculación personalista con las partes del litigio, esto es, se objetiviza y lo que determina la materia contractual a los efectos de determinación de la competencia es el fundamento de la acción ejercitada. Dicha pretensión se ha de fundar en que la obligación sea contrapartida o nazca de aquel vínculo libremente consentido, debiendo el Tribunal analizar si existe aquel vínculo caracterizado o no y no en tanto que análisis de la validez de la obligación, si no a los efectos *ex officio* de determinar su propia competencia conforme las normas atributivas propias del Reglamento Bruselas I bis. Conviene seguir atento a las futuras resoluciones del TJUE en esta materia, a la evolución del concepto de contrato, o materia contractual, en particular, sobre vínculos caracterizados por obligaciones asumidas por terceros que no son partes del contrato y cómo interactúa con el efecto útil de las reglas de competencia.

Bibliografía

Textos legislativos:

- Reglamento No 1215/2012 del Parlamento Europeo y del Consejo, de 12 de diciembre de 2012, relativo a la competencia judicial, el reconocimiento y la ejecución de resoluciones judiciales en materia civil y mercantil (refundición). Publicado en DOUE de 20 de diciembre de 2012, nº L 351/1, pp. 001-0032.
- Reglamento (CE) nº 44/2001 del Consejo, de 22 de diciembre de 2000, relativo a la competencia judicial, el reconocimiento y la ejecución de resoluciones judiciales en materia civil y mercantil. Publicado en DOCE de 16 de enero de 2001, nº L 12, pp. 0001 – 0023.
- Convenio de Bruselas de 1968, relativo a la competencia judicial y a la ejecución de resoluciones judiciales en materia civil y mercantil. Publicado en DOCE de 31de diciembre de 1972, n° L 299 p. 0032–0042.

Jurisprudencia procedente del TJUE:

- Sentencia Kalfelis/Schröder y otros, 27 de septiembre de 1988, C-189/87, ECLI:EU-:C:1988:459 (disponible en servidor oficial del Tribunal de Justicia http://curia.europa.eu).
- Sentencia Marc Brogsitter contra Fabrication de Montres Normandes EURL y Karsten Fräßdorf, 13 de marzo de 2014, C-548/12, ECLI:EU:C:2014:148, TOL9.914.728.
- Sentencia Jakob Handte & Co. GmbH contra Traitements mécano-chimiques des surfaces SA, 17 de junio de 1992, C-26/91, ECLI:EU:C:1992:268 (disponible en servidor oficial del Tribunal de Justicia http://curia.europa.eu).
- Sentencia Feniks Sp. z o.o. contra Azteca Products & Services SL, 4 de octubre de 2018, C-337/17, ECLI:EU:C:2018:805, TOL6.818.495.
- Conclusiones AG Flightright, 19 de octubre de 2017, acumulados C-274/16, C-447/16 y C-448/16, ECLI:EU:C:2017:787, TOL9.913.122.

- Sentencia JW y otros contra LOT Polish Airlines, 3 de febrero de 2022, C-20/21, ECLI:EU:C:2022:71, TOL8.774.305.
- Sentencia Ordre des avocats du barreau de Dinant, 5 de diciembre de 2019, C-421/18, ECLI:EU:C:2019:1053, TOL7.606.943.
- Auto AB y AB-CD (Titre de propriété sur des œuvres d'art), 21 de julio de 2022, C-265/21, ECLI:EU:C:2022:637, TOL9.185.661 y Conclusiones ECLI:EU-:C:2022:476, TOL9.908.528.
- Sentencia EXTÉRIA, 14 de septiembre de 2023, C-393/22, ECLI:EU:C:2023:675, TOL9.884.131. Asunto C-189/87 Kalfelis/Schröder y otros, Sentencia 27 de septiembre de 1988 ECLI:EU:C:1988:459.

COOPERACIÓN JUDICIAL EN MATERIA PENAL

Capítulo XI

Protección penal de la esfera sexual de los menores en el marco de la cooperación judicial penal[1]

Legal protection of the sexual sphere of minors within the framework of judicial cooperation in criminal matters

Mª BELÉN SÁNCHEZ DOMINGO
Profesora Titular de Derecho Penal.
Universidad Rey Juan Carlos (Madrid).
ORCID: 0000-0002-9317-1882.

RESUMEN: El presente trabajo pretende reflejar los avances que la UE ha llevado a cabo en lo que respecta a la protección de la esfera sexual de los menores, tanto fuera de línea como en línea. Los abusos sexuales contra menores en línea han aumentado considerablemente debido a la digitalización, de ahí que para hacer frente a este fenómeno delictivo se requiera la adopción de instrumentos que proporcionen una respuesta adecuada a escala de la UE para prevenir y combatir este tipo de delincuencia. En las siguientes líneas queda reflejado la lucha emprendida por la UE con la finalidad de establecer un marco jurídico armonizado para la prevención, detección, denuncia y eliminación de los abusos sexuales de menores en línea.

Palabras clave: abuso sexual; abuso sexual en línea; protección; prevención; riesgos.

ABSTRACT: This paper aims to reflect the progress that the EU has achieved regarding the protection of the sexual sphere of minors, both offline and online. Online child sexual abuse has increased considerably due to digitalization, hence the need for the adoption of instruments that provide an adequate response at EU level to prevent and combat this type of crime. These lines set out to provide the EU's effort in establishing a harmonized legal framework for the prevention, detection, reporting and eradication of online child sexual abuse.

---

1 El presente trabajo se ha realizado en el marco del Proyecto de Investigación "El Derecho Procesal Civil y Penal desde la perspectiva de la Unión Europea: la consolidación del Espacio de Libertad, Seguridad y Justicia (CAJI)", Proyecto I+D+i PID2021-124027NB-I00, Agencia Estatal de Investigación, Ministerio de Ciencia e Innovación".

Keywords: sexual abuse; online sexual abuse; protection; prevention; risks.

I. INTRODUCCIÓN

El avance de las tecnologías de la información y de la comunicación han incorporado nuevas formas de relacionarse entre los individuos, muy especialmente entre menores. Actualmente, las redes sociales y las plataformas de mensajería instantánea facilitan el incremento online de comportamientos extremadamente graves, mayormente en el ámbito de la delincuencia sexual, que afectan a determinados bienes jurídicos como es la indemnidad sexual cuando se trata de menores de edad.

Al margen de los beneficios que aportan la conexión a determinadas redes de transmisión de datos, básicamente Internet, así como las TiC's, existen determinados riesgos que deben ser tenidos en cuenta, concretamente en colectivos más vulnerables como es el caso de menores. Según diversos estudios realizados sobre redes sociales y menores, las principales estadísticas evidencian que el acceso a la red, así como su uso se produce a edades cada vez más tempranas, entre otras razones por ser el medio más habitual de comunicación interpersonal. Los peligros que albergan las redes sociales pueden producir efectos negativos en los menores[2] debido sobre todo a una utilización indebida de las mismas. La facilidad de que disponen los menores para acceder a contenidos inadecuados como, por ejemplo, imágenes o vídeos de contenido sexual, pueden producir conse-

---

2 Más ampliamente, véase: GARCÍA DE CASTRO, J. "Oportunidad criminal, internet y redes sociales", *InDret, Revista para el análisis del Derecho,* 2015, nº 4, pp. 4-14; VÁZQUEZ DE CASTRO, E. "Protección de datos personales, redes sociales y menores. "Las personas mayores nunca pueden comprender por sí solas y es muy aburrido para los niños tener que darles una y otra vez explicaciones". El principito. A. De Saint-Exupéry", *Revista Aranzadi de Derecho y Nuevas tecnologías,* 2012, nº 29, pp. 1-37, esp. pp. 5-8.

cuencias negativas; así, daños psicológicos o fomentar conductas peligrosas y socialmente dañosas para su proceso de formación y desarrollo sexual. Por otro lado, la red ofrece una serie de ventajas y oportunidades a los depredadores sexuales que facilitan la comisión de actividades delictivas extremadamente graves como el consumo e intercambio de pornografía infantil y el embaucamiento de menores (captación de menores), formas especialmente graves de explotación sexual de menores que las instituciones europeas han abordado de forma expresa debido a la transcendencia e impacto que genera a todos los niveles, sociales y jurídicos. Sin duda alguna, resulta comprensible la alarma social que ocasionan este tipo de conductas delictivas, tanto a nivel nacional como internacional, toda vez que el desarrollo del mundo digital ha servido para que estos delitos que afectan a la indemnidad sexual de los menores puedan extenderse y desarrollarse —de ahí su carácter transnacional—, lo que dificulta su prevención e investigación.

La explotación sexual de menores por Internet es un fenómeno preocupante, en constante evolución por el imparable desarrollo social y, en concreto, por el avance de la sociedad de la información, que debe ser afrontado con mecanismos legislativos que ofrezcan respuestas jurídicas y precisas, acorde a la magnitud del reto que genera el uso de las tecnologías de la información y de la comunicación y, en especial, entre menores. Para ello, es necesario elaborar, por parte de todas las instituciones públicas, medidas cuyo objetivo sea proteger a los menores del entorno digital, proporcionando herramientas útiles y eficaces que contribuyan a preservar su intimidad y bienestar frente a los riesgos derivados del uso de la red.

La lucha contra los abusos sexuales de menores es prioritaria para la UE, razón por la cual, siendo consciente de los desafíos que plantea este problema, se ha esforzado en aportar soluciones, en particular, la creación de instrumentos jurídicos apropiados, adoptando medidas eficaces que permitan detectar, denunciar y eliminar los contenidos ilícitos de la red, indispensables para prevenir su distribución y producción. La finalidad de la UE es implantar un marco legislativo comunitario que proporcione una respuesta apropiada y exhaustiva a los abusos sexuales de menores en línea, así como salvaguardar la presencia de los menores en internet.

Este trabajo no pretende realizar un análisis exhaustivo de los diversos instrumentos elaborados por la UE en la lucha contra los abusos sexuales de menores en línea. Nos limitaremos, exclusivamente, a exponer los aspectos más relevantes de las medidas que ha incorporado el legislador europeo en las últimas décadas para proteger a los menores víctimas de abusos sexuales. Su objetivo es dejar constancia de las líneas de actuación emprendidas por la UE en esta materia. No obstante, se hará una referencia específica a la Propuesta de Reglamento por el que se establecen normas para prevenir y combatir el abuso sexual de menores en línea y cuyo propósito es establecer un marco jurídico armonizado para afrontar este fenómeno delictivo. Se concluirá con una breve reflexión final extraída del análisis realizado.

II. INSTRUMENTOS DE LA UNIÓN EUROPEA DE LUCHA CONTRA EL ABUSO SEXUAL A MENORES EN LÍNEA

1. Directiva 2011/92/UE del Parlamento Europeo y del Consejo, de 5 de abril de 2011

En el ámbito europeo han sido numerosas las iniciativas adoptadas en la lucha contra la explotación sexual de los menores[3]. Así, la Convención

[3] Así, en concreto, la Acción Común 97/700/JAI adoptada por el Consejo sobre la base del artículo K.3 del Tratado de la Unión Europea, por la que se establece un programa de estímulo e intercambios destinado a los responsables de la acción contra la trata de seres humanos y la explotación sexual de los niños, de 29 de Noviembre de 1996 (DOCE de 12 de diciembre de 1996, nº L 322) En dicho documento se recoge un programa de fomento de iniciativas coordinadas relativas a la lucha contra la trata de seres humanos, la explotación sexual de los niños, así como a las desapariciones de menores y a la utilización de los medios de telecomunicación para la trata de seres humanos y la explotación sexual de los niños. La Acción 97/154/JAI, de 24 de febrero de 1997 adoptada por el Consejo sobre la base del artículo K.3 del Tratado de la Unión Europea, relativa a la lucha contra la trata de seres humanos y la explotación sexual de los niños(DOCE de 4 de marzo de 1997 nº L 63, pp. 2-6), en la que se insta a los Estados miembros a revisar la legislación nacional vigente relativa a las medidas con la finalidad de mejorar la cooperación judicial en esta materia. En el contexto de las medidas a las que hace referencia, subraya la consideración de infracción penal en la legislación de cada Estado miembro de las conductas relativas a la explotación sexual o abusos cometidos con niños y trata de niños con fines de explotación sexual o abusos de niños. Igualmente, el Programa de Estocolmo "Una Europa abierta y segura que sirva y proteja al ciudadano" (DOUE de 4 de mayo de 2010, n º C 115, pp. 1-38), expone, respecto al espacio de Libertad, Seguridad y Justicia para el período 2010-2014, como una de sus prioridades la lucha contra los abusos sexuales, la explotación sexual de menores y pornografía infantil; a su vez, invita al Consejo y al Parlamento Europeo a que adopten una nueva legislación en esta materia, así como la necesidad de elaborar medidas para la prevención de abusos de menores, resaltando la necesidad de intensificar la cooperación entre las autoridades competentes de los

sobre Cibercriminalidad, elaborada en el seno del Consejo de Europa por el Comité Especial de Expertos sobre Criminalidad en el Ciber-espacio o sobre delitos relacionados con el empleo de la informática, adoptado en Budapest el 23 de noviembre de 2001[4]; el Convenio del Consejo de Europa para la protección de los niños contra la explotación y el abuso sexual, conocido como el Convenio de Lanzarote, de 25 de octubre de 2007[5], ins-

---

Estados miembros con la finalidad de reaccionar ante los desplazamientos de los agresores sexuales de niños que representan una continua amenaza.

4 Ratificado por España el 17 de septiembre de 2010, entrando en vigor el 1 de octubre de 2010. El Convenio obliga a las partes a adoptar medidas legislativas u de otro tipo que resulten necesarias para tipificar determinados delitos relacionados con el material de abuso de menores. En el Título 3, "delitos relacionados con el contenido", artículo 9, delitos relacionados con la pornografía infantil, se alude específicamente a las conductas de producción, oferta, distribución y adquisición de pornografía infantil a través de un sistema informático, junto a la posesión de pornografía infantil. Para más detalles, vid, entre otros, DÍAZ GÓMEZ, A. "El delito informático, su problemática y la cooperación internacional como paradigma de su solución: el convenio de Budapest", *Revista Electrónica de Derecho,* 2010, nº 8, pp. 169-203, esp. pp. 195 y ss; disponible en (https://www.unirioja.es/dptos/dd/redur/numero8/diaz.pdf); DE LA MATA BARRANCO, N.J/PÉREZ MACHÍO, M.I. «La normativa internacional para la lucha contra la cibercriminalidad como referente de la regulación penal española», en J. L. de La Cuesta Arzamendi, (Dir.), N.J. de La Mata Barranco (Coord.), *Derecho penal informático,* Cívitas, 2010, pp. 123-145; MORALES GARCÍA, O. «Apuntes de Política-Criminal en el contexto tecnológico. Una aproximación a la Convención del Consejo de Europa sobre Cyber-crimen», *Delincuencia informática. Problemas de responsabilidad. Cuadernos de Derecho Judicial, IX,* 2002, pp. 11-33.

5 Ratificado por España el 12 de noviembre de 2010, entrando en vigor el 1 de diciembre de 2010. El Preámbulo del Convenio destaca la obligación de proteger a los menores por parte de la familia, Sociedad y Estado. Considera que el bienestar y el interés superior de los niños son valores fundamentales compartidos por todos los Estados miembros. Específicamente, el artículo 1 precisa su finalidad: prevenir y combatir la explotación y el abuso sexual de los niños; proteger los derechos de los niños victimas de explotación y abuso sexual, así como promover la cooperación nacional e internacional contra la explotación y el abuso sexual de los niños. Sin embargo, en materia de derecho penal sustantivo, el Convenio si limita a establecer unos requisitos mínimos con unas simples definiciones de determinados delitos relacionados con los abusos sexuales a menores. Así, el artículo 23 exhorta a los Estados parte a incriminar la conducta de los adultos que, por medio de las TIC's, proponga un encuentro a un niño que no haya alcanzado la edad mínima de consentimiento sexual con el propósito de realizar actividades sexuales o de producir pornografía infantil, cuando a dicha proposición le hayan seguido actos materiales conducentes al encuentro (embaucamiento de menores). Al respecto, vid. MARCOS MARTÍN, T. "Un nuevo paso en la lucha contra la

trumento calificado como el primer tratado internacional específico para la protección de niños, niñas y adolescentes frente a su explotación sexual.

Por su parte, la Directiva 2011/92/UE del Parlamento Europeo y del Consejo, de 5 de abril de 2011[6], relativa a la lucha contra los abusos sexuales y la explotación social de los menores y pornografía infantil[7], enmarcada en la creación del denominado espacio judicial europeo, constituye uno de los instrumentos de la llamada cooperación judicial en materia penal entre los Estados miembros de la UE, en especial por el avance tan importante que supone en la lucha contra la explotación sexual de menores. Dicha norma procede precisamente a la sustitución de la Decisión Marco 2004/68/JAI del Consejo de 22 de diciembre de 2003, relativa a la lucha contra la explotación sexual de los niños y la explotación infantil,[8] según se indica en el artículo 26 de la Directiva.

---

explotación sexual infantil: el Convenio del Consejo de Europa para la protección de los niños contra la explotación y el abuso sexual", *Revista sobre la infancia y la adolescencia,* 2011, 1, Septiembre, pp. 100-111; DE LA ROSA CORTINA, J.M. «Delitos de pornografía infantil: novedades tras la reforma de 2010 y la ratificación del Convenio de Lanzarote», *Diario la Ley,* 2011, nº 7715, 14 de octubre, p. 1 y ss, https://diariolaley.laleynext.es/; SALAT PAISAL, M. "Las consecuencias sancionatorias aplicables a los delincuentes sexuales tras las últimas reformas legislativas", *Estudios Penales y Criminológicos,* 2016, vol. XXXVI, pp. 281-346.

6 DOUE de 17 de diciembre de 2011 nº L 335, pp. 1-14. Directiva que debe ser completada a su vez con la Directiva 2011/36/UE del Parlamento Europeo y del Consejo, de 5 de abril de 2011, relativa a la prevención y lucha contra la trata de seres humanos y a la protección de las víctimas (DOUE de 15 de abril de 2011 nº L 101, pp. 1-11), así como con otras iniciativas de la UE que igualmente afrontan algunos problemas relacionados con los delitos sexuales contra la infancia. Al efecto, la Directiva 2012/29/UE del Parlamento Europeo y del Consejo, de 25 de octubre de 2012, por la que se establecen normas mínimas sobre los derechos, el apoyo y la protección de las víctimas de delitos, y por la que se sustituye la Decisión Marco 2001/220/JAI del Consejo en relación con la asistencia y apoyo a las víctimas menores y por la que se sustituye la Decisión marco 2001/220/JAI del Consejo, DOUE de 14 de noviembre de 2012 nº L 315, pp. 57-73.

7 A su vez, se debe subrayar la Recomendación del Parlamento Europeo relativa a la protección y derechos del niño, (DOCE de 8 de diciembre de 1997 nº 371/210) y la Resolución del Parlamento Europeo sobre medidas de protección de menores en la Unión Europea, (DOC de 20 de enero de 1997, nº 20). En ambos documentos se reclama, de manera prioritaria, la lucha contra el denominado turismo sexual con carácter pederasta, la pornografía infantil y la utilización de redes con fines pederastas, instando a los Estados miembros a que incluyan en su legislación disposiciones destinadas a condenar la producción y posesión de material pornográfico en el que se utilice a niños.

8 DOUE de 20 de enero de 2022 nº L 13/44, pp. 44-48.

Sin entrar en el análisis particularizado del contenido de la norma al no ser propósito de este trabajo[9], sí es conveniente señalar que la Directiva, en la que se establecen normas mínimas relativas a la definición y sanción de delitos relacionados con los abusos sexuales, la pornografía infantil y el embaucamiento de menores con fines sexuales por medios tecnológicos (artículo 1)[10], responde al objetivo comunitario de defensa, protección y aplicación de los derechos de la infancia en las políticas internas y externas de la UE. A su vez, acorde al inciso último del artículo 1, el texto normativo incluye disposiciones en las que se exhorta a los Estados a adoptar las medidas necesarias para la prevención, investigación y enjuiciamiento de estos delitos. La Directiva, en el Considerando 3, viene a poner de manifiesto que la pornografía infantil, que consiste en imágenes de abusos sexuales a menores, así como otras formas especialmente graves de abusos sexuales y explotación sexual de la infancia, está aumentando y extendiéndose considerablemente con el uso de las nuevas tecnologías e Internet, lo que exige el establecimiento de un enfoque común que abarque la acción judicial contra los delincuentes sexuales, la protección de menores víctimas y la prevención del fenómeno, subrayando que en todas las medidas adecuadas que se adopten para prevenir, detectar y perseguir estos delitos, el interés superior del menor debe prevalecer siempre[11]. En lo que aquí nos interesa, es resaltar la obligatoriedad de incriminar determinadas modalidades de

---

9 Para un análisis más particularizado al respecto, nos remitimos, entre otros, GARCIA NOGUERA, I. "Pornografía infantil en internet: principales aspectos de la transposición de la directiva 2011/92/UE ", *IDP. Revista de Internet, Derecho y Política,* 2014, nº 19, Octubre, pp. 105-116; RODRIGUEZ MESA, Mª. J. "La Directiva 2011/92/UE relativa a la lucha contra los abusos sexuales y explotación sexual de los menores y la pornografía infantil. Especial referencia a su transposición en el Anteproyecto de Reforma de Código Penal", *Revista de derecho y proceso penal,* 2013, nº 32, pp. 227-267; SÁNCHEZ DOMINGO, Mª. B. "La cooperación judicial penal y el Tratado de Lisboa. El ejemplo de la Directiva 2011/92/UE en materia de pornografía infantil", *Revista de Derecho Comunitario Europeo,* 2013, nº. 44, enero/abril, pp. 279-305.

10 Los objetivos de la Directiva se explican en sus numerosos considerandos (52) donde se insta a los Estados miembros a adoptar medidas con la finalidad de luchar contra este fenómeno delictivo y de conformidad con el principio de subsidiariedad consagrado en el artículo 5 del Tratado (Considerando 49).

11 Como lo determina la CDFUE, artículo 24. 2: "En todos los actos relativos a los menores llevados a cabo por autoridades públicas o instituciones privadas, el interés superior del menor constituirá una consideración primordial", reiterado de igual forma en la Convención de las Naciones Unidas sobre los Derechos del niño (artículo 3).

abusos sexuales, así como el delito de pornografía infantil y embaucamiento de menores con fines sexuales por medios tecnológicos.

La Directiva, en sus primeros artículos, se ocupa de definir «menor», «edad de consentimiento sexual» y «pornografía infantil»; asimismo, prevé la necesaria sanción de las conductas dolosas constitutivas de pornografía infantil, abusos sexuales y embaucamiento de menores. El artículo 2. c) de la norma proporciona una definición amplia de «pornografía infantil»: 2, c), i), todo material que represente de manera visual a un menor participando en una conducta sexualmente explícita real o simulada; 2, c), ii), toda representación de los órganos sexuales de un menor con fines principalmente sexuales; 2, c), iii), todo material que represente de una forma visual a una persona que parezca como un menor participando en una conducta sexualmente explícita real o simulada; igualmente se considera pornografía toda representación de los órganos sexuales de un menor con fines principalmente sexuales —pornografía técnica—; 2, c), iv, o cualquier representación de los órganos sexuales de una persona que parezca ser un menor, con fines principalmente sexuales, o imágenes realistas de un menor desarrollando una conducta sexualmente explícita o de los órganos sexuales de un menor, con fines principalmente sexuales —pornografía virtual-[12]. Definición que coincide en lo esencial con la contenida en la Decisión marco 2004/68/JAI si bien más amplia con la finalidad de aproximarla a la del Convenio de Lanzarote.

Por otra parte, considera abuso sexual el realizar actos de carácter sexual con un menor que no ha alcanzado la edad de consentimiento sexual, así como el presenciar actos o abusos de carácter sexual a un menor que no ha alcanzado la edad de consentimiento sexual, conductas tipificadas expresamente en el artículo 3, apdos. 2 y 3.

La novedad más significativa de la Directiva es la introducción del delito de embaucamiento de menores con fines sexuales por medios tecnológi-

---

12 *Vid.* al respecto, DÍAZ CORTÉS, L.M. "Una aproximación al estudio de los delitos de pornografía infantil en materia penal: el debate sobre la libertad sexual y la influencia de la Directiva 2011/92/UE en la reforma de 2015", *Revista de Derecho Penal y Criminología,* 2015, 3.a Época, nº 13, pp. 13-50, esp. pp. 32 y ss; FERNÁNDEZ TERUELO, J. "Expansión de la represión penal de la pornografía infantil: La indemnidad sexual de los adultos que parecen menores y la de los personajes 3D", *Revista Penal,* 2018, nº 42, Julio, pp. 67-81; DE LA MATA BARRANCO, Norberto J. "Tratamiento legal de la edad del menor en la tutela penal de su correcto proceso de formación sexual", *Revista Electrónica de Ciencia Penal y Criminología,* 2019, 21-20, pp. 1-70, esp. pp. 19-23.

cos (artículo 6), conducta que constituye una amenaza con características singulares en el contexto de Internet. Expresamente, el citado precepto castiga dos conductas; por una parte, la propuesta de un adulto, por medio de las tecnologías de la información y la comunicación, de encuentro con un menor que no ha alcanzado la edad de consentimiento sexual con el fin de realizar actos de carácter sexual, siempre que dicha propuesta haya ido acompañada de actos encaminados al encuentro (nº 1); por otra, se prevé la necesaria punición de cualquier tentativa de un adulto, por medio de las tecnologías de la información y comunicación, de cometer las infracciones de adquisición o posesión de pornografía infantil o de acceso a la misma embaucando a un menor que no ha alcanzado la edad de consentimiento sexual para que le proporcione pornografía infantil en la que se represente a dicho menor (nº 2)[13].

Acorde a las definiciones expuestas, los Estados miembros, en base al artículo 83.1 del TFUE, aproximarán su legislación penal interna en lo que respecta a la tipificación de estos delitos, en aras de cumplir con el objetivo de la Directiva de combatir los abusos sexuales de menores en línea.

---

13 La transposición de la Directiva a nuestro Ordenamiento jurídico penal impulsó una reforma legislativa en estos delitos. Para más detalles sobre su impacto y las respectivas modificaciones, nos remitimos, entre otros: CUGAT MAURI, M. "Las nuevas modalidades de abuso sin contacto entre autor y víctima", *Los delitos contra la libertad e indemnidad sexual a examen: Propuestas de reforma,* E. Marín de Espinosa Ceballos/P. Esquinas Valverde (Dirs.), Miguel Ángel Morales Hernández (Coord.), Thomson Aranzadi, Cizur Menor, 2022, pp. 337-353, esp. pp. 337 y ss; ESQUINAS VALVERDE, P. «El tipo de mera posición de pornografía infantil en el Código penal española (art. 189.2): razones para su destipificación», *Revista de Derecho penal y Criminología,* 2006, 2º época, Julio, nº 18, pp. 171-228; SUÁREZ-MIRA RODRÍGUEZ, C. "Abusos sexuales a menores: arts. 182, 183 y 183 bis CP", *Comentarios a la Reforma del Código Penal de 2015,* J.L. González Cussac (Dir.), E. Gorriz Royo/Á. Matallín Evangelio (Coords). Tirant Lo Blanch, Valencia, 2015, 2ªed., pp. 601-615, esp. pp. 603 y ss; FERNÁNDEZ TERUELO, J.G. "Análisis interpretativo y evolución legislativa del tipo penal de pornografía infantil", *Los delitos contra la libertad e indemnidad sexual a examen: Propuestas de reforma,* E. Marín de Espinosa Ceballos/P. Esquinas Valverde (Dirs.), M. Á. Morales Hernández (Coord.), Thomson Aranzadi, Aranzadi, 2022, pp. 683-715, esp. pp, 683 y ss; VILLACAMPA ESTIARTE, C./TORRES FERRER, C. "Los delitos de *online child grooming y sexting:* un análisis crítico de su tipificación en el Código Penal", *Los delitos contra la libertad e indemnidad sexual a examen: Propuestas de reforma,* E. Marín de Espinosa Ceballos/P. Esquinas Valverde (Dirs.), M. Á. Morales Hernández (Coord.), Thomson Aranzadi, Cizur Menor, 2022, pp. 391-446, esp. pp. 391 y ss.

En el contexto de la Directiva, conviene destacar que el legislador europeo ha considerado procedente contemplar una serie de medidas contra los sitios web de Internet que contengan o difundan pornografía infantil (artículo 25), con la única finalidad de proteger los derechos de los menores que han sido víctimas de abusos sexuales en línea. Medidas que deben ser incorporadas por los Estados miembros para garantizar la rápida retirada de las páginas web de Internet que difundan o distribuyan pornografía infantil y que se encuentren en su territorio. Igualmente, se les impone la misma obligación en el supuesto concreto de que las páginas se encuentren fuera de su territorio, para lo cual es fundamental la cooperación con terceros países mediante el intercambio de información sobre páginas web con contenidos sexuales referidos a menores a fin de facilitar su investigación e incriminación. A su vez, podrán introducir todas las medidas que sean necesarias para bloquear a los usuarios de la red en su territorio el acceso a las páginas web de Internet que contengan o difundan pornografía infantil. En definitiva, la finalidad de estas medidas no es otra que obstaculizar la subida de contenidos sexuales por los delincuentes, objetivo que puede alcanzase restringiendo la presencia de contenidos pornográficos en la web, ya sean vídeos o imágenes sobre menores, lo que resulta esencial para reducir la pornografía infantil en internet[14].

En lo que atañe a las medidas expuestas, el Considerando 47 precisa que no tienen que ser necesariamente legislativas, ampliando las mismas a las no legislativas-administrativas, por ejemplo, el intercambio de antecedentes penales entre los Estados miembros a través del Sistema Europeo de Información de Antecedentes penales (ECRIS)—, judiciales u otras. Así,

---

14 En relación a las medidas contempladas en el artículo 25 de la Directiva, el informe de la Comisión al Parlamento Europeo y al Consejo (COM (2016) 872 final), de 16 de diciembre de 2016, por el que se evalúa la ejecución de las medidas contempladas en el artículo 25 de la Directiva 2011/93/UE, de 13 de diciembre 2011relativa a la lucha contra los abusos sexuales y la explotación sexual de los menores y la pornografía infantil, pp. 1-13, esp. p. 5, señala que la cooperación entre el sector privado, en particular la industria y la sociedad civil, y las autoridades públicas, en concreto las policiales, es crucial para la aplicación de las medidas contempladas en el artículo 25 y la lucha eficaz contra la difusión en línea de material pornográfico infantil. Así, señala como partes implicadas en la lucha contra la disponibilidad en línea de material pornográfico infantil a los prestadores de servicios de la sociedad de la información, los usuarios de internet, las líneas directas especializadas, generalmente gestionadas por una ONG o una asociación de prestadores de servicios de la sociedad de la información o de empresas de medios de comunicación.

de forma expresa alude a que las disposiciones de la Directiva se entienden "sin perjuicio de la acción voluntaria emprendida por las empresas de Internet para evitar un uso indebido de sus servicios, o de cualquier apoyo a una acción de estas características por parte de los Estados miembros". Por consiguiente, la Directiva atribuye a los proveedores de servicios de Internet la posibilidad de ejercer acciones voluntarias con el fin de imposibilitar a los usuarios el acceso a sitios web de pornografía infantil. En todo caso, cualquiera que sea la acción realizada, los Estados miembros deben ofrecer un nivel adecuado de seguridad jurídica tanto para los proveedores de servicios como para los usuarios.

La implantación de las medidas aludidas exige a los Estados miembros una serie de requisitos; de un lado, que las medidas se determinen mediante procedimientos transparentes y, por otro, debe garantizarse que la restricción de los contenidos sexuales en línea se limite a lo necesario y proporcionado para alcanzar los objetivos definidos; además, a las partes afectadas se les brinda la posibilidad de interponer los correspondientes recursos ante los tribunales. Del mismo modo, se les reconoce a los usuarios el derecho a estar informados del motivo de la restricción de las páginas web con contenidos pornográficos. Marco legal que se completa con las afirmaciones recogidas en el Considerando 47 de la norma al exigir que las acciones realizadas, ya sean públicas o privadas, deben respetar los derechos de los usuarios finales "conforme a los procedimientos judiciales y legales existentes y cumplir el Convenio Europeo para la Protección de los Derechos Humanos y las Libertades Fundamentales y la Carta de los Derechos Fundamentales de la Unión Europea".

Con la finalidad de que se lleve a cabo el cumplimiento de lo establecido en la Directiva, a los Estados miembros se les añade la obligación de adoptar y publicar las disposiciones legales, reglamentarias y administrativas necesarias a más tardar el 18 de Diciembre de 2013 (artículo 27.1). A su vez, deberán comunicar a la Comisión la forma en la que han incorporado a su Derecho nacional las obligaciones derivadas de la Directiva. La finalidad de este requisito no es otro que valorar la respuesta de los Estados miembros al cumplimiento del contenido de la Directiva, en base a la exigencia establecida en el artículo 28, apartado 2, al disponer que la Comisión presentará un informe al Parlamento Europeo y al Consejo en el que se evaluará la ejecución de las medidas contempladas en el artículo 25 por parte de los Estados.

Finalmente, debe aludirse al informe de la Comisión al Parlamento Europeo y al Consejo por el que se evalúa la ejecución de las medidas contempladas en el artículo 25 de la Directiva 2011/93/UE, de 13 de diciembre 2011, relativa a la lucha contra los abusos y explotación sexual de los menores y la pornografía infantil[15]. En dicho informe, la Comisión valora los esfuerzos que han realizado los Estados miembros para la transposición de la Directiva a sus legislaciones penales internas; no obstante, advierte que todavía siguen existiendo obstáculos que solo se solventarán con la correcta aplicación en todos los Estados miembros de sus disposiciones. Específicamente, insiste en la necesidad de incorporar medidas encaminadas a garantizar que el material pornográfico infantil en territorio de los Estados miembros se retire rápidamente, así como la necesidad de ofrecer garantías adecuadas en supuestos en los que el Estado miembro adopte medidas para el bloqueo de acceso de los usuarios a las páginas web que contienen pornografía infantil. Igualmente, expone ciertas deficiencias en lo que se refiere a la prevención e intervención para los autores de los delitos contenidos en la Directiva (artículos 22, 23 y 24)[16]; en este sentido, se detecta la ausencia de programas de prevención frente a delincuentes sexuales; a su vez, en lo que respecta al derecho penal sustantivo, el informe pone de relieve que la definición de los delitos de abusos sexuales, pornografía infantil y embaucamiento, si bien han sido incorporadas por los Estados miembros a su legislación interna, sin embargo no son uniformes, lo que puede obstaculizar, en la práctica, la persecución y enjuiciamiento de estos delitos[17]; por último, en materia de medidas de seguridad, apoyo y protección para los niños víctimas de abusos sexuales, admite la Comisión que no se han adoptado medidas suficientes acorde a los artículos 18, 19 y 20 de la Directiva[18].

---

15 COM (2016) 872 final, de 16 de diciembre de 2016, pp. 1-13.

16 COM (2016) 871 final, de 16 de diciembre de 2016, pp. 1-22, esp. p. 22.

17 A título de ejemplo, la Comisión en su informe señala que el acceso a sabiendas a pornografía infantil por medio de las tecnologías de la información y la comunicación, si bien la mayoría de los Estados miembros ha traspuesto el requisito de «acceso a sabiendas», no obstante, algunos utilizan una terminología diferente. En concreto, «efectuar una búsqueda» u «obtener y guardar»: vid informe COM (2016) 871 reseñado en cita nº 15, p. 10.

18 La Directiva, en el artículo 20, viene a establecer la obligatoriedad de designar a un representante especial del menor siempre y cuando los padres no estén autorizados para representarlo, incluyendo igualmente determinadas garantías en relación con los interrogatorios que, en el desarrollo de la investigación penal relativa a las infracciones contenidas en la Directiva, deban realizarse al menor víctima. A su vez, el Considerando 27 alude a la necesidad de contar con instrumentos eficaces de investigación; así, la interceptación de comunicaciones, la vigilancia discreta, incluida la electrónica, el control de cuentas bancarias, teniendo

2. Reglamento (UE) 2021/1232 del Parlamento Europeo y del Consejo de 14 de julio de 2021.

2.1. Planteamiento general

La protección sexual de los menores, tanto fuera de línea como en línea es, como ya se ha indicado, una de las prioridades de la UE. De ahí que su objetivo sea establecer diversas líneas de actuación encaminadas a la adopción de instrumentos legislativos que configuren la lucha contra los abusos sexuales de menores y que permitan, a su vez, su detección y denuncia, lo cual es imprescindible para su prevención. En este contexto, se debe destacar la actividad desarrollada por los prestadores de servicios de comunicaciones interpersonales independientes (en adelante, PSCII). Con la finalidad de detectar, denunciar y eliminar los abusos sexuales de menores en línea, algunos PSCII —como el correo web y los servicios de mensajería electrónica o de telefonía por Internet—, utilizan, de forma voluntaria, tecnologías específicas dirigidas al hallazgo de contenidos ilícitos relacionados con los abusos sexuales de menores en línea. Esta práctica, cuyo objetivo es legítimo en cuanto que contribuye a la prevención y persecución de los mencionados delitos, supone una intromisión en los derechos fundamentales al respeto a la vida privada y familiar y a la protección de datos personales de los usuarios de estos servicios. El derecho fundamental a la confidencialidad de las comunicaciones es parte integrante del derecho a la vida privada y familiar consagrado en el artículo 7 de la CDFUE y, a su vez, el artículo 8 garantiza el derecho a la protección de datos de carácter personal, derechos ambos reconocidos igualmente en el Convenio Europeo de Derechos Humanos.

Por su parte, la Directiva 2002/58/CE del Parlamento Europeo y del Consejo 12 de julio de 2002, relativa al tratamiento de los datos personales y la protección de la intimidad en el sector de las comunicaciones electrónicas (en adelante, Directiva sobre privacidad)[19], se aplica al tratamiento de datos en relación con la prestación de servicios de comunicaciones electrónicas, estableciendo normas que garanticen dichos derechos respecto al tratamiento de datos personales. A tal efecto, el artículo 5 dispone que los Estados miembros deben garantizar, a través de la legislación nacional, la confidencialidad de las comunicaciones, así como de los datos de tráfico asociados

---

en cuenta el principio de proporcionalidad y la gravedad de las infracciones que se estén investigando.

19 DOCE de 31 de julio de 2002, nº L 201, pp. 37-47.

a ellas, siempre que sean realizadas a través de las redes públicas de comunicaciones y de los servicios de comunicaciones electrónicas, prohibiendo expresamente "la escucha, la grabación, almacenamiento u otros tipos de intervención o vigilancia de las comunicaciones y los datos de tráfico asociados a ellas por personas distintas de los usuarios, sin el consentimiento de los usuarios interesados, salvo cuando dichas personas estén autorizadas legalmente a hacerlo de conformidad con el apartado 1 del artículo 15".

Por su parte, el artículo 6 establece la obligación de eliminar o hacer anónimos los datos de tráfico vinculados con abonados y usuarios que sean tratados y almacenados por el proveedor de una red pública de comunicación o servicios de comunicaciones electrónicas siempre y cuando ya no sea necesario a los efectos de la transmisión de una comunicación, y "sin perjuicio de lo establecido en el apartado 1 del artículo 15".

En cumplimiento a lo indicado en los preceptos referidos, el acceso, almacenamiento y consiguiente tratamiento de la información obtenida, así como su posterior contraste con bases de datos de hashes sospechosos de contener pornografía infantil, afectaría al derecho a la protección de datos personales. En consecuencia, la práctica llevada a cabo por los prestadores de servicios no tendría justificación alguna al suponer una limitación de los referidos derechos, lo cual solo es posible en determinadas circunstancias conforme lo precisa la CDFUE. Concretamente, el artículo 52, apartado 1 de la Carta, determina que cualquier limitación del ejercicio de los derechos y libertades reconocidos por la Carta deberá establecerse por ley y respetar el contenido esencial de dichos derechos y libertades. Solo se podrán introducir limitaciones, respetando el principio de proporcionalidad, cuando sean necesarias y respondan, o bien a objetivos de interés de la Unión, o bien a la necesidad de proteger los derechos y libertades de los demás.

En este contexto, conviene recordar que el legislador europeo no ha procedido a incorporar en la Directiva sobre privacidad ninguna disposición específica respecto al tratamiento voluntario de contenidos y de datos personales por los PSCII para detectar abusos sexuales de menores en línea. A ello se refiere de forma explícita el artículo 3 de la norma al disponer que los destinatarios son los prestadores de servicios públicos de comunicaciones electrónicas en redes públicas de comunicación. De lo cual se deduce que la Directiva sobre privacidad deja al margen de su ámbito de aplicación a los PSCII[20]. Ahora bien, la actividad desarrollada por dichos

---

20 Vid. al respecto más ampliamente, RODRÍGUEZ LAÍNZ, J.L. "Reflexiones sobre el tratamiento de datos personales por prestadores de servicios de comunicacio-

proveedores venía respaldada en virtud del artículo 15.1 de la Directiva sobre privacidad, al disponer que los Estados miembros pueden adoptar las medidas legislativas necesarias para limitar el alcance de los derechos reconocidos en los artículos 5 y 6 de la Directiva, esto es, el derecho a la confidencialidad de las comunicaciones y los datos de tráfico, siempre que tal limitación sea necesaria, proporcionada e indispensable para la prevención, detección, investigación y enjuiciamiento de delitos. En ausencia de las susodichas medidas legislativas, los proveedores de servicios que realicen actividades para detectar contenidos de abusos sexuales de menores carecen de base jurídica.

Además, se debe subrayar que el Reglamento (UE) 2016/679 del Parlamento Europeo y del Consejo, de 27 de Abril de 2016, relativo a la protección de las personas físicas en lo que respecta al tratamiento de datos personales y a la libre circulación de esos datos y por el que se deroga la Directiva 95/46/CE (en adelante, RGPD)[21], se aplica al tratamiento de datos personales efectuado mediante las actividades voluntarias desarrolladas por los prestadores de servicios. Así, en su artículo 6, relativo a la licitud del tratamiento relativo a los datos, viene a precisar, entre otras condiciones, que solo será lícito si es necesario para la satisfacción de intereses legítimos perseguidos por el responsable del tratamiento o por un tercero (letra d), y en situaciones en los que el tratamiento sea necesario para la satisfacción de intereses legítimos perseguidos por el responsable del tratamiento o por un tercero, siempre que sobre dichos intereses "no prevalezcan los intereses o los derechos y libertades fundamentales del interesado que requieran la protección de datos personales, en particular cuando el interesado sea un niño" (letra f). En consecuencia, las actividades voluntarias realizadas por los PSCII para la prevención, detección o eliminación de abusos sexuales de menores en línea responden al objetivo de "satisfacción de intereses legítimos", a la vez que protegen un interés superior a "los intereses o los derechos y libertades fundamentales del interesado", en este supuesto concreto el interés superior del menor[22]. La propia CDFUE en el artículo 24 destaca el interés del menor de edad en todos los actos

---

nes vía internet para la lucha contra abusos sexuales de menores en línea en el Reglamento (UE) 2021/1232 (1)", *Diario La Ley*, 2021, nº 9974, Diciembre, pp. 1-27, esp. pp. 8 y ss, https://diariolaley.laleynext.es/.

21 DOUE de 4 de mayo de 2016, L 119/1, pp. 1-88.

22 *Vid.* FIODOROVA, A. "La lucha contra abusos de menores en línea: hacía una nueva regulación", *Revista de Estudios Europeos, nº Extraordinario monográfico* 2023, 1, pp. 452-474, esp. p. 459; RODRÍGUEZ LAINZ, J.L., Reflexiones sobre el tratamiento..., op. cit., p. 8.

llevados a cabo por los actores públicos o privados. A su vez, el artículo 23 del RGPD, señala una serie de limitaciones respecto a los principios que regulan el tratamiento de los datos y derechos de los interesados; así, entre los enumerados, se encuentra la prevención, investigación, detección o enjuiciamiento de infracciones penales incluida la protección frente a amenazas a la seguridad pública y su prevención.

En el marco de las actividades realizadas por los PSCII resulta oportuno mencionar la Directiva (UE) 2018/1972 del Parlamento Europeo y del Consejo, de 11 de Diciembre 2018, por la que se establece el Código Europeo de las Comunicaciones Electrónicas[23]. Directiva cuyo plazo de transposición finalizó el 20 de diciembre de 2020. La norma[24] amplió el ámbito de aplicación de la Directiva sobre privacidad al incluir a los PSCII, esto es, a los servicios de mensajería y correo electrónico. En la Comunicación de la Comisión al Consejo, al Parlamento Europeo, al Comité Económico y Social y al Comité de las Regiones sobre la creación de una sociedad de la información más segura mediante la mejora de la seguridad de las infraestructuras de información y la lucha contra los delitos informáticos[25], se ponía de manifiesto que dicha ampliación impediría que determinados proveedores de servicios de comunicaciones electrónicas, en ausencia de medidas legislativas nacionales adoptadas de conformidad al ya referido artículo 15, apartado 1 de la Directiva sobre privacidad, siguieran aplicando sus propias medidas en materia de detección, eliminación y denuncia de abusos sexuales de menores en línea[26]. La propia Directiva 2018/1972 es taxativa en este punto al reconocer que cualquier limitación del ejercicio de los derechos y libertades reconocidos por la Carta, —específicamente los artículos 7 y 8 que son los que aquí interesan—, como las limitaciones

---

23 DOUE de 17 de diciembre de 2018, nº L 321, pp. 36-214.

24 El Considerando 7 de la Directiva 2018/1972 precisa "La presente Directiva no cubre el contenido de los servicios prestados a través de las redes de comunicaciones electrónicas utilizando servicios de comunicaciones electrónicas, tales como los contenidos de radiodifusión, los servicios financieros y determinados servicios de la sociedad de la información, y se entiende sin perjuicio de las medidas adoptadas a nivel de la Unión o nacional en relación con dichos servicios"

25 COM (2020) 607 final de 24 de julio de 2020, pp. 1-22, esp. p. 5.

26 El propio artículo 2.7 daba una definición de Servicios de Comunicaciones Electrónicas Independientes de la numeración en los siguientes términos: "los Servicios de Comunicaciones Electrónicas Independientes de la numeración como «servicio de comunicaciones interpersonales que no conecta a través de recursos de numeración pública asignados, es decir, de un número o números de los planes de numeración nacional o internacional, o no permite la comunicación con un número o números de los planes de numeración nacional o internacional".

relativas al tratamiento de los datos, han de ser establecidas por ley, respetar el contenido esencial de dichos derechos y libertades y supeditarse al principio de proporcionalidad, de conformidad con el artículo 52, apartado 1, de la Carta (Considerando 6). Lo que es reiterado a su vez en el artículo 100.2 de la Directiva[27].

Ahora bien, como ya se ha señalado, al expirar el plazo de transposición de la Directiva 2018/1972 el 20 de diciembre de 2020, el efecto generado es que, a falta de medidas legislativas nacionales adoptadas en virtud del artículo 15.1 de la Directiva sobre privacidad, las actividades voluntarias para la detección de abusos sexuales de menores en línea realizadas por los PSCII quedan legalmente desprotegidas. En un intento de aportar una solución a esta situación, algunos Estados miembros han elaborado sus propias normas nacionales para luchar contra los abusos sexuales de menores en línea, lo cual crea desigualdades en materia de protección sexual a menores debido, precisamente, a las posibles divergencias existentes en el contenido de las medidas incorporadas por los distintos Estados miembros, lo que puede conllevar una disminución de garantías en el ámbito de protección de los menores víctimas de abusos sexuales en línea.

En este contexto, la Comisión se planteó la necesidad de establecer un marco legislativo uniforme en materia de detección, denuncia y eliminación de abusos sexuales de menores en línea; a su vez, considera que se debe apoyar y reforzar a las partes interesadas en este objetivo. Por ello, se aprueba por parte de la Comisión la Estrategia de la Unión Europea para una lucha más eficaz contra el abuso sexual de menores[28] con la única finalidad de "proporcionar una respuesta eficaz a escala de la UE de lucha contra el abuso sexual de menores"[29]. A tal efecto, se establecen diversas iniciativas entre las que destacan: a) garantizar la plena aplicación de la Directiva 2011/93 contra los abusos sexuales ya referenciada; b) garantizar que la legislación de la UE permita una respuesta eficaz; c) identificar lagunas jurídicas, mejores prácticas y acciones prioritarias[30].

---

27 Para más detalle, nos remitimos a RODRÍGUEZ LAINZ, J.L. Reflexiones sobre el tratamiento…, op. cit., pp. 9 y ss;

28 Comunicación de la Comisión al Parlamento Europeo, al Consejo, al Comité Económico y Social Europeo y al Comité de las regiones. Estrategia de la UE para una lucha más eficaz contra el abuso sexual de menores: COM (2020) 607 final, 24.7.2020, pp. 1-22.

29 COM (2020) 607 final de 24 de julio de 2020, op. cit., p. 3.

30 En relación con las iniciativas adoptadas por la Comisión y a las que hace referencia, para un estudio más detallado, vid. TAPIA BALLESTEROS, P. "Estrategia de

En la citada Estrategia se trazan dos líneas de actuación a adoptar en dos fases; en una primera fase, con carácter prioritario, la Comisión propuso una legislación de alcance limitado para garantizar que los proveedores de servicios de comunicaciones electrónicas puedan continuar con sus prácticas voluntarias actuales para detectar abusos sexuales de menores en línea después de diciembre de 2020; en una segunda fase, la Comisión se marca como objetivo la elaboración de un marco legislativo armonizado para luchar de forma eficaz contra los abusos sexuales de menores en línea.

Como respuesta al primer objetivo se aprueba el Reglamento (UE) 2021/1232 del Parlamento Europeo y del Consejo de 14 de Julio de 2021, por el que se establece una excepción temporal a determinadas disposiciones de la Directiva 2002/58/CE en lo que respecta al uso de tecnologías por proveedores de servicios de comunicaciones interpersonales independientes de la numeración para el tratamiento de datos personales y de otro tipo con fines de lucha contra los abusos sexuales de menores en línea[31].

El Reglamento se aprobó a pesar del Dictamen del Supervisor Europeo de Protección de Datos sobre la propuesta relativa a la aplicación de excepciones temporales a la Directiva 2002/58/CE para combatir el abuso sexual de menores en línea[32]. Los motivos aducidos se basan en que dicha norma es innecesaria al existir la Directiva 2011/93 contra el abuso sexual de menores en la que, como ya se ha expuesto, obliga a los Estados miembros a adoptar las medidas necesarias para garantizar la tipificación y punición de conductas relativas a abusos sexuales de menores, ya aludidas anteriormente. Además, el propio texto apremia a los Estados miembros a que incorporen las medidas contempladas en el artículo 25 de la Directiva, esto es, retirada páginas web, bloquear el acceso a las mismas, así como el embargo y decomiso de los instrumentos y productos de dichas infracciones. Asimismo, considera que las medidas previstas por la propuesta suponen una injerencia en los Derechos fundamentales relativos al respeto a la vida privada y a la protección de datos personales de los usuarios de servicios de comunicaciones electrónicas. En opinión del Supervisor Europeo, la Comisión ha planteado cuestiones que no son exclusivas en el marco de la lucha contra los abusos sexuales de menores en línea en cuanto que pueden afectar a empresas de servicios digitales. A su vez, entiende el Supervisor Europeo que, con la finalidad de cumplir con el principio

---

la UE para una lucha más eficaz contra el abuso sexual de menores", *Revista de Estudios Europeos, nº Extraordinario monográfico*, 2023, 1, pp. 434-451.

31 DOUE de 30 de julio de 2021, nº L 274, pp. 41-51.

32 DOUE de 24 de marzo de 2021, nº C 102, pp. 4-7, esp. p. 6.

de proporcionalidad que rige la aplicación de las normas comunitarias, el texto debe incorporar reglas claras y precisas sobre el ámbito de aplicación de las medidas que se han de poner en práctica y, además, introducir unas mínimas exigencias a fin de que las personas cuyos datos personales puedan verse afectados dispongan de suficientes garantías que permitan una protección eficaz de dichos datos contra el riesgo de abuso.

2.2. Consideraciones generales acerca del Reglamento 2021/1232

Con la entrada en vigor del Reglamento se exceptúa la aplicación de las obligaciones impuestas en el artículo 5.1y 6.1 de la Directiva sobre privacidad. El objetivo del Reglamento es permitir que los PSCII puedan seguir realizando actividades voluntarias para detectar, denunciar y retirar contenidos de abusos sexuales de menores en línea, de acuerdo con lo establecido en el Reglamento. Su límite temporal de vigencia es de tres años, por lo que será aplicable hasta el 3 de agosto de 2024.

Los destinatarios de la norma, conforme al artículo 1, son los PSCII, excluidos, conforme a lo expuesto, del ámbito de aplicación de la Directiva sobre privacidad.

La definición de PSCII se localiza en el artículo 2.1, remitiéndose a la definición ya recogida en el artículo 2, punto 7 de la Directiva 2018/1972. De la misma forma, las definiciones de "material de abuso sexual de menores en línea"; "pornografía infantil", "espectáculo pornográfico" y "embaucamiento de menores", se remiten a las establecidas en la Directiva 2011/93/UE.

La excepción contenida en el Reglamento se extiende a las categorías de datos a que se refieren los artículos 5.1 y 6.1 de la Directiva sobre privacidad, señalando que dichos artículos no se aplicarán a la confidencialidad de la comunicaciones que impliquen tratamiento de datos personales, conforme al artículo 3.1 del Reglamento, salvo que sea estrictamente necesario para la finalidad de "detectar y retirar el material de abuso sexual de menores en línea y denunciarlos a las autoridades policiales y a las organizaciones que actúen en interés público contra los abusos sexuales de menores, y detectar el embaucamiento de menores y denunciarlo a las autoridades policiales y a las organizaciones que actúen en interés público contra los abusos sexuales de menores".

A su vez, el Reglamento establece otros requisitos adicionales a esta excepcionalidad contemplados en el mismo precepto; a saber, el tratamiento ha de ser proporcionado y limitado a tecnologías utilizadas por los proveedores para tales fines y, además, debe comprender únicamente los datos de contenido y de tráfico estrictamente necesarios para tales fines.

2.3. Obligaciones de los prestadores de servicios

Se introducen en la norma distintas obligaciones: a) los prestadores deben de establecer procedimientos internos para prevenir el abuso, el acceso no autorizado y las transferencias no autorizadas de datos personales y de otro tipo; b) a su vez, es necesario de que publiquen y remitan un informe anual a la autoridad de control competente y a la Comisión, sobre la actividad que han desarrollado, en el que deben constar diversos datos, a saber, el tipo y el volumen de datos tratados, información sobre transferencia de datos personales fuera de la Unión u organizaciones con las que se hayan compartido datos, número de casos detectados con índices o tasas de error y medidas aplicadas para la minimización de éstos, el número de casos detectados de abusos sexuales de menores en línea, con la obligación de diferenciar entre material de abuso sexual de menores en línea y embaucamiento, respondiendo así a la obligación de transparencia que se les exige en el desarrollo de sus actividades; c) han de garantizar la supervisión y, en caso necesario, la intervención humana en relación con el tratamiento de datos personales y de otro tipo mediante la utilización de tecnologías a las que se aplica el Reglamento y que son, el cifrado de extremo a extremo, técnica que garantiza la confidencialidad y seguridad de las comunicaciones tanto de los usuarios como de los menores, así como la técnica de *hashing* —tecnología de funciones de resumen para videos e imágenes—, así como clasificadores e inteligencia artificial para el análisis de textos o datos de tráfico[33]; d) por último, se les impone la obligación de informar a los usuarios de la excepción legal a los artículos 5. 1, y 6.1 de la Directiva sobre privacidad, notificarles igualmente acerca de los posibles recursos que pueden interponer, así como establecer procedimientos adecuados con la finalidad de garantizar que los usuarios puedan presentar reclamaciones.

En el supuesto concreto en el que se haya detectado un presunto abuso sexual de menores en línea, el Reglamento prevé una serie de medidas con

---

33 Más ampliamente, FERNÁNDEZ RODRÍGUEZ, A.P. "La detección de abusos sexuales a menores *online* por parte de los prestadores de servicios de comunicaciones interpersonales y la protección de datos", *Investigación y proceso penal en el Siglo XXI. Nuevas tecnologías y protección,* S.Pereira Puigvert, F. Ordoñez Ponz (dirs.) Mª J. Pesqueira Zamora (coord..), Aranzadi, Cizur Menor, 2021, pp. 749-769, esp. pp. 756 y ss.

el fin de garantizar la preservación de los contenidos así como de los datos asociados: a) denuncia a las autoridades judiciales y policiales competentes, así como a organizaciones que actúen en interés público contra los abusos sexuales de menores; b) proceder al bloqueo de la cuenta del usuario de que se trata o de suspender o poner fin a la prestación del servicio a dicho usuario; c) se reconoce al usuario afectado la posibilidad de recurrir ante la decisión del proveedor de denunciar, bloquear o almacenar los contenidos y servicios, lo cual requiere el establecimiento de medidas necesarias que permitan ejercitar dicho derecho; d) obligación de responder a las solicitudes remitidas por las autoridades judiciales y policiales, destacando el deber de colaboración con dichas autoridades, proporcionando los datos necesarios para la prevención, detección investigación o enjuiciamiento de las infracciones penales establecidas en la Directiva 2011/93, esto es, pornografía infantil, abusos sexuales y embaucamiento de menores (artículo 3, letras g, h).

Se imponen igualmente límites temporales a la preservación o retención de los datos que se consideren relacionados con una situación de abuso sexual a un menor en línea. A tal efecto, los datos relacionados con un abuso sexual de menores en línea no podrán almacenarse más tiempo del estrictamente necesario para el fin establecido y, en cualquier caso, no más de doce meses a partir de la fecha en que se detectó el presunto abuso sexual en línea.

La vigencia de este Reglamento es de tres años, del 3 de agosto de 2021 hasta el 3 de agosto de 2024. La Comisión en este punto, ha seguido la indicación del Supervisor Europeo de Protección de datos en el dictamen elaborado al considerar que el plazo inicial de aplicación del Reglamento de cinco años no era muy proporcionado pues cualquier medida transitoria no debería exceder de dos años.

III. PROPUESTA DE REGLAMENTO DEL PARLAMENTO EUROPEO Y DEL CONSEJO POR EL QUE SE ESTABLECEN NORMAS PARA PREVENIR Y COMBATIR EL ABUSO SEXUAL DE LOS MENORES[34]

1. *Objeto y ámbito de aplicación*

Muy a pesar de la labor tan relevante desarrollada por la UE en la lucha contra los abusos de menores en línea plasmados en los epígrafes anterio-

[34] COM (2022) 209 final, de 11 de mayo de 2022, pp. 1-147.

res, las instituciones de la UE son conscientes de que no se ha conseguido el objetivo principal: reducir la comisión de conductas relacionadas con esta materia. Reconoce la Comisión que en el marco de la lucha contra los abusos sexuales de menores en línea es necesario dar un paso más en materia de investigación y enjuiciamiento de estos delitos. A tal fin, la UE ha optado por proceder a elaborar un marco jurídico preciso y armonizado para prevenir y combatir el abuso sexual de menores en línea. Acción que, como veremos, se ha concretado ya en una Propuesta de Reglamento en materia de prevención y lucha contra los abusos sexuales de menores en línea. Es evidente la necesidad de impulsar medidas coordinadas entre todas las partes implicadas respecto a su prevención, investigación y enjuiciamiento. Para lo cual es necesario alcanzar un equilibrio justo entre las medidas para la protección de los menores víctimas de abusos y sus derechos fundamentales, así como los derechos fundamentales de los usuarios que pudieran verse afectados por acciones voluntarias realizadas por los prestadores de servicios en relación al tratamiento de su datos personales y de los prestadores de servicios de alojamiento de datos o de comunicaciones interpersonales. Asimismo, reconoce la Comisión la necesidad de ofrecer seguridad jurídica a los prestadores de servicios en cuanto a las obligaciones establecidas relacionadas con la detección, denuncia y eliminación de sus plataformas y servicios de abusos sexuales en línea, responsabilidades que deben ejercer de conformidad a los derechos fundamentales establecidos en la CDFUE.

Ya se ha señalado en líneas precedentes que realmente lo que se pretende con el Reglamento 2021/1232 es proporcionar una solución legislativa provisional y de alcance limitado para poder salvaguardar las actividades voluntarias realizadas por los prestadores de servicios. Sin embargo, la norma ha resultado insuficiente para el fin establecido, esto es, evitar el uso indebido de los servicios en línea respecto a abusos sexuales de menores. Tampoco ha contribuido a solucionar el problema el hecho de que algunos Estados hayan adoptado normas nacionales para hacer frente a este fenómeno delictivo; al contrario, el efecto causado ha sido la implantación de normas discrepantes con las subsiguientes consecuencias tanto en materia de protección de menores como estimular una segmentación del mercado único digital de servicios.

En este contexto, la Comisión, en respuesta a las peticiones por parte del Consejo y del Parlamento, elabora la presente propuesta de Reglamento. Su finalidad es garantizar un marco legislativo armonizado incorporando normas que hagan posible reforzar las medidas que se consideran esenciales para proteger a los menores de los abusos sexuales, así como prestar apoyo a las partes implicadas en esta materia. En este punto, la Comisión es consciente de que este objetivo solo se consigue con la introducción de medidas específicas, proporcionadas al riesgo de uso indebido por parte de los prestadores y concretas, esto es, sujetas a exigentes requisitos y firmes salvaguardas que garanticen que las tecnologías utilizadas para la detección, denuncia y eliminación de abusos sexuales en línea sean lo menos intrusivas posible para los derechos fundamentales de los menores, usuarios y prestadores de servicios. El derecho fundamental a la confidencialidad de las comunicaciones, así como el respeto a la vida privada y familiar pueden verse afectados por las disposiciones de la propuesta. Por consiguiente, cualquier limitación de los referidos derechos deben cumplir, como ya se ha reiterado anteriormente, los requisitos establecidos en el artículo 52, apartado 1 de la Carta. A su vez, la propuesta alude, al igual que los instrumentos legislativos ya referenciados en los anteriores epígrafes, al artículo 15, apartado 1, de la Directiva sobre privacidad, precepto que según reconoce la propuesta puede aplicarse por analogía a supuestos en los que se limite el ejercicio de los derechos y obligaciones de los artículos 5, apdos. 1 y 3, y 6, apdo. 1 de la Directiva sobre privacidad, siempre y cuando sea estrictamente necesario para ejecutar una orden de detección de abusos sexuales de menores en línea con la observancia de las garantías que a tal efecto especifica la propuesta.

Con la presente propuesta de Reglamento se da cumplimiento a la segunda fase de la Estrategia de la UE para una lucha más eficaz contra el abuso sexual de los menores. El reto que asume la Comisión es proponer una legislación necesaria para luchar de forma eficaz contra los abusos sexuales de menores en línea. Inclusive se exige a los proveedores de servicios en línea que detecten pornografía infantil conocida que respondan con la obligación de denunciarlo ante las autoridades públicas. Con esta perspectiva, vamos a exponer algunas de las medidas incluidas en la Propuesta y que destacan por su carácter novedoso.

A nuestro juicio, la propuesta supone un claro avance en la lucha contra los abusos sexuales de menores en línea. Los rasgos clave que acreditan su justificación se deducen del propio artículo 1 de la propuesta al precisar su objeto: establecer normas uniformes para hacer frente al uso indebido de los servicios de la sociedad de la información respecto a abusos sexuales de menores en línea. A su vez, el ámbito de aplicación de la propuesta, mucho más amplia que la contenida en el anterior Reglamento, se extiende a todos los prestadores de servicios de la sociedad de la información que ofrezcan tales servicios en la Unión, con independencia de su lugar de establecimiento principal.

Los ejes fundamentales de la propuesta son tres: por una parte, las obligaciones impuestas a los prestadores de servicios de alojamiento de datos (en adelante, PSAD), a los PSCII y a los prestadores de servicios de la sociedad de la información (en adelante, PSSI) y, por otra, la creación de una red de autoridades nacionales de coordinación en materia de abusos sexuales de menores y, por último, la Creación del Centro de la UE sobre el abuso Sexual de menores.

2. *Obligaciones de los prestadores de servicios*

La propuesta incorpora una serie de obligaciones uniformes aplicables a todos los prestadores de servicios. Obligaciones que son extensibles tanto a los PSAD como a los PSCII y PSSI. Las obligaciones uniformes responden a la necesidad de realizar, por parte de los prestadores de servicios, una evaluación de los riesgos de uso indebido de sus servicios para la difusión de material, conocido o nuevo, de abuso sexual de menores o para el embaucamiento de menores. No obstante, para que el prestador de servicios pueda proceder a esta evaluación de riesgos, auténtica novedad introducida en la propuesta, el prestador debe tener en cuenta una serie de requisitos acorde al artículo 3, apartado 2, letras a) a e), entre los que se incluyen: existencia de medidas preventivas como prohibiciones y restricciones así como medidas que haya adoptado para su cumplimiento; el uso previo de sus servicios con fines de abuso sexual de menores en línea; la forma en la que los usuarios utilizan el servicio así como la repercusión que dicho uso puede tener en el riesgo; por último, la forma en la que el prestador ha diseñado y explota el servicio[35].

Asimismo, el legislador europeo introduce una serie de obligaciones específicas en función de la clase de prestadores de servicios de que se trate; a saber, a los PSAD y PSCII se les impone la obligación de detectar y denunciar las actividades delictivas constitutivas de abusos sexuales así como de minimizar el riesgo de que se utilicen sus servicios indebidamente para la finalidad ya referida, medidas que han de ser eficaces y proporcionadas

---

35 Vid. el Dictamen CEPD-SEPD. Dictamen conjunto 4/2022 sobre la propuesta de Reglamento del Parlamento Europeo y el Consejo por el que se establecen normas para prevenir y combatir el abuso sexual de los menores. Adaptado el 28 de Julio de 2022, (disponible: https://edpb.europa.eu/system/files/2023-02/edpb_edps_jointopinion_202204_csam_es.pdf). Señala el Dictamen que los criterios recogidos en el articulo 3 de la propuesta son demasiado genéricos, dejando un amplio margen de interpretación y apreciación, de modo que parecen proclives a una valoración subjetiva, pp. 1-41, esp. p. 15.

en relación con el riesgo y su gravedad (artículos 1, 4, 7 y 12); a su vez, a los PSAD se les ordena eliminar de sus servicios el material delictivo así como inhabilitar el acceso a dichos materiales (artículos 1 y 14); por último, a los prestadores de servicios de acceso a internet se les exige inutilizar el acceso al material de abuso sexual de menores. En cuanto al delito de embaucamiento de menores, los prestadores de servicios tienen la obligación de evaluar la posibilidad de que su servicio de comunicación sea utilizado por menores; si realmente es así, es preceptivo diferenciar distintos grupos de edad y cuantificar el riesgo para cada uno de los grupos de edad. Ahora bien, ello requiere identificar la operatividad de los distintos sistemas que pueden fomentar el riesgo de embaucamiento de menores, entre otras, la propuesta incluye: a) las que pueden permitir que los usuarios busquen a otros usuarios, y, en particular, que los usuarios adultos busquen a usuarios menores; b) permitir que los usuarios establezcan contacto directo con otros usuarios, en particular, a través de comunicaciones privadas y c) permitir que los usuarios compartan imágenes o vídeos con otros usuarios, en concreto, a través de comunicaciones privadas (artículo 3).

3. Autoridades de Coordinación y creación de un Centro de la UE

Por último, en el escueto análisis de la propuesta de Reglamento realizada, resta realizar una sumaria referencia a una de las novedades incorporadas y de especial importancia para la protección de víctimas de menores de abusos sexuales. Con esta finalidad, la propuesta prevé el establecimiento de una red de autoridades nacionales competentes cuya finalidad es garantizar el cumplimiento del Reglamento. Dispone el artículo 25 que los Estados miembros deben designar a una o varias autoridades competentes como responsables de la aplicación y ejecución del Reglamento, designando a una de las autoridades competentes como su autoridad de coordinación en materia de delitos de abuso sexual de menores. Son varias las competencias asignadas a dichas autoridades; entre otras, la facultad de solicitar a la autoridad judicial o administrativa que emita una orden de detección si bien se le exige con anterioridad a dicha solicitud que realice las comprobaciones necesarias al efecto de determinar si se cumplen las condiciones establecidas respecto a las medidas que deben adoptar los prestadores de servicios de alojamiento de datos y de servicios de comunicaciones interpersonales con la finalidad de minimizar el riesgo. En base al cumplimiento de estas condiciones, la autoridad de coordinación elabora un proyecto de solicitud de emisión de una orden de detección que deberá presentar al prestador y al Centro de la UE. Acorde a las observaciones formuladas, se vuelve a presentar el proyecto a la autoridad judicial o administrativa junto a la solicitud de emisión de la orden (artículo 7). La propuesta distingue tres clases de ordenes de detección: la relativa a la difusión de material de abuso sexual de menores conocido; órdenes de detección relativas a la difusión de nuevo material de abusos sexual de menores; órdenes de detección respecto al embaucamiento de menores. La propuesta exige para la emisión de dichas órdenes que exista un "riesgo significativo" cuyo significado se determina en el artículo 7, apartados 5, 6 y 7 en función del tipo de orden de detección de que se trate.

La autoridad de coordinación está facultada para solicitar a una autoridad judicial o a una autoridad administrativa independiente que emita órdenes de detección únicamente cuando exista un riesgo importante de que el servicio se esté utilizando para fines de abuso sexual de menores en línea (artículos 7 y 8). A su vez, establece un conjunto de medidas complementarias como que los prestadores tengan la posibilidad de impugnar las órdenes recibidas (artículo 9). Para garantizar que la detección se realice de manera eficaz, equilibrada y proporcionada, la propuesta establece una serie de requisitos y salvaguardas (artículo 10). Puesto que las órdenes de detección son un medio de último recurso, las autoridades competentes podrán emitir órdenes de retirada, bloqueo y exclusión de las listas dirigidas a los prestadores. Si un prestador no elimina por iniciativa propia el material de abuso sexual de menores, las autoridades de coordinación pueden obligarlo dictando una orden a tal efecto.

Por último, hay que destacar la creación de un nuevo Centro de la UE a semejanza del centro nacional independiente de los Estados Unidos para apoyar a las fuerzas y cuerpos de seguridad en la tramitación de denuncias y protección de los menores. Al ser un centro de conocimientos especializados, se encargará de diversas funciones: facilitar el proceso de evaluación del riesgo por el uso indebido de los PSCII para los fines de abusos sexuales de menores; de proporcionar y compartir la información y los conocimientos especializados; coordinar la detección, denuncia y eliminación de contenidos sexuales, así como la prevención y asistencia a las víctimas; cooperar estrechamente con las autoridades y las organizaciones asociadas que resultan fundamentales en la lucha contra los abusos sexuales. A su vez, mantendrá y gestionará las bases de datos de los tres siguientes indicadores de abusos sexuales: bases de datos que detecten la difusión de material conocido sobre abusos sexuales, así como de material nuevo o para el embaucamiento de menores y bases de datos específicas de denuncias de contenidos de abusos sexuales de menores. Asimismo, se indica en la propuesta la colaboración del Centro con Europol, lo que va a resultar determinante en la lucha contra los abusos sexuales de menores en línea, en especial por la información que pueda reportar sobre las bases de datos de que dispone respecto a inteligencia criminal y por su contribución a detectar posibles conexiones entre investigaciones llevadas a cabo en otros Estados miembros con la misma finalidad. Hemos de recordar que esta cooperación ha sido reivindicada por la UE en los diversos instrumentos elaborados con anterioridad —por ejemplo, en la Directiva sobre abusos sexuales a la que ya se ha hecho referencia—, no en vano el legislador ha considerado que, dado el carácter transfronterizo de este fenómeno, la lucha contra los abusos sexuales debe realizarse a nivel de la Unión. La propuesta exige igualmente la colaboración de todos los actores implicados en la lucha, incluyendo a las instituciones tanto públicas como privadas.

Por último, se debe tener en cuenta que en aplicación del artículo 88 de la propuesta, el Reglamento 2021/1932 por el que se establece una excepción temporal a determinadas disposiciones de la Directiva sobre privacidad, quedaría derogado. En consecuencia, los PSCII pueden seguir realizando actividades voluntarias para la detección de abusos sexuales de menores al no existir excepción alguna a la Directiva sobre privacidad a partir de la fecha de aplicación de este Reglamento, siempre y cuando llegue a aprobarse y se dé cumplimiento a las correspondientes salvaguardas contempladas en el mismo.

IV. REFLEXIÓN FINAL

La propuesta de Reglamento supone un avance importante en cuanto a la prevención, investigación y enjuiciamiento de los delitos de abusos sexuales contra menores. La decidida actividad de la UE emprendida en esta materia se comprueba con una lectura de sus artículos y de sus Considerandos. En efecto, del contenido de la propuesta se deduce la clara voluntad de la UE de establecer un marco legislativo armonizado para lo cual se considera esencial la introducción de normas uniformes en materia de detección, denuncia y eliminación de los abusos sexuales de menores en línea en todos los Estados miembros. Queda claro que el objetivo de la propuesta, proteger a los menores de los abusos sexuales en línea, no puede ser realizado de manera unilateral por los Estados sino que requiere la cooperación de los propios prestadores de servicios de comunicaciones interpersonales y de los prestadores de servicios de alojamiento de datos a los que se la propuesta les impone estrictas obligaciones relacionadas con la detección, denuncia, eliminación así como el bloqueo de material conocido y nuevo de abusos sexuales en línea y del embaucamiento de menores. Resulta indiscutible que la imposición de dichas obligaciones con la correspondiente evaluación de riesgos de utilización indebida de sus servicios junto a su mitigación merece una valoración positiva. Por resaltar lo más evidente, las dudas planteadas a nivel europeo por la realización por parte de los prestadores de servicios de comunicación para detectar abusos sexuales de menores en línea debían obtener una respuesta coherente ya que eran insuficientes para la lucha conta el abuso sexual. El legislador europeo así lo ha entendido y, en este punto, intenta corregir dicha actuación con la inclusión de obligaciones específicas y uniformes. En consecuencia, como aspecto positivo de la propuesta debe destacarse que sea aplicable a todos los prestadores de servicios de la sociedad de la información como de alojamiento de datos, superando así las carencias de otros instrumentos de la UE en esta materia.

También nos merece una valoración positiva el hecho de que la propuesta reconozca la creación de determinadas autoridades, judiciales o administrativas, junto a las de coordinación, cuya función va a resultar fundamental para la emisión de la orden de detección relativa a la difusión de material de abuso sexual de menores. Indudablemente, la utilidad de esta medida es indiscutible —va a exigir a los prestadores que adopten una serie de medidas con la finalidad de detectar los abusos sexuales de menores—, orden que deberán de ejecutar mediante la instalación y utilización de tecnologías capaces de detectar la difusión de contenidos sexuales. Sin embargo, no nos parece muy adecuado la concreta forma en la que debe ejecutarse la orden de detección. El procedimiento que recoge la propuesta exige numerosos requisitos a cumplir por parte de los prestadores de servicios, así como la obligación de ajustarse a determinadas exigencias de solicitud y emisión de la orden de detección. Por ello, entendemos que la concreta forma que adquiera la plasmación jurídica de la propuesta de Reglamento debe tener en cuenta este punto e intentar reconducirlo en aras de alcanzar el mayor nivel de eficacia posible en la lucha contra los abusos sexuales de menores en línea.

También resulta satisfactorio la creación de un nuevo centro de la UE con apoyo de Europol, lo que justifica su existencia dado el carácter transnacional del fenómeno. La lucha contra la pornografía infantil en el entorno digital exige la coordinación de las operaciones e investigaciones llevadas a cabo por todas las partes involucradas para detectar el material ilegal y eliminarlo, para coordinar las bases de datos de huellas digitales, etc...; de ahí que la implicación de Europol va a resultar esencial en esta tarea.

Con todo y pese a las mejoras introducidas en la propuesta, en especial con el reforzamiento de medidas específicas esenciales para la protección de los derechos de los menores víctimas de abusos sexuales, a nuestro juicio, la propuesta presenta algunas cuestiones que es conveniente que el legislador europeo antes de su aprobación deba de tener en cuenta, en especial en lo referente a la extensión de requisitos exigidos para proceder a la evaluación y reducción de riesgos.

Ahora bien, todas las medidas que contempla la propuesta siguen interfiriendo en los derechos fundamentales a la confidencialidad de las comunicaciones y a la protección de datos personales. Ciertamente es de valorar que el legislador europeo ha realizado esfuerzos para alcanzar un equilibrio justo entre las medidas incorporadas para proteger los derechos fundamentales de las partes interesadas en la lucha contra los abusos sexuales de menores —prestadores de servicios, usuarios y menores víctimas—. Sin embargo, alguna de las medidas que deban adoptarse para la detección, acceso o eliminación de contenidos sexuales, si bien menos intrusivas que las recogidas en otros instrumentos, seguirán interfiriendo en los derechos fundamentales a la intimidad, confidencialidad de las comunicaciones y protección de datos personales. No obstante, en la implantación de las correspondientes medidas siempre se tendrá en cuenta el interés superior del menor.

Bibliografia

CUGAT MAURI, M. "Las nuevas modalidades de abuso sin contacto entre autor y víctima", *Los delitos contra la libertad e indemnidad sexual a examen: Propuestas de reforma,* Elena Marín de Espinosa Ceballos/Patricia Esquinas Valverde (Dirs.), Miguel Ángel Morales Hernández (Coord.), Thomson Aranzadi, Pamplona, 2022, pp. 337-353.

DÍAZ CORTÉS, L.M. "Una aproximación al estudio de los delitos de pornografía infantil en materia penal: el debate sobre la libertad sexual y la influencia de la Directiva 2011/92/UE en la reforma de 2015", *Revista de Derecho Penal y Criminología,* 2015, 3.a Época, nº 13, pp. 13-50.

DÍAZ GÓMEZ, A. "El delito informático, su problemática y la cooperación internacional como paradigma de su solución: el convenio de Budapest", *Revista Electrónica de Derecho,* 2010, nº 8, pp. 169-203; Disponible en (https://www.unirioja.es/dptos/dd/redur/numero8/diaz.pdf).

DE LA MATA BARRANCO, Norberto J. "Tratamiento legal de la edad del menor en la tutela penal de su correcto proceso de formación sexual", *Revista Electrónica de Ciencia Penal y Criminología,* 2019, 21-20, pp. 19-23.

DE LA MATA BARRANCO, N.J/PÉREZ MACHÍO, M.I. "La normativa internacional para la lucha contra la cibercriminalidad como referente de la regulación penal española", en J. L. de la Cuesta Arzamendi (Dir.), N. J. de La Mata Barranco (Coord.), *Derecho penal informático,* Cívitas, 2010, pp. 123-145;

DE LA ROSA CORTINA, J.M. «Delitos de pornografía infantil: novedades tras la reforma de 2010 y la ratificación del Convenio de Lanzarote», *Diario la Ley*, 2011, nº 7715, 14 de octubre, p. 1 y ss, https://diariolaley.laleynext.es/.

ESQUINAS VALVERDE, P. "El tipo de mera posición de pornografía infantil en el Código penal española (art. 189.2): razones para su destipificación", *Revista de Derecho penal y Criminología*, 2006, nº 18, 2º época, Julio, pp. 171-228;

FERNÁNDEZ RODRÍGUEZ, A.P. "La detección de abusos sexuales a menores *online* por parte de los prestadores de servicios de comunicaciones interpersonales y la protección de datos", *Investigación y proceso penal en el Siglo XXI. Nuevas tecnologías y protección*, S. Pereira Puigvert, F. Ordoñez Ponz (dirs.) Mª J. Pesqueira Zamora (coord..), Aranzadi, Pamplona, 2021, pp. 749-769.

FERNÁNDEZ TERUELO, J.G. "Análisis interpretativo y evolución legislativa del tipo penal de pornografía infantil", *Los delitos contra la libertad e indemnidad sexual a examen: Propuestas de reforma*, E. Marín de Espinosa Ceballos/P. Esquinas Valverde (Dirs.), M. Á. Morales Hernández (Coord.), Thomson Aranzadi, Pamplona, 2022, pp. 683-715.

FERNÁNDEZ TERUELO, J. "Expansión de la represión penal de la pornografía infantil: La indemnidad sexual de los adustos que parecen menores y la de los personajes 3D", *Revista Penal*, Julio 2018, nº 42, pp. 67-81.

FIODOROVA, A. "La lucha contra abusos de menores en línea: hacía una nueva regulación", *Revista de Estudios Europeos, nº Extraordinario monográfico* 2023, 1, pp. 452-474.

GARCÍA DE CASTRO, J. "Oportunidad criminal, internet y redes sociales", *InDret, Revista para el análisis del Derecho*, 4/2015, pp. 4-14.

GARCIA NOGUERA, I. "Pornografía infantil en internet: principales aspectos de la transposición de la directiva 2011/92/UE", *IDP. Revista de Internet, Derecho y Política*, 2014, nº 19, Octubre, pp. 105-116.

MARCOS MARTÍN, T. "Un nuevo paso en la lucha contra la explotación sexual infantil: el Convenio del Consejo de Europa para la protección de los niños contra la explotación y el abuso sexual", *Revista sobre la infancia y la adolescencia*, 2011, 1, Septiembre pp. 100-111.

MORALES GARCÍA, O. "Apuntes de Política-Criminal en el contexto tecnológico. Una aproximación a la Convención del Consejo de Europa sobre Cyber-crimen", *Delincuencia informática. Problemas de responsabilidad. Cuadernos de Derecho Judicial, IX*, 2002, pp. 11-33.

RODRÍGUEZ LAÍNZ, J.L. "Reflexiones sobre el tratamiento de datos personales por prestadores de servicios de comunicaciones vía internet para la lucha contra abusos sexuales de menores en línea en el Reglamento (UE) 2021/1232 (1)", *Diario La Ley*, 2021, nº 9974, diciembre, pp. 1-27, https://diariolaley.laleynext.es/.

RODRIGUEZ MESA, Mª. J. "La Directiva 2011/92/UE relativa a la lucha contra los abusos sexuales y la explotación sexual de los menores y la pornografía infantil. Especial referencia a su transposición en el Anteproyecto de Reforma de Código Penal", *Revista de derecho y proceso penal*, 2013, nº 32, pp. 227-267.

SALAT PAISAL, M. "Las consecuencias sancionatorias aplicables a los delincuentes sexuales tras las últimas reformas legislativas", *Estudios Penales y Criminológicos*, 2016, vol. XXXVI, pp. 281-346.

SÁNCHEZ DOMINGO, Mª. B. "La cooperación judicial penal y el Tratado de Lisboa. El ejemplo de la Directiva 2011/92/UE en materia de pornografía infantil", *Revista de Derecho Comunitario Europeo,* 2013, nº 44, enero/abril, pp. 279-305.

SUÁREZ-MIRA RODRÍGUEZ, C. "Abusos sexuales a menores: arts. 182, 183 y 183 bis CP", *Comentarios a la Reforma del Código Penal de 2015,* J.L. González Cussac (Dir.), E. Gorriz Royo/Á. Matallín Evangelio (Coords), Tirant Lo Blanch, Valencia, 2ªed., 2015, pp. 601-615.

TAPIA BALLESTEROS, P. "Estrategia de la UE para una lucha más eficaz contra el abuso sexual de menores", *Revista de Estudios Europeos, nº Extraordinario monográfico* 1, 2023, pp. 434-451.

VÁZQUEZ DE CASTRO, E. "Protección de datos personales, redes sociales y menores. "Las personas mayores nunca pueden comprender por sí solas y es muy aburrido para los niños tener que darles una y otra vez explicaciones". El principito. A. De Saint-Exupéry", *Revista Aranzadi de Derecho y Nuevas tecnologías,* 2012, nº 29, pp. 1-37.

VILLACAMPA ESTIARTE, C./TORRES FERRER, C. "Los delitos de *online child grooming y sexting:* un análisis crítico de su tipificación en el Código Penal", *Los delitos contra la libertad e indemnidad sexual a examen: Propuestas de reforma,* E. Marín de Espinosa Ceballos/P. Esquinas Valverde (Dirs.), M. Á. Morales Hernández (Coord.), Thomson Aranzadi, Pamplona, 2022, pp. 391-446.

Capítulo XII
Orden europea de protección: integridad e intimidad en la era digital[1]

European protection order: integrity and privacy in the digital era

Cristina Ruiz López
Universidad de Córdoba
crlopez@uco.es
ORCID 0000-0002-2378-9599

RESUMEN: En este trabajo se analiza la infrautilización de la Orden Europea de Protección (en adelante, OEP) en un contexto digital. La proyección digital de los derechos fundamentales a la intimidad e integridad y de sus formas delictivas puede explicar la infrautilización de la OEP dado que se producen en un espacio virtual sin fronteras ni Estados involucrados *a priori*. Sin embargo, el contexto digital no determina la infrautilización de la OEP pues el carácter transfronterizo de los ciberdelitos que afectan a la intimidad y a la integridad se hace visible en caso de incumplimiento de las medidas cautelares civiles y/o penales. En definitiva, se concluye que la OEP podría ser un instrumento valioso para la protección de los derechos de las víctimas aun cuando el delito se cometa en el espacio digital.

Palabras claves: Orden Europea de Protección, integridad, intimidad, digital, transfronterizo, medidas cautelares.

ABSTRACT: This paper analyses the underuse of the European Protection Order (hereinafter, EPO) in a digital context. The digital projection of the fundamental rights to privacy and integrity and their criminal forms can explain the underuse of the EPO given that they occur in a virtual space without borders or States involved a priori. However, the digital context does not determine the underuse of the EPO, as the cross-border nature of cybercrimes affecting privacy and integrity becomes visible in the event of non-compliance with civil and/or criminal protection measures. In conclusion, it is concluded that the EPO could be a valuable instrument for the protection of victims' rights even when the crime is committed in the digital space.

1 Trabajo realizado en el marco del proyecto de investigación del plan estatal «El Derecho Procesal civil y penal desde la perspectiva de la Unión Europea: la consolidación del Espacio de Libertad, Seguridad y Justicia (Ref. PID2021-124027NB-I00)», financiado por MCIN/ AEI / 10.13039/501100011033 / FEDER, UE.

Keywords: European Protection Order, integrity, privacy, digital, cross-border, protection measures.

I. INTRODUCCIÓN: LA INCOHERENCIA DE SU INFRAUTILIZACIÓN ANTE EL AUMENTO DE LA AFECTACIÓN A LA INTIMIDAD Y LA INTEGRIDAD

Lo digital se abre paso en el ámbito de la cooperación judicial europea tanto en lo que se refiere al canal de comunicación como en cuanto al ámbito de protección. En este trabajo nos vamos a centrar en este último aspecto y, en concreto, en cómo la intimidad y la integridad proyectadas en el mundo digital se protegen (o podrían protegerse) a través de la Orden Europea de Protección (en adelante, OEP)[2].

La complejidad es de gran envergadura pues se trata de dos ámbitos (la digitalización de los procesos y los contenidos digitales) en constante cambio, actualización y modificación. Un ritmo frenético (normativo, organizacional, procesal) marcado por las actualizaciones constantes y permanentes en las Tecnologías de la Información y la Comunicación (en adelante, TICs). Una situación compleja que, a nivel europeo, además, añade la falta de aproximación legislativa material y procesal (a pesar de los loables intentos en ambas esferas[3]) lo que ocasiona, en definitiva, la desprotección de las potenciales víctimas.

---

2 Directiva 2011/99/UE del Parlamento Europeo y del Consejo, de 13 de diciembre de 2011, sobre la orden europea de protección, DOUE de 21 de diciembre de 2011, nº L 338, pp. 2-18.

3 *Vid.* RUIZ LÓPEZ, C. *Las víctimas de violencia contra las mujeres en la Unión Europea: derechos procesales desde una perspectiva de género*, Tirant lo Blanch, Valencia, 2021, esp. Capítulo 1.

1. La hipotética infrautilización

Afirmar que la OEP es un instrumento infrautilizado nos obliga a movernos en el terreno de las hipótesis teniendo en cuenta el número de desplazamientos transnacionales, número de órdenes de protección y medidas de protección dictadas en los Estados miembros. Además, deberíamos referirnos al elevado número de relaciones transfronterizas en una sociedad "hiperconectada" en plena "era digital" o la "era de la información" según Manuel Castells[4]. Nos llevaría a estimar la posibilidad de que el número de personas que se desplazan a otro Estado miembro distinto del que le ofrece protección es mucho mayor del que recogen las estadísticas respecto de las OEP emitidas y recibidas[5]. La primera hipótesis que podemos barajar es que si solo se desplazara un 1% de las víctimas de violencia doméstica y de violencia de género nacidas en un país de la Unión Europea (en adelante, UE) con una orden de protección en España en 2021 (2.449), existirían 24 potenciales personas protegidas por una OEP. En otros trabajos tuvimos ocasión de detenernos en las posibles razones de la infrautilización de la OEP[6] y del Reglamento (UE) n. 606/2013 del Parlamento Europeo y del Consejo, de 12 de junio de 2013, relativo al reconocimiento mutuo de medidas de protección en materia civil[7]. Respecto de la aplicación de este último instrumento, lo primero que hay que volver a subrayar es que la recolección de datos también es muy deficiente[8]. Lo que se ponía de ma-

---

4 CASTELLS OLIVÁN, M. *La era de la información. Economía, sociedad y cultura,* Siglo XXI, Vol. 1 México, 1996.

5 En España, en el año 2022 se emitieron 5 OEP por las Audiencias Provinciales (en 2021 no se emitió ninguna), 4 por los Juzgados de Violencia sobre la Mujer (en 2021 fueron 5), 4 por los Juzgados de Primera Instancia e Instrucción y de Instrucción (en 2021 fueron 12), ninguna por los Juzgados de lo Penal (en 2021 se emitieron 2). Fuente: https://www.poderjudicial.es/cgpj/es/Temas/Estadistica-Judicial/Estadistica-por-temas/Aspectos-internacionales/Cooperacion-con-organos-judiciales-extranjeros/Solicitudes-de-cooperacion-tramitadas-directamente-por-los-organos-judiciales/ (fecha de última consulta: 31 de octubre de 2023).

6 RUIZ LÓPEZ, C. "La dimensión transfronteriza de la violencia contra las mujeres: análisis de la orden europea de protección", en Mar Jimeno Bulnes (dir.) y Cristina Ruiz López (coord.), *La evolución del espacio judicial europeo en materia civil y penal: su influencia en el proceso español,* Tirant lo Blanch, Valencia, 2022, pp. 265-297

7 Reglamento (UE) n° 606/2013 del Parlamento Europeo y del Consejo, de 12 de junio de 2013, relativo al reconocimiento mutuo de medidas de protección en materia civil, DOUE de 29 de junio de 2013, nº L 181, pp. 4-12.

8 Como se pone de manifiesto en Informe de la Comisión al Parlamento Europeo, al Consejo y al Comité Económico y Social Europeo sobre la aplicación del Reglamento (UE) n.º 606/2013 del Parlamento Europeo y del Consejo, de 12

nifiesto en el Informe de la Comisión al Parlamento Europeo, al Consejo y al Comité Económico y Social Europeo sobre su aplicación[9].

Respecto de la OEP, Milagros López Gil insistía en que "los problemas que impiden que este instrumento sea totalmente eficaz comienzan desde su nacimiento en la medida en la que su ámbito de aplicación se solapa con el de otros instrumentos de cooperación que deben ser aplicados con carácter preferente. Así pues, nos encontramos con al menos tres instituciones con las que la OEP guarda una estrecha relación: las resoluciones de libertad vigilada, la orden europea de vigilancia y, finalmente, la orden europea sobre medidas de protección civil de las víctimas"[10]. Es más, la complejidad para determinar la incidencia real de la OEP es muy acusada pues "desde la entrada en vigor de la Directiva se ha recopilado muy poca información para poder evaluar el uso del instrumento a escala UE"[11].

A todo ello hay que añadir que, a pesar de la aproximación legislativa en cuanto a qué se entiende por víctima a través de la Directiva 2012/29/

---

de junio de 2013, relativo al reconocimiento mutuo de medidas de protección en materia civil, COM/2022/127 final, accesible en https://eur-lex.europa.eu/legal-content/ES/TXT/HTML/?uri=CELEX:52022DC0127&from=ES (fecha de última consulta: 6 de marzo de 2023)" *La ausencia de datos desagregados sobre los Estados miembros cuyos sistemas jurídicos permiten dictar medidas de protección en materia civil plantea problemas para el establecimiento de una estimación real del uso de medidas de protección en materia civil.*"

9 La diversidad legislativa se aprecia en los órganos competentes para emitir un certificado civil de protección en este mismo Informe: "*El artículo 18, apartado 1, letra a), inciso iii), del Reglamento exige a los Estados miembros que notifiquen a la Comisión los tipos de autoridades competentes para efectuar la adaptación de medidas de protección. Dieciocho Estados miembros designaron de forma explícita los órganos jurisdiccionales competentes a escala geográfica, como los tribunales comarcales, los tribunales municipales, los tribunales provinciales o el presidente de un tribunal local. Además, tres Estados miembros señalaron los órganos jurisdiccionales o los tribunales de primera instancia en general, mientras que dos Estados miembros designaron los fiscales y, otros dos, los agentes judiciales*". Punto 3.2).

10 LÓPEZ GIL, M." La orden europea de protección ¿realidad o ficción?" en L. Fontestad Portáles y J. Caro Catalán (dirs.), *La globalización del derecho procesal,* Tirant lo Blanch, Valencia, 2020, pp. 335-355, esp. 337.

11 MARTÍNEZ GARCÍA, E. y BORGES BLÁZQUEZ, R. "La Orden Europea De Protección para las víctimas de violencia de género, ¿realidad o utopía? De las estimaciones de uso del instrumento a su aplicación práctica", en V. Moreno Catena y Mª Isabel Romero Pradas (dirs.) y E. Laro González (ed.), *Nuevos postulados de la cooperación judicial en la Unión Europea,* Tirant lo Blanch, Valencia, 2021, pp. 1239-1264, esp. p.1243.

UE[12], por lo que respecta a la violencia de género no existe una definición común lo que "ha dificultado sobremanera la aplicación de la directiva sobre la Orden de Protección Europea"[13]. A este respecto, la propuesta de Directiva del Parlamento Europeo y del Consejo sobre la lucha contra la violencia contra las mujeres y la violencia doméstica[14] podría suponer un gran avance.[15] En cualquier caso, como vemos abordar este tema tiene un obstáculo de difícil de solventar: la obtención de datos y la imposibilidad de establecer comparaciones entre legislaciones penales europeas. Por poner un ejemplo dada la limitación de espacio, en la Directiva 2011/99 se prevé como motivo de no reconocimiento de una OEP "cuando la medida de protección se refiera a un hecho que no constituye infracción penal en

---

[12] Directiva 2012/29/UE del Parlamento Europeo y del Consejo, de 25 de octubre de 2012, por la que se establecen normas mínimas sobre los derechos, el apoyo y la protección de las víctimas de delitos, y por la que se sustituye la Decisión marco 2001/220/JAI del Consejo, DOUE de 14 de noviembre de 2012, nº L 315, pp. 57–73.

[13] BORGES BLÁZQUEZ, R. "La ¿creación? del delito de violencia de género en la Unión Europea y su posible incidencia en la directiva 2011/99/UE sobre la orden de protección europea", *Revista General de Derecho Europeo,* 2023, n. 59, https://www.iustel.com.

[14] COM(2022) 105 final accesible en https://eur-lex.europa.eu/legal-content/ES/TXT/HTML/?uri=CELEX:52022PC0105&from=ES (fecha de última consulta: 1 de marzo 2023).

[15] La legislación penal española ha sido duramente criticada por el Consejo de Europa por exigir una relación sentimental para entender los hechos como violencia de género. Se han realizado determinados avances para ampliar este concepto de violencia de género español al concepto del Convenio de Estambul. Así, por ejemplo, por medio de la LO 8/2021, de 4 de junio de protección integral a la infancia y la adolescencia frente a la violencia (BOE de 5 de junio de 2021, nº134, pp. 1-75) en la Disposición final décima, que lleva por rúbrica Modificación de la Ley Orgánica 1/2004, de 28 de diciembre, de Medidas de Protección Integral contra la Violencia de Género. Se añade, así, un apartado nuevo 4 al artículo 1, con la siguiente redacción: "*4. La violencia de género a que se refiere esta Ley también comprende la violencia que con el objetivo de causar perjuicio o daño a las mujeres se ejerza sobre sus familiares o allegados menores de edad por parte de las personas indicadas en el apartado primero*". Asimismo, Ley Orgánica 10/2022, de 6 de septiembre, de garantía integral de la libertad sexual (BOE de 7 de septiembre de 2022, nº 215, pp. 1-66) a efectos estadísticos y de reparación el artículo 3 de esta Ley establece que "*En todo caso se consideran violencias sexuales los delitos previstos en el Título VIII del Libro II de la Ley Orgánica 10/1995, de 23 de noviembre, del Código Penal, la mutilación genital femenina, el matrimonio forzado, el acoso con connotación sexual y la trata con fines de explotación sexual. Se prestará especial atención a las violencias sexuales cometidas en el ámbito digital, lo que comprende la difusión de actos de violencia sexual, la pornografía no consentida y la infantil en todo caso, y la extorsión sexual a través de medios tecnológicos*".

el Derecho del Estado de ejecución" (artículo 10.1.c, así como la Exigencia de la doble tipificación: artículo 20.3 de la Ley de reconocimiento mutuo de resoluciones penales). Como señala Raquel Borges, "esto significaría que un país que no reconozca la violencia de género como delito podría alegar como motivo de no reconocimiento la falta de tipificación de la medida, dejando a una víctima sin protección. Actualmente no existen evidencias de que alguna OPE haya sido denegada en base a este motivo. No obstante, es posible que por esta razón no se reconozcan determinados supuestos relacionados, por ejemplo, con el *stalking* que no se reconoce en todos los países".

Un obstáculo que ponía de relieve en 2021 el equipo investigador del proyecto ARTEMIS[16]. Y no solo este mosaico de legislaciones y regulaciones se da en lo que respecta al concepto de "víctima" sino que aparece en cada uno de los dos aspectos que singularizan la cooperación judicial digital: la digitalización de los procesos[17] y la regulación de las proyecciones digitales de los derechos.

2. *Una alarmante desprotección de las víctimas*

El dato de la infrautilización de la OEP nos apunta a una situación alarmante de falta de garantía de un derecho a la protección y ello solo proyectándolo en un Estado miembro, España. La situación en cada Estado miembro elevaría el número de víctimas potenciales sin protección a niveles alarmantes.

---

16 "There is uneven coverage of victims of all forms of gender-based violence, resulting in gaps in protection; for example, in Cyprus, Croatia and Greece protection orders are mainly available within the narrow framework of domestic violence or violence in the family, which imposes conditions such as cohabitation, sharing a family home and children." ARTEMIS. Promoting the right of protection of women through the application of the EC Directive 2011/99/EU and the European Protection Order (2021). *Implementation of the European Protection Order in the EU: Findings of the ARTEMIS research study.*

17 Respecto a estas complejidades en la cooperación judicial civil se ponen de relieve los obstáculos encontrados en Italia a nivel práctico tales como la falta de formación de los operadores jurídicos, el uso incorrecto de modelos estandarizados, la falta de consulta con autoridades extranjeras, los obstáculos derivados del idioma, la seguridad de los sistemas de intercambio de documentación, etc. AMATO, R., y MARCO VELICOGNA, M. "Cross-Border Document Service Procedures in the EU from the Perspective of Italian Practitioners—The Lessons Learnt and the Process of Digitalisation of the Procedure through e-CODEX", *Laws*, 2022, n. 11, vol. 81, pp. 1-28, esp.25.

En el ámbito de la UE, este derecho a la protección en el estatuto de la víctima del delito[18] se concreta en el derecho a la protección durante las investigaciones penales, a la intimidad, a la evaluación individual de las necesidades especiales de protección, derecho a la protección de las víctimas con necesidades especiales de protección durante el proceso penal y la protección de las víctimas menores de edad durante el proceso penal. Y, como decimos, 11 años después de esta Directiva podemos concluir que el derecho a la protección de las víctimas no se encuentra garantizado. Una situación de incumplimiento del deber de diligencia debida de los Estados en la protección de las personas en riesgo exigida por el Tribunal Europeo de Derechos Humanos (en adelante TEDH) en el ámbito del Consejo de Europa[19].

La UE lleva alertando de este incumplimiento desde hace años. Así lo señala en la Estrategia de la UE sobre los Derechos de las víctimas (2020-2025) donde apunta a la raíz del problema de la ineficiencia de la OEP: la insuficiencia de las medidas nacionales subyacentes. La UE en concreto señala "*No obstante, la eficiencia de estas órdenes de protección depende de las medidas nacionales subyacentes sobre la protección física de las víctimas. Actualmente, las medidas nacionales son insuficientes y las víctimas siguen sin estar seguras, aun contando con órdenes de protección*".

La iniciativa de la UE para paliar esta situación pivotan en dos ejes: la introducción de "*normas mínimas en relación a la protección física de las víctimas, incluidas las condiciones mínimas para la emisión y las modalidades de las*

---

18 Capítulo 4 de la Directiva 2012/29/UE del Parlamento Europeo y del Consejo, de 25 de octubre de 2012, por la que se establecen normas mínimas sobre los derechos, el apoyo y la protección de las víctimas de delitos, y por la que se sustituye la Decisión marco 2001/220/JAI del Consejo (DOUE de 14 de noviembre de 2012, nº L 315, pp. 57-73, transpuesta en España a través de la Ley 4/2015, de 27 de abril del estatuto de la víctima del delito (BOE de 28 de abril de 2015, nº 101, pp. 1-31), dedicándole el Título III al derecho a la protección.

19 Como pone de manifiesto el Grupo de Expertos/as en la Lucha contra la Violencia contra la Mujer y la Violencia Doméstica (GREVIO) en su Informe de 2017, el TEDH estableció la diligencia en el caso *Osman c. Reino Unido* (1998) Sentencia de 28 de octubre de 1998, demanda 23452/94, ECLI:CE:ECHR:1998:1028JUD002345294, "disponible en servidor oficial https://www.echr.coe.int" en GREVIO (2017), *Emergency barring orders in situations of domestic violence: article 52 of the Istanbul Convention a collection of papers on the council of Europe Convention on preventing and combating violence against women and domestic violence*, p.6, accesible en https://rm.coe.int/article-52-convention-istanbul-english-version/168073cae6 (fecha de última consulta: 7 de marzo de 2023).

medidas de protección (como las órdenes de protección y restricción" (punto 57) y "*la Comisión seguirá promoviendo la aplicación eficaz de las órdenes de protección nacionales y europeas ofreciendo posibilidades de financiación en el marco del Programa «Justicia» y sensibilizando e insistiendo en la necesidad de formar a los profesionales sobre la disponibilidad de las órdenes de protección europeas." (punto 58)*[20]. Dos importantes medidas proyectadas pero que olvidan la ciberviolencia y su afectación al derecho de protección en la esfera digital.

Profundizando en esta deficiencia a nivel nacional, en el documento de trabajo de la propuesta de Directiva que modificaría la Directiva de víctimas de 2012[21] hay un apartado específico dedicado a señalar las prácticas en los diferentes Estados miembros respecto a la protección de las víctimas (a partir de la página 136). Resumimos los resultados con respecto al momento inicial de la evaluación en la siguiente tabla.

	SÍ ESTABLECEN MEDIDAS PARA GARANTIZARLA OBLIGACIÓN DE REALIZAR UNA EVALUACIÓN INDIVIDUAL EN EL PRIMER CONTACTO	SÍ ESTABLECEN MEDIDAS PARA GARANTIZAR LA OBLIGACIÓN DE REALIZAR UNA EVALUACIÓN INDIVIDUAL EN EL PRIMER CONTACTO, PERO			NO GARANTIZAN LA EVALUACIÓN DE LAS NECESIDADES INDIVIDUALES EN EL PRIMER CONTACTO
		No se realiza en práctica	Redacción vaga ("de manera oportuna")	Sólo se aplica a determinadas víctimas	
ESTADOS	Austria, Dinamarca, Finlandia, Francia, Hungría, Croacia, Irlanda, Lituania, Holanda, Polonia, Suecia.	Bélgica, España, Luxemburgo, Malta y Portugal	Chipre	Letonia	Bulgaria, República Checa, Estonia, Grecia, Italia, Rumanía, Eslovenia, Eslovaquia

Tabla n.1 La protección de las víctimas en la práctica. Fuente: elaboración propia en base Propuesta de Directiva que modificaría la Directiva 2012/29/UE. Fuente: elaboración propia.

---

20 En la Estrategia de la UE sobre los derechos de las víctimas (2020-2025), accesible en https://eur-lex.europa.eu/legal-content/ES/TXT/HTML/?uri=CELEX:-52020DC0258&from=ES (fecha de última consulta: 7 de marzo de 2023).

21 Proposal for a Directive Of The European Parliament And Of The Council amending Directive 2012/29/EU establishing minimum standards on the rights, support and protection of victims of crime, and replacing Council Framework Decision 2001/220/JHA {COM(2023) 424 final} – {SEC(2023) 270 final} – {SWD(2023) 247 final}, accesible en https://ec.europa.eu/info/law/better-regulation/have-your-say/initiatives/13096-Criminal-justice-EU-rules-on-victims-rights-update-_en (fecha de última consulta: 24 de julio de 2023).

Estos pobres resultados también se predican de la asistencia de servicios de apoyo, judicatura y fiscalía, la inclusión en la evaluación de las necesidades de una evaluación de los riesgos derivados del agresor y sobre la evaluación de las necesidades individuales de apoyo[22].

Una absoluta disparidad que ya Suzan van der Aa ponía de relieve en 2012 alertando de las grandes diferencias en los niveles de protección de las víctimas y que no ha cambiado en 2023[23].

II. LA PROTECCIÓN DE LA INTIMIDAD E INTEGRIDAD EN LA ERA DIGITAL

1. Las proyecciones de la intimidad y la integridad en el ámbito digital

Desde la faceta del reconocimiento del ámbito de un derecho, el uso de las TICs ha generado la ampliación y modificación de los conceptos clásicos de los derechos ligados a la esfera física, *off line*. En la Carta de los Derechos Digitales[24] se realiza el siguiente reconocimiento de derechos en el entorno digital:

- Derechos de libertad: derecho a la identidad en el entorno digital, derecho a la protección de datos, derecho al pseudoanonimato, derecho de la persona a no ser localizada y perfilada, derecho a la ciberseguridad derecho a la herencia digital.
- Derechos de igualdad: derecho a la igualdad y a la no discriminación en el entorno digital, derecho de acceso a Internet, protección de las personas menores de edad en el entorno digital, accesibilidad universal en el entorno digital y brechas de acceso al entorno digital.
- Derechos de participación y de conformación del espacio público: derecho a la neutralidad de Internet, libertad de expresión y de información, derecho a recibir libremente información veraz, de-

---

22 Resumidos en la tabla de las páginas 136 a 144. Por no mencionar la complejidad de la relación con las denominadas democracias iliberales trabajada en ATHAM, A. F., "The paradox of judicial dialogue with the European Court of Justice in an illiberal democracy: the recent experience with the Hungarian Constitutional Court", *Revista de Derecho Comunitario Europeo*, 2022, n.72, pp. 483-517

23 VAN DER AA, S., "Protection Orders in the European Member States: where do we stand and where do we go from here?", *European Journal on Criminal Policy and Research*, 2012, n. 18, pp. 183-204.

24 Gobierno de España, *Carta de Derechos Digitales*, 2021.

recho a la participación ciudadana por medios digitales, derecho a la educación digital y derechos digitales de la ciudadanía en sus relaciones con las administraciones Públicas.

— Derechos digitales en entornos específicos: derecho de acceso a datos con fines de archivo en interés público, fines de investigación científica o histórica, fines estadísticos, y fines de innovación y desarrollo, derecho a un desarrollo tecnológico y un entorno digital sostenible, derecho a la protección de la salud en el entorno digital, libertad de creación derecho de acceso a la cultura en el entorno digital y derechos digitales en el empleo de la neurotecnologías[25].

En la era digital la integridad se relaciona con la integridad física, la psicológica o moral y la informática. Cada una de estas esferas tiene presencia en el mundo digital y las posibilidades de su vulneración a través de medios tecnológicos se han multiplicado.

La protección del derecho a la intimidad en la era digital se ha complejizado ya sea consecuencia de intromisiones ilegítimas (ámbito civil o administrativo), o por consentimientos personales sin conocimiento real del alcance o por hechos delictivos (ámbito penal). Siguiendo a Juan Carlos Ortiz se evidencia la "necesidad de reconocer una nueva dimensión del Derecho fundamental a la intimidad y a la protección de los datos personales en el proceso penal que consistiría en el «Derecho a no estar localizado» de manera sistemática, sin la adecuada y previa ponderación judicial de la gravedad del sacrificio de los derechos e intereses afectados"[26]. Un derecho que contrasta o que debe convivir con que "El futuro más inmediato de nuestra Sociedad avanza, en este ámbito, hacia la «hiperconectividad»"[27].

Así, por ejemplo, en esta era digital un fenómeno que se produce de forma masiva es el conocido como "*sharenting*" entendido como "*la exposición en redes sociales de todo tipo de información personal de menores, especialmente*

---

25 *Vid.* SANTILLÁN HENRÍQUEZ DE LUNA, A., "Los neuroderechos: derechos de cuarta generación, la gobernanza de la neurotecnología", *Derecho Digital e Innovación*, 2023, nº 17.

26 En ORTIZ PRADILLO, J. C. "Inteligencia artificial, big data, tecnovigilancia y derechos fundamentales en el proceso penal", César Villegas Delgado y Pilar Martín Ríos, *El derecho en la encrucijada tecnológica. Estudios sobre derechos fundamentales, nuevas tecnologías e inteligencia artificial,* Tirant lo Blanch, Valencia, 2022, pp.103-129, p.104.

27 *Ibídem,* esp. p.106.

fotografías y vídeos, por parte de sus progenitores"[28]. Como progenitores gestionan la identidad digital de sus hijos e hijas entendida como "*la expresión electrónica del conjunto de rasgos con los que una persona, física o jurídica, se individualiza frente a los demás. Los cimientos de la identidad digital se hallan tanto en la creación como en la recopilación de dichos atributos identificativos por su titular o por terceros*"[29]. Esta práctica afecta al derecho al honor, a la intimidad personal y familiar y a la propia imagen de las personas menores de edad. En España de conformidad con el artículo 7 de la Ley Orgánica 3/2018, de 5 de diciembre, de protección de datos personales y garantía de los derechos digitales[30] los y las menores de edad, pero mayores de 14 años pueden prestar su consentimiento para el tratamiento de sus datos personales.

Con todo ello, como reconoce el Tribunal Supremo, "*El derecho a la Intimidad en sentido amplio abarca la libertad y en concreto a la denominada libertad informática. El Tribunal Supremo señala "Del precepto constitucional se deduce que el derecho a la intimidad garantiza al individuo un poder jurídico sobre la información relativa a su persona o a la de su familia, pudiendo imponer a terceros su voluntad de no dar a conocer dicha información o prohibiendo su difusión no consentida, lo que ha de encontrar sus límites, como es obvio, en los restantes derechos fundamentales y bienes jurídicos constitucionalmente protegidos (…) El Código actual ha hecho además especial referencia a la llamada "libertad informática, ante la necesidad de conceder a la persona facultades de control sobre sus datos en una sociedad informatizada, siguiendo las pautas de la Ley Orgánica de Regulación del tratamiento Automatizado de Datos personas (LORTAD) 5/92 de 29.10, relacionada con el Convenio del Consejo de Europa de 28.1.81, y la Directiva 95/46 del Parlamento de la Unión Europea relativos a la protección de tales datos y a su libre circulación. Esta segunda dimensión de la intimidad conocida como libertad informática o habeas data, encuentra su apoyo en el art. 18.4 CE*"[31]. Una interrelación, por tanto, entre intimidad y libertad ligada a nuestra identidad digital.

---

[28] GARCÍA GARCÍA, A. "La protección digital del menor: el fenómeno del *sharenting* a examen", *RDUNED. Revista de Derecho*, 2021, nº 27, pp. 455-492

[29] FERNÁNDEZ BURGUEÑO, P. "Aspectos jurídicos de la identidad digital y la reputación online", *adComunica: Revista de Estrategias, Tendencias e Innovación en Comunicación*, 2012, nº 3, 2012, p. 127, referenciado en GARCÍA GARCÍA, A. "La protección digital del menor: el fenómeno del *sharenting* a examen", *op. cit.*, esp. p. 458.

[30] BOE de 6 de diciembre de 2018, nº 294, pp. 1-68.

[31] STS 553/2015, de 6 de octubre, ECLI:ES:TS:2015:4054.

2. *Las medidas cautelares civiles y penales para la protección de la intimidad y la integridad en el ámbito digital*

En términos generales en cuanto a la protección de las víctimas y centrándonos en España, en 2021 en casos de violencia de género 24.300 medidas cautelares civiles y 68.728 medidas penales. En concreto, se acordaron 25.438 prohibiciones de aproximación, 24.984 prohibiciones de comunicación y 287 prohibiciones de residir en un determinado lugar[32]. Para casos de violencia doméstica se acordaron 4.526 prohibiciones de aproximación, 4.082 prohibiciones de comunicación y 89 prohibiciones de residir en un determinado lugar. Por tanto, para ambos fenómenos delictivos la prohibición que más se siguen imponiendo es la de aproximarse lo que nos parece indicar que aún en la actualidad el aspecto físico *offline* es estadísticamente más relevante. Si atentemos a los delitos más cometidos en casos de violencia de género aparecerían las lesiones (17.865), torturas e integridad moral (7.715), amenazas (5.620), quebrantamientos de condena (2.825) y coacciones (1.171). Habría un tipo penal que no parece en estas estadísticas (dado que no es competencia de los juzgados de violencia sobre la mujer) es el de descubrimiento y revelación de secretos del artículo 197 del Código Penal[33] cuyo bien jurídico protegido es el derecho a la intimidad.

En el caso de violencia doméstica se acordaron 943 medidas cautelares civiles y 11.726 medidas cautelares penales[34].

Un dato estadístico también interesante es que en casos de violencia de género en 2022 se acordaron 27.228 de las 39.909 incoadas, denegándose 12.506, esto es se acordaron el 68,23 % de las órdenes de protección instadas.

Del total de 39.909, 37.524 fueron incoadas por la propia víctima y 1.684 por el Ministerio Fiscal. Cuando las solicitó la víctima se acordaron 24.965,

---

32 Prohibiciones de los artículos 5 de la Directiva 2011/99/UE y 130.2 de la Ley de reconocimiento mutuo de resoluciones penales 23/2014, BOE de 21 de noviembre de 2014, nº 282.

33 Ley Orgánica 10/1995, de 23 de noviembre, del Código Penal, BOE de 24 de noviembre de 1995, pp. 1–206.

34 https://www.poderjudicial.es/cgpj/es/Temas/Estadistica-Judicial/Estadistica-por-temas/Datos-penales--civiles-y-laborales/Violencia-domestica-y-Violencia-de-genero/Violencia-Domestica-y-Violencia-de-Genero--explotacion-estadistica-del-Registro-Central-para-la-Proteccion-de-las-Victimas-de-la-Violencia-Domestica-/ (fecha de última consulta: 31 de octubre de 2023).

es decir, el 66%. Cuando las solicitó el Ministerio Fiscal, 1.684, se acordaron 1.620, esto es el 96% de los casos. El papel del Ministerio Fiscal como vemos es clave para la adopción de medidas de protección.

Como recuerda Encarnación Martínez "*La OEP tiene con la medida de protección una «relación de subsidiariedad y dependencia», pues la medida de protección a favor de la víctima o posible víctima ha de tener ineludiblemente una previa existencia para que el Estado de emisión pueda dictar una OEP*"[35] Y es justo lo que señala la UE para explicar la inoperancia de la OEP: la desprotección a nivel nacional.

En ese entendimiento de la intimidad desplegada como libertad informática, nos interesa recoger algunos de los supuestos de delito de quebrantamiento de medida cautelar de prohibición de comunicación que se han castigado son[36]:

— Publicación de un mensaje en *Google+*[37].

— Envío de mensajes a través de una *APP*[38].

— Envío de cuatro mensajes de *WhatsApp*[39].

— Envío de *sms* a su expareja[40].

— Envío de mensajes a través de *Instagram* y *Facebook*[41].

— Uso del móvil del hijo para injuriar y amenazar[42].

— Envío de mensaje en chat grupal[43].

— Llamadas accidentales o perdidas[44].

---

35 MARTÍNEZ RODRÍGUEZ, E. "La Orden Europea de Protección: la protección de las víctimas", *La Ley Penal*, 2023, nº 161.

36 *Vid.* https://blog.sepin.es/2022/07/el-delito-de-quebrantamiento-de-pena-o-medidas-en-violencia-de-genero-y-las-nuevas-tecnologias (fecha de última consulta: 31 de octubre de 2023).

37 STS 553/2022, de 2 de junio, ECLI:ES:TS:2022:2329.

38 SAP Ourense, Sec. 2.ª, 244/2021, de 10 de noviembre, ECLI:ES:APOU:2021:787.

39 STS 584/2021, de 1 de julio, ECLI:ES:TS:2021:2743.

40 SAP Cantabria, Sec. 3.ª, 141/2021, de 1 de junio, ECLI:ES:APS:2021:657.

41 SAP Guadalajara, Sec. 1.ª, 167/2019, de 21 de octubre, ECLI:ES:APGU:2019:342, SAP Badajoz, Sec. 1.ª, 126/2020, de 14 de diciembre, ECLI:ES:APBA:2020:1576.

42 SAP Barcelona, Sec. 22.ª, 158/2021, de 18 de febrero ECLI:ES:APB:2021:2370.

43 SAP Pontevedra, Sec. 4.ª, 45/2020, de 8 de junio, ECLI:ES:APPO:2020:925.

44 STS, 650/2019, de 20 de diciembre, ECLI:ES:TS:2019:4218.

— Solicitar amistad[45].

— Dar "*Me gusta*"[46].

— Estados en una Aplicación (APP)[47].

En definitiva, nuevas formas de comunicación desarrolladas en el entorno digital que en el caso del uso de las redes sociales también implican características propias. Así, en la Sentencia del Tribunal Supremo 553/2022, de 2 de junio[48], se señalaba que "*El carácter multitudinario del uso de las redes sociales y la multiplicación exponencial de su difusión, lejos de ser un obstáculo que debilite el tipo subjetivo (...) La persona en cuyo favor se ha dictado una medida cautelar que incluye la prohibición de comunicarse no asume la obligación de desconectarse de canales telemáticos o redes sociales (...)Es, por el contrario, el investigado el verdadero y único destinatario de la prohibición (...)*". Una importante apreciación pues obligar a la víctima a desconectarse del mundo digital puede ser insertado dentro de las prácticas culpabilización de la víctima por su propia victimización.

Con todo ello, lo que podemos afirmar es que ya no se trata de relaciones transfronterizas porque ya no podemos hablar de fronteras dado que gran parte de la actividad delictiva se ha desplazado a un lugar sin territorio. Desde el uso de *Bots* en redes sociales creados para delinquir, pasando por las aplicaciones de videovigilancia para uso doméstico y las brechas de seguridad, el uso de drones, las aplicaciones de geolocalización y seguimiento, etc., hasta los videojuegos y los espacios virtuales del metaverso[49], etc. Como señala Raquel Borges "*El uso masivo de las TICs hace que desaparecer sea prácticamente imposible. Un satélite puede indicar en cada momento donde nos encontramos. Además, plataformas digitales como Facebook o Instagram hacen que la información se viralice y podamos tener noticia de hechos que están pasando en la otra punta del mundo*"[50].

---

45 SAP Huelva, Sec. 3.ª, 163/2020, de 17 de noviembre, ECLI:ES:APH:2020:1193, SAP Cádiz, Sec. 3.ª, 198/2020, de 5 de junio, ECLI:ES:APCA:2020:965 , SAP A Coruña, Sec. 1.ª, 244/2020, de 22 de mayo, ECLI:ES:APC:2020:940 , SAP Asturias, Oviedo, Sec. 3.ª, 171/2019, de 24 de abril, ECLI:ES:APO:2019:1303.

46 SAP Cádiz, Sec. 3.ª, 160/2020, de 22 de mayo, ECLI:ES:APCA:2020:983.

47 SAP Ciudad Real, Sec. 2.ª, 5/2019, de 21 de enero, ECLI:ES:APCR:2019:221.

48 STS 553/2022, de 2 de junio, ECLI:ES:TS:2022:2329

49 TRALLERO MASÓ, A. y TOMÁS ROMÁN, E., "Metaverso y Derecho Penal", *La Ley Penal*, 2022, n.158.

50 BORGES BLÁZQUEZ, R. "La ¿creación? del delito de violencia de género en la Unión Europea y su posible incidencia en la directiva 2011/99/UE sobre la orden de protección europea", *op.cit.*

En los casos que nos interesan en cuanto a la afectación del derecho a la intimidad a través de Internet, Vicente Magro recuerda la importancia de la Sentencia del Tribunal Supremo 547/2022, de 2 de junio. En el caso enjuiciado, el condenado atentó contra la integridad moral de la víctima difundiendo un vídeo en *YouTube*. Según el Tribunal Supremo "*el espacio virtual en el que el delito se hace convierte la agresión en todavía mucho más hiriente*". El Tribunal Supremo extiende la prohibición de acudir al lugar virtual de los hechos. Así," Si el delito se comete en un lugar concreto, la clave de la pena del artículo 48 CP no se trata, tan solo, de que el autor del delito tenga prohibición de regresar al lugar físico donde se cometió el mismo, sino que si esa imagen o grabación se difunde por Internet estando tipificado el hecho, la aplicación del artículo 48 CP tiene su más alta eficacia mediante la prohibición de uso del lugar de difusión durante 5 años, que es la pena que ha sido impuesta por el Tribunal Supremo en este caso (al utilizar *Youtube*), ya que el daño no se hace por cometer el hecho en una calle de una ciudad en concreto, sino por la grabación de la imagen y su difusión por medio de Internet, que es lo que causa el perjuicio directo a la víctima del delito mediante el tremendo efecto impactante y difusor que tienen hoy en día Internet y las redes sociales."[51]

Esta Sentencia del Tribunal Supremo nos abre la posibilidad de analizar si es posible adoptar como medida cautelar la prohibición de acudir al lugar virtual de los hechos en los casos de delitos virtuales. Vicente Magro apoya la postura que mantiene el también magistrado Manuel Marchena (ponente de la sentencia) a favor de esta posibilidad *ex* artículo 13 y 544ter de la Ley de Enjuiciamiento Criminal. De hecho, en la medida 118 (número 243 del texto refundido) del Pacto de Estado contra la violencia de género se proponía la inclusión como medida cautelar y como pena privativa de derechos la prohibición de comunicarse a través de redes sociales cuando el delito se cometa a través de la tecnología. De hecho, Vicente Magro propone la inclusión en el Código Penal como pena menos grave "de prohibición del uso de internet como pena accesoria a la de prisión en los casos de delitos cometidos *on line*, y/o como prohibición anudada a la medida de suspensión de ejecución de la pena"[52]. Así, al estilo de lo pres-

---

51 MAGRO SERVET, V. "La pena de prohibición de regresar al lugar virtual del delito del artículo 48 del Código Penal", *La Ley Penal*, 2022, nº 158.

52 MAGRO SERVET, V. "La prohibición del uso de las redes sociales como pena en los delitos cometidos por Internet", *Diario La Ley*, 2019, n. 9449, Sección Doctrina, https://diariolaley.laleynext.es/.

crito en el apartado 8 del artículo 189 y artículo 189bis[53] del Código Penal en caso de pornografía infantil[54].

Una sentencia del Tribunal Supremo anterior ya abordaba esta cuestión. Se trata de la Sentencia 11/2018, de 12 de marzo en la que se imponía la prohibición de acceder a la red de metro a unas carteristas, entendiendo por "lugar" una porción de espacio sin limitaciones de extensión siempre que se ajuste criterios de proporcionalidad.

Es posible que ante este escenario virtual la OEP sea inútil dado que la prohibición de difusión se extiende en un espacio virtual sin fronteras ni Estados involucrados. Lo que nos puede invitar a pensar en que parte de la inutilidad de la OEP radica en que, con el desarrollo de la ciberdelincuencia, las medidas de protección civiles y penales de un Estado pueden ser por sí mismas suficientes para proteger a las víctimas que se desplacen a otros Estados. Pero ¿qué ocurriría si en el Estado al que se traslada la víctima no es posible imponer esta medida cautelar y se quebranta? Conforme al artículo 11 de la Directiva 2011/99 en caso de incumplimiento de una OEP la autoridad competente del Estado de ejecución podrá imponer sanciones siempre que "tal incumplimiento constituya infracción penal con arreglo al Derecho del Estado de ejecución". Por su parte la Ley 23/2014 establece en su artículo 139 las medidas en caso de incumplimiento que podrán adoptar la autoridad judicial española. En este momento, por tanto, habrá que estar primero a la regulación penal en los diferentes Estados miembros respecto del quebrantamiento de medidas cautelares o penas. Siguiendo a Juan Carlos Vegas "Parece lógico creer que en el supuesto de una OEP dictada por España e incumplida en el país de ejecución, si en este país dicho incumplimiento no es delito consideramos que no será posible que las autoridades judiciales españolas puedan imponer al infractor una sanción penal por un delito de quebrantamiento".[55] Sin embargo, este

---

53 Para casos de delitos relativos a la prostitución y a la explotación sexual y corrupción de menores, De los delitos de exhibicionismo y provocación sexual y De las agresiones sexuales a menores de dieciséis años, en su redacción dada por la reforma operada a través de la Ley Orgánica 4/2023, de 27 de abril, «BOE» núm. 101, de 28 de abril de 2023.

54 "*Los jueces y tribunales ordenarán la adopción de las medidas necesarias para la retirada de las páginas web o aplicaciones de internet que contengan o difundan pornografía infantil o en cuya elaboración se hubieran utilizado personas con discapacidad necesitadas de especial protección o, en su caso, para bloquear el acceso a las mismas a los usuarios de Internet que se encuentren en territorio español.*"

55 VEGAS AGUILAR, J.C. "Cuestiones sobre el quebrantamiento de medida cautelar en el país de ejecución al hilo de la Directiva 2011/99/UE del Parlamento

autor entiende que en base al artículo 26 de la Directiva 2011/99 lo que sí podría suceder es que la autoridad competente del Estado de ejecución comunique a la autoridad competente del Estado de emisión el incumplimiento para que decida con rapidez la reacción oportuna en relación con la medida impuesta y quebrantada. En este caso podría sustituirse la medida inicial por otra medida. Por tanto, ante el hecho del incumplimiento podrían suceder dos consecuencias conjuntas o alternativas: sanción por el incumplimiento de la medida en el Estado de ejecución o/y modificación de la medida inicialmente adoptada en el Estado de emisión. Es interesante subrayar el Juan Carlos Vegas critica la ausencia de que conste en el elenco de derechos de las víctimas que contiene la Directiva 2012/29/UE la información acerca de en qué tribunal ha de instar el procedimiento penal en caso de incumplimiento de la OEP, más allá de la cláusula residual del artículo 6.5 de la Directiva 2021/29/UE.

En el caso de que se aplique el Reglamento 606/2013 del Parlamento Europeo y del Consejo, de 12 de junio de 2013, *relativo al reconocimiento mutuo de medidas de protección en materia civil*[56], en aquellos Estados miembros en que las medidas de protección puedan tener un carácter civil (como Alemania, Austria, Bélgica, Bulgaria, Francia, Luxemburgo, y Rumanía)[57], la problemática se extiende como apunta Juan Carlos Vegas a la duda de si "se podrá sancionar a través del delito de quebrantamiento de condena o, por el contrario, se deberá interponer una demanda civil para obligar a que se cumplan las medidas"[58]. Sin embargo, Katitxa Etxebarria recupera la opinión de Neus Oliveras y señala que "*a pesar de que en estos países se aplique prioritariamente medidas de naturaleza civil, ello no obsta para que la normati-*

Europeo y del Consejo de 13 de diciembre de 2011 sobre la Orden Europea de Protección", en E. Martínez García (dir.), J.C. Vegas Aguilar y T. Freixes Sanjuán (coords.), *La Orden De Protección Europea. La protección de víctimas de violencia de género y cooperación judicial penal en Europa*, Tirant lo Blanch, Valencia, 2016, pp. 63–71, esp. pp.69 y 70.

56 DOUE de 29 de junio de 2013 n. 181, pp. 4-12.

57 El concepto de "materia civil" tiene "un sentido eminentemente procesal" aunque no es una cuestión pacífica como señala Mercedes Serrano Massip en SERRANO MASIP, M. "Medidas de protección civiles en casos de violencia doméstica y su eficacia transnacional en la Unión Europea", en K. Etxebarria Estankona, I. Ordeñana Gezuraga, G. Otazua Zabala (dirs.), *Justicia con Ojos de Mujer. Cuestiones procesales controvertidas*, Tirant lo Blanch, Valencia, 2018, pp. 409-428, esp. p. 415.

58 VEGAS AGUILAR, J.C. "A propósito del Reglamento (UE) n. 606/2013, del Parlamento Europeo y del Consejo, de 12 de junio de 2013, relativo al reconocimiento mutuo de medidas de protección en materia civil", *Actualidad Jurídica Iberoamericana*, 2015, n. 3, pp. 811-818, esp. p. 815.

va penal sirva de apoyo —por ejemplo, ante el incumplimiento del agresor— o de forma subsidiaria." Y así señala la autora que en estos casos de incumplimiento "no es infrecuente que las sanciones impuestas ostenten un carácter penal, a través de una multa o prisión"[59]. En España esta situación también podría darse si, por ejemplo, la persona ejercita las acciones civiles en caso de que estime que se le ha ocasionado un ilícito civil[60] y solicite una medida cautelar de conformidad con la Ley de Enjuiciamiento Civil en consonancia con el Reglamento 606/2013[61]

Con todo ello, el uso de las TICs podría servir tanto para la predicción del riesgo de sufrir delitos como para el control del cumplimiento de las prohibiciones acordadas tanto como medidas cautelares como condenas.

3. Predicciones de riesgo y detecciones de vulneraciones de derechos

No podemos abordar este aspecto con la profundidad que merece pero solo indicar que por lo que respecta a la predicción del riesgo de victimización, "la predictibilidad abarca desde cuándo, dónde y quién va a cometer (o ser víctima de) un delito, lo que se llama policía predictiva (que tiene un componente acusado de prevención y proactividad frente al crimen) pasando por la aplicación de los instrumentos de evaluación de riesgos de posible conducta reincidente del acusado para poder tomar decisiones sobre su situación personal durante la tramitación del proceso o, incluso, para influir en la imposición de la pena y en el seguimiento del cumpli-

59 ETXEBARRIA ESTANKONA, K., "La protección de las víctimas de violencia de género en la Unión Europea. Especial referencia al reconocimiento mutuo de medidas de protección en materia civil", *Revista Brasileira de Direito Processual Penal*, 2019, vol. 5, n. 2, pp. 961-998, esp. p. 980 y ETXEBARRIA ESTANKONA, K. *El Reglamento (UE) 606/2013 relativo al reconocimiento mutuo de medidas de protección en materia civil. Algunas cuestiones sobre su aplicación*, en K. Etxebarria Estankona, I. Ordeñana Gezuraga, G. Otazua Zabala (dirs.), *Justicia con Ojos de Mujer. Cuestiones procesales controvertidas*, Tirant lo Blanch, Valencia, 2018, pp.385-407, esp. 398.

60 Ley Orgánica 1/1982, de 5 de mayo, de protección civil del derecho al honor, a la intimidad personal y familiar y a la propia imagen (BOE de 14 de mayo 1982 nº 115).

61 El artículo 727.7º incluye como medida cautelar "*7.ª La orden judicial de cesar provisionalmente en una actividad; la de abstenerse temporalmente de llevar a cabo una conducta*", interpretable en el marco del artículo 3 del Reglamento 606/2013, apartado 1 letras a (prohibición o regulación de entrada a un lugar), b (prohibición o regulación de cualquier tipo de contacto) y c (prohibición o regulación del acercamiento a la persona protegida).

miento de la condena"[62]. Sin embargo, en la generalidad de los Estados "se echan en falta indicadores de riesgo referidos a la ciber violencia" como pone de manifiesto Mercedes Llorente[63].

Como elementos predictivos en una investigación en Países Bajos se concluía que "a) los contactos policiales previos como víctimas, sospechosos y testigos se asociaron a un mayor riesgo de victimización repetida y b) el modelo clasificó correctamente a la mayoría de las víctimas, tanto repetidas como no repetidas, en varios puntos de corte".[64]

Estos programas de Inteligencia Artificial (en adelante, IA) en España se utilizan en casos de violencia de género con el Sistema de Seguimiento Integral en los casos de Violencia de Género, conocido Sistema VIOGEN[65]. Un instrumento valioso aun teniendo presente que "*La medición policial del riesgo no es decisiva para el juez, pero es información especializada de asesoramiento útil para la valoración judicial de la 'situación objetiva de riesgo para la víctima' que exige la ley procesal en la adopción de medidas cautelares de protección, junto con otros instrumentos de valoración*"[66].

En definitiva, el uso de la IA podría multiplicar la eficiencia no solo para la predicción del riesgo sino también para detectar el incumplimiento tanto de medidas cautelares como de penas.

---

62 GÓMEZ FLUJA, V. "Ideas para un debate sobre la predicción del crimen", en S. Calaza López y M. Llorente Arjona (dirs.), *Inteligencia artificial legal y administración de justicia,* Aranzadi, Cizur Menor, Navarra, 2022, pp.289-338, esp. p.293.

63 LLORENTE SÁNCHEZ-ARJONA, M. "Medidas cautelares civiles en los procesos por violencia de género y su repercusión en el proceso penal", *Práctica de Tribunales,* 2023, n. 164.

64 (Traducción propia) RAAIJMAKERS, N., GEURTS, R., J. M. H. DELSING, M., BOSMA A., K., A. M WIENTJES, J., SPAPENS, T. y H. J. SCHOLTE, R. "Assessing the predictive validity of a risk assessment instrument for repeat victimization in the Netherlands using prior police contacts", *European Journal of Criminology,* 2023, volume 20, n. 6, pp.1761-1917.

65 Más extenso desarrollado en RUIZ LÓPEZ, C. *Violencia de género desde la Victimología: de la autopercepción a la heteropercepción,* Universitat Illes Balears, 2022, pp.76 y ss. Si bien, este sistema de IA es objeto de duras críticas. VID. ETICAS, Informe: Auditoría Externa de VioGén, 2022.

66 MAGRO SERVET, V. "La inteligencia artificial para mejorar la lucha contra la violencia de género", en S. Calaza López y M. Llorente Arjona (dirs.) *Inteligencia artificial legal y administración de justicia,* Aranzadi, Cizur Menor, Navarra, 2022, pp.397-416, esp. p.403.

III. CONCLUSIONES

Podemos realizar algunas conclusiones o reflexiones finales.

En primer lugar, podemos afirmar que el carácter transfronterizo de los ciberdelitos que afectan a la intimidad y a la integridad solo se hace visible en caso de incumplimiento de las medidas cautelares civiles y/o penales. Es decir, la principal necesidad de acordar una OEP en estos casos radica en la inseguridad que puede generarle a la víctima qué hacer si la orden de protección nacional que despliega sus efectos en un entorno digital sea incumplida una vez que esté en otro Estado al que se desplaza. En esta situación, podrían suceder dos consecuencias conjuntas o alternativas: sanción por el incumplimiento de la medida en el Estado de ejecución o/y modificación de la medida inicialmente adoptada en el Estado de emisión. Se critica la ausencia de que conste en elenco de derechos de las víctimas que contiene la Directiva 2012/29/UE la información acerca de en qué tribunal ha de instar el procedimiento penal en caso de incumplimiento de la OEP, más allá de la cláusula residual del artículo 6.5 de la Directiva 2021/29/UE.

En segundo lugar, mejorar la protección a nivel de cada Estado miembro es el elemento principal para la utilización de una OEP.

En tercer lugar, en España, el papel del Ministerio Fiscal es clave para la protección de las víctimas. Como hemos visto, en casos de violencia de género en 2022 cuando el Ministerio Fiscal solicita una orden de protección ésta se acuerda en el 96% de los casos, mientras que si la solicita la propia víctima ésta se acuerda en un 66% de los casos.

En España el Tribunal Supremo extiende la prohibición de acudir al lugar virtual de los hechos como medida cautelar y por su puesto la prohibición de comunicación (que puede ser de lo más variado su interpretación de lo que puede ser un acto de comunicación).

En cuarto lugar, a nivel europeo hay razones para pensar que la situación puede revertir y mejorar la protección de las víctimas a los ataques contra su intimidad y su integridad en la esfera digital. Por ejemplo, la regulación de la violencia contra las mujeres como *eurodelito*[67]. Sin duda, para víctimas de violencia contra las mujeres por razón de su género contar con un concepto similar sería un gran avance tanto en lo que respecta

---

[67] Propuesta de Directiva del Parlamento Europeo y del Consejo sobre la lucha contra la violencia contra las mujeres y la violencia doméstica, Bruselas COM(2022) 105 final.

a la tipificación de conductas en todo el territorio europeo, como a fines estadísticos y monitoreo de políticas públicas.

Asimismo, otro motivo para el optimismo es el desarrollo de las prescripciones de la Estrategia de la UE sobre los derechos de las víctimas (2020-2025) (nuevo marco financiero plurianual 2021-2027) en las que se señalan como "*Acciones clave de la Comisión Europea*" "*evaluar la introducción de estándares mínimos sobre protección física de las víctimas, incluidas las condiciones mínimas para la emisión y las modalidades de las medidas de protección y, de ser necesario, presentar propuestas legislativas para 2022*". Sigamos trabajando para que la UE sea en la práctica ese Espacio de Libertad, Seguridad y Justicia, y añadimos, Igualdad.

Bibliografía

AMATO, R., y MARCO Velicogna, M, "Cross-Border Document Service Procedures in the EU from the Perspective of Italian Practitioners—The Lessons Learnt and the Process of Digitalisation of the Procedure through e-CODEX", *Laws*, 2022, n. 11, vol. 81, pp. 1-28.

ATHAM, A. F. "The paradox of judicial dialogue with the European Court of Justice in an illiberal democracy: the recent experience with the Hungarian Constitutional Court", *Revista de Derecho Comunitario Europeo*, 2022, n. 72, pp. 483-517.

BORGES BLÁZQUEZ, R, "La ¿creación? del delito de violencia de género en la Unión Europea y su posible incidencia en la directiva 2011/99/UE sobre la orden de protección europea", *Revista General de Derecho Europeo*, 2023, n. 59, https://www.iustel.com.

CASTELLS OLIVÁN, M. *La era de la información. Economía, sociedad y cultura.* Siglo XXI, vol. 1, México, 1996.

ETXEBARRIA ESTANKONA, K. "La protección de las víctimas de violencia de género en la Unión Europea. Especial referencia al reconocimiento mutuo de medidas de protección en materia civil", *Revista Brasileira de Direito Processual Penal*, Porto Alegre, 2019, vol. 5, n. 2, pp. 961-998.

ETXEBARRIA ESTANKONA, K. *El Reglamento (UE) 606/2013 relativo al reconocimiento mutuo de medidas de protección en materia civil. Algunas cuestiones sobre su aplicación*, en K. Etxebarria Estankona, I. Ordeñana Gezuraga, G. Otazua Zabala (dirs.), *Justicia con Ojos de Mujer. Cuestiones procesales controvertidas*, Tirant lo Blanch, Valencia, 2018, pp. 385-407.

GARCÍA GARCÍA, A. "La protección digital del menor: el fenómeno del *sharenting* a examen", *RDUNED. Revista de derecho de la UNED*, 2021, n. 27, pp. 455-492.

GÓMEZ FLUJA, V. "Ideas para un debate sobre la predicción del crimen", en S. Calaza López y M. Llorente Arjona (dirs.), *Inteligencia artificial legal y administración de justicia*, Aranzadi, Cizur Menor, Navarra, 2022, pp.2 89-338.

FERNÁNDEZ BURGUEÑO, P. "Aspectos jurídicos de la identidad digital y la reputación online", *adComunica: Revista de Estrategias, Tendencias e Innovación en Comunicación*, 2012, n. 3, 2012.

LÓPEZ GIL, M. "La orden europea de protección ¿realidad o ficción?" en L. Fontestad Portáles y J. Caro Catalán (dirs.), *La globalización del derecho procesal,* Tirant lo Blanch, Valencia, 2020, pp. 335-355.

LLORENTE SÁNCHEZ-ARJONA, M. "Medidas cautelares civiles en los procesos por violencia de género y su repercusión en el proceso penal", *Práctica de Tribunales,* 2023, n. 164.

MAGRO SERVET, V. "La pena de prohibición de regresar al lugar virtual del delito del artículo 48 del Código Penal", *La Ley Penal,* 2022, n. 158.

MAGRO SERVET, V. "La inteligencia artificial para mejorar la lucha contra la violencia de género", en en S. Calaza López y M. Llorente Arjona (dirs.), *Inteligencia artificial legal y administración de justicia,* Aranzadi, Cizur Menor, Navarra, 2022, pp.3 97-416.

MAGRO SERVET, V. "La prohibición del uso de las redes sociales como pena en los delitos cometidos por Internet", *Diario La Ley,* n. 9449, Sección Doctrina, 4 de Julio de 2019, https://diariolaley.laleynext.es/.

MARTÍNEZ GARCÍA, E. y BORGES BLÁZQUEZ, R. "La Orden Europea De Protección para las víctimas de violencia de género, ¿realidad o utopía? De las estimaciones de uso del instrumento a su aplicación práctica", en V. Moreno Catena y Mª Isabel Romero Pradas (dirs.) y E. Laro González (ed.), *Nuevos postulados de la cooperación judicial en la Unión Europea,* Tirant lo Blanch, Valencia, 2021, pp.1239-1264.

MARTÍNEZ RODRÍGUEZ, E. "La Orden Europea de Protección: la protección de las víctimas", *La Ley Penal,* 2023, n.161.

ORTIZ PRADILLO, J. C. "Inteligencia artificial, big data, tecnovigilancia y derechos fundamentales en el proceso penal", César Villegas Delgado y Pilar Martín Ríos, *El derecho en la encrucijada tecnológica. Estudios sobre derechos fundamentales, nuevas tecnologías e inteligencia artificial,* Tirant lo Blanch, Valencia, 2022, pp.103-129.

RAAIJMAKERS, N., GEURTS, R., J. M. H. DELSING, M., BOSMA A., K., A. M WIENTJES, J., SPAPENS, T. y H. J. SCHOLTE, R. "Assessing the predictive validity of a risk assessment instrument for repeat victimization in the Netherlands using prior police contacts", *European Journal of Criminology, 1917*Volume 20, n.6, 2023, pp.1761-1917.

RUIZ LÓPEZ, C. *Violencia de género desde la Victimología: de la autopercepción a la heteropercepción,* Universitat Illes Balears, Mallorca, 2022.

RUIZ LÓPEZ, C. "La dimensión transfronteriza de la violencia contra las mujeres: análisis de la orden europea de protección", en Mar Jimeno Bulnes (dir.) y Cristina Ruiz López (coord.), *La evolución del espacio judicial europeo en materia civil y penal: su influencia en el proceso español,* Tirant lo Blanch, Valencia, 2022, pp. 265-297.

RUIZ LÓPEZ, C. *Las víctimas de violencia contra las mujeres en la Unión Europea: derechos procesales desde una perspectiva de género,* Tirant lo Blanch, Valencia, 2021.

VAN DER AA, S. "Protection Orders in the European Member States: where do we stand and where do we go from here?", *European Journal on Criminal Policy and Research,* 2012, n. 18, pp. 183–204.

VEGAS AGUILAR, J.C. "Cuestiones sobre el quebrantamiento de medida cautelar en el país de ejecución al hilo de la Directiva 2011/99/UE del Parlamento Europeo y del Consejo de 13 de diciembre de 2011 sobre la Orden Europea de Protección", en E. Martínez García (dir.), J.C. Vegas Aguilar y T. Freixes Sanjuán (coords.), *La Orden De Protección Europea. La protección de víctimas de violencia de género y cooperación judicial penal en Europa,* Tirant lo Blanch, Valencia, 2016, pp. 63–71.

VEGAS AGUILAR, J.C. "A propósito del Reglamento (UE) n. 606/2013, del Parlamento Europeo y del Consejo, de 12 de junio de 2013, relativo al reconocimiento mutuo de medidas de protección en materia civil", *Actualidad Jurídica Iberoamericana,* 2015, n. 3, pp. 811-818.

Capítulo XIII

Il riconoscimento reciproco dei provvedimenti di congelamento e di confisca: una svolta nel contrasto alla criminalità organizzata?[1]

Mutual recognition of freezing and confiscation orders: a turning point in the fight against organised crime?

Annalisa Mangiaracina
Professoressa ordinaria di Diritto processuale penale
Dipartimento di Giurisprudenza
Università degli Studi di Palermo
ORCID 0000-0001-8944-2806

SINTESI: Il Regolamento in tema di congelamento e confisca, in vigore dal dicembre 2020, costituisce un importante strumento nel contrasto alla criminalità organizzata di matrice transnazionale. Accogliendo le sollecitazioni dell'Italia, la sua portata è stata estesa a tutti i provvedimenti ablativi reali, inclusa la confisca senza condanna. Rispondendo alla logica del "mutuo riconoscimento" delle decisioni giudiziarie, il testo contiene alcuni motivi facoltativi di rifiuto e, tra questi, una clausola fondata sul rispetto dei diritti fondamentali. Dal punto di vista del sistema italiano, questa previsione potrebbe tradursi nel rifiuto, da parte degli altri Stati, di eseguire le misure ablative adottate all'esito del "procedimento di prevenzione", disciplinato dal c.d. codice antimafia, oggi sotto osservazione da parte della Corte di Strasburgo. Nell'attesa della pronuncia europea, sarebbe auspicabile un intervento del legislatore.

Parole chiave: sequestro, confisca senza condanna, mutuo riconoscimento, misure di prevenzione, CEDU

ABSTRACT: The Freezing and Confiscation Regulation, in force since December 2020, is an important tool in the fight against transnational organised crime. Accepting Italy's

1 Il presente capitolo è stato realizzato nell'ambito del progetto di ricerca "Il diritto di procedura civile e penale nella prospettiva dell'Unione europea: il consolidamento dello spazio di libertà, sicurezza e giustizia (CAJI)", progetto I+D+i PID2021-124027NB-I00, Agencia Estatal de Investigación, Ministerio de Ciencia e Innovación.

requests, its scope has been extended to all real ablative measures, including confiscation without conviction. Responding to the logic of "mutual recognition" of judicial decisions, the text provides some optional grounds for refusal and, among them, a clause based on respect for fundamental rights. From the point of view of the Italian system, this provision could result in the refusal, by the other States, to execute the ablative measures adopted at the end of the "procedure of prevention", regulated by the so-called anti-mafia code, currently under observation by the Court of Strasbourg. While waiting for the European ruling, an intervention of the legislator would be desirable.

Keywords: seizure, non-conviction based confiscation, mutual recognition, preventive measures, ECHR

I. IL REGOLAMENTO SU CONGELAMENTO E CONFISCA: UNO STRUMENTO "AMBIZIOSO"

A far data dal 19 dicembre 2020, nello spazio giudiziario europeo, con l'eccezione di Danimarca e Irlanda, è divenuto operativo il Regolamento per il reciproco riconoscimento di tutti i tipi di provvedimenti di congelamento (*freezing*) e confisca (*confiscation*) emanati nel quadro di un procedimento in materia penale (*proceedings in criminal matters*), inclusi quelli di confisca estesa, di confisca nei confronti dei terzi e, soprattutto, di confisca senza condanna[2]. In virtù di quanto previsto dall'art. 1 § 4, rimangono esclusi i relativi provvedimenti adottati nell'ambito di un procedimento in materia civile o amministrativa (come l'espropriazione di beni non connessi a dei reati).

---

2 Il Regolamento è stato approvato il 28 novembre 2018. In argomento, tra i tanti, GERACI, R.M. "Il mutuo riconoscimento dei provvedimenti di congelamento e di confisca: il regolamento (UE) 2018/1805", *Processo penale e giustizia*, 2021, n°. 5, pp. 1268-1282; GRANDI, C. "Il regolamento (UE) 2018/1805 sul mutuo riconoscimento dei provvedimenti di congelamento e confisca: una svolta epocale non priva di incognite", *Diritto penale e processo*, 2019, n°. 12, pp. 1619-1630; ID, "Il mutuo riconoscimento dei provvedimenti di confisca alla luce del regolamento (UE) 2018/1805", *Legislazione penale*, 31 maggio 2021, pp. 1-32; MAUGERI, A.M. "Il Regolamento UE (2018/1805) per il reciproco riconoscimento dei provvedimenti di congelamento e di confisca", *Diritto penale contemporaneo-Rivista trimestrale*, 2019, n°. 1, pp. 34-64.

Il legislatore europeo si è mosso lungo l'asse del principio del reciproco riconoscimento delle decisioni giudiziarie, codificato all'art. 82, § 1 TFUE rispetto a "qualsiasi tipo di sentenza e decisione giudiziaria" (comma 2 lett. a). Ciò, però, è avvenuto con un importante cambio di passo, segnato dall'utilizzo di un atto normativo vincolante quale, appunto, il Regolamento. Una scelta quasi obbligata se si considera come già nell'ambito del c.d. terzo pilastro fossero stati adottati alcuni strumenti finalizzati proprio al sequestro e alla confisca, poi rivelatisi insufficienti, soprattutto a causa della tardiva o incompleta attuazione da parte dei singoli Stati membri[3]. In particolare, si collocano in questo ambito la Decisione quadro 2003/577/GAI[4], relativa all'esecuzione nell'Unione europea dei provvedimenti di blocco dei beni o di sequestro probatorio e la Decisione quadro 2006/783/GAI[5], relativa all'applicazione del principio del reciproco riconoscimento delle decisioni di confisca.

A questi atti ha fatto seguito, dopo l'entrata in vigore del Trattato di Lisbona, la Direttiva 2014/42/UE, del 3 aprile 2014, relativa al congelamento e alla confisca dei beni strumentali e dei proventi da reato nell'Unione europea, adottata con il diverso scopo di perseguire l'adozione di "norme minime" per ravvicinare «i regimi degli Stati membri in materia di congelamento e confisca dei beni, favorendo così la fiducia reciproca e un'efficace cooperazione transfrontaliera» (considerando n. 5). La Direttiva ha infatti introdotto obblighi di armonizzazione in relazione alla confisca diretta e per equivalente (art. 4) e alla confisca nei confronti dei terzi (art. 6). Rispetto a quest'ultima misura, come chiarito dalla Corte di Giustizia[6], il presupposto

---

3 European Commission, *Commission Staff Working paper. Accompanying document to the Proposal for a Directive of the European Parliament and the Council on the freezing and confiscation of proceeds of crime in the European Union,* 12 marzo 2012, SWD (2012) 31 final. Sulle diverse fonti in materia e sui relativi limiti *vid.*, tra gli altri BERNARDI, A. "Presentation". in A. Bernardi (ed.) *Improving confiscation procedures in the European Union,* Napoli, Cacucci, 2019, spec. p. XXII ss.

4 In argomento, volendo MANGIARACINA, A. "L'esecuzione nell'U.E. dei provvedimenti di blocco dei beni e di sequestro" in A. Montagna (ed.), *Sequestro e confisca,* Torino, Giappichelli, 2017, pp. 551-572. La decisione quadro è stata implementata dall'Italia con il d.lgs. 15 febbraio 2016, n. 35.

5 Per un commento, tra i tanti, MAUGERI, A.M. "La direttiva 2014/42/UE come strumento di armonizzazione della disciplina della confisca nel diritto comparato", in D.Castronuovo-C.Grandi (eds.), *Confische e sanzioni patrimoniali nella dimensione interna ed europea,* Napoli, Jovene, 2021, pp. 13-78; PIATTOLI, B. "L'esecuzione nell'U.E. delle decisioni di confisca", in A. Montagna (ed.), *Sequestro e confisca,* op. cit., pp. 573-594.

6 Corte Giustizia, *DR TSC,* 21 ottobre 2021, C-845/19 e C-863/19, §§ 66–71, reperibile nel sito ufficiale della Corte di Giustizia http://curia.europa.eu

è «che sia dimostrata l'esistenza di un trasferimento di proventi ad un terzo o l'esistenza di un'acquisizione di proventi siffatti da parte di un terzo, nonché la conoscenza, da parte di tale terzo, del fatto che il trasferimento o l'acquisizione in questione aveva lo scopo, per la persona indagata o la persona imputata, di evitare la confisca».

Altri obblighi previsti dalla Direttiva riguardano il congelamento e la confisca dei beni strumentali e dei proventi da reato nell'Unione europea (art. 7). Una specifica disposizione è stata dedicata alla confisca in assenza di condanna (art. 4), istituto sul quale si sono appuntate le principali criticità[7]. La sua applicazione è stata prevista soltanto in due situazioni e, cioè, in caso di malattia o fuga dell'indagato quando, comunque, un procedimento penale sia stato iniziato «e detto procedimento avrebbe potuto concludersi con una condanna penale se l'indagato o imputato avesse potuto essere processato» (art. 4 § 2). Un approccio teso a un livello "minimo" di armonizzazione, sia per gli anzidetti limiti, sia perché non possono considerarsi vincolati quei paesi che non contemplano, al loro interno, i procedimenti *in absentia*[8]. Per quanto riguarda la confisca estesa, *ex* art. 5 del testo europeo, nonostante possa riguardare tutti i beni che il giudice ritenga di origine illecita, con riferimento a un'ampia categoria di ipotesi delittuose, la sua applicazione rimane comunque ancorata a una sentenza di condanna.

In questa cornice si inserisce il Regolamento —adottato con la procedura legislativa ordinaria, sulla base dell'art. 82, § 1, TUE— che, in virtù dell'art. 39, dal 19 dicembre 2020, ha sostituito sia la Decisione quadro 2003/577/GAI, già parzialmente rimpiazzata, sia pure limitatamente al sequestro probatorio, dalla Direttiva 2014/41/UE sull'ordine europeo di indagine penale (di seguito: OEI)[9], sia la Decisione quadro 2006/783/GAI, per gli Stati membri che sono a esse vincolati.

---

7 MANGIARACINA, A "Cooperazione giudiziaria e forme di confisca", *Diritto penale e processo*, 2013, n°. 3, spec. p. 375 ss.

8 Secondo il considerando n. 15: «(...). Qualora la confisca in base a una condanna definitiva non sia possibile, in determinate circostanze dovrebbe essere comunque possibile confiscare beni strumentali e proventi da reato, almeno in caso di malattia o di fuga dell'indagato o dell'imputato. Tuttavia, in tali casi di malattia e di fuga, l'esistenza di un procedimento in contumacia negli Stati membri dovrebbe essere sufficiente per adempiere a tale obbligo. In caso di fuga dell'indagato o dell'imputato, gli Stati membri dovrebbero adottare ogni misura ragionevole e possono disporre affinché il soggetto in questione sia chiamato a comparire nel procedimento di confisca o sia informato di tale procedimento».

9 Art. 34, comma 2, della Direttiva. Sull'OEI v., per tutti, nella letteratura spagnola, GONZALEZ CANO, M. I. (ed.), *Orden europea dei investigación y prueba*

Il nuovo strumento, per sua natura *self-executing*, intende chiaramente superare i punti deboli della pregressa disciplina, favorendo la circolazione di tutti i provvedimenti di congelamento e confisca —spingendosi oltre la stessa Direttiva 2014/42/UE[10]— con una semplificazione dei tempi e delle procedure che riprende regole ben note, proprie degli istituti fondati sul mutuo riconoscimento. A tale riguardo, la giurisprudenza della Corte di Giustizia che negli anni si è formata potrà costituire —nell'attesa di nuove questioni pregiudiziali— un prezioso punto di riferimento per l'interprete.

È da notare che, mentre la Direttiva si applica solo ai gravi reati con dimensione transnazionale, il Regolamento non soffre alcuna limitazione legata al tipo illecito. Piuttosto, ai sensi dell'art. 3, se il reato per il quale si sta procedendo, oltre a essere punito nello Stato di emissione con pena detentiva della durata massima non inferiore a tre anni, rientra in una delle trentadue macro-categorie di illeciti ivi contemplati, l'esecuzione del provvedimento ablativo non può essere subordinata alla verifica del requisito della doppia incriminazione. Per quanto concerne i reati non ricompresi nella lista, anche laddove siffatta verifica dovesse avere un esito negativo, lo Stato di esecuzione potrebbe comunque riconoscere ed eseguire un provvedimento di sequestro o di confisca, trattandosi di facoltà attribuita ai singoli ordinamenti.

Già la lettura di queste disposizioni mette in risalto le potenzialità applicative del nuovo meccanismo di cooperazione.

II. LA DIMENSIONE "MULTIFORME" DELLA CONFISCA

Nel corso delle negoziazioni, il testo del Regolamento ha subito alcune modifiche di non poco impatto. L'originaria proposta, presentata nel 2017, limitava il campo di applicazione ai provvedimenti disposti nel quadro di

---

transfronteriza en la Unión europea, Valencia, Tirant lo Blanch, 2019; JIMENO BULNES, M. "Orden europea de investigación en materia penal" en M. Jimeno Bulnes (ed.) *Aproximación legislativa versus reconocimiento mutuo en el desarrollo del espacio judicial europeo. Una perspectiva multidisciplinar*, Barcelona, Bosch, 2016, pp. 151–208; TINOCO, PASTRANA, Á. "El embargo preventivo y el aseguramiento de pruebas en los procesos penales en la Unión Europea. Novedades tras la Ley 23/2014, de reconocimiento mutuo de resoluciones penales en la Unión Europea y la Directiva 2014/41/CE relativa a la orden europea de investigación en materia penal", *Cuadernos Europeos de Deusto,* 2015, n°. 52, pp. 121-146.

10 Sui limiti del testo normativo v. European Commission, *Impact Assessment Report, Proposal for a Directive of the European Parliament and of the Council on asset recovery and confiscation*, 25 maggio 2022, COM 2022 (245) final.

un procedimento penale (*criminal proceedings*) ovvero di un procedimento finalizzato all'accertamento giudiziario della responsabilità penale per specifici fatti[11]. Su questo versante, l'Italia ha assunto un ruolo decisivo con l'obiettivo di estendere l'ambito della nuova normativa ai "procedimenti in materia penale". Alla base di questa sollecitazione vi era l'esigenza di rimuovere gli ostacoli incontrati dalle autorità giudiziarie italiane nel riconoscimento e nell'esecuzione delle misure di prevenzione patrimoniali (*ante-delictum*), disciplinate dal d.lgs. 6 settembre 2011, n. 159, c.d. codice antimafia, in ordinamenti giuridici che non le contemplano[12].

Allargando il punto d'osservazione, l'emersione di forme di criminalità economica provenienti da strutture organizzate, anche a livello transnazionale, ha posto gli Stati europei di fronte alla necessità di superare le forme "tradizionali" di confisca, fondate sulla sentenza di condanna dell'autore del reato da cui i proventi illeciti derivano[13]. In questa prospettiva, sono stati sviluppati, anche oltre confine, dei modelli ablatori "multiformi" —ricondotti al *nomen iuris* "confisca"— volti al recupero della ricchezza illecita, ma slegati dai tempi e dagli esiti incerti del procedimento penale. Alcuni di questi modelli, caratterizzati da legami più flessibili con l'accertamento del reato sostanziatosi nella condanna, sono ben noti al sistema italiano. È il caso della confisca c.d. allargata o "per sproporzione" (disciplinata dall'art. 240 *bis* c.p.) la quale presuppone una sentenza di condanna per determinati reati e che il condannato abbia la disponibilità di beni il cui valore risulta sproporzionato rispetto al reddito dichiarato o, comunque, all'attività economica svolta. Questa può avere a oggetto denaro, beni e utilità svincolati dal reato per cui è stata pronunciata la condanna. Rileva altresì la confisca nei confronti di soggetti diversi dal condannato, quali sono i "terzi", categoria a tratti sfuggente; e, infine, la confisca in assenza di una pronuncia di condanna. Se, come è stato

---

11 MAUGERI, A.M. "Prime osservazioni sulla nuova "proposta di regolamento del parlamento europeo e del consiglio relativo al riconoscimento reciproco dei provvedimenti di congelamento e di confisca", *Diritto penale contemporaneo-Rivista trimestrale,* 2017, n°. 2, spec. p. 241.

12 TESCAROLI, L. "Misure di prevenzione patrimoniali: l'esecuzione all'estero di sequestri e confische", *Questione giustizia,* 2021. https://www.questionegiustizia.it/articolo/misure-di-prevenzione-patrimoniali-l-esecuzione-all-estero-di-sequestri-e-confische (ultimo accesso: 20 novembre 2023).

13 In argomento v. i diversi contributi in RUI, J. P. e SIEBER, U. (eds.), *Non-conviction-Based confiscation in Europe. Possibilities and limitations on Rules enabling confiscation without a criminal conviction,* Berlin, Duncker&Humblot, 2015; *vid.*, anche, in BERNARDI, A. (ed.), "Improving confiscation procedures in the European Union", op. cit.; E.N. La Rocca (ed.), *Lo statuto ancora incerto della confisca. Fisionomia, modelli, disciplina,* Milano, Wolters-Kluwer, Cedam, 2022.

sottolineato[14], nelle prime due ipotesi, il legame tra il provvedimento ablativo e il binomio reato/condanna risulta solamente allentato, questo invece viene radicalmente spezzato nel caso delle confische *non-conviction based*, le quali operano su interi complessi patrimoniali talvolta a prescindere non solo dalla pronuncia di una sentenza di condanna, ma persino dall'avvio di un procedimento penale. Ebbene, in questo ambito si collocano le misure di prevenzione italiane[15], finalizzate alla confisca dei "profitti sospetti" in virtù di una presunzione di illecita provenienza dei beni, mediante un procedimento autonomo da quello penale, solo in parte "giurisdizionalizzato", dove risalta l'attenuazione dell'onere probatorio a carico dell'accusa[16]. Accanto a queste figure va collocata l'*actio in rem*, assente nell'ordinamento italiano, che, al pari della confisca di prevenzione, prescinde da una condanna ovvero si muove su binari processuali distinti rispetto a quello penale, ma che, «a differenza sia della confisca allargata sia di quella di prevenzione, si basa su un vero e proprio accertamento di un reato, come anche sulla prova di derivazione del bene dal reato, con la particolarità che tali accertamenti si basano su standard probatori civilistici»[17].

Risulta evidente come, legittimare una misura afflittiva quale la confisca, pur in mancanza di un previo accertamento sulla responsabilità penale e sull'esistenza di un legame con i beni oggetto di ablazione, sollevi numerosi interrogativi riguardo agli obiettivi del sistema di giustizia penale e al bilanciamento tra principio di effettività e tutela dei diritti fondamentali dei soggetti a vario titolo coinvolti[18].

---

14 Ministero della Giustizia, *Circolare 18 febbraio 2021*– Attuazione del Regolamento (UE) 2018/1805 relativo al riconoscimento reciproco dei provvedimenti di congelamento e confisca, reperibile in *Sistema penale*, 22 febbraio 2021. https://www.sistemapenale.it/it/documenti/regolamento-ue-2018-1805-mutuo-riconoscimento-confisca-circolare-ministero-interno (ultimo accesso: 10 settembre 2023).

15 Sui rapporti, sempre più sfumati, tra confisca "allargata" e confisca di prevenzione *vid.* CORTESI, M. F. "Autonomia e preclusioni: tra rito di prevenzione e rito penale", in E.N. La Rocca (ed.), *Lo statuto ancora incerto della confisca. Fisionomia, modelli, disciplina*, op.cit., pp. 311-325.

16 Sul procedimento patrimoniale v., tra i tanti, LORENZETTO, E. "Nuove dinamiche per le misure patrimoniali di prevenzione: alla ricerca del procedimento "giusto", in F. Cassibba (ed.), *Il codice antimafia riformato*, Torino, Giappichelli, 2019, p. 145 ss. L'impatto sui diritti della difesa di queste misure è stato oggetto di recente analisi da parte di BARTOLUCCI, M.A. "Confiscation (without conviction) and defence rights", *Legislazione penale*, 2023, pp. 1-19.

17 Così BARTOLI, R. "Ripensare le confische", *Legislazione penale*, 26 settembre 2023, spec. p. 15, anche per il distinguo tra le diverse forme di ablazione.

18 SIMONATO, M. "Confiscation and fundamental rights across criminal and non-criminal domains", *ERA-Forum*, 2017, spec. p. 366.

1. *Il "procedimento in materia penale": profili definitori*

Ciò premesso, occorre preliminarmente intendersi sulla nozione di "procedimenti in materia penale" recepita dal Regolamento. A tal fine, utili indicazioni possono rintracciarsi nel considerando n. 13 dove, rilevato che ci troviamo al cospetto di un concetto autonomo del diritto dell'Unione —e, in quanto tale, oggetto di interpretazione da parte della Corte di Giustizia in caso di dubbio— si precisa come il legislatore europeo abbia inteso riferirsi a tutti i tipi di provvedimenti di congelamento e di confisca emessi in seguito a procedimenti connessi ad un reato e, quindi, non solo a quelli che rientrano nell'ambito di applicazione della Direttiva 2014/42/UE. Inoltre, ed è il passaggio più di rilievo, devono ritenersi inclusi i provvedimenti emessi in assenza di una condanna definitiva. Peraltro, ancorché quest'ultima tipologia di decisioni possa non esistere nell'ordinamento giuridico di uno Stato membro —come accade, appunto, per le misure di prevenzione italiane— lo Stato interessato dovrebbe essere in grado di riconoscerli ed eseguirli.

Dal punto di vista del sistema italiano, secondo l'interpretazione fornita dal Ministero della Giustizia[19], il Regolamento si applica alle molteplici e variegate ipotesi di confisca codificate nel codice penale e nelle diverse leggi speciali: a quella tradizionale (misura di sicurezza) prevista all'art. 240 c.p. e alle numerose ipotesi di confisca obbligatoria del profitto di reato; alla confisca nei riguardi della persona giuridica *ex* art. 19 d.lgs. 8 giugno 2001, n. 231; alla confisca per equivalente (o di valore), nelle sue plurime declinazioni; alla confisca estesa o allargata, comprese le ipotesi previste dall'art. 240 *bis* c.p.; ai provvedimenti di sequestro finalizzati alla confisca e, infine, alle misure di prevenzione patrimoniali disciplinate dal "codice antimafia". Su quest'ultimo profilo si tornerà più oltre, analizzando il motivo di rifiuto fondato sul rispetto dei diritti umani contenuto nel testo del Regolamento.

L'ambizione del nuovo strumento ad assumere valenza onnicomprensiva si riflette anche sul piano definitorio. Infatti, l'art. 2 del Regolamento considera confiscabile un bene di qualsiasi natura, materiale o immateriale, mobile o immobile, nonché atti giuridici o documenti che attestano un

---

[19] Ministero della Giustizia, *Circolare 18 febbraio 2021*– Attuazione del Regolamento (UE) 2018/1805 relativo al riconoscimento reciproco dei provvedimenti di congelamento e confisca, cit. Sulla estensione del Regolamento alle misure di prevenzione vid., anche, Ministero dell'Interno, Direzione centrale anticrimine Polizia di Stato, *Circolare 12 gennaio 2021*, indirizzata ai questori, reperibile in *Sistema penale,* 14 gennaio 2021. https://www.sistemapenale.it/it/documenti/regolamento-ue-2018-1805-mutuo-riconoscimento-confisca-circolare-ministero-interno?out=print (ultimo accesso: 20 ottobre 2023).

titolo o un diritto su tale bene, che secondo l'autorità di emissione è passibile di ablazione non solo «mediante l'applicazione nello Stato di emissione di uno dei poteri di confisca previsti dalla direttiva 2014/42/UE» (lett. c), ma anche «ai sensi di altre disposizioni relative ai poteri di confisca, compresa la confisca in assenza di condanna definitiva, previste dal diritto dello Stato di emissione in seguito a un procedimento per un reato»; nessun rilievo assume invece la legislazione dello Stato di esecuzione.

In sostanza, l'obbligo di riconoscimento non è in alcun modo pregiudicato dall'assenza nella legislazione dello Stato di esecuzione di poteri di confisca analoghi a quelli in base al quale il provvedimento è stato adottato in altro Stato membro. È questo un passaggio particolarmente significativo nella prospettiva di rafforzare la cooperazione giudiziaria nel contrasto alla criminalità organizzata di matrice economica, ma che rischia di essere messo in crisi dalla carenza di omogeneità a oggi riscontrabile tra gli Stati membri nello specifico ambito delle confische.

III. I MOTIVI DI RINVIO, DI NON RICONOSCIMENTO E DI NON ESECUZIONE: TRA TRADIZIONE E INNOVAZIONE

Come si è anticipato, il Regolamento risponde alla logica del mutuo riconoscimento, sicché l'autorità emittente dovrà trasmettere il certificato di congelamento o di confisca —in quest'ultimo caso deve trattarsi di "organo giurisdizionale"[20]— redatto secondo un modello standard[21], direttamente all'autorità di esecuzione alla quale spetterà adottare le misure necessarie

[20] In Italia, ai sensi dell'art. 3, comma 9, del D.lgs. 7 dicembre 2023, n. 203, *recante disposizioni per il compiuto adeguamento della normativa nazionale alle disposizioni al Regolamento (UE) 2018/1805 del Parlamento europeo e del Consiglio, del 14 novembre 2018, relativo al reciproco riconoscimento dei provvedimenti di congelamento e di confisca*, in *Gazz. uff.*, 22 dicembre 2023, n. 298, per l'emissione del provvedimento di confisca è competente «il pubblico ministero presso il giudice dell'esecuzione e, nei procedimenti per l'applicazione delle misure di prevenzione patrimoniali previste dal decreto legislativo 6 settembre 2011, n. 159, il pubblico ministero presso il giudice che ha emesso il provvedimento di confisca».

[21] Per alcuni suggerimenti pratici sulle modalità di compilazione delle richieste v. Eurojust, Il ventennale di Eurojust. Evoluzione dello Spazio europeo di Libertà, Sicurezza e Giustizia: quale ruolo per Eurojust? *Le schede del Desk italiano di Eurojust*, 13-14 ottobre 2022, reperibili https://www.eurojust.europa.eu/it/publication/le-schede-del-desk-italiano-di-eurojust (data dell'ultima consultazione: 4 novembre 2023).

per darvi attuazione, alla stessa stregua di un provvedimento nazionale[22]. In Italia, il Ministero della Giustizia è stato designato quale autorità centrale responsabile della trasmissione e della ricezione amministrativa dei certificati di congelamento e confisca, nonché dell'assistenza alle proprie autorità competenti (art. 24, § 2). Secondo il Report del Desk italiano di Eurojust[23], in virtù di una apposita intesa tecnica con i magistrati della Direzione Generale degli Affari Internazionali e della Cooperazione Giudiziaria, si è convenuto di informare anche Eurojust delle richieste di sequestro delle nostre autorità giudiziarie inviate direttamente all'autorità ministeriale. Questa comunicazione consentirà all'ufficio italiano di raccordarsi direttamente con le autorità coinvolte per l'attività di facilitazione. L'Agenzia europea, invece, svolge un ruolo diretto —ed è quindi destinataria nella comunicazione di tali certificati— ogni qual volta la loro emissione si inserisca in una procedura che richiede il coordinamento internazionale, fermi restando gli obblighi comunicativi verso il Ministero della Giustizia. Nel d.lgs. n. 203/2023, recante disposizioni per adeguare l'ordinamento giuridico italiano al Regolamento[24], si prevede altresì —al fine di garantire il necessario coordinamento a livello nazionale— l'inoltro

---

22 In Italia, per l'esecuzione di un provvedimento di confisca, ai sensi dell'art. 3, comma 1, del d.lgs. n. 203/2023, è competente «la corte d'appello del luogo nel quale si trova il bene e, quando si tratta di un credito, del luogo dove si trova il debitore. Se i luoghi di cui al primo periodo non sono noti, è competente la corte d'appello del luogo dove la persona nei cui confronti è stata emessa la decisione di confisca risiede o, nel caso di persona giuridica, dove ha la sede sociale. Quando la decisione di confisca riguarda beni situati in distretti diversi o crediti esigibili presso debitori situati in distretti diversi, è competente la corte di appello del luogo dove si trova il maggior numero di beni o di debitori ovvero, a parità di numero, del distretto dove si trova il bene di maggior valore o il debitore della somma più elevata». Se la competenza non può essere così determinata, ai sensi del successivo comma 2, è competente la Corte di appello di Roma.

23 Eurojust, Desk italiano, *Relazione del membro nazionale*, 2022, reperibile in *Sistema penale*, 31 marzo 2023, spec. p. 24. https://www.sistemapenale.it/it/documenti/relazione-attivita-desk-italiano-eurojust-anno-2022 (data dell'ultima consultazione: 30 ottobre 2023). Secondo quanto riportato, nel 2022 sono stati registrati 63 casi, di cui 39 (attivi) aperti dall'Italia verso altri Paesi. I rimanenti sono stati aperti dai seguenti Paesi verso l'Italia (da soli o anche verso altri Paesi): Cipro (4), Repubblica Ceca (3), Germania (3), Francia (4), Ungheria (2), Grecia (1), Lituania (2), Paesi Bassi (1), Romania (1), Slovenia (3).

24 *Decreto legislativo recante disposizioni per il compiuto adeguamento della normativa nazionale alle disposizioni al Regolamento (UE) 2018/1805 del Parlamento europeo e del Consiglio, del 14 novembre 2018, relativo al reciproco riconoscimento dei provvedimenti di congelamento e di confisca*, cit.

di copia dei certificati al Procuratore nazionale antimafia e antiterrorismo, se essi si riferiscono ai procedimenti per i delitti di cui all'articolo 51, commi 3-*bis* e 3-*quater* c.p.p., e al procuratore generale presso la corte di appello, se essi si riferiscono ai procedimenti per i delitti di cui all'articolo 407, comma 2, lettera a), c.p.p. (art. 1, comma 4).

Sul versante dei tempi, questi devono essere abbastanza celeri in modo da definire la procedura "senza indugio", secondo scansioni cadenzate in maniera differente in relazione ora al congelamento (art. 9) ora alla confisca (art. 20).

Se, rispetto alla valutazione in merito alla necessità e proporzionalità del provvedimento di congelamento e confisca (art. 1 § 3), la competenza è dell'autorità emittente, rimane ferma —in sintonia con gli altri strumenti di mutuo riconoscimento— la possibilità, per lo Stato di esecuzione, di opporre alcuni motivi di non riconoscimento e di non esecuzione, tutti facoltativi, o di rinvio.

Limitando lo sguardo alla disciplina concernente la confisca, il rinvio dell'esecuzione del provvedimento può essere opposto qualora l'esecuzione dello stesso possa pregiudicare un'indagine penale in corso, ovvero trattandosi di provvedimento concernente una somma di denaro, vi sia il rischio che l'importo totale risultante dall'esecuzione del provvedimento di confisca in questione possa superare notevolmente l'importo ivi specificato, a causa dell'esecuzione simultanea dello stesso in più di uno Stato membro; nei casi in cui il bene sia già oggetto di un procedimento di confisca in corso nello Stato di esecuzione; e, infine, nei casi in cui sia stato invocato un mezzo di impugnazione di cui all'articolo 33 (art. 21). A quest'ultimo riguardo, è da notare che il Regolamento riconosce il diritto dei soggetti colpiti dalle misure ablative ad avvalersi di mezzi di impugnazione effettivi, stabilendo, in generale, che gli strumenti di controllo devono essere esercitati —salva l'applicazione nello Stato di emissione di garanzie e mezzi di ricorso in conformità all'art. 8 della Direttiva 2014/42/UE— dinanzi a un organo giurisdizionale dello Stato di esecuzione in conformità al diritto di tale Stato. In linea con gli altri strumenti di mutuo riconoscimento, l'art. 33 § 2 esclude che i motivi di merito su cui si basa il provvedimento di congelamento o il provvedimento di confisca possano essere contestati dinanzi all'organo giurisdizionale dello Stato di esecuzione, rimanendo ferma la competenza dello Stato di emissione.

Profili di maggiore complessità presenta la disciplina relativa ai motivi di non riconoscimento. È da evidenziare come questi, ben più articolati rispetto a quelli dettati per il congelamento (art. 8), siano caratterizzati da alcune differenze rispetto ai motivi elencati dall'art. 9 della Decisione quadro 2006/783/GAI[25]: nello specifico, non sono stati riprodotti quello connesso al tipo di provvedimento di confisca che, come precisato, può esulare dalle ipotesi ricomprese negli obblighi di armonizzazione dettati dalla Direttiva 2014/42/UE; e quello legato all'incongruenza del provvedimento da riconoscere con i presupposti dei poteri di confisca sanciti nello Stato di esecuzione.

Ciò chiarito sul piano generale, occorre anzitutto esaminare i motivi di non riconoscimento della confisca comuni alla richiesta di esecuzione di un provvedimento di congelamento. L'elenco contenuto all'art. 19 ne richiama alcuni che potremmo definire "tradizionali": la contrarietà al principio del *ne bis in idem* (lett. a); l'esistenza di privilegi o immunità, oppure di norme sulla determinazione o limitazione della responsabilità penale attinenti alla libertà di stampa o alla libertà di espressione in altri mezzi di comunicazione che impediscono l'esecuzione del provvedimento di confisca (lett. b); vizi relativi al contenuto del certificato (lett. c); l'ipotesi in cui il provvedimento si riferisca a un reato commesso in tutto o in parte al di fuori del territorio dello Stato di emissione e in tutto o in parte nel territorio dello Stato di esecuzione, e la condotta non costituisca reato secondo il diritto dello Stato di esecuzione (lett. d); laddove si esuli dalla categoria dei trentadue reati prima richiamata, la condotta in relazione alla quale è stato emesso il provvedimento non costituisce reato ai sensi della legge dello Stato di esecuzione, con una deroga in materia di tasse e imposte, o di dogana e di cambio (lett. f).

A questo elenco vanno aggiunti due motivi specificamente concepiti per la confisca: il primo concerne l'ipotesi in cui i diritti dei "soggetti colpiti" dalla misura renderebbero impossibile, a norma del diritto dello Stato di esecuzione, l'esecuzione del provvedimento di confisca, anche qualora tale impossibilità sia conseguenza dell'applicazione di mezzi di impugnazione ai sensi dell'articolo 33 (lett. e). Per comprendere la nozione di "soggetti colpiti", occorre richiamare l'art. 2, n. 10, del Regolamento che menziona: la persona fisica o giuridica contro la quale è stato emesso il provvedimento di confisca; la persona fisica o giuridica che possiede i beni oggetto di tale provvedimento; nonché i terzi i cui diritti relativi a questi beni sono direttamente lesi dal provvedimento di confisca in conformità

---

[25] Sul punto v. GRANDI, C. "Il mutuo riconoscimento dei provvedimenti di confisca alla luce del regolamento (UE) 2018/1805", op. cit., spec. p. 18.

al diritto dello Stato di esecuzione. Secondo il Ministero della Giustizia italiano[26], il riconoscimento potrà essere rifiutato quando l'esecuzione del provvedimento di confisca incida sui diritti acquisiti in buona fede da soggetti terzi, estranei al reato.

Ulteriore motivo, anch'esso previsto solo per la confisca ma applicabile unicamente ai provvedimenti basati su una sentenza di condanna, ricorre nell'ipotesi in cui la misura ablativa sia stata disposta all'esito di un procedimento celebrato *in absentia* (art. 19, § 1, lett. i). Lo Stato può infatti rifiutare l'esecuzione se il soggetto contro il quale è stato emesso il provvedimento non è comparso personalmente al processo che ha dato luogo alla confisca legata a una condanna definitiva, a meno che il certificato di confisca attesti, conformemente agli ulteriori requisiti procedurali definiti nel diritto dello Stato di emissione, la ricorrenza di alcune condizioni volte a garantire il rispetto del diritto di difesa dell'interessato. La lettura riecheggia, sia pure con qualche variante linguistica, l'analogo motivo contemplato dalla Decisione quadro 2002/584/GAI sul mandato d'arresto europeo, come modificata dalla Decisione quadro 2009/299/GAI del 26 febbraio 2009. Considerato che tra le garanzie previste dal testo europeo rileva il diritto del soggetto a essere informato della data e del luogo del processo, nonché del fatto che un provvedimento di confisca può essere emesso in caso di sua mancata comparizione in giudizio, nel d.lgs. n. 203/2023, di attuazione del Regolamento, figurano le necessarie modifiche ai provvedimenti interni di *vocatio in iudicium*[27]. Inoltre, nel caso di confisca ordinata con sentenza di condanna *in absentia*, si è predisposto[28] un meccanismo volto a prevenire la possibile opposizione

---

26 Ministero della Giustizia, *Circolare 18 febbraio 2021*–Attuazione del Regolamento (UE) 2018/1805 relativo al riconoscimento reciproco dei provvedimenti di congelamento e confisca, cit., p. 29. Nella Circolare si osserva che la *ratio* della mancata previsione di analogo motivo di rifiuto in relazione ai provvedimenti di congelamento, sembra da rinvenire nell'esigenza di rimandare la soluzione di ogni questione relativa ai diritti dei terzi sui beni congelati al successivo giudizio sulla relativa confisca.

27 D*ecreto legislativo recante disposizioni per il compiuto adeguamento della normativa nazionale alle disposizioni al Regolamento (UE) 2018/1805 del Parlamento europeo e del Consiglio, del 14 novembre 2018, relativo al reciproco riconoscimento dei provvedimenti di congelamento e di confisca,* cit. V., in particolare, l'art. 4.

28 D*ecreto legislativo recante disposizioni per il compiuto adeguamento della normativa nazionale alle disposizioni al Regolamento (UE) 2018/1805 del Parlamento europeo e del Consiglio, del 14 novembre 2018, relativo al reciproco riconoscimento dei provvedimenti di congelamento e di confisca,* cit. Nello specifico, l'art. 3, comma 10, prevede che: «se non ricorrono le condizioni di cui all'articolo 19, comma 1, lettera g), punti

del motivo di rifiuto da parte delle autorità di esecuzione degli altri Stati membri, consentendo al condannato di accedere al rimedio 'restitutorio' previsto dal punto iii)[29] della disposizione regolamentare: nello specifico, la rescissione del giudicato *ex* art. 629 *bis* c.p.p.

Ancorché, come detto, la menzionata previsione sia applicabile solo alla confisca seguita a una condanna, appare condivisibile la sollecitazione da parte del nostro Ministero della Giustizia[30] a inserire, all'interno del certificato, sintetiche informazioni anche in merito alla partecipazione al procedimento dei soggetti colpiti da provvedimenti di confisca non basati su una sentenza di condanna (come nel caso delle misure di prevenzione). E non vi è dubbio che nella categoria dei soggetti "colpiti" si debba ricomprendere, non solo il proposto, ma anche il terzo. Del resto, la Corte di Giustizia[31], sia pure con riferimento alla Direttiva 2014/42/UE, ha affermato che l'art. 8 §§ 1, 7 e 9 —norma che enuclea le garanzie processuali— letto in combinato disposto con l'articolo 47 della CDFUE,

---

i) e ii) del regolamento, il pubblico ministero dispone la notifica della sentenza al condannato, informandolo delle condizioni e dei termini per chiedere la rescissione del giudicato ai sensi dell'articolo 629 *bis* del codice di procedura penale e della possibilità che il nuovo giudizio comporti una diversa statuizione sulla confisca. Il pubblico ministero emette il certificato di confisca quando l'interessato, ricevuta la notifica, dichiara espressamente di non opporsi alla confisca o non presenta richiesta di rescissione nel termine di cui all'art. 629 *bis*, comma 2, del codice di procedura penale, ovvero quando diviene irrevocabile l'ordinanza che dichiara inammissibile o rigetta la richiesta di rescissione. Su richiesta del pubblico ministero, il giudice dell'esecuzione può disporre il sequestro preventivo dei beni oggetti di confisca». Il successivo comma 11 estende l'applicabilità delle disposizioni richiamate ai casi di confisca ordinata dal giudice dell'esecuzione a seguito di sentenza emessa all'esito di un processo al quale l'imputato non è comparso personalmente. In tal caso, unitamente all'ordinanza che ordina la confisca, all'imputato è altresì notificata la sentenza.

29 A tenore del quale: «dopo aver ricevuto la notifica del provvedimento di confisca ed essere stato espressamente informato del diritto a un nuovo processo o a un ricorso in appello cui egli avrebbe il diritto di partecipare e che consentirebbe di riesaminare il merito della causa, comprese nuove prove, e potrebbe condurre alla riforma dell'ordine di confisca originario, ha dichiarato espressamente di non opporsi al provvedimento di confisca; oppure non ha richiesto un nuovo processo o presentato ricorso in appello entro i termini stabiliti».

30 Ministero della Giustizia, *Circolare 18 febbraio 2021*– Attuazione del Regolamento (UE) 2018/1805 relativo al riconoscimento reciproco dei provvedimenti di congelamento e confisca, cit., p. 32. Tuttavia, questo suggerimento non è stato recepito nel d.lgs. n. 203/2023.

31 Corte Giustizia, *DR TSC,* 21 ottobre 2021, C-845/19 e C-863/19, op. cit.

deve essere interpretato nel senso che esso osta a una normativa nazionale, la quale permetta la confisca, a favore dello Stato, di un bene di cui si affermi che appartiene a una persona diversa dall'autore del reato, senza che tale persona abbia la facoltà di intervenire quale parte nel procedimento di confisca.

IV. LA *"HUMAN RIGHT CLAUSE"* E LE MISURE DI PREVENZIONE ITALIANE: UN BANCO DI PROVA

Particolare interesse riveste la lett. h) dell'art. 19, con la quale è stato introdotto un motivo —originariamente non compreso nella proposta di Regolamento— pure esso comune all'esecuzione di un provvedimento di congelamento (art. 8, lett. f), riconducibile alla "*human right clause*" sperimentata, per la prima volta, nell'ambito della Direttiva sull'OEI[32]. Secondo il dettato normativo, lo Stato può rifiutare l'esecuzione quando «in situazioni eccezionali sussistono seri motivi per ritenere, sulla base di elementi specifici e oggettivi, che l'esecuzione del provvedimento di confisca comporti, nelle particolari circostanze del caso, una palese violazione di un pertinente diritto fondamentale previsto dalla Carta, in particolare il diritto a un ricorso effettivo, il diritto a un giudice imparziale e i diritti della difesa». A fini interpretativi, utili indicazioni provengono dal considerando n. 34, dove si afferma che «in linea di principio, il diritto di proprietà non dovrebbe essere pertinente, dal momento che il congelamento e la confisca di beni implicano inevitabilmente un'ingerenza nel diritto di proprietà di una persona e le necessarie garanzie al riguardo sono già previste dal diritto dell'Unione, compreso il presente regolamento».

L'introduzione di questo motivo di rifiuto si deve alle perplessità manifestate da alcuni paesi, come la Germania, riguardo all'estensione del Regolamento a tutti i provvedimenti di confisca adottati "nel quadro di un procedimento in materia penale", formula suscettibile, per quanto detto, di includere ipotesi di ablazione patrimoniale dall'incerto statuto garantistico.

Esemplificativa in questo senso, come già anticipato, è la disciplina italiana in materia di misure di prevenzione patrimoniali, applicabili nei confronti

---

[32] MANGIARACINA, A. "Il procedimento di esecuzione dell'OEI e i margini nazionali di rifiuto", in M. Daniele-R.E. Kostoris (eds.), *L'ordine europeo di indagine penale. Il nuovo volto della raccolta transnazionale delle prove nel d.lgs. n. 108 del 2017*, Torino, Giappichelli, 2018, spec. p. 128.

di soggetti indiziati di gravi reati (quali, ad esempio, partecipazione ad associazioni finalizzate alla commissione di reati in materia di criminalità organizzata, terrorismo, delitti contro la PA[33]), ancorché deceduti, a prescindere persino dagli esiti favorevoli di un procedimento penale. È quindi da domandarsi se, nonostante gli sforzi profusi dalla delegazione italiana per estendere la portata del Regolamento, non vi sia il rischio di incorrere in un rifiuto nell'esecuzione di queste forme di confisca *in rem*[34].

È da notare che a questa tipologia di ablazione patrimoniale, la nostra Corte costituzionale[35] ha attribuito "carattere meramente ripristinatorio della situazione che si sarebbe data in assenza dell'illecita acquisizione del bene". Nel sostenere questa posizione, si è richiamata la giurisprudenza della Corte di Strasburgo in materia di confisca allargata e senza condanna[36] (§ 10.4.2) che, pur riconoscendo l'incidenza della confisca sul diritto di proprietà tutelato dall'art. 1 del Primo Protocollo, ha sempre negato la natura penale di tale misura e, quindi, l'applicazione delle garanzie della materia penale, ai sensi degli artt. 6 e 7 CEDU. Pur a fronte di questa negazione, però, la Corte Costituzionale ha ammesso che sequestro e confisca di prevenzione «restano peraltro misure che incidono pesantemente sui diritti di proprietà e di iniziativa economica, tutelati a livello costituzionale (artt. 41 e 42 Cost.) e convenzionale (art. 1 Prot. addiz. CEDU)» e, pertanto, devono soggiacere al rispetto di alcune garanzie costituzionali e convenzionali. In particolare, devono: essere previste attraverso una legge (artt. 41 e 42 Cost.) in modo da garantirne la prevedibilità (art. 1 Prot. addiz. CEDU); rispettare il principio di proporzione (art. 1 Prot. addiz. CEDU e art. 3 Cost.) e del giusto processo (artt. 111, primo, secondo e sesto comma), previsto dall'art. 6 CEDU anche

---

33 Art. 16 d.lgs. n. 159/2011.

34 Perplessità sono manifestate da GRANDI, C. "Il mutuo riconoscimento dei provvedimenti di confisca alla luce del regolamento (UE) 2018/1805", op. cit., spec. p. 26 ss. V., anche, Eurojust, Desk italiano, *Relazione del membro nazionale*, cit., spec. p. 29, dove si afferma che l'area dei sequestri e delle confische all'estero rimane altamente problematica, specie nei casi nei quali il provvedimento non è basato su sentenza di condanna (misure di prevenzione).

35 Corte Cost., 24 gennaio 2019, n. 24, reperibile nel sito ufficiale della Corte costituzionale https://www.cortecostituzionale.it/actionPronuncia.do.

36 In argomento v. FELICI, G. "Confiscation non-confiscation based: un breve sguardo d'insieme sulla giurisprudenza della Corte di Strasburgo", in D.Castronuovo-C. Grandi (eds.), *Confische e sanzioni patrimoniali nella dimensione interna ed europea*, op. cit., pp. 115-128.

in materia civile, nonché il diritto di difesa (art. 24 Cost.) di colui nei cui confronti la misura sia richiesta (§ 10.4.3).

La posizione assunta del giudice delle leggi è stata ritenuta non pienamente convincente da una parte della dottrina[37], poiché la mancata attribuzione di carattere punitivo consente di non dovere rispettare la presunzione d'innocenza che impone l'onere della prova a carico dell'accusa e il più elevato standard probatorio, secondo il criterio dell'oltre ogni ragionevole dubbio, nell'accertamento dell'origine illecita dei profitti.

Volendo provare a sintetizzare, le misure di prevenzione, seppure siano qualificabili come provvedimenti "emessi in seguito a procedimenti connessi ad un reato", secondo la giurisprudenza interna ed europea, restano soggette soltanto ai principi del "processo equo" valevoli per le controversie su diritti e obbligazioni di carattere civile, di cui all'art. 6, § 1, della CEDU; in quanto applicate attraverso una procedura *in rem*, si sostanziano in forme di regolamentazione dell'uso dei beni in conformità all'interesse generale, e sono quindi riconducibili alla previsione dell'art. 1, § 2, del Protocollo n. 1 addizionale alla CEDU.

Questa classificazione sul piano interno rischia di privare di efficacia il nuovo strumento dalla prospettiva non solo italiana, ma anche di quegli ordinamenti che si sono aperti a forme di confisca volte alla ricerca di un preciso statuto normativo. Dal versante italiano, per eliminare ogni dubbio, si è pertanto suggerito[38] di estendere al procedimento di prevenzione tutte le garanzie previste dall'art. 6, §§ 1 e 3, della CEDU in rapporto alla "materia penale". Se, a oggi, qualche passo in questa direzione è stato compiuto, è merito di una giurisprudenza illuminata[39]; tuttavia, l'entrata

---

37 MAUGERI, A.M. – DE ALBUQUERQUE, P.P. "La confisca di prevenzione nella tutela costituzionale multilivello: tra istanze di tassatività e ragionevolezza, se ne afferma la natura ripristinatoria", *Sistema penale*, 29 novembre 2019, spec. p. 59.

38 BALSAMO-A. FUSCO, A. "Fairness procedimentale e prevenzione patrimoniale: verso un "giusto procedimento di prevenzione?", *Giustizia insieme*, 27 ottobre 2023. https://www.giustiziainsieme.it/it/diritto-penale/2938-fairness-procedimentale-e-prevenzione-patrimoniale-verso-un-giusto-procedimento-di-prevenzione (ultimo accesso: 30 ottobre 2023).

39 Cass., sez. un., 24 febbraio 2022, n. 25951, Lapelosa, in *CED Cass.*, n. 283350, con la quale si è stabilita l'estensione al processo di prevenzione del motivo di ricusazione previsto dall'art. 37, co. 1, c.p.p., nel caso in cui il giudice abbia, in precedenza, espresso valutazioni di merito sullo stesso fatto nei confronti del medesimo soggetto in altro procedimento di prevenzione o in un giudizio penale.

in vigore del Regolamento potrebbe rappresentare una buona occasione per ricondurre, in via normativa, il procedimento di prevenzione entro i binari della giurisdizione penale, con il relativo corredo di garanzie[40].

1. *In attesa della decisione della Corte di Strasburgo*

Il quadro attuale potrebbe presto mutare. È da segnalare che, in questo momento, l'Italia si trova sotto i riflettori della Corte di Strasburgo, chiamata a pronunciarsi sulla compatibilità delle misure di prevenzione patrimoniali con il sistema CEDU. Davanti ai giudici europei è infatti pendente un procedimento[41] nel quale i ricorrenti, assolti definitivamente in sede penale dall'accusa di partecipazione ad associazione mafiosa (art. 416 *bis* c.p.), lamentano la violazione dell'art. 6 § 1 per l'eccessivo onere della prova in capo al proposto sulla proprietà e l'origine dei beni, per l'uso di presunzioni e per avere fondato la decisione su sospetti; dell'art. 6 § 2 per la violazione della presunzione di innocenza in ragione della precedente assoluzione; dell'art. 7 per l'imposizione di una "pena" (*penalty*) senza un previo accertamento di responsabilità penale. Infine, denunciano la violazione dell'art. 1 del Protocollo n. 1 alla CEDU, in ragione dell'ingiusta e sproporzionata interferenza con il diritto di proprietà.

La Corte, valutata l'ammissibilità del ricorso, ha rivolto alle parti tre quesiti particolarmente rilevanti[42]: questi, nella sostanza, rappresentano la cartina di tornasole delle principali questioni che si addensano attorno al procedimento di prevenzione. Anzitutto, si domanda se l'applicazione della confisca in assenza di un accertamento formale di colpevolezza, e dopo che i destinatari della stessa siano stati assolti in sede penale dall'accusa

---

[40] Di questo avviso, tra i tanti, GERACI, R.M. "Il mutuo riconoscimento dei provvedimenti di congelamento e di confisca: il regolamento (UE) 2018/1805", op. cit., spec. p. 1282; GRANDI, C. "Il mutuo riconoscimento dei provvedimenti di confisca alla luce del regolamento (UE) 2018/1805", op. cit., spec. p. 31.

[41] Corte EDU, Cavallotti, 28 luglio 2023, ric. 29614/16. Nei confronti dei ricorrenti, assolti dall'accusa di partecipazione ad associazione per delinquere di tipo mafioso (art. 416 *bis* c.p.), con sentenza definitiva della Corte d'Appello di Palermo del 6 dicembre 2010, veniva iniziato un procedimento di prevenzione, al quale seguiva la confisca di parte considerevole del loro patrimonio (e di quello dei loro familiari) sulla base di una loro ritenuta pericolosità qualificata (derivante nel caso di specie proprio dal sospetto di appartenenza all'associazione stessa), oltre che della mancata prova dell'origine lecita dei beni in questione. Confisca divenuta definitiva con sentenza della Corte di Cassazione del 2 febbraio 2016.

[42] Corte EDU, Cavallotti, 28 agosto 2023, ric. 29614/16.

di partecipazione all'associazione mafiosa, integri una violazione della presunzione di innocenza, garantita dall'art. 6 § 2 CEDU; in secondo luogo, quale sia la natura giuridica della confisca in questione e, in particolare, se essa debba essere considerata una "sanzione penale" ("*criminal penalty*" *of* "*punishment*") ai sensi dell'art. 7 § 1 CEDU, tenendo conto del suo scopo, del suo procedimento applicativo e della sua gravità, anche alla luce delle sue caratteristiche specifiche ai sensi del diritto e della giurisprudenza nazionali. In caso affermativo, si domanda se vi sia stata una violazione dell'art. 7 CEDU in ragione del fatto che la confisca è stata disposta nonostante la pregressa assoluzione nel processo penale dall'accusa di partecipazione alla medesima associazione mafiosa. L'ultimo quesito attiene, invece, alla compatibilità con l'art. 1 Prot. add. CEDU. Al riguardo, si pone l'interrogativo se l'interferenza con il diritto di proprietà risulti fondata su una base legale sufficientemente precisa e rispettosa del parametro della prevedibilità e se tale interferenza appaia anche necessaria e proporzionata, alla luce di alcuni aspetti oggetto di specifica enunciazione.

La decisione della Corte europea, per la quale vi è grande attesa, rischia di assumere una portata dirompente. Peraltro, come evidenziato dalla dottrina[43], se anche si dovesse riaffermare che la confisca di prevenzione non possiede natura punitiva, i giudici europei potrebbero comunque svolgere un controllo più rigoroso e articolato rispetto ai margini applicativi dello stesso art. 1 del Protocollo n. 1 addizionale alla CEDU, con inevitabili refluenze sull'ordinamento. Il rischio di una tensione sul piano europeo dovrebbe rappresentare uno stimolo ulteriore per un intervento che riconduca i binari della prevenzione patrimoniale entro la "*fairness* procedimentale"[44].

V. LE RIFORME IN SPERIMENTAZIONE

A livello europeo, il percorso normativo volto a contrastare la criminalità organizzata mediante misure *in rem* non può dirsi compiuto. Lo testimonia la recente Direttiva del Parlamento europeo e del Consiglio riguardante il

---

43 V. l'analisi di FINOCCHIARO, S. "La confisca senza condanna nello spazio europeo: mentre a Bruxelles è in cantiere una nuova direttiva, a Strasburgo l'Italia è sotto esame nel ricorso "Cavallotti", *Sistema penale*, 2023, n°.11, p. 85.

44 L'espressione è mutuata da BALSAMO-A. FUSCO A. "Fairness procedimentale e prevenzione patrimoniale: verso un "giusto procedimento di prevenzione?", op. cit.

recupero e la confisca dei beni[45], presentata nel maggio 2022 e approvata il 24 aprile 2024, volta, da un lato, a «rafforzare le capacità delle autorità competenti di identificare, congelare e gestire i beni e a consolidare e ampliare le possibilità di confisca in modo da tenere conto di tutte le pertinenti attività criminose intraprese dai gruppi della criminalità organizzata, consentendo in tal modo la confisca di tutti i beni interessati»; dall'altro, «a migliorare la cooperazione tra tutte le autorità coinvolte nel recupero dei beni e a promuovere un approccio più strategico al recupero dei beni attraverso un maggiore impegno di tali autorità a favore del conseguimento di obiettivi comuni in questo ambito»[46].

Sullo specifico versante della confisca a seguito di condanna definitiva, il testo approvato impone agli Stati di consentire la "confisca" c.d. ordinaria e per equivalente (art. 12), quella "nei confronti di terzi" (art. 13) —giustificata solo se il soggetto terzo sapeva o avrebbe dovuto sapere che il trasferimento o l'acquisizione di beni era effettuato a tal fine— e la confisca "estesa" (art. 14), applicabile "almeno" alle fattispecie di reato incluse nell'elenco di cui all'art. 2, paragrafi da 1 a 3, qualora tali reati siano punibili con una pena privativa della libertà di durata massima non inferiore a quattro anni.

Alla confisca senza condanna sono dedicate due disposizioni del tutto diverse tra loro, configurando soltanto la seconda una pura "*actio in rem*"[47].

La prima, contemplata all'art. 15, impone agli Stati membri di adottare le misure necessarie per procedere all'ablazione quando "un procedimento penale sia stato avviato", ma non sia possibile farlo proseguire e, quindi, giungere alla sentenza di condanna, a causa di alcune circostanze[48]. Se

---

45 Direttiva (UE) 2024/1260 del Parlamento Europeo e del Consiglio riguardante il recupero e la confisca dei beni, 24 aprile 2024. Sulla proposta originariamente presentata, per un commento ampio e denso di spunti, v. MAUGERI, A.M. "La proposta di una nuova direttiva per la confisca dei beni: l'armonizzazione e l'*actio in rem* contro il crimine organizzato e l'illecito arricchimento", *Sistema penale,* 3 aprile 2024. https://www.sistemapenale.it/it/articolo/maugeri-la-proposta-di-una-nuova-direttiva-per-la-confisca-dei-beni-larmonizzazione-e-lactio-in-rem-contro-il-crimine-organizzato-e-lillecito-arricchimento

46 Proposta di direttiva del Parlamento Europeo e del Consiglio riguardante il recupero e la confisca dei beni, 25 maggio 2022, COM (2022) 245 final, p. 1.

47 Di questo avviso SAKELLARAKI, A. "Asset Recovery and Confiscation Laws: a Step in the Right Direction?", *New Journal of European Criminal Law,* 2022, Vol. 13(4), p. 495.

48 Nel considerando n. 30 si sottolinea il potenziale della confisca in assenza di condanna per superare gli ostacoli alla confisca di proventi illeciti posti da immunità e amnistia.

alcune di queste sono già state inserite nella Direttiva 2014/42/UE —come la malattia e la fuga — altre sono di nuovo conio: si tratta del decesso dell'indagato o dell'imputato oppure della scadenza, dopo l'avvio del procedimento penale, dei termini di prescrizione per il reato stabiliti a livello nazionale in misura inferiore a quindici anni. In mancanza delle circostanze sopra precisate, l'applicazione di questa forma di confisca è limitata ai casi in cui «il procedimento penale avrebbe potuto portare a una condanna penale perlomeno per i reati che possono produrre, direttamente o indirettamente, un vantaggio economico considerevole» (art. 15 § 2). Nel testo approvato è venuto meno il rinvio alla lista di reati indicati nell'art. 2 e puniti con una pena privativa della libertà di durata massima non inferiore a quattro anni (contemplato all'art. 15 § 4 della Proposta). Un richiamo invero opportuno perché volto, in ossequio al principio di proporzionalità, a limitare questa ipotesi di confisca solo ai reati gravi dai quali siano derivati significativi profitti. Neppure è stato recepito, sul versante probatorio, l'emendamento proposto dal Parlamento volto a precisare che l'onere della prova, rispetto alla sussistenza del reato e al nesso di derivazione tra i beni oggetto di ablazione e il reato, fosse a carico della pubblica accusa[49]. La norma, al riguardo, si limita ad affermare la necessità che l'organo giurisdizionale nazionale sia "convinto" che i beni strumentali, i proventi o i beni da confiscare derivino dal reato in questione o siano ad esso connessi direttamente o indirettamente (art. 15 § 2): un "convincimento" che non appare però equiparabile alla "certezza".

Su un piano diverso si pone la seconda ipotesi di confisca senza condanna o, meglio, secondo la *rubrica legis,* di "confisca di patrimonio ingiustificato collegato a condotte criminose" (art. 16): quest'ultima misura, come è stato notato[50], a differenza della precedente, si avvicina al modello italiano della prevenzione, nonché a quello anglosassone di *civil forfeiture.* La sua *ratio* —come esplicitato nel considerando n. 28 della Proposta — muove dalla difficoltà, preso atto della «natura intrinsecamente opaca

---

49 Parlamento europeo, *Relazione sulla proposta di direttiva del Parlamento europeo e del Consiglio riguardante il recupero e la confisca dei beni,* A9-0199/2023, 26 maggio 2023, emendamento n. 89, p. 56. https://www.europarl.europa.eu/doceo/document/A-9-2023-0199_IT.html.

50 Cfr. FINOCCHIARO, S. "La confisca senza condanna nello spazio europeo: mentre a Bruxelles è in cantiere una nuova direttiva, a Strasburgo l'Italia è sotto esame nel ricorso "Cavallotti", op. cit., p. 81, riguardo alla misura come configurata nel testo della Proposta; nello stesso senso MAUGERI, A.M. "La proposta di una nuova direttiva per la confisca dei beni: l'armonizzazione e l'*actio in rem* contro il crimine organizzato e l'illecito arricchimento", op. cit., p. 63.

della criminalità organizzata», di «collegare i beni derivanti da attività criminali a uno specifico reato e confiscare tali beni». Questa fattispecie è invece limitata ai reati di cui all'art. 2, paragrafi da 1 a 3, punibili con una pena privativa della libertà di durata massima non inferiore a quattro anni. Perché sia disposta, ferma restando l'impossibilità di procedere alle altre forme di confisca prima enucleate, occorrono alcune condizioni. In particolare, che i beni derivino da condotte criminose commesse nel quadro di un'organizzazione criminale e tali condotte possano produrre, direttamente o indirettamente, un vantaggio economico considerevole. A tal fine, l'autorità giudiziaria nazionale dovrà tenere conto di tutte le circostanze del caso, compresi gli elementi di prova disponibili e «i fatti specifici» che possono comprendere: il valore "considerevolmente" sproporzionato dei beni rispetto al reddito legittimo dell'interessato; la mancanza di una fonte lecita plausibile dei beni; il collegamento dell'interessato a persone connesse a un'organizzazione criminale; Non è chiaro, dalla lettura del testo, quale debba essere lo standard probatorio in capo all'autorità giudiziaria per autorizzare la misura; sembra, però, che la mera sproporzione tra il valore dei beni e il reddito legittimo non sia sufficiente, richiedendosi l'apprezzamento di "fatti specifici". Anche in questo caso, per dissipare possibili dubbi interpretativi, si sarebbe potuto accogliere l'emendamento proposto dal Parlamento[51] al § 1 dell'art. 16, inteso a precisare che l'onere della prova dovesse gravare sulla pubblica accusa.

Gli Stati membri avranno tempo fino al 23 novembre 2026 per adottare le disposizioni necessarie a conformarsi alla Direttiva. Riguardo alla "confisca di patrimonio ingiustificato", sarebbe stato preferibile non lasciare margini di ambiguità sul versante dello standard probatorio e sulla protezione dei diritti di tutti i soggetti coinvolti, inclusi i terzi, al di là della tutela espressamente riconosciuta a questi ultimi, purché di buona fede, dall'art. 16 § 3.

---

51 Parlamento europeo, *Relazione sulla proposta di direttiva del Parlamento europeo e del Consiglio riguardante il recupero e la confisca dei beni*, cit., emendamento n. 91, p. 57 s. : «Al fine di determinare se i beni congelati derivino da un reato, l'autorità giudiziaria nazionale tiene conto di tutte le circostanze del caso, compresi i fatti specifici e gli elementi di prova disponibili, come ad esempio il fatto che il valore dei beni è considerevolmente sproporzionato rispetto al reddito legittimo del loro proprietario, il che non può essere giustificato sulla base di attività legittime. L'onere della prova è a carico della pubblica accusa».

Bibliografia

BALSAMO, A.-FUSCO, A. "Fairness procedimentale e prevenzione patrimoniale: verso un "giusto procedimento di prevenzione?", *Giustizia insieme,* 27 ottobre 2023.

BARTOLI, R. "Ripensare le confische", *Legislazione penale,* 26 settembre 2023, pp. 1-32.

BARTOLUCCI, M.A. "Confiscation (without conviction) and defence rights", *Legislazione penale,* 21 settembre 2023, pp. 1-19.

BERNARDI, A. "Presentation", in A. Bernardi (ed.), *Improving confiscation procedures in the European Union,* Napoli, Cacucci, 2019, pp. VII-XXXIII.

CORTESI, M. F. "Autonomia e preclusioni: tra rito di prevenzione e rito penale", in E.N. La Rocca (ed.), *Lo statuto ancora incerto della confisca. Fisionomia, modelli, disciplina,* Milano, Wolters-Kluwer, Cedam, 2022, pp. 311-325.

FELICI, G. "Confiscation non-confiscation based: un breve sguardo d'insieme sulla giurisprudenza della Corte di Strasburgo", in D.Castronuovo-C.Grandi (eds.), *Confische e sanzioni patrimoniali nella dimensione interna ed europea,* Napoli, Jovene, 2021, pp. 115-128.

FINOCCHIARO, S. "La confisca senza condanna nello spazio europeo: mentre a Bruxelles è in cantiere una nuova direttiva, a Strasburgo l'Italia è sotto esame nel ricorso "Cavallotti", *Sistema penale,* 2023, n°. 11, pp.77-92.

GERACI, R.M. "Il mutuo riconoscimento dei provvedimenti di congelamento e di confisca: il regolamento (UE) 2018/1805", *Processo penale e giustizia,* 2021, n°. 5, pp. 1268-1282.

GONZALES CANO, I.M. (ed.), *Orden europea dei investigación y prueba transfronteriza en la Unión europea,* Valencia, Tirant lo Blanch, 2019.

GRANDI, C "Il regolamento (UE) 2018/1805 sul mutuo riconoscimento dei provvedimenti di congelamento e confisca: una svolta epocale non priva di incognite", *Diritto penale e processo,* 2019, n.° 12, pp. 1619-1630.

GRANDI, C. "Il mutuo riconoscimento dei provvedimenti di confisca alla luce del regolamento (UE) 2018/1805", *Legislazione penale,* 31 maggio 2021, pp. 1-32.

JIMENO BULNES, M. "Orden europea de investigación en materia penal" en M.J. (ed.) *Aproximación legislativa versus reconocimiento mutuo en el desarrollo del espacio judicial europeo. Una perspectiva multidisciplinar,* Barcelona, Bosch, 2016, pp. 151–208.

LA ROCCA, E.N. (ed.), *Lo statuto ancora incerto della confisca. Fisionomia, modelli, disciplina,* Milano, Wolters Kluwer- Cedam, 2022.

LORENZETTO, E. "Nuove dinamiche per le misure patrimoniali di prevenzione: alla ricerca del procedimento "giusto", in F. Cassibba (ed.), *Il codice antimafia riformato,* Torino, Giappichelli, 2019, pp. 145-176.

MANGIARACINA, A. "Cooperazione giudiziaria e forme di confisca", *Diritto penale e processo,* 2013, n°. 3, pp. 369-377.

MANGIARACINA, A. "L'esecuzione nell'U.E. dei provvedimenti di blocco dei beni e di sequestro" in A. Montagna (ed.), *Sequestro e confisca,* Torino, Giappichelli, 2017, pp. 551-572.

MANGIARACINA, A. "Il procedimento di esecuzione dell'OEI e i margini nazionali di rifiuto", in M. Daniele-R.E. Kostoris (eds.), *L'ordine europeo di indagine penale. Il nuovo volto della raccolta transnazionale delle prove nel d.lgs. n. 108 del 2017*, Torino, Giappichelli, 2018, pp.105-133.

MAUGERI, A.M. "Prime osservazioni sulla nuova "proposta di regolamento del parlamento europeo e del consiglio relativo al riconoscimento reciproco dei provvedimenti di congelamento e di confisca", *Diritto penale contemporaneo-Rivista trimestrale*, 2017, n°. 2, pp. 231-256.

MAUGERI, A.M. "Il Regolamento UE (2018/1805) per il reciproco riconoscimento dei provvedimenti di congelamento e di confisca", *Diritto penale contemporaneo-Rivista trimestrale*, 2019, n°. 1, pp. 34-64.

MAUGERI, A.M. "La direttiva 2014/42/UE come strumento di armonizzazione della disciplina della confisca nel diritto comparato", in D.Castronuovo-C.Grandi (eds.), *Confische e sanzioni patrimoniali nella dimensione interna ed europea*, Napoli, Jovene, 2021, pp. 13-78.

MAUGERI, A.M. "La proposta di una nuova direttiva per la confisca dei beni: l'armonizzazione e l'*actio in rem* contro il crimine organizzato e l'illecito arricchimento", *Sistema penale*, 3 aprile 2024, pp.1-123.

MAUGERI, A.M. – DE ALBUQUERQUE, P.P. "La confisca di prevenzione nella tutela costituzionale multilivello: tra istanze di tassatività e ragionevolezza, se ne afferma la natura ripristinatoria", *Sistema penale*, 29 novembre 2019.

PIATTOLI, B. "L'esecuzione nell'U.E. delle decisioni di confisca", in A. Montagna (ed.), *Sequestro e confisca*, Torino, Giappichelli, 2017, pp. 573-594.

RUI, J.P.-SIEBER, U. (eds.), *Non-conviction-Based confiscation in Europe. Possibilities and limitations on Rules enabling confiscation without a criminal conviction*, Berlin, Duncker&Humblot, 2015, pp. 1-306.

SAKELLARAKI, A. "Asset Recovery and Confiscation Laws: a Step in the Right Direction?", *New Journal of European Criminal Law*, 2022, Vol. 13 (4), pp. 478–501.

SIMONATO, M. "Confiscation and fundamental rights across criminal and non-criminal domains", *ERA-Forum*, 2017, pp. 365-379.

TESCAROLI, L. "Misure di prevenzione patrimoniali: l'esecuzione all'estero di sequestri e confische", *Questione giustizia*, 18 febbraio 2021.

TINOCO, PASTRANA, Á. "El embargo preventivo y el aseguramiento de pruebas en los procesos penales en la Unión Europea. Novedades tras la Ley 23/2014, de reconocimiento mutuo de resoluciones penales en la Unión Europea y la Directiva 2014/41/CE relativa a la orden europea de investigación en materia penal", *Cuadernos Europeos de Deusto*, 2015, n°. 52, pp. 121-146.

Capítulo XIV

El combate del legislador europeo frente a las criptomonedas como instrumentos para el blanqueo de capitales y la financiación de la delincuencia organizada

The european legislator's fight against crypto assets as instruments for money laundering and the financing of organised crime

María Ángeles Pérez Marín[1]
Profesora Titular de Derecho Procesal
Universidad de Sevilla
ORCID: 000-0003-2503-535X

RESUMEN: La seguridad del mercado financiero combinado exigía la adopción de medidas dirigidas a prevenir el peligro de la inestabilidad financiera proveniente de la incorporación y el uso masivo, en el tráfico jurídico-financiero, de activos digitales "no regulados". Fueron identificados como algunos de los riesgos más relevantes de dicha situación, la dificultad para rastrear o trazar el *iter* de las operaciones y el anonimato de los intervinientes, puesto que las características de la *blockchain* que sirve de base al criptoactivo favorece la protección de la identidad del emisor y del receptor. Estas características convierten a los criptoactivos en un recurso al que pue-

1 Este trabajo ha sido realizado en el contexto de las Ayudas para la recualificación del sistema universitario español para 2021-2023 (Modalidad B. Ayudas para la recualificación del profesorado universitario funcionario), desarrollada en la Universidad de Coímbra.
Miembro del Proyecto I+D+i DER PID2021-124027NB-100 "El Derecho procesal civil y penal desde la perspectiva de la Unión Europea: la consolidación del espacio de libertad, seguridad y justicia", dirigido por la Profª Mar Jimeno Bulnes, Catedrática de Derecho Procesal de la Universidad de Burgos.
IP Grupo de Investigación SEJ-308, La Administración de justicia en España y en América.

de acudir la delincuencia organizada para blanquear los beneficios del delito o para financiar sus actividades con garantías de impunidad. Si trasladamos lo expuesto al proceso penal, resulta que este tipo de operaciones impediría que la investigación avanzase, frustrando, así, la finalidad del proceso.

Palabras clave: activos digitales, mercado financiero, protección administrativa, protección penal, *non bis in idem*

ABSTRACT: The security of the combined financial market required the adoption of measures aimed at preventing the risks of financial instability arising from the massive incorporation and use of "unregulated" digital assets in legal-financial transactions. Some of the most relevant risks of this situation were identified as being the difficulty of tracing or tracing the *iter* of transactions and the anonymity of those involved, given that the characteristics of the blockchain on which the crypto asset is based favour the protection of the identity of the issuer and the recipient. These characteristics make crypto assets a resource that can be used by organised crime to launder the proceeds of crime or to finance its activities with guarantees of impunity. If we transfer the above to criminal proceedings, it follows that this type of operation would impede the progress of the investigation, thus frustrating the purpose of the process.

Keywords: digital assets, financial market, administrative protection, criminal protection, *non bis in idem*

I. MARCO INTRODUCTORIO

Los activos digitales han ido siendo objeto de regulación por la Unión en diferentes etapas[2] y no podemos desconocer que, probablemente, esta

[2] Vid. la Directiva 2009/110/CE del Parlamento Europea y del Consejo, de 16 de septiembre de 2009, sobre el acceso a la actividad de las entidades de dinero electrónico y su ejercicio, así como sobre la supervisión prudencial de dichas entidades, por la que se modifican las Directivas 2005/60/CE y 2006/48/CE y se deroga la Directiva 2000/46/CE, DOUE nº L 267, de 10 de octubre de 2009, pp. 7-17, y la Directiva 2014/65/UE del Parlamento Europeo y del Consejo, de 15 de mayo de 2014, relativa a los mercados de instrumentos financieros y por la que se mo-

reglamentación progresiva se compadece con la difusión paulatina de tales medios de financiación. Dado que las primeras situaciones no podían compararse con la actual, ni por el tipo de activos en circulación —respaldados por activos financieros tradicionales o por activos equiparados a estos— ni por el volumen de financiación —aún hoy considerado casi incipiente—, en aquellos inicios las criptomonedas no afectaban a la estabilidad sostenida del mercado financiero interno, no apreciándose, tampoco, riesgos operacionales que exigiesen un mayor grado de control. No obstante, ya se vislumbraba la dificultad de hacer frente a las consecuencias —financieras y jurídicas— que podrían derivarse de la incorporación al mercado de un mayor número de activos digitales carentes de regulación y, por lo tanto, de control legal, siendo necesario someter la evolución de estos a una rigurosa intervención.

De hecho, y a pesar de la activación de aquella vigilancia —jurídico-financiera—, tanto la Unión como los organismos internacionales habían asumido que se produciría una expansión de estos activos, identificándose como algunas de las amenazas más relevantes de tal contingencia la dificultad de rastrear o de trazar el *iter* de las operaciones y el anonimato de las mismas, favorecidas por una *blockchain* que servía de base al criptoactivo y que se sustentaba en la tecnología del *ledger* distribuido —DLT por sus siglas en inglés—. Al trasladar este esquema al proceso penal y a la investigación de unos hechos que, presuntamente delictivos, estuvieran vinculados a operativas con criptoactivos, resultaba que estas difícilmente podrían ser rastreadas y, sobre todo, que aun consiguiéndose acompañar el recorrido de las mismas, no se podría comprobar la identidad de quienes participaran en la transacción, constituyendo ello un obstáculo insalvable que impedía la tramitación de la investigación y frustraba, en consecuencia, el fin del proceso penal[3]. Se percibía, así, el florecimiento de unas condiciones que podrían ser aprovechadas por la delincuencia organizada para financiarse a través de este tipo de operaciones que no dejaban rastro o, más correctamente, que, dejan rastro, si bien este no podía ser descodificado.

---

difican la Directiva 2002/92/CE y la Directiva 2011/61/UE, DOUE nº L 173, de 12 de junio de 2014, pp. 349-496, que vinieron a introducir la regulación de los primeros activos digitales.

3 Interpol ha creado recientemente un Centro contra la Delincuencia Financiero y la Corrupción que presta apoyo en las investigaciones transnacionales sobre la delincuencia facilitada por internet y que, con relación a los criptoactivos, está especializado en el rastreo de activos para interceptar los fondos ilícitos antes de su desaparición. Vid en (https://www.interpol.int/es/Delitos/Delincuencia-financiera/Papel-de-INTERPOL-en-la-lucha-contra-la-delincuencia-financiera (fecha de última consulta: 23 de octubre de 2023).

Por otro lado, la naturaleza digital del producto del que se trataba, y del medio en el que aquel operaba —un ecosistema digital, paralelo al legal y carente de fronteras—, dotaba a ambos —activos y medio— de una condición naturalmente volátil, casi etérea, y claramente transfronteriza, que podrían determinar un alto riesgo de incertidumbre en los mercados financieros en el caso de que un resquicio legal permitiera su utilización con fines ilícitos. Ante este escenario de posible contagio generalizado, originado por el manejo irregular de los criptoactivos, no serían suficientes, para contener los peligros de un entrono virtual mudable, ni las regulaciones nacionales ni la embrionaria regulación de la Unión, ya que aquel no era susceptible de control ni de vigilancia unilateral.

Ya las Directrices GAFI de 2015 apuntaron a los Estados que, de forma individualizada, no podrían hacer frente a las implicaciones del uso anómalo de esta clase de activos y que la regulación nacional no garantizaba una barrera legal y disuasora eficiente[4]. Por su parte, el *Plan de acción en materia de tecnología financiera,* definido por la Unión en el año 2018[5], destacaba igualmente que ni esta ni los Estados miembros contaban con instrumentos jurídicos eficazmente preventivos frente a la delincuencia ligada a los criptoactivos "no regulados" y que, como consecuencia, el espacio financiero combinado de la Unión se encontraba desprovisto del respaldo legal necesario[6]. Añadía el informe que el problema resultaba agravado por la falta de homogeneidad de la regulación que, a nivel nacional, había ido proliferando sin haber tenido presente que la Unión, en tanto que mercado único, requería de armonización normativa[7]. La salvaguarda del mercado interior —mercado

---

4 https://www.fatf-gafi.org/media/fatf/documents/Directrices-para-enfoque-basada-en-riesgo-Monedas-virtuales.pdf (fecha de última consulta: 27 de octubre de 2023).

5 Comunicación de la Comisión al Parlamento Europeo, al Consejo, al Banco Central Europeo, al Comité Económico y Social Europeo y al Comité Europeo de las Regiones – Plan de acción en materia de tecnología financiera: por un sector financiero europeo más competitivo e innovador, Bruselas, 8 de marzo de 2018, COM(2018) 109 final.

6 BARRIO ANDRÉS, M. "La nueva regulación de los criptoactivos en España", *Diario La Ley,* 2022, nº 10010, https://diariolaley.laleynext.es/Content/Documento.aspx?params=H4sIAAAAAAAEAMtMSbF1CTEAAmMTC0sTY7Wy1KLizPw8WyMDIyAyMFfLy09JDXFxti3NS0lNy8xLTQEpyUyrdMlPDqksSLVNS8wpTlVLTcrPz0YxKR5mAgCzphe8YwAAAA==WKE (fecha de última consulta: 27 de octubre de 2023).

7 KAPSIS, I., "Should we trade market stability for more financial inclusion? The case of crypto-assets regulation in EU", en A. Lui y N. Rayder (eds.), *FinTech, Artificial Intelligence and the Law: Regulation and crime Prevention,* Routledge Taylor & Francis Group, Abingdon, 2021, pp. 85-104, esp. p. 97.

único combinado— tenía que ser global y no podía pretenderse afirmar la prevención de las vías financieras comunes apenas en la regulación parcial de los Estados, que podían llegar a ser, incluso, contradictorias. A la inversa, la homogeneidad financiera y de los criterios de protección permitiría demostrar a los inversores de terceros Estados que las operaciones dentro de la Unión eran seguras, si bien era imprescindible, para ello, encontrar la medida justa entre la libertad financiera y el control del mercado.

No era una opción, por lo tanto, admitir divergencias legislativas en el espacio financiero porque ello generaba fisuras que podían ser aprovechadas por la delincuencia organizada para eludir la legalidad[8], trasladándose una imagen de inseguridad que no resultaba rentable. Había de tenerse en cuenta, así, que los criptoactivos, por sus características, eran la cobertura perfecta para financiar actividades ilícitas, pues el anonimato de las operaciones permitía operar con impunidad.

Con este horizonte, la Unión inició el procedimiento legislativo y de consultas para definir las estructuras de negociación de los criptoactivos que, como *stablecoins*[9], ya circulaban en el mercado, dando así un paso importante para la construcción de un mercado digital seguro y estable.

II. LA IMPRESCINDIBLE REGULACIÓN DE LOS ACTIVOS DIGITALES

La seguridad del mercado combinado exigía la adopción de medidas dirigidas a prevenir los riesgos de la fluctuación financiera que pudieran provenir de la negociación de activos digitales "no regulados". De este modo, no siendo la primera ocasión en la que la Unión abordaba el problema de los criptoactivos, la Directiva (UE) 2018/843[10] o 5ª Directiva —5AMLD

---

8 ABEN, J. "Regulación de las Fintech en la Unión Europea: tendencias y líneas difusas", *Revista CIDOB d'Afers Internacionals*, 2022, nº 131, pp. 95-114, esp. p. 98 http://doi.org/10.24241/rcai.2022.131.2.95 (fecha de última consulta: 27 de octubre de 2023).

9 Siguiendo la definición dada por el Banco de España, "una moneda estable o stablecoin es un tipo de criptomoneda diseñada con la intención de minimizar la volatilidad de su valor, ligando su valor a un activo o varios activos con valor estable", https://www.bde.es/wbe/es/areas-actuacion/politica-monetaria/preguntas-frecuentes/definicion-funciones-del-dinero/que-son-las-stablecoin—.html (fecha de última consulta: 27 de octubre de 2023).

10 Directiva (UE) 2018/843 del Parlamento Europeo y del Consejo de 30 de mayo de 2018, por la que se modifica la Directiva (UE) 2015/849 relativa a la preven-

por sus siglas en inglés— era el primer instrumento en que el legislador se centraba en la problemática que generaban las diferencias legislativas entre ordenamientos. A mayor abundamiento, cualquier norma nacional implicaba restricción territorial y, por ende, resultaba imposible prorrogar su aplicación fuera del ordenamiento o, lo que es lo mismo, fuera de los límites geográficos del Estado.

Por otro lado, la Directiva no nació, podemos decir, como un instrumento normativo autónomo, sino complementario de la Directiva 2015/849 o 4ª Directiva —4AMLD[11] por sus siglas en inglés—, a través de la cual se dio entrada en el entramado financiero a los nuevos criterios de diligencia debida que tenían que ser empleados frente a los clientes por las entidades financieras, y los profesionales integrados en este sector, para prevenir que un uso ilícito de las vías financieras pudiera favorecer el blanqueo de capitales y la financiación del terrorismo[12].

Como algunas de las medidas incorporadas en la Directiva de 2015 no desplegaron el efecto pretendido, su complementación a fin de mejorar su vocación preventiva era imperiosa y, mientras que algunos de los controles previstos debían ser sustituidos, también era necesario añadir un nuevo grupo de medidas dedicadas a combatir el riesgo del anonimato de las operaciones con criptoactivos. Así, con la 5AMLD se exige que los datos relativos a la titularidad real de las personas jurídicas y de los fideicomisos estén a disposición de la autoridades, facilitando el acceso a los registros que contienen esta información, se amplió el número de las entidades y profesionales obligados a activar medidas de diligencia debida, incluyendo los proveedores de servicios de cambio de monedas virtuales

ción de la utilización del sistema financiero para el blanqueo de capitales o la financiación del terrorismo y por la que se modifican las Directivas 2009/138/CE y 2013/36/UE, DOUE nº L 156, de 19 de junio de 2018, pp. 43-74).

11 Directiva (UE) 2015/849 del Parlamento Europeo y del Consejo de 20 de mayo de 2015, relativa a la prevención de la utilización del sistema financiero para el blanqueo de capitales o la financiación del terrorismo, y por la que se modifica el Reglamento (UE) nº 648/2012 del Parlamento Europeo y del Consejo, y se derogan la Directiva 2005/60/CE del Parlamento Europeo y del Consejo y la Directiva 2006/70/CE de la Comisión, DOUE nº L 141, de 5 de junio de 2015, pp. 89-131).

12 Vid. PÉREZ MARÍN, M.A., "El control de las vías financieras frente a la delincuencia organizada en el espacio de libertad, seguridad y justicia: los avances hacia la persecución de nuevas amenazas", en F.J. Garrido Carrillo (dr.), *Retos en la lucha contra la delincuencia organizada. Un estudio multidisciplinar: garantías, instrumentos y control de los beneficios económicos,* Thomsom Ruters-Arandi, Cizur-Menor, 2021, pp. 85-119, esp. pp. 95-100.

y los proveedores de servicios de custodia de monederos electrónicos, y se renovaron los controles con relación a los instrumentos de prepago anónimos con objeto de "privar a los terroristas de ese medio de financiación de sus operaciones", pero sin impedir su empleo como elemento de inclusión social y financiera[13]. De esta manera se permitirían las transacciones a través de tales cauces, sin necesidad de control, cuando estuvieran por debajo de los umbrales dispuestos, si bien estos variarían dependiendo de si se trataba de la cuantía almacenada en el medio de pago, de la cuantía de la operación, del reembolso o de la retirada de efectivo[14]. Con estas alteraciones, la 4AMLD, mejorada y complementada, aún en la actualidad continúa siendo la base de una protección que comienza por el control de las operaciones y de las vías que le sirven de cauce y que efectúan las propias entidades financieras[15]. Además, el *Plan de acción para una política global de la Unión en materia de prevención del blanqueo de capitales y de la financiación del terrorismo*[16] adelantaba los criterios para afrontar los riesgos derivados de la inestabilidad de un sistema financiero amenazado por la inseguridad que suscitaba el uso irregular de sus vías, haciendo hincapié en los efectos de la proyección transnacional de las operaciones realizadas a través de un entorno digital.

En otro orden de cosas, las características de los criptoactivos no permitían que estos medios quedasen amparados por las normas que regulaban el mercado financiero, porque estas habían sido aprobadas para formas de financiación tradicionales y, aunque resultaran aplicables a aquellos criptoactivos que, por sus características, podían ser equiparadas a la moneda FIAT, no atendían a las necesidades nacidas de las *stablecoins* no reguladas. El principal problema, sin embargo, no residía en la ilegalidad de los criptoactivos ni en la irregularidad de las operaciones efectuadas con estos —porque, desde luego, no habían sido creados con una finalidad delictiva ni las transacciones

---

13 Véanse los considerandos 14 y 15 de la Directiva (UE) 2018/843.

14 *Vid.* Directiva (UE) 2015/2366 del Parlamento Europeo y del Consejo, de 25 de noviembre de 2015, sobre servicios de pago en el mercado interior, DOUE núm. L 337, de 23 de diciembre de 2015, pp. 35-93.

15 Véase un análisis sobre ambas Directivas en CALVO VÉRGEZ, J., "Un nuevo marco comunitario diseñado para hacer frente al blanqueo de capitales tras la aprobación de las directivas cuarta y quinta", en J. M. Martín Rodríguez y L. García-Álvarez (dres.), *El mercado único en la Unión Europea: balance y perspectivas jurídico-políticas*, Dykinson, Madrid, 2019, pp. 859-876.

16 Comunicación de la Comisión sobre un Plan de acción para una política global de la Unión en materia de prevención del blanqueo de capitales y de la financiación del terrorismo, Bruselas, 7 de mayo de 2020, COM(2020) 2800 final.

basadas en aquellos necesariamente lo eran—, sino en su falta de regulación y en sus circunstancias, principalmente la imposibilidad de identificar a las partes, la dificultad de apreciar o intuir la finalidad de las operaciones[17] y la inexistencia de órganos centralizados que facilitasen el acceso a los datos de la operación. Con respecto a esta situación, la 5AMLD significaba un paso al frente, porque en sus considerandos 8 y 9 el legislador europeo reconocía que la privacidad de estas operaciones podía abrigar el empleo anómalo de los activos digitales, asumiendo que la delincuencia organizada blanqueara mediante la compra de activos para su conversión posterior en moneda fiduciaria. Se trataba, pues, de una evidente vulnerabilidad del mercado interior que permitía a sus usuarios disfrutar de impunidad para transferir irregularmente fondos desde o hacia la Unión

En el año 2019 el GAFI publicó una guía para informar a los proveedores de servicios de activos virtuales que, para mitigar la posibilidad de blanqueo de capitales y/o de financiación del terrorismo asociados a la negociación de critptoactivos, debían apoyarse en la adopción de herramientas de debida diligencia frente al cliente y tenían que elaborar registros y conservar la información sobre operaciones sospechosas que pudiera ser relevante para las autoridades competentes. Simultáneamente, establecía criterios de control de la actividad de los proveedores y aconsejaba fijar el umbral de las transacciones ocasionales en 1000 euros, que, superados, obligarían a someter la operación a medidas de control[18].

Con estos antecedentes, los instrumentos legislativos recientemente aprobados se centran en las condiciones que deben cumplir la oferta de criptoactivos, las entidades que los emite y los mercados en los que estos operan, a fin de garantizar la transparencia del sistema y la seguridad de las transacciones, dedicando un Reglamento específico a la regulación de los criptoactivos y otro a la individualización de las transferencias de fondos de activos digitales.

---

17 PÉREZ LÓPEZ, X., "Las criptomonedas: consideraciones generales y empleo de las criptomonedas con fines de blanqueo", en D. Fernández Bermejo (dr.), *Blanqueo de capitales y TIC: marco jurídico nacional y europeo, modus operandi y criptomonedas. Ciberlaundry. Informe de situación,* Thomson Reuters-Aranzadi, Cizur Menor, 2019, pp. 71-147, esp. pp. 91-94; NAVARRO CARDOSO, F., "Criptomonedas, (en especial, bitcoin) y blanqueo de dinero", *Revista Electrónica de Ciencia Penal y Criminología,* 2019, nº 21, vol. 14, pp. 1-45, esp. pp. 10-14, http://criminet.ugr.es/recpc/21/recpc21-14.pdf (fecha de última consulta: 27 de octubre de 2023).

18 https://www.cfatf-gafic.org/es/documentos/gafi40-recomendaciones/421-fatf-recomendacion-15-nuevas-tecnologias y https://www.cfatf-gafic.org/es/documentos/recursos-del-gafic/14971recomendaciones-del-gafi-2012-actualizadas-a-octubre-de-2020-1 (fecha de última consulta: 27 de octubre de 2023).

III. EL CONTROL DE LAS OPERACIONES FINANCIERAS EFECTUADAS CON ACTIVOS DIGITALES

1. La regulación de los criptoactivos

Aunque las Directivas 2015/849 y 2018/843 y el Dictamen elaborado sobre el *Plan de acción en materia de tecnología financiera*[19] constituyeron un paso decisivo para regularizar los criptoactivos "no regulados"[20] por la Directiva 2014/65/UE —MIFID II— o por la Directiva 2009/110/CE —Directiva de dinero electrónico—[21], la regulación de estos activos digitales vendría a hacerse realidad a través de dos Reglamentos aprobados en el año 2023, y que van acompañados de la Directiva de cooperación administrativa —DAC 8 por sus siglas en inglés-[22], reforzando el marco legislativo vigente y ampliando el ámbito de aplicación de las obligaciones de registro y de comunicación de información entre administraciones tributarias[23].

En el año 2020 fue publicada la *Propuesta de Reglamento relativo a los mercados de criptoactivos no regulados*[24]. Se hizo evidente la necesidad de una regulación de las *stablecoins*, hasta entonces no reguladas, dada su proliferación exponencial en los últimos años y porque su falta de encuadre legal amenazaba

---

19 Comunicación de la Comisión al Parlamento Europeo, al Consejo, al Banco Central Europeo, al Comité Económico y Social Europeo y al Comité Europeo de las Regiones –Plan de acción en materia de tecnología financiera: por un sector financiero europeo más competitivo e innovador, Bruselas, 8 de marzo de 2018, COM (2018) 109 final.

20 Vid. PÉREZ MARÍN, M.A., "El control de las vías financieras frente a la delincuencia organizada en el espacio de libertad, seguridad y justicia: los avances hacia la persecución de nuevas amenazas", op. cit., pp. 110 y 111.

21 Vid referencias de ambos instrumentos en la nota nº 2.

22 Directiva (UE) 2023/2226 del Consejo, de 17 de octubre de 2023, por la que se modifica la Directiva 2011/16/UE relativa a la cooperación administrativa en el ámbito de la fiscalidad, DOUE serie L, de 24 de octubre de 2023, pp. 1-37.

23 Vid. https://www.consilium.europa.eu/es/press/press-releases/2023/10/17/council-adopts-directive-to-boost-cooperation-between-national-taxation-authorities-dac8/. También puede consultarse los aspectos más relevantes de la Directiva en Noticias Jurídicas – *Directiva 2023/2226: La UE obliga a que los criptoactivos siempre puedan ser rastreados y bloqueados si son sospechosos* https://noticias.juridicas.com/actualidad/noticias/18439-directiva-2023-2226:-la-ue-obliga-a-que-los-criptoactivos-siempre-puedan-ser-rastreados-y-bloqueados-si-son-sospechosos/ (fecha de última consulta a ambos documentos: 31 de octubre de 2023).

24 Propuesta de Reglamento del Parlamento Europeo y del Consejo relativo a los mercados de criptoactivos y por el que se modifica la Directiva (UE) 2019/1937, Bruselas, 24 de septiembre de 2020, COM(2020) 593 final.

la estabilidad financiera del mercado único[25]. A través de la delineación de una estructura jurídica que diese cobertura a estos activos digitales, no solo se procedería a su clasificación, identificando los presupuestos de cada uno de aquellos, sino que se fijarían los criterios de negoción y, especialmente, el régimen sancionador aplicable una vez comprobado el incumplimiento de las obligaciones sujetas a la negociación o a la transparencia de los mismos. Por otro lado, la Unión no podía perder la oportunidad de aprovechar las nuevas formas de financiación[26] y dejar de beneficiarse de las ventajas económicas de los activos digitales cuando las técnicas de registro descentralizado fuesen definitivamente adaptadas a estos[27].

Aprobado el Reglamento (UE) 2023/1114[28] —Reglamento MiCA por sus siglas en inglés—, este vino a centrarse en inyectar un más elevado grado de seguridad al mercado financiero que constituye la infraestructura de negociación[29], contribuyendo de manera indirecta a combatir el

---

25 Reconoce el Banco de España que "los sucesivos episodios de crisis del ecosistema de criptoactivos registrados durante 2022 no solo han justificado el impulso regulatorio [...], sino que han estimulado las iniciativas en curso, por ejemplo, en el FSB o en la Junta Europea de Riesgo Sistémico, para controlar el riesgo que presentan los criptoconglomerados o el de los protocolos de servicios financieros descentralizados (DeFi, por sus siglas en inglés)". Vid. *Informe de estabilidad financiera. Primarvera de 2023, en* https://www.bde.es/f/webbde/Secciones/Publicaciones/InformesBoletinesRevistas/InformesEstabilidadFinancera/23/IEF_2023_1_Rec3_2.pdf, p. 6 (fecha de última consulta: 27 de octubre de 2023).

26 Vid. *Estabilidad financiera. Especial criptoactivos. Informe de estabilidad financiera, primavera de 2022,* en el que el Banco de España reconoce con respecto a los activos digitales que "[l]as tecnologías que lo sustentan pueden potencialmente mejorar la eficiencia y la resistencia del sistema financiero bien a través de unos menores costes en las transacciones, una mayor interoperabilidad en el sistema de pagos o de una mayor competencia entre los distintos actores. Ahora bien, esos beneficios sólo se podrán obtener si su desarrollo se efectúa de manera segura y viene acompañado de marcos regulatorios que mitiguen los riesgos y mantengan la confianza en el sistema financiero", en https://www.bde.es/f/webbde/Secciones/Publicaciones/InformesBoletinesRevistas/InformesEstabilidadFinancera/22/IEF_2022_1_CapE.pdf, p. 2 (fecha de última consulta: 27 de octubre de 2023).

27 MAUME, P. "Consumer Protection", en Maume/Maute/Fromberger (dres.), *The law of crypto assets. A handbook,* Beck-Nomos-Hart, Munich, 2022, pp. 109-120, esp. p. 110.

28 Reglamento (UE) 2023/1114 del Parlamento Europeo y del Consejo, de 31 de mayo de 2023, relativo a los mercados de criptoactivos y por el que se modifican los Reglamentos (UE) nº 1093/2010 y (UE) nº 1095/2010 y las Directivas 2013/36/UE y (UE) 2019/1937, DOUE, nº L 150, de 9 de junio de 2023, pp. 40-205.

29 PARRONDO, L., "El Reglamento de Mercados de Criptoactivos (MiCA)", *Técnica contable y financiera,* 2023, nº 67, pp. 1-10, https://www.academia.edu/106860564/

delito. No nos encontramos ante un instrumento de naturaleza penal, con independencia de que en el espíritu de la norma se encuentre también la finalidad combatir el blanqueo de capitales y la financiación del terrorismo —conductas que ya están tipificadas a nivel de la Unión, luego reguladas en el ámbito del espacio de libertad, seguridad y justicia—, sino ante un instrumento de naturaleza financiera que señala las condiciones de transparencia que deben cumplir los criptoactivos, las operaciones realizadas con estos y las entidades que operen con los mismos, actuando, así, estas normas como barrera frente al empleo irregular de los activos digitales. No podemos olvidar, por ejemplo, que el blanqueo de capitales no solo es un ilícito transversal conectado con otro tipo de conductas, sino que se considera un delio indirecto en el contexto de la criminalidad vinculada a las criptomonedas[30].

En otro sentido, y consciente de la naturaleza global de un mercado intrínsecamente transfronterizo y, por consiguiente, permeable al contagio, desde el considerando 6 el legislador advierte de la necesidad de potenciar la colaboración con organismos internacionales para mantener una convergencia globalizada. Debemos entender, pues, que la regulación europea, siendo el medio a través del cual se concretan las condiciones del mercado de criptoactivos en el espacio financiero de la Unión, se encuadra en un escenario más ambicioso que procura la estabilidad financiera global para evitar los riesgos que no solo perjudican a las transacciones, impidiendo un desenvolvimiento normal del mercado, sino que afecta, por ejemplo, a la seguridad que precisan percibir los inversores y los consumidores en el negocio jurídico que se dispongan a realizar. Con estas miras se instituye un sistema de vigilancia dirigido a comprobar que los servicios de criptoactivos se sujetan a las condiciones de legalidad previstas y se otorgan a las autoridades nacionales, a la Autoridad Bancaria Europea —en adelante ABE—, y a la Autoridad Europea de Valores y Mercado —en adelante AEVM—, facultades de control e inspección.

Para cada uno de los activos regulados[31], el Reglamento introduce requisitos concretos y establece las condiciones que ha de cumplir la oferta

---

El_Reglamento_de_Mercados_en_Criptoactivos (fecha de última consulta: 27 de octubre de 2023).

30 HUANG, S., "Cryptocurrencies and Crime", en A. Lui y N. Rayder (eds.), *FinTech, Artificial Intelligence and the Law: Regulation and crime Prevention,* Routledge Taylor & Francis Group, Abingdon, 2021, pp.125-143, esp. pp. 132 y 133.

31 Fichas de dinero electrónico o ART, por sus siglas en inglés (art. 3.1.7 del Reglamento (UE) 2023/1114 —MiCA—); las fichas referenciadas a activos o EMT, por

pública de los mismos o la admisión a negociación de las fichas, pero, en general, prevé, con respecto a todos los criptoactivos, la obligación de publicar un libro blanco con la información relativa al proveedor del servicio, la ficha —criptoactivo— y la operación, así como una explicación de la tecnología subyacente de los activos ofertados, de los riesgos asociados a estos y al negocio y una declaración de que el libro blanco no incurre en ninguna omisión que pudiera afectar a su contenido[32].

En principio, ante el incumplimiento del deber de transparencia, y para los supuestos de información engañosa, el Reglamento establece un régimen de responsabilidad, de forma que el art. 37 acoge el derecho permanente de devolución a favor de los titulares de las fichas referenciadas si los proveedores no cumplen las obligaciones dictaminadas para los planes de recuperación y reembolso, cuando se prevea que el emisor no podrá hacer a sus obligaciones o cuando este entre en situación de insolvencia[33].

Esta suerte de responsabilidad civil a favor del usuario/consumidor es complementada por la regulación nacional, ya que el Reglamento reconoce que la responsabilidad civil identificada a nivel de la Unión no es incompatible con el régimen jurídico prevenido a nivel nacional[34]. A mayor abundamiento, para los activos distintos de los referenciados a activos y a los activos de dinero electrónico, el art. 15 del Reglamento MiCA declara la nulidad de las cláusulas que excluyan la responsabilidad civil de los proveedores de servicios, recordando que el grado de responsabilidad determinado en el Reglamento es plenamente compatible con otras res-

---

sus siglas en inglés (art. 3.1.6 del Reglamento (UE) 2023/1114 —MiCA—) y un tercer grupo en el que se incluyen todos aquellos criptoactivos que no tienen las características de los anteriores y que serían, en parte, las que la AEVM denomina como *utility tokens* y que el Reglamento regula como fichas de consumo (art. 3.19 del Reglamento (UE) 2023/1114 —MiCA—).

32 Idénticas disposiciones se recogen para los diferentes tipos de activos en los arts. 6, 19 y 51 del Reglamento, teniendo en cuenta las diferencias en el contenido del libro blanco, pues este debe adaptarse a las condiciones de cada activo.

33 Vid., así, arts. 56 y 47 del Reglamento (UE) 2023/1114 —MiCA—. Téngase en cuenta, no obstante, que corresponde a los inversores demostrar la infracción cometida por el emisor para que se deduzca la responsabilidad civil y que estos no tienen responsabilidad por el uso erróneo que se haga de la información que se desprenda del resumen del libro blanco salvo cuando "a) sea engañoso, inexacto o incoherente con las demás partes del libro blanco de criptoactivos, o b) no proporcione, leído junto con las demás partes del libro blanco de criptoactivos, información relevante para ayudar a los potenciales titulares a tomar una decisión sobre la compra de la ficha referenciada a activos".

34 Art. 26.5 del Reglamento (UE) 2023/1114-MiCA—.

ponsabilidades precisadas en el Derecho nacional —art. 15.6—. Cláusulas idénticas han sido incorporadas con respecto a las fichas referenciadas a activos —art. 26.2— y las fichas de dinero electrónico —art. 52.2—, conformándose, de tal manera, un régimen protector dual —de la Unión y nacional—, cuya principal función parece ser transmitir seguridad en este tipo de operaciones protegidas con un solvente régimen de garantías.

2. *Las transferencias de fondos de activos digitales*

Junto con el Reglamento MiCA fue aprobado el *Reglamento (UE) 2023/1113, relativo a la información que debe acompañar a las transferencias de fondos y determinados criptoactivos* —Travels of Founds Regulations o TFR por sus siglas en inglés-[35]. Ambos Reglamentos —MiCA y TFR—, claramente interrelacionados, fueron tramitados de forma paralela y aprobados al mismo tiempo, si bien la trascendencia mediática de este segundo fue completamente opacada por la del Reglamento MiCA dada la relevancia que los criptoactivos no regulados y la necesidad de establecer criterios para asegurar la legalidad de los mismos y la seguridad de las operaciones.

El Reglamento TFR nace de la refundición del *Reglamento (UE) 2015/847, relativo a la información que acompaña a las transferencias de fondos*[36], que, siguiendo las directrices GAFI de 2015[37], exigía que estas transacciones identificaran a las partes intervinientes. Al estar referida la norma a las operaciones con dinero FIAT, la redacción original no podía amparar las transferencias de activos digitales, circunstancia a la que debía unirse la necesidad de coordinar la regulación para afrontar los flujos de activos. Ello obligó a modificar la Directiva 2015/849, en tanto que instrumento que regula el conjunto de medidas de diligencia debida dirigidas a prevenir el uso ilícito de las vías financieras, para permitir en las transacciones de activos la identificación de los riesgos referidos en el Anexo III de la Directiva.

---

35 Reglamento (UE) 2023/1113 del Parlamento Europeo y del Consejo, de 31 de mayo de 2023, relativo a los mercados de criptoactivos y por el que se modifican los Reglamentos (UE) nº1093/2010 y (UE) nº 1095/2010 y las Directivas 2013/36/UE y (UE) 2019/1937, DOUE nº L 150, de 9 de junio de 2023, pp. 1-39.

36 Reglamento (UE) 2015/847 del Parlamento Europeo y del Consejo, de 20 de mayo de 2015, relativo a la información que acompaña a las transferencias de fondos y por el que se deroga el Reglamento (CE) nº 781/2006, DOUE nº L 141, de 5 de junio de 2015, pp. 1-18.

37 Vid. considerando 5 del Reglamento (UE) 2023/1113-TFR—.

Especialmente debemos reparar en que las operaciones electrónicas y las efectuadas con activos digitales —que tienen lugar en el mercado digital— resultan esquivas al control y que ambas formas tienen una evidente condición transfronteriza. Tal situación reclama un control aumentado porque el peligro de tales transacciones es fácilmente transmisible en un mercado digital que favorece el contagio. Concretamente, podemos comprobar en el considerando 8 del Reglamento TFR que el legislador advierte que "la velocidad a la que pueden llevarse a cabo las operaciones y el posible anonimato que ofrece su transferencia hacen que los activos virtuales sean particularmente susceptibles de utilización delictivo, en particular en contextos transfronterizos", reconociendo que para afrontar "el uso indebido de activos virtuales con fines de blanqueo de capitales y financiación del terrorismo, la Unión debe promover la aplicación a escala mundial de las normas que se ejecutan en el presente Reglamento y el desarrollo de las dimensiones internacional e interjurisdiccional del marco regulador y de supervisión de las transferencias de activos virtuales en relación con el blanqueo de capitales y la financiación del terrorismo". De esta forma, las nuevas condiciones legales adaptadas a las operaciones basadas en activos digitales avanzan en la protección en el combate frente a la delincuencia que acude las vías financieras como medio para su actividad[38], distinguiéndose en el art. 1 del Reglamento dos finalidades:

a) por un lado, establece normas relativas a la "información que debe acompañar a las transferencias de fondos en cualquier moneda, en lo referente a los ordenantes y los beneficiarios de estas, y sobre la información que debe acompañar a las transferencias de criptoactivos en lo referente a los originantes y los beneficiarios de estas, a efectos de la prevención, detección e investigación del blanqueo de capitales y la financiación del terrorismo", cuando al menos uno de los proveedores de servicios participantes en la transferencia esté establecido o tenga su domicilio social en la Unión;

b) por otro, establece normas relativa a las "políticas, procedimientos y controles internos para garantizar la aplicación de medidas restrictivas cuando al menos uno de los proveedores de servicios [...] esté establecido o tenga su domicilio social, según corresponda, en la Unión".

Como resultas, aunque a lo largo del texto del Reglamento MiCA encontramos referencias continuas a la necesidad de identificar a oferentes

---

38 Vid. considerando 15 del Reglamento (UE) 2023/1113-TFR—.

y emisores de activos, tales condiciones no dejan de ser un deber de transparencia a favor de los consumidores para que estos conozcan las características del criptoactivo, pero es en el Reglamento TFR donde el legislador diseña la información de la que deben ir acompañadas las transferencias de criptoactivos para que estas sean autorizadas. Piénsese que el legislador procura la identificación real de las partes, ya sean estas personas físicas o jurídica, así como la comprobación de otros datos que, como medidas de diligencia debida más o menos intensas —según las características de la transacción y del aparente riesgo asociado a la misma—, permitan comprobar la legalidad de la operación —o su apariencia de legalidad— y el seguimiento de la misma. Podemos decir, así, que mientras que el Reglamento MiCA es estático, y se detiene en el diseño de la arquitectura sobre la que se construye el mercado de las *stablecoins*, el Reglamento TFR, de naturaleza dinámica, incorpora criterios de protección de las vías financiera porque a través de estas tienen lugar las transferencias de fondos, esto, estas constituyen el cauce a través del que los criptoactivos se mueven de una cuenta a otra[39].

Efectivamente, la movilidad de fondos mediante transferencias —especialmente la de activos digitales— comporta un riesgo intrínseco de blanqueo o de favorecimiento de actividades ilícitas que se hace efectivo tan solo con realizar la operación, es decir, al trasferir o mover fondos de una cuenta a otra o de un monedero a otro, por lo que es en estos casos cuando resulta más necesario detallar criterios que permitan trazar la operación e identificar a las partes intervinientes en la misma —incluyendo a las intermediarias—. Precisamente para asegurar la transmisión de la información a lo largo de la cadena de pago o de transferencias de criptoactivos, el legislador construye un sistema que impone a los proveedores de servicios de pago "la obligación de acompañar las transferencias de fondos [...] y la obligación para los proveedores de servicios de criptoactivos de acompañar las transferencias de criptoactivos de información sobre el originante y el beneficiario"[40]. Con relación a las obligaciones del proveedor de servicios de criptoactivos del autor de la transacción, el art. 14 detalla los datos que deben necesariamente ser adjuntados a la transferencia, destacando

---

39 Vid. PÉREZ MARÍN, M.A., "La función preventiva del sistema financiero en el espacio judicial europeo: ¿medidas (penales) de prima ratio?, *Revista internacional Consinter de Direito,* 2022, nº XIV, pp. 289-3011, esp. pp. 300 y 301, https://doi.org/10.19135/revista.consinter.00014.12 (fecha de última consulta: 27 de octubre de 2023).

40 Vid. considerando 16 del Reglamento (UE) 2023/1113-TFR—.

que, incluso, en las transferencias efectuadas a una dirección autoalojada[41]el proveedor de servicios del emisor deberá conservar la información sobre los intervinientes y la relativa a la transferencia para que esta pueda ser individualmente identificada.

Además, y con independencia de las medidas específicas de mitigación del riesgo establecidas en el art. 19 ter de la Directiva (UE) 2015/849 —añadido a la misma por el propio Reglamento TFR—, cuando la transferencia a una dirección autoalojada exceda de 1000 EUR, el proveedor de servicios de criptoactivos de la entidad o persona originante tendrá que adoptar las medidas adecuadas para evaluar si dicha dirección es propiedad o está bajo el control del emisor. A partir del art. 16, se regulan las obligaciones del proveedor de servicios de criptoactivos del beneficiario, que, en igual medida, habrá de contrastar la información que conste del originante y seguir los procedimientos concretados para las operaciones en las que falte toda o parte de la información exigida y que permitirá, por ejemplo, rechazar la transferencia, devolver los criptoactivos transferidos a la cuenta de criptoactivos originante o solicitar información sobre este y el beneficiario antes de poner los criptoactivos a su disposición.

De la misma forma, se establecen controles que deberán desplegar los proveedores de servicios intermediarios para conservar la información sobre el emisor y el beneficiario —art. 19— y se fijan los procedimientos para actuar frente a la omisión de información relativa al originante o al beneficiario —art. 21—. De este modo, cuando un proveedor de servicios de criptoactivos constate que la información es inexacta, o cuando entienda que la operación es sospechosa, deberá adoptar medidas reforzadas para gestionar y mitigar adecuadamente los riesgos, valorar si una transferencia de activos o una operación relacionada con esta son inusuales y, en su caso, informar a la Unidad de Inteligencia Financiera (UIF)[42] de confor-

---

41 El art. 3.20) del Reglamento (UE) 2023/1113 —TFR— define la dirección autoalojada como "una dirección de registro distribuido no vinculada a ninguno de los siguientes: a) un proveedor de servicios de criptoactivos; b) una entidad no establecida en la Unión que presta servicios similares a los de un proveedor de servicios de criptoactivos".

42 Véase un análisis más detallado sobre las unidades de inteligencia financiera en PÉREZ MARÍN, M.A., "Las unidades de inteligencia financiera: el intercambio de información como medio para la prevención, la investigación y el enjuiciamiento de la delincuencia económica vinculada con el terrorismo", en M. Jimeno Bulnes (dra.) y C. Ruiz López (coord.), *La evolución del espacio judicial europeo en materia civil y penal: su influencia en el proceso español,* Tirant lo Blanch, Valencia, 2022, pp. 359-389.

midad con lo previsto en la Directiva (UE) 2015/849. En este sentido se pronuncian los arts. 9, con respecto al proveedor de servicios de pago del ordenante, 13, para los proveedores de servicios de pago intermediarios, 18, para los proveedores de servicios de criptoactivos del beneficiario, y 22, con relación a los proveedores de servicios de criptoactivos intermediarios.

IV. EL RÉGIMEN SANCIONADOR FRENTE AL INCUMPLIMIENTO DE LAS NORMAS REGLAMENTARIAS

Los Reglamentos a través de los que se regulan los mercados de criptoactivos y la información exigida a las transferencias de activos otorgan estabilidad y seguridad a los criptoactivos y al mercado financiero. Ha de hacerse notar, así, que ambos instrumentos convergen y que la resolución de los problemas relativos al anonimato de los activos y de las operaciones, así como al trazado de las mismas, encuentran su justificación en las dos normas, de manera que el Reglamento MiCA exige tanto la identificación de las entidades que oferten criptoactivos como la publicidad de las características de estos, mientras que el Reglamento TFR concreta la información que ha de acompañar cada transferencia de activos, es decir, el movimiento de fondos —incluyendo los procedentes o los dirigidos a direcciones autoalojadas—, a fin de identificar a las partes intervinientes. Se imponen, pues, obligaciones de control —o de diligencia debida— a los proveedores de servicios —también los intermediarios— para comprobar la aparente licitud de la operación y de conservación de la información para el caso de que la transferencia tenga que ser identificada en una investigación posterior.

Con respecto al grado de control destinado a garantizar la seguridad de los activos, además de la publicación del libro blanco, el Reglamento MiCA exige aceptar a los emisores de fichas significativas de dinero electrónico auditorías independientes cada seis meses[43] y, con relación a las fichas significativas referenciadas a activos, que sus emisores se sometan periódicamente a pruebas de resistencia de liquidez que abarquen todos los productos que oferten, en el caso de ser más de uno, como precisa el art. 45.4. Por su parte, el Reglamento TFR otorga facultades a los proveedores de servicios para emitir advertencias y para precisar un plazo de respuesta antes de rechazar, restringir o poner fin a la relación negocial o rechazar futuras transferencias. Además, los arts. 8, 12, 17 y 21 del Reglamento TFR

---

[43] Art. 58 del Reglamento (UE) 2023/1113-TFR—.

requieren del proveedor del servicio que del incumplimiento apreciado y de las medidas adoptadas en consecuencia informe a las autoridades responsables de supervisar "el cumplimiento de las disposiciones destinadas a combatir el blanqueo de capitales y la financiación del terrorismo".

Ambos instrumentos también adicionan un régimen sancionador frente al incumplimiento de los deberes y obligaciones prescritos por estos, que permite a las autoridades competentes imponer sanciones una vez realizada la inspección correspondiente —art. 94 del Reglamento MiCA—, al tiempo que el Reglamento TFR, en el art. 28.2, extiende la responsabilidad del incumplimiento a los miembros de los órganos de administración del proveedor de servicio, en caso de ser este una persona jurídica, o "a cualquier otra persona física que en virtud del Derecho nacional sea responsable de la infracción".

1. El régimen sancionador diseñado en el Reglamento MiCA

El art. 94 establece las facultades genéricas de las autoridades para desempeñar funciones de control y supervisión de las actuaciones de los proveedores de servicios con criptoactivos, mientras que el art. 111 concreta las sanciones administrativas, multas y "otras medidas administrativas" que, a tenor de la dicción literal del precepto, deban ser aplicadas. Entre aquellas funciones de control se mezclan las que tienen naturaleza de mera inspección del cumplimiento de los presupuestos de transparencia establecidos y otras que alcanzan una clara finalidad sancionadora que excede de la mera comprobación de requisitos, y que, adentrándose en el ámbito sancionador, permiten imponer las multas y las demás medidas administrativas dispuestas en el Reglamento. Asimismo, la investigación iniciada en la vía administrativa puede finalizar con la derivación de la misma a la vía penal, por entenderse que los hechos constatados constituyen un ilícito de esta naturaleza.

En realidad, la función de control de los requisitos exigidos a cada uno de los proveedores, y que podemos denominar "control preventivo" o "actividad de comprobación", se define a lo largo del texto del Reglamento en relación con cada servicio y criptoactivo y se va ejerciendo cada vez que se solicita una autorización por los proveedores o futuros proveedores para desarrollar dicha actividad. De hecho, en diferentes ocasiones se advierte de la posibilidad de que los servicios no sean autorizados o de que, aun habiéndolos sido, la autorización inicial concedida sea revocada, de lo que se deduce la existencia de un control periódico o sostenido en el tiempo a pesar de que la actividad en cuestión ya esté en práctica. Ello implica que las autoridades desarrollan una función de control no solo de los servicios sometidos a autorización, sino de las condiciones que deben continuar cumpliendo los servicios previamente autorizados.

Así, por ejemplo, el art. 63 del Reglamento dispone, conforme a su apartado 5, la facultad de denegar la autorización solicitada por un proveedor o por un futuro proveedor de servicios, enunciando las medidas de las que podrán hacer uso las autoridades a efectos de comprobar que se cumplen los requisitos legales para ejercer las funciones que pretenden ser ejercidas. Mientras, el art. 64 obliga a revocar una autorización concedida ante la constatación de que el proveedor hubiere dejado de cumplir las condiciones que justificaron la concesión del servicio, atribuyendo a la ABE la facultad de adoptar medidas para encontrar los elementos que prueben la infracción presuntamente cometida y que es deducida, o intuida, como consecuencia del primigenio ejercicio de supervisión de las solicitudes de los proveedores de servicio y del control del cumplimiento de los requisitos que justificaron las concesiones.

En cuanto a estas medidas, dirigidas a comprobar la infracción y no meramente destinadas a inspeccionar el cumplimiento de requisitos, el considerando 106 y el art. 124 reconocen la facultad de la ABE para realizar inspecciones *in situ* con miras a la supervisión de fichas significativas. Además, las facultades asignadas a las autoridades en el art. 94[44] transmiten una clara finalidad sancionadora, toda vez que implican la ejecución de medidas

---

44 Las medidas facultadas por dicho precepto son a) "acceder a cualquier documento y dato bajo cualquier forma, y obtener copia del mismo"; b) " solicitar o exigir información de cualquier persona, inclusive de aquellas que intervienen sucesivamente en la transmisión de órdenes o en la ejecución de las operaciones consideradas, así como de sus directivos, y en caso necesario citar e interrogar a una persona con el fin de obtener información"; c) "acceder a los locales de personas físicas y jurídicas a fin de proceder a la incautación de documentos y datos bajo cualquier forma cuando haya una sospecha razonable de la existencia de documentos o datos relativos al objeto de la inspección o investigación que pudieran ser pertinentes para probar un caso de operación con información privilegiada o de manipulación de mercado"; d) "remitir asuntos con fines de enjuiciamiento"; e) "solicitar, en la medida en que lo permita el Derecho nacional, los registros existentes sobre tráfico de datos que mantenga una empresa de telecomunicaciones cuando haya una sospecha razonable de que se haya cometido una infracción y cuando dichos registros puedan ser pertinentes para la investigación de una infracción de los artículos 88 a 91"; f) "solicitar la congelación o el embargo de activos, o ambos". Además, podrá prohibir el ejercicio temporal de una actividad profesional o adoptar medidas para informar adecuadamente al público de la situación y adoptar todas las medidas necesarias para garantizar que el público

acordadas de cara a encontrar información o pruebas, de las que aparentemente se tienen constancia, que permitirán justificar la sanción frente a la infracción inicialmente presumida. Por ejemplo, acceder a los locales de personas físicas o jurídicas para incautar documentos y datos archivados o conservados en cualquier formato, cuando haya una sospecha razonable de que aquellos "pudieran ser pertinentes para probar un caso de operación con información privilegiada o de manipulación de mercado", obtener copias de estos documentos o solicitar registros sobre tráfico de datos, entre otras medidas concretadas en el art. 94.3, requiere, como indica el propio texto, que se tenga la sospecha de la existencia de tales pruebas y de la supuesta infracción, pues, en caso contrario, estaríamos —valga el símil traído del Derecho penal— ante una investigación prospectiva que dotaría a la Administración de facultades de control exorbitantes respecto de los administrados y que no encuentra ningún tipo de justificación en un estado de derecho. Evidentemente, la búsqueda efectuada alberga una evidente finalidad sancionadora y no meramente de inspección o control, porque lo que se pretende es probar la infracción e imponer la sanción correspondiente, y no simplemente comprobar las situaciones.

2. El régimen sancionador diseñado en el Reglamento TFR

El Reglamento (UE) 2023/1113 impone a los Estados, igual que el Reglamento MiCA, el deber de establecer un régimen normativo sancionador que permita aplicar medidas en caso de apreciarse la infracción de algunas de las previsiones reglamentarias. La razón de ser de esta pauta reside, lógicamente, en que las inspecciones tendrán lugar dentro del ordenamiento nacional, por lo que este debe reunir las condiciones necesaria para que sus autoridades se encuentren en disposición de sancionar conforme dispone la norma. —art. 28.4 del Reglamento TFR—. Las medidas que puedan ser impuestas deberán ser eficaces, proporcionadas y disuasorias, tal y como indica el art. 28.1.

Por otro lado, y con relación a la responsabilidad, hemos adelantado que el legislador la extiende a las personas jurídicas, si bien es preciso concretar que aquella atribución tendrá lugar respecto de las infracciones mencionadas en el art. 29[45], y siempre que hayan sido cometidas en be-

---

sea informado de la situación, así como para corregir la publicidad errónea o engañosa que haya sido advertida.

45 "a) el incumplimiento repetido o sistemático por parte de los proveedores de servicios de pago de la obligación de acompañar a la transferencia de fondos la información requerida sobre el ordenante o el beneficiario, en violación de los

neficio de la entidad por cualquier persona que actúe a nivel particular o como parte de un órgano de la misma, principalmente cuando se trate de un cargo directivo que incluya funciones de representación de la entidad, faculte para tomar decisiones u otorgue el control dentro de la persona jurídica —art. 28.5—. En el mismo tenor, la entidad será responsable de la infracción cuando se constate que fue la ausencia de supervisión la que pudo permitir que un subordinado cometiese la infracción. Estamos, aquí, en un ámbito en el que el procedimiento de *compliance* de la persona jurídica deberá ser analizado para comprobar la eficacia del mismo y, en su caso, determinar la responsabilidad de los órganos que deban efectuar el control de tales procedimientos.

Ahora bien, a diferencia del Reglamento MiCA, que además de las infracciones recoge las sanciones, en el Reglamento TFR el legislador remite a las sanciones proyectadas en el Capítulo VI, sección 4, de la Directiva 2015/849, dando lugar a un régimen mixto —Reglamento-Directiva—, que puede mostrarse menos homogéneo y, consecuentemente, más débil que el arbitrado en el Reglamento MiCA. Este último logra un régimen compacto en los Estados miembros debido a que tanto infracciones como medidas son incorporadas al ordenamiento nacional a partir del Reglamento, que, como sabemos, es un instrumento que produce efectos directos y obliga al Estado a adaptar sus disposiciones internas a las reglamentarias.

En el caso del Reglamento TFR, este prevé las infracciones, pero las sanciones son las referidas en la Directiva con lo que ello significa, esto es, que dicho instrumento no resulta directamente aplicable, siéndolo, por el contrario, la norma de transposición en la que el legislador nacional

---

artículos 4, 5 o 6, o por parte de los proveedores de servicios de criptoactivos de la obligación de acompañar a la transferencia de criptoactivos la información obligatoria sobre el originante y el beneficiario, en violación de los artículos 14 o 15; b) el incumplimiento repetido, sistemático o grave por parte de los proveedores de servicios de pago o de los proveedores de servicios de criptoactivos de la obligación de conservar la información en violación del artículo 26; c) el incumplimiento por parte de los proveedores de servicios de pago de la obligación de implantar procedimientos eficaces, basados en el riesgo, incumpliendo lo dispuesto en los artículos 8 o 12, o el incumplimiento por parte de los proveedores de servicios de criptoactivos de la obligación de implantar procedimientos eficaces, basados en el riesgo, incumpliendo lo dispuesto en el artículo 17; d) el incumplimiento grave por parte de un proveedor de servicios de pago intermediario de los artículos 11 o 12, o por parte de un proveedor de servicios de criptoactivos intermediario de los artículos 19, 20 o 21".

tiene un amplio margen de maniobra para adaptar el contenido de la Directiva al ordenamiento propio. Como trasunto, la transposición puede ser diferente en cada Estado, alterando, así, la armonización sancionadora que requieren las infracciones dispuestas en un instrumento reglamentario. Efectivamente, mientras que las infracciones han de ser asumidas en el ordenamiento nacional casi sin posibilidad de alteración, las sanciones frente a estas pueden ser moduladas, siempre que en la norma de transposición —normalmente de mínimos— sean respetados los objetivos de la Directiva. De esta manera, ante la misma infracción no necesariamente va a encontrarse la misma respuesta o una sanción de idéntica intensidad.

Tal vez, con intención de garantizar esta homogeneidad sancionadora frente al incumplimiento, y a fin de que las medidas sean en todo caso eficaces, proporcionadas y disuasorias, el apartado 3 del art. 28 demanda a los Estados que notifiquen a la Comisión y al *Comité interno permanente de lucha contra el blanqueo de capitales y la financiación del terrorismo,* referido en el art. 9 bis del Reglamento 1093/2010[46], las sanciones administrativas ordenadas, pudiendo estos órganos comprobar la naturaleza y extensión de las mismas con arreglo a la Comunicación de la Comisión, de 9 de diciembre de 2010, *Regímenes sancionadores más rigurosos en el sector de servicios financieros* —Considerando 55—.

3. El régimen penal frente al incumplimiento: una dualidad punitiva

3.1. El régimen penal como alternativa al régimen administrativo-sancionador

El art. 111 del Reglamento MiCA, que relaciona las sanciones administrativas que pueden ser impuestas frente a las infracciones referidas en el apartado 1 del mismo precepto[47], prevé la posibilidad de que los Estados

---

46 Reglamento (UE) nº 1093/2010 del Parlamento Europeo y del Consejo, de 24 de noviembre de 2010, por el que se crea una Autoridad Europea de Supervisión (Autoridad Bancaria Europea), se modifica la Decisión no 716/2009/CE y se deroga la Decisión 2009/78/CE de la Comisión, DOUE nº L 331, de 13 de diciembre de 20210, pp. 12-47.

47 Indica al respecto el art. 111 las "a) infracciones de los artículos 4 a 14 —activos distintos de fichas referenciadas a activos o fichas de dinero electrónico; b) infracciones de los artículos 16, 17, 19, 22, 23 y 25 —oferta pública y solicitud de admisión a negociación de fichas referenciadas a activos—, de los artículos 27 a 41 —obligaciones de los emisores de las ficas referenciadas a activos— y de los artículos 46 y 47 —planes de recuperación y reembolso para las fichas referenciadas a activos—; c) infracciones de los artículos 48 a 51 —requisitos que deben cumplir los emisores de fichas de dinero electrónico— y de los artículos 53, 54 y

miembros tipifiquen penalmente las conductas que el Reglamento define como infracciones administrativas. Literalmente, el artículo comienza diciendo que "[s]in perjuicio de las sanciones penales, ni de las facultades de supervisión e investigación de las autoridades [administrativas] competentes enumeradas en el art. 94, los Estados miembros dispondrán, de conformidad con el Derecho nacional, que las autoridades competentes tengan la facultad de imponer sanciones administrativas y adoptar otras medidas administrativas adecuadas" en relación con dichas infracciones. De la misma forma, el art. 28.1 del Reglamento TFR indica que "[s]in perjuicio de la facultad de prever e imponer sanciones penales, los Estados miembros establecerán las normas en materia de sanciones y medidas administrativas aplicables en caso de infracción de las disposiciones del presente Reglamento y adoptarán todas las medidas necesarias para garantizar su aplicación".

Si nos detenemos en la redacción de ambos textos, podemos distinguir que (1) sin perjuicio de las facultades de investigación y de supervisión reconocidas a las autoridades competentes, los Estados miembros, conforme al Derecho nacional, incorporarán obligatoriamente las disposiciones necesarias para que aquellas puedan imponer las sanciones administrativas oportunas una vez desarrollada la inspección y (2) que los Estados deben actuar de esta forma, con independencia de las sanciones penales a las que se pudiera recurrir por encontrarse tales conductas o infracciones penalmente tipificadas.

Por otro lado, cuando el texto de ambas normas dice que sin perjuicio de las sanciones penales los Estados miembros *dispondrán* —Reglamento MiCA— o *establecerán* —Reglamento TFR— que las autoridades nacionales tengan la facultad de imponer sanciones administrativas si constatasen la comisión de las infracciones, parece estar obligando a los Estados —"los Estados dispondrán" y no "los Estados podrán disponer" y "los Estados es-

---

55 —dedicados respectivamente a la comunicaciones publicitarias relativas a una oferta pública de una ficha de dinero electrónico, o a la admisión de dicha ficha de dinero electrónico a negociación, las condiciones de los fondos recibidos por los emisores de las fichas de dinero electrónico y los planes de recuperación y reembolso relativos a tales criptoactivos—; d) infracciones de los artículos 59, 60 —autorización a los proveedores y prestación de servicios de criptoactivos— y 64 —revocación de la autorización como proveedor de servicios de criptoactivos— y de los artículos 65 a 83 —en general sobre las obligaciones de los prestadores de servicios de criptoactivos—; e) infracciones de los artículos 88 a 92; f) la falta de cooperación o acatamiento de las investigaciones, inspecciones o requerimientos a que se refiere el artículo 94, apartado 3.

tablecerán" y no "los Estados podrán disponer"— a reconocer a nivel nacional que las autoridades se encontrarán, en todo caso, en disposición de sancionar administrativamente los incumplimientos. Ello acontecerá, no obstante, sin perjuicio de que el mismo ordenamiento prevea la tipificación penal de las infracciones. Asimismo, esta regulación penal no puede impedir el ejercicio de las funciones enumeradas en el art. 94 del Reglamento MiCA, atribuidas a las autoridades administrativas competentes, ni las concretadas en el art. 58.4 de la Directiva 2015/849 para las infracciones Reglamento TFR, al ser norma a la que remite el art. 28.4 del mismo.

Cabe concluir de lo anterior que en ambos Reglamentos el legislador prevé la posibilidad de una doble tipificación —administrativa y penal—, de forma que la regulación administrativa no excluye la regulación penal —"[s]in perjuicio de las sanciones penales" a tenor del art. 111.1 Reglamento MiCA o "sin perjuicio de la facultad de prever e imponer sanciones penales", según el art. 28.1 Reglamento TFR— ni la penal excluye la administrativa —que se reconoce sin perjuicio "de las facultades de supervisión e investigación de las autoridades competentes enumeradas en el artículo 94", como indica el art. 111 Reglamento MiCA, ni de que las autoridades dispongan "de todas las facultades de supervisión e investigación [administrativas] necesarias para el ejercicio de sus funciones", como advierte el art. 28.4 Reglamento TFR—. En este sistema doblemente sancionador —penal y administrativo— se debe identificar, pues, una clara línea divisoria cuya afirmación es obligada por el principio *non bis idem*, a fin de evitar una doble sanción de idéntica intensidad, esto es, de naturaleza punitiva.

Por otro lado, el art. 111.1.II del Reglamento MiCA estipula que "[l]os Estados miembros podrán decidir no establecer normas relativas a las sanciones administrativas cuando las infracciones señaladas en el párrafo primero, letras a), b), c), d) o e)" —que abarcan prácticamente la totalidad de las obligaciones relativas a los proveedores de servicios de las fichas referenciadas, incluyendo las relativas a las fichas significativas— cuando "ya estuvieran sujetas a sanciones penales en su Derecho nacional *a más tardar el 30 de junio de 2024*", debiendo los Estados, en tal caso, informar detalladamente a la Comisión, a la AEVM y a la ABE sobre las disposiciones penales.

En paralelo, el art. 28.2 del Reglamento TFR reconoce que "[l]os Estados miembros podrán decidir no establecer normas sobre sanciones o medidas administrativas por incumplimiento de las disposiciones del presente Reglamento", pero, a diferencia del Reglamento MiCA, el legislador no ha estipulado un límite temporal al que los Estados puedan acogerse para definir el régimen penal frente a las infracciones, por lo que parece que la tipificación penal debe estar prevista en la fecha de entrada en vigor. Así, el texto indica que tales infracciones "*ya sean objeto de sanción penal* con arreglo a sus ordenamientos jurídicos", añadiendo, igual que en el Reglamento MiCA, que en tal caso los Estados tendrán que comunicar a la Comisión y al *Comité interno permanente de lucha contra el blanqueo de capitales y la financiación del terrorismo* las disposiciones de Derecho penal.

A pesar de la aparente contradicción —toda vez que al tiempo que se indica que los Estados "dispondrán" o "establecerán" las medidas que permitan a las autoridades nacionales sancionar administrativamente, se reconoce que estos "podrán decidir no establecer normas relativas a las sanciones administrativas"—, parece claro que esta segunda posibilidad constituye una excepción frente a la regla general que obliga a disponer la incorporación de sanciones administrativas. Así, la excepción, esto es, la posibilidad de no recoger un régimen administrativo sancionador solo resulta factible cuando se advierta que las conductas sancionables ya se encuentren penalmente sancionadas en el derecho nacional o que lo estén, para el caso de las infracciones del Reglamento MiCA, a más tardar, el 30 de junio de 2024.

En cuanto a la comunicación detallada a la Comisión, a la AEVM, a la ABE y, en su caso, al *Comité interno*, a la que se refieren las respectivas normas, parecen tener como intuito que estas autoridades comprueben que la sanción penal prescrita en el ordenamiento nacional genera, como mínimo, el mismo efecto que las sanciones administrativas definidas, ya que en caso contrario se estaría eludiendo la función sancionadora de las medidas y, consiguientemente, desprotegiendo el mercado. De alguna manera el legislador intenta asegurar la eficacia de las disposiciones reglamentarias forzando su cumplimiento, ya sea bajo la amenaza de una sanción administrativa, ya bajo la amenaza de la sanción penal, pero con la condición de que ambas tengan una intensidad punitiva suficientemente disuasoria.

3.2. El principio *non bis in idem* como límite frente a la doble sanción

Si un Estado no instituyera el régimen administrativo sancionador exigido por ambos Reglamentos por haber tipificado penalmente las infracciones sancionables, quedaría resuelta la incertidumbre que genera la doble imposición punitiva prohibida por el principio *non bis in idem*. Efectivamente, al optarse de forma exclusiva por tipificar las conductas en la vía penal, despojándolas de cualquier trascendencia administrativa, solo podrá ser impuesta la sanción penal. Exactamente lo mismo cabe decir cuando el ordenamiento haya optado, exclusivamente, por la sanción administrativa. En el caso, por el contrario, de concurrir ambos regímenes, pudiendo unos mismos hechos ser susceptibles de una sanción administrativa y de otra penal, comprobado que la situación debe ser subsumida en el tipo penal, la autoridad administrativa debería informar a las autoridades competentes, paralizar la inspección administrativa y no avanzar hacia el procedimiento administrativo sancionador debido a la preferencia de la jurisdicción penal. Nos topamos, pues, con el muro que levanta el principio *non bis in idem* y que impide castigar doblemente unos mismos hechos.

Mutatis mutandi, determinada la sanción administrativa no podría incoarse o continuarse la investigación penal por los mismos hechos cuando aquel alcance, por su cuantía o extensión, la misma consideración que una pena. Si la sanción administrativa no comprendiera, por sus características, un reproche equivalente al penal, quedará margen para imponer, sin embargo, la pena. Por lo tanto, el límite del principio *non bis idem* operará cuando la sanción administrativa sea verdaderamente punitiva, esto es, cuando albergue un propósito o una finalidad similar o muy cercana a la que se desprende de una sanción penal. Por su parte, concretada e impuesta la pena, normalmente no podría avanzarse hacia un procedimiento administrativo sancionador porque la Administración debe aceptar el relato jurídico de los hechos y las circunstancias que resultaron probadas en el proceso penal, si bien cabría una sanción administrativa, a pesar de la condena, cuando los hechos que delimitan la infracción administrativa no se correspondiesen completamente con el tipo penal o cuando ambas sanciones se basen en motivaciones distintas.

4. *La conservación a efectos penales de la información derivada de las transferencias de fondos*

Hemos explicado con relación a los activos digitales que la aprobación del Reglamento TFR tiene como mira principal identificar a las partes intervinientes en una operación de transferencia de criptoactivos e individualizar las transacciones. Esta información es esencial para una posible —o futura— investigación penal, siendo igualmente trascendental la trazabilidad de la misma, porque tales datos constituyen elementos de prueba en el contexto del proceso penal y de la investigación originados a partir del presunto delito de blanqueo de capitales o de financiación del terrorismo cometidos a través de la transferencia de activos.

Así, el Reglamento reconoce en el considerando 54 que la información es esencial de cara a la prevención, detección o investigación de estos delitos y que los proveedores de servicios deberán guardar constancia de la misma durante un plazo que no debe superar los cinco años. Como traslado de lo anterior, en sede dispositiva el legislador obliga a los proveedores a custodiar los registros de las transacciones efectuadas durante el tiempo estrictamente necesario, entendiéndose, como tal, un plazo de cinco años —art. 26.2—, transcurridos los cuales deberán ser eliminados salvo que la norma nacional disponga otra cosa.

De este modo, y a tenor de esta última previsión, el Derecho nacional deberá concretar las circunstancias que "permiten" o "exigen" a los proveedores de servicios conservar la información más allá de aquellos cinco años, "únicamente después de haber procedido a una evaluación minuciosa de la necesidad y la proporcionalidad de dicha prórroga" y siempre, como advierte el mismo precepto, que ello esté justificado para prevenir, detectar o investigar el blanqueo de capitales o la financiación del terrorismo, no pudiendo exceder la prórroga legal de otros cinco años. Por lo tanto, los ordenamientos deberán adaptarse a este régimen de conservación de la información en el caso de no contar con una disposición normativa análoga, puesto que ya el considerando 54 indica que aquellos "deben poder permitir o exigir que sigan conservándose registros" durante este tiempo, sin perjuicio de las disposiciones nacionales sobre materia de pruebas aplicables a las investigaciones penales y a los procedimientos judiciales, y siempre cumplimiento la Directiva (UE) 2016/680[48].

Recuerda, por último, el considerando referido, que este régimen podrá ser alterado con la entrada en vigor del *Reglamento relativo a la prevención de la utilización del sistema financiero para el blanqueo de capitales o la financiación del terrorismo*, que actualmente se encuentra en fase de propuesta[49].

---

48 Directiva (UE) 2016/680 del Parlamento Europeo y del Consejo, de 27 de abril de 2016, relativa a la protección de las personas físicas en lo que respecta al tratamiento de datos personales por parte de las autoridades competentes para fines de prevención, investigación, detección o enjuiciamiento de infracciones penales o de ejecución de sanciones penales, y a la libre circulación de dichos datos y por la que se deroga la Decisión Marco 2008/977/JAI del Consejo, DOUE nº L 119, de 4 de mayo de 2016, pp. 89-131.

49 Propuesta de Reglamento del Parlamento Europeo y del Consejo relativo a la prevención de la utilización del sistema financiero para el blanqueo de capitales o la financiación del terrorismo, de 20 de julio de 2021, COM(2021) 420 final.

V. CONCLUSIÓN

La necesidad de regular la negociación con activos digitales en el mercado financiero combinado tiene dos motivos claramente interrelacionados. En primer lugar, la Unión es una entidad de naturaleza económica y entre los objetivos fijados en los Tratados se encuentra el crecimiento económico-financiero de la propia Unión Europea y de los Estados miembros. No puede, por lo tanto, el legislador europeo desaprovechar las ventajas y los beneficios que se derivan de los criptoactivos, cada vez más usados en el tráfico jurídico. Por otro lado, no cabía consentir el uso de los activos digitales sin proceder a su regulación, no solo porque la ausencia de esta terminaría por desestabilizar un mercado que, como el digital, es altamente permeable y puede provocar un contagio globalizado —de ahí que tanto los organismos internacionales como la propia Unión sitúen la regulación sectorial aplicable en el espacio de libertad, seguridad y justicia en un escenario mundial—, sino porque permitir estas nuevas formas de financiación, caracterizadas por su falta de transparencia y por la imposibilidad de identificar a las partes, las consolidaría como una vía de financiación para la delincuencia organizada.

Con los Reglamentos MiCA y TFR el legislador europeo pretende aportar la transparencia que precisan los activos digitales, diseñando un sistema de sanciones administrativas frente al incumplimiento de las obligaciones acordadas en tales instrumentos por parte de los proveedores, que no impide la tipificación penal de las mismas. La intención es, obviamente, reconducir a la legalidad normativa el negocio de los criptoactivos "no regulados", pero también prevenir la utilización ilícita de las vías financieras que tornaría extremadamente vulnerable el mercado único de la Unión, acotando todas las opciones. Deberán, sin embargo, las autoridades nacionales establecer pautas a partir del principio *non bin in idem* para evitar la doble sanción.

Esta regulación constituye un primer paso que deberá ser completado con la aprobación de otros instrumentos jurídicos, algunos de los cuales —específicamente dedicados a la protección de las vías financieras frente al blanqueo de capitales y la financiación del terrorismo— ya están siendo discutidos.

Queda por comprobar, por último, la eficacia de un sistema tan complejo como el que tienen que implementar los ordenamientos nacionales y que ralentizará, en determinados casos, la agilidad de las operaciones con criptoactivos —cuando lo cierto es que la rapidez es uno de sus atractivos— y si surgirán nuevas formas de financiación "paralelas" para compensar el control al que quedarán sometidas las *stablecoins*.

Bibliografía

ABEN, J. "Regulación de las Fintech en la Unión Europea: tendencias y líneas difusas", *Revista CIDOB d'Afers Internacionals,* 2022, nº 131, pp. 95-114

BARRIO ANDRÉS, M. "La nueva regulación de los criptoactivos en España", *Diario La Ley,* 2022, nº 10010

CALVO VÉRGEZ, J., "Un nuevo marco comunitario diseñado para hacer frente al blanqueo de capitales tras la aprobación de las directivas cuarta y quinta", en J. M. Martín Rodríguez y L. García-Álvarez (dirs.), *El mercado único en la Unión Europea: balance y perspectivas jurídico-políticas,* Dykinson, Madrid, 2019, pp. 859-876

HUANG, S., "Cryptocurrencies and Crime", en A. Lui y N. Rayder (eds.), *FinTech, Artificial Intelligence and the Law: Regulation and crime Prevention,* Routledge Taylor & Francis Group, Abingdon, 2021, pp.125-143

KAPSIS, I., "Should we trade market stability for more financial inclusion? The case of crypto-assets regulation in EU", en A. Lui y N. Rayder (eds.), *FinTech, Artificial Intelligence and the Law: Regulation and crime Prevention,* Routledge Taylor & Francis Group,, Abingdon, 2021, pp. 85-104

MAUME, P. "Consumer Protection", en Maume/Maute/Fromberger (dres.), *The law of crypto assets. A handbook,* Beck-Nomos-Hart, Munich, 2022, pp. 109-120

NAVARRO CARDOSO, F., "Criptomonedas, (en especial, bitcoin) y blanqueo de dinero", *Revista Electrónica de Ciencia Penal y Criminología,* 2019, nº 21, vol. 14, pp. 1-45

PARRONDO, L., "El Reglamento de Mercados de Criptoactivos (MiCA)", *Técnica contable y financiera,* 2023, nº 67, pp. 1-10

PÉREZ LÓPEZ, X., "Las criptomonedas: consideraciones generales y empleo de las criptomonedas con fines de blanqueo", en D. Fernández Bermejo (dr.), *Blanqueo de capitales y TIC: marco jurídico nacional y europeo, modus operandi y criptomonedas. Ciberlaundry. Informe de situación,* Cizur Menor, 2019, pp. 71-147

PÉREZ MARÍN, M.A., "La función preventiva del sistema financiero en el espacio judicial europeo: ¿medidas (penales) de prima ratio?, *Revista internacional Consinter de Direito,* 2022, nº XIV, pp. 289-3011, esp. pp. 300 y 301

—, "Las unidades de inteligencia financiera: el intercambio de información como medio para la prevención, la investigación y el enjuiciamiento de la delincuencia económica vinculada con el terrorismo", en M. Jimeno Bulnes (dra.) y C. Ruiz López (coord.), *La evolución del espacio judicial europeo en materia civil y penal: su influencia en el proceso español,* Tirant lo Blanch, Valencia, 2022, pp. 359-389

—, "El control de las vías financieras frente a la delincuencia organizada en el espacio de libertad, seguridad y justicia: los avances hacia la persecución de nuevas amenazas", en F.J. Garrido Carrillo (dr.), *Retos en la lucha contra la delincuencia organizada. Un estudio multidisciplinar: garantías, instrumentos y control de los beneficios económicos,* Thomsom Ruters-Arandi, Cizur-Menor, 2021, pp. 85-119

Capítulo XV

Fundamental rights of the accused in the context of the EU criminal justice system: towards a consistent criminal procedure[1]

JOANNA BEATA BANACH-GUTIÉRREZ
University of Warmia and Mazury in Olsztyn
ORCID identifier: 0000-0002-9705-7665
Email: jbbanachgutierrez@gmail.com

ABSTRACT: This chapter deals with the question about the fundamental rights of the accused in the context of the EU criminal justice system. The findings of the research studies illustrate that to achieve a better consistency of the existing norms in this respect, it seems necessary to improve the implementation and practical application of the six EU directives in national criminal procedures. Also, there is noticeable a tremendous impact of Strasbourg and Luxemburg tribunals (CJEU and ECtHR) case-law. However, how the fundamental rights of the accused are applied in judicial practice, is very much dependent on the goodwill of politicians in the particular EU Member States. It seems therefore that training for judges, public prosecutors, and other competent authorities could be helpful for better understanding the necessity of the proper implementation and application of the six EU directives in the national legal orders.

Keywords: Fundamental rights, rights of the accused, EU criminal justice, EU criminal law, criminal procedure, the right to a fair trial.

TABLE OF CONTENTS:

---

1 The present work has been carried out within the framework of the Research Project "Civil and Criminal Procedural Law from the European Union perspective: the consolidation of the Area of Freedom, Security and Justice (CAJI)", Proyecto I+D+i PID2021-124027NB-I00, Agencia Estatal de Investigación, Ministerio de Ciencia e Innovación.

of innocence and of the right to be present at the trial in criminal proceedings; 5. Directive on procedural safeguards for children who are suspects or accused persons in criminal proceedings; 6. Directive on legal aid for suspects and accused persons in criminal proceedings and for requested persons in European arrest warrant proceedings. IV. THE ROLE OF CJEU CASE-LAW FOR THE PROCEDURAL RIGHTS OF THE ACCUSED. V. CONCLUSIONS

I. INTRODUCTION

1. The essence of fundamental rights in the AFS&J

Ensuring fundamental rights and freedoms under EU legal norms is the primary goal of the EU in the areas of freedom, security, and justice (AFS&J). From this perspective, fundamental rights of individuals are said to be central to the EU criminal justice system, in which access to justice should be a priority. In addition, the EU criminal justice system is to be established on the shared values of the Member States on which the Union is founded as such (Article 2 TEU). These values, as common to the Member States, include respect for human dignity, freedom, democracy, equality, the rule of law, and human rights in general. Hence, it seems clear enough that the EU criminal justice system should be functioning on those fundamental human values. All EU Member States are required to take full consideration of the respect for the fundamental rights of individuals in their policies, especially when developing or enacting any national legislation.

2. The respect for human rights law in the EU law

It is well-known that respect for human rights is a mandatory norm in EU law, which the competent authorities of the Member States are obliged to apply in their legal orders, especially covering judicial practice in criminal matters.[2]

---

[2] E. g. KLIP A. "*European Criminal Law*", 3rd edition Intersentia, p.251; SCALIA V. "Protection of Fundamental Rights and Criminal Law. The Dialogue between the EU Court of Justice and the National Courts", Eucrim 3/2015, pp.100-108; IGLESIAS SANCHEZ S., GONZALEZ PASCUAL M.M. (eds.) "*Fundamental Rights in the EU Area of Freedom, Security and Justice*", Cambridge University Press, Cambridge, 2021; BACHMAIER L. "*Fundamental Rights and Effectiveness in the European AFSJ*", eucrim issue 1/2018, pp.56-63; DE HERT P. (2016) "*EU criminal law and fundamental rights*", in: V. Mitsilegas, M. Bergström, & T. Konstadinides (Eds.), Research Handbook on EU Criminal Law, Edwar Elgar Publishing Ltd., pp. 105-124.

This, in turn, means that, in principle, all Member States, through the actions of their competent authorities, are fully obliged to respect the fundamental rights of individuals in criminal procedures, as well. It seems that, on the one hand, each individual should be provided with security against the potential negative effects of state abuse, while on the other, the state is obliged to protect an individual's rights and freedoms.

Consequently, it appears that respect for the fundamental rights of individuals should be treated as a kind of meta-norm in national legal orders of the EU Member states. Specifically, this is one of the general principles of EU law, and its concept is deeply rooted in the European Convention on Human Rights (hereafter denoted as the ECHR). [3]

In fact, we may say that the EU, as one of the policymakers, plays an important role in enhancing a human rights-based approach, both at the global and European levels.[4] In the discussed context of the EU criminal justice system, it seems that the most important aspect is still the need to strengthen the mutual trust or confidence in national criminal justice systems, which should reflect the shared values of the Member States, as previously mentioned. Here, we should also note that the landmark in enhancing the respect for human rights within the EU legal framework is the adoption of the Charter of Fundamental Rights of the European Union, 2000 (hereafter: CFR), which directly refers, for instance, to the right to an effective remedy and a fair trial (Article 47 CFR). [5] Moreover, the significance of respecting ECHR and CFR provisions is regularly stressed by the CJEU case law.[6]

3. The importance of the 'judicial dialogue'

The ECHR system and EU law work together to protect the fundamental rights of suspects or accused persons during criminal proceedings and ensure that individuals' rights are not violated. This is particularly seen in view of the wide case law of the ECHR and the CJEU. In effect, the respect

---

3 KLIP A. *op. cit.*, pp.251-256. DE HERT P., *op.cit., passim.*

4 MONAR J. "*Reflections on the place of criminal law in the European construction*", Eur Law J. (2021), 27(4-6), pp.356-367. WIECZOREK I., "*The emerging role of the EU as a primary normative actor in the EU Area of Criminal Justice*", Eur Law J. (2021), 27(4-6), 378-407.

5 BÁRD P. "*Saving EU Criminal Justice-Proposal for EU-wide supervision of the rule of law and fundamental rights*", CEPS Paper in Liberty and Security in Europe, No. 2018-01, April 2018, pp.16-19. DE HERT P. *op.cit., passim.*

6 KLIP A. *op.cit.*, pp. 256-259.

for fundamental rights which are granted to the suspects or accused persons under the ECHR system and the EU law should be fully exercised by them, both in national and cross-border criminal proceedings. The observed judicial dialogue between those two European courts, i.e. ECtHR and CJEU, undoubtedly helps to achieve better coherence or consistency in the field of emerging European criminal procedure.

A certain standardization of fundamental rights in criminal procedure is actually seen based on the adoption and compliance of specific legal standards by Member States at the EU level. The six EU directives on the procedural rights of the accused, as well as the related case law of the CJEU, are evident legal sources in this respect. The EU criminal procedural law in this approach, created on the basis of shared values on which the Union is based, shows a tendency towards more effective strengthening the European judicial area in criminal matters, where the fundamental rights of individuals should occupy a special place. [7]

The focus in this paper is therefore placed on the procedural rights of accused persons (and suspects depending on the stage of the criminal proceedings), which should be exercised by them in national criminal justice systems. In this regard, we should also remember the principle of the direct effect of the EU law on national legal orders. Especially, as it is argued, the possibility of direct application of directives in criminal procedural law "is real if EU norms are clear, unconditional, and precise". [8]

II. TOWARDS STRENGTHENING FUNDAMENTAL RIGHTS OF THE ACCUSED IN THE EU CRIMINAL JUSTICE SYSTEM

In our legal discourse on the fundamental rights of the accused in the EU criminal justice system, we may assert that, in a way, those rights establish a legal framework for their further development. Moreover, based on EU legislation and the case law of the CJEU, respectively, a progressive trend towards a more consistent criminal procedure can be observed. With this regard, it is noticeable that EU procedural criminal law is focused on achieving a certain degree of consistency for establishing the common minimum standards as

7 KLIP A. *op.cit.*, pp.260-283.

8 GRUODYTÉ E., MILCIUVIENÉ S., PALIINIENÉ N. "*The Principle of Direct Effect in Criminal Law: Theory and Practice*", European Studies – Volume 7 (2020) issue 1, p.66. Available at: https://doi.org/10.2478/eustu-2022-0047 (Access on 20.11.2023).

to the respect for the fundamental rights of individuals in national criminal justice systems.

The fundamental rights in these terms are linked with just and fair treatment of the accused in criminal procedure pursuant to the EU legal norms, which are binding upon the Member States. Here, the question that arises could also be about the essence of fundamental rights in criminal procedure.[9]

First of all, we should outline that in the EU criminal justice system, priority has to be given to such human values as the right to dignity, the right to life, the right to privacy and freedom, and the right to a fair trial. In this context, the great importance of procedural safeguards for the accused, who is taking part in the criminal proceedings, has to be strongly emphasized. Discussing the role of fundamental rights in the EU criminal justice system, we should also realize its close linkage with the term of justice itself and the principle of fairness from a theoretical point of view. To define justice itself or, in other words, what is just or fair, may occur to be rather complex and fragile, as the meaning of these notions usually remains under the influence of the cultural and legal traditions of Member states. So, in our daily lives, we may be confronted with different legal remedies and potential conflicts of the legal norms under the State's jurisdiction. All of this seems to be dependent on understanding the notions of justice and fairness in a country, society or even in a certain community. Generally, the notion of justice in its legal, philosophical, or social terms appears to be in a phase of constant transition due to the hierarchy of the adopted norms and values, and nowadays, this is highly influenced by human rights policy.[10]

Another issue that should be pointed out in our further discourse on fundamental rights in the context of the EU criminal justice system is the principle of mutual trust or confidence in the national criminal justice systems of the member states.[11] It is generally assumed that the principle of mutual recognition as a cornerstone of judicial cooperation in criminal matters can function properly under the condition that mutual trust among judges, legal professionals, or simply citizens is also mutually given. For this reason, to achieve in judicial practice a proper functionality of the mutual

9 KLIP A. *op.cit.*, pp. 260-283. BÁRD P.,*op.cit.*, *passim*. DE HERT P. *op.cit.*, *passim*.

10 BANACH-GUTIERREZ J.B., & HARDING C. (2012) "*Fundamental Rights in European Criminal Justice: An Axiological Perspective*", European Journal of Crime, Criminal Law and Criminal Justice, 20 (3), pp.239-264.

11 BÁRD P. *op.cit.*, *passim*.

recognition principle in the emerging European criminal procedure, it is obvious that mutual trust or confidence is fully needed among European lawyers.

However, to enhance the necessary bridge of understanding and respecting different national legal orders, an approximation of laws is fully needed to establish some minimum common norms. Such norms, by their nature, are to reflect the shared values of the EU Member states. This issue still seems to be a certain challenge standing before the EU member states. Nevertheless, we may notice a big step taken forward, looking at the implementation of the EU Directives and also the recent CJEU case law. [12]

It is maintained that the states having comparable criminal procedures are more prepared for their closer judicial cooperation in criminal matters. A key factor should be some better mutual trust or confidence in national criminal justice systems to achieve real effectiveness of the EU laws and "justice as a value", as well.[13] From a comparative perspective, it is worth noting that the procedural rights of suspects or accused persons have very special meaning because of their possible transnational dimension across borders. Consequently, the approximation of laws for the common minimum standards, to some degree, is becoming an essential aspect of today's European criminal procedure. This is already said in the Preamble of Council Framework Decision 2009/829/JHA that "In a common European area of justice without internal borders, it is necessary to take action to ensure that a person subject to criminal proceedings who is not resident in the trial state is not treated any differently from a person subject to criminal proceedings who is so resident" (recital 5).[14]

With regard to the question about the strengthening of the fundamental rights of the accused in the EU criminal justice system, the importance of CJEU case law must be highlighted, as it relates to such classical safeguards as the right to a fair trial (art. 6 ECHR) and the right to an effective remedy and a fair trial (art.47 CFR)[15] or else the presumption of innocence and the

---

12 KLIP A. *op.cit.*, pp. 394, 400-435.

13 MANCANO L." *A theory of justice? Securing the normative foundations of EU criminal law through an integrated approach to independence*", European Law Journal (2021) Volume 27, Issue 4-6, pp.447-501.

14 Council Framework Decision 2009/829/JHA of 23 October 2009 on the application, between Member States of the European Union, of the principle of mutual recognition to decisions on supervision measures as an alternative to provisional detention, OJ L 294, 11.11.2009, pp. 20–40.

15 DE HERT P. *op.cit.*, pp.116-120.

right to defense (art. 48 CFR).[16] Here, we should be aware of the recently issued judgements dealing with the EU Directives on the procedural rights of suspects or accused persons. To sum up, we may say that there are evident trends for further developments in European criminal procedures towards more unified or harmonized norms.[17]

III. THE EU DIRECTIVES ON THE PROCEDURAL RIGHTS OF SUSPECTS OR ACCUSED PERSONS

1. General remarks

Considering the importance of the EU directives on the procedural rights of suspects or accused persons, we should recall some legal background. In fact, the starting point has been the Resolution of the Council of 30 November 2009 on a Roadmap for strengthening the procedural rights of suspected or accused persons in criminal proceedings[18]. In accordance with its Preamble, "Mutual recognition presupposes that the competent authorities of the Member States trust the criminal justice systems of the other Member States. For the purpose of enhancing mutual trust within the European Union, it is important that, complementary to the Convention, there exist European Union standards for the protection of procedural rights which are properly implemented and applied in the Member States" (recital 8). We may recognize that the mentioned above resolution became a key instrument in European criminal procedure, aiming at its better consistency, as the proposed legal measures have been adopted in the later EU Directives.[19]

Following the Roadmap's measures, there were the six EU directives respectively adopted on procedural rights of suspects and accused persons, namely: (1) directive 2010/64/EU on the right to interpretation and

---

16 DE HERT P. *op.cit.*, pp.114-116.

17 KLIP A. *op.cit.*, pp. 260-284.

18 Resolution of the Council of 30 November 2009 on a Roadmap for strengthening procedural rights of suspected or accused persons in criminal proceedings (Text with EEA relevance)
OJ C 295, 4.12.2009, pp. 1–3. JIMENO-BULNES M. "*The EU Roadmap for Strengthening Procedural Rights of Suspects or Accused Persons in Criminal Proceedings*", eucrim issue 4/2009, pp.157-161.

19 *Ibidem.* GRUODYTÉ E., MILCIUVIENÉ S., PALIINIENÉ N. *op.cit.*, p.73.

translation in criminal proceedings;[20] (2) directive 2012/13/EU on the right to information in criminal proceedings;[21] (3) directive 2013/48/EU on the right of access to a lawyer in criminal proceedings and in European arrest warrant proceedings, and on the right to have a third party informed upon deprivation of liberty and to communicate with third persons and with consular authorities while deprived of liberty;[22] (4) directive (EU) 2016/343 on the strengthening of certain aspects of the presumption of innocence and of the right to be present at a trial in criminal proceedings;[23] (5) directive (EU) 2016/800 on procedural safeguards for children who are suspects or accused persons in criminal proceedings;[24] (6) directive (EU) 2016/1919 on legal aid for suspects and accused persons in criminal proceedings and for requested persons in European arrest warrant proceedings.[25]

The findings of the analysis of those directives illustrate that EU Member States have to provide access to justice and adequate protection for suspects and accused persons in the course of criminal proceedings. This also indicates that some harmonized level in the protection of procedural rights is becoming an essential aspect of the EU criminal justice system. Summing up, there is much attention paid to the EU criminal law and criminal justice policy on the issue of respect for the procedural rights of the accused, which should be applied by national authorities in all EU Member States. There

---

[20] Directive 2010/64/EU of the European Parliament and of the Council of 20 October 2010 on the right to interpretation and translation in criminal proceedings, OJ L 280, 26.10.2010, p. 1–7.

[21] Directive 2012/13/EU of the European Parliament and of the Council of 22 May 2012 on the right to information in criminal proceedings, OJ L 142, 1.6.2012, pp. 1–10.

[22] Directive 2013/48/EU of the European Parliament and of the Council of 22 October 2013 on the right of access to a lawyer in criminal proceedings and in European arrest warrant proceedings, and on the right to have a third party informed upon deprivation of liberty and to communicate with third persons and with consular authorities while deprived of liberty, OJ L 294, 6.11.2013, pp. 1–12.

[23] Directive (EU) 2016/343 of the European Parliament and of the Council of 9 March 2016 on the strengthening of certain aspects of the presumption of innocence and of the right to be present at the trial in criminal proceedings, OJ L 65, 11.3.2016, pp. 1–11.

[24] Directive (EU) 2016/800 of the European Parliament and of the Council of 11 May 2016 on procedural safeguards for children who are suspects or accused persons in criminal proceedings, *OJ L* 132, 21.5.2016, pp. 1–20.

[25] Directive (EU) 2016/1919 of the European Parliament and of the Council of 26 October 2016 on legal aid for suspects and accused persons in criminal proceedings and for requested persons in European arrest warrant proceedings, OJ L 297, 4.11.2016, pp. 1–8.

is indeed a visible tendency to a more consistent criminal procedure in this sphere, as required by the six EU Directives[26].

2. *Directive on the right to interpretation and translation in criminal proceedings*

Notably, the directive on the right to interpretation and translation in criminal proceedings is the first measure for safeguarding the procedural rights of the suspects or defendants and replaced the earlier proposal for the framework decision.[27]

It is specifically said that the EU has set itself the objective of maintaining and developing an AFSJ. In addition, the great importance of the mutual recognition principle is stressed, arguing that enhanced mutual recognition and necessary approximation of laws would facilitate cooperation between competent authorities as well as judicial protection of individual rights. Moreover, the directive refers explicitly to the right to a fair trial, which is expressed in Article 6 ECHR. With this regard, the Preamble of this directive provides that "Strengthening mutual trust requires a more consistent implementation of the rights and guarantees set out in Article 6 of the ECHR. It also requires, by means of this Directive and other measures, further development within the Union of the minimum standards set out in the ECHR and the Charter "(recital 7).

Furthermore, it is pointing out that "Common minimum rules should lead to increased confidence in the criminal justice systems of all Member States, which, in turn, should lead to more efficient judicial cooperation in a climate of mutual trust. Such common minimum rules should be established

---

26 Rights of suspects and accused, European Commission, https://commission.europa.eu/strategy-and-policy/policies/justice-and-fundamental-rights/criminal-justice/rights-suspects-and-accused_en (access: 20.10.2023); NEGRI D. (2019) "*Awareness of One's Own Rights and Knowledge of the Accusation: The Implementation of the Directive on the Right to Information in Italy*", in: Rafaraci, T., Belfiore, R. (eds) EU Criminal Justice. Springer, Cham. https://doi.org/10.1007/978-3-319-97319-7_3 (access: 20.10.2023); JIMENO_BULNES M. (2019), "*The Right of Access to a Lawyer in the European Union: Directive 2013/48/EU and Its Implementation in Spain*", in: T. Rafaraci, R. Belfiore (eds) EU Criminal Justice. Springer, Cham. https://doi.org/10.1007/978-3-319-97319-7_4 (access: 20.10.2023); MAURO C. (2019). "*Minimum" Procedural Rights in Judicial Cooperation Procedures*", in T. Rafaraci, R. Belfiore (eds) EU Criminal Justice. Springer, Cham. https://doi.org/10.1007/978-3-319-97319-7_5 (access: 20.10.2023).

27 CRAS S., DE MATTEIS L. "*The Directive on the Right to Interpretation and Translation in Criminal Proceedings: Genesis and Description*", eucrim issue 4/2010, pp. 153-162.

in the fields of interpretation and translation in criminal proceedings" (recital 9).

The adoption of this directive is an expression of its compatibility with the Union principle of subsidiarity and proportionality. It is so because the EU Member States are not able to achieve the proposed aim to a satisfying degree, especially to promote mutual trust or confidence. Therefore, it appears quite important to reach a certain consensus, at least on the common minimal standards, which should be fully respected and, at the same time, applicable at the EU level. Such an approach ensures some approximation of the procedural rights in criminal proceedings; in this particular case, it is respect for the right to interpretation and translation. Another important aspect is building up mutual trust in a more efficient way. We may notice that, first of all, the directive provisions are limited only to the required minimum European standards to achieve the prescribed aim. Secondly, those provisions do not go beyond what is really necessary for their proper realization in practice. [28]

3. Directive on the right to information in criminal proceedings

The next directive goes further by providing for a "Letter of Rights". Namely, its Preamble reads that "Where suspects or accused persons are arrested or detained, information about applicable procedural rights should be given by means of a written Letter of Rights drafted in an easily comprehensible manner so as to assist those persons in understanding their rights. Such a Letter of Rights should be provided promptly to each arrested person when deprived of liberty by the intervention of law enforcement authorities in the context of criminal proceedings. [...]" (recital 22).

In general, the directive in question deals with such issues as the right to information about rights (Article 3), the right to written information about rights on arrest (Article 4), the right to written information about rights in European Arrest Warrant proceedings (Article 5), information about the charge (Article 6), and the right to access to the file (Article 7).[29]

---

[28] *Ibidem.* Directive 2010/64/EU of the European Parliament and of the Council of 20 October 2010 on the right to interpretation and translation in criminal proceedings, OJ L 280, 26.10.2010, p. 1–7.

[29] Directive 2012/13/EU of the European Parliament and of the Council of 22 May 2012 on the right to information in criminal proceedings, OJ L 142, 1.6.2012, p. 1–10. CRAS S., DE MATTEIS L. "*The Directive on the Right to Information*", eucrim Issue 1/2013, pp.22-32.

4. Directive on the right of access to a lawyer in criminal proceedings

In turn, this directive lays down minimum rules concerning the right of access to a lawyer in criminal proceedings and in proceedings for the execution of a European Arrest Warrant (hereafter denoted as EAW) and the right to have a third party informed upon deprivation of liberty and to communicate with third persons and with consular authorities while deprived of liberty. In doing so, its provisions truly have to promote the application of the ECHR and CFR. To summarize the key questions, it is worth mentioning that there is reference made to the ECHR case law, providing *inter alia* that the fairness of proceedings requires that a suspect or accused person be able to obtain the whole range of services, specifically associated with the legal advice.

Importantly, the directive focuses, for example, on confidentiality, stressing that "Member States shall respect the confidentiality of communication between suspects or accused persons and their lawyer in the exercise of the right of access to a lawyer provided for under this Directive. Such communication shall include meetings, correspondence, telephone conversations and other forms of communication permitted under national law" (art.4). The directive is without prejudice to national law in relation to legal aid, which shall apply in accordance with the CFR and ECHR (art.11).

In addition, the needs of vulnerable persons should also be considered (art.13). Last but not least, there is a non-regression clause which reads that nothing in this directive shall be construed as limiting or derogating from any of the rights and procedural safeguards that are ensured under the CFR, the ECHR system or other relevant international norms of the law of any Member States which may provide a higher level of protection (art.14).[30]

5. Directive on the strengthening of certain aspects of the presumption of innocence and of the right to be present at the trial in criminal proceedings

Another important issue is paying attention to the right to a fair trial. The provisions of the Union directive should be applicable "at all stages of

30 Directive 2013/48/EU of the European Parliament and of the Council of 22 October 2013 on the right of access to a lawyer in criminal proceedings and in European arrest warrant proceedings, and on the right to have a third party informed upon deprivation of liberty and to communicate with third persons and with consular authorities while deprived of liberty, OJ L 294, 6.11.2013, p. 1–12. CRAS S., "*The Directive on the right of access to a lawyer in criminal proceedings and in European arrest warrant proceedings*", Eucrim 1/2014, pp.32-44.

the criminal proceedings, from the moment when a person is suspected or accused of having committed a criminal offence, or an alleged criminal offence until the decision on the final determination of whether that person has committed the criminal offence concerned has become definitive" (art. 2). Furthermore, the EU Member States should "ensure that suspects and accused persons are presumed innocent until proved guilty according to law" (Article 3). Moreover, they should "take the necessary measures to ensure that, for as long as a suspect or an accused person has not been proved guilty according to law, public statements made by public authorities [...]" (art.4).[31]

6. *Directive on procedural safeguards for children who are suspects or accused persons in criminal proceedings*

Here, the focus is paid to safeguards for persons under the age of 18; namely, the purpose of the discussed directive "is to establish procedural safeguards to ensure that children, meaning persons under the age of 18, who are suspects or accused persons in criminal proceedings, are able to understand and follow those proceedings and to exercise their right to a fair trial, and to prevent children from re-offending and foster their social integration" (Preamble, recital 1). There is a direct reference to "the Guidelines of the Council of Europe on child-friendly justice" (Preamble, recital 7).[32]

7. *Directive on legal aid for suspects and accused persons in criminal proceedings and for requested persons in European arrest warrant proceedings*

The last sixth directive aims at "the effectiveness of the right of access to a lawyer as provided for under Directive 2013/48/EU [...]" (Preamble, recital 1). What is also worth noting is that it takes into concern the legal interests

---

31 Directive (EU) 2016/343 of the European Parliament and of the Council of 9 March 2016 on the strengthening of certain aspects of the presumption of innocence and of the right to be present at the trial in criminal proceedings, OJ L 65, 11.3.2016, p. 1–11; BACHMAIER L., *op.cit.*, p.60; CRAS S., ERBEŽNIK A., "*The Directive on the Presumption of Innocence and the Right to Be Present at Trial*" eucrim 1/2016, pp.25-36.

32 Directive (EU) 2016/800 of the European Parliament and of the Council of 11 May 2016 on procedural safeguards for children who are suspects or accused persons in criminal proceedings, OJ L 132, 21.5.2016, p. 1–20. CRAS S., "*The Directive on Procedural Safeguards for Children who Are Suspects or Accused Persons in Criminal Proceeding*", eucrim Issue 2/2016, pp.109-119.

of vulnerable persons, stressing that "the particular needs of vulnerable suspects, accused persons and requested persons are taken into account in the implementation of this Directive" (article 9).[33]

IV. THE ROLE OF CJEU CASE-LAW FOR THE PROCEDURAL RIGHTS OF THE ACCUSED

On principle, the norms of national law should be interpreted and applied in such a way as to achieve the main goals laid down in EU law. We should note here, as well, that in this regard, the norms of the national legal orders cannot be contrary to the EU law. Undoubtedly, the CJEU case law shapes national legal orders in all Member States, even in such a sensitive domain as criminal procedure (Article 267 TfEU). In fact, since the entry into force of the Lisbon Treaty, a tendency towards more consistent criminal procedure became not only more visible but also, in some areas, dominant. On the long path toward some consistency in European criminal procedures, we should particularly underline that it is the CJEU, through its case law, that became the main engine shaping the common rules in the Member States.

The CJEU case law has to ensure the unified interpretation of the Union law in all Member States. This, in turn, is to allow not only more effective and coherent judicial cooperation of the EU Member States in criminal matters but also to achieve the aims of the EU policies and strategies in the AFS&J. The two key aspects are fighting transnational crime while respecting fundamental rights in criminal proceedings. Hence, the CJEU case law has been taking a very specific role in strengthening the AFS&J, having a significant impact on the procedural rights of the accused at the same time. We may notice the increased number of cases on procedural rights decided by the CJEU in recent years as preliminary rulings which are binding upon the national criminal courts in the Member States.

Taking as a first example, in the case of ***Nikolay Kolev and Others,*** the CJEU held that Directive 2012/13 that the aim of Directive 2012/13 is "by means of the establishment of common minimum rules governing the right to information in criminal proceedings, to increase the mutual confidence

---

33 Directive (EU) 2016/1919 of the European Parliament and of the Council of 26 October 2016 on legal aid for suspects and accused persons in criminal proceedings and for requested persons in European arrest warrant proceedings, OJ L 297, 4.11.2016, p. 1–8. CRAS S., "*The Directive on the Right to Legal Aid in Criminal and EAW Proceedings*", Eucrim, Issue 1/2017, pp.34-45.

of the Member States in their respective criminal justice systems" (par. 88). Here, the importance of "an effective exercise of the rights of the defence and to ensure the fairness of the proceedings" (par. 89) is also stressed, and "the person accused must receive detailed information on the charges and have the opportunity to acquaint himself with the case materials in due time, at a point in time that enables him to prepare his defence effectively" (par. 90). Last but not least, it is argued *inter alia* that "it is for the national court to be satisfied that the defence has been granted a genuine opportunity to have access to the case materials" (par.100). [34]

What is more, the CJEU, in the case of ***criminal proceedings against ZX*** ruled, first of all, that Article 6(3) of Directive 2012/13/EU and Article 47 CFR "must be interpreted as precluding national legislation which does not provide for a procedural means of remedying, errors and deficiencies in the indictment which prejudice the right of the accused person to be provided with detailed information about the charges following the pre-trial hearing in a criminal case" (par.32), and, secondly, that Article 6(3) of Directive 2012/13 and Article 47 of the CFR " must be interpreted as requiring the referring court to give an interpretation of the national rules on the amendment of the charges, as far as possible in a manner consistent with that law, so as to enable the prosecutor to remedy errors and omissions in the content of the indictment at the trial, while at the same time actively and genuinely safeguarding the rights of the defence of the accused person. Only if the referring court considers that such an interpretation is not possible should it disregard the national provision prohibiting the suspension of court proceedings and refer the case back to the public prosecutor in order for the latter to draw up a new indictment" (par.45).[35]

---

[34] Case C-612/15. Criminal proceedings against Nikolay Kolev and others., ECLI:EU:C:2018:392;
WAHL T., "*CJEU: Prosecutor Can Balance Defence Rights Against Effective Fraud Prosecution (Kolev II)*", available at: https://eucrim.eu/news/cjeu-prosecutor-can-balance-defence-rights-against-effective-fraud-prosecution-kolev-ii/ (access: 20.10.2023); "CJEU Ruling on Effective Prosecution of PiF offences and Guarantee of defence Rights", eucrim 2/2018, pp. 99/101 (access: 20.10.2023);
GRUODYTÉ E., MILCIUVIENÉ S., PALIINIENÉ N. op.cit., 74.

[35] Case C-282/20. *Criminal proceedings against ZX*. ECLI:EU:C:2021:874.

The right to information in criminal proceedings is also discussed by CJEU in a few other cases, such as *Gianluca Moro*[36], *criminal proceedings against IR*[37], *criminal proceedings against AB and Others.*[38]

In the context of the right to information about rights, the right to have access to a lawyer, the right to an effective remedy, and also the presumption of innocence, it is worth noting a case on criminal proceedings against the EP.[39] Specifically, the CJEU argued here that even if Directive 2012/13 and Directive 2013/48 do not "contain express provisions to the effect that the criminal proceedings they govern also include a procedure that may result in a measure of committal to a psychiatric hospital", we should be aware that the absence of these provisions "do not mean that such a procedure for the committal to a psychiatric hospital is excluded from the scope of those directives on the ground that it does not lead to the imposition of a 'sentence'" (paras 39 and 40). Moreover, what seems quite important is a statement that the principle of the presumption of innocence "must be interpreted as requiring, in judicial proceedings for the committal to a psychiatric hospital, on therapeutic and safety grounds, of persons who, in a state of insanity, have committed acts representing a danger to society, such as that at issue in the main proceedings, that the Public Prosecutor's Office provides proof that the person whose committal is sought is the perpetrator of acts deemed to constitute such a danger" (par. 75).[40]

---

36 Case C-646/17. *Criminal proceedings against Gianluca Moro.* ECLI:EU:C:2019:489.

37 Case C-649/19. *Criminal proceedings against IR.* ECLI:EU:C:2021:75.

38 Case C-203/20. *Criminal proceedings against AB and Others.* ECLI:EU:C:2021:1016.

39 Case C-467/18. *Criminal proceedings against EP.* ECLI:EU:C:2019:765. See, also: GRUODYTÉ E., MILCIUVIENÉ S., PALIINIENÉ N. op.cit., p.75-76.

40 *Ibidem.* On the right of access to a lawyer, see also for instance case C-659/18 criminal proceedings against VW, ECLI:EU:C:2020:201. Here, the CJEU maintained "that the fact that a suspect or accused person has failed to appear is not one of the reasons for derogating from the right of access to a lawyer set out exhaustively in that directive, so that the fact that a suspect has failed to appear, despite summonses having being issued to appear before an investigating judge, cannot justify that person being deprived of the exercise of that right" (par. 46). Also, the Court added that "the interpretation of Article 3(2) of Directive 2013/48 to the effect that the exercise of the right of access to a lawyer cannot be delayed because a suspect or accused person has failed to appear following a summons to appear is consistent with the requirements arising from the fundamental right to effective judicial protection enshrined in Article 47 of the Charter" (par. 47).

Further to the principle of presumption of innocence and the right to be present at the trial in criminal proceedings, this is necessary to recall criminal proceedings against DD.[41] In this judgment, the CJEU is discussing a question about access to a lawyer in the context of an examination of an incriminating witness in the absence of the lawyer of the accused person, as well (Article 8 (1) of Directive 2016/343 and Article 3(1) of Directive 2013/48). With this regard, the CJEU makes references to the right to a fair trial, as enshrined by Article 6 ECHR. In effect, the CJEU held that "where, in order to ensure that the right of the accused person to be present at his or her trial and his or her right of access to a lawyer are safeguarded, the national court carries out an additional examination of an incriminating witness since, for reasons beyond their control, the accused person and his or her lawyer could not be present at the previous examination of that witness, it is sufficient that the accused person and his or her lawyer be able freely to question that witness, providing, prior to that additional examination, the accused person and his or her lawyer were sent a copy of the minutes of the previous examination of that witness. In those circumstances, it is not necessary to repeat in its entirety, thereby invalidating the procedural steps taken during that examination, the examination which took place in the absence of the accused person and his or her lawyer" (par. 46).[42]

In our discourse, we cannot forget about the case criminal proceedings of Emil Milev, as in the issued judgement, the CJEU clearly confirmed that the purpose of Directive 2016/343 is "to lay down common minimum rules concerning certain aspects of the presumption of innocence and the right to be present at the trial" (par.45). This, in turn, has to aim at strengthening the "the trust of Member States in each other's criminal justice systems and thus to facilitate mutual recognition of decisions in criminal matters" (par. 46). Hence, this directive "cannot be interpreted as being a complete and exhaustive instrument intended to lay down all the conditions for the adoption of decisions on pre-trial detention" (par.47). [43]

The CJEU has also judged many times about the right to interpretation and translation, including its quality, for instance, in the cases of criminal

---

41 Case C-347/21. *Criminal proceedings against DD.*C-347/21. ECLI:EU:C:2022:692.

42 Compare, also: C-348/21. *Criminal proceedings against HYA* and Others. ECLI: EU:C:2022:965.

43 Presumption of innocence is a subject matter in some other cases decided by CJEU, like Case C-8/19 PPU *Criminal proceedings against RH*. ECLI: EU:C:2019:110; Case C-467/19 PPU *Criminal proceedings against QR* EU:C:2019:776; Case C-377/18 *Criminal proceedings against AH and others* ECLI:EU:C:2019:670.

proceedings against IS[44] or criminal proceedings against TL[45]. Specifically, in the first case against IS, the CJEU is concentrating on providing sufficient quality of interpretation and translations so as to enable the suspects or accused persons to understand the accusation and "in order that that interpretation can be reviewed by the national courts" (par. 138). At this point the CJEU also asserted that "Article 2(5) of Directive 2010/64 and Article 4(5) and Article 6(1) of Directive 2012/13, read in the light of Article 48(2) of the Charter, must be interpreted as precluding a person from being tried *in absentia* when, on account of inadequate interpretation, he or she has not been informed, in a language which he or she understands, of the accusation against him or her or where it is impossible to ascertain the quality of the interpretation provided and therefore to establish that he or she has been informed, in a language which he or she understands, of the accusation against him or her" (par.138).

Additionally, in the latter case against TL, the CJEU goes further, stating that "where that person, who does not know the language of the criminal proceedings, is unable to understand the meaning of the procedural act and its implications, he or she does not have sufficient information to assess the need for the assistance of an interpreter when it is drawn up or for a written translation of that document, which may appear to be a mere formality. Furthermore, the possibility of invoking the nullity of that act is subsequently prejudiced, first, by the lack of information as to the right to such a translation and to the assistance of an interpreter and, secondly, by the fact that the period for raising that nullity expires, in essence, instantaneously, solely on account of the finalization of the act in question" (par. 86).

V. CONCLUSIONS

In comparative perspectives, the rising question about the fundamental rights of the accused in the context of the EU criminal justice system appears to have a very special meaning. Those rights should be considered in the light of the ECHR system and the EU law. This issue especially concerns the procedural rights granted to suspects or accused persons under the EU legal norms. To achieve a better consistency of the existing norms in this respect, it seems necessary to improve the implementation and practical application of the six EU directives in national criminal procedures.

---

44 Case C-564/19. *Criminal proceedings against IS.* ECLI:EU:C:2021:292.

45 C-242/22 PPU. *Criminal proceedings against TL.* C-242/22 PPU. ECLI:EU:C:2022:611.

The findings of this study, relying on an analysis of the six EU directives as well the CJEU case law related to them, may show that there is an evident tendency to strengthen the fundamental rights of the accused in the area of EU criminal justice. This is an important and outstanding aspect of the recent developments in European criminal procedure. In this context, we may assert that respect for (and protection of) the fundamental rights of each individual is taking a central position in the EU policies, including criminal justice.

The right to a fair trial, in its broad sense of meaning, should be taken very seriously in the national criminal justice policies to ensure a certain degree of compatibility with the standards elaborated within the frameworks of the EU.

On the path aiming gradually towards a consistent criminal procedure at the EU level, the CJEU case law undoubtedly plays a tremendous role. In addition, we cannot forget here about the tremendous impact of the ECHR system. In fact, the numerous judgements in criminal matters, which are respectively ruled on by Strasbourg and Luxemburg tribunals, are strongly inspired by the right to a fair trial. However, how the right to a fair trial under the ECHR system and the EU legal norms, especially covering the six directives discussed in this chapter, are applied in national criminal justice systems is very much dependent on the goodwill of politicians in the particular EU Member States. The attitude of the judicial authorities in those states also appears to be crucial. Hence, training for judges, public prosecutors, and other competent authorities could be helpful for better understanding the necessity of the proper implementation and application of the six EU directives in the best interests of the individuals and society as a whole.

Bibliography

Literature:

BACHMAIER L., "*Fundamental Rights and Effectiveness in the European AFSJ*", eucrim issue 1/2018, pp.56-63.

BANACH-GUTIERREZ J.B., & HARDING C., (2012) "*Fundamental Rights in European Criminal Justice: An Axiological Perspective*", European Journal of Crime, Criminal Law and Criminal Justice, 20 (3), pp.239-264.

BÁRD P., "*Saving EU Criminal Justice-Proposal for EU-wide supervision of the rule of law and fundamental rights*", CEPS Paper in Liberty and Security in Europe, No. 2018-01, April 2018, pp.16-19.

CRAS S., DE MATTEIS L., "*The Directive on the Right to Interpretation and Translation in Criminal Proceedings: Genesis and Description*", eucrim issue 4/2010, pp. 153-162.

CRAS S., "*The Directive on the right of access to a lawyer in criminal proceedings and in European arrest warrant proceedings*", eucrim 1/2014, pp.32-44.

CRAS S., ERBEŽNIK A., "*The Directive on the Presumption of Innocence and the Right to Be Present at Trial*" eucrim 1/2016, pp.25-36.

CRAS S., "*The Directive on Procedural Safeguards for Children who Are Suspects or Accused Persons in Criminal Proceeding*", eucrim Issue 2/2016, pp.109-119.

CRAS S., "*The Directive on the Right to Legal Aid in Criminal and EAW Proceedings*", eucrim, Issue 1/2017, pp.34-45.

GRUODYTÉ E., MILCIUVIENÉ S., PALIINIENÉ N., "*The Principle of Direct Effect in Criminal Law: Theory and Practice*", European Studies – Volume 7 (2020) issue 1, p.66. Available at: https://doi.org/10.2478/eustu-2022-0047 (Access on 20.11.2023).

DE HERT P. (2016) "EU criminal law and fundamental rights", in: V. Mitsilegas, M. Bergström, & T. Konstadinides (Eds.), Research Handbook on EU Criminal Law, Edwar Elgar Publishing Ltd., pp. 105-124.

IGLESIAS SANCHEZ S., GONZALEZ PASCUAL M.M. (eds.) "*Fundamental Rights in the EU Area of Freedom, Security and Justice*", Cambridge. Cambridge University Press 2021.

JIMENO-BULNES M., "*The EU Roadmap for Strengthening Procedural Rights of Suspects or Accused Persons in Criminal Proceedings*", eucrim issue 4/2009, pp.157-161.

JIMENO_BULNES M., (2019), "*The Right of Access to a Lawyer in the European Union: Directive 2013/48/EU and Its Implementation in Spain*", in: Rafaraci, T., Belfiore, R. (eds) EU Criminal Justice. Springer, Cham. https://doi.org/10.1007/978-3-319-97319-7_4 (access: 20.10.2023).

KLIP A., "*European Criminal Law*", 3rd edition Intersentia, p.251; SCALIA V., "Protection of Fundamental Rights and Criminal Law. The Dialogue between the EU Court of Justice and the National Courts", eucrim 3/2015, pp.100-108.

MANCANO L.," *A theory of justice? Securing the normative foundations of EU criminal law through an integrated approach to independence*", European Law Journal (2021) Volume 27, Issue 4-6, pp.447-501.

MAURO C., (2019). "*Minimum" Procedural Rights in Judicial Cooperation Procedures*", in: Rafaraci, T., Belfiore, R. (eds) EU Criminal Justice. Springer, Cham. https://doi.org/10.1007/978-3-319-97319-7_5 (access: 20.10.2023).

MONAR J., "*Reflections on the place of criminal law in the European construction*", Eur Law J. (2021), 27(4-6), pp.356-367.

NEGRI D., (2019) "*Awareness of One's Own Rights and Knowledge of the Accusation: The Implementation of the Directive on the Right to Information in Italy*", in: Rafaraci, T., Belfiore, R. (eds) EU Criminal Justice. Springer, Cham. https://doi.org/10.1007/978-3-319-97319-7_3 (access: 20.10.2023).

WAHL T., "*CJEU: Prosecutor Can Balance Defence Rights Against Effective Fraud Prosecution (Kolev II)*", available at: https://eucrim.eu/news/cjeu-prosecutor-can-balance-defence-rights-against-effective-fraud-prosecution-kolev-ii/ (access: 20.10.2023).

WIECZOREK I., "*The emerging role of the EU as a primary normative actor in the EU Area of Criminal Justice*", Eur Law J. (2021), 27(4-6), 378-407.

EU Legal documents:

- Council Framework Decision 2009/829/JHA of 23 October 2009 on the application, between Member States of the European Union, of the principle of mutual recognition to decisions on supervision measures as an alternative to provisional detention, OJ L 294, 11.11.2009, p. 20–40.
- Resolution of the Council of 30 November 2009 on a Roadmap for strengthening procedural rights of suspected or accused persons in criminal proceedings (Text with EEA relevance)
- OJ C 295, 4.12.2009, p. 1–3.
- Directive 2010/64/EU of the European Parliament and of the Council of 20 October 2010 on the right to interpretation and translation in criminal proceedings, OJ L 280, 26.10.2010, p. 1–7.
- Directive 2012/13/EU of the European Parliament and of the Council of 22 May 2012 on the right to information in criminal proceedings, OJ L 142, 1.6.2012, p. 1–10.
- Directive 2013/48/EU of the European Parliament and of the Council of 22 October 2013 on the right of access to a lawyer in criminal proceedings and in European arrest warrant proceedings, and on the right to have a third party informed upon deprivation of liberty and to communicate with third persons and with consular authorities while deprived of liberty, OJ L 294, 6.11.2013, p. 1–12.
- Directive (EU) 2016/343 of the European Parliament and of the Council of 9 March 2016 on the strengthening of certain aspects of the presumption of innocence and of the right to be present at the trial in criminal proceedings, OJ L 65, 11.3.2016, p. 1–11.
- Directive (EU) 2016/800 of the European Parliament and of the Council of 11 May 2016 on procedural safeguards for children who are suspects or accused persons in criminal proceedings, *OJ L* 132, 21.5.2016, p. 1–20.
- Directive (EU) 2016/1919 of the European Parliament and of the Council of 26 October 2016 on legal aid for suspects and accused persons in criminal proceedings and for requested persons in European arrest warrant proceedings, OJ L 297, 4.11.2016, p. 1–8.
- Directive 2010/64/EU of the European Parliament and of the Council of 20 October 2010 on the right to interpretation and translation in criminal proceedings, OJ L 280, 26.10.2010, p. 1–7.
- Directive 2012/13/EU of the European Parliament and of the Council of 22 May 2012 on the right to information in criminal proceedings, OJ L 142, 1.6.2012, p. 1–10. CRAS S., DE MATTEIS L., "*The Directive on the Right to Information*", eucrim Issue 1/2013, pp.22-32.
- Directive 2013/48/EU of the European Parliament and of the Council of 22 October 2013 on the right of access to a lawyer in criminal proceedings and in European arrest warrant proceedings, and on the right to have a third party informed upon deprivation of liberty and to communicate with third persons and with consular authorities while deprived of liberty, OJ L 294, 6.11.2013, p. 1–12.

- Directive (EU) 2016/343 of the European Parliament and of the Council of 9 March 2016 on the strengthening of certain aspects of the presumption of innocence and of the right to be present at the trial in criminal proceedings, OJ L 65, 11.3.2016, p. 1–11.
- Directive (EU) 2016/800 of the European Parliament and of the Council of 11 May 2016 on procedural safeguards for children who are suspects or accused persons in criminal proceedings, OJ L 132, 21.5.2016, p. 1–20.
- Directive (EU) 2016/1919 of the European Parliament and of the Council of 26 October 2016 on legal aid for suspects and accused persons in criminal proceedings and for requested persons in European arrest warrant proceedings, OJ L 297, 4.11.2016, p. 1–8.

The CJEU jurisprudence:

- Case C-612/15. Criminal proceedings against Nikolay Kolev and others., ECLI:EU:C:2018:392;
- Case C-282/20. *Criminal proceedings against ZX.* ECLI:EU:C:2021:874.
- Case C-646/17. *Criminal proceedings against Gianluca Moro.* ECLI:EU:C:2019:489.
- Case C-649/19. *Criminal proceedings against IR.* ECLI:EU:C:2021:75.
- Case C-203/20. *Criminal proceedings against AB and Others.* ECLI:EU:C:2021:1016.
- Case C-467/18. *Criminal proceedings against EP.* ECLI:EU:C:2019:765.
- Case C-659/18 criminal proceedings against VW, ECLI:EU:C:2020:201.
- Case C-347/21. *Criminal proceedings against DD.*C-347/21. ECLI:EU:C:2022:692.
- Compare, also: C-348/21. *Criminal proceedings against HYA* and Others. ECLI: EU:C:2022:965.
- Case C-8/19 PPU *Criminal proceedings against RH.* ECLI: EU:C:2019:110.
- Case C-467/19 PPU *Criminal proceedings against QR* EU:C:2019:776.
- Case C-377/18 *Criminal proceedings against AH and others* ECLI:EU:C:2019:670.
- Case C-564/19. *Criminal proceedings against IS.* ECLI:EU:C:2021:292.
- Case C-242/22 PPU. *Criminal proceedings against TL.* C-242/22 PPU. ECLI: EU:C:2022:611.

Other sources:

- Rights of suspects and accused, European Commission, https://commission.europa.eu/strategy-and-policy/policies/justice-and-fundamental-rights/criminal-justice/rights-suspects-and-accused_en (access: 20.10.2023).
- CJEU Ruling on Effective Prosecution of PiF offences and Guarantee of Defence Rights", eucrim 2/2018, pp. 99/101 (access: 20.10.2023).

Capítulo XVI

Futuros desafíos de la cooperación judicial penal en el ámbito de la criminalidad organizada

Future challenges for judicial cooperation in criminal matters in the field of organized crime

Serena Cacciatore
Investigadora postdoctoral en el Área de Derecho Procesal de la Universidad de Burgos
ORCID Q-8626-2018

RESUMEN: La presente contribución pretende analizar los futuros desafíos en materia de cooperación judicial penal haciendo referencia al ámbito que más implica, o mejor interesa, es decir la criminalidad organizada. A este respecto, se reflexionará sobre el concepto y definición de crimen organizado. Por lo que respecta la Unión Europea (en adelante UE), se alude a los instrumentos eficaces para la lucha contra la criminalidad organizada en la actualidad y en el futuro. Los resultados derivados, muestran el potencial de la UE para hacer frente a los nuevos retos, tanto para proteger a los Estados miembros como para cooperar con los socios internacionales cuando sea necesario. Se desprende la necesidad de intensificar la cooperación tanto dentro de la UE, como también a nivel internacional, ya que las amenazas presentes tienen cada vez más carácter transfronterizo. Garantizar la seguridad en Europa es una responsabilidad compartida, por lo que es fundamental que cada Estado miembro confíe en estas nuevas perspectivas y posibilidades de colaboración.

Palabras claves: política de lucha, criminalidad organizada, cooperación judicial penal, desafíos, nuevos instrumentos

ABSTRACT: The aim of this contribution is to analyse the future challenges of judicial cooperation in criminal matters, regarding the area that most involves, or is of greater interest, namely organized crime. In this regard, it will reflect on the concept and definition of organized crime. With regard to the European Union (hereinafter EU), reference will be made to the effective instruments for the fight against actual and future organized crime. The obtained results show the EU's potential to meet new challenges, both to protect Member States and to cooperate with international partners where necessary. There is a need to intensify cooperation both within the EU, but also internationally, as present threats are increasingly cross-border related.

Ensuring security in Europe is a shared responsibility and it is therefore essential that each Member State is confident in these new perspectives and possibilities for collaboration.

Keywords: fight policy, organized crime, judicial cooperation in criminal matters, challenges, new instruments

I. INTRODUCCIÓN

Este trabajo tiene como objetivo el análisis de la política de lucha contra la delincuencia organizada en Europa. Al abordar el estudio de este tema, se examinará su concepto y definición. Así, se estudiará el fenómeno de la delincuencia organizada que se asoma al mercado global e incluso los cambios derivados para aprovecharse de ello. Grupos radicados en zonas geográficas circunscritas han empezado a "colonizar" nuevos territorios, a crear "nuevos mercados"; organizaciones familiares se han transformado, implicando, cuando ha sido necesario, a nuevas figuras profesionales para llevar a cabo nuevos proyectos delictivos.

El impulso de las organizaciones criminales a la búsqueda, más allá de las fronteras, de nuevos mercados y alianzas con grupos criminales extranjeros, ha incrementado el riesgo del *forum shopping* o *jurisdictional shopping*. Es decir, la elección por parte de las organizaciones criminales de Estados en los que (debido a la ausencia de políticas penales y legislativas eficaces) es menos arriesgado llevar a cabo sus actividades ilícitas[1].

En segundo lugar, por lo que respecta a la UE, se analizan los *futuros desafíos* en materia de cooperación judicial penal y se alude a los instrumentos eficaces para la lucha contra la criminalidad organizada en la actualidad y en el futuro. El proceso jurídico de integración entre los Estados eu-

---

1 Sobre el *forum shopping*, FERRARI, F. "Forum shopping la necesidad de una definición amplia y neutra", *Arbitraje*, 2014, n. 2, 2014, pp. 335-368, así como PONTI, C. "Il diritto internazionale e la criminalità organizzata", *Rivista di Studi e Ricerche sulla Criminalità Organizzata*, 2015, n. 1, pp. 23-36, esp. p. 23.

ropeos[2] que se identifica en la UE tuvo lugar con los Tratados de la CECA de la CEE, y de la Euratom[3].

El europeísta Jean Omer Marie Gabriel Monnet fue el ideador de un orden supranacional que, para aplicar sus políticas, utilizara las estructuras administrativas de los Estados miembros sin interferir en ellas[4]. Tal y como se ha dicho: "*No habrá paz en Europa, si los Estados se reconstruyen sobre una base de soberanía nacional (...). Esto supone que los Estados de Europa se agrupen en una Federación o entidad europea que los convierta en una unidad económica común*"[5]. Desde 1946 hasta hoy, es decir, desde las mencionadas palabras de Monnet, los objetivos en los que se basa la integración europea están definidos y bien perfilados[6]. Entre los mencionados objetivos, el segundo enumerado por la UE coincide con: "ofrecer libertad, seguridad y justicia sin fronteras interiores, al tiempo que adopta medidas adecuadas en sus fronteras exteriores para regular el asilo y la inmigración y prevenir y luchar contra la delincuencia"[7].

El término "lucha" recuerda lo que algunos estudiosos del tema han denominado el *derecho penal de la lucha*. Cabe preguntarse cómo el derecho pueda servir de garantía, si se ve igual que un "arma". En este sentido, se necesita encontrar aquel equilibrio entre el acto ilícito individual y el contexto social en el que se sitúan el acto y el autor del hecho delictivo. A

---

2 Sobre el tema, SAPONARO, F. "Il "funzionalismo" e l'integrazione europea in materia tributaria", *Revista de Estudos Constitucionais, Hermenêutica e Teoria do Direito*, 2019, n. 11 (2), pp. 143-168, esp. p. 144, así como en términos generales FARTO PIAY T. "Evolución y desafíos de la política criminal y la normativa de la UE en materia de recuperación y decomiso de activos", en A. Hernández López, M. E. Laro González (coords.), *Proceso penal europeo: últimas tendencias, análisis y perspectivas*, Aranzadi, Cizur Menor, 2023, pp. 259-290.

3 Respectivamente: Tratado constitutivo de la Comunidad Europea del Carbón y del Acero (CECA), Tratado constitutivo de la Comunidad Económica Europea (CEE), Tratado de la Comunidad Europea de la Energía Atómica más conocida como «Euratom».

4 Más información, BARROSO MÁRQUEZ, J. F. "Jean Monnet la punta del iceberg comunitario", *Revista universitaria europea*, 2020, n. 33, pp. 79-94.

5 Jean Monnet, pronuncia estas palabras cuando el 5 de agosto de 1943 en Argel se convierte en miembro del Comité francés de Liberación Nacional.

6 Lista completa de objetivos y valores de la UE, disponible en la web oficial de la UE, véase enlace https://european-union.europa.eu/principles-countries-history/principles-and-values/aims-and-values_it (fecha de última consulta: 5 de mayo de 2024).

7 Véase RAFARACI, T. *Area di Libertà Sicurezza e Giustizia: alla ricerca di un equilibrio fra priorità repressive ed esigenze di garanzia*, Giuffré, Milano, 2007.

través de la sanción penal impuesta al autor del hecho, la sociedad afirma la necesidad de proteger determinados intereses y considera su protección tan oportuna como para recurrir al instrumento más eficaz posible[8]. Se procederá de este modo al estudio del crimen organizado con carácter general, para valorar los principales instrumentos de lucha contra la delincuencia transnacional[9].

II. LA POLÍTICA DE LUCHA CONTRA LA DELINCUENCIA ORGANIZADA EN EUROPA

La delincuencia organizada en la UE es una temática que ha sido examinada por la doctrina, así como ha sido objeto de estudio en el campo del Derecho de la Unión Europea y el Derecho Penal. Como adelantado, la UE ha adoptado una serie de instrumentos legales para abordar la delincuencia organizada, que incluyen directivas y reglamentos que armonizan las leyes y regulaciones de los Estados miembros. La política de lucha contra la delincuencia organizada procede de la aplicación de tradiciones políticas nacionales diferentes y esto supone, por un lado, la necesidad de elaborar un proceso uniforme que unifique varios modelos e intereses nacionales[10] y, por otro, identificar temas que legitimen la determinación

---

8 Por esta razón el derecho penal en la protección de estos intereses tiene que complementarse con una adecuada formación cultural. Véase a este respecto MILITELLO, V. "La lotta alla criminalità organizzata", *Rivista italiana di diritto e procedura penale*, 2020, n. 2, pp.773-803, esp. pp.798-799, así como DONINI, M. "Diritto penale di lotta. Ciò che il dibattito sul diritto penale del nemico non deve limitarsi a esorcizzare", *Studi sulla questione criminale*, 2007, n. 2, pp. 55-88; además de ALLI TURRILLAS, I. D. "Prevención y represión de la delincuencia grave y organizada en la unión europea: De la cooperación a la integración", tesis doctoral dirigida por el Prof. Dr. J. A. Corriente Córdoba, Universidad pública de Navarra, 2015, esp. p. 56.

9 En este sentido, VERVAELE, J. A.E. *European Criminal Justice in the Post-Lisbon Area of Freedom, Security and Justice*, Quaderni della Facoltà di Giurisprudenza dell'Università degli studi di Trento, Trento, 2014, además de FAGGIANI V. "La armonización de la justicia penal en la UE: avances, límites del sistema y perspectivas de futuro", en A. Hernández López, M. E. Laro González (coords.), *Proceso penal europeo: últimas tendencias, análisis y perspectivas*, Aranzadi, Cizur Menor, 2023, pp. 259-290.

10 MILITELLO, V. "Criminalità organizzata transnazionale ed intervento europeo fra contrasto e garanzie", en V., Gómez Martín (coord.), S. Mir Puig, M. Corcoy Bidasolo (dres.), *Garantías constitucionales y Derecho penal europeo*, Marcial Pons, Madrid, 2012, pp. 585-596, de particular interés NORI, G. "La sovranità degli Stati, il

de un único paradigma basado en la seguridad, sobre el cual se constituye el fundamento del Espacio Europeo de Libertad, Seguridad y Justicia (en adelante ELSJ)[11].

La creación del ELSJ[12] obedece a la necesidad de establecer un espacio seguro en el que la libre circulación de personas y las medidas de prevención y lucha contra la delincuencia sean el principal objetivo de la UE, tal y como se define en el artículo 3 del Tratado de la Unión Europea (en adelante TUE)[13]. En efecto, la cooperación en el marco del Acuerdo Schengen permite la libre circulación de personas dentro de la mayoría de los Estados miembros, pero también implica la cooperación en la gestión de las fronteras y la seguridad para evitar el tráfico ilegal y otras actividades delictivas. Cada Estado miembro tiene su propia estrategia nacional de lucha contra la delincuencia organizada, que puede incluir medidas específicas y la asignación de recursos para combatir este tipo de delincuencia en su territorio.

En este sentido, juega un papel fundamental la cooperación entre los Estados miembros que coincide con la voluntad de los mismos de contrarrestar la delincuencia organizada[14]. No obstante, la nueva realidad social,

---

rating e le regole sulla concorrenza", *Rassegna avvocatura dello Stato,* 2013, n. 4, pp. 1-352, esp. p. 21.

11 Para una visión crítica y actual GARRIDO CARRILLO, F. J. *Retos en la lucha contra la delincuencia organizada,* Aranzadi, Navarra, 2021, así como BOISTER, N. *An Introduction to Transnational Criminal Law,* OUP Oxford, Oxford, 2018.

12 ARANGÜENA FANEGO, C. y FONSECA MORILLO, F. (eds.), "Espacio de libertad, seguridad y justicia", en A. Calonge Velázquez y R. Martín de Laguardia (coords.), *Políticas comunitarias. Bases jurídicas,* Tirant lo Blanch, Valencia, 2013, pp. 143-213; así como, DI PAOLO, G. "Lo spazio di Libertà, Sicurezza e Giustizia dell'UE: recenti novità sul fronte domestico e a livello europeo", *Cassazione Penale,* 2016, pp. 3018-3027.

13 Literalmente: "La Unión ofrecerá a sus ciudadanos un espacio de libertad, seguridad y justicia sin fronteras interiores, en el que esté garantizada la libre circulación de personas conjuntamente con medidas adecuadas en materia de control de las fronteras exteriores, asilo, inmigración y de prevención y lucha contra la delincuencia". Tratado de la Unión Europea, DOUE de 30 de marzo de 2010, n. 83, pp. 1-388. Véase además entre la bibliografía, LONGO, A. "La «massima anticipazione di tutela». Interdettive antimafia e sofferenze costituzionali", *Rivista di diritto pubblico italiano, comparato europeo,* 2019, n. 19, pp. 1-39.

14 GÓMEZ COLOMER, J., L. "Policía judicial: a la búsqueda de un modelo adecuado para una lucha eficaz contra el crimen", *Cuadernos de derecho penal,* 2018, n. 19, pp. 11-46, además de ARNÁIZ SERRANO, A. "Evolución de la cooperación judicial penal internacional: en especial, la cooperación judicial penal en europa", en

resultante de la construcción de un espacio sin fronteras interiores, puso de manifiesto la inadecuación de los instrumentos tradicionalmente utilizados en el ámbito de la cooperación, y la consiguiente necesidad de crear otros nuevos capaces de garantizar una mayor rapidez y eficacia en las relaciones entre las autoridades judiciales[15]. El principio de reconocimiento mutuo, proclamado "pilar" de la cooperación judicial entre los Estados miembros de la UE también en materia penal[16], constituye la base jurídica del Tratado de Funcionamiento de la Unión Europea (en adelante TFUE), tal y como se establece en el artículo 67, apartado 3, del TFUE. Junto a este principio puede encontrarse el de aproximación legislativa. Además, la confianza mutua entre las autoridades judiciales de diferentes países es fundamental para una cooperación judicial efectiva.

La relación directa entre las autoridades judiciales lleva a adoptar una visión de conjunto de criterios y procedimientos de ejecución flexibles que constituye la base del ELSJ. La cooperación judicial en materia penal debe ser la prioridad estratégica de una política europea de futuro en la lucha contra la delincuencia organizada. En virtud del TFUE, las medidas de cooperación se adoptan de conformidad con el procedimiento legislativo ordinario y están sujetas al control jurisdiccional del TJUE. Los artículos 82 a 86 del TFUE constituyen la base jurídica de la cooperación judicial en materia penal.

1. Concepto y definición de crimen organizado

Los procesos de globalización han dado lugar a una transferencia incontrolada de personas y bienes. Esto ha tenido un impacto considerable en las interconexiones entre las economías y los sujetos criminales de los distintos países, acentuando el carácter sistémico de las relaciones entre sociedades y Estados. La consecuencia de este fenómeno ha sido la superación, en las formas delictivas, de la dimensión individual y la difusión de

---

M., Carmona Ruano, I., U. González Vega y V., Moreno Catena (dres.) y A., Arnáiz Serrano (coord.), *Cooperación Judicial Penal en Europa*, Dykinson, Madrid, 2013, pp. 1-40.

15 CACCIATORE S. "La politica dell'Unione Europea in tema di criminalità organizzata", en P. R. Suaréz Xavier, A. M. Vicario Perez, (dres.), *Cooperación judicial civil y penal en la Unión Europea*, Bosch Editor, Barcelona, 2023, pp. 57-86, esp. p. 58 (traducción propia).

16 SATZGER, H. "Mutual Recognition in Times of Crisis-Mutual Recognition in Crisis? An Analysis of the New Jurisprudence of the European Arrest Warrant", *European Criminal Law Review*, 2018, n. 3, pp. 317-331, esp. p. 317.

una organización compleja que, se estructura cada vez más, en términos de dinámica operativa, en esquemas internacionales y transnacionales.

La noción de crimen organizado[17] contenida en el artículo 1 de la Decisión Marco 2008/841/JAI del Consejo, de 24 de octubre de 2008[18], resultaba insuficiente. No obstante, se evidenció la necesidad de armonización legislativa sobre temáticas como la criminalidad. Se entiende por "organización delictiva" aquella "asociación estructurada de más de dos personas, establecida durante un cierto período de tiempo y que actúa de manera concertada con el fin de cometer delitos sancionables con una pena privativa de libertad o una medida de seguridad privativa de libertad de un máximo de al menos cuatro años o con una pena aún más severa, con el objetivo de obtener, directa o indirectamente, un beneficio económico u otro beneficio de orden material". Sin embargo, el instrumento normativo en cuestión se creó con el objetivo de armonizar las legislaciones de los países de la UE sobre la tipificación de los delitos relacionados con la participación en una organización delictiva y establecer penas para los mismos[19].

Una referencia normativa destacable es la Convención de las Naciones Unidas contra el Crimen Organizado Transnacional, firmada en Palermo[20]. El magistrado Giovanni Falcone, junto con sus contemporáneos de las fuerzas de seguridad de las comunidades italiana y estadounidense, tiene el mérito de haber sentado las bases estratégicas e intelectuales de

---

17 RUGGIERO, V. "Crimine organizzato e transnazionale in Europa", *Studi sulla questione criminale,* 2015, n. 2-3, pp. 183-202, esp. p. 183.

18 Decisión Marco 2008/841/JAI del Consejo, de 24 de octubre de 2008, relativa a la lucha contra la delincuencia organizada, BOE de 11 de noviembre de 2008, n. 300, pp. 42 a 45. Al respecto, CACCIATORE, S. "El reconocimiento mutuo como principio clave para la lucha contra el crimen organizado", en F. Javier Garrido Carrillo (ed.), V. Faggiani (coord.), *Lucha contra la criminalidad organizada y cooperación judicial en la UE: instrumentos, límites y perspectivas en la era digital,* Aranzadi, Cizur Menor, 2022, pp. 171-186.

19 Más información disponible en la página web Eur-Lex disponible en https://eur-lex.europa.eu/legal-content/IT/LSU/?uri=CELEX%3A32008F0841 (fecha de última consulta: 5 de octubre de 2023). Más información, BORGES BLÁZQUEZ, R. "Proceso Penal y Unión Europea: la construcción de la Europa de la libertad, la seguridad y la justicia", en P.R. Suárez Xavier y L. Fontestad Portalés (dres.), *Seguridad y los retos de la jurisdicción el siglo XXI: Justicia, sostenibilidad y paz,* Madrid, Colex, 2022, pp. 101-120.

20 Aprobada por la Asamblea General de las Naciones Unidas con Resolución A/RES/55/25 de 15 de noviembre de 2000, entrada en vigor el 29 de septiembre de 2003, disponible en https://uif.bancaditalia.it/normativa/norm-antiricic/convenzioni/conv-palermo.pdf (fecha de última consulta: 5 de mayo de 2024).

la cooperación internacional contra la delincuencia organizada, de la que la Convención es hoy el marco jurídicamente vinculante casi universal[21]. El Convenio ofrece una política judicial bien definida para prevenir y luchar contra la delincuencia organizada[22]. En este sentido, es importante destacar la definición de "grupo criminal organizado"[23]. Se entenderá tal concepto como un grupo de tres o más personas que cuya formación no fue resultante de una cuestión aleatoria, que ha existido por un periodo de tiempo y que actúa de manera premeditada con el propósito de cometer un delito punible con el fin de obtener, directa o indirectamente, un beneficio económico o material (artículo 2.a Convención de las Naciones Unidas contra el Crimen Organizado Transnacional).

Una vez más, la Comisión Europea, con el fin de superar las carencias de la Decisión marco relativa a la lucha contra la delincuencia organizada citada anteriormente, propuso una serie de recomendaciones dirigidas al Parlamento Europeo y a Europol, con el fin de especificar el concepto de delincuencia organizada[24] y encontrar una definición unívoca, teniendo en cuenta las legislaciones nacionales de los Estados miembros[25].

Siguiendo con la Resolución del Parlamento Europeo, de 25 de octubre de 2011 sobre la delincuencia organizada en la Unión Europea[26], señala en su punto séptimo: "habida cuenta del impacto muy limitado sobre los sistemas legislativos de los Estados miembros de la Decisión marco 2008/841/JAI sobre la delincuencia organizada, que no ha aportado ninguna mejora significativa a las leyes nacionales ni a la cooperación operativa para combatir la delincuencia organizada, pide a la Comisión que presente, antes de

---

21 Sobre la temática, FORCADA MIRANDA J. F. "La importancia de las comunicaciones judiciales directas en el ámbito de la cooperación internacional", *Las comunicaciones judiciales directas en la cooperación jurídica internacional*, Tirant lo Blanch, Valencia, 2017, pp. 31-39.

22 MARTÍN RÍOS, P. "L'indagine sulla criminalità organizzata in Italia: uno specchio nel quale guardarci?", *Revista General de Derecho Procesal*, 2023, n. 61, pp. 1-19.

23 MAUGERI, A. M. "'Mafie e Europa' Stati generali della alle mafie", *op. cit.*, esp. p. 13 (traducción propia).

24 Al respecto, CHOCLÁN MONTALVO, J. A. "Criminalidad organizada. Concepto. La asociación ilícita. Problemas de autoría y participación", *Cuadernos de Derecho Judicial*, 2011, n. 2, pp. 215-268.

25 En este sentido, CACCIATORE S. Reseña del libro de José Manuel Cortés Martín y Florentino-Gregorio Ruiz Yamuza (coords): "Retos actuales de la cooperación penal en la Unión Europea", Dykinson, Madrid, 2020, *Revista de Derecho Comunitario Europeo*, 2020, n. 67, pp. 1161–1170.

26 DOUE de 8 de mayo de 2013, n. C 131, pp. 66-79.

finales de 2013, una propuesta de Directiva que contenga una definición más concreta de la delincuencia organizada (...)". Además, desde el texto de la Resolución se desprende la necesidad de tratar la delincuencia organizada de forma independiente. Por ello, "pide una estrategia específica y horizontal de la UE en la materia, incluidas medidas legislativas y operativas (...)"[27].

Tras un intenso trabajo preparatorio, el 23 de octubre de 2013 el Parlamento Europeo adoptó una Resolución sobre la delincuencia organizada, la corrupción y el blanqueo de dinero[28] con el objetivo de superar las dificultades encontradas, con las anteriores experiencias de armonización en este ámbito[29]. A pesar de ello, surgen dificultades culturales a la hora de aceptar la misma tipificación de la conducta delictiva en ausencia de una definición única de tales delitos. No obstante, es cierto que, en todos los sistemas jurídicos europeos existe un delito de conspiración criminal, excepto en Dinamarca y Suecia.

2. *La cooperación judicial en materia penal en la Unión Europea*

> *"La cooperazione giudiziaria in materia penale dovrebbe rappresentare la priorità strategica in una lungimirante politica europea nella lotta al crimine organizzato"*[30].

---

27 Punto número 2 de la Resolución del Parlamento Europeo, de 25 de octubre de 2011 sobre la delincuencia organizada en la Unión Europea, *op. cit.*, esp. p. 72.

28 Punto número 131, i): "establecer la definición de delincuencia organizada (que abarque, entre otros, el delito de pertenencia a organización de tipo mafioso), corrupción y blanqueo de capitales (incluido el auto-blanqueo), que se basará, entre otras cosas, en un informe sobre la aplicación de la legislación europea pertinente", véase Resolución del Parlamento Europeo, de 23 de octubre de 2013, sobre la delincuencia organizada, la corrupción y el blanqueo de dinero: recomendaciones sobre las acciones o iniciativas que han de llevarse a cabo (informe definitivo) (2013/2107(INI)), disponible en Textos aprobados – Delincuencia organizada, corrupción y blanqueo de dinero – Miércoles 23 de octubre de 2013 (europa.eu) (fecha de última consulta: 1 de mayo de 2024).

29 MILITELLO, V. *Rapporto finale sulla ricerca*: "La rilevanza della nozione di organizzazione criminale nell'Unione europea: percorsi di armonizzazione", Università degli studi di Palermo, Palermo, 2015, p. 6, disponible en https://www.caterinachinnici.it/wp-content/uploads/2016/01/Rapporto_SD_Nozione_Crim_EU.pdf (fecha de última consulta: 5 de mayo de 2024).

30 MAUGERI, A. M. "'Mafie e Europa' Stati generali della alle mafie", *Diritto Penale Contemporaneo*, 2017, pp. 1-440, esp. p. 13, disponible en https://archiviodpc.dirittopenaleuomo.org/upload/8056-tavolo-xv-mafie-europa.pdf (fecha de última consulta: 5 de mayo de 2024), así como ZÚÑIGA, L. "El concepto de criminalidad

Esta frase, reasume el objetivo que los Estados miembros de la UE quieren lograr a través de la cooperación judicial en materia penal[31].

En cuanto al procedimiento por el que se realiza la misma[32], el modelo europeo no se limita a la tradicional colaboración funcional y operativa entre autoridades judiciales, destinada esencialmente a la coordinación de los órganos jurisdiccionales nacionales, sino que se extiende a la aproximación de las legislaciones nacionales[33].

A este respecto, conviene mencionar dos organismos, aunque muy diferentes entre sí, pero que desempeñan un papel fundamental en la cooperación judicial en particular en materia penal. Eurojust[34], el organismo independiente de la UE encargado de investigar, perseguir y llevar ante la justicia los delitos que afectan a los intereses financieros de la UE y su evolución, representada por la Fiscalía Europea (EPPO, por sus siglas en inglés)[35].

El primer organismo mencionado, Eurojust, representaba la continuación del camino iniciado tras Tampere para la creación de un espacio europeo de justicia destinado a reforzar la cooperación judicial en materia penal. En efecto, esta agencia se ocupa de investigaciones relacionadas con casos transfronterizos de delincuencia grave y organizada. Su principal tarea consiste en ofrecer unidades operativas específicas, es decir, actuar

---

organizada transnacional: problemas y propuestas", *Revista Nuevo Foro Penal*, 2016, n. 12, pp. 62-114.

31 Sobre este tema, MARCHETTI, M. R. "Cooperazione giudiziaria: innovazioni apportate e occasioni perdute", *Diritto e procedura penale*, 2017, p. 1547 e ss., así como ESCALADA LÓPEZ, M. L. "La Cooperación judicial en la UE. Especial referencia a Eurojust y a las novedades normativas que le afectan", *Revista De Estudios Europeos*, (Extraordinario monográfico 1), 2023, pp. 475-502.

32 Véase DE AMICIS, G. "Le forme e gli strumenti della cooperazione giudiziaria", en AA.VV., *Manuale di procedura penale europea*, Giuffrè, Milano, 2015, pp. 209-230.

33 Al respecto, APRILE, E., e SPIEZIA, F. (eds.), *Cooperazione giudiziaria penale nell'Unione Europea prima e dopo il trattato di Lisbona*, Ipsoa, Assago, 2009.

34 Eurojust fue establecido en 2002 con sede en La Haya, Países Bajos, en virtud del Tratado de la Unión Europea y del Tratado de Funcionamiento de la Unión Europea. Su fundamento legal se encuentra en los artículos 85 y 86 del TFUE. Para profundizar, PÉREZ SOUTO, G. *La cooperación judicial en la Unión Europea. Eurojust y sus principales desafíos frente a la delincuencia transnacional grave.* Tesis doctoral dirigida por C. Quesada Alcalá, Facultad de Derecho UNED, 2014, disponible en http://e-spacio.uned.es/fez/eserv/tesisuned:Derecho-Gperez/PEREZ_SOUTO_Gema_Tesis.pdf (fecha de última consulta: 8 de mayo de 2024).

35 CACCIATORE S. "La politica dell'Unione Europea in tema di criminalità organizzata", *op.cit*, esp. p. 70 (traducción propia).

como mediador entre las autoridades de los Estados miembros facilitando la cooperación y la coordinación en investigaciones paralelas que tienen lugar en varios Estados miembros. Además, entre sus funciones se incluyen la organización de reuniones entre las autoridades judiciales de los Estados miembros, así como la coordinación de investigaciones y procesamientos. Por último, también puede proporcionar asesoramiento jurídico y proponer la creación de equipos conjuntos de investigación.

El segundo organismo, la Fiscalía Europea[36], supuso una estrategia europea en la protección de los intereses financieros de la UE. El objetivo principal, establecido en el artículo 86 del TFUE, es investigar y perseguir a los autores de delitos que perjudiquen "*a los intereses financieros de la Unión (…), y para incoar un procedimiento penal y solicitar la apertura de juicio contra ellos. Ejercerá ante los órganos jurisdiccionales competentes de los Estados miembros la acción penal relativa a dichas infracciones*"[37].

La Fiscalía Europea es competente para los delitos enumerados en la Directiva 2017/1371/UE del Parlamento Europeo y del Consejo, de 5 de julio de 2017, sobre a la lucha contra el fraude que afecta a los intereses financieros de la Unión a través del Derecho penal. Todos los ciudadanos de la UE, y únicamente cuando tengan motivos razonables para sospechar que se ha cometido un delito contra los intereses financieros de la UE, pueden denunciar un delito ante la Fiscalía Europea. A continuación, debe evaluarse si los delitos entran en el ámbito de competencia material de la Fiscalía Europea[38], sobre la base de las normas contenidas en el Reglamento 2017/1939 que regulan su organización y funcionamiento. Además, la Fiscalía Europea puede iniciar procesos penales y llevar a cabo juicios ante los tribunales nacionales de los Estados miembros y entre las otras competencias, coordinar investigaciones conjuntas y trabajar en estrecha colaboración con las autoridades judiciales nacionales y otras instituciones de la UE.

---

36 VERVAELE, J. A.E. "The European Public Prosecutor's Office (EPPO): Introductory Remarks" in W. Geelhoed, L. H. Erkelens, A. W. H. Meij (eds.), *Shifting perspectives on the european public prosecutor's office,* The Hague, Assere Press, 2018, pp. 11-20, esp. p. 12.

37 Reglamento interno de la Fiscalía Europea, DOUE de 21 de enero de 2021 n. 22, pp. 3-31, C/22/03.

38 VARVAELE, J. A.E "The material scope of competence of the european public prosecutor's Office: Lex uncerta and unpraevia", *ERA Forum Journal of the Academy of European Law,* 2014, n. 2, pp. 1-17, esp. 2, (traducción propia).

III. RETOS EN MATERIA DE COOPERACIÓN JUDICIAL PENAL

En mayo de 2021, la UE trató de definir las "prioridades" en la lucha contra la delincuencia organizada y grave para los cuatro años siguientes (2022-2025). Entre 2022 y 2025, estas prioridades se aplicarán en el marco de la "Plataforma Multidisciplinar Europea contra las Amenazas Criminales (EMPACT)". Un instrumento para la cooperación multidisciplinar estructurada para luchar contra la delincuencia organizada y grave en Europa impulsado por los Estados miembros y apoyado por las instituciones, órganos y agencias de la UE en consonancia con sus respectivos mandatos[39]. EMPACT ha sido definida «faro» de la UE, así como, instrumento —se desea permanente— para los países de la UE en la lucha contra la delincuencia organizada[40].

El Consejo Europeo estableció diez prioridades para alcanzar este objetivo. La primera de estas prioridades está relacionada con la implementación de herramientas específicas, como los cursos de formación destinados a las fuerzas de seguridad, tanto a nivel estatal como no estatal. Además, se enfoca en la realización de operaciones conjuntas para desmantelar redes delictivas de alto riesgo[41]. La segunda se refiere a los ciberataques[42]; le sigue la trata de seres personas[43], con especial atención a la explotación infantil y sexual (cuarta prioridad). La quinta prioridad coincide con las redes criminales dedicadas al tráfico ilícito de inmigran-

---

39 Informaciones disponibles en la página del Consejo Europeo y del Consejo de la Unión Europea, véase enlace https://www.consilium.europa.eu/es/policies/eu-fight-against-crime/ (fecha de última consulta: 8 de mayo de 2024).

40 Sobre su futuro, en términos generales OUWERKEK, J. ALTENA, J. ÖBERG, J. y MIETTINEN, S. *The future of EU Criminal Justice Policy and Practice*, Brill Nijhoff, Leiden, 2019.

41 Véase página web disponible en https://www.consilium.europa.eu/es/press/press-releases/2021/05/26/fight-against-organised-crime-council-sets-out-10-priorities-for-the-next-4-years/ (fecha de última consulta: 8 de mayo de 2024).

42 En términos generales, HERNÁNDEZ LÓPEZ A. "La digitalización de la cooperación judicial en materia penal en la Unión Europea: propuestas y perspectivas legislativas", en C. Arangüena Fanego, M. de Hoyos Sancho, E. Pillado González (dres.), P. M. Freitas (coord.), *El proceso penal ante una nueva realidad tecnológica europea*, Cizur Menor, Aranzadi, 2023, pp. 281-306.

43 Sobre el tema, GALLUCCIO, A. "Pubblicata la prima relazione della Commissione europea sulla lotta alla tratta di esseri umani dall'adozione della Direttiva 2011/36/UE", *Diritto Penale Contemporaneo*, 2016, n. 7, pp. 125-140.

tes, la siguiente (sexta), con el tráfico de drogas[44]. El Consejo también ha prestado atención a la delincuencia económica y financiera[45], especialmente al fraude de impuestos[46] y a la delincuencia contra la propiedad intelectual (séptima prioridad), que está relacionada con la siguiente prioridad: la delincuencia organizada contra la propiedad. Los últimos son los delitos medioambientales y el tráfico de armas de fuego, incluido el suministro de documentos falsos (última prioridad). A cada prioridad le seguirán planes de acción operativos y evaluaciones basadas en los resultados obtenidos. La iniciativa comenzó en 2012[47] y continúa siguiendo ciclos de cuatro años[48].

En este contexto, Europol desempeña un papel fundamental. En las Conclusiones del Consejo por las que se establecen las prioridades europeas en la lucha contra la delincuencia grave y organizada sobre la base del OCTA (*organised crime threat assesmet and the relates action plan*)[49], se encuentran recogidos insistentes peticiones a los Estados miembros y a los organismos de la UE, creados con el fin de luchar contra la delincuencia transnacional, para que tengan en cuenta el resultado de los análisis reali-

---

44 Al respecto, SCARCELLA, B. "Sulla liceità della "cannabis light": osservazioni in attesa di una pronuncia a Sezioni Unite", *Diritto Penale Contemporaneo*, 2019, n. 3, pp. 221-250.

45 *Vid.* JIMENO BULNES, M. "La estrategia de la cooperación judicial penal europea en materia de intereses financieros", en I. Berdugo Gómez de la Torre y N. Rodríguez-García (coords), *Decomiso u recuperación de activos crime doesn't pay*, Tirant Lo Blanch, Valencia, 2020, pp. 267-294.

46 Sobre el tema, mencionado por la primera vez en este contexto, de interés general LANOTTE, M., "L'impunità degli autori delle frodi carosello e le contromisure per la tutela degli interessi finanziari europei: la direttiva pif e il regolamento EPPO", *Diritto Penale Contemporaneo*, 2019, n. 6, pp. 189-206.

47 Consiglio dell'Unione Europea: Conclusioni del Consiglio sul proseguimento permanente del ciclo programmatico dell'UE per contrastare la criminalità organizzata e le forme gravi di criminalità internazionale: EMPACT 2022+, Bruxelles, 26 febbraio 2021. Disponible in https://data.consilium.europa.eu/doc/document/ST-6481-2021-INIT/it/pdf (fecha de última consulta: 8 de mayo de 2024).

48 Para profundizar, véase enlace disponible https://www.consilium.europa.eu/it/press/press-releases/2021/05/26/fight-against-organised-crime-council-sets-out-10-priorities-for-the-next-4-years/ (fecha de última consulta: 8 de mayo de 2024).

49 *Serious and Organised Crime Threat Assessment (SOCTA) Identifying the priorities in the fight against major crime*, 14 dicembre 2021, pp. 1-108. Disponible en https://www.europol.europa.eu/publications-events/main-reports/socta-report (fecha de última consulta: 10 de octubre de 2023).

zados por Europol, resumidos en la OCTA, para la adopción de iniciativas estratégicas y operativas[50].

A partir de los resultados de un análisis del SOCTA (*Serious and Organised Crime Threat Assessment)* 2021[51], y teniendo en cuenta otros documentos estratégicos, el Consejo elige las prioridades en la lucha contra la delincuencia grave y organizada para la citada plataforma: EMPACT 2022 a 2025[52]. Del SOCTA de la UE del 2021 se desprende que:

— Cerca del 40 % de las redes delictivas activas en la UE están implicadas en el comercio de drogas ilegales;

— Alrededor del 60 % de las redes delictivas activas en la UE utilizan la violencia como parte de sus actividades delictivas;

— El uso de la corrupción y el abuso de las estructuras empresariales legales son características clave de la delincuencia grave y organizada en Europa. Dos tercios de los delincuentes utilizan la corrupción de forma regular. Más del 80 % de las redes delictivas utilizan estructuras empresariales legales[53].

En resumen, SOCTA es el resultado de la cooperación entre Europol, las autoridades policiales, las agencias de la UE y las organizaciones internacionales. Las evaluaciones de las amenazas de delincuencia permiten definirla "piedra angular" de la Plataforma multidisciplinar europea contra las amenazas criminales (EMPACT) en la UE.

1. *El papel de los magistrados de enlace*

La Acción común, 96/277/JAI de 22 de abril de 1996 adoptada por el Consejo en virtud del artículo K.3 del TUE[54], previó la creación de un

---

50 MAGGIO, P. "La lotta alla criminalità in Europea organizzata in Europea fra strategie di contrasto e rispetto dei diritti umani", *Cassazione Penale*, 2013, n. 2, pp. 808-821, esp. p. 810.

51 Fecha de la última actualización: 14 de diciembre de 2021.

52 *Serious and Organised Crime Threat Assessment (SOCTA) Identifying the priorities in the fight against major crime, op. cit.*, esp. p. 19 (traducción propia).

53 *Serious and Organised Crime Threat Assessment (SOCTA) Identifying the priorities in the fight against major crime, op. cit.*, esp. p. 21 (traducción propia).

54 96/277/JAI: Acción común, de 22 de abril de 1996, adoptada por el Consejo en virtud del artículo K.3 del TUE, para la creación de un marco de intercambio de magistrados de enlace que permita mejorar la cooperación judicial entre los Estados miembros de la Unión Europea, publicada en DOCE n. L 105, del 27 de abril del 1996, pp. 1-2. Más información DE JORGE MESAS, L. F., "Los magistrados de

marco para el intercambio de magistrados de enlace para mejorar la cooperación judicial entre los Estados miembros de la UE. Los llamados magistrados de enlace fueron sin duda la primera institución creada en la UE con el papel de "embajador judicial"[55]. Entre las funciones incluyen actividades destinadas al intercambio de información y estadísticas para facilitar la comprensión mutua de los sistemas y las bases de datos jurídicas relacionadas.

La creación de esta institución radica en la firma de los acuerdos bilaterales entre determinados países sobre temas específicos. De esta manera, entre otros, los suscritos entre Italia y Francia en relación con la lucha contra la mafia; al igual que entre los Países Bajos y Francia en relación con la lucha contra el tráfico de drogas, ambos firmados en 1993[56]. Destaca el carácter bilateral de estas figuras, es decir, la implantación simultánea de un magistrado de enlace en los dos países que acuerden su nombramiento[57]. La creación de dichas entidades por parte de los Estados miembros es facultativa, ya que deben elegir si designan magistrados de enlace de forma simétrica con los países con los que van a desarrollar una cooperación judicial más estrecha. Por ejemplo, España cuenta actualmente con magistrados de enlace en Bélgica (acreditada en Países Bajos y Luxemburgo), Francia, Reino Unido (acreditada ante Irlanda) y también en Estados Unidos y Marruecos[58].

---

enlace: concepto, normativa europea y española", en S. Barona Vilar (coord.), *Justicia penal y civil en la era global,* Valencia, Tirant lo Blanch, 2017, pp. 363-386.

55 JIMENO BULNES, M. "La administración de justicia en la cooperación judicial Europea", en P. Martín Ríos e M.A. Pérez Márin (dres.), E. C. Pérez-Lunos Robleado e M. L. Domínguenz Barragáan (coords.), *La administración de justicia en España y en América,* Sevilla, Astigi, 2021, pp. 1019–1058, esp. p. 1023.

56 JIMENO BULNES, M. "La administración de justicia en la cooperación judicial Europea", *op.cit.,* esp. p. 1024.

57 Al respecto, ESCALADA LÓPEZ M. L. "Instrumentos orgánicos de cooperación judicial: magistrados de enlace, red judicial europea y Eurojust" en M. Jimeno Bulnes (coord.), *La cooperación judicial civil y penal en el ámbito de la Unión Europea: instrumentos procesales,* Barcelona, J.M. Bosch, 2007, pp. 95-121. Además de ALONSO MOREDA, N. *La dimensión institucional de la cooperación judicial en materia penal en la Unión Europea: magistrados de enlace, Red Judicial Europea y Eurojust,* Servicio Editorial de la Universidad del País Vasco, Bilbao, 2010.

58 A la fecha, última memoria disponible del 2021, titulada: "Acción exterior del Estado en materia de Justicia: MAGISTRATURAS DE ENLACE" véase enlace https://www.mjusticia.gob.es/es/AreaInternacional/CooperacionJuridicaInternacional/Documents/Memoria%202021%20Magistraturas%20de%20enlace.pdf (fecha de última consulta: 8 de mayo de 2024).

Los magistrados de enlace han sido definidos como jueces o fiscales (pudiendo ser, y de manera extraordinaria, otros funcionarios) especializados en cooperación judicial internacional, destacados en otro país y reconocidos por parte de los órganos de justicia del país de acogida, con el objetivo de agilizar y facilitar la cooperación judicial internacional y garantizar que las divergencias entre los diferentes sistemas jurídicos no impidan una cooperación judicial eficaz[59]. En otras palabras, actúan como puntos de contacto y facilitadores de la comunicación entre las autoridades judiciales de su país de origen y las autoridades judiciales del país anfitrión. Esto implica la transmisión de solicitudes de asistencia legal mutua, preguntas, respuestas y otro tipo de información relevante. Además, ayudan en la coordinación de investigaciones que involucran a múltiples jurisdicciones. Esto puede incluir la organización de reuniones y entrevistas conjuntas, la traducción de documentos y la cooperación en la recopilación de pruebas.

La UE reclama un "servicio de justicia" a través de la cooperación internacional, con el fin de regular las relaciones de forma homogénea y hacer compatibles entre sí las diferentes legislaciones nacionales. En cuanto al cumplimiento de las solicitudes de cooperación judicial europea e internacional[60], y las principales dificultades relacionadas con ello, se señala que los diferentes sistemas procesales a nivel nacional no responden rápidamente a las solicitudes; al contrario, obstaculizan el curso de los procedimientos penales, especialmente en el ámbito de la cooperación internacional[61].

2. *Los nuevos instrumentos contra la criminalidad organizada*

En relación con el título de este capítulo, se va a proceder al análisis de los nuevos instrumentos eficaces para la lucha contra la criminalidad. Este estudio revela una falta de adecuación de los instrumentos tradicionalmente utilizados en el ámbito de la cooperación. Los mismos se consideran fundamentales para detener el desarrollo de la delincuencia organizada

---

59 JIMENO BULNES, M. "La administración de justicia en la cooperación judicial Europea", *op.cit.*, esp. p. 1025.

60 En términos generales COSTA RAMOS, V. "Notas sobre novos desafios da cooperação judiciária internacional em matéria penal", *Revista de estudios europeos* 2019, n. Extra 1, pp. 184-205.

61 Así de modo concreto, ZANIBONI, E., "Problemi e tendenze della cooperazione internazionale nell'esecuzione di misure per la prevenzione dei reati transnazionali", *Archivio penale*, 2019, n. 1, pp. 1-23, disponible en https://archiviopenale.it/File/DownloadArticolo?codice=5c10fd58-124c-4492-9f1c-897e203b6306&idarticolo=18546 (fecha de última consulta: 8 de mayo de 2024).

en Europa[62]. Además, la pandemia COVID-19 ha acentuado la capacidad de adaptación que caracteriza a los grupos criminales[63]. De hecho, éstos han trasladado sus actividades delictivas desde lugares físicos a la red[64], tal y como se recoge en el Informe sobre la cooperación judicial durante la pandemia de la COVID-19[65].

En este marco, parece necesario "animar" a los Estados miembros a hacer uso de herramientas basadas en las nuevas tecnologías, haciendo uso de la inteligencia artificial[66] (en adelante, I.A.). Por tal se entiende la capacidad de un sistema tecnológico para resolver problemas o realizar tareas o actividades propias de la mente y la acción humanas[67]. En 2018 se publicó la "Carta ética europea sobre el uso de la inteligencia artificial en los sistemas judiciales y su entorno", adoptado por el CEPEJ (Comisión Europea para la eficiencia de la Justicia) durante su 31St Reunión plenaria[68].

---

62 MACCHIA, A. e GAETA, P. "Al fine di...": ancora qualche riflessione su aggravante di agevolazione dell'associazione mafiosa e metodo giurisprudenziale", *Cassazione penale*, 2021, n. 9, pp. 2659-2678.

63 Al respecto, ALISTE SANTOS, J. y ALVARES GARCÍA J. *Transformación del paradigma de justicia tras la pandemia COVID-19*, Atelier, Barcelona, 2021, además en términos generales, CACCIATORE, S. & JIMENO BULNES, M. "Emergenza giudiziaria ai tempi del Covid-19 in Spagna", *Cassazione Penale*, 2020, n. 10, pp. 3864-3871.

64 LIÉBANA ORTIZ, J. R. "La pandemia de la COVID-19 como acicante de la justicia telemátoca", en T. J. Aliste Santos, e J. Alvares García (eds. y coords.), *Transformación del paradigma de justicia tras la pandemia COVID-19*, Atelier, Barcelona, 2021, pp. 135-168.

65 Informe Eurojust sobre el impacto de la COVID-19, titulado: *The Impact of COVID-19 on Judicial Cooperation in Criminal Matters, Analysis of Eurojust Casework,* del 17 mayo de 2021, disponible en https://www.eurojust.europa.eu/publication/impact-covid-19-judicial-cooperation-criminal-matters (fecha de última consulta: 8 de mayo de 2024).

66 Como afirma STICCA, S. "Le strategie di contrasto alla criminalità organizzata transnazionale e al terrorismo", *Filodiritto*, 2021, disponible en https://www.filodiritto.com/le-strategie-di-contrasto-alla-criminalita-organizzata-transnazionale-e-al-terrorismo (fecha de última consulta: 8 de mayo de 2024), además sobre el tema, REIFARTH MUÑOZ, W. "El uso de la inteligencia artificial en el proceso judicial y los derechos fundamentales" en F. Bueno de Mata (dir.), *El impacto de las tecnologías disruptivas en el Derecho Procesal,* Cizur Menor, Aranzadi, 2022, pp. 199-214.

67 En esta materia, TRAVERSI, A. "Intelligenza artificiale e giustizia, ¿verso un giudice robot?", *Altalex,* 2019, disponible en https://www.altalex.com/documents/news/2019/03/19/intelligenza-artificiale-e-giustizia-giudice-robot (fecha de última consulta: 8 de mayo de 2024).

68 "Carta ética europea sobre el uso de la inteligencia artificial en los sistemas judiciales y su entorno", adoptado por el CEPEJ durante su 31St Reunión plena-

En la justicia penal, el efecto más evidente se ha producido en el plano probatorio; el potencial de los datos generados por las herramientas digitales ha dado lugar a nuevas formas de captura encubierta de conversaciones con una capacidad de intrusión sin precedentes en la privacidad de los individuos[69]. Aunque son evidentes algunos riesgos y limitaciones en el uso de la I.A[70].

Según el tercer informe[71] elaborado por el *Organismo permanente di monitoraggio ed analisi sul rischio di infiltrazione nell' economia da parte della criminalità organizzata di tipo mafioso*[72], que analiza la evolución de la delincuencia en fase pandémica a escala internacional, aparece que el riesgo de infiltración en la economía por parte de las asociaciones de tipo mafioso ha sido mayor[73]. Por esta razón, es esencial establecer un mecanismo de apoyo a las

---

ria, Estrasburgo, 3 y 4 de diciembre de 2018, más información disponible en https://protecciondata.es/wp-content/uploads/2021/12/Carta-Etica-Europea-sobre-el-uso-de-la-Inteligencia-Artificial-en-los-sistemas-judiciales-y-su-entorno.pdf (fecha de última consulta: 8 de mayo de 2024).

69 QUATTROCOLO, S. "Intelligenza artificiale e giustizia: nella cornice della carta etica europea, gli spunti per un'urgente discussione tra scienze penali e informatiche", *La legislazione Penale*, 2018, pp. 1-12, esp. p. 2, (traducción propia) disponible en http://www.lalegislazionepenale.eu/ (fecha de última consulta: 8 de mayo de 2024).

70 Al respecto, FERNÁNDEZ, C. B. "Los jueces, ante los problemas jurídicos de la inteligencia artificial", *Diario La Ley*, 2022, pp. 1-6, disponible en https://diariolaley.laleynext.es/content/Inicio.aspx (fecha de última consulta: 8 de mayo de 2024).

71 Informe de abril de 2020, del *Organismo permanente di monitoraggio ed analisi sul rischio di infiltrazione nell'economia da parte della criminalità organizzata di tipo mafioso*, Roma, 2020, disponible en https://www.interno.gov.it/sites/default/files/2021-03/report_4_2020.pdf (fecha de última consulta: 8 de mayo de 2024).

72 En Italia, creado con decreto por parte del jefe de policía, Dirección General de la Policía, del 8 de abril de 2020, (completado por un Decreto posterior de 17 de abril de 2020), y presidido por el *Prefetto* Vittorio Rizzi. Para más información, véase el informe disponible en https://www.interno.gov.it/sites/default/files/2021-03/report_4_2020.pdf (fecha de última consulta: 8 de mayo de 2024).

73 Ylva Johansson, comisaria de Asuntos de Interior, ha declarado lo siguiente: "*Es evidente que tenemos que intensificar la lucha contra los grupos de delincuencia organizada, que se cuentan entre las mayores amenazas para nuestra seguridad. Se trata de delincuentes muy profesionales que actúan internacionalmente. El 70 % de las organizaciones delictivas operan en más de tres Estados miembros. Se han adaptado rápidamente a la pandemia al pasar rápidamente a actuar en línea y vender curas falsas o inexistentes. Ya hemos detectado tentativas falsas de vender más de mil millones de dosis de vacunas falsas. Nuestra estrategia es un programa de cinco años dirigido a reforzar el cumplimiento de la ley europea en el mundo físico y en el digital. Con las medidas que proponemos hoy, pasaremos de la cooperación policial ocasional a la cooperación policial permanente, y seguiremos la pista*

Unidades de Inteligencia Financiera (en adelante UIF) nacionales, con el fin de superar las asimetrías operativas a escala europea o las posibles criticidades en el intercambio de información entre las UIF y las autoridades competentes[74]. De ahí la importancia de una disciplina europea unitaria en este ámbito, o incluso en el del blanqueo de capitales y la lucha contra la financiación de grupos delictivos.

En el contexto actual, sería deseable la creación de un auténtico *corpus iuris* del derecho procesal comunitario[75]. Esta afirmación deriva de la necesidad de permitir una "aproximación" progresiva de las normas estatales que regulan los instrumentos de cooperación judicial en materia penal. La ausencia de una integración penal "indirecta" por parte de los Estados para adoptar las medidas necesarias que garanticen la eficacia de estos instrumentos de cooperación pone de manifiesto los límites de las competencias de la UE[76]. El camino hacia el paso más ambicioso es la creación de un Derecho procesal penal de la UE que pueda servir de modelo, al menos inicialmente, para el diseño y la aplicación de un procedimiento penal europeo para determinados delitos transfronterizos graves que estén fundamentalmente vinculados al fenómeno de la delincuencia organizada,

---

del dinero para capturar a los delincuentes gracias a investigaciones financieras». Disponible en https://ec.europa.eu/commission/presscorner/detail/es/ip_21_1662 (fecha de última consulta: 8 de mayo de 2024). Véase además la "Estrategia de la UE para una Unión de la Seguridad: integrar las medidas individuales en un nuevo ecosistema de seguridad", disponible en la página oficial de la Comisión Europea: https://ec.europa.eu/commission/presscorner/detail/es/ip_20_1379 (fecha de última consulta: 8 de mayo de 2024). Por ello, la Comisión presentó la mencionada estrategia de la UE para luchar contra la delincuencia organizada, cuyo contenido puede consultarse en Comunicación de la Comisión al Parlamento Europeo, al Consejo, al Comité Económico y Social Europeo y al Comité de las Regiones, COM (2021) 170 final, disponible en https://eur-lex.europa.eu/legal-content/ES/ALL/?uri=CELEX:52021DC0170 (fecha de última consulta: 8 de mayo de 2024).

74 Para profundizar véase el documento del *Council of Europe*, "*Committee of experts on the evaluation of anti-money laundering measuresand the financing of terrorism, Money laundering and terrorism financing trends in MONEYVAL jurisdictions during the COVID-19 crisis*", Strasbourg, 2020, pp. 1-16, disponible en https://rm.coe.int/moneyval-2020-18rev-covid19/16809f66c3 (fecha de última consulta: 8 de mayo de 2024).

75 Sobre el tema, SIGNES MESA, J. *Derecho Procesal Europeo,* Iustel, Madrid, 2018.

76 Al respecto, JIMENO BULNES, M., "La administración de justicia en la cooperación judicial Europea", en P. Martín Ríos e M.A. Pérez Márin (dres.), E. C. Pérez-Lunos Robleado e M. L. Domínguez Barragáan (coords.), *La administración de justicia en España y en América,* Sevilla, Astigi, 2021, pp. 1019–1058.

o delitos que atenten directamente contra la seguridad y los intereses de la UE[77].

IV. REFLEXIÓN FINAL

A partir del análisis de los retos futuros en materia de cooperación judicial en la UE, nos enfrentamos a una serie de desafíos, desde diferencias legales y procedimentales hasta obstáculos políticos y culturales. La superación de estos retos requiere esfuerzos continuos a nivel nacional, europeo e internacional, incluida la armonización de leyes y procedimientos, así como la promoción de la confianza y la cooperación entre las jurisdicciones.

Como adelantado, en mayo de 2021 la UE se esforzó por definir las prioridades en la lucha contra la delincuencia organizada y grave desde el 2022 hasta 2025. Estas prioridades se aplicarán en el marco de la plataforma europea multidisciplinar de lucha contra las amenazas (EMPACT). En este mismo contexto, es de destacar el papel desempeñado por parte de Europol haciendo hincapié en las líneas de política criminal contenidas en el SOCTA. Se requiere a los Estados miembros y a los organismos de la Unión, creados con el fin de luchar contra la delincuencia transnacional, que tengan en cuenta el resultado de los análisis realizados por Europol, a fin de adoptar las iniciativas estratégicas y operativas para abordar la amenaza de la criminalidad organizada.

Por lo que respecta la delincuencia organizada internacional, es importante destacar, que los magistrados de enlace desempeñan un papel fundamental en la cooperación judicial en particular internacional. Se observa que los diferentes sistemas procesales nacionales no responden rápidamente a las solicitudes; por el contrario, obstaculizan el curso de los procesos penales, especialmente en el ámbito de la cooperación internacional.

Aunque nos parece muy lejana, la pandemia de la COVID-19 ha acentuado el espíritu de adaptación que caracteriza actualmente a los grupos criminales. La delincuencia organizada y transnacional, como el tráfico de drogas, la trata de personas y la ciberdelincuencia, a menudo desafía los re-

---

[77] MARTÍN DIZ, F., "Propuesta de un modelo procesal penal europeo para delitos transfronterizos", en M. Llorente Sánchez-Arjona (dir.), y J. A. Posada Pérez (coord), *Estudios procesales sobre el Espacio Europeo de Justicia*, Cizur Menor Aranzadi, 2021, pp. 51-71, esp. p. 52. Además véase BIAVATI, P. e CARPI, F., *Diritto Processuale Comunitario*, Giuffrè, Milano, 2000.

cursos y la capacidad de las autoridades para abordarla de manera efectiva. La crisis económica ha provocado un impacto decisivo en la sociedad y la delincuencia organizada ha extendido aún más su alcance al ciberespacio. En este marco, parece necesario animar a los Estados miembros a utilizar las recientes herramientas basadas en las nuevas tecnologías disruptivas.

En la justicia penal, el impacto más evidente se ha producido a nivel probatorio, pues el potencial de los datos generados por las herramientas digitales ha dado lugar a nuevas formas de captación subrepticia de conversaciones con una capacidad de intrusión sin precedentes en la esfera de la confidencialidad de las personas. En este sentido, es necesario contar con una legislación europea que armonice sus condiciones de uso. La transformación digital de la justicia es un procedimiento que ya ha empezado, pero que aún tiene un largo camino por recorrer.

Bibliografía

ALISTE SANTOS, J. e ALVARES GARCÍA J. *Transformación del paradigma de justicia tras la pandemia COVID-19*, Atelier, Barcelona, 2021.

ALLI TURRILLAS, I. D. "Prevención y represión de la delincuencia grave y organizada en la unión europea: De la cooperación a la integración", tesis doctoral dirigida por el Prof. Dr. J. A. Corriente Córdoba, Universidad pública de Navarra, 2015.

ALONSO MOREDA, N. *La dimensión institucional de la cooperación judicial en materia penal en la Unión Europea: magistrados de enlace, Red Judicial Europea y Eurojust*, Servicio Editorial de la Universidad del País Vasco, Bilbao, 2010.

APRILE, E. e SPIEZIA, F. (eds.), *Cooperazione giudiziaria penale nell'Unione Europea prima e dopo il trattato di Lisbona*, Assago, Ipsoa, 2009.

ARANGÜENA FANEGO, C. y FONSECA MORILLO, F. (eds.), "Espacio de libertad, seguridad y justicia", en A. Calonge Velázquez y R. Martín de Laguardia (coords.), *Políticas comunitarias. Bases jurídicas*, Tirant lo Blanch, Valencia, 2013, pp. 143-213.

ARNÁIZ SERRANO, A. "Evolución de la cooperación judicial penal internacional: en especial, la cooperación judicial penal en europa", en M., Carmona Ruano, I., U. González Vega y V., Moreno Catena (dres.) y A., Arnáiz Serrano (coord.), *Cooperación Judicial Penal en Europa*, Dykinson, Madrid, 2013, pp. 1-40.

BARROSO MÁRQUEZ, J. F. "Jean Monnet la punta del iceberg comunitario", *Revista universitaria europea*, 2020, n. 33, pp. 79-94.

BIAVATI, P. e CARPI, F. *Diritto Processuale Comunitario*, Giuffrè, Milano 2000.

BOISTER, N. *An Introduction to Transnational Criminal Law*, OUP Oxford, Oxford, 2018.

BORGES BLÁZQUEZ, R. "Proceso Penal y Unión Europea: la construcción de la Europa de la libertad, la seguridad y la justicia", en P.R. Suárez Xavier y L. Fontestad Portalés (dres.), *Seguridad y los retos de la jurisdicción el siglo XXI: Justicia, sostenibilidad y paz*, Madrid, Colex, 2022, pp. 101-120.

CACCIATORE S. Reseña del libro de José Manuel Cortés Martín y Florentino-Gregorio Ruiz Yamuza (coords): "Retos actuales de la cooperación penal en la Unión Europea", Dykinson, Madrid, 2020, *Revista de Derecho Comunitario Europeo,* 2020, n. 67, pp. 1161–1170.

CACCIATORE, S. & JIMENO BULNES, M. "Emergenza giudiziaria ai tempi del Covid-19 in Spagna", *Cassazione Penale,* 2020, n.10, pp.3864-3871.

CACCIATORE, S. "El reconocimiento mutuo como principio clave para la lucha contra el crimen organizado", en F. Javier Garrido Carrillo (ed.), V. Faggiani (coord.), *Lucha contra la criminalidad organizada y cooperación judicial en la UE: instrumentos, límites y perspectivas en la era digital,* Cizur Menor, Aranzadi, 2022, pp. 171-186.

CACCIATORE S. "La politica dell'Unione Europea in tema di criminalità organizzata", en P. R. Suaréz Xavier, A. M. Vicario Perez, (dres.), *Cooperación judicial civil y penal en la Unión Europea,* Barcelona, Bosch Editor, 2023, pp. 57-86.

CHOCLÁN MONTALVO, J. A. "Criminalidad organizada. Concepto. La asociación ilícita. Problemas de autoría y participación", *Cuadernos de Derecho Judicial,* 2011, n. 2, pp. 215-268.

COSTA RAMOS, V. "Notas sobre novos desafios da cooperação judiciária internacional em matéria penal", *Revista de estudios europeos,* 2019, n. Extra 1, pp. 184-205.

DE AMICIS, G. "Le forme e gli strumenti della cooperazione giudiziaria", en AA.VV., *Manuale di procedura penale europea,* Giuffrè, Milano, 2015, pp. 209-230.

DE JORGE MESAS, L. F. "Los magistrados de enlace: concepto, normativa europea y española", en S. Barona Vilar (coord.), *Justicia penal y civil en la era global,* Valencia, Tirant lo Blanch, 2017, pp. 363-386.

DI PAOLO, G. "Lo spazio di Libertà, Sicurezza e Giustizia dell'UE: recenti novità sul fronte domestico e a livello europeo", *Cassazione Penale,* 2016, pp. 3018-3027.

DONINI, M. "Diritto penale di lotta. Ciò che il dibattito sul diritto penale del nemico non deve limitarsi a esorcizzare", *Studi sulla questione criminale,* 2007, n. 2, pp. 55-88.

ESCALADA LÓPEZ M. L. "Instrumentos orgánicos de cooperación judicial: magistrados de enlace, red judicial europea y Eurojust" en M. Jimeno Bulnes (coord.), *La cooperación judicial civil y penal en el ámbito de la Unión Europea: instrumentos procesales,* Barcelona, J.M. Bosch, 2007, pp. 95-121.

ESCALADA LÓPEZ, M. L. "La Cooperación judicial en la UE. Especial referencia a Eurojust y a las novedades normativas que le afectan", *Revista De Estudios Europeos,* (Extraordinario monográfico 1), 2023, pp. 475-502.

FAGGIANI V. "La armonización de la justicia penal en la UE: avances, límites del sistema y perspectivas de futuro", en A. Hernández López, M. E. Laro González (coords.), *Proceso penal europeo: últimas tendencias, análisis y perspectivas,* Cizur Menor, Aranzadi, 2023, pp. 259-290.

FARTO PIAY T. "Evolución y desafíos de la política criminal y la normativa de la UE en materia de recuperación y decomiso de activos", en A. Hernández López, M. E. Laro González (coords.), *Proceso penal europeo: últimas tendencias, análisis y perspectivas,* Cizur Menor, Aranzadi, 2023, pp. 259-290.

FORCADA MIRANDA J., F. "La importancia de las comunicaciones judiciales directas en el ámbito de la cooperación internacional", *Las comunicaciones judiciales directas en la cooperación jurídica internacional,* Madrid, Tirant lo Blanch, 2017, pp. 31-39.

FERNÁNDEZ, C. B. "Los jueces, ante los problemas jurídicos de la inteligencia artificial", *Diario La Ley,* 2022, pp. 1-6, https://diariolaley.laleynext.es/content/Inicio.aspx

FERRARI, F. "Forum shopping la necesidad de una definición amplia y neutra", *Arbitraje,* 2014, n. 2, pp. 335-368.

GALLUCCIO, A. "Pubblicata la prima relazione della Commissione europea sulla lotta alla tratta di esseri umani dall'adozione della Direttiva 2011/36/UE", *Diritto Penale Contemporaneo,* 2016, n. 7, pp. 125-140.

GARRIDO CARRILLO, F. J. *Retos en la lucha contra la delincuencia organizada,* Aranzadi, Navarra, 2021.

GÓMEZ COLOMER, J. L. "Policía judicial: a la búsqueda de un modelo adecuado para una lucha eficaz contra el crimen", *Cuadernos de derecho penal,* 2018, n. 19, pp. 11-46.

HERNÁNDEZ LÓPEZ A. "La digitalización de la cooperación judicial en materia penal en la Unión Europea: propuestas y perspectivas legislativas", en C. Arangüena Fanego, M. de Hoyos Sancho, E. Pillado González (dres.), P. M. Freitas (coord.), *El proceso penal ante una nueva realidad tecnológica europea,* Cizur Menor, Aranzadi, 2023, pp. 281-306.

JIMENO BULNES, M. "La estrategia de la cooperación judicial penal europea en materia de intereses financieros", en I. Berdugo Gómez de la Torre y N. Rodríguez-García (coords,), *Decomiso u recuperación de activos crime doesn't pay,* Valencia, Tirant Lo Blanch, 2020, pp. 267-294.

JIMENO BULNES, M. "La administración de justicia en la cooperación judicial Europea", en P. Martín Ríos e M.A. Pérez Márin (dres.), E. C. Pérez-Lunos Robleado e M. L. Domínguenz Barragáan (coords.), *La administración de justicia en España y en América,* Sevilla, Astigi, 2021, pp. 1019–1058.

JORGE MESAS, L. F. "Los magistrados de enlace: concepto, normativa europea y española", in S. Barona Vilar (coord.), *Justicia penal y civil en la era global,* Valencia, Tirant lo Blanch, 2017, pp. 363-386.

LANOTTE, M. "L'impunità degli autori delle frodi carosello e le contromisure per la tutela degli interessi finanziari europei: la direttiva pif e il regolamento EPPO", *Diritto Penale Contemporaneo,* 2019, n. 6, pp. 189-206.

LIÉBANA ORTIZ, J., R. "La pandemia de la COVID-19 como acicante de la justicia telemátoca", en T. J., Aliste Santos, e J., Alvares García (eds. y coords.), *Transformación del paradigma de justicia tras la pandemia COVID-19,* Barcelona, Atelier, 2021, pp. 135-168.

LONGO, A. "La «massima anticipazione di tutela». Interdettive antimafia e sofferenze costituzionali", *Rivista di diritto pubblico italiano, comparato europeo,* 2019, n. 19, pp. 1-39.

MACCHIA, A. e GAETA, P. "Al fine di...": ancora qualche riflessione su aggravante di agevolazione dell'associazione mafiosa e metodo giurisprudenziale", *Cassazione penale,* 2021, n. 9, pp. 2659-2678.

MAGGIO, P. "La lotta alla criminalità in Europea organizzata in Europea fra strategie di contrasto e rispetto dei diritti umani, *Cassazione Penale*, 2013, n. 2, pp. 808-821.

MARCHETTI, M. R. "Cooperazione giudiziaria: innovazioni apportate e occasioni perdute", *Diritto e procedura penale*, 2017, p. 1547 e ss.

MARTÍN RÍOS P. "L'indagine sulla criminalità organizzata in Italia: uno specchio nel quale guardarci?", *Revista General de Derecho Procesal*, 2023, n. 61, pp. 1-19.

MARTÍN DIZ, F. "Propuesta de un modelo procesal penal europeo para delitos transfronterizos", en M. Llorente Sánchez-Arjona (dir.), y J. A. Posada Pérez (coord), *Estudios procesales sobre el Espacio Europeo de Justicia*, Cizur Menor, Aranzadi, 2021, pp. 51-71.

MAUGERI, A. M. "'Mafie e Europa' Stati generali della alle mafie", *Diritto Penale Contemporaneo*, 2017, pp. 1-440, https://archiviodpc.dirittopenaleuomo.org/upload/8056-tavolo-xv-mafie-europa.pdf

MILITELLO, V. "Criminalità organizzata transnazionale ed intervento europeo fra contrasto e garanzie", en V. Gómez Martín (coord.), S. Mir Puig, M. Corcoy Bidasolo (dres.), *Garantías constitucionales y Derecho penal europeo*, Madrid, Marcial Pons, 2012, pp. 585-596.

MILITELLO, V. *Rapporto finale sulla ricerca*: "La rilevanza della nozione di organizzazione criminale nell'Unione europea: percorsi di armonizzazione", Università degli studi di Palermo, Palermo, 2015, https://www.caterinachinnici.it/wp-content/uploads/2016/01/Rapporto_SD_Nozione_Crim_EU.pdf

MILITELLO, V. "La lotta alla criminalità organizzata", *Rivista italiana di diritto e procedura penale*, 2020, n. 2, pp.773-803.

NORI, G. "La sovranità degli Stati, il rating e le regole sulla concorrenza", *Rassegna avvocatura dello Stato*, 2013, n. 4, pp. 1-352.

PÉREZ SOUTO, G. *La cooperación judicial en la Unión Europea. Eurojust y sus principales desafíos frente a la delincuencia transnacional grave.* Tesis doctoral dirigida por C. Quesada Alcalá, Facultad de Derecho UNED, 2014, http://e-spacio.uned.es/fez/eserv/tesisuned:Derecho-Gperez/PEREZ_SOUTO_Gema_Tesis.pdf

PONTI, C. "Il diritto internazionale e la criminalità organizzata", *Rivista di Studi e Ricerche sulla Criminalità Organizzata*, n. 1, 2015, pp. 23-36.

QUATTROCOLO, S. "Intelligenza artificiale e giustizia: nella cornice della carta etica europea, gli spunti per un'urgente discussione tra scienze penali e informatiche", *La legislazione Penale*, 2018, pp. 1-12, http://www.lalegislazionepenale.eu/

RAFARACI, T. *Area di Libertà Sicurezza e Giustizia: alla ricerca di un equilibrio fra priorita' repressive ed esigenze di garanzia*, Giuffré, Milano, 2007.

REIFARTH MUÑOZ, W. "El uso de la inteligencia artificial en el proceso judicial y los derechos fundamentales" en F. Bueno de Mata (dir.), *El impacto de las tecnologías disruptivas en el Derecho Procesal*, Cizur Menor, Aranzadi, 2022, pp. 199-214.

RUGGIERO, V. "Crimine organizzato e transnazionale in Europa", *Studi sulla questione criminale*, 2015, n. 2-3, pp. 183-202.

SAPONARO, F. "Il "funzionalismo" e l'integrazione europea in materia tributaria", *Revista de Estudos Constitucionais, Hermenêutica e Teoria do Direito,* 2019, n. 11(2), pp. 143-168.

SATZGER, H. "Mutual Recognition in Times of Crisis-Mutual Recognition in Crisis? An Analysis of the New Jurisprudence of the European Arrest Warrant", *European Criminal Law Review,* 2018, n. 3, pp. 317-331.

SCARCELLA, B. "Sulla liceità della "cannabis light": osservazioni in attesa di una pronuncia a Sezioni Unite", *Diritto Penale Contemporaneo,* 2019, n. 3, pp. 221-250.

SIGNES MESA, J. *Derecho Procesal Europeo,* Iustel, Madrid, 2018.

STICCA, S. "Le strategie di contrasto alla criminalità organizzata transnazionale e al terrorismo", *Filodiritto,* 2021, https://www.filodiritto.com/le-strategie-di-contrasto-alla-criminalita-organizzata-transnazionale-e-al-terrorismo

VERVAELE, J. A.E. *European Criminal Justice in the Post-Lisbon Area of Freedom, Security and Justice,* Quaderni della Facoltà di Giurisprudenza dell'Università degli studi di Trento, Trento, 2014.

VARVAELE, J. A.E "The material scope of competence of the european public prosecutor's Office: Lex uncerta and unpraevia", *ERA Forum Journal of the Academy of European Law,* 2014, n. 2, pp. 1-17.

VERVAELE, J. A.E. "The European Public Prosecutor's Office (EPPO): Introductory Remarks" in W. Geelhoed, L. H. Erkelens, A. W. H. Meij (eds.), *Shifting perspectives on the european public prosecutor's office,* The Hague, Assere Press, 2018, pp. 11-20.

ZANIBONI, E. "Problemi e tendenze della cooperazione internazionale nell'esecuzione di misure per la prevenzione dei reati transnazionali", *Archivio penale,* 2019, n. 1, pp. 1-23, https://archiviopenale.it/File/DownloadArticolo?codice=5c10fd58-124c-4492-9f1c-897e203b6306&idarticolo=18546

ZÚÑIGA, L. "El concepto de criminalidad organizada transnacional: problemas y propuestas", *Revista Nuevo Foro Penal,* 2016, n. 12, 2016, pp. 62-114.

Capítulo XVII

The state of the art on the fight against corruption within the Area of Freedom, Security and Justice

COSTANZA DE CARO
PhD in Criminal Procedural Law, University of Florence

ABSTRACT: Since the setting up of the Area of Freedom, Security and Justice, tackling the crime of corruption has been confirmed as one of the main priorities of the European Union as it silently undermines socio-economic growth and hinders EU values. The present contribution aims at analyzing the EU legal framework on the fight against corruption in light of the enhancement of prosecutorial powers brought about by the European Public Prosecutor's Office on the one hand and the Regulation on E-evidence on the other. It is contended that these provisions may unfold an enormous potential in the persecution of corruptive conducts while also upholding a change of paradigm in the conceptualization of the principle of territoriality by envisaging a cross-border criminal architecture, even if issues on the respect of procedural safeguards may arise.

Keywords: Corruption; European Public Prosecutor's Office; Investigative measures; E-evidence Regulation; cross-border investigations.

TABLE OF CONTENTS:

I. INTRODUCTION: ANTI-CORRUPTION FRAMEWORK AS A CROSSROAD OF DIFFERENT APPROACHES

Since the setting up of the Area of Freedom, Security and Justice, combatting corruption has been a top priority for the European Union. This is due to its ability to insidious potential to erode socio-economic growth, decrease foreign investments rates, strain public finances, while undermining EU democratic values as enshrined in art. 2 TEU. Corruption can manifest in various forms, including bribery, trading in influence, abuse of powers and nepotism, all of which can facilitate the commission of other serious crimes[1]. In light of that, corruption is classified as one of the so-called *eurocrimes* pursuant to art. 83 § 1 TFEU, namely serious illicit conducts with a cross-border dimension in countering which the EU legislator is entitled to provide for minimum rules by means of directives.

However, despite the revolution brought about by the Treaty of Lisbon, the current EU legislative framework against corruption appears fragmentated in sectoral pieces of legislation addressing various aspects of this multi-faceted phenomenon. This fragmentation reflects the versatile nature of corruption and its harmful potential inasmuch as those who abuse entrusted powers for private gain can infiltrate every economic field offering lucrative opportunities. As acknowledged by the European Commission[2], «[n]o sector or area of activity is safe from corruption risks, but common high-risk areas deserve particular attention – usually those involving management of significant public funds or access to permits or to a critical service». Anti-corruption provisions are therefore referred to in anti-money laundering legislation, financial legislation governing the use of the financial system for prosecution purposes, and regulations on the general budget of the Union. It is also contemplated among the offences within the scope of application of assets freezing and recovery rules. Corruptive conducts are further criminalized when committed in the private sector.

The area which has nonetheless proved most fortunate in the actual implementation of anti-corruption measures is the one relating to the protection of the EU budget (hereinafter: PIF sector), starting from the 1995 PIF Convention[3] on the protection of European Communities' financial interests, lastly replaced by the Directive (EU) 2017/1371 (hereafter: PIF

---

1 See Directorate-General for Migration and Home Affairs, *Special Eurobarometer 502*, June 2020.

2 European Commission, *Joint Communication to The European Parliament, The Council and The European Economic and Social Committee on the fight against corruption*, JOIN(2023) 12 final, 2023. This communication was presented by the EU Commission jointly with other anti-corruption policy measures, namely a proposal for a Directive on combatting corruption by criminal law and a new EU sanction regime for corruption.

3 See Council Act of 27 September 1996 drawing up a Protocol to the Convention on the protection of the European Communities' financial interests, whose Preamble states that «financial interests of the European Communities may be damaged or threatened by other criminal offences [other than fraud affecting Community revenue and expenditure], particularly acts of corruption by or against

Directive) on the fight against fraud to the Union's financial interests by means of criminal law[4] for the Member States bound by it. Corruption appears among those behaviors that indirectly affects the allocation and management of EU resources hampering the proper, impartial and transparent functioning of the supranational interest of the EU public administration[5]. This allowed for a further innovation within the anti-corruption legal framework, which is the implementation of a vertical cooperation mechanism in tackling corruption also in its cross-border dimension represented by the European Public Prosecutor's Office (hereafter: EPPO).

In addition to that, another innovation shall be considered for it is potentially going to reshape the anti-corruption policy at the EU level. After a five-year long negotiation process, the so-called «E-evidence package» was finally adopted in July 2023 to provide for uniform rules on the gathering of digital evidence so as to overcome the differences currently occurring in the national legislations on the matter[6]. The adaptability of corruptive practices to new profit opportunities must be acknowledged vis-à-vis the digitalization of the means of communication; criminals increasingly employ electronic communication channels to carry out their illicit behaviors and therefore judicial authorities and EU bodies are compelled to adapt their operative framework to such circumstances. To that end, the new instrument may represent the keystone to a new enforcement paradigm in the criminal field.

The present paper aims to use the EU anti-corruption legislation as a sample to assess whether the combination of the above-mentioned developments in criminal policy may provide the basis for an effective law enforcement mechanism. It will be organized as follows: the next section will focus on the new face of the vertical cooperation mechanism between Member States in light of the role of the EPPO, specifically analyzing the investigative measures it is provided with to tackle corruptive conducts. The third section will move the attention on the mutual recognition instrument

---

national and Community officials, responsible for the collection, management or disbursement of Community funds under their control».

4 Directive (EU) 2017/1371 of the European Parliament and of the Council of 5 July 2017 on the fight against fraud to the Union's financial interests by means of criminal law.

5 LIGETI, K. *The European Public Prosecutor's Office: How Should the Rules Applicable to its Procedure be Determined?*, in *Eur. Crim. L. Riv.*, 2011.

6 Regulation (EU) 2023/1543 of the European Parliament and of the Council of 12 July 2023 on European Production Orders and European Preservation Orders for electronic evidence in criminal proceedings and for the execution of custodial sentences following criminal proceedings.

represented by the E-evidence regulation, shading light on the new paradigm of horizontal cooperation between public authorities and private bodies. The last section will draw some conclusions.

II. CROSS-BORDER INVESTIGATIONS IN EPPO PROCEEDINGS: THE SPECIAL INVESTIGATIVE TECHNIQUES TO THE TEST OF CORRUPTIVE CONDUCTS

Regulation (EU) 2017/1939[7] (hereinafter: EPPO Regulation) on the establishment of a single prosecutorial office within the territory of EU Member States marked a decisive change of course in the development of EU policy in criminal matters since departing from the traditional cooperation mechanisms established on minimum harmonization or mutual recognition instruments, it introduced a centrally based integrated enforcement system. The pivot of such a complex mechanism is the EPPO, a judicial body entrusted with autonomous investigative and prosecutorial powers which are exercised before the competent domestic courts of Member States. As already mentioned, the EPPO was established «[i]n order to combat crimes affecting the financial interests of the Union»[8] by means of criminal proceedings, so as to fulfill the mandate provided for by the Treaty on the functioning of the European Union under Title V on the regulation of an Area of Freedom, Security and Justice.

Neither the legal basis *ex* art. 86 TFEU[9] of the EPPO Regulation nor the regulation itself clarify what should be referred to as crimes *affecting* the EU budget, as no substantial law provision is envisaged by the instrument.

---

7 Council Regulation (EU) 2017/1939 of 12 October 2017 implementing enhanced cooperation on the establishment of the European Public Prosecutor's Office.

8 Art. 86 TFEU.

9 For the attempts to interpret the wording of art. 86 TFEU, see *inter alia* GRASSO, G., SICURELLA, R., GIUFFRIDA, F. "EPPO material competence: analysis of the PIF Directive and regulation", in K. Ligeti, M. João Antunes and F. Giuffrida (ed.), *The European Public Prosecutor's Office at Launch. Adapting National Systems, Transforming EU Criminal Law*, CEDAM, 2020, pp. 23-56; LIGETI, K., "The European Public Prosecutor's Office: How Should the Rules Applicable to its Procedure be Determined?", *European Criminal Law Review*, 2011, n. 1, pp. 123-148; SICURELLA, R. "Setting up a European criminal policy for the protection of EU financial interests: guidelines for a coherent definition of the material scope of the European public prosecutor's office", in K. Ligeti (ed.), *Toward a Prosecutor for the European Union, Volume 1: A comparative Analysis*, Bloomsbury Publishing, 2012, pp. 870-904.

Indeed, the choice of the EU legislator was to define the material scope of the EPPO by a dynamic[10] reference to another legal instrument in the form of a directive, which is the Directive (EU) 2017/1371. Art. 22, § 1, EPPO Regulation expressly refers to the PIF Directive in order to identify the offences falling within the scope of powers of the EPPO, «as implemented by national law, irrespective of whether the same criminal conduct could be classified as another type of offence under national law». What appears to be most problematic from an integration perspective is that «equivalent components of substantive criminal law in the AFSJ for the competence *ratione materiae* of the EPPO depend on the level and content of the harmonization in the directive and on the quality of the implementation in every single Member State»[11].

Even though corruption does not strictly relate to the protection of the EU financial interests, it appears among those behaviors whose criminalization contribute to their protection[12], together with money laundering and misappropriation. The system therefore envisages an undeniable improvement in the effective prosecution of corruptive conducts.

Nonetheless, prosecutorial models cannot be deemed efficient if the investigative powers envisaged fail to address the specificities of certain crimes. Corruption is without any doubt an offence particularly difficult to detect as corruptive behaviors are *per se* unexpressed and do not publicly manifest themselves. In other words, collusive offences challenge traditional investigative measures such as search of premises, seizures, production of documents or testimony because of the implicit agreement between the parties. As a consequence, international instruments have been calling for the development of investigative techniques which shall take into account the technological advancement[13]. Indeed, national experiences show how investigations into allegations of corruption mostly involve interceptions

---

10 VILAS Á LVAREZ, D. "The Material Competence of the European Public Prosecutor's Office", in L. Bachmaier Winter (ed.), *The European Public Prosecutor's Office. The Challenges Ahead,* Springer, 2018, pp. 25-41, esp. p. 29.

11 VERVAELE, J.A.E. "The material scope of competence of the European Public Prosecutor's Office: *Lex uncerta* and *unpraevia*?", in Era Forum, 2014, p. 97.

12 HERLIN-KARNEL, E. "The Establishment of a European Public Prosecutor's Office: Between 'Better Regulation' and Subsidiarity Concerns", in W. Geelhoed, L. H. Erkelens and A. W.H. Meij (eds.), *Shifting Perspectives on the European Public Prosecutor's Office,* Springer, 2018, pp. 42-57, esp. p. 49.

13 *Cfr.* United Nations Convention against Corruption, General Assembly resolution 58/4 of 31 October 2003, Art. 50; United Nations Convention against Transnational Organized Crime, General Assembly resolution 55/25 of 15 November 2000, Art. 20.

of communications or undercover operations which attempt to unveil the conducts in the same moment as they are being perpetrated.

These measures are provided for under art. 30 EPPO Regulation[14], which not only constitutes the sole disposition concerning the stage of investigations in the text[15] but also fails to provide for a clear set of rules establishing how these measures should be operatively dealt with. On the contrary, the Regulation constantly refers to the applicable national law in regulating the extent, execution and limitations of certain measures[16].

Especially in cross-border cases, it is prescribed that these measures be executed in accordance with the national law of the assisting Member State[17]. This implies that in accordance with an «integrated model»[18], the European Delegated Prosecutors (hereinafter: EDPs) «shall have the same powers as national prosecutors in respect of investigations, prosecutions and bringing cases to judgment»[19] and therefore that the effectiveness of the anti-corruption prosecutorial action will depend on the national criminal policy.

At this point, several issues arise. In the first place, the law of the State of the assisting EDP may not allow the execution of special investigative

---

14 Art. 30 § 1, lett. e) provides for the interception of electronic communications, while lett. f) envisages the controlled deliveries. It should be underlined that art. 30 § 4 allows EDPs to request or to order any other measures that are available to prosecutors under national law in similar national cases in their Member State.

15 Doubts on this choice were already manifested in the afterwords oof the publication of the proposal for a regulation on the European Public Prosecutor's Office of the European Commission. See RAFARACI, T. "Il controllo giurisdizionale delle attività del pubblico ministero europeo e l'innesto delle indagini nel procedimento nazionale", in Aa.V.v, *I nuovi orizzonti della giustizia penale europea*, op. cit., pp. 321-337.

16 The *ratio* of this choice clearly lies in the organizational framework adopted for the EPPO. It is not possible in this contribution to extensively delve into the structure of the EPPO developed in the Regulation, but for the sake of understanding it is worth mentioning that the EPPO is organized on two levels, being the central one constituted by a collegial body headquartered in Luxembourg and composed of European Prosecutors tasked with the supervision of the cases, whereas at the decentralized level the European Delegated Prosecutors operate within the legislative framework of each Member State. ALLEGREZZA, S. "Statuto e poteri del pubblico ministero europeo", in Aa.Vv, *I nuovi orizzonti della giustizia penale europea*, Giuffrè, 2015, pp. 279-320, esp. p. 289 talks of the collegial model as a "low impact europeanisation" example.

17 Art. 32 EPPO Regulation.

18 These words are used by BACHMAIER WINTER, L. "Cross-Border investigations under the EPPO proceedings and the quest for balance", in L. Bachmaier Winter (ed.), *The European Public Prosecutor's Office. The Challenges Ahead*, cit, pp. 117-140, esp. p. 119.

19 Art. 13 § 1 EPPO Regulation.

techniques in corruption cases, all the more so in light of the provision under art. 30 § 3 according to which Member States can limit the recourse to these measures to specific serious offences[20]. In this regard, EPPO Regulation envisages a multilateral consultation mechanism involving the assisting and the handling EDPs and the respective European Prosecutors at the central level in order to find an agreement[21] or rather resort to an existing mutual recognition instrument[22].

Secondly, despite the highly intrusive nature of measures such as interceptions of electronic communications or covert operations which would require the supervision of a judge, judicial authorizations may not be provided for in the legal framework of all Member States thus posing some problems on the regime governing their cross-border execution[23].

---

20 The Italian government made use of this limitation specifying in its communication of July 2021 to the EPPO College that the interception of communications shall be limited to «intentional offences punishable by life imprisonment or imprisonment for a maximum of at least five years and for offences against the public administration punishable by imprisonment for a maximum of at least five years (...)». According to Italian national law provisions all corruptive conducts fall within the scope of application of art. 30 EPPO Regulation.

21 Art. 31 § 5 EPPO Regulation does not list the grounds for refusal of the execution of the measure, but rather envisages the cases where the execution of the assignment may be affected by certain circumstances. This may occur when the assignment is incomplete or contains a manifest error; the measure cannot be undertaken within the time limit set out in the assignment for justified and objective reasons; an alternative but less intrusive measure would achieve the same results; the assigned measure does not exist or would not be available in a similar domestic case under the law of the assisting Member State.

22 Art. 31 § 6 EPPO Regulation.

23 It is worth recalling that the cross-border investigation model envisaged by the EPPO Regulation under Art. 31 is a *sui generis* system as it does not contemplate any sort of recognition procedure of the request sent by a EDP to another EDP but a simple assignment which should be executed unless the investigative measure assigned is particularly restrictive therefore infringing in fundamental rights. In these cases where judicial control is necessary, art. 31 § 3 EPPO Regulation states that the EDP of the Member State whose national law requires it should obtain it beforehand. It is unclear which judicial authority should be involved and to what extent if both national laws require an authorization, given that according to Recital 72 there should be only one authorization. As for the literature on the topic, see extensively A. Weyembergh, C. Brière (eds), *Towards a European Public Prosecutor's Office (EPPO), European Parliament*, 2016, pp. 30 ss; HERRNFELD H.-H. "Efficiency contra legem? Remarks on the Advocate General's Opinion Delivered on 22 June 2023 in Case C-281/22 G.K. and Others", in *Eucrim*, 2023; CSONKA, P., JUSZCZAK, A., SASON, E. "The establishment of the European Public Prosecutor's Office. The road from

Considering the Italian legal system, undercover operations can be assigned by the public prosecutor to the competent law enforcement body without the involvement of the judge for preliminary investigations or they can even be autonomously undertaken by the police with the only duty to inform the prosecutor. Should the Italian EDP deem it necessary to assign a covert operation in another Member State, the third parties infringed upon by the investigative measure would not be able to challenge its necessity or proportionality before the domestic competent court in the absence of a judicial authorization[24]. Similar considerations apply if the Italian EDP is required to conduct an undercover operation in the Italian territory.

Finally, the lack of indication on the procedure to be followed in the execution of interception of electronic communications or covert operations suggests that other legal instruments of mutual recognition and cross-border cooperation may be agreed upon and employed by the parties involved. Indeed, Recital 73 EPPO Regulation provides that such other instruments may supplement the cross-border investigation system envisaged by the regulation «to ensure that, where a measure is necessary in a cross-border investigation but is not available in national law for a purely domestic situation, it can be used in accordance with national law implementing the relevant instrument». To that end, the rules under the Directive on the European Investigation Order[25] (hereafter: EIO Directive) may be applicable, as they regulate more thoroughly how certain measures should be executed.

---

vision to reality", in Eucrim, n. 3, 2017; ALLEGREZZA, S., MOSNA, A. "Cross-Border Criminal Evidence and the Future European Public Prosecutor. One Step Back on Mutual Recognition?", in L. Bachmaier Winter (ed.), *The European Public Prosecutor's Office. The Challenges Ahead*, op. cit., pp. 141-164. The issue was recently addressed by the Court of Justice pursuant to a preliminary ruling request concerning art. 31 EPPO Reg, which confirmed the interpretation according to which only one judicial authorization relating to the substantive reasons of the measure should be carried out by the handling EDP, for the control by the competent authority in the Member State of the assisting EDP should be limited to the enforcement of such measure. See CJEU, G.K. and Others of 21 December 2023, C-281/22, ECLI:EU:C:2023:1018.

24 The Italian provisions on covert investigations may therefore appear in contrast with the conclusions adopted by the ECJ in the G.K and Others case mentioned above as it stated that the justification and adoption of the measure «must be subject to prior judicial review in the Member State of the handling European Delegated Prosecutor in the event of serious interference with the rights of the person concerned guaranteed by the Charter of Fundamental Rights of the European Union». See §78.

25 Directive 2014/41/EU of the European Parliament and of the Council of 3 April 2014 regarding the European Investigation Order in criminal matters.

Art. 30 § 6 EIO Directive states that when technical assistance is required by the Member State where the interception should take place, this can be executed by transmitting telecommunications immediately to the issuing State or alternatively by intercepting, recording and subsequently transmitting the outcome of interception[26]. Granting access to the evidence gathered to the handling EDP by way of direct transmission or through the previous recording would allow them to apply the relevant *lex fori* on the admissibility of evidence, thus preventing it from being excluded from the process because of its non-compliant collection[27].

In this respect, it is worth mentioning that as of six months from February 2023 the Italian EDPs are provided with an independent and reserved archive at national level where all the acts and registrations of interceptions carried out in the proceedings where the EPPO exercised its competence will be stored. This measure will not only ensure the separation from the national circuits and therefore the independence of the EPPO operations, but it also facilitates the consultation of the intercepted materials according to the national legal framework[28].

The disposition under art. 29 EIO Directive on covert investigations may also obviate the lack of rules in the EPPO Regulation. It provides that the authority of the executing Member State should decide on the recognition, execution and modalities of the measure in light of its national law and procedures, however allowing for both the issuing State and the executing State to jointly agree on certain details[29].

Despite the efforts in interpreting the meaning of the provision on cross-border investigations, the reference to mutual recognition instruments may seem at odds with the original intent of the reform.

---

26 The EIO Directive recalls what was already envisaged by the Convention on Mutual Assistance in Criminal Matters between the Member States of the European Union of 29 May 2000, art. 18.

27 BACHMAIER WINTER, L. "Cross-Border investigations under the EPPO proceedings and the quest for balance", in L. Bachmaier Winter (ed.), *The European Public Prosecutor's Office. The Challenges Ahead*, op. cit, esp. p. 131.

28 The Italian code of criminal procedure thoroughly regulates the transferring, the consultation and the selection of the evidence gathered through the interception of communications, being the former and the latter the competent prosecutor's responsibility. On the other hand, the access to the recordings and the related documents is granted to the judge for preliminary investigations as well to the defense lawyers under art. 269 CCP.

29 Art. 29 § 4 EIO Directive.

III. THE E-EVIDENCE REGULATION: HOW *ICT* CAN SERVE THE CAUSE OF CRIMINAL PROSECUTION EFFICIENCY

1. *The E-evidence Regulation and its impact in tackling corruption*

In the section above, the attempt to highlight some problematic features of the system envisaged by the EPPO Regulation has been carried out, notwithstanding the undisputed added value it offers to EU criminal policies.

Considering these circumstances, other strategic tools to complement the anti-corruption framework should be considered. To that end, the newly adopted "E-evidence Regulation" represents a valuable resource for the strengthening of the cooperation of Member States in prosecuting corruptive behaviours via horizontal cooperation[30]. Such instrument builds on the framework of mutual recognition, therefore enriching the toolbox in the hands of prosecutors, but it most remarkably builds on it as it envisages an innovative form of cooperation between public judicial authorities and private service providers[31].

The impact that the development of Information and Communications Technologies (hereafter: ICTs) had on corruptive offences can be appreciated not only in light of the transformation in the nature of this "traditional" crime[32] which constantly seeks for the profitable opportunities that these technologies unfold, but also from an investigative perspective. As a matter

---

30 Regulation (EU) 2023/1543 of the European Parliament and of the Council of 12 July 2023 on European Production Orders and European Preservation Orders for electronic evidence in criminal proceedings and for the execution of custodial sentences following criminal proceedings.

31 The idea that the instruments envisaged by the E-evidence Regulation, namely the European Production Order and the European Preservation Order, are not exactly instruments of mutual recognition as they do not entail the intervention of the authorities of the executing Member States, but rather instruments based on advanced form of mutual trust is upheld by TINOCO PASTRANA, A. "The Proposal on Electronic Evidence in the European Union", *Eucrim*, 2020, n. 1, pp. 46-50, https://eucrim.eu/articles/proposal-electronic-evidence-european-union-spain/#docx-to-html-fnref15.

32 SALLAVACI, O. "Rethinking Criminal Justice in Cyberspace: The EU E-evidence Framework as a New Model of Cross-Border Cooperation in Criminal Matters", in H. Jahankhani, B. Akhgar, P. Cochrane, M. Dastbaz, *Policing in the Era of AI and Smart Societies*, Springer, 2018, pp. 1-58 draws a distinction between cyber-dependent crimes, which need to take place with the use of ICT, and cyber-enabled crimes which can be committed both in the traditional way or via computer or other communication technology.

of fact, crimes committed by means of electronic devices leave behind vast amounts of digital traces which could represent both a valuable deterrent for criminals and an indispensable source of information for judicial authorities[33]. Where the detection of corruptive exchanges fails in the very moment they occur, the gathering of digital data may succeed.

Without going into the details of the background of the E-evidence Regulation[34], some features will be outlined in order to evaluate how they interact with the EU anti-corruption policy. The instrument seeks to facilitate the access and gathering of electronic evidence by judicial and law enforcement authorities in conducting criminal investigations. The scope of application of the Regulation is vague as it lacks a definition of *electronic evidence*[35], which is nonetheless generally conceived as «any data resulting from the output of an analogue device and/or a digital device of potential probative value that are generated, processed, stored or transmitted using any electronic device»[36]. Any piece of information stemming from digital devices

---

33 On the two-folded impact that ICTs can have on corruption, see ADAM, I., FAZEKAS, M. "Are emerging technologies helping win the fight against corruption? A review of the state of evidence", *Information Economics and Policy*, 2021, n. 57. The joint communication of the European Commission on the fight against corruption also suggests that electronic communication channels are increasingly exploited by criminals and organized criminal groups but also make corrupt exchanges more difficult due to the transparency and accountability level they entail. See EU Commission, Joint Communication to the European Parliament, the Council and the European Economic and Social Committee on the fight against corruption, JOIN(2023) 12 final, May 2023, https://commission.europa.eu/system/files/2023-05/JOIN_2023_12_1_EN.pdf, last accessed 30 October 2023.

34 In the broad literature on the matter see, *inter alia*, TOSZA, S. "The E-evidence Package is Adopted: End of a Saga or Beginning of a New One?", *European Data Protection Law Review*, 2023, n. 2, pp. 163-172; BRIÈRE, C "EU Criminal Procedural Law onto the Global Stage: The E-evidence Proposals and Their Interaction with International Developments", *European Papers – A Journal on Law and Integration*, 2021, n. 1, pp. 493-512; GONZÁLEZ FUSTER, G., VÁZQUEZ MAYMIR, S. "Cross-border access to E-evidence: framing the evidence", *CEPS In Liberty and Security in Europe*, 2020, n. 2, https://www.ceps.eu/ceps-publications/cross-border-access-to-E-evidence/, last accessed 30 October 2023; VILÀ CUÑAT, A. "E-evidence: ¿una evidencia?", *Revista Sistema Penal Crítico*, 2023, n. 4.

35 Art. 3 § 1, n. 8 E-evidence Regulation only states that «electronic evidence means subscriber data, traffic data or content data stored by or on behalf of a service provider, in an electronic form».

36 This definition was elaborated in the context of the EVIDENCE (European Data Informatics Exchange Framework for Courts and Evidence) project. For

or IT systems therefore falls within the scope of the regulation at stake, *e.g.*, GPS localization, Internet banking services, e-mails, phone records, social media accounts and instant messaging content.

This is all the more frequent when economic crimes such as corruption occur, since «economic and financial transactions nowadays take place in a virtual way»[37]. Corruptive exchanges take place in particularly high-risk areas, usually those involving management of significant public funds or access to permits or to a critical service, therefore where public financial resources are put out to tender[38]. In this regard, and in a future perspective, the digitalization of public procurement procedures may witness increasing attempts on the part of criminals to manipulate the transparency and regularity of the adjudication process. E-government digital platforms which Member States are increasingly implementing[39] will therefore provide valuable evidence for criminal investigation purposes.

Digital data can vary in nature, whereas the fact that they are stored and managed by private infrastructures such as Internet service providers (hereinafter: ISPs) represents the common ground[40], being often head-

---

further information https://cordis.europa.eu/project/id/608185/reporting, last accessed 30 October 2023.

37 SIGNORATO, S. "ICT, Data Retention, and Criminal Investigations of Economic Crimes", *Journal of Eastern European Criminal Law*, 2016, pp. 207-211, esp. p. 205, who recalls «not only systems of electronic payments such as payments by credit cards, *online* bank transfers or paypal, but also transactions carried out with real virtual currencies – the so-called *cryptocurrency* – such as *Bitcoin* and *Litecoin*».

38 EU Commission, Joint Communication to the European Parliament, the Council and the European Economic and Social Committee on the fight against corruption, JOIN(2023) 12 final, op. cit., p. 7.

39 In the aftermath of the economic crisis due to the Covid-19 pandemic, the recovery and resilience plan submitted by Italy included the uptake of a National e-Procurement System. See the Proposal for a Council implementing decision on the approval of the assessment of the recovery and resilience plan for Italy, COM/2021/344 final, https://eur-lex.europa.eu/legal-content/EN/TXT/?uri=CELEX%3A52021PC0344, last accessed 30 October 2023.

40 The different location of the service provider is not the only reason that put traditional mutual legal assistance instruments to the test in the gathering regime of E-evidence: indeed, multinational service providers often fragment the data into smaller pieces which are stored in servers located in different countries making it impossible for judicial authorities and service providers themselves to physically locate it. Furthermore, the volatile nature of E-evidence does not fit with the classic principle of territoriality, therefore causing uncertainty on the applicable nation law in the investigations. See KRISHNAMURTHY, V "Cloudy with a Conflict of Laws. How cloud computing has disrupted the mutual legal assistance treaty

quartered in different Member States from where the investigations are conducted. In light of this «loss of location»[41], most of the criminal cases involving electronic evidence has a cross-border dimension entailing the cooperation between national authorities and private actors[42] in a sort of « "responsibilisation strategy" whereby the private sector is co-opted by the State in the fight against crime»[43]. By envisaging criminally sanctioned orders submitted directly to ISPs without the involvement of the public authorities of the Member State where the evidence is deemed to be stored[44], the E-evidence Regulation fosters a change of paradigm in the gathering and transferring of digital evidence driven by technological progress, providing for a uniform approach within the Union.

2. *The recourse to the E-evidence framework in the EPPO investigations*

The key features of the E-evidence Regulation have been briefly outlined above. Reflecting on the possible interaction between the instrument and the EPPO system appears necessary to get the sense of their potential. To that end, the aspect of the judicial authorization will be analyzed.

---

system and why it matters", Berkman Center Research Publication, 2016, pp. 3 ss., https://cyber.harvard.edu/research/cloudywithaconflictoflaws, 30 October 2023

41 Eurojust and Europol, Common challenges in combating Cybercrime Joint Report, 2019, https://www.europol.europa.eu/cms/sites/default/files/documents/common_challenges_in_combating_cybercrime_2018.pdf, last accessed 30 October 2023.

42 As outlined by TOSZA, S. "All evidence is equal, but electronic evidence is more equal than any other: The relationship between the European Investigation Order and the European Production Order", *New Journal of European Criminal Law,* 2020, n. 11, pp. 161–183, esp. p. 8, the biggest private service providers owning the most employed IT servers are Americans which often hold subsidiaries headquartered in Europe. Nonetheless, it still can occur that relevant data is actually stored and managed in data centers located in yet another country.

43 BRIÈRE, C. "EU Criminal Procedural Law onto the Global Stage: The E-evidence Proposals and Their Interaction with International Developments", op. cit., p. 494. On the critical aspects of such a "private enforcement" system, see TOSZA, S. "Internet service providers as law enforcers and adjudicators. A public role of private actors", *Computer Law & Security Review*, 2016, n. 43, 1-17.

44 According to art. 7 § 1 E-evidence Regulation the recipients of European Production Orders or European Preservation Orders are designated establishments, or the legal representative of the service provider concerned; nonetheless, under certain circumstances, i.e., the type of data at stake, the issuing authority shall notify the enforcing authority which may raise any ground for refusal. *Cfr.* art. 8 E-evidence Regulation.

Looking at the powers conferred upon public prosecutors, the regulation states that only judges, courts and investigating judges have the competence to issue European Production Orders (hereinafter: EPOs) to obtain traffic and content data, while public prosecutors may only issue requests for subscriber data or data requested for the purpose of identifying the user[45]. The reason behind this choice lies in the sensitive nature of traffic and content data which are more intrusive of fundamental rights[46]. For a public prosecutor to issue a EPO to obtain these types of data, the previous validation of a judge verifying the necessity, proportionality, adequacy and applicability to the specific case should be carried out[47].

With regard to the EPPO proceedings, the EDP who has to conduct a criminal investigation into allegations of corruption or other PIF offences for which the gathering of digital evidence from an ISP offering service in their Member State is needed, faces two alternatives. On the one hand, art. 30 § 1, lett. c) EPPO Regulation in combination with art. 31 might allow the EDP to adopt and assign the measure to obtain the production of stored computer data. This would not only imply the involvement of the national competent authority, *i.e.*, the assisting EDP, but it would also entail the implementation of the mechanism under art. 31 EPPO Regulation. As a consequence, the judicial authorization from a judge in the State of the assisting European prosecutor should be obtained beforehand if the applicable national law requires so. Moreover, should the assisting EDP raise any of the grounds for refusal provided under the Regulation, the two colleagues shall engage in a

45 Art. 4 E-evidence Regulation.

46 *Cfr.* Recitals 34 ss. E-evidence Regulation. It is worth mentioning here that this stems from the decision delivered by the CJEU in the case H.K. Prokuratuur, of 2 March 2021, C-746/18, ECLI: EU:C:2021:152, concerning the conditions of data retention for criminal investigation purposes. With the decision in comment the Court states that in the criminal field the requirement of independence of the authority requesting access to retained data entails that the authority entrusted with the prior review, first, must not be involved in the conduct of the criminal investigation in question and, second, has a neutral stance vis-à-vis the parties to the criminal proceedings. It follows that the public prosecutor's office is not in a position to carry out the prior review of the access conditions as it is party to the criminal investigation. In the aftermath of this decision, the Italian legislator modified the relevant legislation under art. 132 of legislative Decree n. 196/2003 as to require that traffic data be gathered only by motivated decree of the competent judge upon request of the public prosecutor.

47 Art. 4 § 1 (b), § 2 (b), § 3 (b) E-evidence Regulation. In these cases, the authority sending out the request may be regarded as an issuing authority pursuant to the regulation.

dialogue with the possible involvement of the Permanent Chamber. On the other hand, Recital 73 EPPO Regulation suggests that the handling EDP could resort to the discipline provided under the E-evidence Regulation when the measure is not available in national law for a purely domestic situation. Therefore, the EDP could directly address the designated establishment or the legal representative of the service provider which stores the digital information needed, without consulting the EDP in the assisting Member State.

That being the case, the EDP shall previously obtain the judicial validation of the order only if it aims at obtaining traffic or content data and this circumstance would meet the requirement that one judicial authorization be carried out[48]. On the contrary, the request to get access to subscriber data does not need any judicial authorization but it can be issued by the public prosecutor according to applicable law. At a closer look, in cases where legal remedies against public prosecutors' activity are not provided for under national law, this would run counter to what is provided under art. 42 EPPO Regulation.

Indeed, the latter provides that procedural acts of the EPPO affecting third parties shall be put under scrutiny of national courts. In the same direction goes the E-evidence Regulation, whose Recital 80 foresees that all persons whose data have been requested have the right to an effective remedy, which «should be exercised before a court in the issuing State in accordance with its national law and should include the possibility of challenging the legality of the measure, including its necessity and proportionality». In the context of unilateral orders involving neither the national authorities of the enforcing Member State nor the ones of the issuing Member State, the risk of a judicial vacuum is definitely higher.

IV. CONCLUDING REMARKS

Without any doubt, the E-evidence Regulation once fully implemented[49] will reveal its advantages from a prosecutorial point of view, as it allows for speed and efficient unilateral requests for digital evidence while avoiding the cumbersome and lengthy procedures that traditional mutual legal assistance

---

48 Recital 72 EPPO Regulation.

49 According to art. 32 § 2 E-evidence Regulation, it shall apply starting from 18 August 2026.

agreements and even mutual recognition instruments implicate[50]. However, it is also a fact that «these IT technologies represent an enormous added value for investigations, being on the other side detrimental to the defense»[51].

While the EIO is always subject to a judicial control of the competent national authority to carry out the necessary substantive or formal checks[52], this is not always the case in the system envisaged by the E-evidence Regulation where the recipient of a European Production or Preservation Order is the ISP which follows a business-oriented approach. Hence, the risk for the fundamental procedural rights of the accused or the suspect or even third parties whose privacy has been infringed upon to be undermined in the name of a borderless online environment.

Both regulations, which combined may unfold an enormous potential in the prosecution of corruptive conducts to the detriment of EU financial interests perpetrated by means of internet-based devices, uphold a change of paradigm in the conceptualization of the principle of territoriality by envisaging a cross-border criminal architecture. Borders vanish for the sake of prosecution, but they stand still from the viewpoint of the defence which has to stick to the procedural guarantees provided for under the applicable

---

50 On the inadequacy of the mutual legal assistance framework at the international level and on the EIO Directive system at the regional level in addressing E-evidence in criminal matters, see SALLAVACI, O. "Rethinking Criminal Justice in Cyberspace: The EU E-evidence Framework as a New Model of Cross-Border Cooperation in Criminal Matters", op. cit., esp. pp. 10 ss, who mentions in particular the various stages and actors involved in the MLA process as well as the deadlines which the recognition of the requested investigative measure is subject to. Similarly, TOSZA, S. "Internet service providers as law enforcers and adjudicators. A public role of private actors", op. cit, esp. p. 9, talks about a «clear frustration» of law enforcement bodies due to the recourse to traditional cooperation mechanisms necessarily involving the competent authorities of both the countries concerned.

51 SIMONATO, M. "YP Special Report, Defence rights and the use of information technology in criminal procedure", in *Revue internationale de droit penal,* 2014, n. 85, pp. 261-310, esp. p. 267.

52 TOSZA, S. "All evidence is equal, but electronic evidence is more equal than any other: The relationship between the European Investigation Order and the European Production Order", op. cit., esp. p. 178. Even in the case of interception of communications conducted in the territory of a Member State from which no technical assistance is needed under art. 31 EIO Directive, the intercepting State is required to notify the State. Therefore, a dialogue between the two is likely to occur, as the notified Member State can warn that the interceptions be terminated or not used in case where it would not be authorized in a similar domestic case.

national law. But how can it be expected from the accused or the suspect to challenge the execution of a highly invasive investigative measure, be it the interception of communication or the production of personal digital data, when the *lex fori* is different than the law of the State where the ISP is seated and when the involvement of a third country whose law the ISP is subject to is highly plausible?

Bibliography

ADAM, I., FAZEKAS, M. "Are emerging technologies helping win the fight against corruption? A review of the state of evidence", *Information Economics and Policy*, 2021, n. 57.

AA.VV, *I nuovi orizzonti della giustizia penale europea: atti del convegno*, Milano, 24-26 ottobre 2014, Giuffrè Editore, 2015.

BACHMAIER WINTER, L. (ed.), *The European Public Prosecutor's Office: The Challenges Ahead*, 2018, Springer.

BIASIOTTI, M. et al. (eds.), *Handling and Exchanging Electronic Evidence Across Europe*, 2018, Springer.

BRIÈRE, C., "EU Criminal Procedural Law onto the Global Stage: The e-Evidence Proposals and Their Interaction with International Developments", in *European Papers – A Journal on Law and Integration*, 2021.

CSONKA, P., JUSZCZAK, A., SASON, E. "The Establishment of the European Public Prosecutor's Office: The road from vision to reality", *Eucrim*, 2017.

GONZÁLEZ FUSTER, G., VÁZQUEZ MAYMIR, S. "Cross-border access to E-evidence: framing the evidence", *CEPS In Liberty and Security in Europe*, 2020, n. 2.

GEELHOED, W., ERKELENS, L. H., MEIJ, A.W.H. (eds.), *Shifting Perspectives on the European Public Prosecutor's Office*, Springer, 2018.

HERRNFELD H.-H., "Efficiency contra legem? Remarks on the Advocate General's Opinion Delivered on 22 June 2023 in Case C-281/22 G.K. and Others", *Eucrim*, 2023.

KRISHNAMURTHY, V. "Cloudy with a Conflict of Laws. How cloud computing has disrupted the mutual legal assistance treaty system and why it matters", *Berkman Center Research Publication*, 2016.

LIGETI, K. "The European Public Prosecutor's Office: How Should the Rules Applicable to its Procedure be Determined?", *European Criminal Law Review*, 2011.

LIGETI, Katalin, *Toward a Prosecutor for the European Union Volume 1: A Comparative Analysis*, Bloomsbury Publishing, 2012.

LIGETI, Katalin et al. (eds.), *The European public prosecutor's office at launch: adapting national systems, transforming EU criminal law*, CEDAM, 2020.

SALLAVACI, O. "Rethinking Criminal Justice in Cyberspace: The EU E-evidence Framework as a New Model of Cross-Border Cooperation in Criminal Matters", in H. Jahankhani, B. Akhgar, P. Cochrane, M. Dastbaz, *Policing in the Era of AI and Smart Societies*, Springer, 2018.

SIGNORATO, S. "ICT, Data Retention, and Criminal Investigations of Economic Crimes", *Journal of Eastern European Criminal Law,* 2016.

SIMONATO, Michele, "Defence rights and the use of information technology in criminal procedure", *Revue internationale de droit penal,* 2014, n. 85.

TINOCO-PASTRANA, A. "The proposal on electronic evidence in the European Union", *Eucrim,* 2020.

TOSZA, S. "The E-Evidence package is adopted: end of a saga or beginning of a new one?", *European Data Protection Law Review,* 2023, n. 2.

TOSZA, S. "All evidence is equal, but electronic evidence is more equal than any other: the relationship between the European Investigation Order and the European Production Order", *New Journal of European Criminal Law,* 2020, n. 2.

TOSZA, S. "Internet service providers as law enforcers and adjudicators. A public role of private actors", *Computer Law & Security Review,* 2021, n. 43.

VERVAELE, J. A. E. "The material scope of competence of the European Public Prosecutor's Office: Lex uncerta and unpraevia?", *ERA Forum,* 2014.

VILÀ CUÑAT, A. "E-evidence: ¿una evidencia?", *Revista Sistema Penal Crítico,* 2023, n.4.

WEYEMBERGH, A., BRIÈRE, C. (eds), *Towards a European Public Prosecutor's Office (EPPO), European Parliament,* 2016.

Capítulo XVIII

La confisca di prevenzione italiana al cospetto del Regolamento (UE) 2018/1805: mutuo riconoscimento in pericolo?

Italian preventive confiscation in the light of Regulation (EU) 2018/1805: mutual recognition under threat?

Linda Pincelli
Dottoranda in Diritto penale,
Dipartimento di Giurisprudenza di Ferrara

SINTESI: Il Regolamento 2018/1805/UE rappresenta una pietra miliare del processo di ampliamento della cooperazione giudiziaria in materia penale all'interno dell'Unione europea attraverso l'affermazione del principio del mutuo riconoscimento tra gli Stati membri dei provvedimenti di sequestro e confisca, purché adottati *"nel quadro di un procedimento in materia penale"*. Il lavoro intende analizzare la compatibilità della disciplina della confisca di prevenzione italiana ex art. 24 d. lgs. 159/2011 con le istanze garantistiche espresse dal Regolamento, soffermandosi, in particolare, sul mancato rispetto del principio del *nemo tenetur se detegere* nella lettura recentemente offerta dalla Corte di Giustizia nel caso *Consob c./Italia*.

Parole chiave: Regolamento (UE) 2018/1805 – mutuo riconoscimento – Corte di Giustizia – confisca di prevenzione – diritto al silenzio

ABSTRACT: Regulation 2018/1805/EU represents a milestone in the process of expanding judicial cooperation in criminal matters within the European Union by affirming the principle of mutual recognition between Member States of seizure and confiscation orders. However, a necessary condition is that they are adopted *'in the framework of proceedings in criminal matters'*. The paper analyses the compatibility of the Regulation of the Italian preventive confiscation pursuant to Article 24 of Legislative Decree 159/2011 with the guarantees provided by the Regulation, focusing on the failure to comply with the principle of *nemo tenetur se detegere* in the interpretation recently offered by the CJEU in the *Consob v. Italy* case.

Keywords: Regulation (EU) 2018/1805 – Mutual recognition – Court of Justice – Preventive confiscation – Right to silence

SOMMARIO: I. LE RAGIONI DEL RINNOVATO INTERESSE PER LO STATUTO GARANTISTICO DELLA CONFISCA DI PREVENZIONE ITALIANA. II. IL REGOLAMENTO (UE) 2018/1805 SUL MUTUO RICONOSCIMENTO DEI PROVVEDIMENTI DI CONGELAMENTO E DI CONFISCA: LA DIFFICILE PERIMETRAZIONE DELLE "*GARANZIE ESSENZIALI APPLICABILI AI PROCEDIMENTI PENALI*". III.DIRITTO AL SILENZIO E PRESUNZIONE DI INNOCENZA: UN PRINCIPIO IN EVOLUZIONE. IV.PROCEDIMENTO DI PREVENZIONE E DIRITTO AL SILENZIO ALLA LUCE DELLE INTERFERENZE CON IL PROCEDIMENTO PENALE. V. RIFLESSIONI CONCLUSIVE.

I. LE RAGIONI DEL RINNOVATO INTERESSE PER LO STATUTO GARANTISTICO DELLA CONFISCA DI PREVENZIONE ITALIANA

La speranza che la sentenza della Corte costituzionale italiana n. 24 del 2019[1] avesse concluso le tormentate vicende dell'inquadramento giuridico della confisca antimafia *ex* art. 24 d. lgs. 159/2011 non solo si è dovuta scontrare con le reazioni della dottrina interna[2], ma si è pure dovuta confrontare con le potenziali ripercussioni sul piano sovranazionale.

Invero, l'aver "etichettato" la confisca di prevenzione alla stregua di una misura civilistica, il cui apparato di garanzie si attesta attorno ai principi di legalità e proporzionalità dispiegati dagli artt. 3, 41 e 42 Cost. e 1 Prot. Add. CEDU, nonché a quelli del giusto processo (solo) civile di cui agli artt. 111, co. 1, 2, 6, Cost. e 6 CEDU e, infine, del diritto di difesa *ex* art. 24 Cost., impone di interrogarsi sulle possibili ricadute sul fronte eurounitario, nell'ot-

---

1 C. Cost. 24/2019, del 24 gennaio, sulla quale v., *ex multis*, FINOCCHIARO, S. "Due pronunce della Corte costituzionale in tema di principio di legalità e misure di prevenzione a seguito della sentenza De Tommaso della Corte EDU", *Diritto penale contemporaneo*, 2019; MAUGERI, A.M. - PINTO DE ALBUQUERQUE, P. "La confisca di prevenzione nella tutela costituzionale multilivello: tra istanze di tassatività e ragionevolezza, se ne afferma la natura ripristinatoria (C. Cost. 24/2019)", *Sistema penale*, 2019; MAZZACUVA, F. "L'uno-due della Consulta alla disciplina delle misure di prevenzione: punto di arrivo o principio di ricollocamento sui binari costituzionali?", *Rivista italiana di diritto e procedura penale*, 2019, n°2, pp. 987-993; GRASSO, G. "Le misure di prevenzione personali e patrimoniali nel sistema costituzionale", *Sistema penale*, 2020.

2 Per una ricostruzione del dibattito dottrinale scaturito dalla pronuncia in esame, sia consentito rinviare a PINCELLI, L. "La natura giuridica della confisca di prevenzione nella prospettiva dei diritti fondamentali", in F. Morelli (cur.), *Il volto oscuro della prevenzione patrimoniale. Studio sui profili critici della confisca*, Jovene Editore, Napoli, 2022, pp. 25 e ss.

tica del recente Regolamento 2018/1805/UE relativo al riconoscimento reciproco dei provvedimenti di congelamento e di confisca[3].

Obiettivo del presente contributo è, dunque, quello di indagare se e come si concilia la mancata tutela, nell'ambito del procedimento di prevenzione italiano, dei tradizionali principi processual-penalistici, tra cui, in particolare, il diritto al silenzio del proposto, particella essenziale del "patrimonio genetico" del processo penale[4], con le istanze garantistiche espresse dal Regolamento (UE) 2018/1805.

II. IL REGOLAMENTO (UE) 2018/1805 SUL MUTUO RICONOSCIMENTO DEI PROVVEDIMENTI DI CONGELAMENTO E DI CONFISCA: LA DIFFICILE PERIMETRAZIONE DELLE *"GARANZIE ESSENZIALI APPLICABILI AI PROCEDIMENTI PENALI"*

Il Regolamento 2018/1805/UE sul mutuo riconoscimento dei provvedimenti di congelamento e di confisca rappresenta solo l'ultimo atto normativo dell'Unione europea finalizzato a potenziare l'azione comune in materia di contrasto alla criminalità lucrogenetica attraverso penetranti forme di ablazione patrimoniale.

Come noto, il Regolamento in questione tende a bypassare gli insuccessi dei tentativi di armonizzazione delle legislazioni degli Stati membri in materia, mediante il reciproco riconoscimento dei provvedimenti di sequestro e di confisca, ancorato al principio di leale cooperazione (art. 4 TUE)[5].

---

3 Per un'analisi del Regolamento europeo, v. diffusamente MAUGERI, A.M. "Il Regolamento (UE) 2018/1805 per il reciproco riconoscimento dei provvedimenti di congelamento e di confisca: una pietra angolare per la cooperazione e l'efficienza", *Diritto penale contemporaneo*, 2019, n° 1, pp. 34-64; GRANDI, C. "Il Regolamento (UE) 2018/1805 sul mutuo riconoscimento dei provvedimenti di congelamento e di confisca: una svolta epocale non priva di incognite", *Diritto penale e processo*, 2019, n° 12, pp. 1619-1630.

4 *Cfr.* MANGIARACINA, A. "Nuove fisionomie del diritto al silenzio. Un'occasione per riflettere sui vuoti domestici...e non solo", *Processo penale e giustizia*, 2021, n° 4, p. 729.

5 Invero, la scelta dell'atto legislativo in questione deriva dalla necessità di ovviare alla tardiva o inesatta trasposizione delle precedenti decisioni-quadro e direttiva in materia di riconoscimento ed esecuzione di provvedimenti di sequestro e confisca nello spazio europeo, oltre alla varietà di misure progressivamente adottate dagli Stati. A sua volta, l'obbligo – conseguente dal carattere *self-executing*

La convinzione per cui la buona riuscita del mutuo riconoscimento possa essere garantita solo da una fiducia reciproca "innata" tra gli Stati membri può tuttavia risultare utopistica[6], specie laddove si consideri la possibilità che uno Stato si trovi a dover eseguire una misura di sequestro o di confisca a lui sconosciuta, o addirittura forme di *asset recovery* senza condanna, che ancora incontrano varietà apprezzabili nei singoli ordinamenti.

Proprio la "delicatezza" di tale ipotesi, specie qualora si tratti di misure a carattere definitivo, giustifica le previsioni di cui ai considerando 13 e 15 – ma anche 16 e 18 – del Regolamento, che, insieme, impongono, quale requisito minimo comune a tutte le possibili forme di *freezing* e di *confiscation*, il rispetto dei principi e dei diritti fondamentali. L'osservanza di un certo numero di garanzie, del resto, appare vieppiù imprescindibile, il legislatore europeo avendo ricollegato al rischio di seria violazione dei diritti fondamentali la possibilità di attivare il meccanismo di rifiuto offerto dall'art. 19, lett. h), Reg. cit. da parte dello Stato di esecuzione.

Fondamentale risulta, dunque, delimitare l'*entourage* di garanzie che connota tale *minimum standard*.

Sul punto, il Regolamento richiede espressamente che i provvedimenti di congelamento e di confisca oggetto di mutuo riconoscimento siano «*emessi nel quadro di un procedimento in materia penale*» (cons. 13 e art. 1, §1) nell'ambito del quale siano assicurati i principi di legalità, sussidiarietà e proporzionalità (cons. 15) e altresì «*le garanzie essenziali applicabili ai procedimenti penali*» previste dalla Carta dei diritti fondamentali dell'Unione europea (cons. 18).

---

del Regolamento – di eseguire i provvedimenti ablatori, comunque denominati, adottati dagli altri Paesi, dovrebbe favorire il ravvicinamento delle legislazioni interne. Per una panoramica più ampia, si rinvia a GRANDI, C. "Il Regolamento (UE) 2018/1805 sul mutuo riconoscimento dei provvedimenti di congelamento e di confisca", op. cit., spec. pp. 1620 e ss.; CALAVITA, O. "Recognition of Freezing and Confiscation Orders in the EU: What Issues are at Stake?", *EuCLR*, 2022, n° 3, pp. 233 e ss.; OLIVEIRA, S. e SILVA "Regulation (EU) 2018/1805 on the mutual recognition of freezing and confiscation orders: A headlong rush into Europe-wide harmonisation?", *NJECL*, 2022, n° 13, pp. 198 e ss.

[6] *Cfr.* GRANDI, C. "Il Regolamento (UE) 2018/1805 sul mutuo riconoscimento dei provvedimenti di congelamento e di confisca", op. cit., spec. p. 1623. Sul tema della connessione tra "*mutual trust*" e "*fundamental rights*", v., per tutti, MITSILEGAS, V. "The Symbiotic Relationship Between Mutual Trust and Fundamental Rights in Europe's Area of Criminal Justice", in C. Grandi (cur.), *Justice and Trust in the European Legal Order*, Napoli, Jovene Editore, 2016, pp. 101 e ss.

Come intuibile, il problema di fondo risiede nell'esatta individuazione del significato da attribuire ai concetti richiamati, peraltro autonomi del diritto UE, da cui discende, a cascata, una difficoltà di perimetrazione delle garanzie essenziali da osservarsi nel procedimento destinato a sfociare nel provvedimento di sequestro o – per quel che più qui interessa – di confisca.

L'incognita si acuisce ulteriormente a fronte del fatto che il Regolamento, quantomeno in linea di principio, ha vocazione ad applicarsi anche ad ipotesi di *non-conviction-based confiscation*[7], le quali, proprio perché prescindono dall'accertamento della responsabilità penale del proposto, vengono applicate all'esito di procedimenti tipicamente non penali. Tale è proprio il caso della confisca di prevenzione italiana, la cui irrogazione nell'ambito del procedimento di prevenzione consegue all'omessa giustificazione, da parte del proposto, della provenienza dei beni nella sua disponibilità e presunti illeciti in quanto 'sproporzionati' rispetto ai redditi dichiarati o all'attività economica svolta.

Ancorché nella giurisprudenza della Corte di Giustizia sia dato rinvenire qualche pronuncia, sebbene isolata, volta a connotare di significato il concetto di 'materia penale', tali indicazioni, ai fini sopra esposti, appaiono ancora estremamente "*frammentarie*"[8].

In senso apparentemente tassativizzante, si colloca, anzitutto, la sentenza del caso *Baláz*, la quale, tuttavia, nel definire l'autorità giudiziaria competente in materia penale come "*a Court which applies a procedure that satisfies the essential characteristics of criminal procedure*", non si attarda nell'individuazione di tali tratti[9].

Ancora, le ambiguità e incertezze rimangono laddove la Corte di Giustizia, nel più recente caso *D.B.*, riprende pedissequamente il suo precedente orientamento, limitandosi ad aggiungere, con un'espressione ai limiti della tautologia, che l'autorità giudiziaria competente in materia penale è

---

7 Per una panoramica delle argomentazioni a sostegno della riconducibilità della confisca senza condanna all'ambito applicativo del Regolamento 2018/1805/UE, *cfr.* MAUGERI, A.M. "Il Regolamento (UE) 2018/1805 per il reciproco riconoscimento dei provvedimenti di congelamento e di confisca", op. cit.; SPARAVIGNA, A. "Il Regolamento (UE) 2018/1805 per il reciproco riconoscimento dei provvedimenti di congelamento e di confisca: nuove opportunità per il contrasto al crimine transnazionale, *Cassazione penale*, 2022, n° 3, pp. 1196 e ss.

8 GRANDI, C. "Mutuo riconoscimento in materia penale e diritti fondamentali. Il nodo delle confische", Torino, Giappichelli, 2023, spec. p. 205.

9 CGUE, *Marián Baláz*, 14 novembre 2013, C-60/12, ECLI:EU:C:2013:733, in http://curia.europa.eu.

quella che gode di una "*competenza estesa al merito e applichi una procedura che è assoggettata al rispetto delle necessarie garanzie procedurali in materia penale*"[10].

Altrettanto evasive si rivelano le indicazioni fornite dalla Commissione UE, secondo la quale i provvedimenti di confisca oggetto di mutuo riconoscimento – inclusi quelli senza condanna – debbono presentare un collegamento ("*a link*") con un reato[11], giacché il requisito in questione non appare sufficientemente caratterizzato, al punto da permettere di identificare le garanzie individuali da osservare nel relativo procedimento.

In attesa che una richiesta di esecuzione transfrontaliera di una misura di confisca dall'incerto statuto garantistico offra lo spunto per chiamare in causa la Corte di Giustizia ai fini di un intervento chiarificatore sul punto, occorre riflettere sulla possibilità di ricavare per via ermeneutica le garanzie "essenziali" della materia penale da "*applicarsi a* tutti *i procedimenti di ablazione patrimoniale intercettati dal Regolamento*"[12], incluso quello di prevenzione.

Per ragioni di sintesi, non potranno essere passate in rassegna tutte le garanzie penalistiche.

Ai fini della presente indagine, ci si intende soffermare, in particolare, sul diritto al silenzio quale corollario della presunzione di innocenza consacrata dall'art. 48, §1, CDFUE[13], che nella prassi sconta margini di effettività assai ristretti[14], i quali svaniscono del tutto nelle procedure di applicazione di misure come la confisca "di prevenzione" italiana; il presupposto di quest'ultima, anzi, è proprio l'omessa giustificazione, da parte del proposto, della provenienza dei beni nella sua disponibilità, presunti illeciti in quanto 'sproporzionati'.

---

10 CGUE, *D.B.*, 7 aprile 2022, C-150/21, §41, ECLI:EU:C:2022:268, in http://curia.europa.eu.

11 EU Commission staff working document, Analysis of non-conviction based confiscation measures in the European Union, 12 aprile 2019, p. 5, SWD(2019) 1050 final.

12 GRANDI, C. "Mutuo riconoscimento in materia penale e diritti fondamentali", op. cit., spec. p. 210.

13 Per un'analisi completa del principio in parola, v. PARIZOT, R. "Presunción de Inocencia", in AA. VV. (cur.), *Principios generales del Derecho Penal en la Unión Europea,* Madrid, BOE, 2020, pp. 235 e ss.

14 Sulla crisi del *nemo tenetur se detegere*, v. FARES, G. "Diritto al silenzio, soluzioni interpretative e controlimiti: la Corte costituzionale chiama in causa la Corte di Giustizia", *Dirittifondamentali.it,* 2020, n°1, pp. 57 e ss.

I più recenti orientamenti espressi dai giudici europei potrebbero, tuttavia, determinare un'inversione di tendenza.

III. DIRITTO AL SILENZIO E PRESUNZIONE DI INNOCENZA: UN PRINCIPIO IN EVOLUZIONE

La posizione assunta a livello europeo rivela una certa riluttanza a estendere l'applicazione della presunzione di innocenza, che ingloba il diritto al silenzio come regola di giudizio e di trattamento, oltre il procedimento penale.

Nella giurisprudenza di Lussemburgo, un esempio paradigmatico è rappresentato dalla soluzione offerta dalla Corte di Giustizia nel caso *Rayonna Prokuratura Lom c./EP*[15], rispetto a una questione sollevata dal Tribunale distrettuale bulgaro nell'ambito di un più ampio rinvio pregiudiziale *ex* art. 267 TFUE. Invero, ivi il giudice *a quo* si chiede se un procedimento speciale che autorizzi il ricovero coatto, per motivi terapeutici e di sicurezza, di soggetti non imputabili autori di atti pericolosi costituenti reato, rientri nella definizione di 'procedimento penale' prevista sia dalla Dir. 2012/13/UE sul diritto all'informazione nei procedimenti penali, sia dalla Dir. 2013/48/UE relativa all'accesso a un difensore, nonché dalla Dir. 2016/343/UE sulla presunzione d'innocenza. Tale quesito ha fornito l'occasione per determinare l'estensione applicativa delle cd. *ABC Directives*[16] e, per esse, dei diritti procedurali minimi della materia penale.

A questo proposito, è interessante notare come, da un lato, la Corte di Giustizia abbia ritenuto le prime due direttive applicabili anche ad un procedimento come quello *a quo* in quanto non del tutto estraneo ad un procedimento in materia penale; dall'altro lato, la Corte medesima abbia invece escluso la pertinenza della presunzione d'innocenza avuto riguardo alla finalità del provvedimento, nel caso di specie terapeutica e non già punitiva.

Nella giurisprudenza di Strasburgo, a conclusioni non dissimili si è giunti proprio con riferimento alla confisca di prevenzione: negata a più riprese la natura sostanzialmente penale di tale forma di *asset recovery* senza

---

15 CGUE, *Rayonna Prokuratura Lom c./EP*, 19 settembre 2019, C-467/18, ECLI:EU:C:2019:765, in http://curia.europa.eu.

16 In materia, v. MITSILEGAS, V. – GIUFFRIDA, F. "Legislation for Human Rights: the EU Legal Framework on the Rights of Individuals", in MITSILEGAS, V. (cur.), *EU Criminal Law*, Bloomsbury, Oxford, 2022, pp. 260 e ss.

condanna da parte dei giudici di Strasburgo[17], è stata altresì scartata la rilevanza "*ratione materiae*" della presunzione d'innocenza, atteso che le misure di prevenzione non dipendono dall'accertamento dell'imputabilità e della colpevolezza dei soggetti ad esse sottoposte[18].

Nel corso del tempo, dunque, la giurisprudenza sovranazionale, cui si è allineata quella interna, ha svolto un ruolo fondamentale nel tentativo di delineare lo statuto garantistico della confisca di prevenzione, ribadendo nel corso tempo l'irrilevanza della presunzione d'innocenza.

Di recente si è, tuttavia, assistito ad una "*fuga in avanti*"[19] del diritto al silenzio, che parrebbe preconizzare un ripensamento del tradizionale tracciato entro il quale iscrivere l'operatività del corollario in questione, nonché – probabilmente – della presunzione di innocenza tutta.

È ciò che è avvenuto nell'ormai celeberrimo caso *Consob c./Italia*[20].

Può qui sinteticamente ricordarsi che, nel caso in questione, i giudici di Lussemburgo si sono pronunciati sui quesiti pregiudiziali avanzati dalla Corte costituzionale italiana riguardanti la conformità al diritto al silenzio delle sanzioni amministrative pecuniarie irrogate dalla Consob nei confronti di chi ometta di collaborare con tale Autorità nell'ambito del procedimento, anch'esso di natura amministrativa, instaurato per l'accertamento di illeciti in materia di abusi di mercato.

Sebbene la conclusione della Corte di Giustizia potesse apparire scontata in relazione alla estensione delle garanzie proprie della *matière pénale* alle

---

17 Nella giurisprudenza CEDU, *cfr.* CEDU, *Raimondo c./Italia,* 22 febbraio 1994, n. 12954/87; CEDU, *Prisco c./Italia,* 15 giugno 1999, n. 38662/97; CEDU, *Arcuri c./Italia,* 5 luglio 2001, n. 52024/99.

18 *Ivi,* §§4-5; CEDU, *Bocellari e Rizza c./Italia,* 13 novembre 2007, n. 399/02. *Cfr.* altresì Comm. eur., *Marandino,* 15 aprile 1991, n. 12386/86. In senso analogo nella giurisprudenza interna v. C. cost. 23/1964, del 23 marzo; Cass. pen. 1685/1983, del 12 ottobre. Sul punto, v. MAUGERI, A.M. "Le misure di prevenzione e la confisca allargata alla luce del dialogo tra le Corti", in AA. VV. (cur.), *Tra diritti fondamentali e principi generali della materia penale. La crescente influenza della giurisprudenza delle Corti europee sull'ordinamento penale italiano,* Pisa University Press, Pisa, 2020, spec. p. 493.

19 Si esprime così MANGIARACINA, A. "Nuove fisionomie del diritto al silenzio", op. cit., spec. p. 730.

20 CGUE, *Consob c./Italia,* 2 febbraio 2021, C-481/19, ECLI:EU:C:2020:861, in http://curia.europa.eu, con note di, tra le altre, ARANCI, M. "Diritto al silenzio e illecito amministrativo punitivo: la risposta della Corte di Giustizia", *Sistema penale,* 2021, n° 2, pp. 78 e ss.; BASILE, E. "La Corte di giustizia riconosce il diritto al silenzio nell'ambito dei procedimenti amministrativi punitivi, *Ivi,* 3 febbraio 2021.

suddette sanzioni, una volta pacificamente riconosciute come sostanzialmente penali[21], essa al contempo contiene significativi elementi di novità con riferimento all'ambito applicativo del diritto al silenzio.

Più in particolare, la Corte UE consacra il principio secondo cui il diritto al silenzio deve essere garantito non solo nella misura in cui le informazioni richieste potrebbero far emergere la responsabilità dell'individuo per un illecito punibile di sanzioni amministrative aventi carattere intrinsecamente penale; ma anche nella misura in cui da tali informazioni – a prescindere dalla natura del procedimento nell'ambito del quale vengono richieste – potrebbero in seguito far emergere la responsabilità dell'individuo stesso *in sede propriamente penale*. Altrimenti detto, il diritto al silenzio deve ritenersi esteso anche oltre i tradizionali confini del procedimento penale, fino a intercettare tutti quei contesti in cui gli elementi raccolti dall'autorità procedente siano suscettibili di (re)impiego in sede penale.

Stando così le cose, il cuore del problema risiede nell'accertamento delle interferenze tra il procedimento nel quale il diritto al silenzio non risulta pienamente rispettato e il procedimento penale; più precisamente, ai fini di questa indagine, occorre tornare sulla questione dei rapporti tra procedimento di prevenzione (patrimoniale) e procedimento penale.

IV. PROCEDIMENTO DI PREVENZIONE E DIRITTO AL SILENZIO ALLA LUCE DELLE INTERFERENZE CON IL PROCEDIMENTO PENALE

In linea generale, il rapporto tra procedimento di prevenzione e processo penale è disciplinato dall'art. 29 d. lgs. 159/2011, che sancisce il principio di autonomia, in virtù del quale l'azione di prevenzione può essere esercitata indipendentemente dall'azione penale.

L'autonomia significa che il rito di prevenzione può essere avviato prima, durante o anche a seguito dello svolgimento del procedimento penale, senza peraltro che gli esiti del primo risultino in alcun modo condizionati. Invero, nella giurisprudenza di legittimità si legge che, in assenza di giudicato penale, "*il giudice della prevenzione* [...] *può ricostruire in via autonoma la rilevanza penale di condotte emerse durante l'istruttoria, dando conto in motivazione della ricorrenza di tutti gli elementi costitutivi della fattispecie incriminatrice*

---

21 V. CGUE, *Di Puma e Zecca*, 20 marzo 2018, C-596/16 e C-597/16, ECLI:EU:C:2017:669, in http://curia.europa.eu

idonea alla produzione di proventi illeciti"[22]. Lo stesso dicasi nel caso di sentenza penale definitiva, sia essa di condanna o di assoluzione: la ricostruzione autonoma e incidentale dei fatti, in ossequio ad uno standard probatorio meno rigoroso rispetto a quello preteso in sede penale[23], consentono infatti di applicare la confisca di prevenzione in modo del tutto indipendente dalle sorti del procedimento penale[24].

Inoltre, è opinione condivisa dai più che l'autonomia si ricavi dal separato statuto processuale che caratterizza il procedimento di prevenzione, "*pur col richiamo generale all'incidente di esecuzione quanto alle forme di accertamento e talora ad istituti propri della procedura penale*"[25].

Infine, la Suprema Corte riassume i connotati essenziali del procedimento di prevenzione affermando che questo "*è del tutto autonomo da quello penale, diversi essendo l'oggetto dell'accertamento (che nel primo è costituito dalla pericolosità del soggetto, desunta da circostanze specifiche, indicative), gli strumenti dell'accertamento (la individuazione di circostanze specifiche aventi rilevanza indiziante della pericolosità), e la finalità del procedimento (che nel giudizio di prevenzione è quella di garantire la sicurezza collettiva, individuando e sottoponendo a misure le persone pericolose e non la repressione punitiva per i fatti-reato accertati)*"[26].

Va, tuttavia, evidenziato come proprio il parallelismo tra i procedimenti in questione, tradizionalmente assunto quale elemento sintomatico della citata autonomia, favorisce – e dunque si accompagna a – una forma di osmosi probatoria, la quale, motivata da innegabili esigenze di economia processuale, determina la "trasmigrazione" degli elementi di prova dal processo penale a quello di prevenzione e viceversa[27].

---

22 Cass. pen. 349/2017, del 15 giugno, *Bosco Mario*.

23 Sul punto, si rimanda, per tutti, a MAUGERI, A.M. – PINTO DE ALBUQUERQUE, P. "La confisca di prevenzione nella tutela costituzionale multilivello", op. cit., spec. pp. 21 e ss.; FRANCOLINI, G. "La prova nel procedimento di prevenzione: identità, alterità o somiglianza con il processo penale?", *Sistema penale*, 2020, n° 10, pp. 5 e ss.

24 Cfr., *ex plurimis*, Cass. pen. 20160/2011, del 29 aprile; Cass. pen. 49853/2013, del 12 novembre; Cass. pen. 17946/2018, del 15 marzo; Cass. pen. 15704/2023, del 13 aprile.

25 FURFARO, S. "Rapporti tra processo penale e procedimento di prevenzione", *Archivio penale*, 2014, n° 2, spec. p. 7. C. FRANCOLINI, G. "La prova nel procedimento di prevenzione", op. cit., spec. p. 7.

26 V., per tutte, Cass. pen. 181/1992, del 13 febbraio, *Marafioti*.

27 L'analisi qui condotta non ha pretese di esaustività. Per ogni ulteriore approfondimento, si rinvia a SILVESTRI, G. "La trasmigrazione e l'utilizzazione degli atti", in S. Furfaro (cur.), *Misure di prevenzione*, Torino, Giappichelli, 2013, pp.

Tralasciando le questioni attinenti ai profili di trasferibilità e utilizzazione nel procedimento di prevenzione di materiale probatorio proveniente dal procedimento penale, maggiore interesse presentano, ai fini della presente indagine, i "flussi" probatori che circolano in senso contrario, giacché – come anticipato – qualora dagli accertamenti compiuti in sede preventiva si possa ricavare un qualche elemento utile per l'accertamento della responsabilità penale del prevenuto, dovrebbe estendersi anche a quella sede, attualmente sguarnita di molte delle garanzie del giusto processo penale, lo *ius tacendi.*

Ebbene, emblematico è il caso delle cd. intercettazioni preventive, per tali intendendosi quelle che, ai sensi dell'art. 25-*ter* d.l. 306/1992, sono eseguite dal Procuratore della Repubblica su richiesta delle autorità di polizia – e senza l'intervento di alcun giudice – allorquando risulti necessario per l'attività di prevenzione e informazione in ordine ai delitti contemplati all'art. 51, co. 3-*bis,* c.p.p. Da un lato, essendo tali reati richiamati all'art. 4 codice antimafia tra le fattispecie che connotano la pericolosità "qualificata" e per le quali può trovare applicazione la confisca di prevenzione, è ammesso il ricorso alle stesse, vigendo, peraltro, in materia di mezzi di prova nell'ambito del rito di prevenzione il principio di atipicità. Dall'altro, è pacificamente consentita l'utilizzazione delle informazioni assunte mediante tali forme di captazione sia come fonti per l'iscrizione della notizia di reato e l'apertura di un procedimento penale, sia come basi su cui fondare una richiesta al G.I.P. di emissione di decreto autorizzativo di intercettazione a fini probatori in sede penale[28]. Invero, sebbene l'art. 25-*ter,* co. 3, d.l. 306/1992 sancisca che "*Gli elementi acquisiti attraverso le intercettazioni sono privi di ogni valore ai fini processuali*", e osti *a fortiori* ad un utilizzo diretto delle risultanze per ritenere integrata la penale responsabilità dell'interessato, la giurisprudenza, ormai da lunga data, dà prova del contrario[29].

Del pari, non vi è alcuna disposizione, nella disciplina del procedimento di prevenzione, che impedisca che le dichiarazioni autoincriminanti eventualmente rilasciate dal proposto possano dare impulso al procedimento penale, nei confronti del medesimo individuo e per i medesimi fatti.

---

220 e ss.; MARAFIOTI, L. "Sinergie fra procedimento penale e di prevenzione", *Diritto penale contemporaneo,* 2016.

[28] *Vid,* di recente, Cass. pen. 4777/2016, del 19 gennaio.

[29] *Cfr.* Cass. pen. 4977/1998, dal 18 agosto, *Nigro;* Cass. pen. 11500/2000, del 27 settembre, *Buccarella.*

Più in generale, è stato autorevolmente constatato che, nella prassi, "*il procedimento* ante delictum *si offre spesso come spazio per condurre indagini proattive*", "[...] (facendo), *per così dire, da volano all'accertamento penale*"[30]. L'espediente sarebbe rinvenibile nel combinato disposto degli artt. 330, 371 e 371-*bis* c.p.p.[31], da cui pare potersi ricavare la possibilità per il P.M. sia di ricercare, su suo stesso impulso, la notizia di reato, sia di essere stimolato all'esercizio dell'azione penale da parte del Procuratore nazionale antimafia[32], il cui compito istituzionale consiste nel "*raccoglie*(re) *e dispensa*(re) *informazioni tratte dai procedimenti di prevenzione*"[33].

Il rischio che si cela dietro questo *modus operandi*, quindi, è quello di favorire la "permeabilità" del processo penale "*alle informazioni ottenute per esigenze di pubblica sicurezza*" ricorrendo a istituti del tipo delle intercettazioni preventive, dagli incerti presupposti applicativi, oltre che di dubbia compatibilità con le garanzie difensive[34].

La contaminazione probatoria che caratterizza i rapporti tra i procedimenti in questione pare coincidere, allora, con quelle situazioni attenzionate dalla Corte di Giustizia in cui gli elementi, raccolti nell'ambito di una procedura che non osserva il diritto al silenzio dell'interessato, trasmigrano in un procedimento penale.

V. RIFLESSIONI CONCLUSIVE

Lo sviluppo promosso dalla sentenza *Consob c./Italia*[35], sebbene non specificamente deputato a stabilire quali delle garanzie del procedimento penale siano da ritenersi essenziali, offre indirettamente un contributo in tal senso.

---

30 ORLANDI, R. "Il sistema di prevenzione tra esigenze di politica criminale e principi fondamentali", *Criminalia*, 2015, n° 1, p. 568.

31 Così AGOSTINI, B. "La disciplina delle intercettazioni preventive nel sistema antiterrorismo", *Diritto penale contemporaneo*, 2017, n° 1, p. 148.

32 In questi termini si esprimeva già DE LEO, F. "L'irrisolto presente e un possibile futuro delle intercettazioni preventive", *Cassazione penale*, 1998, n° 6, p. 1863.

33 ORLANDI, R. "Il sistema di prevenzione tra esigenze di politica criminale e principi fondamentali", op. cit., spec. p. 568.

34 In termini simili, sebbene da un punto di vista più generale, si esprime AGOSTINI, B. "La disciplina delle intercettazioni preventive nel sistema antiterrorismo", op. cit., spec. p. 145.

35 Riprendendo l'espressione di ARANCI, M. "Diritto al silenzio e illecito amministrativo punitivo", op. cit., spec. p. 94.

Nel ribadire la centralità dello *ius tacendi* quale corollario della presunzione di innocenza nell'ambito dei procedimenti destinati a sfociare nell'applicazione di una pena, ed equiparando a tale contesto quello in cui, pur svincolato dal binomio reato-pena, si raccolgano elementi validi, utilizzabili in sede penale per dimostrare la penale responsabilità dell'individuo, la Corte di Giustizia evidenzia l'importanza capitale della garanzia in esame, al punto da non poter essere circoscritta alla sola *matière pénale stricto sensu* considerata. In effetti, come altrove condivisibilmente affermato, la pronuncia in questione "[...] *prospetta come automatica e ineludibile questa osmosi di garanzie, non essendo neppure presa in considerazione* [...] *la possibilità di un diverso livello di declinazione dei principi correlati al giusto processo a seconda della tipologia di procedimento e di sanzione*"[36].

Potrebbe, allora, ragionevolmente giungersi alla conclusione secondo la quale, nell'ottica del Regolamento (UE) 2018/1805, ai fini del mutuo riconoscimento, il diritto al silenzio, da considerarsi garanzia essenziale applicabile ad un procedimento penale, dovrebbe trovare presidio nella disciplina del procedimento di prevenzione per l'adozione di un provvedimento di (sequestro e/o di) confisca, in qualità di procedimento "in materia penale", tanto più se destinato ad influenzare l'instaurazione o lo svolgimento di un procedimento penale.

Allo stato attuale, nonostante l'encomiabile sforzo intrapreso nel verso della "giurisdizionalizzazione" del procedimento di prevenzione[37], lo statuto che caratterizza la confisca di prevenzione resta ancora estremamente labile e perlopiù orientato nel senso di una riduzione al minimo dello standard garantistico.

Senonché, proprio l'obiettivo di "ipereffettività"[38] che ha ispirato la costruzione della disciplina della confisca antimafia, possibile attraverso un "gioco al ribasso" delle garanzie, rischia di essere pregiudicato a livello di cooperazione giudiziaria tra Stati membri nello "spazio europeo", la nor-

---

36 *Ivi*, spec. p. 95.

37 Come riconosciuto, tra gli altri, da MAUGERI, A.M. "La riforma delle misure di prevenzione patrimoniali ad opera della l. 161/2017 tra istanze efficientiste e tentativi incompiuti di giurisdizionalizzazione del procedimento di prevenzione", *Archivio penale*, 2018, n° 1, pp. 325 e ss.; MIRAGLIA, M. "L'evoluzione del procedimento di prevenzione alla luce delle recenti riforme: l'effettivo varo di un procedimento "il più giusto possibile" o un mero *refitting* di facciata?, *disCrimen*, 28 febbraio 2020.

38 MAUGERI, A.M. "Le misure di prevenzione e la confisca allargata alla luce del dialogo tra le Corti", op. cit., spec. p. 490.

mativa interna non assolvendo all'obbligo di uniformarsi alle garanzie della materia penale.

Non stupirebbe, allora, se l'autorità di altro Stato membro competente ad eseguire un provvedimento emesso nell'ambito del procedimento di prevenzione opponesse il rifiuto avvalendosi della "scappatoia" offerta dal citato art. 19, lett. h, del Regolamento 2018/1805/UE, una volta ritenuto il provvedimento stesso lesivo dei diritti fondamentali della difesa e, più in generale, del giusto processo penale.

Bibliografia

AGOSTINI, B. "La disciplina delle intercettazioni preventive nel sistema antiterrorismo", *Diritto penale contemporaneo*, 2017, n° 1, pp. 141 e ss.

ARANCI, M. "Diritto al silenzio e illecito amministrativo punitivo: la risposta della Corte di Giustizia", *Sistema penale*, 2021, n° 2, pp. 73 e ss.

BASILE, E. "La Corte di giustizia riconosce il diritto al silenzio nell'ambito dei procedimenti amministrativi punitivi, *Sistema penale*, 2021.

CALAVITA, O. "Recognition of Freezing and Confiscation Orders in the EU: What Issues are at Stake?", *EuCLR*, 2022, n° 3, pp. 231 e ss.

DE LEO, F. "L'irrisolto presente e un possibile futuro delle intercettazioni preventive", *Cassazione penale*, 1998, n° 6, pp. 1862 e ss.

FARES, G. "Diritto al silenzio, soluzioni interpretative e controlimiti: la Corte costituzionale chiama in causa la Corte di Giustizia", *Dirittifondamentali.it*, 2020, n°1, pp. 57 e ss.

FINOCCHIARO, S. "Due pronunce della Corte costituzionale in tema di principio di legalità e misure di prevenzione a seguito della sentenza De Tommaso della Corte EDU", *Diritto penale contemporaneo*, 4 marzo 2019.

FRANCOLINI, G. "La prova nel procedimento di prevenzione: identità, alterità o somiglianza con il processo penale?", *Sistema penale*, 2020, n° 10, pp. 5 e ss.

FURFARO, S. "Rapporti tra processo penale e procedimento di prevenzione", *Archivio penale*, 2014, n° 2.

GRANDI, C. "Il Regolamento (UE) 2018/1805 sul mutuo riconoscimento dei provvedimenti di congelamento e di confisca: una svolta epocale non priva di incognite", *Diritto penale e processo*, 2019, n° 12, pp. 1619 e ss.

GRANDI, C. "Mutuo riconoscimento in materia penale e diritti fondamentali. Il nodo delle confische", Giappichelli, Torino, 2023.

GRASSO, G. "Le misure di prevenzione personali e patrimoniali nel sistema costituzionale", *Sistema penale*, 2020.

MANGIARACINA, A. "Nuove fisionomie del diritto al silenzio. Un'occasione per riflettere sui vuoti domestici...e non solo", *Processo penale e giustizia*, 2021, n° 4, pp. 729 e ss.

MARAFIOTI, L. "Sinergie fra procedimento penale e di prevenzione", *Diritto penale contemporaneo*, 2016.

MAUGERI, A.M. – PINTO DE ALBUQUERQUE, P. "La confisca di prevenzione nella tutela costituzionale multilivello: tra istanze di tassatività e ragionevolezza, se ne afferma la natura ripristinatoria (C. Cost. 24/2019)", *Sistema penale*, 2019.

MAUGERI, A.M. "Il Regolamento (UE) 2018/1805 per il reciproco riconoscimento dei provvedimenti di congelamento e di confisca: una pietra angolare per la cooperazione e l'efficienza", *Diritto penale contemporaneo*, 2019, n° 1, pp. 34-64;

MAUGERI, A.M. "La riforma delle misure di prevenzione patrimoniali ad opera della l. 161/2017 tra istanze efficientiste e tentativi incompiuti di giurisdizionalizzazione del procedimento di prevenzione", *Archivio penale*, 2018, n° 1, pp. 325 e ss.

MAUGERI, A.M. "Le misure di prevenzione e la confisca allargata alla luce del dialogo tra le Corti", in AA. VV. (cur.), *Tra diritti fondamentali e principi generali della materia penale. La crescente influenza della giurisprudenza delle Corti europee sull'ordinamento penale italiano*, Pisa University Press, Pisa, 2020, pp. 489 e ss.

MAZZACUVA, F. "L'uno-due della Consulta alla disciplina delle misure di prevenzione: punto di arrivo o principio di ricollocamento sui binari costituzionali?", *Rivista italiana di diritto e procedura penale*, 2019, n°2, pp. 987 e ss..

MIRAGLIA, M. "L'evoluzione del procedimento di prevenzione alla luce delle recenti riforme: l'effettivo varo di un procedimento "il più giusto possibile" o un mero *refitting* di facciata?, *disCrimen*, 2020.

MITSILEGAS, V. – GIUFFRIDA, F. "Legislation for Human Rights: the EU Legal Framework on the Rights of Individuals", in MITSILEGAS, V. (cur.), *EU Criminal Law*, Bloomsbury, Oxford, 2022, pp. 260 e ss.

MITSILEGAS, V. "The Symbiotic Relationship Between Mutual Trust and Fundamental Rights in Europe's Area of Criminal Justice", in C. Grandi (cur.), *Justice and Trust in the European Legal Order*, Jovene Editore, Napoli, 2016, pp. 101 e ss.

OLIVEIRA, S. e SILVA "Regulation (EU) 2018/1805 on the mutual recognition of freezing and confiscation orders: A headlong rush into Europe-wide harmonisation?", *NJECL*, 2022, n° 13, pp. 198 e ss.

ORLANDI, R. "Il sistema di prevenzione tra esigenze di politica criminale e principi fondamentali", *Criminalia*, 2015, n° 1, pp. 557 e ss.

PARIZOT, R. "Presunción de Inocencia", in AA. VV. (cur.), *Principios generales del Derecho Penal en la Unión Europea*, Madrid, BOE, 2020, pp. 235 e ss.

PINCELLI, L. "La natura giuridica della confisca di prevenzione nella prospettiva dei diritti fondamentali", in F. Morelli (cur.), *Il volto oscuro della prevenzione patrimoniale. Studio sui profili critici della confisca*, Jovene Editore, Napoli, 2022, pp. 1 e ss.

SILVESTRI, G. "La trasmigrazione e l'utilizzazione degli atti", in S. Furfaro (cur.), *Misure di prevenzione*, Giappichelli, 2013, Torino, pp. 195 e ss.

SPARAVIGNA, A. "Il Regolamento (UE) 2018/1805 per il reciproco riconoscimento dei provvedimenti di congelamento e di confisca: nuove opportunità per il contrasto al crimine transnazionale, *Cassazione penale*, 2022, n° 3, pp. 1192 e ss.

Capítulo XIX

La necesaria adaptación de la Ley Orgánica 5/2000, de responsabilidad penal de los menores, a la Directiva 2016/800, relativa a las garantías procesales de los menores sospechosos o acusados en los procesos penales.

The necessary adaptation of Organic Law 5/2000, on the criminal responsibility of minors, to Directive 2016/800, on procedural safeguards for minors who are suspects or accused persons in criminal proceedings.

Susana Alvarez de Neyra Kappler
Profª Contr. Dra. Universidad Autónoma de Madrid
ORCID: 0000-0003-2120-1269

RESUMEN: Se aborda en el presente trabajo la incidencia de la Directiva (UE) 2016/800, relativa a las *garantías procesales de los menores sospechosos o acusados en procesos penales* en nuestro sistema de justicia penal de menores (LO 5/2000). Nuestro legislador entendió que la ley española, anterior a la Directiva, era acorde con el espíritu y las garantías de esta última, considerando innecesaria la trasposición de esta. No obstante, lo cierto es que nuestra ley no cumple con todas las previsiones de la Directiva y requiere de una revisión y de una adaptación a la normativa europea. Se pasa revista en este estudio a las más significativas.

Palabras clave: Menor, responsabilidad penal, trasposición Directiva, garantías procesales, investigación delitos.

ABSTRACT: This paper addresses the impact of the Directive (EU) 2016/800 on *procedural safeguards for minors suspected or accused in criminal proceedings* on our juvenile criminal justice system (LO 5/2000). Our legislator understood that the Spanish law, prior to the Directive, was in accordance with the spirit and guarantees of the latter, considering the transposition of the Directive unnecessary. However, our law does not comply with all the provisions of the Directive and requires a review and adaptation to European regulations. We review the most significant.

Keywords: Minor, criminal liability, transposition of the Directive, procedural guarantees, criminal investigation.

SUMARIO: I. INTRODUCCIÓN: EL MARCO NORMATIVO. II. LA DIRECTIVA (UE) 2016/800. PRINCIPALES CUESTIONES QUE REQUIEREN LA ADAPTACIÓN DE NUESTRA NORMATIVA A LA NORMA EUROPEA: 1. La finalidad de la Directiva (UE) 2016/800; 2. Cuestiones que requieren la adaptación de la LORPM y de su reglamento de desarrollo a las previsiones de la directiva (UE) 2016/800: 2.1. La presencia de otro "adulto apropiado" (*"appropriate adult"*). 2.2. El aseguramiento específico de ciertas garantías. 2.3. La regulación expresa del requisito de la inexcusable especialización de todos los intervinientes en los procesos con menores. 2.4. La asistencia letrada y el respeto a la relación de confidencialidad. 2.5. Grabación de toda declaración del menor (ya sea en sede policial o judicial), y no sólo del acto del juicio oral. 2.6. El reconocimiento médico del menor. 2.7. La obligatoriedad de los estados miembros de garantizar la referencia a los derechos reconocidos por la directiva. III. CONCLUSIÓN

I. INTRODUCCIÓN: EL MARCO NORMATIVO

La Ley Orgánica 5/2000, de 12 de enero, *reguladora de la responsabilidad de los menores* (LORPM) fue, en su momento, una necesidad impuesta por la entonces vigente Ley Orgánica 4/1992, de 5 de junio, *de reforma de la Ley reguladora de la competencia y el procedimiento de los Juzgados de Menores*[1], y por el artículo 19 del Código Penal del año 1995, de acuerdo con el cual los menores de 18 años no serán criminalmente responsables con arreglo al propio Código, sino conforme a lo previsto en la ley que regulara, en un futuro que entonces se entendía próximo en el tiempo, la responsabilidad penal del menor. La LORPM y su reglamento de desarrollo[2] establecieron un marco flexible para que los Juzgados de Menores pudieran determinar las medidas aplicables a éstos en cuanto que infractores penales, sobre la base, muy especialmente, del principio del superior interés del menor[3]. Se le encomendaba al Ministerio Fiscal la iniciativa procesal, concediéndosele amplias facultades para acordar la terminación del proceso con la intención de evitar, dentro de lo posible, los efectos perversos e indeseados

---

1 Que se promulgó a consecuencia de la STC 36/1991, de 14 de febrero, que declaró inconstitucional el artículo 15 de la Ley de Tribunales Tutelares de Menores.

2 RD 1774/2004, de 30 de julio.

3 El interés superior del menor se consagra como la piedra angular del proceso penal de menores, siendo por ello el principal fin teleológico de la norma y el eje central de toda la legislación referente a menores. Se concibe como la obligación de todos los intervinientes del proceso penal de intentar resolver el procedimiento penal conciliando siempre la solución más idónea para el menor.

que aquél pudiera llegar a producir sobre el menor. La LO 5/2000 estableció un procedimiento de naturaleza no represiva, reconociendo al menor todas las garantías derivadas de nuestro ordenamiento constitucional, en sintonía con lo establecido en la jurisprudencia del Tribunal Constitucional y con lo dispuesto en el artículo 40 de la Convención de los Derechos del Niño[4].

Este nuevo sistema de derecho penal de los menores infractores se dirige hacia su reeducación, resocialización y recuperación, con especial atención a sus circunstancias personales, familiares y sociales[5]. En coherencia con este plan original, la ley preveía una serie de medidas de marcado carácter preventivo-especial. En desarrollo de los principios definidos en su exposición de motivos, la intervención educativa trasciende a todos los aspectos de su regulación jurídica, con considerables diferencias entre el derecho penal de adultos y el derecho penal del menor, pero con pleno respeto a las garantías y a los derechos fundamentales que necesariamente han de imperar en todo procedimiento.

A los quince años de su entrada en vigor, el 11 de mayo del año 2016, se aprobó la Directiva (UE) 2016/800 del Parlamento Europeo y del Consejo, *relativa a las garantías procesales de los menores sospechosos o acusados en los procesos penales.* Se pretendía con esta Directiva asegurar que los menores[6] investigados o encausados en procesos penales, pudieran comprender y seguir tales procesos, protegiendo con ello su derecho a un juicio justo, tratando de prevenir su reincidencia y fomentando su reinserción social. Ante la encrucijada de trasponer al derecho interno la Directiva, el legislador español consideró que la legislación contenida en la LORPM era acorde con el espíritu y las garantías de la Directiva, razón por la cual —aparentemente— no estimó necesario promulgar una ley posterior de trasposición de la Directiva.

Sin desmerecer el decisivo paso adelante que supuso la promulgación de la LORPM, lo cierto es que nuestra ley no satisface todas las previsiones de la Directiva, por lo que precisa de una revisión y de una adaptación a la normativa europea de ciertas cuestiones.

---

4 Asamblea General de las Naciones Unidas (Nueva York), en fecha de 20 de noviembre de 1989 y suscrito por España el 31 de diciembre de 1990.

5 https://www.comillas.edu/catedra-de-los-derechos-del-nino/base-de-datos. Este trabajo es resultado del proyecto I+D+i "El interés superior del niño como derecho, principio o regla de conocimiento: la adaptación del derecho español y europeo. DER2013-47866-C3-3-P. Consultado 05/07/2023.

6 Es decir, las personas de menos de 18 años.

II. LA DIRECTIVA (UE) 2016/800. PRINCIPALES CUESTIONES QUE REQUIEREN LA ADAPTACIÓN DE NUESTRA NORMATIVA A LA NORMA EUROPEA

1. *La finalidad de la Directiva (UE) 2016/800*

La necesidad del reconocimiento mutuo de las actuaciones y resoluciones judiciales entre los Estados Parte de la UE en esta materia requería del establecimiento de unas normas mínimas comunes sobre la protección de diversos derechos de los menores investigados o encausados, especialmente los de carácter procesal, sin que resulte suficiente que los Estados Parte hayan suscrito diversos instrumentos internacionales de protección de los menores en el ámbito penal. Esa falta de un documento común de obligatoria trasposición en todos los Estados Miembros aparecía como una necesidad perentoria, al igual que había ocurrido en otras materias. La Directiva pretendía promover los derechos de los menores infractores, teniendo en cuenta las directrices del Consejo de Europa sobre la justicia adaptada a aquéllos, velando siempre por que el interés superior del menor constituyera una consideración primordial, de conformidad con el artículo 24.2 de la *Carta de los Derechos Fundamentales de la Unión Europea.*

Para la consecución de estos objetivos generales, era necesario que todos los Estados Parte ofrecieran a los menores infractores una atención especial para preservar su potencial de desarrollo y de reinserción social. Las normas mínimas establecidas por la Directiva obligan a los Estados Parte a respetar el contenido íntegro de sus previsiones.

2. *Cuestiones que requieren la adaptación de la LORPM y de su Reglamento de desarrollo a las previsiones de la Directiva (UE) 2016/800*

Son diversas las cuestiones que no se tratan o no se desarrollan debidamente en nuestra normativa nacional. Algunas de ellas son de cierta relevancia, si bien debemos admitir que la falta de previsión legal en nuestro país no siempre significa que no se les dé un adecuado tratamiento en la práctica. Pero si esto es así, lo es por el buen hacer de los profesionales que trabajan con menores infractores: jueces, miembros de la fiscalía, del equipo técnico, de la policía[7], letrados, etc. De hecho, podemos considerar que los procesos penales contra menores y la protección de éstos, se han

---

[7] *Vid.*, Instrucción 1/2017 por la que se actualiza el "*Protocolo de actuación policial con menores*", donde, en su apartado 2, referente a la especialización policial en mate-

convertido en *buque insignia* de la fiscalía, debido a las amplias prerrogativas que tiene en esta materia y la honda preocupación que suscita en dicha institución.

Aun así, es necesario revisar algunos temas, entre los que destacaríamos los siguientes:

2.1. La presencia de otro "adulto apropiado" *("appropriate adult")*

Dicha previsión se recoge para cuando los propios progenitores o tutores no se pudieran considerar como idóneos para acompañar al menor. La Directiva establece nuevas garantías complementarias en lo relativo a la información que debe facilitarse a aquél, así como al titular de la patria potestad y/o a otros adultos que el menor pudiera designar, con el fin de tener en cuenta las necesidades y vulnerabilidades específicas de los menores. Los Estados Miembros deben informar al titular de la patria potestad, por escrito, oralmente o de ambas formas, sobre los derechos procesales aplicables[8].

No obstante, puede ocurrir que, en determinadas circunstancias, sea conveniente proporcionar esta información a una sola de las personas que ostenten la patria potestad, o incluso a otro *adulto apropiado o adecuado*[9] dis-

---

ria de menores, se categorizan los diferentes grupos policiales existentes para dar una mayor cobertura a la situación del menor.

8 Esta información debe facilitarse lo antes posible y con el grado de detalle necesario para salvaguardar la equidad del proceso y permitir el ejercicio efectivo de los derechos del menor.

9 Este término de "adulto apropiado" (AA) o adulto idóneo, es común en el derecho anglosajón. En Gran Bretaña existe incluso una asociación que aglutina a este tipo de adultos, la "*National Appropriate adult network*", que realiza diversas tareas de acompañamiento, dentro y fuera del sistema judicial. En su inicio, el objetivo principal de esta red era el de reducir el riesgo de errores judiciales como resultado de la obtención de pruebas de sospechosos vulnerables que, precisamente por su vulnerabilidad, prestaban testimonios o declaraciones que no se interpretaban correctamente, dando lugar a condenas injustas. Cuando el sospechoso es un niño o una persona vulnerable, la PACE (*Police and criminal Act*, 1984) exige la presencia de un AA en muchos procedimientos. Se considera que los principales beneficios para los niños y las personas vulnerables son asegurar un trato justo y el respeto de sus derechos; facilitar la participación efectiva en los procedimientos relacionados con la investigación y/o su detención, además de ofrecer beneficios para la salud mental, el bienestar emocional, la dignidad y libertad personales. Así, una investigación realizada por la Universidad de Bristol pudo concluir que los usuarios del servicio se sentían apoyados emocionalmente y más protegidos

tinto, designado por el menor, que la autoridad competente debe aceptar como tal. Esas circunstancias pueden ser muy diversas, entre las que destacaríamos dos: la concurrencia de motivos objetivos y fácticos que indiquen o hagan sospechar que facilitar la información al titular de la patria potestad podría comprometer seriamente el curso del proceso penal, y que el titular de la patria potestad haya podido estar involucrado en la presunta actividad delictiva. Sólo cuando dejen de existir esas circunstancias, se facilitará al titular de la patria potestad toda la información pertinente con relación al menor infractor.

En nuestro sistema, para un supuesto como los apuntados, nuestra LORPM recoge la figura del "defensor judicial del menor", que es la persona que, de forma temporal, se designaría para defender los intereses, deseos y preferencias del menor. Además, en caso de no disponer de este defensor judicial, se nombraría a otro fiscal (distinto del instructor), para ejercer tal labor[10]. Sin embargo, y como ya hemos adelantado, la Directiva reconoce expresamente otra posibilidad: la del nombramiento y la actuación representativa de ese "*otro adulto apropiado*" elegido por el propio menor y autorizado por el juez de menores, cuando los progenitores o tutores no fueran idóneos para defender y apoyar los intereses de aquél o no fueran localizados, y sin que hubiera necesidad de nombrar en estos supuestos a un defensor judicial del menor, al verse éste amparado por ese otro adulto de su confianza.

Esta previsión no se contiene ni en nuestra LORPM ni en el reglamento de desarrollo. No obstante, eso no quiere decir que, en la práctica, no sean pocas las ocasiones en que se permite al menor que nombre a otra persona distinta de sus padres para que le acompañe, que generalmente son otros familiares directos (hermano mayor, abuelos, tíos...). Esta posibilidad debería tener reflejo legal efectivo.

---

contra la burla, la intimidación, el miedo, la deshumanización, la intimidación y el aislamiento.

10 Como apunta MADRIGAL, la LORPM regula en su art. 17. 1°, la necesidad de comunicar al MF la detención de los menores en cuanto se produzca y, en su n° 2, la necesidad de que estén presentes en su declaración sus representantes legales y, en defecto de estos o si las circunstancias aconsejan lo contrario, que esté presente un Fiscal en su declaración, distinto del instructor del expediente. Pero no se prevé la presencia de otro adulto distinto a los anteriores. Vid., MADRIGAL MARTÍNEZ-PEREDA, C., "Memoria de la FGE año 2016". Ed. BOE. Madrid, 2016, esp., p. 854.

2.2. El aseguramiento específico de ciertas garantías

Entre las garantías a asegurar[11], destacaríamos el relevante principio de la privación de libertad del menor como último recurso, y siempre por el mínimo tiempo indispensable.

La Directiva parte de la base de que los menores privados de libertad (ya sea en situación de detención o de internamiento) se encuentran en una situación de especial vulnerabilidad. Para sortear ese contexto y los posibles riesgos para su desarrollo físico, psíquico y social, se requiere de un esfuerzo especial, evitando acordar la privación de libertad, o, al menos, que esta no se produzca antes de que la decisión judicial determine la autoría del menor respecto de la infracción penal. Nuestra LORPM incluye un amplísimo abanico de medidas alternativas a la privación de libertad, con independencia de que se establezca expresamente que dicha situación debe entenderse como excepcional.

2.3. La regulación expresa del requisito de la inexcusable especialización de todos los intervinientes en los procesos con menores

Este principio de especialización viene recogido en diferentes textos internacionales suscritos por España, como la Recomendación (2008)11 del Comité de Ministros del Consejo de Europa[12] en su apartado 9, o la regla 2.3 de las llamadas *Reglas de Beijín*[13]. La finalidad de este principio respon-

---

11 FONSECA DÍAZ, A., "El interés superior del menor y su incidencia en el proceso penal de menores. Un análisis del conflicto de intereses en el proceso de violencia de género entre menores", en *Los llamados colectivos vulnerables en el proceso penal: De la teoría a la práctica*, S. Alvarez de Neyra (coord.), S., 1ª edición, Editorial Reus, Madrid, 2020, págs. 197-245.

12 Recomendación del Comité de Ministros del Consejo de Europa, nº 87 (20), apartado 9: "*Alentar la adopción de disposiciones para que todas las personas que intervienen en las diversas fases del procedimiento (Policía, abogados, procuradores, jueces, trabajadores sociales) tengan una formación especializada en el* ámbito *del derecho de menores y de la delincuencia juvenil*".

13 Reglas mínimas de las Naciones Unidas para la administración de la justicia de menores, regla 2.3: "*En cada jurisdicción nacional se procurará promulgar un conjunto de leyes, normas y disposiciones aplicables específicamente a los menores delincuentes, así como a los órganos e instituciones encargados de las funciones de administración de la justicia de menores, conjunto que tendrá por objeto: a) responder a las diversas necesidades de los menores delincuentes, y al mismo tiempo proteger sus derechos básicos, b) satisfacer las necesidades de la sociedad y, c) aplicar cabalmente y con justicia las reglas que se enuncian a continuación*".

de a la necesidad de que todos los operadores jurídicos que intervengan en procesos penales de menores tengan unas habilidades y unos conocimientos específicos en la materia[14]. La Directiva no considera suficiente una formulación general de este principio de especialización, y requiere que los Estados Parte adopten las medidas adecuadas para garantizar que los jueces y fiscales[15], e incluso los letrados que intervengan en procesos penales de menores[16], dispongan de aptitudes específicas en esa materia o tengan acceso efectivo a una formación especializada (en materia de derechos de los menores, técnicas adecuadas de interrogatorio, psicología infantil y comunicación mediante un lenguaje adaptado a los menores).

2.4. La asistencia letrada y el respeto a la relación de confidencialidad

No podemos afirmar que no se proteja el derecho de los menores a la asistencia letrada en nuestro país. Tanto la LECrim como la LORPM y su reglamento de desarrollo reconocen este derecho ampliamente[17]. La

---

14 DE LA ROSA CORTINA, J.M., "Documento de la Fiscalía de Menores". *Los principios del derecho procesal penal de menores: instrumentos internacionales.* Doctrina de la Fiscalía General del Estado y jurisprudencia. https://www.fiscal.es/documents/20142/276941/Ponencia+José+Miguel+-de+la+Rosa+Cortina.pdf/03ba0690-dd8b-410a-2aeb-5d48ffa75339

15 El requisito de especialización de jueces y fiscales viene exigido en la DF 4ª, apartado 1 de la LORPM: *"El Consejo General del Poder Judicial y el Ministerio de Justicia, en el ámbito de sus competencias respectivas, procederán a la formación de miembros de la Carrera Judicial y Fiscal especialistas en materia de Menores con arreglo a lo que se establezca reglamentariamente. Dichos especialistas tendrán preferencia para desempeñar los correspondientes cargos en las Salas de Menores de los Tribunales Superiores de Justicia y en los Juzgados y Fiscalías de Menores, conforme a lo que establezcan las leyes y reglamentos".*

16 DF 4ª, apartado 3 de la LORPM 3: *"El Consejo General de la Abogacía deberá adoptar las disposiciones oportunas para que en los Colegios en los que resulte necesario se impartan cursos homologados para la formación de aquellos letrados que deseen adquirir la especialización en materia de menores".*

17 Derecho a la asistencia jurídica gratuita en los términos que establece la Ley 1/1996, de 10 de enero, *de Asistencia Jurídica Gratuita,* y RD 586/2022, de 19 de julio, por la que se modifica el Reglamento de asistencia jurídica gratuita aprobado por el RD 141/2021, de 9 de marzo, que deroga el anterior, aprobado por Real Decreto 996/2003, de 25 de julio. El vigente Reglamento, su art. 33.3 (obligaciones profesionales de los abogados) destaca que, para la asistencia de menores (así como a las víctimas de violencia de género, de terrorismo y de trata de seres humanos y personas con discapacidad intelectual o enfermedad mental) cuando sean víctimas de situaciones de abuso o maltrato, la orientación jurídica, defensa y asistencia se asumirán por una misma dirección letrada desde el momento en que se requiera. A su vez, el reglamento incluye un ANEXO I.IV, para la solicitud del

vulnerabilidad de los menores y su falta de madurez puede suponer que no siempre van a ser capaces de comprender y seguir plenamente un proceso penal. Esto hace que la presencia letrada devenga imprescindible en toda actuación judicial, sin demora indebida, en cuanto se ponga en conocimiento del menor su condición de investigado o acusado[18]. Dicha asistencia no exige que el letrado del menor tenga que estar presente en cada acto de investigación o de obtención de pruebas, excluyendo la Directiva ciertas actuaciones (así, p.ej., la identificación del menor; los cacheos, reconocimientos físicos, obtención de fotografías o de huellas dactilares, etc.).

Por otra parte, la Directiva resalta el carácter de confidencialidad de las comunicaciones entre el menor y su letrado, clave para garantizar el ejercicio efectivo del derecho de defensa. Se entiende que es esencial de un juicio justo, por lo que dicha confidencialidad debe respetarse sin excepciones. Esto da a entender que esa protección o aseguramiento de la confidencialidad se debe extrapolar incluso frente a los progenitores o tutores del menor[19].

---

derecho de asistencia jurídica gratuita para la defensa y representación letrada a los menores y demás personas antes citadas.

18 Parte de la doctrina valora la posibilidad de que el letrado del menor pueda asesorarle desde el primer momento, incluso antes de su comparecencia ante el equipo técnico (ET), pero no es conveniente que esté presente durante las entrevistas previas la elaboración del informe del ET, pues ello iría en contra de la necesaria flexibilidad requerida por la naturaleza de la información a obtener. *Vid.*, entre otros, DE URBANO CASTRILLO, E. y DE LA ROSA CORTINA, J.M. *Comentarios a la Ley Orgánica de responsabilidad Penal del Menor.* Aranzadi. Cizur Menor, 2007, esp. p.: 154; DE URBANO CASTRILLO, E. "Los recursos en la LORPM. La responsabilidad penal de los menores: aspectos sustantivos y procesales". Mª R. Ornosa Fernández (coord.)., "Cuadernos de Derecho Judicial". Ed. CGPJ. Madrid, 2001, pág. 205., ORNOSA FERNANDEZ, Mª R., "Derecho Penal de Menores". Ed. Bosch Barcelona, 2003, pág. 306.

19 Esta confidencialidad ya se exige para el informe del equipo técnico, cuyo contenido sólo será conocido por el Fiscal, Juez de Menores y el letrado del menor. Estas partes no tendrán acceso al contenido de las entrevistas, pruebas psicológicas practicadas e informes sociales o escolares solicitados. *Vid.*, GARCÍA HERNÁNDEZ G. *Equipo técnico y medidas judiciales. https://www.fiscal.es/documents/20142/276941/Ponencia+Gema+Garc%C3%ADa+Hern%C3%A1ndez.pdf/2c77d13d-c62f-41f7-180e-4d30561d0449#:~:text=El%20art%C3%ADculo%204.1%20RLORPM%20se%C3%B1ala,los%20informes%2C%20efectuando%20las%20propuestas%2C*
Con igual o más razón se deberá preservar la confidencialidad entre el letrado y el menor.

2.5. Grabación de toda declaración del menor

Ya sea en sede policial o judicial, y no sólo del acto del juicio oral[20]. Los menores sospechosos o acusados en procesos penales no siempre pueden comprender el contenido de los *interrogatorios* a los que se les somete[21]. Con el fin de garantizar una protección suficiente de esos menores, la prestación de declaración ante la policía debe grabarse por medios audiovisuales cuando ello resulte proporcionado[22], teniendo en cuenta si está presente o no un letrado y de si el menor está privado o no de libertad. Sorprendentemente, la Directiva no exige a los Estados Miembros grabar las declaraciones de menores realizadas ante un órgano jurisdiccional.

2.6. El reconocimiento médico del menor[23]

En nuestra legislación dicho reconocimiento viene referido básicamente a la determinación de la edad de aquél[24]. Sin embargo, la Directiva reconoce el derecho de los menores a recibir información directa sobre el derecho a un reconocimiento médico desde el primer momento, a más tardar cuando sean privados de libertad. La exploración se realizará siempre por profesionales, sin dilación indebida y de la forma menos invasiva posible. Las conclusiones de los informes médicos —que deberán consignarse siempre por escrito— deberán servir al objeto de evaluar, en particular, el estado físico y mental del menor, así como para determinar su capacidad para ser sometido a un interrogatorio, a otras medidas de investigación o

20 El art. 26 de la ley 4/2015, de 27 de abril *del Estatuto de la Víctima del Delito,* recoge, entre las medidas de protección para menores (además para las personas con discapacidad necesitadas de especial protección y víctimas de violencia sexual), la grabación por medios audiovisuales de las declaraciones recibidas durante la fase de investigación, que podrán ser posteriormente reproducidas en el acto del juicio oral. Lo que no aclara el Estatuto de la Víctima es si debemos entender que la fase de investigación comienza desde la misma detención del menor o en sus declaraciones ante el Ministerio Fiscal o el Juez.

21 Aunque la Directiva utiliza este término, nosotros preferimos el de "toma de declaración", por resultar más respetuoso con el derecho de defensa.

22 En caso de carecer de este recurso audiovisual, la propia Directiva permite que se deje constancia de la declaración "por otros medios adecuados", como puede ser levantando acta.

23 Que podrá será realizado por iniciativa de las autoridades competentes o a solicitud del propio menor, de los titulares de la patria potestad, o quienes les sustituyan, o del letrado.

24 Por razones relacionadas con el ingreso en territorio español de menores indocumentados no acompañados, especialmente subsaharianos.

de obtención de pruebas, o a cualquier medida adoptada o prevista contra él. Además, los Estados Miembros velarán por que se pueda realizar otro reconocimiento médico si las circunstancias así lo exigen. Llama la atención que la Directiva focalice muy especialmente la intervención médica para delimitar la incidencia del proceso en el bienestar del menor y de cómo puede verse éste afectado, especialmente a nivel psicológico, por las distintas actuaciones procesales[25].

2.7. La obligatoriedad de los Estados miembros de garantizar la referencia a los derechos reconocidos por la Directiva

Cuando se informe a los menores detenidos de sus derechos (y a sus progenitores o tutores u otro adulto adecuado), se deberá incluir una referencia expresa al catálogo de derechos que les reconoce la propia Directiva. Si un menor es privado de libertad, la declaración de derechos que se le facilite de conformidad con la Directiva 2012/13/UE debe incluir información clara sobre los derechos del menor enumerados en dicha norma.

Además, los menores deben recibir información sobre los aspectos generales del desarrollo del proceso. Con este fin se les debe facilitar, en particular, una breve explicación de las posteriores fases procesales y sobre la función de las autoridades que intervienen. La información que se proporcione debe depender de las circunstancias de cada caso, especialmente de la madurez y de la capacidad de comprensión del menor.

III. CONCLUSIÓN

Estos son sólo algunos ejemplos significativos que constituyen, sin duda, mejoras que nuestro legislador debe acometer, para poder afirmar que la trasposición de la Directiva se ha realizado de un modo completo. No basta con que los operadores jurídicos procuren ser quienes aseguren el cumplimiento de las previsiones garantistas, sino que se debe exigir a nuestro legislador que trasponga, de forma efectiva, el contenido completo de la norma europea.

---

25 Este reconocimiento médico no es equiparable a los informes de los equipos técnicos, pues su finalidad y forma de proceder son distintos. Las evaluaciones individuales de estos equipos tienen como objetivo la determinación de las necesidades específicas del menor en cuanto a protección, educación, formación profesional e inserción social, apreciando todas las circunstancias personales, sociales, familiares, económicas y educativas del menor, así como su personalidad y madurez.

No podemos sostener que nuestra ley reguladora de la responsabilidad penal del menor no requiera de una revisión adaptativa. Bien al contrario, debemos reconocer y regular ciertos derechos del menor infractor que inciden, no sólo en su mejor defensa, sino en una mayor comprensión de los actos procesales y en la preservación de sus intereses evitando, en la medida de lo posible, las perversas consecuencias que se pueden derivar de su sujeción a un proceso.

Bibliografía

DE LA ROSA CORTINA, J.M. "Documento de la Fiscalía de Menores." *Los principios del derecho procesal penal de menores: instrumentos internacionales.* Doctrina de la Fiscalía General del Estado y jurisprudencia.

DE URBANO CASTRILLO, E. y DE LA ROSA CORTINA, J.M. *Comentarios a la Ley Orgánica de responsabilidad Penal del Menor,* Aranzadi, Cizur Menor, 2007.

DE URBANO CASTRILLO, E. "Los recursos en la LORPM. La responsabilidad penal de los menores: aspectos sustantivos y procesales", Ornosa Fernández, Mª R. (coord.)., "Cuadernos de Derecho Judicial", Ed. CGPJ, Madrid, 2001.

DOLZ LAGO, M.J. *Comentarios a la Legislación Penal de Menores.* Tirant Lo Blanch, Valencia, 2007.

FONSECA DÍAZ, A. "El interés superior del menor y su incidencia en el proceso penal de menores. Un análisis del conflicto de intereses en el proceso de violencia de género entre menores", en *Los llamados colectivos vulnerables en el proceso penal: De la teoría a la práctica,* Coord. S. Álvarez de Neyra (coord.), Reus, Madrid, 2020.

GARCÍA HERNÁNDEZ, G. *Equipo técnico y medidas judiciales. https://www.fiscal.es/documents/20142/276941/Ponencia+Gema+Garc%C3%ADa+Hern%C3%A1ndez.pdf/2c77d13d-c62f-41f7-180e-4d30561d0449#:~:text=El%20art%C3%ADculo%204.1%20RLORPM%20se%C3%B1ala,los%20informes%2C%20efectuando%20las%20propuestas%2C.* Consultada el 19/11/2022.

https://www.comillas.edu/catedra-de-los-derechos-del-nino/base-de-datos. Consultada el 03/07/2023.

https://www.fiscal.es/documents/20142/276941/Ponencia+José+Miguel+de+la+Rosa+Cortina.pdf/03ba0690-dd8b-410a-2aeb-5d48ffa75339 Consultada el 19/11/2022.

MADRIGAL MARTÍNEZ-PEREDA, C. "Memoria de la FGE año 2016", BOE, Madrid, 2016.

ORNOSA FERNANDEZ, M.R., "Derecho Penal de Menores". Ed. Bosch Barcelona, 2003.

VVAA, *Manual de introducción al derecho penal,* J. A. Lascuraín Sánchez, (coord.), 1ª edición, AEBOE, Madrid, 2019.

Capítulo XX

The seriousness of the offence as a ground for adopting investigative measures: is this the right path?

FRANCESCO SANVITALE

Postdoctoral Researcher in Criminal Procedure

(Department of Legal and Human Sciences-DISTU),

University of Tuscia/IT.

Email: francesco.sanvitale@unitus.it

(ORCID: 0009-0009-1369-3778)

ABSTRACT: The Author explores the implications of implementing the seriousness of the offence (typically required in Member States to adopt pre-trial detention) as a ground for adopting investigative measures, at both EU and national level. The focus is on crucial legal provisions such those governing the European Arrest Warrant, the European Investigation Order and the European Public Prosecutor's Office. It is argued that the assessment of the seriousness of the offence *in abstracto* could lead to a collateral consequence in the shape of a "concrete decriminalisation"; the effectiveness of safeguarding individuals' rights through the evaluation of the seriousness of the offence *in concreto* is questioned. The Author therefore advocates for a greater role for the necessity of the measure step in the proportionality test, aiming to achieve a better balance between investigative efficacy and an effective protection of individual rights.

KEYWORDS: Investigative measures – Seriousness of the offence – Necessity of the act for the investigation – Collateral consequences – Effectiveness

TABLE OF CONTENTS:

I. THE INTRUSIVENESS OF THE MEASURE AS A GUIDING CRITERION

The Court of Justice of the European Union (CJEU) and the EU legislature have followed a clear path, starting with the case law on the implementation of the European Arrest Warrant Framework Decision (EAW FD)[1]. Since the grounds for issuing and executing an EAW provided for therein have proved to be inadequate in view of the damage they cause to the rights of individuals[2], the need has arisen to restrict the use of the EAW to the prosecution of serious crimes only[3]. Indeed, the EAW is often issued for the purpose of executing a pre-trial detention order, and such a limitation is typically prescribed for the adoption of pre-trial detention in most Member States.

It is common practice in the Member States to also impose limitations based on the severity of the offence for the use of the most intrusive investigative measures, i.e. those which are likely to substantially interfere with individuals' rights. It is therefore not surprising that the same idea

---

1 Council Framework Decision of 13 June 2002 on the European arrest warrant and the surrender procedures between Member States, 2002/584/JHA.

2 The lack of sufficient safeguards against a disproportionate use of the EAW has become evident with its issuing in cases concerning "trivial offences" (e.g. the theft of a piglet and the theft of a dessert from a restaurant: see OSTROPOLSKI, T. "The Principle of Proportionality under the European Arrest Warrant – With an Excursus on Poland", *New Journal of European Criminal Law*, 2014, n° 2, https://doi.org/10.1177/203228441400500204 (30 October 2023), esp. p. 174, and Council of the European Union, 9 July 2007, Proposed subject for discussion at the experts' meeting on the application of the Framework Decision on the European arrest warrant on 17 July 2007 – the proportionality principle, COPEN 98, 10975/07) and in others in which it seemed to conflict with the fundamental rights of the individual concerned (judgement *Melloni v. Ministerio Fiscal*, 26 February 2013, Case C-399/11, ECLI:EU:C:2013:107, https://eur-lex.europa.eu/legal-content/IT/TXT/?uri=CELEX:62011CJ0399 (30 October 2023); judgement *Radu*, 29 January 2013, Case C-396/11, ECLI:EU:C:2013:39, https://eur-lex.europa.eu/legal-content/IT/TXT/?uri=CELEX:62011CJ0396 (30 October 2023)).

3 The Commission's Handbook on how to issue and execute an EAW as of 6 October 2017 (2017/C 335/01) now requires national authorities to take into account the seriousness of the offence before issuing an EAW. This requirement may depict the Commission's commitment in solving the problem of the EAWs issued concerning "trivial offences". On the case law on the implementation of the EAW, see XANTHOPOULOU, E. *Fundamental Rights and Mutual Trust in the Area of Freedom, Security and Justice. A Role for Proportionality?*, Oxford, Hart, 2020, esp. pp. 115-148.

has been applied at EU level to instruments authorising the adoption or execution of investigative measures and to the assessment of the legality of national provisions on investigative measures.

The most prominent example is arguably represented by the so-called "data retention saga"[4]. In fact, the CJEU acknowledged that, when digital data, such as the caller's telephone number and the number called or an IP address for Internet services, «taken as a whole, may allow very precise conclusions to be drawn concerning the private lives of the persons whose data has been retained»[5], their retention should be allowed solely for the purpose of prosecuting "serious crimes"[6].

This approach, then, among others, has proved to be essential in the drafting of the European Investigation Order (EIO) Directive[7] and the European Public Prosecutor's Office (EPPO) Regulation[8]. Indeed, given the harm inflicted by the instruments regulated in these texts, their provisions should be triggered solely under strict conditions, among which the seriousness of the offence under investigation plays a significant role.

In other words, at both EU and national level, a parallel can be drawn between the requirement of the severity of the offence which is necessary for the adoption of measures restricting personal liberty and the same ground laid down for the adoption of investigative measures affecting other interests. Should a certain investigative measure be deemed to cause a significant interference *vis-à-vis* individuals' rights, its application is curtailed based

---

4 The expression "data retention saga" is commonly used to refer to a series of judgements rendered by the CJEU that have progressively imposed strict boundaries on the EU Member States' legal frameworks regarding the retention of digital data by telephone and internet service providers, as well as the access to such data by public authorities for the purpose of prosecuting crime. The first judgement was *Digital Rights Ireland and Seitlinger and Others*, 8 April 2014, Joined Cases C-293/12 and C-594/12, ECLI:EU:C:2014:238, TOL4.629.782.

5 Judgement *Digital Rights Ireland and Seitlinger and Others*, supra note 4, § 27.

6 Judgement *Ministerio Fiscal*, 2 October 2018, Case C-207/16, ECLI:EU:C:2018:788, TOL6.814.533, §§ 55-57. Such ruling has clarified that the seriousness of the interference with the right to private life must also be taken into account alongside the seriousness of the offence.

7 Directive 2014/41/EU of the European Parliament and of the Council of 3 April 2014 regarding the European Investigation Order in criminal matters, JAI (2010) 3.

8 Council Regulation (EU) 2017/1939 of 12 October 2017 implementing enhanced cooperation on the establishment of the European Public Prosecutor's Office ('the EPPO'), COM (2013) 534.

on the seriousness of the offence, which can be assessed at an abstract and concrete level.

In the following paragraphs, the main provisions implementing the seriousness of the offence ground will be analysed, with focus on the comparison between its role in the adoption of pre-trial detention and the EAW FD and its enforcement in the adoption of investigative measures. To this end, the two features of the notion of "seriousness of the crime" *in abstracto* and *in concreto* will be analysed separately. It is argued that some problems may arise from their implementation for the adoption of investigative measures. After dismissing some potential solutions to these issues, it is advocated that evaluating the severity of the offence constitutes just one stage in the proportionality test required for the implementation of investigative measures. Thus, it is argued that the criterion of the necessity of the measure for the investigation, which is another step in the same test, has been underestimated. On the contrary, it should play a prominent role compared to the seriousness of the offence ground at the investigation stage.

II. THE SERIOUSNESS OF THE OFFENCE *IN ABSTRACTO*

1. *Definition and topography*

As for the evaluation of the seriousness of the offence *in abstracto*, it is typically for the legislator, whether at national or European level, to restrict the use of specific measures based on the severity of the penalty associated with the crime under investigation. Various legal tools come into play when the criminal offence being investigated crosses a particular threshold of seriousness, such as a specified duration of imprisonment.

This technique is well established for the adoption of pre-trial detention in many Member States[9]. It can also be found in Article 2 of the EAW FD, which poses a threshold for issuing an EAW connected to the maximum punishment provided for the crime[10], and is also implemented by Member

---

[9] With regard to Italy, the criminal offence has to be punished at least with a penalty of five years' imprisonment (Article 280(b) of the Italian Code of Criminal Procedure – CCP). As to Spain, the threshold is two years' imprisonment (Article 503(1) of the Ley de Enjuiciamiento Criminal – LECrim).

[10] This is one of the boundaries foreseen for issuing an EAW, which has faced criticism for its perceived inadequacy in preventing misuse. Indeed, Article 2 of the EAW FD permits issuing an EAW for acts punishable by the law of the issuing Member State by a custodial sentence or a detention order for a maximum period of at

States for the adoption of the most intrusive investigative measures, such as wiretapping[11].

A similar idea can be found in the definition of the scope of competence of the EPPO, restricted, as a rule, to criminal offences affecting the financial interests of the Union, as provided for in the so-called PIF Directive[12] (Article 22 of the EPPO Regulation), which have caused or are likely to cause damage to the Union's financial interests amounting to not less than € 10,000 (Article 25 of the EPPO Regulation). Furthermore, regarding VAT fraud, as referred to in Article 3(2)(d) of the PIF Directive, only crimes involving a total damage of at least 10 million euros fall within the scope of competence of the EPPO. The EPPO Regulation also envisages the possibility of setting further grounds for States to adopt a number of investigative measures. It provides that wiretapping and tracking or tracing an object by technical means could be limited to a list of specific serious offences by Member States (Article 30(3) of the EPPO Regulation).

As per the EIO, such a ground may be laid down by domestic legislations which are recalled in Article 10(1)(b) of the EIO Directive. The seriousness of the offence *in abstracto* is also considered by Article 11(1)(g) of the EIO Directive and Article 2(2) of the EAW FD. These provisions rule out the "double criminality" requirement for a list of 32 offences if they are punishable

---

least 12 months or, where a sentence has been passed or a detention order has been made, for sentences of at least four months. See CARRERA, S., GUILD, E. and HERNANZ, N. "Europe's most wanted? Recalibrating Trust in the European Arrest Warrant System", *CEPS Papers in Liberty and Security in Europe*, 2013, n° 55, https://www.ceps.eu/ceps-publications/europes-most-wanted-recalibrating-trust-european-arrest-warrant-system/ (30 October 2023), esp. p. 24.

11 Article 266 of the CCP lays down a list of offences for the prosecution of which wiretapping can be adopted. As a general rule, this is possible with regard to intentional crimes punishable with the penalty of either a life sentence or imprisonment for a maximum term exceeding five years. In Spain, according to Articles 588(b)(i) and Article 579(1) of the LECrim, authorisation to intercept telephone and telematic communications may only be granted when the purpose of the investigation refers to intentional crimes punished with a maximum sentence of, at least, three years' imprisonment, crimes committed as a member of a criminal group or organisation, crimes of terrorism or crimes committed using computer equipment or any other information, communication or communication service technology.

12 Directive (EU) 2017/1371 of the European Parliament and of the Council of 5 July 2017 on the fight against fraud to the Union's financial interests by means of criminal law, COM (2012) 363.

in the issuing Member State by a custodial sentence or a detention order for a maximum period of at least three years.

The logic underpinning such rules is a noble one, namely, the acknowledgment that the proceeding could affect individual rights as well as the punishment[13]. Oftentimes — to be fair — the former is even more intrusive than the latter. Between being given a fine or having his or her digital devices observed or tracked for years, which has more effect on a person's life? On closer examination, here lies the reason a link has been established between the punishment provided for the crime and the available means to detect it. With regard to minor offences, using certain investigative measures would be more burdensome for the suspect than the punishment itself, making it disproportionate.

Additionally, the aims are noble too; limitations to investigative powers based on the seriousness of the offence help to guarantee the fundamental rights of suspects and save human and economic resources.

The expansion of guarantees customarily associated with pre-trial detention to a number of investigative measures is therefore justified. As already said, many investigative measures can affect the lives of individuals in a significant way and consideration must be given to the evolution of certain rights, strictly linked to the right to personal freedom. This is the case, for example, of the right to personal and private life[14]. Criminal proceedings are however grounded on delicate balances. Hence, the described development concerning investigative measures could lead to a concealed "collateral consequence" that could well suggest some caution.

2. *A "procedural" collateral, dysfunctional consequence*

2.1. The "concrete decriminalisation" resulting from the ground of the seriousness of the *offence in abstracto*

The ground of the seriousness of the offence *in abstracto* may lead to a particular form of "concrete decriminalisation". In this regard, "concrete

---

13 See CARNELUTTI, F. *Lezioni sul processo penale*, vol. 1, Edizioni dell'Ateneo, Roma, 1946, esp. pp. 34-35 and FEELEY, M.M. *The Process is the Punishment. Handling Cases in a Lower Criminal Court,* RSF, New York, 1979, esp. pp. 200-201.

14 Interestingly, the Italian Constitutional Court has linked the right to privacy, enshrined in Article 15 of the Italian Constitution, to the inviolable rights protected by Article 2 thereof (see Constitutional Court, 11 June 2009, n° 173, https://giurcost.org/decisioni/2009/0173s-09.html (30 October 2023), esp. § 6).

decriminalisation" is opposed to "abstract decriminalisation", which «consists in the repeal by the legislature of its own previously enacted criminalisation»[15]. On the other hand, "concrete decriminalisation" «leads to 'impunity' (...) for acts that, in the abstract, fulfil the definitional elements of an offence»[16]. Usually, this results in a deflationary mechanism, intentionally enacted by the law and left to the choices of the actors of the proceedings[17].

In many cases, the upstream legislative decision to ban the use of an investigative measure for prosecuting allegedly minor crimes makes it impossible to detect these offences without resorting to prohibited investigative measures[18]. In this sense, the evaluation of the seriousness of the offence *in abstracto* may practically "decriminalise" *in concreto* the crimes for the prosecution of which the investigative measure is not available.

One such consequence has occurred with online identity theft. Denying access for investigative purposes to digital data stored by service providers, in consideration of the low penalty provided for the crime, often makes it impossible to determine who used the device and the alleged stolen account. In fact, it becomes impossible to establish who used the stolen device without at least having access to the IP address. This could actually be a common feature to all cybercrimes; it becomes impossible or, at least, very difficult, to

---

15 JARVERS, K. "Effectiveness, Proportionality and the Abstract and Concrete Forms of Decriminalisation. The Example of Italy", in E. Billis, N. Knust and J. P. RUI (eds.), *Proportionality in Crime Control and Criminal Justice*, Hart, Oxford, 2021, esp. p. 211. In other words, the legislator decides — transparently — that an offence is no longer serious enough to justify its qualification as a crime or chooses to do so for other reasons.

16 JARVERS, K. "Effectiveness, Proportionality and the Abstract and Concrete Forms of Decriminalisation. The Example of Italy", op. cit., esp. p. 211.

17 Consider, for example, the suspension of proceedings on probation, which is commonly chosen by the defendant and authorised by the judge and may lead to an acquittal. See JARVERS, K. "Effectiveness, Proportionality and the Abstract and Concrete Forms of Decriminalisation. The Example of Italy", op. cit., esp. pp. 221-222, which specifically considers the Italian legal system.

18 We are assuming that the prosecutor does not abuse of its power to provide the legal definition of the criminal act. It is possible that in the accusation the facts are deemed to constitute an offence for the prosecution of which the investigative measure is available solely for the purpose of adopting it, while, actually, they should be considered differently. This is another concrete risk related to the ground of the seriousness of the offence *in abstracto*. In this regard, see NAPPI, A. "Il codice dei cataloghi", *La Legislazione Penale*, 9 November 2016, https://www.lalegislazionepenale.eu/il-codice-dei-cataloghi-aniello-nappi/ (30 October 2023), esp. p. 8.

combat them without resorting to the same tool criminals use to perpetrate them. Regarding online identity theft, Italian prosecutors have therefore developed pre-filled forms to dismiss these cases[19].

One may question the compatibility of this requirement with effective crime prosecution. It is noteworthy that some crimes, especially cybercrimes, even if punished with a low penalty, are frequent and widespread. In other words, they do cause social alarm and should be prosecuted.

2.2. An attempt to define the issue using the notion of "collateral consequences"

Considering all the above, some typical features of dysfunctional, collateral consequences occur. "Collateral consequences" are the unintended effects of an action[20]. Starting from social studies[21], this definition has been used to examine the unintended consequences of a particular piece of legislation. Of course, penal norms may also lead to adverse effects, such as social and economic consequences[22]. Collateral consequences are "dysfunctional" when they concern the same objective pursued by criminal legislation. This means that the same interest is endangered which the norm was meant to protect[23].

---

19 This was reported by Dr. Angelantonio Racanelli (Public Prosecutor in Rome), in a meeting on 8th November 2022, organised by the "Luigi Einaudi" Foundation, "Ieri la damnatio memoriae, oggi l'obbligo del ricordo: il caso della data retention", https://www.youtube.com/live/ucUmSdJ7aUw?feature=share (30 October 2023).

20 VAN PARIJS, P. "Perverse effects and social contradictions: analytical vindication of dialectics?", *The British Journal of Sociology*, 1982, n° 4, https://www.jstor.org/stable/589364 (30 October 2023), esp. p. 590, extrapolates a "strong" definition of the "perverse effect" — described by BOUDON, R. *The Unintended Consequences of Social Action*, London, The Macmillan Press LTD, 1982 — , as follows: «a *perverse effect* is the unintended (...) outcome of the rational actions of individuals involved in a non-zero-sum game».

21 BOUDON, R. *The Unintended Consequences of Social Action*, op cit.; MERTON, R.K. "The Unanticipated Consequences of Purposive Social Action", *American Sociological Review*, 1936, n° 6, pp. 894-904, https://www.jstor.org/stable/2084615 (30 October 2023). See GALLI, M. "Gli effetti "collaterali" delle scelte di criminalizzazione: dagli aspetti definitori allo strumentario operativo", in M. Galli and N. Recchia (eds.), *Gli effetti collaterali delle scelte di criminalizzazione*, Editoriale Scientifica, Napoli, 2023, esp. pp. 20-21.

22 GALLI, M. "Effetti collaterali", in C. Piergallini, G. Mannozzi, C. Sotis, C. Perini, M. Scoletta, and F. Consulich (eds.), *Studi in onore di Carlo Enrico Paliero, Tomo III, Parole dal lessico di uno studioso*, Giuffrè, Milano, 2022, esp. pp. 1424-1430.

23 A typical example of this collateral effect is the criminalisation of abortion, which can lead to an increase in clandestine abortions; the will to protect life

Although collateral consequences have most often been studied in the field of substantive criminal law, they are a useful tool for examining the side-effects of any legislation. Thus, there is no contradiction in trying to explain dynamics such as those studied here in relation to criminal procedure by recourse to this category.

The "concrete decriminalisation" resulting from the ground of the seriousness of the offence *in abstracto* is a dysfunctional, collateral consequence for the following reasons.

The purpose of the legislative limitation is to prevent disproportionate harm (the discouraged conduct being the use of an intrusive investigative measure for prosecuting petty offences), while this choice produces an indirect effect (the impossibility of prosecuting certain crimes). Such an indirect effect is unintended and dysfunctional since, by prohibiting the adoption of certain investigative measures, the legislator does not want to make it impossible to prosecute the crimes excluded from among those for which the investigative measure is available.

Considering that another purpose of the limitation is to prevent the disproportionate allocation of resources for minor crime detection, it therefore becomes counterproductive to hinder the prosecution of cases that deserve to be prosecuted. Furthermore, this effect is clearly hidden

---

creates a risk for the same interest, namely for the life of women. See GALLI, M. "Gli effetti "collaterali" delle scelte di criminalizzazione: dagli aspetti definitori allo strumentario operativo", op. cit., esp. p. 27. By contrast, "undesirable consequences" affect interests that may be relevant at a social or economic level, but that are not directly related to the objective pursued by the provision in question. The most important example is represented by the so-called "chilling effect", that occurs whenever a certain law, aiming at contrasting an illicit conduct, indirectly prevents people from engaging in legal and even desirable actions (see GALLI, M. "Gli effetti "collaterali" delle scelte di criminalizzazione: dagli aspetti definitori allo strumentario operativo", op. cit., esp. p. 30; GALLI, M. "Effetti collaterali", op. cit., esp. p. 1426; GALLUCCIO, A. "*Chilling Effect*", in C. Piergallini, G. Mannozzi, C. Sotis, C. Perini, M. Scoletta, and F. Consulich (eds.), *Studi in onore di Carlo Enrico Paliero, Tomo III, Parole dal lessico di uno studioso,* op.cit., esp. p. 1261; RECCHIA, N. *Il principio di proporzionalità nel diritto penale. Scelte di criminalizzazione e ingerenza nei diritti fondamentali,* Torino, Giappichelli, 2020, esp. p. 253). The most important application of this concept is to be found in the US First Amendment jurisprudence on the effects of restricting freedom of expression (see GALLUCCIO, A. "*Chilling Effect*", op. cit.., esp. pp. 1263-1264). The pivotal distinction between dysfunctional and undesirable collateral consequences is made by GALLI, M. "Gli effetti "collaterali" delle scelte di criminalizzazione: dagli aspetti definitori allo strumentario operativo", op. cit., esp. p. 26.

and not foreseen, because concrete decriminalisation does imply — in these circumstances — a hidden form of abstract decriminalisation. This dysfunctional, collateral consequence can be defined as "procedural" in nature, as it results from the rules governing criminal proceedings.

The existence of such a negative side-effect does not mean that the ground of the seriousness of the offence *in abstracto* should be considered undesirable in general. However, a reform introducing this ground should take the risk into account[24].

III. THE SERIOUSNESS OF THE OFFENCE *IN CONCRETO*

1. Definition and topography

Regarding the ground of the seriousness of the offence *in concreto*, the severity of the material facts under investigation is evaluated. Just like the seriousness of the offence *in abstracto*, such a check is required in Member States in order to adopt pre-trial detention and precautionary measures at large[25]. As mentioned earlier, this requirement is also present in the Commission's Handbook on how to issue and execute an EAW[26], which requires national authorities to take account of the seriousness of the offence before issuing an EAW.

Such an assessment can also be found in the proportionality test imposed for issuing an EIO (Article 6(1)(a) of the EIO Directive)[27]. The EPPO

---

24 To foresee the collateral consequences of a certain law is the purpose of an effect-oriented approach to the legislation, advocated, for instance, by GALLI, M. "The effect-oriented approach in criminal proceedings against corporations", *Revue Internationale de Droit Pénal*, 2018, n° 1, pp. 147-158.

25 In Italy Article 273 of the CCP poses the well-known ground of the "*fumus commmissi delicti*", which requires the presence of «serious indications of guilt» in order to adopt a precautionary measure that has to be ascertained looking at the material facts of the case, and Article 275(2) of the CCP states that «each measure shall be proportionate to both the seriousness of the alleged offence and the sentence that has been or shall be imposed». In Spain, Article 503(1) of the LECrim foresees the "*fumus commissi delicti*" ground and Article 503(2) of the LECrim requires an assessment of the seriousness of the crimes that may have been committed in order to ascertain whether there is a risk of recidivism. These kinds of grounds are not explicitly mentioned in the EAW FD. In this regard, see SANGER, A. "Force of Circumstance: The European Arrest Warrant and Human Rights", *Democracy and Security*, 2010, n° 1, https://doi.org/10.1080/17419160903535301 (30 October 2023), esp. pp. 19-20.

26 Supra note 3.

27 This was the main purpose of the provision according to BELFIORE, R. "Riflessioni a margine della direttiva sull'ordine europeo di indagine penale", *Cass. pen.*, 2015,

Regulation further considers the seriousness of the offence *in concreto*. This can lead to the exclusion of the EPPO's competence (Articles 10(7) and 27(8) of the EPPO Regulation), especially if serious repercussions for the financial interests of the EU are not foreseen (Articles 28(4)(a) and 34(3) of the EPPO Regulation).

The logic underpinning these rules is the same described above for the seriousness of the offence *in abstracto*; moreover, they both aim to enhance individual rights for protection. The analogy between the grounds for adopting pre-trial detention and investigative measures is also conceivable. Unlike the analysis concerning the criterion of the *in abstracto* seriousness of the offence, no potential exists for the previously described collateral consequence. This is because there is no stringent constraint imposed on prosecutors.

Nevertheless, a distinct concern may still emerge. The assessment on the material severity of the facts under investigation could be up to the judge, the public prosecutor, or both. When it comes to investigative measures, compared to pre-trial detention, even if a jurisdictional oversight is sometimes provided[28], the assessment, as a general rule, is made by the prosecutors. They are the ones institutionally entrusted with conducting the investigative stage[29]. Here may lie a significant issue regarding the *effectiveness* of the guarantee.

2. *A problem of effectiveness*

The aforementioned "data retention saga" recently shed light on the ambiguity of the role of the prosecutor. In *H.K.*[30], the CJEU considered a public prosecutor, regardless of its institutional status, as a "non-independent

---

n° 9, esp. p. 3293.

28 This is the case, for example, of wiretapping in Italy (Article 267 of the CCP) as well as Spain (Article 588(a)(ii) of the LECrim). Article 2(d) of the EIO Directive explicitly mentions the possibility that the procedures for the adoption of the investigative measure ordered through the EIO may require a Court authorisation in the executing State.

29 Particularly in adversarial systems, the prosecutor should be free to adopt most of its acts without a prior judicial authorisation. In this regard, see BERNARDINI, L. and SANVITALE, F. "Searches and Seizures of Electronic Devices in European Criminal Proceedings: A New Pattern for Independent Review?", *Revista Ítalo-Española de Derecho Procesal*, 2023, n° 1, pp. 73-119, https://doi.org/10.37417/rivitsproc/1475 (30 October 2023), esp. pp. 111-114.

30 Judgement *H.K.*, 2 March 2021, Case C-746/18, ECLI:EU:C:2021:152, TOL8.333.868.

authority" in the proceedings. In other words, the Court revealed something which is actually not new: no public prosecutor plays a neutral role in the context of criminal proceedings. In fact, his or her role as a party in the proceedings is determined by his or her duty to investigate and, when necessary, to prosecute[31].

Arguably, the prosecutors may not be in the best position to decide whether an offence is serious enough to justify the adoption of certain investigative measures rather than others. Due to their role in the proceedings, prosecutors tend, as is often stressed by legal scholars[32], to emphasise the efficacy of the prosecution, sometimes regardless of the fundamental interests of individuals. This could raise significant concerns about the effectiveness[33] of protecting individuals' rights through the ground of the seriousness of the offence *in concreto*[34].

Actually, an assessment of the severity of the offence by prosecutors is desirable and is well-known at domestic level. The possibility does in fact exist of dismissing the case due to the "triviality" of the related facts[35]. In this case however, the case appears to be completely different. The facts are

---

31 See BERNARDINI, L. and SANVITALE, F. "Searches and Seizures of Electronic Devices in European Criminal Proceedings: A New Pattern for Independent Review?", op. cit., esp. p. 108. In *H.K.*, supra note 30, the issue at stake consisted in establishing whether an independent oversight for the adoption of investigative measures allowing access to digital data was mandatory. What matters here is solely the role of the prosecutor.

32 SANTORIELLO, C. "Il pubblico ministero ed i cento talleri di Kant", *Archivio penale,* 5 July 2021, https://archiviopenale.it/il-pubblico-ministero-ed-i-cento-talleri-di-kant/articoli/28168 (30 October 2023).

33 In a nutshell, the efficacy of a legal norm lies in the fact that it fulfils the purposes for which it is set, while its effectiveness can be understood as the fact that the rule is observed or applied. See TUZET, G. "Effettività, efficacia, efficienza", *Materiali per una storia della cultura giuridica,* 2016, n° 1, https://www.rivisteweb.it/doi/10.1436/82984 (30 October 2023), esp. p. 208.

34 A potential conflict may arise between two different issues. On the one hand, the inherent desire of prosecutors to ensure the effectiveness of their legal actions, which hinges on the meticulous examination of facts to determine whether to initiate criminal proceedings and, if so, to do so in the most judicious manner possible. On the other hand, there is the imperative of efficiency associated with the criterion of the *in concreto* seriousness of the offence, which necessitates its application based on a comprehensive analysis of the circumstances. This may lead to the adoption of investigative measures that minimise encroachments on individual rights, even if they are less efficient, owing to the minor relevance of the underlying facts.

35 In Italy, such a possibility is laid down in Article 131(b) of the CCP.

assessed in order to decide whether to prosecute a crime. The outcome in favour of the suspect (the dismissal of the case) is one of the ordinary duties of the prosecutor and one that can potentially also save resources. Moreover, the said possibility is limited to "easy" cases, in which "triviality" is a profound reflection of the facts.

When it comes to choosing the best way to ascertain the facts and prosecute the crime in question, the situation appears different. Not only is the assessment complex but, since the facts have to be prosecuted as well, it is highly probable that its "positional" cognitive bias would lead the prosecutor to act in such a way as to ensure the highest grade of efficacy with regard to the investigative purposes[36]. It is also noteworthy that the individual interest here might not match the prosecutorial interest in saving resources: the available less intrusive measure may not be the most economic.

In conclusion, compared to the legislative assessment inherent in the ground of the seriousness of the offence *in abstracto*, placing everything in the hands of prosecutors might not be a better option either. Prosecutors should protect individuals' rights. However, their duty to bring criminal action possibly puts them in a position incompatible with an effective assessment of the seriousness of the offence *in concreto* as a ground for choosing to adopt an investigative measure which is the least intrusive *vis-à-vis* individuals' rights.

IV. NOTHING WORKS?

To sum up, on the one hand, a selection of crimes for the use of the most intrusive measures is desirable but could result in an unsought concrete decriminalisation of allegedly minor crimes; on the other hand, a consideration of the severity of the offence by prosecutors, which is also desirable, is likely to be ineffective.

Consequently, there is a clear need to strike a balance between legislative restrictions and the discretionary powers of prosecutors.

By simply combining the two grounds, the risk of abuses by the prosecutor would be mitigated and his or her discretion would be limited by the strict legislative selection of offences but would not solve the issue posed by the *in abstracto* assessment.

---

36 SANTORIELLO, C. "Il pubblico ministero ed i cento talleri di Kant", op. cit., esp. pp. 28-42.

An alternative, straightforward solution might be that of increasing the number of the offences for the prosecution of which all investigative measures can be taken. Nevertheless, on the one hand, the level of protection against disproportionate harm for detecting minor offences would be affected, and, on the other, something would always be missing from the list[37]. Furthermore, especially at the early stage of the investigations, the legal classification of an offence cannot always be determined precisely[38].

One may argue that enhancing judicial control at the investigative stage might be another viable option to solve the issues at stake[39]. That is the path followed, for example, by the "data retention saga"[40]. Instituting such a review in a substantial number of cases could however potentially hinder the efficiency of the prosecution. In fact, in many instances, prosecutors need to act swiftly, and a judicial review would be suitable only after the measure had been implemented[41]. Hence, amping up judicial oversight on the investigative choices of the prosecutor may be useful but it does not appear to be a definitive solution to the issues at stake.

Another alternative could be to measure the seriousness of the offence *in abstracto* against a different standard, namely the necessity of the act for the investigation.

In the context of a pre-established list of offences for which the use of specific investigative methods is prohibited, a "necessity standard" with respect to the intended investigative objective could be introduced *de jure condendo*. This provision would serve as a derogation clause, allowing for a departure from the legislative limitation when the application of a particular investigative method (which is theoretically prohibited for prosecuting a specific offence) becomes the sole viable means to advance the investigation.

---

37 See KERR, O.S. "Searches and Seizures in a Digital World", *Harvard Law Review*, n° 2, https://www.jstor.org/stable/4093493 (30 October 2023), esp. p. 581.

38 See Case C-746/18, *H.K.*, Opinion of Advocate General Pitruzzella, 21 January 2020, ECLI:EU:C:2020:18, § 95.

39 This is what happens with regard to precautionary measures in general and pre-trial detention in particular. For instance, in Italy, Article 291 of the CCP states that the prosecutor must ask the judge to adopt any precautionary measure; in Spain, Article 502 of the LECrim provides that pre-trial detention shall be authorised by a court.

40 Judgement *H.K.*, supra note 30.

41 On the differences between *ex ante* and *ex post* judicial review, and the risks of increasing judicial review of prosecutorial action in adversarial systems, see BERNARDINI, L. and SANVITALE, F. "Searches and Seizures of Electronic Devices in European Criminal Proceedings: A New Pattern for Independent Review?", op. cit.

In these cases, prosecutors would be obligated to meticulously elucidate that no other alternatives exist to achieve the investigative objective, aside from resorting to such intrusive measures. As one could expect, prosecutors would have to obtain authorisation from an impartial and independent judge.

However, such a solution is highly debatable regarding the ground of the seriousness of the offence *in abstracto*. Indeed, it could render meaningless the legislative list of offences[42], leading to a loss of guarantees for the suspect and to a threat to the rule of law.

V. THE NECESSITY OF THE ACT FOR THE INVESTIGATION AS A POSSIBLE WAY-OUT

With that said, the justification of the necessity of the investigative act could play a key role in finding a solution to the current issues. Such a justification is included in the general test of proportionality, together with appropriateness (first step of the test) and proportionality *stricto sensu* (third step of the test)[43]. At the investigative stage, the balance between the seriousness of the interference with individual rights determined by the measure and the seriousness of the offence in question is encompassed within the last step of the test[44]. In fact, it is a balance between the measure and the *general* objective of the proceedings[45], namely, to assess whether a certain crime must be punished.

---

42 Cfr. judgement *Procura della Repubblica presso il Tribunale di Bolzano*, 30 April 2024, Case C-178/22, ECLI:EU:C:2024:371, https://eur-lex.europa.eu/legal-content/en/TXT/?uri=CELEX:62022CJ0178 (6 May 2024), § 63. In this ruling, the CJEU determined that the judge acting in the context of a prior review carried out following a reasoned request for access to a set of traffic or location data, should be allowed to deny it, if the purpose of the prosecutor is to investigate a criminal offence which is manifestly not a serious offence, even if the offence itself is punishable under national law by a term of imprisonment that is higher than the threshold provided for the availability of the requested measure. Thus, the Court combined the grounds of the seriousness of the offence in concreto and in abstracto, prioritising the former. Although in favour of the suspect, it can be argued that such a ruling could undermine the legislative assessment of offence severity.

43 On the structure of the general principle of proportionality, see EMILIOU, N. *The Principle of Proportionality in European Law. A Comparative Study*, London, Kluwer Law International, 1996, esp. pp. 26-37.

44 BELVINI, L. *Principio di proporzionalità e attività investigative*, Edizioni Scientifiche Italiane, Napoli, 2022, esp. p. 30.

45 The proportionality *stricto sensu* requires a general «balance between the injury to the individual and the gain to the community» (EMILIOU, N. *The Principle of*

But before that, the necessity stage imposes a different balancing operation, which is between the seriousness of the interference with individual rights determined by the measure and its *specific* purpose, represented by the piece of evidence that the prosecutor seeks to obtain. A balancing operation is carried out between the infringement of individual rights and the objective of the measure, which does not include any consideration of the seriousness of the offence. Before adopting any investigative measure, regardless of the offence under investigation, the prosecutor should consider the specific objective it aims to achieve with the measure and compare it to other available options. When there is a risk of breaching fundamental rights, such an assessment should be more thorough[46].

Compared to the seriousness of the offence, this ground seems to be better suited to all stages of the investigation and all crimes. It is easier to apply and assess even at an early stage of the investigation and does not require a distinction between serious and non-serious crimes. More importantly, this assessment is free from the cognitive bias described above, since the ordinary duty of prosecutors is to select the most efficient way to prosecute (every) crime.

Arguably, too much emphasis has been placed on the proportionality *stricto sensu* stage, in the shape of the seriousness of the offence ground, to the detriment of the necessity step. This is because, in most cases, prosecutors are not obliged to provide an adequate justification of the necessity of the act for the investigation. At domestic level, many prosecutors' acts are still without justification. At EU level, the main legislative model for issuing cross-border investigative measures, namely the EIO Directive, although attaching great value to the necessity requirement[47], risks toning it down into style clauses. Indeed, the module for issuing the EIO (Annex A to the EIO Directive) merely states that «the issuing authority certifies that the issuing of this EIO is necessary and proportionate for the purpose of the proceedings specified within it taking into account the rights of the suspected or accused person». No other specific section or reference on the necessity of the act is foreseen in the module.

In a nutshell, the ground of the necessity of the act for the investigation appears to be a more effective standard for guiding and limiting prosecutors'

Proportionality in European Law. A Comparative Study, op. cit., esp. p. 32).

46 For instance, Article 267 of the CCP explicitly requires prosecutors to ask and judges to adopt wiretapping solely if it is "absolutely necessary to continue the investigation".

47 See Article 6(1)(a) of the EIO Directive.

discretion; at the same time, it can serve as a means for protecting the fundamental rights at stake in the context of criminal proceedings. Of course, for this framework to be effective, prosecutors must be obliged to provide a proper justification for their actions when they invoke such grounds, and the defendant should have the opportunity to challenge it.

VI. CONCLUDING REMARKS AND POTENTIAL IMPACT

The legal pattern normally employed for pre-trial detention is not perfectly suited to investigative measures. This is because even minor crimes must be prosecuted. A selection of crimes for the use of the most intrusive measures might not take such necessity into account; a consideration of the severity of the offence by prosecutors might not be effective. Thus, the suspects' main guarantees should not rely primarily on the seriousness of the alleged offence, but on the necessity of the act for the investigation. This ground, which represents the second stage of the general proportionality test, should be employed through a proper justification of the act in proceedings regarding both serious and non-serious offences.

The proposed approach could lead to some concrete changes. For instance, firstly, the CJEU could employ the necessity of the act for the investigation as an evaluation criterion of the investigative stage rules of Member States. Secondly, the executing authority of an EIO could balance the necessity of the act, laid down by Article 6(1)(a) of the EIO Directive, with the seriousness of the offence when assessing the proportionality of the EIO, giving priority to the former. Thirdly, this standard could be applied together with that of the severity of the offence in order not to exclude the competence of the EPPO. Indeed, the EPPO Regulation already asks for measures ordered by European Delegated Prosecutors to be capable of providing information or evidence useful for the investigation (Article 30(5) of the EPPO Regulation).

Bibliography

BELFIORE, R. "Riflessioni a margine della direttiva sull'ordine europeo di indagine penale", *Cass. pen.*, 2015, n° 9, pp. 3288-3296.

BELVINI, L. *Principio di proporzionalità e attività investigative,* Edizioni Scientifiche Italiane, Napoli, 2022 .

BERNARDINI, L. and SANVITALE, F. "Searches and Seizures of Electronic Devices in European Criminal Proceedings: A New Pattern for Independent Review?", *Revista Ítalo-Española de Derecho Procesal,* 2023, n° 1, pp. 73-119, https://doi.org/10.37417/rivitsproc/1475 (30 October 2023).

BOUDON, R. *The Unintended Consequences of Social Action*, The Macmillan Press LTD, New York, 1982.

CARRERA, S., GUILD, E. and HERNANZ, N. "Europe's most wanted? Recalibrating Trust in the European Arrest Warrant System", *CEPS Papers in Liberty and Security in Europe*, 2013, n° 55, pp. 1-42, https://www.ceps.eu/ceps-publications/europes-most-wanted-recalibrating-trust-european-arrest-warrant-system/ (30 October 2023).

CARNELUTTI, F. *Lezioni sul processo penale*, vol. 1, Edizioni dell'Ateneo, Roma, 1946;

EMILIOU, N. *The Principle of Proportionality in European Law. A Comparative Study*, Kluwer Law International, 1996.

FEELEY, M.M. *The Process is the Punishment. Handling Cases in a Lower Criminal Court*, RSF, New York, 1979.

GALLI, M. "Gli effetti "collaterali" delle scelte di criminalizzazione: dagli aspetti definitori allo strumentario operativo", in M. Galli and N. Recchia (Eds.), *Gli effetti collaterali delle scelte di criminalizzazione*, Editoriale Scientifica, Napoli, 2023.

GALLI, M. "Effetti collaterali", in C. Piergallini, G. Mannozzi, C. Sotis, C. Perini, M. Scoletta and F. Consulich (eds.), *Studi in onore di Carlo Enrico Paliero, Tomo III, Parole dal lessico di uno studioso*, Giuffrè, 2022, Milano, pp. 1423-1435, pp. 17-71.

GALLI, M. "The effect-oriented approach in criminal proceedings against corporations", *Revue Internationale de Droit Pénal*, 2018, n° 1, pp. 147-158.

GALLUCCIO, A. "*Chilling Effect*", in C. Piergallini, G. Mannozzi, C. Sotis, C. Perini, M. Scoletta and F. Consulich (eds.), *Studi in onore di Carlo Enrico Paliero, Tomo III, Parole dal lessico di uno studioso*, Giuffrè, 2022, Milano, pp. 1261-1271.

JARVERS, K. "Effectiveness, Proportionality and the Abstract and Concrete Forms of Decriminalisation. The Example of Italy", in E. Billis, N. Knust and J.P. Rui (eds.), *Proportionality in Crime Control and Criminal Justice*, Hart, Oxford, 2021, pp. 207-226.

KERR, O.S. "Searches and Seizures in a Digital World", *Harvard Law Review*, n° 2, pp. 531-585, https://www.jstor.org/stable/4093493 (30 October 2023).

MERTON, R.K. "The Unanticipated Consequences of Purposive Social Action", *American Sociological Review*, 1936, n° 6, pp. 894-904, https://www.jstor.org/stable/2084615 (30 October 2023).

NAPPI, A. "Il codice dei cataloghi", *La Legislazione Penale*, 9 November 2016, https://www.lalegislazionepenale.eu/il-codice-dei-cataloghi-aniello-nappi/ (30 October 2023).

OSTROPOLSKI, T. "The Principle of Proportionality under the European Arrest Warrant – With an Excursus on Poland", *New Journal of European Criminal Law*, 2014, n° 2, pp. 167-191, https://doi.org/10.1177/203228441400500204 (30 October 2023).

RECCHIA, N. *Il principio di proporzionalità nel diritto penale. Scelte di criminalizzazione e ingerenza nei diritti fondamentali*, Giappichelli, Torino, 2020.

SANGER, A. "Force of Circumstance: The European Arrest Warrant and Human Rights", *Democracy and Security*, 2010, n° 1, pp. 17-51, https://doi.org/10.1080/17419160903535301 (30 October 2023).

SANTORIELLO, C. "Il pubblico ministero ed i cento talleri di Kant", *Archivio penale*, 5 July 2021, https://archiviopenale.it/il-pubblico-ministero-ed-i-cento-talleri-di-kant/articoli/28168 (30 October 2023).

TUZET, G. "Effettività, efficacia, efficienza", *Materiali per una storia della cultura giuridica, Rivista fondata da Giovanni Tarello*, 2016, n° 1, https://www.rivisteweb.it/doi/10.1436/82984 (30 October 2023), pp. 207-224.

VAN PARIJS, P. "Perverse effects and social contradictions: analytical vindication of dialectics?", *The British Journal of Sociology*, 1982, n° 4, pp. 589-603, https://www.jstor.org/stable/589364 (30 October 2023).

XANTHOPOULOU, E. *Fundamental Rights and Mutual Trust in the Area of Freedom, Security and Justice. A Role for Proportionality?*, Hart, Oxford, 2020.

Capítulo XXI

La cooperación en el marco del Reglamento "Digital Services Act"

The cooperation in the framework of the "digital services act" regulation

Chloé Fauchon
Doctora de las Universidades de Salamanca y Estrasburgo
Université Toulouse Capitole

RESUMEN: El Reglamento *Digital Services Act* se adoptó en octubre de 2022 para luchar contra los contenidos ilícitos en línea, que son cada vez más numerosos (difamación, falsificaciones, etc.). A tal efecto, establece coordinadores de servicios digitales en todos los Estados miembros. Una de sus misiones es investigar los contenidos que se le denuncian como ilícitos. En el marco de su competencia de investigación, el coordinador de servicios digitales de un Estado miembro puede colaborar con otro coordinador, de otro Estado miembro. Este capítulo se enfoca en esta cooperación prevista en el Reglamento *Digital Services Act*, en sus artículos 57 a 60. Más precisamente, se trata de comparar la cooperación contemplada en el Reglamento con lo que se ha instituido en materia penal en la Unión Europea.

Palabras clave: Reglamento Digital Services Act; coordinadores de servicios digitales; contenidos ilícitos en línea; cooperación judicial penal;

ABSTRACT: The "Digital Services Act" Regulation was adopted in October 2022, to combat online illegal contents, which are in constant grow (slander, counterfeits, etc.). To do so, the Regulation creates Digital Services Coordinators in all the Member States. One of their missions is to investigate contents which are accused of being illegal. In the framework of their investigation power, the Digital Services Coordinator of one Member State can collaborate with another Coordinator, from another Member State. This book chapter focuses on the cooperation provided in the "Digital Services Act" Regulation, in its articles 57 to 60. More precisely, it aims to compare the cooperation established in the Regulation with what has been introduced in criminal matters in the European Union.

Keywords: "Digital Services Act" Regulation; Digital Services Coordinators; online illegal contents; Criminal judicial cooperation.

SUMARIO: I. INTRODUCCIÓN. II. LA COOPERACIÓN EN EL REGLAMENTO DSA. 1. La asistencia mutua (artículo 57); 2. La cooperación transfronteriza (artículo 58); 3. Las investigaciones conjuntas (artículo 60). III. COMPARACIÓN CON LO EXISTENTE EN MATERIA PENAL. 1. Artículo 57 y orden europea de investigación (OEI); 2. Artículo 58 y cesión de jurisdicción y transmisión de procedimientos; 3. Artículo 60 y equipos conjuntos de investigación. IV. APROXIMACIÓN A LA PERSONA INVESTIGADA. V. CONCLUSIONES.

I. INTRODUCCIÓN

Durante siglos, la criminalidad se ceñía a las fronteras estatales. Pero, poco a poco, con la globalización, se ha ido extendiendo más allá de las fronteras, requiriendo entonces cooperación entre las autoridades penales de distintos Estados. Hoy en día, con el auge del Internet, la delincuencia se ha globalizado y, muchas veces, resulta complicado determinar con claridad en qué Estado se ha cometido el delito: ¿En él donde se encuentra el hackeador? ¿En él donde son mayores las víctimas? Incluso cuando se ha identificado el Estado de comisión, no es tan sencillo investigar el delito para sancionar a los responsables. En efecto, la lucha contra la cibercriminalidad necesita cada día instrumentos más perfeccionados, porque es una criminalidad con medios de comisión específicos (Internet) y los perpetradores están a menudo más avanzados que los agentes policiales.

La Unión Europea (UE) lleva años interesándose por los medios informáticos y el Internet. Primero, los reguló mediante la Directiva 2000/31/CE[1] relativa a determinados aspectos jurídicos de los servicios de la sociedad de la información, en particular el comercio electrónico en el mercado interior. Sin embargo, a lo largo de los años, esta directiva se volvió insuficiente para controlar las acciones de los usuarios en la red. Entonces, la UE adoptó un nuevo instrumento: el Reglamento (UE) 2022/2065, de 19 de octubre de 2022, relativo a un mercado único de servicios digitales y por el que se modifica la Directiva 2000/31/CE[2]. A efectos de simplifi-

---

1 Directiva 2000/31/CE del Parlamento Europeo y del Consejo, de 8 de junio de 2000, relativa a determinados aspectos jurídicos de los servicios de la sociedad de la información, en particular el comercio electrónico en el mercado interior: DOCE de 17 de julio de 2000, n° L 178, pp. 1-16.

2 Reglamento (UE) 2022/2065 del Parlamento Europeo y del Consejo de 19 de octubre de 2022 relativo a un mercado único de servicios digitales y por el que se modifica la Directiva 2000/31/CE: DOUE, 27 de octubre de 2022, n° L 277, pp. 1-102. Sobre este Reglamento, ver, en la doctrina española, ÑÍGUEZ OLALLA M., "Innovación disruptiva en la Ley de Servicios Digitales", *Actualidad Jurídica Aranzadi*, 2022, n°987, BIB 2022/2892; JIMÉNEZ GONZÁLEZ A. y CANCELA RO-

cación, se refiere a esta norma como Reglamento "*Digital Services Act*", o Reglamento DSA.

Aplicable a partir de febrero de 2024, este Reglamento establece una serie de reglas para responsabilizar a las plataformas digitales y luchar contra la difusión en línea de contenidos ilícitos o la venta de productos ilegales (ataques racistas, imágenes pedo-pornográficas, venta de drogas o de falsificaciones...). Prevé que cada Estado deberá designar a un coordinador nacional de servicios digitales. Los coordinadores de servicios digitales tienen como función principal supervisar la aplicación y, en su caso, ejecución del Reglamento (considerando 110). A tal fin, gozan de facultades de investigación, tales como inspeccionar cualquier instalación que los prestadores de servicios utilicen con fines relacionados con su actividad comercial, negocio, oficio o profesión a fin de examinar, tomar u obtener o incautar información relativa a una presunta infracción en cualquier forma, sea cual sea el medio de almacenamiento (art. 51.1 Reglamento DSA). También pueden imponer multas o solicitar a la autoridad judicial nacional competente de su Estado miembro que adopte medidas cautelares (art. 51.2).

El artículo 3 define dos tipos de coordinadores de servicios digitales: el "coordinador de servicios digitales del establecimiento" y el "coordinador de servicios digitales de destino". El primero es el coordinador de servicios digitales del Estado miembro en el que el establecimiento principal del prestador de un servicio intermediario esté ubicado o su representante legal resida o esté establecido. Mientras, el segundo es el coordinador de servicios digitales de un Estado miembro en el que se preste el servicio intermediario. En efecto, la extensión de la red Internet hace que, a menudo, el servicio digital no se presta en el mismo Estado en el cual se encuentra el establecimiento principal del prestador del servicio. En otras palabras y para poner un ejemplo sencillo, una página web puede encontrarse alojada en un servicio español y difundirse en toda Europa, o incluso más allá.

Lo que se pretende en este artículo es analizar la nueva cooperación entre coordinadores de servicios digitales que instaura el Reglamento "*Di-*

DRÍGUEZ E., "¿Es posible gobernar a las grandes tecnológicas? Análisis crítico de la Ley Europea de Servicios Digitales", *Teknokultura. Revista de Cultura Digital y Movimientos Sociales,* 2023, vol. 20, n°1, pp. 91-99; DE MIGUEL ASENSIO P.A., "Obligaciones de diligencia y responsabilidad de los intermediarios: El Reglamento (UE) de Servicios Digitales", *La Ley Unión Europea,* 2022, n°109, pp. 1-47.

gital Services Act" y ver en qué medida se puede aproximar a la cooperación que existe desde hace años en materia penal. A tal efecto, es importante primero estudiar las disposiciones del Reglamento DSA (II), para luego compararlas con la cooperación penal en la UE (III). También es preciso, después de haber examinado lo relativo a las autoridades de investigación, interesarse por otro sujeto del proceso penal: la persona investigada. Más precisamente, se analizan los derechos que se reconocen a esta persona cuando está sometida a una investigación en aplicación del Reglamento DSA (IV). Por último, se harán conclusiones sobre esta cooperación que contempla el Reglamento (V).

II. LA COOPERACIÓN EN EL REGLAMENTO DSA

El Reglamento DSA prevé una colaboración de los coordinadores de servicios digitales de los Estados de establecimiento y de destino. En efecto, los contenidos ilícitos en línea, aunque se publican desde un Estado, son accesibles en varios otros Estados, tanto de la Unión Europea como del planeta en general. Es entonces difícilmente efectiva una investigación de estos contenidos que solamente se lleve a cabo en un Estado, ya sea él de establecimiento del prestador de servicio intermediario o él de destino. Así pues, las autoridades de un Estado pueden no tener acceso a todos los elementos de prueba, o es posible que otro coordinador de servicios digitales tenga alguna información importante que agregar.

En caso de un contenido ilícito en línea, se plantea la duda acerca de quién es responsable de investigar este contenido. ¿El coordinador de servicios digitales de destino o el coordinador de servicios digitales de establecimiento? En virtud del artículo 56.1 del Reglamento, la competencia en regla general la tiene el Estado donde se ubica el establecimiento principal del prestador de servicios digitales. Es decir, la investigación la tiene que desarrollar el coordinador de servicios digitales de establecimiento. No obstante, es imprescindible la cooperación entre los coordinadores nacionales de servicios digitales. Puesto que la conducta ilícita se produce en línea, es decir, cualquier país europeo puede ser país de destino, es de suma importancia que colaboren las autoridades de dichos Estados. Existe entonces una cierta lógica en que el Reglamento DSA contenga disposiciones relativas a la cooperación entre los coordinadores de servicios digitales. Las disposiciones que nos interesan en particular son los artículos 57, 58 y 60 del Reglamento.

1. La asistencia mutua (artículo 57)

El artículo 57 se titula "asistencia mutua" y su apartado 1 prevé una cooperación "estrecha" tanto entre los coordinadores de servicios digitales como con la Comisión Europea. Más específicamente, nos dice que el coordinador de servicios digitales que está llevando a cabo una investigación debe intercambiar información e informar a todos los coordinadores de servicios digitales de destino y a la Comisión de la apertura de una investigación. Es una cooperación amplia, tan material como territorialmente. Materialmente, primero, porque no se indica sobre cuáles aspectos de la investigación, aparte de su apertura, se debe brindar información. Territorialmente, luego, porque la información se debe intercambiar con todos los coordinadores de destino, es decir, potencialmente con todos los Estados miembros, si el contenido ilícito se ha difundido en toda la Unión Europea.

Luego, el artículo 57.2 establece que "a efectos de una investigación, el coordinador de servicios digitales de establecimiento podrá solicitar a otros coordinadores de servicios digitales que faciliten información específica que obre en su poder en relación con un determinado prestador de servicios intermediarios o que ejerzan sus competencias de investigación [...], en relación con información específica localizada en su Estado miembro". El intercambio de información es entonces mutuo, de doble sentido: desde el coordinador de servicios digitales de establecimiento hacia sus homólogos en los Estados de destino, y viceversa. También es interesante que el coordinador de servicios digitales de establecimiento pueda solicitar de uno de sus homólogos extranjeros que ejerza sus competencias de investigación, es decir, que adopte diligencias. La ayuda brindada por el coordinador de servicios digitales de destino es entonces amplia: abarca tanto la distribución de información ya obtenida como la realización de medidas de investigación.

Por último, el apartado 3 del artículo 57 obliga al coordinador de servicios digitales que recibe una solicitud de asistencia a cumplirla "sin dilación indebida y a más tardar dos meses después de recibirla". Solamente puede denegar la ejecución de la solicitud en tres hipótesis, contempladas expresamente en el artículo: si la justificación o la proporcionalidad de la solicitud es insuficiente teniendo en cuenta los fines de investigación, si ni el coordinador de servicios digitales al que se dirige la solicitud ni ninguna otra autoridad competente u otra autoridad pública de ese Estado miembro están en posesión de la información solicitada, ni pueden tener acceso a ella, o si no puede cumplirse la solicitud sin infringir el Derecho de la Unión o nacional. Además, el artículo 57.3 precisa que la denegación deberá ser justificada de manera motivada. De este apartado 3, se puede desprender que la denegación de la solicitud está estrictamente enmarcada y que la regla general es la ejecución de la solicitud, sin margen de apreciación de su oportunidad por el coordinador de servicios digitales que la recibe.

2. *La cooperación transfronteriza (artículo 58)*

El artículo 58 tiene como título "cooperación transfronteriza entre coordinadores de servicios digitales". Según su apartado 1, "cuando un coordinador de servicios digitales de destino tenga razones para sospechar que un prestador de un servicio intermediario ha infringido el presente Reglamento de manera que afecte negativamente a los destinatarios del servicio en el Estado miembro de dicho coordinador de servicios digitales, podrá solicitar al coordinador de servicios digitales de establecimiento que evalúe el asunto y adopte las medidas necesarias de investigación y ejecución para garantizar el cumplimiento del presente Reglamento". O sea, aquí, lo que se plantea no es que el coordinador de establecimiento ayude a la investigación adoptando una diligencia o facilitando información, sino que sea él mismo quien promueva la investigación, a petición de uno de sus homólogos que no tiene competencia.

El artículo 58.3 especifica criterios formales para que la solicitud contemplada en el apartado 1 sea correcta: debe contener el punto de contacto del prestador de servicios intermediarios afectado, una descripción de los hechos pertinentes, las disposiciones del Reglamento a que se refieren y los motivos por los que el coordinador de servicios digitales que ha enviado la solicitud sospecha que el prestador ha infringido el Reglamento. La solicitud también debe estar debidamente motivada. En cuanto a la obligación de responder favorablemente a la solicitud, establece el apartado 4 que "el coordinador de servicios digitales de establecimiento tendrá en cuenta *en la mayor medida posible* la solicitud"[3]. Si no tiene información suficiente en la solicitud para investigar la supuesta infracción al Reglamento DSA, puede, o bien pedir información adicional, o bien sugerir la implementación de una investigación conjunta (del artículo 60), para poder llevar a cabo su investigación de manera adecuada. Por último, el artículo 58.5 impone al coordinador de servicios digitales solicitado, sin dilación indebida, "comunicar[...] la evaluación de la presunta infracción y una explicación

---

[3] La cursiva es nuestra.

de las medidas de investigación o ejecución que pueda haber adoptado o previsto al respecto". Hay entonces una obligación de dar seguimiento a la solicitud inicial del coordinador de servicios digitales de destino.

3. Las investigaciones conjuntas (artículo 60)

El artículo 60 del Reglamento DSA se titula "investigaciones conjuntas". Más precisamente, su apartado 1 prevé que "el coordinador de servicios digitales de establecimiento podrá iniciar y dirigir investigaciones conjuntas con la participación de uno o más coordinadores de servicios digitales afectados [...]". Para implementar tal investigación conjunta, es preciso que haya una infracción del Reglamento por parte de un determinado prestador de servicios intermediarios en varios Estados miembros. Es decir, se trata de investigar una única infracción, pero que tiene efectos en varios Estados miembros de destino. Es de lamentar que el artículo 60 no contenga ninguna definición de una investigación conjunta, porque hubiera clarificado este concepto. Lo único que hace en su apartado 1 es establecer la posibilidad de existencia de estas investigaciones.

Los apartados 2, 3 y 4 tampoco contemplan alguna definición, sino que fijan reglas para regular las investigaciones conjuntas. Primero, el artículo 60.2 establece un límite temporal: "la investigación conjunta concluirá en un plazo de tres meses desde su inicio, *a menos que los participantes acuerden otra cosa*"[4]. De lo acentuado, se puede desprender que es necesario un acuerdo de los coordinadores participantes para llevar a cabo la investigación, acuerdo que seguramente plantea de manera más precisa que el Reglamento e *in concreto* los límites de la investigación conjunta implementada. El apartado 2 también nos dice que "todo coordinador de servicios digitales que demuestre un interés legítimo en participar en una investigación conjunta [...] lo podrá solicitar".

Acerca del apartado 4, dispone, primero, que "al llevar a cabo la investigación conjunta, los coordinadores de servicios digitales participantes cooperarán de buena fe, teniendo en cuenta, en su caso, las indicaciones del coordinador de servicios digitales de establecimiento". Por otra parte, se puede leer que "los coordinadores de servicios digitales de destino que participen en la investigación conjunta podrán, *a petición del coordinador de servicios digitales de establecimiento o tras haberlo consultado a este*, ejercer sus facultades de investigación [...] en relación con la información y los locales situados en

---

4 La cursiva es nuestra.

su territorio"[5]. Estos dos fragmentos del apartado permiten ver que todos los coordinadores participantes tienen un papel activo con el mismo fin de llevar a cabo la investigación, aunque es el coordinador de servicios digitales de establecimiento quien dirige la investigación conjunta.

III. COMPARACIÓN CON LO EXISTENTE EN MATERIA PENAL

1. *Artículo 57 y orden europea de investigación (OEI)*

Primero, la solicitud prevista en el artículo 57 se parece claramente a una solicitud de cooperación judicial penal, tal y como lo deja adivinar su título mismo ("asistencia mutua"). En efecto, como en la cooperación penal, ya sea de la Unión europea o más generalmente, la cooperación internacional, una autoridad requirente o de emisión (el coordinador de servicios digitales de establecimiento) pide un servicio en una investigación a otra autoridad en otro Estado miembro (la autoridad requerida o de ejecución). Un elemento nos permite orientarnos más hacia la cooperación penal de la Unión Europea: las reglas del artículo 57.3 se parecen mucho a las reglas del principio de reconocimiento mutuo. En efecto, este principio, rector en la cooperación de la UE[6], supone una ejecución cuasiautomática de la solicitud de asistencia mutua. Es decir, el principio es la ejecución de la solicitud y su denegación, la excepción, tal y como en el apartado 3 del artículo 57, que establece sólo tres motivos tasados de denegación y exige una justificación de la denegación.

Más precisamente, el mecanismo instaurado en el artículo 57 nos recuerda el instrumento de la OEI[7]. La OEI es "una resolución judicial emiti-

---

5 La cursiva es nuestra.

6 Incluso se le ha calificado como "la piedra angular de la cooperación" durante la Cumbre de Tampere en 1999.

7 Sobre la OEI, ver, entre muchos otros, BACHMAIER WINTER L., "Prueba transnacional penal en Europa: la Directiva 2014/41 relativa a la orden europea de investigación", *Revista General de Derecho Europeo,* 2015, n°36, https://www.iustel.com; MARTÍNEZ GARCÍA E., *La orden europea de investigación,* Tirant lo Blanch, Valencia, 2016; JIMENO BULNES M., "Orden europea de investigación en materia penal", en M. Jimeno Bulnes (dr.), *Aproximación legislativa versus reconocimiento mutuo en el desarrollo del espacio judicial europeo: una perspectiva multidisciplinar,* Bosch, Barcelona, 2016, pp. 151-208; TINOCO PASTRANA Á., "La transposición de la orden europea de investigación en materia penal en el ordenamiento español", *Freedom, Security & Justice: European Legal Studies,* n°3, 2018, pp. 116-145 ;

da o validada por una autoridad judicial de un Estado miembro para llevar a cabo una o varias medidas de investigación en otro Estado miembro con vistas a obtener pruebas" (artículo 1.1 de la Directiva 2014/41/UE[8]). Además, dice este artículo 1.1 que "también se podrá emitir una [orden] para obtener pruebas que ya obren en poder de las autoridades competentes del Estado de ejecución". Así pues, con la OEI, se puede solicitar, o bien la transmisión de elementos de pruebas ya obtenidos, o bien la realización de diligencias de investigación concretas. Estas dos vertientes se encuentran en las modalidades del artículo 57 del Reglamento DSA, lo que nos lleva a hacer el paralelo entre ambos mecanismos. Asimismo, la OEI se basa en el reconocimiento mutuo, de la misma manera que la solicitud de asistencia mutua del artículo 57, aunque no lo expresa claramente este último (al contrario del artículo 1.2 de la Directiva 2014/41/UE).

Una diferencia clara existe, sin embargo: la OEI es mucho más enmarcada formalmente. En efecto, la Directiva 2014/41/UE, relativa a la OEI, contiene un formulario en anexo, que las autoridades de emisión sólo tienen que rellenar. Para la solicitud de asistencia mutua del Reglamento DSA, se le deja más libertad al coordinador de servicios digitales de establecimiento. Otra diferencia es que la Directiva 2014/41/UE prevé expresamente la traducción obligatoria de la OEI (art. 5.3) cuando el artículo 57 del Reglamento guarda silencio al respecto. Desde nuestro punto de vista, constituye una carencia del Reglamento DSA, al ser numerosos los idiomas distintos en la UE.

2. *Artículo 58 y cesión de jurisdicción y transmisión de procedimientos*

La modalidad de cooperación contemplada en el artículo 58 se parece a una cesión de jurisdicción y transmisión de procedimientos. Más específicamente, en este mecanismo fundamental de la cooperación penal, un Estado abandona su competencia a favor de otro Estado, quien está mejor ubicado para continuar la investigación. En efecto, cuando se trata de delitos transfronterizos, varios Estados suelen tener competencia para investigar y enjuiciar los hechos. No obstante, en aplicación de la prohibición *non bis in idem*, los mismos hechos no pueden ser juzgados dos o más veces. Es entonces crucial que se elija bien la jurisdicción la más

---

GONZÁLEZ CANO I. (dr.), *Orden europea de investigación y prueba transfronteriza en la Unión Europea*, Tirant lo Blanch, Valencia, 2019.

8 Directiva 2014/41/UE del Parlamento Europeo y del Consejo, de 3 de abril de 2014, relativa a la OEI en materia penal, DOUE 1 de mayo de 2014, nº L 130, pp. 1-36.

adecuada para enjuiciar los hechos. En el caso contrario, la jurisdicción puede juzgar con elementos de prueba limitados y con una comprensión limitada del asunto. En la transmisión de procedimientos, también se suelen transmitir los elementos de prueba obtenidos, para que la jurisdicción enjuiciadora tenga todo lo pertinente en su poder para juzgar adecuadamente.

Es preciso señalar que la cesión de jurisdicción en materia penal no se regula por la UE, sino que se sigue aplicando entre los Estados miembros el Convenio del Consejo de Europa sobre la transmisión de procedimientos penales de 1972. Las cosas podrían cambiar en un futuro próximo, puesto que la Comisión Europea propuso el 5 de abril de 2023 un Reglamento sobre la remisión de procesos en materia penal entre Estados miembros. Si bien este instrumento aún no se ha adoptado, es un primer paso destacable en la regulación de la cesión de jurisdicción por la UE.

Una diferencia importante se puede señalar entre lo contemplado en el artículo 58 del Reglamento DSA y la regulación europea de la cesión de jurisdicción y transmisión de procedimientos. Así pues, el artículo 58 prevé que el coordinador de servicios digitales de destino puede informar al coordinador de servicios digitales de establecimiento de la existencia supuesta de una infracción y transmitirle la investigación. En esta hipótesis, el coordinador de destino no es realmente competente para llevar a cabo la investigación, puesto que la competencia general la tiene el coordinador de establecimiento (artículo 56 del Reglamento), al contrario de una cesión de jurisdicción en materia penal, donde ambos Estados son competentes. Se trata más, en el caso del Reglamento DSA, de un coordinador de destino que tiene un papel de "denunciante" de la infracción supuesta.

3. Artículo 60 y equipos conjuntos de investigación

Sólo con el título del artículo 60 ("investigaciones conjuntas"), podemos pensar en la figura de los equipos conjuntos de investigación en materia penal[9]. Los equipos conjuntos de investigación son equipos creados entre autoridades investigadoras de dos o más Estados miembros con un fin determinado y por un período limitado para llevar a cabo investigaciones penales en uno o más de los Estados miembros que hayan creado el

---

9 Sobre los equipos conjuntos de investigación, ver, entre otros, VALLINES GARCÍA E., *Los equipos conjuntos de investigación penal,* Colex, 2006; PÉREZ GIL J., "Actuación policial concertada más allá de las fronteras: los equipos conjuntos de investigación en la UE", *Revista de Estudios Europeos,* 2007, n°45, pp. 65-79.

equipo (artículo 1.1 de la Decisión-Marco 2002/465/JAI[10]). Se constituyeron varios equipos conjuntos de investigación desde el año 2004 entre España y Francia para luchar contra la ETA, y sigue siendo un instrumento de cooperación bastante utilizado en la UE[11]. No se fundamenta en el principio de reconocimiento mutuo, sino que se trata más bien de una mutualización de los esfuerzos y las competencias de todas las autoridades involucradas. Lo interesante de un equipo conjunto de investigación es que las autoridades, independientemente de su nacionalidad, pueden estar presentes durante las medidas de investigación en cualquier Estado participante y utilizar los elementos de prueba obtenidos sin importar el Estado en el cual se haya realizado la diligencia.

Varios elementos son similares entre las investigaciones conjuntas del Reglamento DSA y los equipos conjuntos de investigación. Primero, se trata en ambos casos de una investigación llevada a cabo por investigadores (o coordinadores de servicios digitales) de distintos Estados miembros, todos afectados por el comportamiento ilícito. Luego, la investigación es conjunta. Es decir, es una sola investigación común a todas las autoridades; no es una investigación llevada en cabo en un Estado en la cual ayudan otras autoridades internas, sino que todos los Estados tienen un interés en la investigación. Suele haber un expediente conjunto y todos los Estados pueden utilizar los elementos de prueba para el enjuiciamiento (lo que plantea la pregunta de la cesión de jurisdicción para evitar procesos paralelos). Por último, en el caso del artículo 60 del Reglamento DSA, se menciona que uno de los coordinadores de servicios digitales "dirige" la investigación conjunta. Aunque en la regulación de los equipos conjuntos de investigación, no se prevé expresamente un director del equipo, en la práctica, suele haber uno. Identificamos entonces otra similitud entre ambas figuras.

IV. APROXIMACIÓN A LA PERSONA INVESTIGADA

Para terminar el estudio, es interesante enfocarse en otra persona clave del proceso penal y de la investigación: la persona investigada. En efecto,

---

10 Decisión-Marco 2002/465/JAI del Consejo, de 13 de junio de 2002, sobre equipos conjuntos de investigación: DOCE de 20 de junio de 2002, nº L 162, pp. 1-3.

11 En 2022 Eurojust ayudó a de 265 equipos conjuntos de investigación en toda la Unión Europea, entre los cuales 78 fueron creados este mismo año (EUROJUST, *Informe anual* 2022, esp. p. 65: https://www.eurojust.europa.eu/sites/default/files/assets/eurojust-annual-report-2022-es.pdf).

los epígrafes precedentes se centraron en las autoridades represivas y los mecanismos de cooperación desde su perspectiva. Pero no hay que olvidar que, en toda investigación, existe una o varias personas investigadas, que sufren las consecuencias de esta investigación. En el marco de la cooperación penal europea, puede tratarse de una persona jurídica o de una persona física. En cambio, en el marco del Reglamento DSA, esta persona investigada es un prestador de servicio intermediario, a saber, una persona jurídica. Pese a que sea una persona jurídica, también tiene derechos fundamentales que hace falta respetar durante la investigación. En efecto, durante una investigación, ya sea penal *stricto sensu* o de los coordinadores de servicios digitales, se pueden afectar a varios derechos fundamentales, tales como el derecho a la protección de los datos, el derecho a la vida privada, los derechos de la defensa, quizás la presunción de inocencia, etc. Si bien existe duda en cuanto a saber si las personas jurídicas tienen un derecho a la vida privada, al no ser humanas, es innegable que tienen derecho a la protección de sus datos, así como a la presunción de su inocencia y al ejercicio de sus derechos de defensa. Es entonces imprescindible que existan límites a la investigación en el marco del Reglamento DSA.

No obstante, la sección del Reglamento que contiene las disposiciones relativas a las investigaciones de los coordinadores de servicios digitales no contempla ningún artículo relativo a los derechos fundamentales de las personas investigadas. Hace falta referirse a los considerandos, más precisamente a los considerandos 115 y 116. El primero de ellos establece que "los Estados miembros deben establecer en su Derecho nacional, [...] condiciones y límites detallados para el ejercicio de las competencias de investigación y ejecución de sus coordinadores de servicios digitales", mientras que el segundo es más amplio e impone claramente la obligación de respetar los derechos fundamentales de las personas investigadas durante las investigaciones llevadas a cabo por los coordinadores de servicios digitales. Sin embargo, este considerando 116 indica que, en esta materia, los coordinadores "deben cumplir las normas nacionales aplicables". Es decir, no se prevén normas europeas al respecto, seguramente por falta de consenso entre todos los Estados miembros. Esta suposición se confirma por la regulación de estas cuestiones en considerandos. O sea, cuando no hay consenso suficiente para adoptar disposiciones vinculantes, tales como los artículos de un reglamento, se insertan las disposiciones en los considerandos, que carecen de fuerza obligatoria y sirven sólo de orientación para la comprensión del reglamento.

Es de lamentar que no se haya podido adoptar disposiciones vinculantes con respecto al respeto de los derechos fundamentales de las personas investigadas en el Reglamento DSA. Esta carencia permite tener dudas acerca de la efectividad de estos derechos fundamentales durante las investigaciones de los coordinadores de servicios digitales. Además, como se remite a los Derechos internos, es de temer que existan grandes divergencias en la protección de los derechos fundamentales según cuál coordinador de servicios digitales se encarga de la investigación. Por consiguiente, puede haber una desigualdad de trato en el territorio europeo a pesar de que se esté aplicando un mismo reglamento. Por último, conviene mencionar que, en materia penal, se han adoptado directivas relativas a garantías procesales que permiten armonizar la protección de los derechos fundamentales en la UE ("directivas de Estocolmo"). No obstante, se aplican únicamente en investigaciones penales y no se extienden su aplicación a investigaciones "semi-penales", como pueden ser las investigaciones de los coordinadores de servicios digitales. Una acción del legislador europeo sería entonces deseable, para adoptar reglas claras y únicas a nivel de la Unión sobre los derechos fundamentales en las investigaciones de los coordinadores de servicios digitales.

V. CONCLUSIONES

En definitiva, existen varias similitudes entre la cooperación prevista en el Reglamento DSA y la cooperación desarrollada en materia penal. Así pues, si bien el artículo 57 no se refiere explícitamente a las órdenes europeas de investigación, sino que se titula más generalmente "asistencia mutua", la cooperación que contempla recuerda claramente este instrumento de cooperación judicial penal, tanto en su ámbito de aplicación (elementos de prueba preconstituidos o no) como en su funcionamiento (principio de ejecución cuasiautomática). También el artículo 58 hace pensar en la cooperación penal ya establecida, más precisamente en la cesión de jurisdicción y transmisión de procedimientos: el coordinador de servicios digitales de un Estado de destino incita a otro coordinador nacional, él de establecimiento, a iniciar una investigación para la cual tiene competencia territorial. Por último, existe un paralelo entre las investigaciones conjuntas del artículo 60 del Reglamento DSA y los equipos conjuntos de investigación, otro instrumento de cooperación penal creado por el Derecho de la UE.

En conclusión, lo que plantea el Reglamento DSA no es tan revolucionario. Al contrario, se inspira mayormente de lo que ya se ha adoptado y construido en materia penal en Europa. Una diferencia substancial se puede identificar, sin embargo: las autoridades competentes son, en un caso, las autoridades judiciales (y policiales eventualmente) y, en el otro, los coordinadores de servicios digitales. Entonces, una duda se plantea en cuanto a las diligencias de investigación que pueden realizar los coordinadores de servicios digitales y a la amplitud de su competencia material. También se plantean preguntas acerca de la protección de los derechos fundamentales de las personas investigadas por los coordinadores de servicios digitales. En efecto, los coordinadores de servicios digitales tienen facultades de investigación bastante amplias, pero el Reglamento DSA no contiene disposiciones que garanticen a los prestadores de servicios intermediarios investigados el respeto de sus derechos fundamentales, pese a que estos derechos sean consagrados expresamente en la Carta de Derechos Fundamentales de la Unión Europea.

Otra cuestión que puede ser interesante abordar en el estudio del Reglamento DSA es la cuestión de su ámbito de aplicación territorial. Según el artículo 2 del Reglamento, este instrumento "se aplicará a los servicios intermediarios ofrecidos a destinatarios del servicio que tengan su lugar de establecimiento o estén situados en la Unión, *con independencia de donde los prestadores de dichos servicios intermediarios tengan su lugar de establecimiento*"[12]. Es decir, el Reglamento se aplica incluso cuando el prestador de servicios intermediarios no se encuentra establecido en la UE. En otras palabras y refiriéndonos a las investigaciones que hemos estudiado a lo largo de este capítulo, un coordinador de servicios digitales instaurado en un Estado miembro en virtud del Reglamento DSA puede, en aplicación de dicho instrumento, investigar a un prestador de servicios intermediarios ubicado fuera de la UE, por ejemplo, en Estados Unidos.

En este caso, conviene descartar la regla según la cual la competencia general de investigar, la tiene el coordinador de servicios digitales del Estado de establecimiento, porque este Estado de establecimiento no está sometido al Reglamento DSA, ya que no es un Estado miembro. Además, se plantean preguntas acerca de la cooperación entre el Estado de establecimiento (digamos, Estados Unidos) y el Estado de destino investigador (cualquier Estado miembro de la UE). En efecto, los artículos 57, 58 y 60 no tienen vigencia en Estados Unidos y entonces, las autoridades estadounidenses se pueden negar a colaborar, complicando la investigación. Lo ideal sería una regulación mundial de los contenidos en línea y las plataformas, pero parece ser una idea utópica, frente a la ausencia de consenso y convergencia de los Estados del planeta en este aspecto.

---

12 La cursiva es nuestra.

Bibliografía

BACHMAIER WINTER L., "Prueba transnacional penal en Europa: la Directiva 2014/41 relativa a la orden europea de investigación", *Revista General de Derecho Europeo*, 2015 n°36.

DE MIGUEL ASENSIO P.A., "Obligaciones de diligencia y responsabilidad de los intermediarios: El Reglamento (UE) de Servicios Digitales", *La Ley Unión Europea*, 2022, n°109, pp. 1-47.

EUROJUST, *Informe anual 2022*:

https://www.eurojust.europa.eu/sites/default/files/assets/eurojust-annual-report-2022-es.pdf .

GONZÁLEZ CANO I. (dr.), *Orden europea de investigación y prueba transfronteriza en la Unión Europea*, Tirant lo Blanch, Valencia, 2019.

JIMÉNEZ GONZÁLEZ A., y CANCELA RODRÍGUEZ E., "¿Es posible gobernar a las grandes tecnológicas? Análisis crítico de la Ley Europea de Servicios Digitales", *Teknokultura. Revista de Cultura Digital y Movimientos Sociales*, 2023, vol. 20, n°1, pp. 91-99.

JIMENO BULNES M., "Orden europea de investigación en materia penal", en M. Jimeno Bulnes (dr.), *Aproximación legislativa versus reconocimiento mutuo en el desarrollo del espacio judicial europeo: una perspectiva multidisciplinar*, Bosch, Barcelona, 2016, pp. 151-208.

MARTÍNEZ GARCÍA E., *La orden europea de investigación*, Tirant lo Blanch, Valencia, 2016.

ÑÍGUEZ OLALLA M., "Innovación disruptiva en la Ley de Servicios Digitales", *Actualidad Jurídica Aranzadi*, 2022, n°987, BIB 2022/2892.

PÉREZ GIL J., "Actuación policial concertada más allá de las fronteras: los equipos conjuntos de investigación en la UE", *Revista de Estudios Europeos*, 2007, n°45, pp. 65-79.

TINOCO PASTRANA Á., "La transposición de la orden europea de investigación en materia penal en el ordenamiento español", *Freedom, Security & Justice: European Legal Studies*, n°3, 2018, pp. 116-145.

VALLINES GARCÍA E., *Los equipos conjuntos de investigación penal*, Colex, Madrid, 2006.

Capítulo XXII

Seguimiento electrónico transfronterizo: en busca de un nivel adecuado de protección de la intimidad del sospechoso

Cross-border electronic monitoring: seeking an adequate level of protection of the suspect's privacy

LORENZO AGOSTINO
Investigador postdoctoral
Università di Pisa

RESUMEN: Partiendo de la evolución tecnológica que ha afectado a las actividades de vigilancia, la contribución analiza los problemas que plantea este tipo de investigación cuando adquiere una dimensión transfronteriza.

Palabras clave: Seguimiento electrónico; Evolución tecnológica; Cooperación judicial en materia penal; Orden europea de investigación; Intimidad del sospechoso.

ABSTRACT: Starting from the technological evolution that has affected surveillance activities, the contribution analyses the issues posed by this type of investigation when it takes on a cross-border dimension.

Keywords: Electronic monitoring; Technological developments; Judicial cooperation in criminal matters; European Investigation Order; Privacy.

I. LA EVOLUCIÓN DE LAS ACTIVIDADES DE VIGILANCIA POLICIAL

La vigilancia, modalidad clásica de investigación mediante la cual la autoridad investigadora monitoriza a distancia los movimientos del sospechoso, es una actividad que ha evolucionado gradualmente al ritmo de los avances tecnológicos. Hoy en día, es posible seguir los movimientos del sospechoso no sólo "físicamente", sino también remotamente, explotando el potencial que ofrecen ciertos dispositivos. Se piensa en la posibilidad de instalar un rastreador GPS en el vehículo utilizado por el sujeto a vigilar[1], de introducir un *malware* en el dispositivo móvil de este último[2] o de utilizar un pequeño dron equipado con una cámara[3] y con la tecnología de reconocimiento facial[4].

Estas formas de observación, desde las más tradicionales a las más avanzadas, pueden adquirir una dimensión transnacional cuando el sospechoso cruza las fronteras del Estado donde comenzó el "espionaje"[5].

A escala europea, hace tiempo que se es consciente de la necesidad de regular tal eventualidad. De hecho, el Art. 40 del Convenio de aplicación del Acuerdo de Schengen autoriza al personal de la policía judicial, que mantiene en observación a una persona por haber cometido un delito, a continuar su actividad previa presentación de una solicitud de auxilio judicial. No obstante, esta solicitud podrá omitirse por motivos especialmente urgentes, sin perjuicio de la obligación de transmitir la solicitud a posteriori especificando los motivos para no esperar a la *placet* previa.

El procedimiento —bastante ágil— esbozado por la citada disposición responde a la necesidad de evitar que la creación de un espacio sin fronteras facilite la circulación de delincuentes[6] y, a la inversa, dificulte la ac-

---

1 Sobre el tema, entre otros, BENE, T. "Il pedinamento elettronico: tecnica di investigazione e tutela dei diritti fondamentali", en A. Scalfati (ed.), *Le indagini atipiche*, 2ª ed., Giappichelli, Torino, 2019, pp. 443-464; FANUELE, C. "La localizzazione satellitare nelle investigazioni penali", Cedam, Milano, 2019, *passim*.

2 NOCERINO, W. "Il captatore informatico nelle indagini penali interne e transfrontaliere", Cedam, Milano, 2021, esp. pp. 197 y ss.

3 TRIGGIANI, N. "Le videoriprese investigative e l'uso di droni", en A. Scalfati (ed.), *Le indagini atipiche*, cit., esp. pp. 184 y ss. Sobre el uso de drones con fines de investigación, *vid.* más en general, COVINO, S. "L'impiego dei droni con finalità di *law enforcement* nel contesto normativo italiano ed europeo", en E. Palmerini, M.A. Biasotti, G.F. Aiello (eds.), *Diritto dei Droni. Regole, questioni e prassi*, Giuffrè, Milano, 2018, pp. 267-292.

4 A este respecto, *vid.* DIEU, O. "Facial Recognition Technology, Drones, and Digital Policing: Compatible with the Fundamental Right to Privacy?", en R. Montasari (ed.), *Applications for Artificial Intelligence and Digital Forensics in National Security*, Springer, Cham, 2023, pp. 39-54.

5 FANUELE, C. "La localizzazione satellitare nelle investigazioni penali", op. cit., esp. p. 226 y ss.; NOCERINO, W., "Il captatore informatico nelle indagini penali interne e transfrontaliere", op. cit., esp. p. 295.

6 DE AMICIS, G. "La cooperazione orizzontale", en R.E. Kostoris (ed.), *Manuale di procedura penale europea*, 4ª ed., Giuffrè, Milano, 2019, esp. pp. 293-294.

tuación de las fuerzas y cuerpos de seguridad. Y es precisamente para no entorpecer excesivamente este tipo de operaciones por lo que el legislador de la Unión Europea se vio probablemente llevado a excluirlas del ámbito de aplicación de la orden europea de investigación: según se deduce del considerando 9 de la Directiva 2014/41/UE, la institución «no se debe aplicar a la vigilancia transfronteriza a la que se refiere el Convenio de aplicación del Acuerdo de Schengen».

Pues bien, aunque esto puede ser aceptable para la vigilancia "presencial", se plantea la cuestión de si esta exención de la aplicación de la orden europea puede aplicarse también a sistemas de vigilancia más sofisticados[7].

II. LA INSUFICIENCIA DE LA REGLAMENTACIÓN TRADICIONAL

La respuesta a la cuestión tendría que ser afirmativa si se considerara que el GPS, el troyano y los drones pueden asimilarse a la vigilancia in situ por parte de la policía judicial[8]. Sin embargo, dadas las capacidades invasivas de estos instrumentos, tal paralelismo no parece posible. En efecto, además de garantizar a los policías la certeza casi total de no ser descubiertos, permiten un control espacial y temporal ilimitado de los movimientos del sospechoso, con repercusiones inevitables en su esfera de confidencialidad[9].

---

7 Que el tema es debatido lo demuestra el hecho de que la *Joint Note of Eurojust and the European Judicial Network on the practical application of the European Investigation Order* de junio de 2019, esp. p. 17, disponible en https://www.eurojust.europa.eu/sites/default/files/2019-07/2019-06-Joint_Note_EJ-EJN_practical_application_EIO.pdf (fecha de última consulta: 18 de octubre de 2023), pone de relieve las dudas sobre el alcance exacto del considerando nº 9 de la Directiva 2014/41/UE. Aquí se dice que «*[m]ost Member States consider that cross-border surveillance is a matter for police cooperation and that an EIO should not be issued in these cases. For other Member States, cross-border surveillance is a matter for judicial cooperation. Some Member States have also expressed the view that cross-border surveillance does not fall under the EIO unless the monitoring of devices, geolocation and/or wiretappings are involved in the process*».

8 SIGNORATO, S. "Le indagini digitali. Profili strutturali di una metamorfosi investigativa", Giappichelli, Torino, 2018, esp. p. 163.

9 La cuestión de la relación entre el seguimiento por satélite y el derecho a la intimidad fue abordada por primera vez por la doctrina estadounidense, cuya elaboración se retomó posteriormente a escala europea e italiana. Sobre este tema, *vid.* DI PAOLO, G. "«Tecnologie del controllo» e prova penale. L'esperienza statunitense e spunti per la comparazione", Cedam, Padova, 2008, esp. pp. 159 y ss.;

De hecho, la aportación de la tecnología ha aumentado considerablemente la eficacia de la vigilancia, tanto desde el punto de vista del número de personas que pueden ser supervisadas (incluso simultáneamente), como en cuanto a la extensión espacial y temporal de la investigación, sin olvidar cómo el reducido tamaño de los dispositivos utilizados garantiza el máximo secreto y permite espiar desde lugares remotos[10]. Por no hablar de la continuidad con la que el sospechoso puede ser vigilado de forma encubierta mediante el uso del mecanismo de detección por satélite y de la capacidad de los drones para llegar a lugares de difícil acceso para los humanos[11].

Sin duda, esto debe conducir a una clara distinción entre los dos modos de investigación[12].

Las diferencias entre los tipos de actividades descritas dictan que no deben equipararse y, de hecho, sugieren que el listón de las garantías debe

---

FANCHIOTTI, V. "*U.S. v. Jones*: una soluzione tradizionalista per il futuro della *privacy*?", *Diritto penale e processo*, 2012, pp. 381-387; FANCHIOTTI, V. "Prova e geolocalizzazione – *Carpenter v. U.S.*: si amplia la tutela contro la *global police surveillance*", *Giurisprudenza italiana*, 2018, pp. 2262-2267; FILIPPI, L. "Il GPS è una prova "incostituzionale"? Domanda provocatoria, ma non troppo dopo la sentenza Jones della Corte Suprema U.S.A.", *Archivio penale web*, 2012, nº 1; FANUELE, C. "La localizzazione satellitare nelle investigazioni penali", op. cit., esp. pp. 117 y ss.

10 Por estas consideraciones, DI PAOLO, G. "«Tecnologie del controllo» e prova penale. L'esperienza statunitense e spunti per la comparazione", op. cit., esp. p. 160. Del mismo modo, FANUELE, C. "Il rilevamento satellitare tramite GPS: una prassi da ancorare ai principi stabiliti dalla CEDU", *Diritto penale e processo*, 2019, esp. p. 1703, señala que el seguimiento electrónico permite controlar, con extrema precisión y continuidad, los movimientos de una persona, incluso si se producen en lugares que de otro modo no serían visibles y en relación con los cuales, por tanto, el seguimiento tradicional no sería viable.

11 TRIGGIANI, N. "Le videoriprese investigative e l'uso di droni", op. cit., esp. p. 185.

12 Destaca el carácter "artesanal" de la investigación llevada a cabo por el agente de policía que sigue al sospechoso, frente a las técnicas de vigilancia refinadas, muy eficaces y milimétricamente precisas que ofrece la innovación científica, CAMON, A. "L'acquisizione dei dati sul traffico delle comunicazioni", *Rivista italiana di diritto e procedura penale*, 2005, esp. p. 634. Según el Autor, entre las dos categorías de investigación existe una diferencia de tal magnitud que no puede ignorarse. También, BENE, T. "Il pedinamento elettronico: tecnica di investigazione e tutela dei diritti fondamentali", op. cit., esp. p. 455, subraya la mayor invasividad del seguimiento por satélite en comparación con el seguimiento tradicional, que permite una vigilancia extremadamente precisa y continua, incluso en lugares que de otro modo no serían visibles y en relación con los cuales, por tanto, el seguimiento no sería factible.

elevarse cuando se trata del uso de dispositivos técnicos como los que nos ocupan. Por lo tanto, la tesis de que incluso las formas más innovadoras de observación a distancia pueden ser reguladas por el Convenio de aplicación del Acuerdo de Schengen debe rechazarse de plano.

Por otra parte, el hecho de que el Art. 40 del Convenio se concibió para tratar los casos en que el funcionario de policía tiene que cruzar personalmente las fronteras de su propio país debido a la necesidad de seguir al sospechoso puede deducirse de la propia redacción de la disposición.

Más detalladamente, el aptdo. 3 del Art. 40, al establecer ciertas condiciones que deben cumplirse durante la observación transfronteriza, especifica, entre otras cosas, que los agentes —que tienen prohibido detener y arrestar a la persona (aptdo. f)— deben estar en posesión de «un documento que certifique que la autorización ha sido concedida» (aptdo. b) y pueden «llevar su arma de servicio durante la misma, salvo que la Parte requerida decida expresamente lo contrario» (aptdo. d). Estos requisitos, lejos de poder abarcar formas de control a distancia, postulan claramente la presencia material de la autoridad investigadora en el territorio extranjero.

Por lo tanto, es necesario afirmar que, en las relaciones entre los Estados miembros de la Unión Europea, la realización de actividades de vigilancia a través de las fronteras nacionales utilizando medios tecnológicos requeriría el uso de otros canales de cooperación y, más concretamente, de la orden europea de investigación, una institución que potencialmente puede utilizarse para buscar y formar cualquier prueba[13].

III. PERSPECTIVAS DE UTILIZACIÓN DE LA ORDEN EUROPEA DE INVESTIGACIÓN

Tal solución puede apreciarse en términos del nivel de salvaguardias que ofrece la Directiva 2014/41/UE en comparación con las fuentes que regulan la observación transfronteriza. El Convenio de aplicación del Acuerdo de Schengen califica esta última no como una forma de asistencia

---

13 Como se desprende del considerando nº 6 de la Directiva, la orden europea de investigación fue concebida por «todos los tipos de pruebas». Además, el Art. 3 de la Directiva especifica que «[l]a OEI comprenderá todas las medidas de investigación». Pone de relieve el carácter omnicomprensivo de la OEI, CAIANIELLO, M. "La nuova direttiva UE sull'ordine europeo di indagine penale tra mutuo riconoscimento e ammissione reciproca delle prove", *Processo penale e giustizia*, 2015, nº 3, esp. p. 3.

entre autoridades judiciales, sino como una mera cooperación policial. Y aunque el Segundo Protocolo Adicional al Convenio Europeo de Asistencia Judicial en Materia Penal pretendía regular la institución con la intención de transformarla en un instrumento de asistencia judicial[14], no puede ignorarse que las normas dictadas a este respecto por el Art. 17 de dicho Protocolo siguen casi servilmente las establecidas en el Art. 40 del Convenio. Así pues, sobre la base de estas prescripciones, la autorización de no interrumpir las actividades de observación en el territorio de otro Estado puede concederse de forma prácticamente automática siempre que se persiga un delito por el que se permite la extradición.

Cuando, por el contrario, se considerase aplicable la orden europea de investigación, entrarían en juego toda una serie de salvaguardias para reforzar los derechos que podrían comprimirse durante la vigilancia electrónica. La referencia se dirige, en particular, a esa causa de rechazo —nueva, al menos desde una perspectiva estrictamente europea[15]— consagrada en el Art. 11 § 1.f de la Directiva 2014/41/UE, según el cual la orden no podrá ejecutarse si existen motivos fundados para considerar que la ejecución del acto solicitado es incompatible con las obligaciones expresadas en el Art. 6 TUE.

Esta última disposición, como es bien sabido, obliga a los Estados miembros a respetar, entre otras cosas, el Convenio Europeo de Derechos Humanos y, por tanto, la interpretación que de él ha hecho el Tribunal de Estrasburgo[16]. En consecuencia, una orden que solicite la continuación de la localización por GPS o por troyano no podría ejecutarse si no se cumplen los requisitos que, según el tribunal de Estrasburgo, deben respetarse para llevar a cabo dicha actividad.

A este respecto, el Tribunal Europeo ha sostenido que, de conformidad con el Art. 8 CEDH, la observación mediante dispositivos electrónicos como los localizadores GPS debe considerarse una vulneración del derecho al respeto de la vida privada y familiar cuando no esté prevista por la

---

14 Así, el *Rapport explicatif du la Deuxième Protocole additionnel à la Convention européenne d'entraide judiciaire en matière pénale*, § 134. Sobre el punto MARCHETTI, M.R. "L'assistenza giudiziaria internazionale", Giuffrè, Milano, 2005, esp. p. 210 y s.

15 MANGIARACINA, A. "Il procedimento di esecuzione dell'OEI e i margini nazionali di rifiuto", en M. Daniele, R.E. Kostoris (eds.), *L'ordine europeo di indagine penale. Il nuovo volto della raccolta transnazionale delle prove nel d.lgs. n. 108 del 2017*, Giappichelli, Torino, 2018, esp. p. 128.

16 DANIELE, M. "La triangolazione delle garanzie processuali fra diritto dell'Unione europea, CEDU e sistemi nazionali", *Diritto penale contemporaneo – Rivista trimestrale*, 2016, nº 4, pp. 48-60.

ley, no esté sujeta a control judicial y no sea proporcionada en relación con la gravedad del asunto de que se trate[17].

Si nos fijamos en el contexto italiano, por ejemplo, parece que, en virtud de estos principios, no sería posible cumplir una orden europea por la que se solicita a la autoridad de ese Estado que continúe la vigilancia en el territorio de otro Estado[18]. De hecho, el plazo de prescripción en virtud del cual los órganos de investigación italianos —con el aval de la jurisprudencia[19]— vigilan a los sospechosos mediante tecnologías de rastreo, es decir, el Art. 189 del *Codice di procedura penale*[20], no sólo no prevé ningún control judicial y no distingue entre los delitos investigados, sino que es tan vago que no permite a las personas prever cuándo y en qué condiciones pueden ser vigilados sus movimientos[21].

A una conclusión distinta debe llegarse con referencia al ordenamiento jurídico español, que, como es sabido, con la LO 13/2015, de 5 de octubre, se ha dotado de una disciplina especial sobre las medidas de investigación tecnológica, centrándose, entre otras cosas, en el seguimiento y la localización. Más concretamente, de conformidad con el Art. 588 quinquies b. LECrim, la utilización de estos instrumentos está sujeta a la autorización del juez y al respeto del principio de proporcionalidad[22].

---

17 TEDH: asunto *Uzun*, sentencia de 2 de septiembre de 2010, ECLI:CE:ECHR:2010:0902JUD003562305, con referencia a la cual *vid.* COSTANZO, P. "Note preliminari sullo statuto giuridico della geolocalizzazione (a margine di recenti sviluppi giurisprudenziali e legislativi)", *Diritto dell'Informazione e dell'Informatica*, 2014, nº 3, pp. 331-344. Sobre este tema, *vid.* también TEDH: asunto *Ben Faiza*, sentencia de 8 de febrero 2018, ECLI:CE:ECHR:2018:0208JUD003144612.

18 En este sentido NICOLICCHIA, F. "I controlli occulti e continuativi come categoria probatoria. Una sistematizzazione dei nuovi mezzi di ricerca della prova tra fonti europee e ordinamenti nazionali", Cedam, Milano, 2020, esp. pp. 188 y ss.

19 *Vid.*, por ejemplo, CASSAZIONE PENALE: sentencia de 11 de diciembre 2017, n. 15396, disponible en *Cassazione penale*, 2009, p. 2534, según la cual el seguimiento por satélite es una actividad de investigación atípica comparable a la vigilancia clásica.

20 Para facilitar la comprensión, se reproduce a continuación el texto del Art. 189: «*[q]uando è richiesta una prova non disciplinata dalla legge, il giudice può assumerla se essa risulta idonea ad assicurare l'accertamento dei fatti e non pregiudica la libertà morale della persona. Il giudice provvede all'ammissione, sentite le parti sulle modalità di assunzione della prova*».

21 CONTI, C. "Accertamento del fatto e inutilizzabilità nel processo penale", Cedam, Padova, 2007, esp. pp. 162 y ss.

22 Sobre la evolución jurisprudencial que se produjo tras la entrada en vigor de la reforma de 2015 y el derecho fundamental a no estar geolocalizado, v. ORTIZ

Junto al riesgo real de rechazo de la eurordinación que supone incluir la vigilancia electrónica transfronteriza en el ámbito de aplicación de la Directiva de 2014, esta opción interpretativa puede representar un impulso para adecuar aquellas legislaciones nacionales —que, como la italiana, contemplan una regulación deficitaria— a los parámetros convencionales y, por ende, a los de la Unión Europea. Como ha recordado el Tribunal de Justicia, en nombre del principio de cooperación leal entre los ordenamientos jurídicos europeos, «corresponde al Estado miembro de emisión crear las condiciones en las que la autoridad de ejecución podrá prestar eficazmente su asistencia de conformidad con el Derecho de la Unión»[23].

De ello se desprende que, si bien es ante todo la autoridad emisora la que debe abstenerse de dictar la orden europea, el respeto de los derechos fundamentales no es una limitación, sino una condición previa del reconocimiento mutuo, que debe tenerse en cuenta ya al dictar la orden[24]. En este sentido, la protección prevista en el ámbito de la Unión Europea puede resultar incluso más eficaz que la convencional, ya que, mientras que el Tribunal de Estrasburgo resuelve el caso concreto y evalúa la equidad global del procedimiento según una lógica compensatoria, la Unión Europea exige al sistema que desea entrar en el circuito del reconocimiento mutuo que adapte sus normas procesales a determinados estándares[25].

Además, que la cláusula destinada a impedir la ejecución de la actividad en caso de vulneración de un derecho fundamental reconocido por el Art. 6 TUE tiene una centralidad indiscutible en la materia que nos interesa lo demuestra el Art. 12 § 1.b del Reglamento 2023/1543/UE «sobre las órdenes europeas de producción y las órdenes europeas de conservación a

---

PRADILLO, J.C. "Big Data, vigilancias policiales y geolocalización: nuevas dimensiones de los derechos fundamentales en el proceso penal", *Diario La Ley*, 18 de noviembre de 2021, nº 9955, http://diariolaley.laley.es.

23 TJUE: sentencia *Gavanozov II*, de 11 de noviembre de 2021, C-852/19, ECLI:EU-:C:2021:902. Para un análisis sobre el pronunciamiento, *vid.* BORGIA, G. "OEI e diritto a un rimedio giurisdizionale effettivo: un passo in avanti... e uno di troppo?", *Giurisprudenza italiana*, 2022, pp. 968-973.

24 BORGIA, G. "Prueba penal transfronteriza en la Unión Europea y vulneración de derechos fundamentales. ¿Límite u oportunidad?", en G. Borgia, S. Pereira Puigvert (eds.), *Cuestiones actuales de derecho procesal civil y penal*, Dykinson, Madrid, (en prensa).

25 BORGIA, G. "Prueba penal transfronteriza en la Unión Europea y vulneración de derechos fundamentales. ¿Límite u oportunidad?", op. cit.

efectos de prueba electrónica en procesos penales y de ejecución de penas privativas de libertad a raíz de procesos penales»[26].

Aquí se establece que la autoridad que ejecute la orden de producción, cuando se soliciten datos de tráfico —expresión, ésta, que según el Art. 3 § 1.11 del Reglamento, incluye también «la ubicación del dispositivo»— puede oponerse a una denegación. Y puesto que los datos de tráfico pueden rastrearse, entre otras cosas, hasta los movimientos de la persona en cuestión[27], sería completamente irrazonable permitir que esos datos se conocieran por medios tan invasivos como los que permiten vigilar a distancia los movimientos del sospechoso[28].

En este contexto, parece innegable que el recurso a la orden europea reforzaría las garantías del acusado sometido a vigilancia. No se puede, sin embargo, dejar de reconocer que el complejo procedimiento establecido en la Directiva 2014/41/UE puede resultar insuficiente para responder

---

26 Para un primer comentario sobre el Reglamento *vid.* BORGIA, G. "Un nuovo congegno per l'acquisizione della prova elettronica nell'Unione europea: il c.d. "regolamento *e-evidence*" è finalmente realtà", *Processo penale e giustizia,* 2023, pp. 1272-1281. Sobre la «[p]ropuesta de reglamento del Parlamento europeo y del Consejo sobre las órdenes europeas de entrega y conservación de pruebas electrónicas a efectos de enjuiciamiento penal», *vid.*, *ex plurimis,* CURTOTTI, D. "Indagini *hi-tech,* spazio *cyber,* scambi probatori tra Stati e *Internet service* e "Vecchia Europa": una normativa che non c'è (ancora)", *Diritto penale e processo,* 2021, pp. 745-759; GERACI, R.M. "La circolazione transfrontaliera delle prove digitali in UE: la proposta di regolamento e-evidence", *Cassazione penale,* 2019, pp. 1340-1362; GIALUZ, M., DELLA TORRE, J. "Lotta alla criminalità nel cyberspazio: la Commissione presenta due proposte per facilitare la circolazione delle prove elettroniche nei processi penali", *Diritto penale contemporaneo,* 2018, nº 5, pp. 277-294.

27 Sobre el tema, *vid.* DINACCI, F.R. "La localizzazione mediante celle telefoniche tra limiti costituzionali e comunitari", en A. Scalfati (ed.), *Le indagini atipiche,* op. cit., pp. 465-496.

28 Este perfil de irrazonabilidad, aunque con referencia a la normativa nacional, es señalado por FANUELE, C. "La localizzazione satellitare nelle investigazioni penali", op. cit., esp. p. 197. Entre otras cosas, también en el ámbito nacional, la brecha entre las salvaguardias previstas en relación con la obtención de impresiones y la vigilancia electrónica aumentó tras la promulgación del *decreto-legge* 30 de septiembre de 2021, nº 132, convertido con modificaciones por la *legge* 23 de noviembre de 2021, nº 178, con la que el ordenamiento jurídico italiano se ha adaptado a las indicaciones procedentes del Tribunal de Justicia de la Unión Europea en la materia (la referencia es a TJUE: sentencia *H.K.*, de 2 de marzo de 2021, C-746/18, ECLI:EU:C:2021:152). Para un comentario sobre la reforma, *vid.*, *ex plurimis,* ANDOLINA, E. "Acquisizione dei dati esterni", en P. Maggio (ed.), *La nuova disciplina delle intercettazioni,* Giappichelli, Torino, 2023, pp. 402-426.

con rapidez a la necesidad, sin duda tenida en cuenta por el Convenio de aplicación del Acuerdo de Schengen, de no perder de vista al sospechoso en sus desplazamientos.

En este sentido, el legislador de la UE, en una visión *de iure condendo*, podría regular la observación electrónica transfronteriza de manera no distinta a lo que se ha realizado con las escuchas telefónicas que no requieren la asistencia del Estado extranjero[29]. El procedimiento contemplado para llevar a cabo tal actividad[30], como es bien sabido, establece un equilibrio adecuado entre la necesidad de investigación de los hechos y la protección de los derechos de la persona, dado que —por el carácter extremadamente invasivo del instrumento para el derecho a la intimidad[31]— la jurisdicción en la que se encuentra el usuario que va a ser interceptado, tras ser informada, puede oponerse sobre la base de los motivos de denegación previstos en la Directiva 2014/41/UE[32].

Además del perfil estrictamente procedimental, desde la perspectiva de la protección de los derechos en juego, el paralelismo con las normas sobre escuchas telefónicas también debe afectar a la regla de exclusión establecida en el Art. 31 § 3.b de la Directiva 2014/41/UE, en virtud de la cual la autoridad notificada está facultada para comunicar a la autoridad encargada del procedimiento «que no podrá utilizarse el posible material ya intervenido mientras la persona que sea objeto de la intervención se encontraba en su territorio, o que solo podrá utilizarse en las condiciones que aquella especifique»[33].

A esta norma de exclusión, que hasta ahora era única en el panorama de la UE, se añade hoy una cláusula similar en el Reglamento 2023/1543/UE, cuyo Art. 12 § 4 establece que si la autoridad de ejecución invoca un motivo de denegación «podrá indicar si se opone a la transferencia de todos los datos solicitados en la orden europea de producción o si los datos

---

29 DANIELE, M. “Ricerca e formazione della prova”, cit., esp. p. 490.

30 Sobre el que ver GALGANI, B. “Assistenza giudiziaria in materia penale tra gli Stati membri dell’Unione europea”, en A. Marandola (ed.), *Cooperazione giudiziaria penale*, Giuffrè, Milano, 2018, pp. 453 y ss.

31 En estos términos DANIELE, M. “La sfera d’uso delle prove raccolte”, en M. Daniele, R.E. Kostoris (eds.), *L’ordine europeo di indagine penale*, op. cit., esp. p. 186.

32 DANIELE, M. “Ricerca e formazione della prova”, op. cit., esp. p. 485.

33 Sobre esta predicción, lea las consideraciones de DEL COCO, R. “Circolazione della prova e poteri sanzionatori del giudice”, en T. Bene, L. Lupária, L. Marafioti, *L’ordine europeo di indagine. Criticità e prospettive*, Giappichelli, Torino, 2016, esp pp. 175 y ss.

solo pueden transferirse o utilizarse parcialmente en las condiciones especificadas por la autoridad de ejecución»[34].

Pues bien, para la efectividad de los valores considerados[35] —que, como se ha dicho, cuando hablamos de datos de tráfico y de vigilancia electrónica tienden a coincidir— parece lo más adecuado replicar esta hipótesis de inutilización también con referencia a la actividad investigadora última mencionada[36].

En cualquier caso, aun sin intervención del legislador europeo, ya es posible afirmar que la vigilancia electrónica realizada sin recurrir a la OEI es inutilizable: de hecho, se ha argumentado en la doctrina que, a la luz del carácter omnicomprensivo de la orden[37], las pruebas —no exceptuadas expresamente por la Directiva[38]— recabadas sin recurrir a esto instrumento deben descartarse[39].

Bibliografía

ANDOLINA, E. "Acquisizione dei dati esterni", en P. Maggio (ed.), *La nuova disciplina delle intercettazioni*, Giappichelli, Torino, 2023, pp. 402-426.

BENE, T. "Il pedinamento elettronico: tecnica di investigazione e tutela dei diritti fondamentali", en A. Scalfati (ed.), *Le indagini atipiche*, 2ª ed., Torino, Giappichelli, 2019, pp. 443-464.

BORGIA, G. "OEI e diritto a un rimedio giurisdizionale effettivo: un passo in avanti... e uno di troppo?", *Giurisprudenza italiana*, 2022, pp. 968-973.

---

34 Sobre este punto *vid.* BORGIA, G. "Un nuovo congegno per l'acquisizione della prova elettronica nell'Unione europea: il c.d. "regolamento *e-evidence*" è finalmente realtà", op. cit., esp. p. 1279.

35 Sobre las sanciones procesales como medio de hacer efectivos los derechos reconocidos en el ámbito de la Unión Europea, CAIANIELLO, M. "To Sanction (or Not to Sanction) Procedural Flaws at EU Level? A Step Forward in the Creation of an EU Criminal Process", *European Journal of Crime, Criminal Law and Criminal Justice*, 2014, nº 22, 4, pp. 317-329.

36 Por una corrección entre la sanción de inutilidad y la protección de los valores fundamentales del ordenamiento jurídico, VALENTINI, C., "L'acquisizione della prova tra limiti territoriali e cooperazione con autorità straniere", Cedam, Padova, 1998, esp. p. 130.

37 *Vid. supra*, § 2, nota 13.

38 Piense en la prueba obtenida por un equipo conjunto de investigación (Art. 3 Directiva 2014/41/UE).

39 A este respecto, *vid.* DANIELE, M. "La sfera d'uso delle prove raccolte", op. cit., esp. p. 184

BORGIA, G. "Un nuovo congegno per l'acquisizione della prova elettronica nell'Unione europea: il c.d. "regolamento *e-evidence*" è finalmente realtà", *Processo penale e giustizia*, 2023, pp. 1272-1281.

BORGIA, G. "Prueba penal transfronteriza en la Unión Europea y vulneración de derechos fundamentales. ¿Límite u oportunidad?", en G. Borgia, S. Pereira Puigvert (eds.), *Cuestiones actuales de derecho procesal civil y penal*, Madrid, Dykinson (en prensa).

CAIANIELLO, M. "To Sanction (or Not to Sanction) Procedural Flaws at EU Level? A Step Forward in the Creation of an EU Criminal Process", *European Journal of Crime, Criminal Law and Criminal Justice*, 2014, nº 22, 4, pp. 317-329.

CAIANIELLO, M. "La nuova direttiva UE sull'ordine europeo di indagine penale tra mutuo riconoscimento e ammissione reciproca delle prove", *Processo penale e giustizia*, 2015, nº 3, pp. 1-11.

CAMON, A. "L'acquisizione dei dati sul traffico delle comunicazioni", *Rivista italiana di diritto e procedura penale*, 2005, pp. 594-650.

CONTI, C. "Accertamento del fatto e inutilizzabilità nel processo penale", Cedam, Padova, 2007.

COSTANZO, P. "Note preliminari sullo statuto giuridico della geolocalizzazione (a margine di recenti sviluppi giurisprudenziali e legislativi)", *Diritto dell'Informazione e dell'Informatica*, 2014, nº 3, pp. 331-344.

COVINO, S. "L'impiego dei droni con finalità di *law enforcement* nel contesto normativo italiano ed europeo", en E. Palmerini, M.A. Biasotti, G.F. Aiello (eds.), *Diritto dei Droni. Regole, questioni e prassi*, Giuffrè, Milano, 2018, pp. 267-292.

CURTOTTI, D. "Indagini *hi-tech*, spazio *cyber*, scambi probatori tra Stati e *Internet service* e "Vecchia Europa": una normativa che non c'è (ancora)", *Diritto penale e processo*, 2021, pp. 745-759.

DANIELE, M. "La triangolazione delle garanzie processuali fra diritto dell'Unione europea, CEDU e sistemi nazionali", *Diritto penale contemporaneo – Rivista trimestrale*, 2016, nº 4, pp. 48-60 ss.

DANIELE, M. "La sfera d'uso delle prove raccolte", en M. Daniele, R.E. Kostoris (eds.), *L'ordine europeo di indagine penale. Il nuovo volto della raccolta transnazionale delle prove nel d.lgs. n. 108 del 2017*, Giappichelli, 2018, Torino, pp. 181-197.

DANIELE, M. "Ricerca e formazione della prova", en R.E. Kostoris (ed.), *Manuale di procedura penale europea*, 4ª ed., Giuffrè, 2019, Milano, pp. 455-513.

DE AMICIS, G. "La cooperazione orizzontale", en R.E. Kostoris (ed.), *Manuale di procedura penale europea*, 4ª ed., Giuffrè, Milano, 2019, pp. 291-430.

DEL COCO, R. "Circolazione della prova e poteri sanzionatori del giudice", en T. Bene, L. Lupária, L. Marafioti, *L'ordine europeo di indagine. Criticità e prospettive*, Giappichelli, Torino, 2016, pp. 168-190.

DIEU, O. "Facial Recognition Technology, Drones, and Digital Policing: Compatible with the Fundamental Right to Privacy?", en R. Montasari (ed.), *Applications for Artificial Intelligence and Digital Forensics in National Security*, Springer, Cham, 2023, pp. 39-54.

DINACCI, F.R. "La localizzazione mediante celle telefoniche tra limiti costituzionali e comunitari", en A. Scalfati (ed.), *Le indagini atipiche*, 2ª ed., Giappichelli, Torino, 2019, pp. 465-496.

DI PAOLO, G. "«Tecnologie del controllo» e prova penale. L'esperienza statunitense e spunti per la comparazione", Cedam, Padova, 2008.

FANCHIOTTI, V. "*U.S. v. Jones*: una soluzione tradizionalista per il futuro della *privacy*?", *Diritto penale e processo*, 2012, pp. 381-387.

FANCHIOTTI, V. "Prova e geolocalizzazione – *Carpenter v. U.S.*: si amplia la tutela contro la global police surveillance", *Giurisprudenza italiana*, 2018, pp. 2262-2267.

FANUELE, C. "Il rilevamento satellitare tramite GPS: una prassi da ancorare ai principi stabiliti dalla CEDU", *Diritto penale e processo*, 2019, pp. 1701-1711.

FANUELE, C. "La localizzazione satellitare nelle investigazioni penali", Cedam, Milano, 2019.

FILIPPI, L. "Il GPS è una prova "incostituzionale"? Domanda provocatoria, ma non troppo dopo la sentenza Jones della Corte Suprema U.S.A.", *Archivio penale web*, 2012, nº 1.

GALGANI, B. "Assistenza giudiziaria in materia penale tra gli Stati membri dell'Unione europea", en A. Marandola (ed.), *Cooperazione giudiziaria penale*, Giuffrè, Milano, 2018, pp. 444-466.

GERACI, R.M. "La circolazione transfrontaliera delle prove digitali in UE: la proposta di regolamento e-evidence", *Cassazione penale*, 2019, pp. 1340-1362.

GIALUZ, M., DELLA TORRE, J. "Lotta alla criminalità nel cyberspazio: la Commissione presenta due proposte per facilitare la circolazione delle prove elettroniche nei processi penali", *Diritto penale contemporaneo*, 2018, nº 5, pp. 277-294.

MANGIARACINA, A. "Il procedimento di esecuzione dell'OEI e i margini nazionali di rifiuto", en M. Daniele, R.E. Kostoris (eds.), *L'ordine europeo di indagine penale. Il nuovo volto della raccolta transnazionale delle prove nel d.lgs. n. 108 del 2017*, Giappichelli, Torino, 2018, pp. 105-134.

MARCHETTI, M.R. "L'assistenza giudiziaria internazionale", Giuffrè, Milano, 2005.

NICOLICCHIA, F. "I controlli occulti e continuativi come categoria probatoria. Una sistematizzazione dei nuovi mezzi di ricerca della prova tra fonti europee e ordinamenti nazionali", Cedam, Milano, 2020.

NOCERINO, W. "Il captatore informatico nelle indagini penali interne e transfrontaliere", Cedam, Milano, 2021.

ORTIZ PRADILLO, J.C. "Big Data, vigilancias policiales y geolocalización: nuevas dimensiones de los derechos fundamentales en el proceso penal", *Diario La Ley*, 18 de noviembre de 2021, nº 9955, http://diariolaley.laley.es.

SIGNORATO, S. "Le indagini digitali. Profili strutturali di una metamorfosi investigativa", Giappichelli, Torino, 2018.

TRIGGIANI, N. "Le videoriprese investigative e l'uso di droni", en A. Scalfati (ed.), *Le indagini atipiche*, 2ª ed., Giappichelli, Torino, 2019, pp. 161-190.

VALENTINI, C. "L'acquisizione della prova tra limiti territoriali e cooperazione con autorità straniere", Cedam, Padova, 1998.

Capítulo XXIII

Delincuencia transnacional de las personas jurídicas. El gran olvido de la cooperación judicial penal en la Unión Europea[1]

Transnational crime of legal persons. The great neglect of judicial cooperation in criminal matters in the European Union

ANA MARÍA VICARIO PÉREZ
Investigadora postdoctoral FPU – Área de Derecho Procesal
Universidad de Burgos
ORCID: 0000-0002-5261-3146

RESUMEN: La progresiva conformación del dado en llamar Espacio de Libertad, Seguridad y Justicia, ha tenido desde sus orígenes a la criminalidad cometida por personas físicas como punto central de preocupación. Así, los instrumentos de reconocimiento mutuo y las normas de aproximación legislativa sucesivamente aprobadas, tienen por finalidad facilitar la cooperación judicial ante esta tipología delictiva. Sin embargo, la creciente aparición de nuevas formas de delincuencia en el que son las personas jurídicas quienes tienen la condición de sujetos infractores, exige ampliar el foco para dar cobertura a las necesidades de cooperación entre las autoridades de los Estados miembros en la prevención y represión de ilícitos cometidos por estas entidades. El objetivo del presente trabajo será analizar las principales lagunas que a este respecto se desprenden de la normativa vigente en la Unión Europea.

Palabras clave: personas jurídicas; responsabilidad penal; responsabilidad administrativa; cooperación judicial; reconocimiento mutuo.

ABSTRACT: The progressive shaping of the so-called Area of Freedom, Security and Justice has, from the outset, focused on crime committed by natural persons. Thus, the

1 Trabajo realizado en el marco del proyecto de investigación del plan estatal "El Derecho Procesal civil y penal desde la perspectiva de la Unión Europea: la consolidación del Espacio de Libertad, Seguridad y Justicia (Ref. PID2021-124027NB-I00)", financiado por MCIN/AEI/10.13039/501100011033/FEDER, UE.

mutual recognition instruments and the rules of legislative approximation successively adopted are aimed at facilitating judicial cooperation in this type of crime. However, the increasing emergence of new forms of crime in which legal persons are the offenders requires a broader approach to meet the need for co-operation between Member States' authorities in the prevention and prosecution of entity crime. The aim of this paper will be to analyse the main gaps in this respect in current EU legislation.

Keywords: legal persons; criminal liability; administrative liability; judicial cooperation; mutual recognition.

I. INTRODUCCIÓN

La creación del Espacio de Libertad, Seguridad y Justicia (ELSJ) es uno de los elementos inherentes al paulatino proceso de integración en que consiste la Unión Europea. Tomando el testigo de la eliminación de obstáculos a la libre circulación en el mercado interior, la cooperación judicial se erige en una "quinta libertad comunitaria", consistente en la transmisión de resoluciones judiciales entre las autoridades competentes de los Estados miembros[2]. Habiendo trascurrido más de 30 años desde el Tratado de Maastricht, el Título IV sobre "Cooperación de los ámbitos de justicia e interior" en su momento incluido en el Tratado de la Unión Europea (TUE)[3], ha ido evolucionando hasta la actual regulación ofrecida por el Título V "Espacio de Libertad, Seguridad y Justicia" del Tratado de Funcionamiento de la Unión Europea[4] aprobado en Lisboa y cuyos artículos 82–86 se destinan en exclusiva a la cooperación judicial penal.

Ello obedece a la gradual aparición de fenómenos delictivos trasnacionales con ocasión de la libre circulación de personas, bienes, servicios y capi-

---

2 JIMENO BULNES, M., "Perspectiva de la orden europea de detención y entrega: el principio de reconocimiento mutuo y la cooperación judicial en la Unión Europea", en J.L. Ladrón de Guevara (coord.), *La cooperación judicial entre España e Italia. La Orden Europea de Detención y Entrega en la ejecución de sentencias penales*, Instituto Vasco de Derecho Procesal, San Sebastián, 2017, pp. 5–33, esp. p. 6.

3 DOCE de 29 de julio de 1992, nº C 191, pp. 1–112.

4 DOUE de 30 de marzo de 2010, nº C 83, pp. 47–199.

tales. Sin embargo, el legislador europeo ha mantenido desde las primeras normas en materia de cooperación judicial una visión predominantemente antropocéntrica de la criminalidad, de manera tal que la delincuencia atinente a las personas jurídicas no ha sido tomada en consideración con suficiencia en la configuración de los instrumentos de reconocimiento mutuo, así como tampoco en la legislación supranacional dictadas en aras de aproximación legislativa.

Siendo sonados los casos de delincuencia empresarial con elementos de internacionalidad, como lo demuestran sobradamente los conocidos como asuntos *Volkswagen* o *Siemens*, creemos necesario profundizar en el estudio de la cooperación judicial penal desde la perspectiva de la criminalidad corporativa. Con ello, el objetivo de la presente contribución será analizar las normas que en el ámbito europeo prevén la responsabilidad de las entidades por las conductas delictivas cometidas en su seno, así como reflexionar acerca de si los actuales postulados de sendos principios de reconocimiento mutuo y aproximación legislativa se muestran acordes a esta nueva tipología de sujetos pasivos del proceso penal.

II. ANTECEDENTES DE LA RESPONSABILIDAD PENAL DE LAS PERSONAS JURÍDICAS EN EL ESCENARIO EUROPEO

Las primeras manifestaciones de la preocupación a nivel internacional por la criminalidad atribuible a personas jurídicas, se advierte en la esfera del Consejo de Europa. Tal es el caso de la Recomendación n. R (88) 18, de 20 de octubre de 1988, en relación con la responsabilidad de las personas jurídicas por las infracciones cometidas en el ejercicio de sus actividades[5]. Pese a tratarse de un texto sin eficacia vinculante, es destacable el hito que supuso por cuanto se refiere a la plasmación de un aliento a los Estados miembros para incorporar a sus ordenamientos una regulación de la responsabilidad de las personas jurídicas ante las conductas ilícitas por ellas cometidas, al tiempo que para diseñar un sistema sancionatorio eficaz y proporcionado en atención a la gravedad de los hechos y de los daños causados[6].

---

5 Adoptada por el Comité de Ministros el 20 de octubre de 1988, puede consultarse en https://personasjuridicas.es/wp-content/uploads/2020/03/RecommendationComit%C3%A9deMinistrosdelConsejodeEuropa8818-ingl%C3%A9s.pdf (fecha de última consulta: 28 de septiembre de 2023).

6 DE LA CUESTA ARZAMENDI, J.L. y PÉREZ MACHÍO, A.I., "La responsabilidad penal de las personas jurídicas en el marco europeo: las directrices comunitarias

Si bien es cierto que en el referido texto no se contiene una alusión expresa a la naturaleza penal de la responsabilidad de las entidades, dejando por tanto a discrecionalidad de los legisladores nacionales la opción por un sistema sancionatorio penal o administrativo[7], no puede negarse que su promulgación fue un aliciente más para la progresiva adopción del principio *societas delinquere potest* por buena parte de los países europeos[8]. A modo de ejemplo y siguiendo el caso pionero de Países Bajos, cuyo Código Penal introdujo una previsión legislativa tal en 1976, pueden señalarse los casos de Portugal en 1982; Francia en 1994; Eslovenia en el mismo año; Finlandia en 1995; Dinamarca en 1996; o Bélgica en 1999. Por lo demás, dos notas fundamentales pueden destacarse del contenido de la Recomendación n. R (88) 18 con respecto a nuestro objeto de estudio. En primer lugar, permite atisbar por vez primera una desvinculación de la responsabilidad atribuible a la persona jurídica de la correspondiente a las personas físicas miembros de la organización, no siendo precisa la identificación de un concreto sujeto natural comisor del delito para la eventual sanción a la entidad por las conductas ilícitas habidas en su seno. En segundo lugar, se plantea ya el modelo de exoneración de responsabilidad de las entidades que adoptarán los Estados europeos, consistente en la no sanción a la entidad cuando se hubiesen adoptado en el ámbito organizacional las medidas necesarias para evitar la conducta delictiva, de forma tal que el delito haya sido cometido eludiéndolas[9].

---

y su implementación por los Estados", en J.L. de la Cuesta Arzamendi, A.I. Pérez Machío y J.I. Ugartemendía Eceizabarrena (dres.), *Armonización penal en Europa*, Instituto Vasco de Administración Pública, Guipúzcoa, 2013, pp. 52–76, esp. p. 54.

7 JIMENO BULNES, M., "Normas de la Unión Europea sobre responsabilidad (penal o administrativa) de las personas jurídicas y sobre compliance: su adaptación en España", en J.L. Gómez Colomer (dr.) y C.M. Madrid Boquín (coord.), *Tratado sobre compliance penal. Responsabilidad penal de las personas jurídicas y modelos de organización y gestión*, Tirant lo Blanch, Valencia, 2019, pp. 939–974, esp. p. 946.

8 Tal y como se señala en el propio texto de la Recomendación n. R (88) 18, su aprobación tiene precisamente lugar en un contexto de crecimiento en el número de infracciones penales cometidas en el ejercicio de las actividades empresariales, ocasionando un daño en nada desdeñable tanto a los individuos como a la sociedad, y siendo en no pocas ocasiones imposible identificar a una concreta persona física responsable de la infracción ante la complejidad de la estructura organizativa.

9 Junto con ello, se indica en la Exposición de Motivos de la Recomendación n. R (88) 18 que la misma está basada "*en el convencimiento de que la lucha contra la criminalidad económica pasa por la imputación de una responsabilidad a la empresa misma para que las infracciones cometidas en el ejercicio de sus actividades no queden impunes*".

Tras la Recomendación n. R (88) 18, se sucedieron diversos Convenios en los que igualmente se contempla la estructuración de un régimen de responsabilidad (penal o administrativa) para las personas jurídicas. Así, entre otros[10], el Convenio penal sobre la corrupción, hecho en Estrasburgo el 27 de enero de 1999[11]; el Convenio sobre la Ciberdelincuencia, hecho en Budapest el 23 de noviembre de 2001[12]; el Convenio del Consejo de Europa sobre la lucha contra la trata de seres humanos, hecho en Varsovia el 16 de mayo de 2005[13]; o el Convenio del Consejo de Europa para la protección de los niños contra la explotación y el abuso sexual, hecho en Lanzarote el 25 de octubre de 2007[14]. Teniendo todos ellos un contenido sustancialmente similar, en los mismos se perfila quiénes podrán ser las personas físicas que, actuando en nombre y beneficio de la entidad, determinan con su comportamiento criminal la responsabilidad de la persona jurídica de la que forman parte: por un lado, los directivos con poder de representación de la entidad, con autoridad para tomar decisiones en su nombre o para ejercer control en la organización; por otro lado, quienes encontrándose bajo la dirección y supervisión de los anteriores, cometan un delito a consecuencia del incumplimiento de aquéllos de sus deberes de vigilancia. Con ello, se configura el modelo de "doble vía"[15] en la co-

---

10 Puede consultarse la relación completa de Convenios del Consejo de Europa en PÉREZ GIL, J., "Marco normativo supranacional y toma en consideración de los derechos de las personas jurídicas en el proceso penal", en A.J. Pérez-Cruz Martín (dr.) y A.M. Neira Pena (coord.), *Proceso penal y responsabilidad penal de personas jurídicas*, Aranzadi, Cizur Menor, 2017, pp. 25–46, esp. pp. 30–31.

11 Convenio n. 173 del Consejo de Europa, hecho en Estrasburgo el 27 de enero de 1999 (BOE de 28 de julio de 2010, nº 182, pp. 65780–65812).

12 Convenio sobre la Ciberdelincuencia, hecho en Budapest el 23 de noviembre de 2001 (BOE de 17 de septiembre de 2010, nº 226, pp. 78847–78896).

13 Convenio n. 197 del Consejo de Europa sobre la lucha contra la trata de seres humanos, hecho en Varsovia el 16 de mayo de 2005 (BOE de 10 de septiembre de 2009, nº 219, pp. 76453–76471).

14 Convenio del Consejo de Europa para la protección de los niños contra la explotación y el abuso sexual, hecho en Lanzarote el 25 de octubre de 2007 (BOE de 12 de noviembre de 2010, nº 274, pp. 94858–94879).

15 Para un análisis del mismo en el contexto español, véase ECHEVERRIA BERECIARTUA, E., *Las modalidades de responsabilidad penal de las personas jurídicas en el marco del proceso penal*, Tirant lo Blanch, Valencia, 2021, pp. 187–192; ZUGALDÍA ESPINAR, J.M., *La responsabilidad criminal de las personas jurídicas, de los entes sin personalidad y de sus directivos. Análisis de los arts. 31 bis y 129 del Código Penal*, Tirant lo Blanch, Valencia, 2013, pp. 103–104; FEIJOO SÁNCHEZ, B.J., "Los requisitos del art. 31 bis 1", en M. Bajo Fernández, B.J. Feijoo Sánchez y C. Gómez-Jara Díez, *Tra-*

misión delictiva por la entidad que impera también en los ordenamientos jurídicos nacionales[16].

Al igual que la Recomendación n. R (88) 18, ninguno de los textos contiene, sin embargo, una innegable reconducción de la responsabilidad de las entidades al ámbito criminal, de forma tal que continúa dejándose en manos de los legisladores nacionales la conformación de un régimen de responsabilidad bien penal, bien administrativo. Ello por cuanto que se es consciente de las diferentes concepciones del principio de culpabilidad habidas entre Estados, destacando el paradigmático y representativo caso de Alemania como ejemplo claro de la pervivencia del principio *societas delinquere non potest*, al no predicar para con las entidades los elementos de la capacidad de acción y, por ende, de la culpabilidad[17], al tiempo que se considera el sistema sancionatorio administrativo del *Gesetz über Ordnungswidrigkeiten* (OWiG)[18] como suficiente para la prevención y represión de ilícitos.

En el ámbito de la Unión Europea, la regulación de una primera responsabilidad de las personas jurídicas vino de la mano de la protección de los intereses financieros comunitarios y de la normativa en materia de defensa de la competencia. En efecto, la progresiva remoción de los obstáculos a la libre circulación dio pie a la aparición de nuevas formas de fraude trasnacional tendentes a la búsqueda de beneficios económicos en detrimento de los intereses comunitarios. En este contexto, las primeras atribuciones a la Comunidad Económica Europea de un *ius puniendi* se circunscribían, esencialmente, a la represión de actuaciones contra las normas del merca-

---

tado de responsabilidad penal de las personas jurídicas, Aranzadi, Cizur Menor, 2016, pp. 75–88, esp. pp. 84–88.

16 DE LA CUESTA ARZAMENDI, J.L. y PÉREZ MACHÍO, A.I., "La responsabilidad penal de las personas jurídicas en el marco europeo: las directrices comunitarias y su implementación por los Estados", op. cit., esp. pp. 63–72, donde se hace un repaso por los distintos sistemas nacionales para ilustrar el modelo de responsabilidad seguido en el ámbito continental europeo.

17 Entre la doctrina representativa de la concepción humanista del principio de culpabilidad que deriva en la incapacidad criminal de las personas jurídicas, SCHÜNEMANN, B., *Delincuencia empresarial: cuestiones dogmáticas y de política criminal*, Di Plácido, Buenos Aires, 2004, p. 99; JAKOBS, G., "El principio de culpabilidad", *Anuario de Derecho Penal y ciencias penales*, 1992, n. 45, pp. 1051–1084, esp. pp. 1053 y ss.; JESCHECK, H., "El principio de culpabilidad como fundamento y límite de la punibilidad en el Derecho alemán y español", *Eguzkilore: Cuaderno del Instituto Vasco de Criminología*, 1995, n. 9, pp. 25–38, esp. pp. 26 y ss.

18 Ley de Contravenciones o de Infracciones Administrativas de 24 de mayo de 1968, visto en https://www.gesetze-im-internet.de/englisch_owig/index.html (última consulta: 29 de septiembre de 2023).

do común. Así, a modo de ejemplo, el artículo 54 del Tratado Constitutivo de la Comunidad Europea del Carbón y del Acero (CECA)[19], autorizaba la imposición de multas contra empresas que violentasen las normas reguladoras de las subvenciones y ayudas financieras; o el artículo 59.7 del mismo cuerpo normativo, por el que se señala la sancionabilidad de las entidades por incumplimiento de las decisiones adoptadas por la Comunidad concernientes a cuotas de producción ante una eventual escasez de productos[20].

Siguiendo el camino marcado por el Acuerdo de Schengen de 14 de junio de 1985[21], el 1 de julio de 1987 tuvo lugar la entrada en vigor del Acta Única Europea[22], por la que se refuerza la creación de un auténtico mercado interior mediante la remoción de las barreras entre Estados todavía existentes. El impulso al libre comercio trajo consigo un cambio de perspectiva en la protección de los intereses financieros comunitarios. Ilustrativa de este extremo es la Sentencia del TJCE en el conocido como *caso del maíz griego*, de 21 de septiembre de 1989[23]. Esta resolución se erige en el

---

19 París, 18 de abril de 1951, visto en https://eur-lex.europa.eu/legal-content/FR/TXT/PDF/?uri=CELEX:11951K/TXT&from=ES (fecha de última consulta: 3 de octubre de 2023).

20 En cualquier caso, el carácter administrativo de los procedimientos de imposición de sanciones impide hablar de un Derecho penal europeo en sentido estricto. Sin embargo, compartimos la opinión de ZÚÑIGA RODRÍGUEZ cuando manifiesta que "*el carácter aflictivo (verdadera afectación o limitación patrimonial o restrictiva de derechos patrimoniales) y preventivo (tiene un fin preventivo general, buscar que no se vuelva a cometer la infracción), permite clasificarlas* (a las sanciones previstas en los Reglamentos que atribuyen facultad sancionadora a las instituciones comunitarias) *como sanciones lato sensu punitivas o penales en sentido amplio*", ZÚÑIGA RODRÍGUEZ, L., *Bases para un modelo de imputación de responsabilidad penal de las personas jurídicas*, Aranzadi, Cizur Menor, 2003, esp. p. 148.

21 Firmado por los Gobiernos de los Estados del Benelux, la República Federal de Alemania y la República Francesa, DOCE de 22 de septiembre de 2000, nº L 239, pp. 13–18; con posterioridad se procedió a la firma del Convenio de aplicación del Acuerdo de Schengen de 14 de junio de 1985 entre los Gobiernos de los Estados de la Unión Económica Benelux, de la República Federal de Alemania y de la República Francesa, relativo a la supresión gradual de los controles en las fronteras comunes, DOCE de 22 de septiembre de 2000, nº L 239, pp. 19–62.

22 DOCE de 29 de junio de 1987, nº L 169, pp. 1–28.

23 STJUE de 21 de septiembre de 1989, asunto 68/88, *Comisión c. Grecia*, ECLI:EU-:C:1989:339, disponible en servidor oficial del Tribunal de Justicia http://curia.europa.eu ; en particular sobre la misma y sobre su carácter histórico en cuanto que primera resolución defensora de unos intereses comunes, NIETO MARTÍN, A. "Derecho Penal Económico y de la Empresa europeo e internacional", en N.J.

asentamiento del principio de "asimilación", consistente en el deber de los Estados miembros de proteger los intereses financieros comunitarios a través de sus ordenamientos internos, de la misma medida en que se protegen los intereses nacionales propios. A este respecto, señala la sentencia que "*aun conservando la elección de las sanciones, los Estados miembro deben procurar, en particular, que las infracciones del Derecho comunitario sean sancionadas en condiciones análogas de fondo y de procedimiento a las aplicables a las infracciones del Derecho nacional cuando tengan una índole y una importancia similares y que, en todo caso, confieran un carácter efectivo, proporcionado y disuasorio a la sanción*" [24].

Todo ello supone una innegable influencia sobre los ordenamientos nacionales. Ciertamente, la debida protección de los intereses financieros, sean éstos nacionales o europeos, exige prever la posibilidad de sanción a las personas jurídicas que incurran en alguna de las conductas descritas por el legislador europeo. Más aún, en este contexto tuvo lugar la aprobación del Convenio relativo a la protección de los intereses financieros de las Comunidades Europeas, de 26 de julio de 1995 (Convenio PIF)[25], el cual supuso un destacado hito en la prevención y lucha contra el atentado a los intereses comunitarios, así como en la consideración de las personas jurídicas en cuanto que posibles sujetos infractores[26]. Ello no empero, el Convenio PIF aboga todavía por la atribución de responsabilidad a las personas físicas responsables de la entidad, recogiéndose en su artículo 3 la dada en llamar "responsabilidad de los jefes de empresa": "*Los Estados miembros adoptarán las medidas necesarias para permitir que los jefes de empresa o cualquier persona que ejerza poderes de decisión o de control en el seno de las em-*

---

de la Mata Barranco, J. Dopico Gómez-Aller y A. Nieto Martín, *Derecho Penal Económico y de la Empresa*, Dykinson, Madrid, 2018, pp. 61–86, esp. pp. 63–64; RUBIO LARA, P.A., *El Derecho Penal Europeo en la legislación española. Influencia actual y previsiones de futuro*, Tirant lo Blanch, Valencia, 2020, esp. p. 24.

24 STJUE de 21 de septiembre de 1989, asunto C-68/88, *Comisión c. Grecia*, op. cit, para. 24, disponible en servidor oficial del Tribunal de Justicia http://curia.europa.eu ; planteamiento hoy recogido en el art. 325 TFUE.

25 Convenio establecido sobre la base del artículo K.3 del Tratado de la Unión Europea, relativo a la protección de los intereses financieros de las Comunidades Europeas, DOCE de 27 de noviembre de 1995, nº C 316, pp. 49–57.

26 *Vid.* Exposición de Motivos del Convenio PIF, según la cual, "*Las empresas desempeñan un papel importante en los ámbitos financiados por las Comunidades Europeas y de que todo aquel que tenga poder de decisión en empresas no debería quedar exento de la responsabilidad penal en determinados casos*".

presas puedan ser declarados penalmente responsables con arreglo a los principios definidos por su derecho interno (...)".

No fue hasta la aprobación del Segundo Protocolo del Convenio relativo a la protección de los intereses financieros de las Comunidades Europeas, de 19 de junio de 1997[27], cuando se incorporó una auténtica responsabilidad propia y directa de las personas jurídicas. Se indica así en el artículo 3 que "*Cada Estado miembro adoptará las medidas necesarias para garantizar que las personas jurídicas puedan ser consideradas responsables por los actos de fraude, corrupción activa y blanqueo de capitales cometidos en su provecho por cualquier persona, actuando a título individual, o como parte de un órgano de la persona jurídica, que ostente un cargo directivo en el seno de dicha persona jurídica* (...); *o cuando la falta de vigilancia o control por parte de una de estas personas haya hecho posible que cometa un acto de fraude, corrupción activa o blanqueo de capitales, en provecho de una persona jurídica, una persona sometida a la autoridad de esta última*". Recuerda sin duda esta redacción a la incluida en los Convenios aprobados por el Comité de Ministros del Consejo de Europa, repitiéndose de nuevo la indefinición en cuanto a la calificación jurídica que los Estados miembros deben dar a las infracciones y correlativas sanciones atribuibles a las entidades[28].

Con posterioridad al Convenio PIF, son muchas las normas que, en aras de la aproximación de los ordenamientos penales nacionales y bajo el artículo 83.1 TFUE (o artículos 31.1.e y 34.2.b TUE antes de Lisboa), han incorporado la responsabilidad de las personas jurídicas por las conductas típicas en ellas descritas, conservando eso sí el patrón de no decantarse por un modelo penal o administrativo para encontrar cabida en las tradiciones jurídicas de los Estados miembros[29].

---

27 Acto del Consejo de 19 de junio de 1997, por el que se establece el Segundo Protocolo del Convenio relativo a la protección de los intereses financieros de las Comunidades Europeas, DOCE de 19 de julio de 1997, nº C 221, pp. 11–22.

28 Señala JIMENO BULNES sobre el particular que "*hasta la fecha no puede reputarse la obligación de establecer responsabilidad de tipo penal para las personas jurídicas dentro del contexto normativo europeo*", JIMENO BULNES, M., "Normas de la Unión Europea sobre responsabilidad (penal o administrativa) de las personas jurídicas y sobre *compliance*: su adaptación en España", op. cit., esp. p. 947.

29 A modo de ejemplo, la Decisión Marco 2002/946/JAI del Consejo, de 28 de noviembre de 2002, destinada a reforzar el marco penal para la represión de la ayuda a la entrada, a la circulación y a la estancia irregulares (DOCE de 5 de diciembre de 2002, nº L 328, pp. 1–3); la Directiva 2013/40/UE del Parlamento Europeo y del Consejo, de 12 de agosto de 2013, relativa a los ataques contra los sistemas de información y por la que se sustituye la Decisión marco 2005/222/JAI

III. PANORÁMICA LEGISLATIVA DE LA RESPONSABILIDAD (PENAL O ADMINISTRATIVA) DE LAS PERSONAS JURÍDICAS EN LAS NORMAS DE COOPERACIÓN JUDICIAL PENAL EN LA UE

Dedicamos los epígrafes que siguen al análisis de las previsiones legislativas (o más bien a la ausencia de ellas) que en materia de cooperación judicial penal hacen alusión a la criminalidad transfronteriza de las personas jurídicas. Ello nos permitirá reflexionar acerca de la importancia conferida a la delincuencia económica empresarial en el proceso de constitución del ELSJ.

1. Normas de reconocimiento mutuo

Es con respecto a los instrumentos de reconocimiento donde se aprecia la mayor desatención del legislador europeo a las especialidades de los procesos seguidos contra las personas jurídicas en los Estados miembros. En primer lugar, cabe señalar que no hay un instrumento normativo específico para el reconocimiento mutuo de sanciones y órdenes dictadas en el curso de tales procesos, como sí ocurre sin embargo para las personas físicas con instrumentos referentes a las penas y medidas de privación de libertad[30]. De esta suerte, la criminalidad trasnacional de las entidades ha de incardinarse necesariamente en las mismas normas que, aprobadas bajo la fundamentación jurídica del artículo 82.1 TFUE (o de los artículos 31 y 34.2 TUE antes del Tratado de Lisboa), tienen una percepción de la

---

del Consejo (DOUE de 14 de agosto de 2013, nº L 218, pp. 8–14); o la Directiva (UE) 2017/1371 del Parlamento Europeo y del Consejo, de 5 de julio de 2017, sobre la lucha contra el fraude que afecta a los intereses financieros de la Unión a través del Derecho Penal (DOUE de 28 de julio de 2017, nº L 198, pp. 29–41).

30 A modo de ejemplo, la Decisión Marco 2008/909/JAI del Consejo, de 27 de noviembre de 2008, relativa a la aplicación del principio de reconocimiento mutuo de sentencias en materia penal por las que se imponen penas u otras medidas privativas de libertad (DOUE de 5 de diciembre de 2008, nº L 327, pp. 27–46); la Decisión Marco 2008/947/JAI del Consejo, de 27 de noviembre de 2008, relativa a la aplicación del principio de reconocimiento mutuo de sentencias y resoluciones de libertad vigilada (DOUE de 16 de diciembre de 2008, nº L 337, pp. 102–122); o la Decisión Marco 2009/829/JAI del Consejo, de 23 de octubre de 2009, relativa a la aplicación, entre Estados miembros de la Unión Europea, del principio de reconocimiento mutuo a las resoluciones sobre medidas de vigilancia como sustitución de la prisión provisional (DOUE de 11 de noviembre de 2009, nº L 294, pp. 20–40).

delincuencia eminentemente antropocéntrica. En segundo lugar y estrechamente relacionado con lo anterior, de todo el elenco de instrumentos de reconocimiento sólo cuatro resultan acordes a la idiosincrasia de las personas jurídicas: la Decisión Marco 2005/214/JAI del Consejo, de 24 de febrero de 2005, relativa a la aplicación del principio de reconocimiento mutuo de sanciones pecuniarias[31]; la Directiva 2014/41/CE del Parlamento Europeo y del Consejo, de 3 de abril de 2014, relativa a la orden europea de investigación en materia penal[32]; el Reglamento (UE) 2018/1805 del Parlamento Europeo y del Consejo, de 14 de noviembre de 2018, sobre el reconocimiento mutuo de las resoluciones de embargo y decomiso[33]; y el Reglamento (UE) 2023/1543 del Parlamento Europeo y del Consejo, de 12 de julio de 2023, sobre las órdenes europeas de producción y las órdenes europeas de conservación a efectos de prueba electrónica en procesos penales y de ejecución de penas privativas de libertad a raíz de procesos penales[34].

La posibilidad de emisión de estos instrumentos de reconocimiento mutuo en procesos penales seguidos contra personas jurídicas no encuentra especiales dificultades. Así, aquellos Estados miembros que cuentan con un modelo de responsabilidad criminal pueden solicitar la ejecución de sanciones pecuniarias, órdenes de embargo, órdenes de decomiso, órdenes de investigación y órdenes de producción o de conservación de pruebas electrónicas en la medida en que alguno de los elementos del delito contenga un carácter trasnacional. El problema puede presentarse si en el Estado de ejecución no se prevé el principio *societas delinquere potest*, cuestión que sólo ha sido atendida por dos instrumentos de reconocimiento mutuo, cuales son la Decisión Marco 2004/215/JAI y el Reglamento (UE) 2018/1805, toda vez que en ambos textos se incluye una disposición por la cual las sanciones u órdenes emitidas en procesos contra personas jurídicas podrán ser ejecutadas aun cuando en el Estado requerido el modelo de responsabilidad de las entidades no sea de naturaleza penal (respectivamente, artículos 9.3 y 23.2).

No ocurre lo mismo, por el contrario, con la Directiva 2014/41/UE ni con el Reglamento (UE) 2023/1543, de forma tal que las órdenes de investigación o de producción o conservación de pruebas electrónicas pueden no resultar ejecutables si en el Estado de emisión no se contempla la

---

31 DOUE de 23 de marzo de 2005, nº L 76, pp. 16–30.

32 DOUE de 1 de mayo de 2014, nº L 130, pp. 1–36.

33 DOUE de 28 de noviembre de 2018, nº L 303, pp. 1–38.

34 DOUE de 28 de julio de 2023, nº L 191, pp. 118–180.

responsabilidad penal de las personas jurídicas. No se entiende por qué el legislador no ha incluido en sendas normas una cláusula similar a las referenciadas en el párrafo anterior. A nuestro juicio, este "olvido" debe ser solventado mediante una traslación por analogía de los antedichos artículos, de modo que la calificación jurídica dada al proceso contra las entidades en el Estado requerido no obstaculice de por sí la cooperación con la autoridad judicial del Estado de emisión donde la persona jurídica está siendo investigada[35]. Ello, claro está, siempre y cuando el ordenamiento del Estado de ejecución prevea la posibilidad de adoptar medidas como las requeridas ante casos internos similares[36].

Otra de las problemáticas que advertimos es la tocante a la posible emisión de los instrumentos de reconocimiento mutuo cuando es precisamente en el Estado de emisión donde la investigación es calificada como administrativa. En estos supuestos, la Decisión Marco 2005/214/JAI y la Directiva 2014/41/CE, permiten la emisión de órdenes por parte de autoridades administrativas en la medida en que las mismas sean revisables en vía judicial por parte de un órgano perteneciente al orden jurisdiccional penal[37] (respectivamente, artículos 1.a.iii; 4.d; y 4[38]). El Reglamento (UE) 2018/1805 y el Reglamento (UE) 2023/1543, por su parte, directamente circunscriben su aplicación a procesos exclusivamente penales (artículos

---

35 LARO GONZÁLEZ E., *La orden europea de investigación en el espacio europeo de justicia,* Tirant lo Blanch, Valencia, 2021, pp. 104 y ss.

36 BACHMAIER WINTER, L., "La orden europea de investigación", en M. Jimeno Bulnes (dr.) y R. Miguel Barrio (coord.), *Espacio judicial europeo y proceso penal,* Tecnos, Madrid, 2018, pp. 133–162, esp. pp. 141 y ss.

37 LÓPEZ ESCUDERO, M., "El reconocimiento mutuo de sanciones pecuniarias en la Unión Europea", *Revista General de Derecho Europeo,* 2006, n. 10, pp. 1–32, esp. p. 24; RUEDA NEGRI, J.M., "Decomiso, sanciones pecuniarias, embargo, orden europea de investigación", en J. M. Cortés Martín y F.G. Ruiz Yamuza (coords.), *Rectos actuales de la cooperación penal en la Unión Europea,* Dykinson, Madrid, 2020, pp. 275–291, esp. p. 287.

38 Si bien la validación por la autoridad judicial sólo será necesaria en el supuesto de órdenes de producción de datos electrónicos de tráfico. Para un análisis de las especialidades del Reglamento (UE) 2023/1543, en el que los destinatarios de las órdenes no son las autoridades judiciales del Estado de ejecución sino los propios prestadores de servicios electrónicos, véase DE HOYOS SANCHO, M., "Novedades en materia de obtención transfronteriza de información electrónica necesaria para la investigación y enjuiciamiento penal en el ámbito europeo", *Revista de Estudios Europeos,* 2023, n. extraordinario monográfico 1, pp. 99–128; TINOCO PASTRANA, A., "Las órdenes europeas de entrega y conservación: la futura obtención transnacional de la prueba electrónica en los procesos penales en la Unión Europea", *Cuadernos de política criminal,* 2021, n.135, pp. 203–246.

1.4 y 2.2, respectivamente). Dos reflexiones pueden hacerse al respecto. Primero, el hecho de que las sanciones y órdenes dictadas en el curso de procedimientos administrativos deban ser validadas por órganos judiciales penales, deja fuera de juego la emisión de estos instrumentos de reconocimiento mutuo en aquellos países cuyo sistema sancionatorio administrativo no es revisable en el orden penal, sino en el contencioso-administrativo. Segundo, no compartimos que ni el Reglamento (UE) 2018/1805 ni el Reglamento (UE) 2023/1543 contemplen siquiera una posibilidad tal, más aún cuando en sus textos se evita explicación alguna sobre por qué las resoluciones de embargo, las resoluciones de decomiso o las órdenes de producción o de conservación de pruebas electrónicas dictadas en el marco de procedimientos administrativos deben quedar excluidas de su ámbito de aplicación[39].

No podemos sino concluir que el legislador europeo no ha adaptado con suficiencia la materialización del principio de reconocimiento mutuo a la realidad criminal. Siendo que no existe entre los Estados miembros una homogeneidad en el régimen de responsabilidad de las personas jurídicas, consideramos que la eficiente prevención y represión de ilícitos cometidos por las entidades en el territorio de la Unión, debiera pasar por un acomodo de las vigentes normas a la disparidad de procedimientos penales y administrativos en que aquéllas pueden verse inmersas.

2. *Normas de aproximación legislativa*

Como es bien sabido, el principio de reconocimiento mutuo encuentra su complemento en el principio de aproximación legislativa[40]. No pudiendo hablar de un proceso penal europeo, la aplicación de los instrumentos de reconocimiento mutuo pasa por la necesaria confianza recíproca entre los Estados miembros en el respeto por sus ordenamientos jurídicos a los derechos fundamentales del investigado[41]. Ello requiere, a su vez, del dic-

---

39 Sobre la cuestión hemos tenido ocasión de pronunciarnos en VICARIO PÉREZ, A.M., "Cooperación judicial penal en materia de decomiso y su aplicación a los ilícitos cometidos por personas jurídicas", en A. Hernández López y E. Laro González (dres.), *Proceso penal europeo: últimas tendencias, análisis y perspectivas*, Aranzadi, Cizur Menor, 2023, pp. 337–357.

40 FAGGIANI, V., "El principio de reconocimiento mutuo en el espacio europeo de justicia penal. Elementos para una construcción dogmática", *Revista General de Derecho Europeo*, 2016, n. 38, pp. 73–107, esp. p. 77.

41 JIMENO BULNES, M., "La evolución del espacio judicial europeo en materia civil y penal: su influencia en el proceso español", en M. Jimeno Bulnes (dr.) y C. Ruiz

tado de normas europeas que aproximen las legislaciones nacionales que consolidan las garantías procesales del enjuiciable, como lo demuestra la aprobación de las seis Directivas europeas que integran el estatuto procesal del investigado o acusado en la Unión[42].

La consideración de las personas jurídicas como sujetos penalmente responsables por cada vez más ordenamientos nacionales, debe llevar aparejada la irremediable consecuencia de la atribución a éstas de cuantas garantías predican para con cualquier investigado. Pues bien, nuevamente, la inclusión expresa de las entidades en el ámbito de aplicación subjetivo de las normas europeas ha sido obviado. Ello no empero, su inclusión se infiere de forma implícita.

Verdaderamente, las Directivas europeas delimitan su ámbito de aplicación a los procesos penales, sin especificar la naturaleza de las personas contra los que éstos pueden dirigirse. Sólo en la Directiva (UE) 2016/343 se impide implícitamente la aplicación del derecho a la presunción de inocencia a las personas jurídicas, toda vez que su artículo 2 establece que la norma regirá para "*las personas físicas que sean sospechosas o acusadas en*

López (coord.), *La evolución del espacio judicial europeo en materia civil y penal: su influencia en el proceso español,* Tirant lo Blanch, Valencia, 2022, pp. 27–81, esp. pp. 35–36.

42 Directiva 2010/64/UE, de 20 de octubre de 2010, del Parlamento europeo y el Consejo, relativa al derecho a interpretación y a traducción en los procesos penales (DOUE de 26 de octubre de 2010, nº L 280, pp. 1–7); Directiva 2012/13/UE del Parlamento Europeo y del Consejo, de 22 de mayo de 2012, relativa al derecho a la información en los procesos penales (DOUE de 1 de junio de 2012, nº. L 142, pp. 1–10); Directiva 2013/48/UE del Parlamento Europeo y del Consejo, de 22 de octubre de 2013, sobre el derecho a la asistencia de letrado en los procesos penales y en los procedimientos relativos a la orden de detención europea, y sobre el derecho a que se informe a un tercero en el momento de la privación de libertad y a comunicarse con terceros y con autoridades consulares durante la privación de libertad (DOUE de 6 de noviembre de 2013, nº L 294, pp. 1–12); Directiva (UE) 2016/343 del Parlamento Europeo y del Consejo, de 9 de marzo de 2016, por la que se refuerzan en el proceso penal determinados aspectos de la presunción de inocencia y el derecho a estar presente en el juicio (DOUE de 11 de marzo de 2016, nº L 65, pp. 1–11); Directiva 2016/800/UE del Parlamento Europeo y del Consejo, de 11 de mayo de 2016, relativa a las garantías procesales de los menores sospechosos o acusados en los procesos penales (DOUE de 21 de mayo de 2016, nº L 132, pp. 1–20); Directiva (UE) 2016/1919 del Parlamento Europeo y del Consejo, de 26 de octubre de 2016, relativa a la asistencia jurídica gratuita a los sospechosos y acusados en los procesos penales y a las personas buscadas en virtud de un procedimiento de orden europea de detención (DOUE de 4 de noviembre de 2016, nº L 297, pp. 1–8).

procesos penales"[43]. Precisamente esta negativa permite aseverar para el resto de Directivas[44] su atribución a los entes corporativos[45]. Así, nada empece el reconocimiento en favor de las personas jurídicas de los derechos a la interpretación y traducción; a la información; a la asistencia letrada; o a la asistencia jurídica gratuita.

Ello, no obstante, hubiese sido deseable, a nuestro entender, un pronunciamiento explícito sobre la cuestión. En adición, consideramos que la aplicación de las normas a las personas jurídicas, en su redacción actual, reclama un ejercicio de abstracción de su contenido para amoldarlo a las características de las entidades. Y es que, si bien éstas son las titulares de las garantías procesales, su ejercicio en el curso del proceso penal será llevado a cabo por quien se encargue de su representación a estos efectos. Así, la materialización de todos estos derechos exige, por lo demás, que cuestiones como el conocimiento del idioma en el que se desarrolla el proceso, el acceso a la información o el acompañamiento por letrado en la práctica de actuaciones judiciales, vengan referidas a la persona del representante especialmente designado.

IV. A MODO DE REFLEXIÓN FINAL

El aumento de la delincuencia empresarial no ha encontrado el correspondiente reflejo en la evolución de las normas europeas de cooperación judicial penal. Anclado en una concepción humanista del proceso penal, el legislador europeo no ha previsto, ni de momento se espera que lo haga,

---

43 Se justifica el legislador europeo señalando en el Considerando 14 de la Directiva (UE) 2016/343 que "*En el estado actual de desarrollo del Derecho nacional y de la jurisprudencia tanto nacional como de la Unión, resulta prematuro legislar a escala de la Unión en materia de presunción de inocencia de las personas jurídicas. Por consiguiente, la presente Directiva no debe aplicarse a las personas jurídicas. Ello se entiende sin perjuicio de la aplicación de la presunción de inocencia a las personas jurídicas, tal como se establece, en particular, en el CEDH y la interpretan el Tribunal Europeo de Derechos Humanos y el Tribunal de Justicia*".

44 Con la lógica excepción de la Directiva 2016/800/UE del Parlamento Europeo y del Consejo, de 11 de mayo de 2016, relativa a las garantías procesales de los menores sospechosos o acusados en los procesos penales, en la cual no encuentra acomodo la naturaleza de las personas jurídicas.

45 DE HOYOS SANCHO, M., "Sobre la necesidad de armonizar las garantías procesales en los enjuiciamientos de personas jurídicas en el ámbito de la Unión Europea. Valoración de la situación actual y algunas propuestas", *Revista General de Derecho Procesal*, 2017, n. 43, pp. 1–67, esp. p. 9

una regulación específica que facilite la persecución de esta tipología delictiva que, hoy por hoy, no es ni mucho menos residual.

El respeto a las tradiciones jurídicas de los Estados miembros ha impedido la promulgación de normas por las cuales se obligue a los ordenamientos nacionales a la incorporación del principio *societas delinquere potest*. No pretendemos criticar esta postura, habida cuenta de que el artículo 67.1 TFUE refiere precisamente el respeto de tales tradicionales como límite a la conformación del ELSJ. Ahora bien, la posibilidad de que coexistan en el territorio de la Unión distintos regímenes de responsabilidad penal o administrativa —en los que una persona jurídica puede ser castigada por sanciones que, ante los mismos hechos y revistiendo la misma gravedad, obedecen a una calificación jurídica distinta— precisa, en nuestra opinión, de una revisión de los tradicionales modelos de cooperación judicial. Ello en dos sentidos: por un lado, para que los procesos seguidos contra las entidades puedan llevarse a término con eficacia, independientemente de su naturaleza, cuando su correcto desarrollo depende de la ejecución de instrumentos de reconocimiento mutuo por las autoridades de otro Estado miembro; por otro lado y como consecuencia de lo anterior, para que las personas jurídicas cuenten con las mismas garantías procesales que el ordenamiento europeo reconoce en favor de todo sujeto investigado, postulándose tal condición en imprescindible para la aplicación de los instrumentos de reconocimiento mutuo sobre la base de la confianza recíproca.

Bibliografía

BACHMAIER WINTER, L., "La orden europea de investigación", en M. Jimeno Bulnes (dr.) y R. Miguel Barrio (coord.), *Espacio judicial europeo y proceso penal*, Tecnos, Madrid, 2018, pp. 133–162.

DE HOYOS SANCHO, M., "Novedades en materia de obtención transfronteriza de información electrónica necesaria para la investigación y enjuiciamiento penal en el ámbito europeo", *Revista de Estudios Europeos* 2023, n. extraordinario monográfico 1, pp. 99–128.

DE HOYOS SANCHO, M., "Sobre la necesidad de armonizar las garantías procesales en los enjuiciamientos de personas jurídicas en el ámbito de la Unión Europea. Valoración de la situación actual y algunas propuestas", *Revista General de Derecho Procesal*, 2017, n. 43, pp. 1–67.

DE LA CUESTA ARZAMENDI, J.L. y PÉREZ MACHÍO, A.I., "La responsabilidad penal de las personas jurídicas en el marco europeo: las directrices comunitarias y su implementación por los Estados", en J.L. de la Cuesta Arzamendi, A.I. Pérez Machío y J.I. Ugartemendía Eceizabarrena (dres.), *Armonización penal en Europa*, Instituto Vasco de Administración Pública, Guipúzcoa, 2013, pp. 52–76.

FAGGIANI, V., "El principio de reconocimiento mutuo en el espacio europeo de justicia penal. Elementos para una construcción dogmática", *Revista General de Derecho Europeo,* 2016, n. 38, pp. 73–107.

FEIJOO SÁNCHEZ, B.J., "Los requisitos del art. 31 bis 1", en M. Bajo Fernández, B.J. Feijoo Sánchez y C. Gómez-Jara Díez, *Tratado de responsabilidad penal de las personas jurídicas,* Aranzadi, Cizur Menor, 2016, pp. 75–88.

JAKOBS, G., "El principio de culpabilidad", *Anuario de Derecho Penal y ciencias penales,* 1992, n. 45, pp. 1051–1084.

JESCHECK, H., "El principio de culpabilidad como fundamento y límite de la punibilidad en el Derecho alemán y español", *Eguzkilore: Cuaderno del Instituto Vasco de Criminología,* 1995, n. 9, pp. 25–38.

JIMENO BULNES, M., "La evolución del espacio judicial europeo en materia civil y penal: su influencia en el proceso español", en M. Jimeno Bulnes (dr.) y C. Ruiz López (coord.), La evolución del espacio judicial europeo en materia civil y penal: su influencia en el proceso español, Tirant lo Blanch, Valencia, 2022, pp. 27–81.

JIMENO BULNES, M., "Normas de la Unión Europea sobre responsabilidad (penal o administrativa) de las personas jurídicas y sobre compliance: su adaptación en España", en J.L. Gómez Colomer (dr.) y C.M. Madrid Boquín (coord.), *Tratado sobre compliance penal. Responsabilidad penal de las personas jurídicas y modelos de organización y gestión,* Tirant lo Blanch, Valencia, 2019, pp. 939–974.

JIMENO BULNES, M., "Perspectiva de la orden europea de detención y entrega: el principio de reconocimiento mutuo y la cooperación judicial en la Unión Europea", en J.L. Ladrón de Guevara (coord.), *La cooperación judicial entre España e Italia. La Orden Europea de Detención y Entrega en la ejecución de sentencias penales,* Instituto Vasco de Derecho Procesal, San Sebastián, 2017, pp. 5–33.

LARO GONZÁLEZ E., *La orden europea de investigación en el espacio europeo de justicia,* Tirant lo Blanch, Valencia, 2021.

LÓPEZ ESCUDERO, M., "El reconocimiento mutuo de sanciones pecuniarias en la Unión Europea", *Revista General de Derecho Europeo,* 2006, n. 10, pp. 1–32.

NIETO MARTÍN, A. "Derecho Penal Económico y de la Empresa europeo e internacional", en N.J. de la Mata Barranco, J. Dopico Gómez-Aller y A. Nieto Martín, *Derecho Penal Económico y de la Empresa,* Dykinson, Madrid, 2018, pp. 61–86.

PÉREZ GIL, J., "Marco normativo supranacional y toma en consideración de los derechos de las personas jurídicas en el proceso penal", en A.J. Pérez-Cruz Martín (dr.) y A.M. Neira Pena (coord.), *Proceso penal y responsabilidad penal de personas jurídicas,* Aranzadi, Cizur Menor, 2017, pp. 25–46.

RUBIO LARA, P.A., *El Derecho Penal Europeo en la legislación española. Influencia actual y previsiones de futuro,* Tirant lo Blanch, Valencia, 2020.

RUEDA NEGRI, J.M., "Decomiso, sanciones pecuniarias, embargo, orden europea de investigación", en J. M. Cortés Martín y F.G. Ruiz Yamuza (coords.), *Rectos actuales de la cooperación penal en la Unión Europea,* Dykinson, Madrid, 2020, pp. 275–291.

SCHÜNEMANN, B., *Delincuencia empresarial: cuestiones dogmáticas y de política criminal,* Di Plácido, Buenos Aires, 2004.

TINOCO PASTRANA, A., "Las órdenes europeas de entrega y conservación: la futura obtención transnacional de la prueba electrónica en los procesos penales en la Unión Europea", *Cuadernos de política criminal*, 2021, n.135, pp. 203–246.

VICARIO PÉREZ, A.M., "Cooperación judicial penal en materia de decomiso y su aplicación a los ilícitos cometidos por personas jurídicas", en A. Hernández López y E. Laro González (dres.), *Proceso penal europeo: últimas tendencias, análisis y perspectivas*, Aranzadi, Cizur Menor, 2023, pp. 337–357.

ZUGALDÍA ESPINAR, J.M., *La responsabilidad criminal de las personas jurídicas, de los entes sin personalidad de y de sus directivos. Análisis de los arts. 31 bis y 129 del Código Penal*, Tirant lo Blanch, Valencia, 2013.

ZÚÑIGA RODRÍGUEZ, L., *Bases para un modelo de imputación de responsabilidad penal de las personas jurídicas*, Aranzadi, Cizur Menor, 2003.